MÜLLER-GRUNE

Thüringer Bauordnung 2024

Systematischer Überblick sowie Gesetzestext mit integrierter Vollzugsbekanntmachung, Einzelbegründung und Rechtsprechung

SV SAXONIA VERLAG für Recht, Wirtschaft und Kultur GmbH

SV SAXONIA VERLAG für Recht, Wirtschaft und Kultur GmbH
Ludwig-Hartmann-Straße 40, 01277 Dresden
Tel. (03 51) 48 52 60, Fax (03 51) 4 85 26 61
E-Mail: office@saxonia-verlag.de
Internet: http://www.laenderrecht.de

Druck: PRINT GROUP Sp. z o. o., ul. Księcia Witolda 7, 71-063 Szczecin (Polen)

ISBN: 978-3-949409-34-9

Inhaltsverzeichnis

A. Die Thüringer Bauordnung im Überblick

I. Vorbemerkung

1. Allgemeines zum Bauordnungsrecht

Das öffentliche Baurecht lässt sich stark vereinfacht in zwei große Bereiche unterteilen. Über das sogenannte **Städtebaurecht** erfolgt eine Ordnung der Bodenverhältnisse. Es ist nach Artikel 74 Abs. 1 Nr. 18 GG der konkurrierenden Gesetzgebungsbefugnis des Bundes zugewiesen. Davon hat der Bund durch Erlass des Baugesetzbuchs (BauGB) Gebrauch gemacht, auf dessen Grundlage (§ 9a Abs. 1 BauGB) wiederum die Baunutzungsverordnung (BauNVO) sowie die Planzeichenverordnung (PlanZV) erlassen wurden. Dieser Bereich des Städtebaurechts wird auch als Bauplanungsrecht bezeichnet. Das Bauplanungsrecht ist wesentlicher Bestandteil des **Prüfprogramms** im **Baugenehmigungsverfahren** (§§ 65 Abs. 1 Satz 2 Nr. 1, 66 Nr. 1 ThürBO). Neben diesen beiden Rechtsbereichen wirken weitere Bereiche wie insbesondere das Immissionsschutzrecht, das Wasserrecht, das Straßen- und Wegerecht, das Naturschutzrecht oder etwa das Denkmalschutzrecht in das öffentliche Baurecht hinein. Diese Rechtsgebiete enthalten sowohl planungsrechtliche als auch sicherheitsrechtliche Elemente.

Das nachfolgend beschriebene **Bauordnungsrecht** ist reines **Sicherheitsrecht** bzw. **Gefahrenabwehrrecht**. Diese Materie ist der Gesetzgebungskompetenz der Länder nach Art. 70 Abs. 1 GG grundsätzlich zugewiesen. Die Länder bündeln diese für Bauvorhaben relevanten sicherheitsrechtlichen Vorschriften in den jeweiligen **Landesbauordnungen**. Diese enthalten **formelle** und **materielle** Vorgaben für die **Errichtung, Nutzung** und **Beseitigung** von **Anlagen** auf Grundstücken. Obwohl jedes Bundesland eigenverantwortlich eine solche Bauordnung erstellt und erlässt, ist es erklärtes Ziel sämtlicher Bundesländer, die Anforderungen in den einzelnen Ländern nicht übermäßig weit auseinanderfallen zu lassen. Es soll damit zwar keine Rechtsvereinheitlichung stattfinden, dennoch soll eine zu starke und damit wirtschaftsschädliche Rechtszersplitterung vermieden werden.

Die für das Bau-, Wohnungs- und Siedlungswesen zuständigen Ministerien haben deshalb eine Arbeitsgemeinschaft gebildet, welche die Bezeichnung „Bauministerkonferenz – Konferenz der für Städtebau, Bau- und Wohnungswesen zuständigen Minister und Senatoren der Länder (ARGE Bau)“ trägt. Diese Arbeitsgemeinschaft **ARGE Bau** beschloss im November 2002 eine **Musterbauordnung** (MBO 2002; zuletzt geändert durch Beschluss der Bauministerkonferenz vom 22.02.2019), welche erhebliche Änderungsvorschläge gegenüber den bis dahin geltenden Bauordnungen enthielt und damit das bisher bestehende System des Bauordnungsrechts grundlegend veränderte. Bei dieser Musterbauordnung handelt es sich jedoch nur um eine unverbindliche Empfehlung gegenüber den Ländern, um eine gewisse Einheitlichkeit hinsichtlich des rechtlichen Standards für Bauvorhaben zu erreichen. Die Mehrzahl der Länder folgte dieser Empfehlung insbesondere in der vorgegebenen Systematik, so auch der Freistaat Thüringen.

2. Historie der Thüringer Bauordnung

Die Thüringer Bauordnung erhielt ihre erste maßgebliche Fassung am 03.06.1994 (GVBl., S. 553).

Durch das 10 Jahre später verabschiedete „Erste Gesetz zur Änderung der Thüringer Bauordnung" vom 10.02.2004 (GVBl., Seite 76) erhielt sie in Anlehnung an die vorerwähnte Musterbauordnung ihre auch heute noch maßgebliche Struktur.

Der weitere 10 Jahre später verabschiedete Neuerlass der Thüringer Bauordnung vom 13.03.2014 strukturierte die Thüringer Bauordnung zwar neu und war mit Veränderungen verbunden, die im Jahr 2004 eingeführte Systematik blieb jedoch im Grunde erhalten. Erforderlich wurde jedoch eine grundlegende Überarbeitung der Regelungen zum Bauproduktenrecht und zur Marktüberwachung durch die Vorgaben der Verordnung (EU) Nr. 305/2011 des Europäischen Parlaments und des Rates vom 09. März 2011 zur Festlegung harmonisierter Bedingungen für die Vermarktung von Bauprodukten und zur Aufhebung der Richtlinie 89/106/EWG des Rates (ABl. L 88 vom 4. April 2011, S. 5). Im Zuge dieser Überarbeitung erfolgte auch eine redaktionelle Anpassung und Neubekanntmachung der Thüringer Bauordnung.

Erneuter Änderungsbedarf ergab sich aufgrund der Vorgaben der Richtlinie 2012/18/EU des Europäischen Parlaments und des Rates vom 04. Juli 2012 zur Beherrschung der Gefahren schwerer Unfälle mit gefährlichen Stoffen. Diese musste in nationales Recht umgesetzt werden (Art. 288 Abs. 2 AEUV). Sie gibt vor, dass zwischen Störfallbetrieben und schutzbedürftiger Bebauung angemessene Abstände eingehalten werden müssen. Außerdem enthält sie spezifische Vorgaben zur Öffentlichkeitsbeteiligung. Die Änderungen bzw. Ergänzungen in den §§ 61, 69 und 76 ThürBO 2016 waren Konsequenz dieses Umsetzungserfordernisses.

2018 erfolgte eine weitere Änderung durch das „Zweites Gesetz zur Änderung der Thüringer Bauordnung" vom 29.06.2018 (GVBl. S. 297) mit Wirkung zum 01.10.2018. Grund hierfür war eine fehlerhafte Umsetzung der Richtlinie 89/106/EWG in den Bauordnungen der Bundesländer, was der Europäische Gerichtshof bereits mit Urteil vom 16.10.2014 (C-100/13) festgestellt hatte. Die Richtlinie wurde zwischenzeitlich durch Verordnung (EU) Nr. 305/2011 des Europäischen Parlaments und des Rates vom 9. März 2011 zur Festlegung harmonisierter Bedingungen für die Vermarktung von Bauprodukten und zur Aufhebung der Richtlinie 89/106/EWG des Rates (ABl. L 88 vom 4.4.2011, S. 5) aufgehoben. Die Änderung der Thüringer Bauordnung erfolgte in Anpassung an diese Bauprodukteverordnung nach Maßgabe der Entscheidung des Europäischen Gerichtshofs. Das spiegelte sich vor allem in den grundlegend ergänzten und überarbeiteten Vorschriften zu Bauarten (§ 16a ThürBO 2018) und den Bauprodukten (§§ 16b bis 25 ThürBO 2018).

2024 wurde die Bauordnung durch Gesetz vom 02.07.2024 (GVBl. S. 298) mit Wirkung zum 19.07.2024 mit neuer Nummerierung und unter Verwendung sprachlich neutraler Begrifflichkeiten neu erlassen. Im Regierungsentwurf (LT-Drs. 7/9641, S. 1f) wurden 5 Gründe für die Notwendigkeit einer so grundlegenden Änderung genannt:

- Änderung bisheriger Schrift- bzw. Papierformerfordernisse in Umsetzung der Vorgaben aus OZG und EGovG,
- Erleichterung des Bauens im Bestand zur Vermeidung von Flächeninanspruchnahme und zur Erleichterung kostengünstiger Wohnraumschaffung,
- Erleichterungen für die Genehmigung von Anlagen zur Nutzung neuer Energien sowie Verbesserung der materiellen Anforderungen an Maßnahmen zur Verringerung von Treibhausgasen wie etwa die Nutzung von Wärmepumpen,
- Ergänzung von Anforderungen an barrierefreies Bauen,
- Überarbeitung der Regelungen zur Bauvorlageberechtigung und Anerkennung von Berufsqualifikationen im Sinne der Richtlinie 2005/36/EG aufgrund von Hinweisen der Europäischen Kommission.

Flankiert wurde die Änderung durch eine grundlegende Reform des Thüringer Verwaltungsverfahrensgesetzes, welches nach § 1 ThürVwVfG 2025 mit Wirkung ab 01.01.2025 überwiegend die Vorschriften des VwVfG (Bund) für anwendbar erklärt (Art. 1 „Gesetz zur Änderung verwaltungsrechtlicher Vorschriften im Jahr 2024" vom 02.07.2024, GVBl. S. 277). Das ist insbesondere bedeutsam für die Möglichkeiten der Schriftformersetzung, da etwa § 3a Abs. 3 Nr. 3 lit. a VwVfG anders als § 3a ThürVwVfG in der bis 31.12.2024 geltenden Fassung die Verwendung eines qualifizierten elektronischen Siegels für einen schriftformersetzenden elektronischen Verwaltungsakt gestattet. Die zwingend in Schriftform zu erlassende Baugenehmigung (§ 78 Abs. 2 ThürBO) kann somit auch elektronisch erlassen werden, sofern sie mit einem qualifizierten elektronischen Siegel versehen wird.

3. Wegweiser

Im nachfolgenden Überblick wird zunächst eine grundsätzliche **Unterteilung** in **materielles Bauordnungsrecht** (II.) und **formelles** Bauordnungsrecht (III.) vorgenommen. Ein Verstoß gegen materielles oder formelles Bauordnungsrecht führt generell dazu, dass ein **illegales** (weil nicht gesetzeskonformes) Vorhaben vorliegt. Während das materielle Bauordnungsrecht Vorgaben zu den Anlagen einschließlich der Bauprodukte und Grundstücke enthält, dient das formelle Baurecht der Einhaltung dieser materiellen Vorgaben. Aus Gründen der besseren Darstellung werden Bauprodukte und Marktüberwachung (IV.) gesondert ausgeführt. Abschließend werden die Ermächtigungsnormen für den Erlass von weiteren Vorschriften (Rechtsverordnungen und Satzungen) auf Grundlage der Thüringer Bauordnung erläutert (V.).

Die Thüringer Bauordnung ist in acht Teile untergliedert. Der **erste bis dritte** Teil ist überwiegend dem **materiellen** Bauordnungsrecht zuzurechnen, der **vierte**

bis siebte Teil betrifft überwiegend **verfahrensrechtliche** (formelle) Vorschriften. Vereinzelt kommt es allerdings zu Überschneidungen von formellen und materiellen Vorschriften, so dass diese Unterscheidung hier nur für einen groben Überblick getroffen wird. Im neuen achten Teil sind Übergangs- und Schlussbestimmungen enthalten, außerdem ist die ThürBO erstmals mit einer Anlage zu Leitlinien zu Ausbildungsinhalten im Sinne der Anerkennung der Bauvorlageberechtigung versehen.

II. Überblick über materielles Bauordnungsrecht

Die materiellen Regelungen im Bauordnungsrecht enthalten **Vorgaben** und **Anforderungen** an die **baulichen Anlagen** sowie teilweise an das **Grundstück**, soweit sicherheitsrechtliche Aspekte betroffen sind.

1. Anwendungsbereich und Begriffe

Der sachliche Anwendungsbereich der Thüringer Bauordnung wird in § 1 Abs. 1 Satz 1 ThürBO definiert. Danach gilt das Gesetz für alle **baulichen Anlagen** und **Bauprodukte**, sofern diese Anlagen und Produkte nicht im Katalog des § 1 Abs. 2 ThürBO aufgeführt sind. Für diese in § 1 Abs. 2 ThürBO enthaltenen Anlagen und Produkte gelten andere Vorschriften. Eine Rückausnahme gilt für Windkraftanlagen im Sinne des § 1 Abs. 2 Satz 1 Nr. 8 ThürBO. Für diese gelten nach § 1 Abs. 2 Satz 3 ThürBO die §§ 6 Abs. 1 bis 5 und 9, die §§ 60 bis 66, 73 bis 82, 84, 86, 89, 94 und 99 ThürBO entsprechend.

In § 2 ThürBO werden zahlreiche **Begriffe**, die sowohl im materiell-rechtlichen Teil als auch im formell-rechtlichen Teil Verwendung finden, **legaldefiniert**. Das erhöht die Rechtssicherheit, da durch diese Definitionen für Auslegung und damit verbundene Rechtsunsicherheit wenig Spielraum verbleibt.

Entscheidend für das gesamte Verständnis der Thüringer Bauordnung ist zunächst der immer wieder im Gesetz Verwendung findende Begriff der **Anlage**. So bestimmt § 62 Abs. 1 ThürBO, dass die Errichtung, Änderung und Nutzungsänderung von **Anlagen** grundsätzlich einer Baugenehmigung bedürfen. Dieser **Anlagenbegriff** ist in § 2 Abs. 1 Satz 4 ThürBO definiert, wonach es sich um den dem gesamten dritten Teil der Bauordnung titelgebenden Begriff der **baulichen Anlagen** im Sinne des § 2 Abs. 1 Satz 1 bis 3 ThürBO sowie um **sonstige Anlagen und Einrichtungen** im Sinne des § 1 Abs. 1 Satz 2 ThürBO handelt.

Der ebenfalls stets wiederkehrende Begriff des **Gebäudes** wird in Abs. 2 definiert, während in Abs. 3 eine Unterteilung dieser Gebäude nach Gefährdungsstufen in **Gebäudeklassen** vorgenommen wird. Die Begriffsdefinitionen setzen sich fort, indem **Sonderbauten** (Abs. 4), **Aufenthaltsräume** (Abs. 5), **Geschosse** (Abs. 6), **Stellplätze** (Abs. 7), **Feuerstätten** (Abs. 8), die **Barrierefreiheit** (Abs. 9), **Bauprodukte** (Abs. 10), die **Bauart** (Abs. 11) und seit 2024 Prüfingenieurinnen, Prüfingenieure und

Prüfämter (Abs. 12) legal definiert werden. Einen Sonderfall stellt die in § 100 Abs. 2 ThürBO enthaltene Definition des **Vollgeschosses** im Sinne des § 20 Abs. 1 BauNVO dar. Scheinbar systemwidrig enthält nämlich nicht § 2 ThürBO, sondern § 100 Abs. 2 ThürBO eine landesrechtliche Legaldefinition des Vollgeschosses. Hintergrund hierfür ist, dass in der bundesrechtlichen Vorschrift des § 20 Abs. 1 BauNVO auf landesrechtliche Definitionen des Vollgeschosses verwiesen wird. Hierin besteht allerdings der eigentliche rechtliche Systembruch, da es sich bei dem „Vollgeschoss" um einen im Bebauungsplan festsetzbaren Bestandteil des Maßes der baulichen Nutzung handelt. Das ist in § 16 Abs. 2 Nr. 3 BauNVO geregelt. Es wird deshalb seit langem erwartet, dass eine bundeseinheitliche Legaldefinition des Begriffes „Vollgeschoss" in die Baunutzungsverordnung aufgenommen werden wird. Aus diesem Grund ist die in § 100 Abs. 2 ThürBO bestimmte, früher einmal in § 2 ThürBO enthaltene Legaldefinition auflösend bedingt für den Fall einer solchen bundesrechtlichen Legaldefinition in der BauNVO formuliert. Sobald § 20 Abs. 1 BauNVO also nicht mehr auf Landesrecht verweisen sollte, verliert § 100 Abs. 2 ThürBO den Regelungsgehalt. Das rechtfertigt die vorsorgliche Herausnahme der Definition aus dem Begriffskatalog des § 2 ThürBO.

2. Grundstücksbezogene Vorgaben

Im **zweiten Teil** enthält die Thüringer Bauordnung rein **grundstücksbezogene** sicherheitsrechtliche Anforderungen. So muss das Grundstück in angemessener Breite an einer befahrbaren öffentlichen Verkehrsfläche liegen (§ 4 Abs. 1 ThürBO) und die auf diesem Grundstück befindlichen Gebäude müssen in ausreichendem Maße von der Feuerwehr über Zugänge und Zufahrten erreicht werden können (§ 5 ThürBO).

Praktisch besonders bedeutsam ist weiter das in § 6 ThürBO geregelte **Abstandsflächenrecht**.

Danach muss grundsätzlich gemäß § 6 Abs. 1 Satz 1 ThürBO vor den Außenwänden von Gebäuden eine Abstandsfläche freigehalten werden, in die nicht hineingebaut werden darf. Sinn und **Zweck** des Abstandsflächenrechts ist es unter anderem, im Zuge einer geordneten Bebauung Freiflächen zwischen den Gebäuden zu sichern und durch diese aufgelockerte Bebauung eine ausreichende **Belichtung** und **Belüftung** zu ermöglichen. Das ist nunmehr ausdrücklich in den Wortlaut des § 6 Abs. 1 Satz 1 ThürBO aufgenommen worden. Die Aufnahme in den Wortlaut soll vor allem der Wertung bei einem Antrag auf Abweichungen nach § 73 ThürBO dienlich sein. Dagegen sind soziale Zwecke („Sozialabstand") bewusst nicht aufgenommen worden.

Die Abstandsflächen müssen grundsätzlich auf dem Baugrundstück selbst liegen und dürfen sich bei mehreren Gebäuden nicht überdecken. Die Tiefe bemisst sich grundsätzlich nach der Wandhöhe, das **Maß** ist **„H"** (§ 6 Abs. 4 Satz 1 ThürBO). Die Tiefe der Abstandsfläche beträgt im **Regelfall 0,4 H**, mindestens jedoch 3 m (§ 6

Abs. 5 Satz 1 ThürBO). Von diesen vorgenannten Grundsätzen ausgehend enthält § 6 ThürBO vom Gesetzgeber vorgesehene **Sonderfälle** und **Ausnahmen**. Gemeinden können darüber hinaus auf Grundlage des § 97 Abs. 1 Nr. 5 ThürBO davon abweichende **Maße** in **örtlichen Bauvorschriften** vorgeben. Außerdem können sie in Bebauungsplänen durch Festsetzung der **Bauweise** (§ 22 BauNVO) sowie durch die Ausgestaltung der **überbaubaren Grundstücksfläche** im Wege der Festsetzung von Baulinien, Baugrenzen und Bebauungstiefen (§ 23 BauNVO) vom Erfordernis der durch die Bauordnung vorgegebenen Abstandsflächeneinhaltung abweichen.

Im Einzelfall kann darüber hinaus ein Bauherr **Abweichungen** von den Vorgaben des § 6 ThürBO nach der „Soll"-Vorschrift des § 73 Abs.1 ThürBO **beantragen**. Die Vorschrift des § 6 ThürBO ist insoweit von einem umfassenden **Regel-Ausnahme-Verhältnis** geprägt, wobei die Einhaltung von Abstandsflächen den Regelfall darstellt.

Die besondere Bedeutung des Rechts der Abstandsflächen erschließt sich jedoch noch aus einem anderen Gesichtspunkt. Während der überwiegende Teil der in der Thüringer Bauordnung enthaltenen Vorschriften lediglich im Verhältnis der Bauherrschaft zur durch die Bauaufsichtsbehörde vertretenen staatlichen Gewalt wirkt, entfaltet das Abstandsflächenrecht eine echte Wirkung mit Schutzcharakter zugunsten des benachbarten Eigentümers bzw. der benachbarten Eigentümerin (benachbarte Person). Jede (rechtmäßige oder rechtswidrige) Abweichung vom Abstandsflächenrecht stellt deshalb zunächst eine Verkürzung der Rechte der benachbarten Person dar und berechtigt sie zur Inanspruchnahme verwaltungsgerichtlichen Rechtsschutzes. Der Erfolg eines solchen Rechtsbehelfs hängt dann allerdings davon ab, ob die Abweichung von den Vorgaben des Abstandsflächenrechts rechtmäßig erfolgte oder nicht.

3. Vorgaben zu baulichen Anlagen

Der gesamte **dritte Teil** ist von Vorgaben zu **baulichen Anlagen** geprägt. Sämtliche dieser Vorschriften sind unabhängig von der Frage der Genehmigungspflichtigkeit der Errichtung baulicher Anlagen einzuhalten.

Das betrifft objektbezogene Fragestellungen der **allgemeinen Anforderungen an Bauvorhaben** (§§ 11 bis 17 ThürBO) ebenso wie diejenigen nach den **Bauprodukten** (§§ 18 bis 28 ThürBO) oder die im Wesentlichen brandschutzrelevanten Vorgaben zu **Baustoffen** und **Bauteilen, Wänden, Decken, Dächern, Rettungswegen** (§§ 29 bis 41 ThürBO) sowie zur **technischen Gebäudeausstattung** (§§ 42 bis 49 ThürBO).

Letztlich werden auch konkret **nutzungsbezogene Anforderungen** geregelt. Wer beispielsweise die Errichtung von Wohnraum beabsichtigt, muss nicht nur die Anforderungen für Aufenthaltsräume (§ 50 ThürBO) beachten und die Räume mit einer Mindesthöhe von 2,40 m (Dachräume 2,20 m) planen, sondern unter anderem für jede Wohnung nach § 51 Abs. 3 ThürBO ein **Bad** mit Badewanne oder Dusche und einer **Toilette** vorsehen. Ebenfalls ist nach § 52 ThürBO der hierdurch hervorgerufene **Stellplatzbedarf** zu berücksichtigen und abzudecken. Der notwendige Bedarf kann unter Zuhilfenahme der Anlage zur Vollzugsbekanntmachung des zuständigen Thüringer Ministeriums (VollzBekThürBO) ermittelt werden. Diese grundsätzlich auf dem Grundstück oder dazu in zumutbarere Entfernung nachzuweisenden Stellplätze können auf Grundlage einer Satzung auch durch Zahlung einer Geldsumme abgelöst werden. Der so vereinnahmte Betrag darf wiederum nach § 52 Abs. 4 ThürBO nicht in den allgemeinen Gemeindehaushalt einfließen, sondern ist **zweckgebunden** zur Herstellung oder Instandsetzung von Parkplätzen oder sonstiger Maßnahmen zur Entlastung der Straßen vom ruhenden Verkehr (Radwege, Nahverkehrsmaßnahmen) zu verwenden.

Ein Teil der materiell-rechtlichen Vorgaben fand Aufnahme in den Ordnungswidrigkeitenkatalog nach § 94 Abs. 1 ThürBO. Ein Verstoß gegen diese dort aufgeführten Vorschriften ist somit **bußgeldbewehrt**. Die **Ordnungswidrigkeit** kann mit einer Geldbuße bis zu 500 000,- € geahndet werden (§ 94 Abs. 3 ThürBO).

4. Generalklausel § 3 ThürBO

Sämtliche materiell-rechtlichen Regelungen in der Thüringer Bauordnung finden in § 3 ThürBO eine generelle Ausprägung. Diese Vorschrift kommt dann zum Tragen, wenn eine speziell geregelte materiell-rechtliche Norm nicht zur Anwendung gelangt oder deren Auslegung bzw. Anwendung im konkreten Fall unklar ist.

Nach § 3 Satz 1 Hs. 1 ThürBO sind **Anlagen** so anzuordnen, zu errichten, zu ändern und instand zu halten, dass die öffentliche Sicherheit oder Ordnung, insbesondere Leben, Gesundheit oder die natürlichen Lebensgrundlagen nicht gefährdet werden. Ebenfalls müssen nach § 3 Satz 1 Hs. 2 ThürBO sämtliche Anforderungen nach Anhang 1 der Verordnung (EU) Nr. 305/2011 berücksichtigt werden. Dort werden u. a. Anforderungen an die mechanische Festigkeit und Standsicherheit, den Brandschutz sowie den Schallschutz festgehalten. Damit ist **Sinn und Zweck** der übrigen materiell-rechtlichen Regelungen der Thüringer Bauordnung über diese Formulierung Ausdruck verliehen worden, denn die in der Generalklausel festgehaltenen Vorgaben prägen sämtliche anlagenbezogenen Vorschriften der Thüringer Bauordnung. § 3 Satz 1 ThürBO stellt somit gleichzeitig eine Auslegungsvorschrift für alle anderen Vorschriften dar.

§ 96 ThürBO löst den in früheren Fassungen des § 3 ThürBO enthaltenen Absatz 3 ab und ermöglicht die Konkretisierung dieser Anforderungen des Satzes 1 durch **Technische Baubestimmungen**, die zu beachten sind. Die maßgeblichen zu beachtenden Technischen Baubestimmungen wurden über die Verwaltungsvorschrift des Thüringer Ministeriums für Infrastruktur und Landwirtschaft zur Einführung Technischer Baubestimmungen (ThürVVTB) vom 14.11.2022 eingeführt und sind im Internet wie folgt abrufbar:

https://infrastruktur-landwirtschaft.thueringen.de/fileadmin/Bau/Baurecht/Bauordnungsrecht/Anlage_zu_ThuerVVTB_2022.pdf

In früheren Fassungen enthielt § 3 ThürBO in einem Absatz 2 auch allgemeine Anforderungen an Bauprodukte und Bauarten. Diese Anforderungen finden sich nun in § 17 ThürBO (Bauarten) und § 18 ThürBO (Bauprodukte).

III. Überblick über formelle Regelungen

1. Zuständigkeiten

Bauordnungsrecht war ursprünglich Staatsaufgabe. Diese strikte Zuweisung wurde bereits im Zuge der Änderung der Thüringer Bauordnung im Jahre 2004 zugunsten einer Aufgabenübertragung auf die Gebietskörperschaften Landkreis und kreisfreie Stadt aufgegeben. Zuständig für den Vollzug der Thüringer Bauordnung ist die Untere Bauaufsichtsbehörde (§ 60 Abs. 2 ThürBO). Diese Aufgabe nehmen die Landkreise und die kreisfreien Städte (Erfurt, Gera, Jena, Suhl, Weimar) im übertragenen Wirkungskreis als Untere Bauaufsichtsbehörden wahr. Aufgaben der unteren Bauaufsicht nehmen aufgrund gesonderter Übertragung auch die Große Kreisstadt Eisenach (§ 6 Abs. 3a ThürKO, § 3 Abs. 2 Nr. 1a EisenachNGG) sowie die Großen kreisangehörigen Städte Altenburg, Gotha, Ilmenau, Mühlhausen sowie Nordhausen wahr (§ 6 Abs. 4 ThürKO sowie 1. und 2. ThÜbertrVO).

Eine Ausnahme sieht § 81 Abs. 1 ThürBO für die sog. Typengenehmigung vor. Diese wird für bauliche Anlagen erteilt, die in derselben Ausführung an mehreren Stellen errichtet werden sollen. Für die Erteilung oder Anerkennung einer solchen, fünf Jahre wirksamen Genehmigung ist das Landesverwaltungsamt als obere Bauaufsichtsbehörde zuständig, § 81 Abs. 1 und 3 iVm. § 60 Abs. 1 Satz 1 Nr. 2 ThürBO.

2. Aufgaben und Befugnisse der Behörden

a) Aufgaben

Die Bauaufsichtsbehörden haben nach § 61 Abs. 1 ThürBO grundsätzlich die Aufgabe, die Einhaltung der öffentlich-rechtlichen Vorschriften insbesondere aus der Thüringer Bauordnung zu **überwachen** und nach pflichtgemäßem Ermessen die erforderlichen **Maßnahmen** zu **treffen**. Die Überwachung erstreckt sich nach dieser Maßgabe also nicht nur auf genehmigungsbedürftige Bauvorhaben, sondern auf alle nach der Thüringer Bauordnung relevanten sicherheitsrechtlichen Aspekte.

Vom Aufgabenbereich erfasst sind damit aber auch die **Erteilung der Genehmigungen** sowie die Wahrnehmung bzw. Ausübung der nachfolgend beschriebenen **Befugnisse.**

b) Bauaufsichtliche Maßnahmen und Bauüberwachung

Im vierten Abschnitt (§§ 85 bis 87 ThürBO) sowie im fünften Abschnitt (§§ 88 bis 89 ThürBO) des fünften Teils sind verschiedene **Befugnisse** für Maßnahmen der Bauaufsichtsbehörde zum Zwecke der Durchsetzung der Einhaltung der gesetzlichen Vorgaben enthalten. Befugnisse stellen **Ermächtigungsgrundlagen** für den Erlass von einzelfallbezogenen Regelungen (Verwaltungsakte i.S.v. § 35 Satz 1 VwVfG) durch die Behörde dar. Ohne eine solche Befugnis verbietet der verfassungsrechtlich vorgegebene Grundsatz vom Vorbehalt des Gesetzes (Art. 20 Abs. 3 GG) der Verwaltung den Erlass solcher Regelungen. Genaugenommen handelt es sich somit nicht um formelle Regelungen, sondern um materiell-rechtliche Befugnisse.

Nach der Spezialbefugnis des § 86 Abs. 1 Satz 1 ThürBO kann die Bauaufsichtsbehörde bei formeller oder materieller **Illegalität** nicht nur die **Einstellung von Arbeiten** anordnen (§ 86 Abs. 1 Satz 1 ThürBO) und die Herstellung gesetzmäßiger Zustände verlangen. Nach § 87 Abs. 1 ThürBO ist sie darüber hinaus zur **Anordnung** der teilweisen oder vollständigen **Beseitigung** bereits errichteter Anlagen befugt. Auch kann sie eine widerrechtliche **Nutzung untersagen** (§ 87 Abs. 1 ThürBO). Nach der mit der ThürBO 2014 eingeführten Regelung des § 87 Abs. 2 ThürBO kann die Beseitigung auch dann angeordnet werden, wenn die Anlage nicht genutzt wird oder zu verfallen droht. In diesen Fällen muss die Bauaufsichtsbehörde vor Erlass der Anordnung prüfen, ob ein öffentliches oder schutzwürdiges privates Interesse an ihrem Erhalt besteht. Ist das der Fall, darf eine Beseitigung nicht angeordnet werden.

Die vorgenannten Maßnahmen stehen im **Ermessen** der Bauaufsichtsbehörde. Das bedeutet allerdings nicht, dass ihr ein erheblicher Ermessenspielraum zugestanden wird. Wegen des einem Verstoß insbesondere gegen materielles Baurecht innewohnenden Gefährdungspotentials sowie dem Gesetzesverstoß an sich verdichtet sich das Ermessen deutlich zu einer **Handlungspflicht**. Es stellt sich deshalb im Regelfall nicht die Frage nach dem „Ob" des behördlichen Einschreitens und damit der Ausübung der Befugnis. Lediglich die Auswahl mehrerer zur Verfügung stehender Mittel und damit die Anordnung der Rechtsfolge ist insoweit ermessensrelevant und verpflichtet die Behörde zur ermessensfehlerfreien Auswahl der am geringsten in das Grundrecht des jeweiligen Adressaten der Maßnahme (Bauherr bzw. Eigentümer) eingreifenden Maßnahme unter Berücksichtigung des **Verhältnismäßigkeitsgrundsatzes**. Die Anwendung dieses Grundsatzes führt im Regelfall dazu, dass mit dem materiellen Recht voraussichtlich im Einklang stehende Anlagen nicht zu beseitigen sind, wenn die formellen Gesetzesverstöße nachträglich beseitigt werden können.

c) Sonstige Befugnisse

Der Gesetzgeber räumt den Bauaufsichtsbehörden im Falle erheblicher Gefahren die Befugnis ein, Einzelmaßnahmen anzuordnen, um die Anforderungen der **Generalklausel** nach § 3 ThürBO zu erfüllen. Dieser materiell-rechtlichen Generalklausel steht über § 61 Abs. 2 ThürBO eine **Befugnis genereller Art** zur Seite, die subsidiär gegenüber den Spezialbefugnissen zur Anwendung gelangt.

Reichen im Übrigen die von der Thüringer Bauordnung vorgesehenen Spezialbefugnisse nicht aus, die oben beschriebenen Aufgaben im Sinne des § 61 Abs. 1 Satz 1 ThürBO sicherzustellen und zu erfüllen, so enthält § 61 Abs. 1 Satz 2 ThürBO eine Auffangbefugnis in Form einer Generalklausel.

d) Exkurs: Städtebauliches Gebot der Beseitigung

Den **Gemeinden** wird unabhängig von der Tätigkeit der Bauaufsichtsbehörden durch das BauGB eine eigene Kompetenz zur Beseitigung von baulichen Anlagen eingeräumt. Nach § 179 Abs. 1 Satz 1 BauGB kann der Eigentümer eines Grundstücks durch Bescheid der Gemeinde zur Duldung der Beseitigung der Anlage verpflichtet werden, wenn die Anlage entweder im Widerspruch zu den Festsetzungen des Bebauungsplans steht (§ 179 Abs. 1 Satz 1 Nr. 1 BauGB) oder aber wenn sie Missstände und Mängel im Sinne des § 177 Abs. 2 und 3 Satz 1 BauGB vorweist, die auch durch Modernisierung und Instandhaltung nicht behoben werden können (§ 179 Abs. 1 Satz 1 Nr. 2 BauGB). Insbesondere die zweitgenannte Alternative stellt eine eigene Kompetenz zur Beseitigung von Schrottimmobilien dar. Die der Gemeinde hierdurch entstehenden Kosten sind vom Eigentümer zu tragen und können ebenfalls durch Bescheid geltend gemacht werden (§ 179 Abs. 4 BauGB).

3. Genehmigungspflicht und Genehmigungsfreiheit

Wie die überwiegende Anzahl der Bauordnungen der Länder ist auch die Thüringer Bauordnung hinsichtlich der Notwendigkeit der Prüfung von Vorhaben in einem vorgeschalteten Genehmigungsverfahren von einem Regel-Ausnahme-Verhältnis geprägt.

Grundsätzlich statuiert die Thüringer Bauordnung danach ein **Bauverbot**, welches allerdings unter einem **Erlaubnisvorbehalt** (Genehmigung) steht. Obwohl dieses **Regel-Ausnahme-Verhältnis** weiterhin fortbesteht, war bereits die Thüringer Bauordnung 2004 von einer erheblichen Aufweichung dieses Verhältnisses geprägt. Der Gesetzgeber wollte damit einem bundesweiten Trend folgend dem Bauherrn bzw. Baubeteiligten ein höheres Maß an Eigenverantwortung verschaffen und andererseits die Bauaufsichtsbehörden im zulässigen Umfang entlasten.

a) Genehmigungspflicht

Gemäß § 62 Abs. 1 ThürBO bedarf die **Errichtung, Änderung und Nutzungsänderung** von Anlagen grundsätzlich weiterhin der Baugenehmigung, sofern nicht eine der Ausnahmen nach §§ 63, 64, 83 Abs. 2 und 84 Abs. 1 ThürBO greift. Der hier in Bezug genommene Anlagenbegriff bestimmt sich nach § 2 Abs. 1 ThürBO.

Die **Beseitigung** von Anlagen unterliegt bereits seit 2004 nicht mehr wie früher der Genehmigungspflicht, hierfür besteht lediglich noch eine grundsätzliche **Anzeigepflicht** gemäß § 63 Abs. 3 Satz 2 ThürBO. Danach ist die beabsichtigte Beseitigung von Anlagen mindestens einen **Monat** zuvor anzuzeigen und im Bedarfsfall sind Nachweise sowie Bewertungen zur Standsicherheit benachbarter Gebäude beizubringen (§ 63 Abs. 3 Satz 3 ThürBO).

b) Verfahrensfreiheit

Die erste große **Ausnahme** zur **Genehmigungspflicht** stellt die **Verfahrensfreiheit** dar. Verfahrensfreiheit bedeutet, dass bei Erfüllung der maßgeblichen gesetzlichen Anforderungen des § 63 Abs. 1 und 2 ThürBO sämtliche in der Vorschrift aufgeführten Anlagen für ihre **Errichtung** oder **Nutzung** zwar die materiell-rechtlichen Voraussetzungen der Thüringer Bauordnung einhalten müssen, ein wie auch immer geartetes Genehmigungs- oder Überprüfungsverfahren ist hingegen nicht vorgesehen. Liegen die Voraussetzungen vor, darf der Bauherr sein Vorhaben realisieren, ohne die Behörde zu informieren oder gar vorab eine Genehmigung einzuholen.

Klarstellend enthält § 63 Abs. 4 ThürBO den Hinweis, dass dies auch für **Instandhaltungsarbeiten** gilt.

Nach Maßgabe des § 63 Abs. 3 Satz 1 ThürBO ist auch die **Beseitigung** einiger, dort aufgeführter Anlagen verfahrensfrei. Für diese konkret aufgeführten Anlagen muss also auch **kein Anzeigeverfahren** nach § 63 Abs. 3 Satz 2 ThürBO durchgeführt werden.

Konsequenz der Verfahrensfreiheit ist ein erheblicher Zuwachs an Eigenverantwortung der Bauherrschaft (§ 56 ThürBO) sowie der von ihm beauftragten Entwurfsverfasserin bzw. des Entwurfsverfassers (§ 57 ThürBO) und des Unternehmens (§ 58 ThürBO). Das schränkt die Rechtssicherheit erheblich ein. Wird ein Vorhaben bauaufsichtlich vorab geprüft und ergeht schließlich eine Genehmigung, so kann der Bauherr im Regelfall **Vertrauensschutz** gegen eine etwaige Aufhebung dieser Genehmigung geltend machen. Bei verfahrensfreien oder verfahrenseingeschränkten Vorhaben besteht hingegen stets das grundsätzliche Risiko, dass bei Planung und Ausführung wesentliche Vorgaben der Bauordnung **übersehen** wurden und der Bauherr so bauaufsichtlichen Maßnahmen ausgesetzt sein kann. Dieser Wechsel von einem präventiven Überwachungssystem zu einem System repressiver Art ist also nicht nur von Vorteilen geprägt, sondern für die Bauherrschaft mit Risiken verbunden.

c) Genehmigungsfreistellung

Den zweiten großen Bereich der Ausnahme vom Genehmigungsvorbehalt stellt die **Genehmigungsfreistellung** dar. Danach bedürfen die in § 64 Abs. 1 Satz 1 ThürBO abschließend aufgezählten Anlagen keiner Genehmigung, wenn kein Ausnahmefall nach § 64 Abs. 1 Satz 2 ThürBO vorliegt und die Anlagen nach Maßgabe des § 64 Abs. 2 ThürBO genehmigungsfrei **gestellt** werden können.

Wesentliche Voraussetzung dieser Genehmigungsfreistellung nach § 64 Abs. 2 ThürBO ist zunächst die **planungsrechtliche Bewertung** des Baugrundstücks (innerhalb eines qualifizierten Bebauungsplangebiets nach § 30 Abs. 1 BauGB oder im Bereich eines vorhabenbezogenen Bebauungsplans nach § 30 Abs. 2 BauGB). Darüber hinaus steht die Genehmigungsfreistellung unter dem Vorbehalt, dass sich die Gemeinde mit dieser Genehmigungsfreistellung einverstanden zeigt. Sie hat es in der Hand, innerhalb eines Monats nach Vorlage der (vollständigen) erforderlichen Unterlagen durch Erklärung die Durchführung eines Genehmigungsverfahrens nach Maßgabe des § 64 Abs. 3 und 4 ThürBO herbeizuführen. Ergeht eine solche Erklärung innerhalb der Frist nicht, darf der Bauherr nach Ablauf der Frist mit dem Bau beginnen.

4. Genehmigungsverfahren

Ebenfalls auf die grundlegende Reform der Thüringer Bauordnung im Jahr 2004 zurückzuführen ist die Differenzierung der Genehmigungsverfahren in ein **vereinfachtes** Baugenehmigungsverfahren und ein (hier so genanntes) **gewöhnliches** oder – angelehnt an den Prüfumfang – umfassendes Baugenehmigungsverfahren.

Beide Verfahren unterscheiden sich vom vorgegebenen Prüfkatalog für das beabsichtigte Vorhaben, der nach § 78 Abs. 1 Satz 1 ThürBO maßgeblich für den Anspruch auf Erteilung einer Baugenehmigung ist. Dort ist ausdrücklich aufgeführt, dass dem Vorhaben keine öffentlich-rechtlichen Vorschriften entgegenstehen dürfen, „die im bauaufsichtlichen Verfahren zu prüfen sind.“

Beiden Verfahrensarten ist zunächst **gemeinsam**, dass die Bauaufsichtsbehörde die Übereinstimmung mit dem planungsrechtlichen Vorgaben nach den §§ 29 bis 38 BauGB ebenso zu prüfen hat, wie sonstige, außerhalb der Thüringer Bauordnung liegende öffentlich-rechtliche Anforderungen, soweit diese im Baugenehmigungsverfahren zu prüfen sind und deshalb Verfahren nach diesen anderen Gesetzen entfallen (z. B. § 7 Abs. 8 ThürNatSchG).

Dagegen besteht ein erheblicher Unterschied im durch die beiden Vorschriften vermittelten sonstigen **Prüfungsumfang**. Beim „gewöhnlichen“ Baugenehmigungsverfahren nach § 66 ThürBO ist das beantragte Vorhaben auf die Übereinstimmung mit sämtlichen Vorgaben der Thüringer Bauordnung hin zu überprüfen (§ 66 Nr. 2 ThürBO). Beim vereinfachten Baugenehmigungsverfahren sind Vorschriften der Thüringer Bauordnung hingegen nur **insoweit** zu prüfen, als der Bauherr erklärtermaßen von diesen abweichen will und ein entsprechender Abweichungsantrag nach § 73 Abs. 1 und 2 ThürBO gestellt wurde (§ 65 Abs. 1 Satz 2 Nr. 2 ThürBO).

Die am Genehmigungsverfahren Beteiligten (**Bauherrschaft** und **Entwurfsverfasser**) werden im vierten Teil (§§ 56 und 57 ThürBO) definiert. Die Entwurfsverfasser müssen insbesondere **bauvorlageberechtigt** sein, was in § 67 ThürBO näher konkretisiert und ausgeführt wird. Diese Vorschrift wurde mit der ThürBO 2024 reformiert. In den neu eingefügten §§ 68 bis 71 sind weitere formale und materielle Kriterien für die Bauvorlageberechtigung – auch im Hinblick auf die Anerkennung ausländischer Berufsbilder und -abschlüsse – aufgenommen worden.

Der Bauantrag ist bei der unteren Bauaufsichtsbehörde **schriftlich** unter Beifügung der im Einzelnen in der Thüringer Verordnung über **Bauvorlagen** und bauaufsichtliche Anzeigen vom 23.03.2010 (ThürBauVorlVO) aufgelisteten Dokumente und unter Erbringung der **bautechnischen Nachweise** (§ 72 ThürBO) einzureichen (§ 74 Abs. 1 ThürBO). Da die oberste Bauaufsichtsbehörde darüber hinaus u. a. Vordrucke für einen Bauantrag nach § 1 Abs. 3 ThürBauVorlVO veröffentlicht hat, sind diese Vordrucke für die Einreichung des Antrags zu verwenden. Abrufbar sind die Vordrucke u. a. im Zentralen Thüringer Formularservice im Internet (https://thformular.thueringen.de).

Wird die Baugenehmigung nach § 78 ThürBO erteilt, so **erlischt** sie grundsätzlich gemäß § 79 Abs. 1 ThürBO nach drei Jahren, sofern nicht innerhalb dieses Zeitraums mit dem Bau begonnen wird. Diese Frist ist nach § 79 Abs. 2 ThürBO auf Antrag in Textform jeweils bis zu einem Jahr verlängerbar.

Beabsichtigt eine Bauherrschaft, vor Einreichung des Bauantrags nur **einzelne Fragen** des Bauvorhabens **verbindlich** klären zu lassen, so kann sie den Erlass eines **Vorbescheids** nach § 82 ThürBO beantragen, der ebenfalls **drei** Jahre gilt. Gleiches gilt für die Unterteilung des Bauvorhabens in Bauabschnitte, hierfür kann eine Teilbaugenehmigung nach § 80 ThürBO beantragt werden. Allen Genehmigungsarten im vorgenannten Sinne ist gemeinsam, dass sie lediglich in Textform beantragt werden müssen. Außerdem müssen nach den §§ 72 und 74 ThürBO die vollständigen Antragsunterlagen und Nachweise von den bauvorlageberechtigten Personen (§ 64 ThürBO) eingereicht werden.

Für den Fall, dass die Bauherrschaft erkennbar von den Vorgaben der Thüringer Bauordnung oder von den Vorgaben des Planungsrechts **abweichen** will, muss sie nach § 73 ThürBO in Textform einen entsprechenden **Antrag** auf Abweichungen stellen. Solche Abweichungen sind auch dann zu beantragen, wenn es sich eigentlich um verfahrensfreie Vorhaben im Sinne des § 63 ThürBO handelt. Hier besteht die Besonderheit, dass über diese so genannten isolierten Abweichungen ausnahmsweise nicht die Bauaufsichtsbehörde, sondern nach § 73 Abs. 3 Satz 1 ThürBO die Gemeinde entscheidet. In früheren Fassungen der ThürBO stand die Erteilung der Abweichung im Ermessen der Bauaufsichtsbehörde („kann"). Antragsteller hatten somit lediglich einen Anspruch auf ermessensfehlerfreie Entscheidung über die beantragten Abweichungen. Nach Maßgabe des § 73 Abs. 1 ThürBO besteht nunmehr in der Regel ein Anspruch auf die Erteilung von Abweichungen, was durch die Formulierung „soll" zum Ausdruck gebracht wird. Bei Vorhaben zur Weiternutzung bestehender Gebäude, zur Energieeinsparung oder zur Erprobung neuer Bau- und Wohnformen betont der Gesetzgeber in einem neuen § 73 Abs. 1 Satz 2 ThürBO die Typik für die zu gestattende Abweichungsentscheidung.

Die Eigentümerinnen und Eigentümer **benachbarter** Grundstücke (benachbarte Personen) sollen nach § 76 Abs. 1 ThürBO durch Zustellung über das Vorhaben benachrichtigt werden, wenn Abweichungen und Befreiungen (§ 73 ThürBO) beantragt wurden, und die Berührung öffentlich-rechtlich geschützter nachbarlicher Belange zu erwarten ist und sie dem Vorhaben nicht zugestimmt haben. Steht das Vorhaben nach den Bauantragsunterlagen mithin in vollem Einklang mit den Vorschriften der Thüringer Bauordnung, so scheidet eine Beteiligung der benachbarten Personen vollständig aus. Wenn benachbarte Personen zu beteiligen sind, so müssen sie ihre Einwendungen innerhalb von einem Monat in Textform oder zur Niederschrift bei der Bauaufsichtsbehörde einreichen, anderenfalls verlieren sie das Recht, gegen das Vorhaben gerichtlich vorzugehen. Ihnen ist die Baugenehmigung zur weiteren Wahrnehmung ihrer Rechte nach § 76 Abs. 2 Satz 2 ThürBO zuzustellen.

Auf Antrag der Bauherrschaft kann die Bauaufsichtsbehörde nach § 76 Abs. 3 ThürBO bei denkbar für die Allgemeinheit oder die benachbarten Personen gefährlichen, benachteiligenden oder belästigenden Vorhaben das Bauvorhaben öffentlich bekannt machen. Dann sind die Unterlagen für die Dauer eines Monats zur Einsicht auszulegen. Die Öffentlichkeit muss innerhalb von zwei Wochen nach Ablauf der Auslegungsfrist schriftlich Einwendungen erheben, um das Recht auf gerichtlichen Rechtsschutz nicht zu verlieren. Auch hier muss dann die Baugenehmigung an die Einwendungsführer zugestellt werden. Bei einer notwendigen Zustellung an mehr als 20 benachbarte Personen kann die erforderliche Zustellung durch öffentliche Bekanntmachung ersetzt werden, § 76 Abs. 6 ThürBO.

In Teil B wird ein umfassenderer Überblick über die Baugenehmigung erteilt.

IV. Bauprodukte, Bauarten und Marktüberwachung

Wesentlicher Bestandteil des in der Thüringer Bauordnung zum Ausdruck kommenden Gefahrenabwehrgedankens ist die Sicherstellung der Verwendung tauglicher Bauprodukte.

1. Europarechtliche Vorgaben

Das Recht der Bauprodukte ist überwiegend europarechtlich vorgegeben und geprägt. In der *„Verordnung (EU) Nr. 305/2011 des Europäischen Parlaments und des Rates vom 09. März 2011 zur Festlegung harmonisierter Bedingungen für die Vermarktung von Bauprodukten und zur Aufhebung der Richtlinie 89/106/EWG des Rates"* (ABl. L 88 vom 04. April 2011, S. 5) werden Bestimmungen zur **Gefahrvermeidung** bei der Verwendung von Bauprodukten einschließlich der Maßnahmen zur **Überwachung**

(Marktüberwachung) getroffen. Diese nach Maßgabe des Art. 288 Abs. 2 AEUV unmittelbar auch in der Bundesrepublik Deutschland geltende Verordnung bedarf keines gesonderten Umsetzungsaktes. Dennoch erfordert sie Regelungen zu Bauprodukten und der Marktüberwachung, die bereits früher in anderer Form Eingang in die Thüringer Bauordnung gefunden hatten. Der schon mit der ThürBO 2018 abgeschlossene Änderungsprozess erfolgte hauptsächlich wegen der Umsetzung der europarechtlichen Vorgaben.

2. Bauarten

§ 17 ThürBO fasst Bestimmungen zu in § 2 Abs. 11 ThürBO definierten Bauarten (Zusammenfügen von Bauprodukten) zusammen.

3. Bauprodukte

Der gesamte dritte Abschnitt der Thüringer Bauordnung enthält Vorgaben zu Bauprodukten.

Bauprodukte sind in § 2 Abs. 10 ThürBO unter Einbeziehung der Bestimmung des Art. 2 Nr. 2 der Verordnung (EU) Nr. 305/2011 („Bausatz") definiert.

Materiell-rechtliche Vorgaben zu Bauprodukten (Anforderungen) enthalten die §§ 18 und 19 ThürBO, während die §§ 20 bis 28 ThürBO **formelle** Anordnungen und Voraussetzungen zur Verwendbarkeit der Bauprodukte regeln.

Das betrifft insbesondere die in § 20 ThürBO vorausgesetzte Verwendbarkeit von Bauprodukten nach Maßgabe Technischer Baubestimmungen (§ 96 ThürBO) oder nach Vorlage eines Verwendbarkeitsnachweises (§§ 21 bis 23 ThürBO). Sowohl die Erstellung der Technischen Baubestimmungen nach § 96 ThürBO als auch die Erteilung der allgemeinen bauaufsichtlichen Zustimmung nach § 21 Abs. 1 ThürBO liegen in der Zuständigkeit des **Deutschen Instituts für Bautechnik** (DIBT) mit Sitz in Berlin. Dieses Institut wurde auf Grundlage eines Abkommens zwischen der Bundesrepublik Deutschland und den 16 Bundesländern (**DIBT**-Abkommen) gegründet und wird vom Land Berlin als rechtsfähige Anstalt des öffentlichen Rechts unterhalten. Durch Zustimmungsgesetz der jeweiligen Länder (zuletzt Thüringer Gesetz zu dem Abkommen zur dritten Änderung des Abkommens über das Deutsche Institut für Bautechnik vom 11. Mai 2017, GVBl. S. 137) wird dieses Abkommen Landesrecht. Bundesrechtlich ist die Stellung des Instituts im Bauproduktengesetz (BauPG) geregelt. Das Institut ist gleichzeitig gemeinsame Marktüberwachungsbehörde (§ 91 Nr. 3 ThürBO) und damit u. a. zuständig für die einheitliche Prüfung und Bewertung von Bauprodukten in technischer Hinsicht (§ 93 Abs. 2 ThürBO).

Bauprodukte müssen weiter bestimmte Übereinstimmungserklärungen nach den §§ 24 und 25 ThürBO enthalten; in den §§ 26 und 27 ThürBO sind Regelungen zur Zertifizierung und den maßgeblichen Stellen enthalten. Nach § 28 ThürBO kann eine bestimmte Sachkunde für Mitarbeiter bei Herstellern vorgeschrieben werden, was durch die oberste Bauaufsichtsbehörde (§ 60 Abs. 1 Nr. 3 ThürBO) auch im Wege der Rechtsverordnung bestimmt werden darf. Nach § 1 der Thüringer Verordnung über Zuständigkeiten im Bauwesen (ThürZustBauVO) ist das DIBT zuständig für die Anerkennung von Personen und Behörden nach § 28 ThürBO.

4. Marktüberwachung

Die Verordnung (EU) Nr. 305/2011 sieht im VIII. Kapitel (ab Art. 56) vor, dass eine hinreichende **Marktüberwachung** über die Verwendung der Bauprodukte durch die Mitgliedstaaten sicherzustellen ist. Das setzt der Thüringer Landesgesetzgeber um, indem er in § 91 ThürBO Marktüberwachungsbehörden einrichtet, denen er in § 92 ThürBO Aufgaben und Befugnisse nach Kapitel III der Verordnung (EU) Nr. 2019/1020, dem Produktsicherheitsgesetz (ProdSG), der Verordnung (EU) Nr. 305/2011 und dem Bauproduktengesetz verleiht. In § 93 ThürBO werden den nach § 91 ThürBO eingerichteten Marktüberwachungsbehörden schließlich die jeweiligen sachlichen Zuständigkeiten zugewiesen.

5. Ordnungswidrigkeiten

Verstöße gegen bestimmte formale Vorgaben der Regelungen zu Bauarten und Bauprodukten stellen nach § 94 Abs. 1 Nr. 9, 10 und 11 ThürBO Ordnungswidrigkeiten dar und können mit einer Geldbuße bis zu 500 000 Euro geahndet werden. Die insoweit illegalen Bauprodukte können nach § 94 Abs. 4 ThürBO eingezogen werden.

Zuständig ist in diesen Fällen nach § 94 Abs. 5 ThürBO die oberste Bauaufsichtsbehörde (§ 60 Abs. 1 Nr. 3 ThürBO).

V. Ermächtigung zum Erlass von weiteren Regelungen

1. Erlass von Rechtsverordnungen

§ 95 ThürBO enthält Ermächtigungen zum Erlass von Rechtsverordnungen durch die oberste Bauaufsichtsbehörde (§ 60 Abs. 1 Satz 1 Nr. 3 ThürBO). Die auf dieser Grundlage erlassenen Verordnungen stellen zu berücksichtigende öffentlich-rechtliche Vorschriften „auf Grund" der Thüringer Bauordnung dar. Im Falle eines Verstoßes ist ein Vorhaben rechtswidrig. Überdies kann die oberste Bauaufsichtsbehörde einzelne Regelungen bewehren, indem ein Verstoß gegen die betreffende Vorschrift eine Ordnungswidrigkeit darstellt (vgl. dazu z. B. § 22 ThürGarVO).

2. Erlass von Satzungen

§ 97 ThürBO enthält schließlich eine Ermächtigungsgrundlage für den Erlass örtlicher Bauvorschriften durch Gemeinden. Diese können zunächst nach § 97 Abs. 1

ThürBO als Satzungen im eigenen Wirkungskreis (§ 19 ThürKO) erlassen werden. Von besonderer Bedeutung sind etwa die nach § 97 Abs. 1 Nr. 1 ThürBO zulässigen Gestaltungssatzungen (teilweise auch „Baugestaltungssatzung“ oder „Ortsgestaltungssatzung“ genannt). Diese geben Gemeinden die Möglichkeit, etwa durch Vorgaben zur Farbgebung der Gebäude oder der Dächer ein einheitliches Ortsbild zu erzeugen. Historische Innenstädte können darüber ebenso in ihrem Gesamtbild erhalten werden, wenn etwa Vorgaben zu Fenstern, Türen oder Werbeanlagen gemacht werden.

§ 97 Abs. 2 ThürBO verschafft den Gemeinden die Möglichkeit, diese Regelungen in einen Bebauungsplan aufzunehmen. Sollen daher bestimmte Vorgaben nur für ein Baugebiet gelten, stellt dies eine effiziente Möglichkeit zur Durchsetzung der gemeindlichen Vorstellungen dar, diese muss keine zusätzliche Satzung erlassen.

B. Erteilung einer Baugenehmigung

Bauherren haben einen Anspruch auf Erteilung einer Baugenehmigung. Das ist in § 78 Abs. 1 ThürBO ausdrücklich festgehalten. Die nachfolgenden Ausführungen sollen einen groben Überblick zum Verständnis dieser Vorschrift verschaffen.

I. Anwendungsbereich des § 78 ThürBO – Genehmigungspflicht als Voraussetzung

§ 78 ThürBO setzt für seine Anwendung zwingend voraus, dass überhaupt eine Pflicht zur Beantragung einer solchen Baugenehmigung besteht. Nicht jedes Vorhaben bedarf einer Baugenehmigung. Besteht ein solches Genehmigungserfordernis nicht, so darf auch keine Baugenehmigung erteilt werden. Eine dennoch erteilte Baugenehmigung wäre sogar rechtswidrig.

Das bedeutet indes nicht, dass bei nicht genehmigungspflichtigen Vorhaben die Vorschriften der Thüringer Bauordnung nicht beachtet werden müssten. § 62 Abs. 2 ThürBO stellt ausdrücklich klar, dass sie bei jedem Bauvorhaben unabhängig von der Frage einer Genehmigungspflicht einzuhalten sind.

In einem **ersten Schritt** ist stets zu hinterfragen, ob die beabsichtigte Realisierung von (Bau-)Vorhaben eine Genehmigungspflicht hervorruft oder nicht. Die ThürBO geht dafür in § 62 Abs. 1 von einem **Regel-Ausnahme-Verhältnis** aus:

In der **Regel** sind die in § 62 Abs. 1 aufgeführten Handlungen (Errichtung, Änderung und Nutzungsänderung von Anlagen) verboten. Dieses Verbot kann aber durch die Erteilung einer Genehmigung aufgehoben werden (sog. präventives Verbot mit Erlaubnisvorbehalt).

In den in § 62 Abs. 1 in Bezug genommenen **Ausnahmefällen** ist eine solche Genehmigung gleichwohl nicht erforderlich und darf dann auch nicht erteilt werden.

1. Regel nach § 62 Abs. 1 ThürBO – Genehmigungspflicht

Der in § 62 Abs. 1 ThürBO aufgeführte Regelfall sieht eine Genehmigungspflicht vor, wenn die Errichtung, Änderung oder Nutzungsänderung einer Anlage beabsichtigt wird.

Der Begriff der Anlage im Sinne des § 62 Abs. 1 ThürBO definiert sich nach § 2 Abs. 1 Satz 4 ThürBO. Anlage im Sinne der Vorschriften sind somit bauliche Anlagen (§ 2 Abs. 1 Satz 1 und 3 ThürBO) sowie sonstige Anlagen im Sinne des § 2 Abs. 1 Satz 2 ThürBO.

Unter Errichtung einer Anlage wird allgemein deren (teilweise oder vollständige) Herstellung verstanden.

Eine Änderung setzt hingegen eine bestehende Anlage voraus, die jedoch erkennbar baulich umgestaltet wird. Es erfolgt somit ein Eingriff in die Bausubstanz. Auch die teilweise oder vollständige Beseitigung der Anlage (Abriss) stellt somit eine Änderung dar. Nicht als genehmigungspflichtige Änderung werden Instandhaltungsarbeiten angesehen, was § 63 Abs. 4 ThürBO ausdrücklich klarstellt.

Von einer Nutzungsänderung ist auszugehen, wenn die bisherige Nutzung aufgegeben und eine qualitativ andersartige Nutzung beabsichtigt wird.

2. Ausnahmekomplex 1 – Verfahrensfreiheit nach § 63 ThürBO

In § 63 Abs. 1 ThürBO werden zahlreiche Vorhaben von jeglicher Verfahrenspflicht entbunden. Das betrifft sowohl die Errichtung als auch die Änderung dieser Vorhaben. Für diese Vorhaben darf dann auch kein Genehmigungsverfahren durchgeführt werden. Von der Einhaltung rechtlicher Bestimmungen sind diese Vorhaben dadurch jedoch nicht entbunden, worauf in § 62 Abs. 2 Satz 1 ThürBO für sämtliche Ausnahmekomplexe hingewiesen wird.

§ 63 Abs. 2 ThürBO definiert den für eine Genehmigungspflicht rechtlich relevanten Umfang einer Nutzungsänderung.

In § 63 Abs. 3 ThürBO wird für bestimmte Anlagen die Beseitigung (der Abriss) verfahrensfrei gestellt.

§ 63 Abs. 4 ThürBO stellt schließlich klar, dass Instandhaltungsarbeiten unabhängig von deren Zuordnung zu einer Änderung des Vorhabens jedenfalls verfahrensfrei erfolgen können.

3. Ausnahmekomplex 2 – Genehmigungsfreistellung nach § 64

Der zweite Ausnahmekomplex ist differenzierter zu betrachten. In § 64 Abs. 1 ThürBO werden Vorhabentypen aufgeführt, die grundsätzlich einer Baugenehmigung bedürfen. Allerdings können diese konkreten Vorhaben von der Genehmigung freigestellt werden, sollten die Voraussetzungen des § 61 Abs. 1 und 2 ThürBO vorliegen. Mit Ausnahme der in § 64 Abs. 1 Satz 1 Nr. 2 und 3 ThürBO aufgeführten Vorhaben (Dachgeschosse im Innenbereich nach § 34 BauGB, Errichtung und Änderung von Anlagen zur Nutzung solarer Energien nach § 35 Abs. 1 Nr. 8 lit b BauGB, Erneuerung und der Ersatz von bestehenden Anlagen zur Erzeugung von Strom aus erneuerbaren Energien) muss das Vorhaben im Geltungsbereich eines qualifizierten Bebauungsplans (§ 30 Abs. 1 BauGB) bzw. eines vorhabenbezogenen Bebauungsplans (§ 30 Abs. 2 BauGB) liegen und sich an die Festsetzungen dieses jeweiligen Planes halten. Selbst wenn diese Voraussetzungen aber vorliegen sollten, kann die Gemeinde nach § 64 Abs. 2 Nr. 4 ThürBO bestimmen, dass zumindest ein vereinfachtes Baugenehmigungsverfahren durchzuführen ist.

4. Ausnahmekomplex 3 – §§ 83 Abs. 2, 84 Abs. 1 ThürBO

Nach § 83 ThürBO bedürfen auch sogenannte „Fliegende Bauten“ (vgl. zur Definition § 83 Abs. 1 ThürBO) keiner Baugenehmigung, da für diese Arten von Bauten eine eigene Art von Genehmigung („Ausführungsgenehmigung“) in einem gesonderten Verfahren einzuholen ist. Die Voraussetzungen für diese Ausführungsgenehmigung werden in § 83 ThürBO geregelt.

In § 84 ThürBO werden schließlich Bauvorhaben in Verantwortung des Bundes und der Länder unter bestimmten Umständen von einer Genehmigungspflicht ausgenommen.

5. Ausnahmekomplex 4 – Spezialvorschriften zur Genehmigung von Anlagen

Es existieren Anlagen, welche den Vorhabenbegriff des § 2 ThürBO erfüllen und die dennoch einem außerhalb der ThürBO geregelten Genehmigungsverfahren unterworfen sind. Wenn das jeweilige Gesetz diesem Genehmigungsverfahren eine sogenannte „Konzentrationswirkung“ zugesteht, so müssen innerhalb dieses Verfahrens auch die Vorgaben der Thüringer Bauordnung geprüft werden. Ein eigenes Genehmigungsverfahren nach der Thüringer Bauordnung wird dann nicht mehr durchgeführt. Ein Beispiel hierfür ist die Vorschrift des § 13 BImSchG. Anlagen, die nach § 4 BImSchG genehmigungspflichtig sind (wie etwa Windkraftanlagen), müssen zwar u. a. die Vorschriften der Thüringer Bauordnung einhalten. Geprüft wird das allerdings im auf Erteilung der immissionsschutzrechtlichen Genehmigung nach dem BImSchG gerichteten Verfahren; ein eigenes Baugenehmigungsverfahren ist nicht durchzuführen.

II. Die Baugenehmigung als Verwaltungsakt

Bei der Baugenehmigung handelt es sich um einen Verwaltungsakt im Sinne des § 35 Satz 1 VwVfG (iVm. § 1 Abs. 1 Satz 1 ThürVwVfG). Für die Baugenehmigung bedeutet das insbesondere, dass sie mit Bekanntgabe gegenüber dem jeweils Beteiligten oder Betroffenen unabhängig von ihrer Rechtmäßigkeit wirksam wird (§ 43 Abs. 1 VwVfG iVm. § 1 Abs. 1 Satz 1 ThürVwVfG).

In der nachfolgenden Darstellung wird dem üblichen Prüfungsaufbau eines Verwaltungsaktes nach der Systematik
- Ermächtigungsgrundlage/Anspruchsgrundlage
- formelle Rechtmäßigkeit
- materielle Rechtmäßigkeit

gefolgt, um einen ersten Überblick über die berücksichtigungsfähigen Vorschriften zu geben.

1. § 78 Abs. 1 Satz 1 ThürBO als Ermächtigungsnorm und Anspruchsgrundlage

Die Vorschrift des § 78 Absatz 1 Satz 1 ThürBO ist Ermächtigungsnorm für den Erlass der Baugenehmigung. Sie ist überdies als echte Anspruchsnorm formuliert. Liegen nämlich sämtliche Tatbestandsvoraussetzungen vor, so muss die Baugenehmigung erteilt werden. Dem Antragsteller wird durch die Vorschrift eine klagbare, subjektiv-öffentliche Rechtsposition verschafft. Die Erteilung der Baugenehmigung ist damit einzig denkbare Rechtsfolge, wenn dem Bauvorhaben keine öffentlich-rechtlichen Vorschriften entgegenstehen. Streitigkeiten über die Erteilung oder Nichterteilung einer Baugenehmigung betreffen somit grundsätzlich die Tatbestandsebene. Die Rechtsfolge ist vom Gesetz dagegen zunächst klar und unzweideutig vorgegeben. Allerdings wird diese klare Rechtsfolgenanordnung in § 71 Abs. 8 Satz 1 Hs. 2 ThürBO geöffnet. Zeigen sich Verstöße gegen Vorschriften außerhalb des Prüfprogramms, so darf die Bauaufsichtsbehörde dennoch die Erteilung der Baugenehmigung verweigern.

2. Formelle Voraussetzungen

Da es sich bei der Baugenehmigung um einen Verwaltungsakt im Sinne des § 35 Satz 1 VwVfG iVm. § 1 Abs. 1 Satz 1 ThürVwVfG handelt, geht dem Erlass dieses Verwaltungsaktes ein Verwaltungsverfahren im Sinne des § 9 VwVfG iVm. § 1 Abs. 1 Satz 1 ThürVwVfG voraus.

Die formellen Voraussetzungen für die Erteilung der Baugenehmigung bestimmen sich nach den nachfolgend aufgeführten Vorschriften der Thüringer Bauordnung; ergänzend sind die Vorschriften des Thüringer Verwaltungsverfahrensgesetzes sowie des Verwaltungsverfahrensgesetzes heranzuziehen (§ 1 Abs. 1 Satz 2 ThürVwVfG).

a) Zuständige Behörde § 60 ThürBO

Sachlich und instanziell zuständig für die Erteilung der Baugenehmigung sind die **Landkreise** und die **kreisfreien Städte** als untere Bauaufsichtsbehörden (§ 60 Abs. 2 i. V. m. Abs. 1 Satz 1 Nr. 1 ThürBO). Hinzu kommen diejenigen Gemeinden, die nach § 6 Abs. 4 ThürKO zu **Großen kreisangehörigen Städten** durch die 1. und 2. „Thüringer Verordnung zur Übertragung von Aufgaben des Landratsamts als der unteren staatlichen Verwaltungsbehörde auf kreisangehörige Gemeinden und zur Erklärung von kreisangehörigen Gemeinden zur Großen kreisangehörigen Stadt“ wurden und damit die Aufgaben der unteren Bauaufsichtsbehörden in ihrem Gebiet wahrnehmen. Es handelt sich hierbei um die Städte Altenburg, Gotha, Ilmenau, Nordhausen und Mühlhausen. Auch Eisenach wurde als Großer Kreisstadt (§ 6 Abs. 3a ThürKO) die Aufgabe der unteren Bauaufsicht übertragen (§ 3 Abs. 2 Nr. 1a EisenachNGG).

Örtlich zuständig ist der **Landkreis** oder diejenige **kreisfreie Stadt** (bzw. **Große kreisangehörige Stadt/Große Kreisstadt**), in deren Territorium sich das maßgebliche zu bebauende Grundstück befindet (§ 3 Abs. 1 Nr. 1 VwVfG iVm. § 1 Abs. 1 Satz 1 ThürVwVfG).

b) Verfahren

aa) Bauantrag § 74 Abs. 1 ThürBO

Nach § 74 Abs. 1 ThürBO ist bei der unteren Bauaufsichtsbehörde ein **Bauantrag** einzureichen. Der Antrag kann nicht vollkommen formlos gestellt werden, sondern es ist der von der obersten Bauaufsichtsbehörde veröffentlichte und damit amtliche Vordruck zu verwenden, der über den Bürgerservice Thüringen im Internet (dort Formulare) aufrufbar ist: https://buerger.thueringen.de/portal/ . Die Notwendigkeit der Verwendung des Formulars ergibt sich aus § 1 Abs. 3 der Thüringer Verordnung über Bauvorlagen und bauaufsichtliche Anzeigen (Thüringer Bauvorlagenverordnung – ThürBauVorlVO). Darin sind auch weitere Vorgaben zur Nutzung elektronischer Verfahren enthalten. So wird ausdrücklich in § 1 Abs. 2 Satz 2 ThürBauVorlVO darauf verwiesen, dass die Regelungen zur schriftformersetzenden Erklärung nach § 1 Abs. 1 Satz 1 ThürVwVfG iVm. § 3a VwVfG unberührt bleiben. Das erweitert nicht nur die Möglichkeiten der elektronischen Kommunikation an sich, sondern erlaubt auch die schriftformersetzende elektronische Einreichung des Bauantrags.

bb) Erstellung von Bauvorlagen § 74 Abs. 2 ThürBO

Weiter müssen die maßgeblichen **Bauvorlagen** eingereicht werden (§ 74 Abs. 2). Inhalt und Umfang dieser Bauvorlagen bestimmen sich ebenfalls nach der ThürBauVorlVO. Es sind auch hier die von der obersten Bauaufsichtsbehörde veröffentlichten Vordrucke zu verwenden (§ 1 Abs. 3 ThürBauVorlVO): https://buerger.thueringen.de/portal/

cc) Bautechnische Nachweise § 72 ThürBO

Zusätzlich müssen bautechnische Nachweise (Standsicherheit, Brand-, Schall- und Erschütterungsschutz) nach Maßgabe des § 72 ThürBO erbracht werden, die allerdings nur in den Fällen des § 72 Abs. 2 Satz 3 ThürBO bauaufsichtlich und damit im Genehmigungsverfahren geprüft werden (dazu auch § 72 Abs. 5 ThürBO).

dd) Nachbarschaftsbeteiligung § 76 ThürBO

Eine Beteiligung der Eigentümerinnen und Eigentümer oder der Erbbauberechtigten benachbarter Grundstücke (benachbarte Person) am Baugenehmigungsverfahren sieht die Thüringer Bauordnung in § 76 ThürBO nur in sehr eingeschränktem Maße vor. Mieter oder Pächter sind keine benachbarten Personen im Sinne dieser Vorschrift.

Nach § 76 Abs. 1 ThürBO **soll** die Bauaufsichtsbehörde nur in den Fällen benachbarte Personen benachrichtigen, in denen Abweichungen und Befreiungen nach § 73 ThürBO beantragt werden. Das bedeutet, dass eine Beteiligung benachbarter Personen gar nicht vorgesehen ist, wenn sich Bauherren strikt an die Vorgaben der ThürBO und die anderer öffentlich-rechtlicher Vorgaben halten.

Auf Antrag der Bauherrschaft kann eine Beteiligung durch öffentliche Bekanntmachung des Bauvorhabens herbeigeführt werden, wenn durch die baulichen Anlagen die Allgemeinheit oder benachbarte Personen durch die Beschaffenheit oder den Betrieb gefährdet, benachteiligt oder belästigt werden können (§ 76 Abs. 3 und 4 ThürBO).

Neu ist, dass die Beteiligung in der Regel ohne Nennung von Namen und Anschrift der Bauherrschaft, der Entwurfsverfasserin oder des Entwurfsverfassers oder der Bauvorlageberechtigten erfolgen soll, wenn der Zweck der Beteiligung auch so erreicht werden kann (§ 76 Abs. 1 Satz 2 ThürBO).

Selbst im Falle des Antrages nach § 73 ThürBO auf Erteilung von Abweichungen oder Befreiungen **soll** die Beteiligung nur dann erfolgen, wenn durch die Abweichungen und Befreiungen öffentlich-rechtlich geschützte nachbarliche Belange (wie etwa die Abstandsvorschriften nach § 6 ThürBO) berührt werden (§ 76 Abs. 1 Satz 1 Hs. 2 ThürBO). Soll ist hier so zu verstehen, dass eine Beteiligung im Regelfall erfolgen **muss**. Nur in besonderen Fällen – etwa wenn eine Beeinträchtigung nachbarlicher Belange aufgrund einer besonderen Grundstückssituation vollkommen ausgeschlossen ist – darf davon abgesehen werden.

Vollkommen ausgeschlossen ist die Benachrichtigung, wenn die benachbarte Person dem Bauvorhaben **zugestimmt** hat (§ 76 Abs. 2 Satz 1 ThürBO).

Eine fehlende oder fehlerhafte Nachbarschaftsbeteiligung führt nicht zur Rechtswidrigkeit der Baugenehmigung. Der benachbarten Person stehen dann unter Umständen erweiterte Rechtsschutzmöglichkeiten zu. So beginnen bei vollkommen fehlender Beteiligung keine Fristen für den Rechtsschutz zu laufen, die benachbarte Person kann formal gegen den Bau vorgehen, sobald sie Kenntnis davon erhält.

Erfolgt eine Beteiligung, so müssen Einwendungen innerhalb eines Monats nach Zustellung der Benachrichtigung in Textform oder durch Niederschrift vorgebracht werden, anderenfalls sind alle Personen mit ihren Einwendungen ausgeschlossen (§ 76 Abs. 1 Satz 3 und 4 ThürBO).

ee) Beteiligung öffentlicher Stellen § 75 ThürBO

Nach § 75 Abs. 1 ThürBO sind die Gemeinde und andere sich aus der Vorschrift ergebende öffentliche Stellen unter den dort genannten Voraussetzungen anzuhören und zu beteiligen.

Soweit planungsrechtliche Belange betroffen sind, ergibt sich außerdem eine Beteiligungsvorgabe der Gemeinde zur Einholung des erforderlichen Einvernehmens nach Maßgabe des § 36 BauGB.

c) Form der Baugenehmigung § 78 Abs. 2 ThürBO

Nach § 78 Abs. 2 Hs. 1 ist die Baugenehmigung **schriftlich** zu erteilen.

In Abweichung von § 39 Abs. 1 VwVfG iVm. § 1 Abs. 1 Satz 1 ThürVwVfG bedarf die Baugenehmigung nach § 78 Abs. 2 Hs. 2 ThürBO grundsätzlich keiner Begründung (vgl. auch § 39 Abs. 2 Nr. 4 VwVfG). Etwas anderes gilt nur dann, wenn Abweichungen von nachbarschützenden Vorschriften zugelassen wurden und die benachbarte Person dem nicht zugestimmt hat. Dann müssen Gründe für diese Abweichungen in der Genehmigung aufgeführt werden.

Eine fehlende, aber erforderliche Begründung kann zudem mit heilender Wirkung nachgeholt werden (§ 45 Abs. 1 Nr. 3 VwVfG iVm. § 1 Abs. 1 Satz 1 ThürVwVfG).

d) Rechtsbehelfsbelehrung

Die Baugenehmigung kann durch Widerspruch nach §§ 42 Abs. 1, 68 Abs. 1 Satz 1 VwGO und anschließend durch Anfechtungsklage nach § 42 Abs. 1 VwGO angefochten werden (vgl. dazu die Ausführungen zum Rechtsschutz in Teil A).

Dem Baugenehmigungsbescheid muss deshalb eine den Anforderungen des § 37 Abs. 6 VwVfG iVm. § 1 Abs. 1 Satz 1 ThürVwVfG genügende Rechtsbehelfsbelehrung beigefügt werden. Fehlt eine solche Rechtsbehelfsbelehrung oder ist diese unvollständig, so wird die Baugenehmigung dadurch nicht rechtswidrig. Allerdings verlängert sich die gesetzliche Anfechtungsfrist **von einem Monat** ab Bekanntgabe (§ 79 VwVfG i. V. m. § 70 Abs. 1 Satz 1 VwGO) auf **ein Jahr** ab Bekanntgabe (§ 79 VwVfG i. V. m. §§ 70 Abs. 2, 58 Abs. 2 VwGO; zur Bekanntgabe vgl. unten Ziffer 4).

3. Materielle Voraussetzungen

Materiell-rechtlich muss die Baugenehmigung mit den im bauaufsichtlichen Genehmigungsverfahren zu prüfenden öffentlich-rechtlichen Vorschriften übereinstimmen (dazu nachfolgend a) sowie hinreichend bestimmt sein (dazu b).

a) Übereinstimmung mit öffentlich-rechtlichen Vorschriften – §§ 65, 66

Die Erteilung der Baugenehmigung setzt materiell-rechtlich voraus, dass die zu prüfenden öffentlich-rechtlichen Vorschriften eingehalten werden (Genehmigungsfähigkeit). Für diese Genehmigungsfähigkeit eines Vorhabens nach der ThürBO geben die §§ 65 und 66 ThürBO jeweils ein eigenes Prüfprogramm vor. Dieses Prüfprogramm ist zwingend.

aa) Prüfprogramm

§ 66 enthält ein „klassisches" Prüfprogramm. Geprüft werden müssen Vorschriften des

- **Bauplanungsrechts** (§§ 29 bis 38 BauGB) hierzu zählen etwa Festsetzungen eines Bebauungsplans,
- des **Bauordnungsrechts** und somit **alle Vorschriften der ThürBO** einschließlich der auf Grundlage der ThürBO erlassenen Vorschriften; dazu zählen die auf Grundlage der ThürBO erlassenen **Verordnungen** sowie in den Gemeinden eventuell erlassene „Örtliche Bauvorschriften" (§ 97 ThürBO); sowie
- **andere öffentlich-rechtliche Vorschriften**, welche eine nach diesen Vorschriften erforderliche Genehmigung ersetzen oder entfallen lassen (z. B. denkmalschutzrechtliche Vorschriften, da die Baugenehmigung die denkmalschutzrechtliche Erlaubnis einschließt, § 12 Abs. 3 Satz 2 ThürDSchG).

§ 65 ThürBO schränkt dieses Prüfprogramm für die dort vorgesehenen Vorhaben sogar noch ein (**„vereinfachtes Baugenehmigungsverfahren"**). Bei den in § 65 Abs. 1 Satz 1 ThürBO aufgeführten Vorhabentypen sind anders als bei dem nach § 66 ThürBO zu durchlaufenden Prüfprogramm nur solche Vorschriften des Bauordnungsrechts zu prüfen, von denen der Bauherr abzuweichen gedenkt (vgl. § 73 Abs. 1 und 2 ThürBO).

bb) Nebenbestimmungen

Da auf die Erteilung der Baugenehmigung grundsätzlich ein Anspruch besteht, darf sie nur ausnahmsweise unter den strengen Voraussetzungen des § 36 Abs. 1 VwVfG iVm. § 1 Abs. 1 Satz 1 ThürVwVfG mit **Nebenbestimmungen** versehen werden. Das ist etwa der Fall, wenn Rechtsvorschriften das zulassen. § 78 Abs. 3 Satz 1 ThürBO ist eine solche Rechtsvorschrift. Danach darf die Baugenehmigung unter **Auflagen**, **Bedingungen** und dem **Vorbehalt des Widerrufs** oder dem **Vorbehalt der nachträglichen Aufnahme, Änderung oder Ergänzung einer Auflage** sowie **befristet** erteilt werden. Hauptanwendungsfall dürfte die Erteilung der **Baugenehmigung** unter **Auflagen** sein.

d) Versagungsmöglichkeit bei außerhalb des Prüfprogramms liegenden Rechtsverstößen

Gerade im vereinfachten Genehmigungsverfahren ist es denkbar, dass ein Anspruch auf Erteilung der Baugenehmigung wegen der Einhaltung sämtlicher zu prüfender Vorschriften besteht und dennoch Verstöße gegen nicht zu prüfende gesetzliche Vorschriften schon im Genehmigungsverfahren erkennbar sind. Ohne eine flankierende gesetzliche Versagungsmöglichkeit hätte das die groteske Folge, dass die Bauaufsichtsbehörde zwar die Genehmigung erteilen müsste, im gleichen Atemzug aber wegen der erkennbaren Verstöße bauaufsichtliche Maßnahmen nach den §§ 86 ThürBO (Baueinstellung) und 87 Abs. 1 ThürBO (Nutzungsuntersagung und Beseitigungsanordnung) zu erlassen wären. Für diese Fälle ermöglicht es die Vorschrift des § 78 Abs. 1 Satz 1 Hs. 2 ThürBO, die Genehmigung trotz Vorliegens der anspruchsbegründenden Voraussetzungen zu versagen.

e) Bestimmtheitsgrundsatz

Baugenehmigungen müssen wie jeder Verwaltungsakt inhaltlich bestimmt sein (vgl. § 37 Abs. 1 VwVfG iVm. § 1 Abs. 1 Satz 1 ThürVwVfG). Die Baugenehmigung muss somit Inhalt, Reichweite und Umfang der beantragten Nutzung eindeutig erkennen lassen, damit die mit dem Genehmigungsbescheid getroffene Regelung für die Beteiligten des Verfahrens nachvollziehbar und eindeutig ist. Das ist sowohl für den Bauherrn selbst als auch für den Nachbarn von erheblicher Bedeutung.

Erhält der **Bauherr** eine beantragte Baugenehmigung, kann das im Verfügungssatz des Genehmigungsbescheides regelmäßig durch die Formulierung „Die beantragte Genehmigung auf Errichtung/Änderung/Nutzungsänderung ... wird erteilt“ hinreichend bestimmt zum Ausdruck gebracht werden. Zwar muss die Genehmigung klar zum Ausdruck bringen, was genehmigt wurde und welchen Umfang die gestattende Wirkung der Genehmigung hat. Da es sich um ein Antragsverfahren handelt, ist ein Verweis auf die Antragsunterlagen oder den Antrag im Genehmigungsbescheid ausreichend, sofern diese Unterlagen wiederrum hinreichend bestimmt sind (BVerwG 20.05.2014, 4 B 21/14, Rn. 9.).

Problematischer wird es aber, wenn die Bauaufsichtsbehörde über die Beifügung von **Nebenbestimmungen** Anordnungen trifft, die den **Bauherrn** zu einer Handlung, Duldung oder Unterlassung (meist in Form einer Auflage nach § 78 Abs. 3 Satz 1 ThürBO i. V. m. § 36 Abs. 2 Nr. 4 VwVfG iVm. § 1 Abs. 1 Satz 1 ThürVwVfG) verpflichten. Dann muss diese Auflage hinreichend bestimmt sein.

Insbesondere **benachbarte Personen** müssen unabhängig von ihrer Verfahrensbeteiligung erkennen können, ob und in welchem Umfang sie von der Genehmigung betroffen sind (VGH München, 06.02.2017, 15 ZB 16.398, Rn. 22); das Bestimmtheitsgebot dient bei einer Baugenehmigung als Verwaltungsakt auch dem Interesse des (nur) möglicherweise betroffenen Nachbarn (OVG Weimar, 24.11.2005, 1 KO 531/02, Rn. 33). Da der Genehmigungsbescheid selbst wegen der fehlenden Begründungspflicht (§ 78 Abs. 2 ThürBO, s. o.) relevante Informationen zum Bauvorhaben enthält, gelangt die in der **Bauakte** der Behörde enthaltene **Betriebsbeschreibung** nach **§ 9 ThürBauVorlVO** zu erheblicher rechtlicher Relevanz. Diese Beschreibung wird über das Antragsverfahren zum Gegenstand der Baugenehmigung. Sie muss Rückschlüsse auf einen etwaigen Betriebsumfang einschließlich der tatsächlichen Geräuschwerte (VGH München, 08.10.2015, 1 CS 15.1876) ebenso wie z. B. auf den Nutzungsumfang einer betrieblichen Ferienanlage im Hinblick auf die Zahl und den Umfang der Bade- und Erholungsgäste (VGH München, 28.10.2015. 9 CS 15.1633, Rn. 24) zulassen. Die Genehmigung ist somit nur dann hinreichend bestimmt, wenn es der Antrag bzw. die Antragsunterlagen sind (BVerwG, 20.05.2014, 4 B 21/14, Rn. 9).

Allerdings folgt ein aus dieser Unbestimmtheit resultierender Anspruch des Nachbarn auf Aufhebung der Baugenehmigung erst dann, wenn sich die Unbestimmtheit auf Merkmale des genehmigten Vorhabens bezieht, deren genaue Festlegung erforderlich ist, um eine Verletzung drittschützender Vorschriften zu seinen Lasten auszuschließen und er dann im Falle der Rechtswidrigkeit von dem genehmigten Vorhaben konkret unzumutbare Auswirkungen zu befürchten hätte (OVG Münster, 17.10.2017, 10 B 1047/17, Rn. 5).

4. Wirksamkeit, Bekanntgabe, Wirkung

a) Wirksamkeit – Begriff

Nach § 43 Abs. 1 VwVfG iVm. § 1 Abs. 1 Satz 1 ThürVwVfG werden Verwaltungsakte gegenüber den jeweiligen **Beteiligten** oder **Betroffenen** wirksam, sobald sie ihnen gegenüber bekannt gegeben werden. Im hier verwendeten Sinne betrifft die Wirksamkeit sowohl die aus der Genehmigung resultierende **Berechtigung des Bauherrn** zur Umsetzung seines Bauvorhabens als auch die durch die Baugenehmigung erfolgende (rechtliche) **Betroffenheit von Dritten** (Nachbarn, Gemeinde).

b) Beginn der Wirksamkeit der Baugenehmigung

Die Wirksamkeit tritt mit Bekanntgabe ein (§ 43 Abs.1 VwVfG iVm. § 1 Abs. 1 Satz 1 ThürVwVfG). Unter der Bekanntgabe wird allgemein der Zugang der behördlichen Willenserklärung (des Verwaltungsakts) beim Bekanntgabeadressaten im Sinne des § 41 Abs. 1 VwVfG iVm. § 1 Abs. 1 Satz 1 ThürVwVfG verstanden. So knüpft § 78 Abs. 6 Nr. 1 ThürBO auch die Erlaubnis zum Baubeginn ausdrücklich an den „Zugang" der Baugenehmigung bei der Bauherrschaft.

Für das **vereinfachte Genehmigungsverfahren** sieht § 65 Abs. 2 Satz 2 ThürBO jedoch vor, dass der Antrag **als genehmigt gilt**, wenn über ihn nicht innerhalb der Frist nach § 65 Abs. 2 Satz 1 ThürBO (**drei Monate**) entschieden wurde. Diese im Wege der Fiktion erteilte Genehmigung wird also unter Umständen nicht in einem Bescheid verkörpert und kann in diesem Fall auch nicht zugehen. Sie wird deshalb bereits mit Fristablauf ohne Bekanntgabe wirksam. Jedoch hat der **Bauherr** nach § 42a Abs. 3 VwVfG iVm. § 1 Abs. 1 Satz 1 ThürVwVfG einen gerichtlich durchsetzbaren **Anspruch** darauf, dass ihm der Eintritt der Genehmigungsfiktion schriftlich bestätigt wird.

Erster **Bekanntgabeadressat** sind naturgemäß die jeweiligen **Antragsteller** und somit die **Bauherrschaft** im Sinne des § 56 ThürBO. Treten mehrere Personen als Bauherrschaft auf, ist vorab eine sie vertretende Person zu bestellen (§ 56 Abs. 2 ThürBO). Eine besondere Form der Bekanntgabe der Baugenehmigung schreiben weder die ThürBO noch das ThürVwVfG vor, so dass die Baugenehmigung **persönlich ausgehändigt, mit der Post** (unter Beachtung der Drei-Tages-Fiktion des § 41 Abs. 2 VwVfG iVm. § 1 Abs. 1 Satz 1 ThürVwVfG) übersandt, förmlich nach den

Vorschriften des ThürVwVZG **zugestellt** oder **anderweitig** dem Bauherrn oder dessen Vertreter ausgehändigt werden kann. Im Falle der elektronischen, schriftformersetzenden Baugenehmigung nach Maßgabe des § 3a Abs. 2 und 3 VwVfG iVm. § 1 Abs. 1 Satz 1 ThürVwVfG kann die Bekanntgabe u. a. nach § 41 Abs. 2a VwVfG iVm. § 1 Abs. 1 Satz 1 ThürVwVfG oder nach § 9 OZG erfolgen.

Der **Gemeinde** ist nach § 78 Abs. 5 Satz 1 ThürBO der Genehmigungsbescheid zu übermitteln und die Entscheidung somit zur Kenntnis zu geben. Mangels konkreter Vorgaben kann die Übermittlung hier ebenfalls auf vielfältige Weise erfolgen, die Bauaufsichtsbehörde ist darin frei. Mit erfolgter Bekanntgabe wird die Genehmigung auch gegenüber der Gemeinde wirksam.

Auch gegenüber **benachbarten Personen** wird eine Genehmigung erst dann wirksam, wenn sie ihr gegenüber bekannt gegeben wird. Ob das erforderlich ist oder nicht, bestimmt sich nach der materiell-rechtlichen Betroffenheit der benachbarten Person. Eine Beteiligung am Verfahren ist nur unter den Voraussetzungen des § 76 ThürBO (s. o.) vorgesehen. Hat die zu beteiligende benachbarte Person Nachbar fristgerecht Einwendungen vorgetragen, so sieht § 76 Abs. 2 Satz 2 ThürBO eine Zustellung der Baugenehmigung nach den Vorschriften des VwZG iVm. § 1 Abs. 1 ThürVwZVG vor. Bei mehr als **20 betroffenen Personen** kann die Zustellung durch öffentliche Bekanntmachung ersetzt werden. Wurde eine benachbarte Person nicht beteiligt, obwohl ihre Rechte durch das Bauvorhaben beeinträchtigt werden, so ist ihr die Baugenehmigung nachträglich bekannt zu geben.

c) Wirkung der Baugenehmigung

Mit der Baugenehmigung wird das in § 62 Abs. 1 ThürBO ausgesprochene (präventive) Verbot der Bebauung eines Grundstücks im jeweils verbeschiedenen Umfang aufgehoben (Gestaltungswirkung).

Sowohl die Erteilung als auch die Ablehnung der Erteilung der Baugenehmigung haben außerdem **feststellende** Wirkung über die nachfolgend beschriebenen **positiven** und **negativen** Tatsachen. Mit Eintritt der **Bestandskraft** der Baugenehmigung wirkt diese Feststellung unabhängig von ihrer Rechtmäßigkeit fort. Die Feststellungswirkung endet nur nach Maßgabe des § 43 Abs. 2 VwVfG iVm. § 1 Abs. 1 Satz 1 ThürVwVfG. Wird die Baugenehmigung erteilt, wird das als **positive Feststellungswirkung** bezeichnet. Wird die Erteilung hingegen verweigert, dann wird das als **negative Feststellungswirkung** bezeichnet.

Die Baugenehmigung stellt positiv fest, dass die von der Bauaufsichtsbehörde zu prüfenden Voraussetzungen vorliegen. Der Umfang der Feststellungswirkung reicht mithin soweit wie der gesetzliche Prüfumfang der §§ 65 und 66 ThürBO reicht. Es ist für die Reichweite dieser Feststellungswirkung ohne Belang, ob die Bauaufsichtsbehörde diese Voraussetzungen wirklich geprüft hat. **Die erteilte Baugenehmigung attestiert dem Bauherrn das Vorliegen dieser Voraussetzungen**. Liegen die Voraussetzungen z. B. entgegen des Inhalts der Baugenehmigung tatsächlich nicht vor, so hat das auf den Umfang der Feststellungswirkung der Baugenehmigung keinen Einfluss. Die Baugenehmigung ist in dem Fall jedoch rechtswidrig.

Problematischer für den Bauherrn ist die negative Feststellungswirkung der Ablehnung seines Bauantrages. Wird diese Ablehnung bestandskräftig, so steht jedem neuen Antrag diese ablehnende Entscheidung entgegen. Das betrifft allerdings nur solche Umstände, welche der ablehnenden Entscheidung zugrunde lagen, nur soweit reicht die Feststellungswirkung. Es kommt für den Bauherrn deshalb darauf an, dass Klarheit über diese Umstände herrscht. Wird die Ablehnung darauf gestützt, dass die im bauaufsichtlichen Verfahren zu prüfenden öffentlich-rechtlichen Vorschriften nicht eingehalten wurden, so wird damit der Prüfumfang nach § 65 ThürBO bzw. § 66 ThürBO in Bezug genommen. Insoweit ist eine Zuordnung klar und nachvollziehbar. Stützt sich die Bauaufsichtsbehörde hingegen auf außerhalb dieses Prüfprogramms liegende Erwägungen (wozu sie in § 78 Abs. 1 Satz 1 ThürBO ausdrücklich ermächtigt wird), dann ist die Einbeziehung dieser Erwägungen in die Feststellungswirkung unklar.

Die Baugenehmigung **ersetzt** nur dann **andere Gestattungsverfahren**, wenn das jeweilige Gesetz das ausdrücklich anordnet (z. B. das ThürDSchG). Ordnen jedoch andere Gesetze mit präventivem Erlaubnisvorbehalt eine solche Ersetzung nicht an, so müssen neben der Baugenehmigung auch die Genehmigungen nach diesem anderen Gesetz eingeholt werden. Der Baugenehmigung fehlt insoweit eine sogenannte „Konzentrationswirkung".

Nach § 212a BauGB haben **Widerspruch** und **Anfechtungsklage** eines Dritten (Nachbar, Gemeinde) **keine aufschiebende Wirkung** gegen die bauaufsichtliche Zulassung eines Vorhabens. **Baugenehmigungen** sind somit unabhängig von einem durch Dritte eingelegten Rechtsbehelf (Anfechtungswiderspruch oder Anfechtungsklage) **sofort vollziehbar** (§ 80 Abs. 2 Nr. 3 VwGO). Das bedeutet, dass unter den Voraussetzungen von § 78 Abs. 6 und 7 ThürBO auch während eines von Dritten (z. B. einer benachbarten Person oder der Gemeinde) angestrengten Rechtsbehelfsverfahrens **mit dem Bau begonnen** werden kann.

Nach § 58 Abs. 3 ThürBO gelten die Baugenehmigungen auch gegenüber der jeweiligen Rechtsnachfolgerin bzw. dem jeweiligen **Rechtsnachfolger**. Das Gesetz unterscheidet nicht zwischen der **Einzelrechtsnachfolge** (vertragliche Übertragung von Rechten wie etwa der Grundstückskaufvertrag) und der **Gesamtrechtsnachfolge** (wie etwa der **Erbschaft**). Das bedeutet, dass der Inhaber der Baugenehmigung diese vertraglich ebenso übertragen darf wie sie vererbt werden kann.

5. Ende der Wirksamkeit

Im Grunde ist der Regelungsgehalt der Baugenehmigung als dauerhaft anzusehen. Deshalb genießen einmal genehmigte Bauvorhaben Bestandsschutz. Das Gesetz unterscheidet im Übrigen in § 43 Abs. 2 VwVfG iVm. § 1 Abs. 1 Satz 1 ThürVwVfG zwischen zwei Fallgruppen, welche die Beendigung der Wirksamkeit einer Baugenehmigung betreffen – die Erledigung und die Aufhebung.

a) Baurechtlicher Bestandsschutz

Mit Errichtung des genehmigten Bauvorhabens erschöpft sich diese Genehmigung. Gleichwohl dauert ihre Wirkung fort. Sie bestätigt die Legalität des Vorhabens zum Zeitpunkt der Beantragung und Errichtung. Diese Bestätigungswirkung führt dazu, dass ein Vorhaben auch nach teilweise gravierenden Änderungen der Rechtslage diesen Änderungen nicht angepasst werden muss. Das Vorhaben entspricht nach Änderung dieser Rechtslage zwar nicht mehr den öffentlich-rechtlichen Vorschriften **(sog. materielle Illegalität)**. Die durch die Baugenehmigung erfolgte formale Legalisierung wirkt dennoch fort. Das wird als **Bestandsschutz** bezeichnet.

b) Befristete Dauer der Baugenehmigung

Baugenehmigungen können sich durch Zeitablauf „erledigen" (§ 43 Abs. 2 VwVfG iVm. § 1 Abs. 1 Satz 1 ThürVwVfG). Das bedeutet, dass die oben beschriebenen Wirkungen der Baugenehmigung entfallen sind, es darf dann nicht mehr unter Berufung auf diese Genehmigung gebaut werden. Eine gesetzliche Befristung enthält § 79 ThürBO, wonach innerhalb von **drei Jahren** mit dem Bau begonnen werden muss. Anderenfalls verliert die Baugenehmigung ihre Wirkung. Die Frist kann aber nach rechtzeitigem Antrag verlängert werden (§ 79 Abs. 2 ThürBO).

Eine weitere Möglichkeit des Zeitablaufs kann durch Beifügung einer Nebenbestimmung in Form einer Befristung (§ 36 Abs. 2 Nr. 1 VwVfG iVm. § 1 Abs. 1 Satz 1 ThürVwVfG) erreicht werden, was § 78 Abs. 3 Satz 1 ThürBO ausdrücklich zulässt. Läuft diese in der Nebenbestimmung aufgeführte Frist ab, erlischt die Baugenehmigung. Hauptanwendungsfall für solche Befristungen sind Genehmigungen für technische Anlagen.

c) Aufhebung und Änderung der Baugenehmigung

Nach § 43 Abs. 2 VwVfG iVm. § 1 Abs. 1 Satz 1 ThürVwVfG können Verwaltungsakte wie die Baugenehmigung auch aufgehoben werden. In der Praxis betrifft das aber überwiegend Fälle, in denen Baugenehmigungen geändert werden. Auch die Änderung einer Genehmigung ist bei genauer Betrachtung eine Aufhebung. Die Vorschrift des § 43 Abs. 2 VwVfG iVm. § 1 Abs. 1 Satz 1 ThürVwVfG unterscheidet hinsichtlich der Aufhebung zwischen einer „anderweitigen Aufhebung" und „Rücknahme und Widerruf".

Anderweitig aufgehoben wird die Baugenehmigung, wenn sie erfolgreich durch einen Dritten angefochten wird (vgl. § 42 Abs. 1 Alt. 1 VwGO). Das kann bereits im **Widerspruchsverfahren** nach § 68 Abs. 1 VwGO durch **Abhilfebescheid** der

Bauaufsichtsbehörde erfolgen. Ebenso kann die Aufhebung im **Klageverfahren** durch **Urteil** des **Verwaltungsgerichts** (nach Maßgabe des § 113 Abs. 1 Satz 1 VwGO) erfolgen.

Die Baugenehmigung kann aber auch durch die Bauaufsichtsbehörde selbst aufgehoben werden. In § 43 Abs. 2 VwVfG iVm. § 1 Abs. 1 Satz 1 ThürVwVfG wird das durch die Begriffe „**zurückgenommen**" und „**widerrufen**" zum Ausdruck gebracht.

Um eine **Rücknahme** handelt es sich, wenn ein zum Erlasszeitpunkt rechtswidriger Verwaltungsakt von der Behörde wieder aufgehoben wird. Dies geschieht durch Verwaltungsakt. Eine Ermächtigungsgrundlage für diesen Verwaltungsakt enthält die ThürBO nicht, weshalb die Aufhebung von rechtswidrig erteilten Baugenehmigungen auf die allgemeine Vorschrift des § 48 Abs.1 VwVfG iVm. § 1 Abs. 1 Satz 1 ThürVwVfG zu stützen ist. Der Inhaber der Baugenehmigung genießt nach § 48 Abs. 1 Satz 2, Abs. 3 und 4 VwVfG iVm. § 1 Abs. 1 Satz 1 ThürVwVfG unter den dort aufgeführten Umständen Vertrauensschutz. Insbesondere kann die Aufhebung danach zu Entschädigungsansprüchen führen, weshalb eine vollständige Rücknahme einer erteilten Baugenehmigung den Ausnahmefall darstellt.

Um einen Widerruf handelt es sich dagegen, wenn der aufzuhebende Verwaltungsakt zum Zeitpunkt seines Erlasses rechtmäßig war. Auch der Widerruf erfolgt durch Verwaltungsakt. Ermächtigungsgrundlage für den Widerruf der Baugenehmigung ist § 49 Abs. 2 VwVfG iVm. § 1 Abs. 1 Satz 1 ThürVwVfG.

d) Folgen der Aufhebung

Wurden Vorhaben bereits ganz oder teilweise realisiert, so tritt mit der Aufhebung der Baugenehmigung ein rechtswidriger Zustand ein. Diese Vorhaben sind dann mindestens formell rechtswidrig, so dass nach Maßgabe des § 87 Abs. 1 Satz 1 ThürBO eine Beseitigung und nach Maßgabe des § 87 Abs. 1 Satz 2 eine Nutzungsuntersagung angeordnet werden könnte. Allerdings sind solche Fälle in der Praxis eher selten, da es sich hierbei um Ermessensvorschriften handelt und der Verhältnismäßigkeitsgrundsatz der Beseitigung oder Nutzungsuntersagung einer im Vertrauen auf eine Genehmigung errichtete Anlage meist entgegenstehen dürfte.

Durfte der Bauherr auf den Bestand der Baugenehmigung vertrauen, so steht ihm überdies nach Maßgabe des § 48 Abs. 3 VwVfG iVm. § 1 Abs. 1 Satz 1 ThürVwVfG (im Falle der Rücknahme) bzw. des § 49 Abs. 6 VwVfG iVm. § 1 Abs. 1 Satz 1 ThürVwVfG (im Falle des Widerrufs) eine Entschädigung zum Ausgleich eines ihm entstandenen Vermögensnachteils zu. Darüber hinaus bestehen nach Maßgabe des § 839 BGB sowie des § 1 StHaftG TH 1998 ggf. Schadensersatzansprüche.

6. Rechtsschutz

a) Vorverfahren

Anders als einige andere Bundesländer hat der Freistaat Thüringen keine Sonderregelungen im Hinblick auf die Durchführung bzw. Vermeidung der Durchführung eines Vorverfahrens erlassen. Das bedeutet, dass **grundsätzlich** gegen alle bauaufsichtlichen Maßnahmen (Beseitigungsverfügungen, Nutzungsuntersagungen, Baugenehmigungen) vor Erhebung einer Anfechtungsklage nach § 42 Abs. 1 VwGO gemäß § 68 Abs. 1 Satz 1 VwGO **zwingend** ein Vorverfahren in Form des **Widerspruchsverfahrens** durchzuführen ist. Ist dem jeweiligen Bescheid eine ordnungsgemäße Rechtsbehelfsbelehrung (§ 58 Abs. 1 VwGO) beigefügt, so beträgt die Frist für den Widerspruch **einen Monat** ab Bekanntgabe des jeweiligen Verwaltungsaktes (§ 70 Abs. 1 VwGO). Bei fehlerhafter oder unterbliebener Rechtsbehelfsbelehrung beträgt sie ein Jahr (§ 58 Abs. 2 VwGO).

Das gleiche gilt für den Fall der Ablehnung einer Baugenehmigung oder einer bauaufsichtlichen Maßnahme. Vor Erhebung einer dann statthaften Verpflichtungsklage nach § 42 Abs. 1 VwGO ist gemäß § 68 Abs. 2 i. V. m. § 68 Abs. 1 VwGO zunächst ein Widerspruch innerhalb eines Monats zu erheben.

b) Versagung der Baugenehmigung

Wird eine Baugenehmigung versagt, kann der Bauherr dagegen Verpflichtungswiderspruch und anschließend Verpflichtungsklage vor dem Verwaltungsgericht erheben (vgl. §§ 42 Abs. 1, 68 Abs. 3 VwGO).

c) Rechtsschutz gegen Nebenbestimmungen

Nebenbestimmungen werden als Verwaltungsakte im Sinne des § 35 Satz 1 VwVfG iVm. § 1 Abs. 1 Satz 1 ThürVwVfG angesehen. Nebenbestimmungen können daher grundsätzlich isoliert angegriffen werden, wenn der Bauherr mit diesen nicht einverstanden ist. Das erfolgt durch Anfechtungswiderspruch und Anfechtungsklage (vgl. §§ 42 Abs. 1, 68 Abs. 1 VwGO).

c) Rechtsschutz Dritter

Auch Dritte können sich gegen Verwaltungsakte zur Wehr setzen, sofern durch diesen Verwaltungsakt schützenswerte Rechtspositionen beeinträchtigt werden können.

aa) Des Nachbarn

Der Nachbar kann Anfechtungswiderspruch (§ 68 Abs. 1 VwGO) und Anfechtungsklage (§ 42 Abs. 1 VwGO) gegen die Baugenehmigung erheben.

Nach § 212a BauGB haben weder Widerspruch noch Anfechtungsklage aufschiebende Wirkung im Sinne des § 80 Abs. 1 VwGO (vgl. § 80 Abs. 2 Satz 1 Nr. 3 VwGO). Das bedeutet, dass der Bauherr nach erteilter Baugenehmigung unter den weiteren Voraussetzungen des § 78 Abs. 6 ThürBO mit der Bauausführung beginnen darf, selbst wenn der Nachbar einen Rechtsbehelf gegen die Baugenehmigung eingelegt hat.

Will der Nachbar die aufschiebende Wirkung seines Rechtsbehelfs und damit eine rechtliche Undurchführbarkeit des Bauvorhabens erreichen, muss er zusätzlich einen auf Anordnung der aufschiebenden Wirkung gerichteten Antrag nach §§ 80a Abs. 3 Satz 2, 80 Abs. 5 Satz 1 VwGO beim Verwaltungsgericht stellen. Unterlässt er einen solchen Antrag, so ist die Fertigstellung bzw. Realisierung des Bauvorhabens noch vor Abschluss des Rechtsbehelfsverfahrens denkbar. Gegen dieses dann illegale Vorhaben kann die Bauaufsichtsbehörde dann lediglich nach Maßgabe des § 87 Abs. 1 ThürBO vorgehen. Da es sich hierbei nicht um eine gebundene Entscheidung handelt, muss die Bauaufsichtsbehörde im Rahmen ihrer Ermessensausübung und unter Anwendung des Verhältnismäßigkeitsgrundsatzes die Grundrechte des Eigentümers bzw. Nutzers entsprechend würdigen. Das kann dazu führen, dass auch ein illegales Vorhaben nicht mehr beseitigt wird. Der Nachbar hat insoweit lediglich einen Anspruch auf eine solche Ermessensentscheidung. Vor diesem Hintergrund empfiehlt sich die Durchführung des Verfahrens nach §§ 80a, 80 Abs. 5 VwGO. Da selten zu erwarten ist, das ein mit der Angelegenheit bereits befasstes Gericht in der Hauptsache anders als im vorläufigen Verfahren entscheiden wird, entscheidet sich das Schicksal der meisten von Nachbarn angegriffenen Baugenehmigungen bereits in den auf Anordnung der aufschiebenden Wirkung gerichteten Verfahren.

Zu berücksichtigen ist für die Erfolgsaussichten, dass der Nachbar ausschließlich die Verletzung öffentlich-rechtlicher Vorschriften, die auch seinem Schutz dienen (sog. Schutznormlehre), rügen kann. Derartige Rechte sind in der Thüringer Bauordnung selten. Eindeutig lässt sich jedenfalls nur die Vorschrift über die Einhaltung von Abstandsflächen (§ 6 ThürBO) als Schutznorm einordnen. Die Baugenehmigung selbst wird im Übrigen unbeschadet der privaten Rechte des Nachbarn erteilt (§ 78 Abs. 4 ThürBO). Das bedeutet, dass private Rechte, die durch das Bauvorhaben tangiert sein könnten, ausschließlich vor den Zivilgerichten unmittelbar gegenüber dem Nachbarn geltend gemacht werden können. Geht der Nachbar gegen eine Baugenehmigung vor, kann er darüber hinaus nur diejenigen Verstöße gegen öffentliche Rechtsnormen vorbringen, die vom Prüfumfang der Baugenehmigung auch erfasst waren.

Will sich ein Nachbar gegen ein Bauvorhaben zur Wehr setzen, das entweder verfahrensfrei oder genehmigungsfrei gestellt ist oder aber Normen betrifft, die im Baugenehmigungsverfahren nicht zu prüfen waren, so kann er lediglich einen Anspruch auf bauaufsichtliches Einschreiten insbesondere nach den §§ 86 und 87 ThürBO geltend machen.

Da es sich hierbei um Ermessensvorschriften handelt, besteht lediglich ein Anspruch auf ermessensfehlerfreie Entscheidung, nicht jedoch tatsächlich auf ein bauaufsichtliches Einschreiten.

Das Ermessen dürfte sich nur dann zu einem Anspruch verdichten, wenn Verstöße mit erheblicher Grundrechtsrelevanz (insbesondere bei gesundheitsgefährdeten Anlagen) im Raume stehen. Das ist systematisch bewusst vom Gesetzgeber so angelegt, da anderweitige Konflikte zwischen den Nachbarn zivilgerichtlich ausgetragen werden sollen.

Will der Nachbar gleichwohl sein Verpflichtungsbegehren kurzfristig durchsetzen, so steht ihm dafür das Verfahren auf Erlass einer Sicherungsanordnung nach § 123 Abs. 1 VwGO vor dem zuständigen Verwaltungsgericht zur Verfügung.

bb) Der Gemeinde

Rechte der Gemeinde können ebenfalls durch die Baugenehmigung betroffen sein, weshalb auch die Gemeinde Anfechtungswiderspruch (§ 68 Abs. 1 VwGO) und Anfechtungsklage (§ 42 Abs. 1 VwGO) erheben kann. Will die Gemeinde die aufschiebende Wirkung ihres Rechtsbehelfs erreichen, muss sie ebenfalls (wie der Nachbar) einen Antrag nach §§ 80a Abs. 3 Satz 2, 80 Abs. 5 Satz 1 VwGO stellen.

C. Gesetzestext mit integrierter Vollzugsbekanntmachung, Einzelbegründung und Rechtsprechung[1]

Thüringer Bauordnung (ThürBO)[2]

Vom 2. Juli 2024 (GVBl. S. 298)
– in Kraft getreten am 19. Juli 2024 –

Erster Teil
Allgemeine Bestimmungen

§ 1
Anwendungsbereich

(1) [1]Dieses Gesetz gilt für bauliche Anlagen und Bauprodukte. [2]Es gilt auch für Grundstücke sowie für andere Anlagen und Einrichtungen, an die in diesem Gesetz oder in aufgrund dieses Gesetzes erlassenen Rechtsvorschriften Anforderungen gestellt werden.

(2) [1]Dieses Gesetz gilt nicht für
1. Anlagen des öffentlichen Verkehrs einschließlich Zubehör, Nebenanlagen und Nebenbetrieben, mit Ausnahme von Gebäuden,

1 Anmerkungen des Herausgebers:
- Zur Vollzugsbekanntmachung beachte unten D. den Bekanntmachungskopf und die Vorbemerkung.
- Die Einzelbegründungen der Paragrafen sind dem Gesetzentwurf der Landesregierung auf LT-Drucksache 7/9641 vom 05.03.2024 ab Seite 86 ff. entnommen. Quelle: https://parldok.thueringer-landtag.de

2 Dieses Gesetz dient der Umsetzung der
- Richtlinie 2005/36/EG des Europäischen Parlaments und des Rates vom 7. September 2005 über die Anerkennung von Berufsqualifikationen (Neufassung) (ABl. L 255 vom 30.9.2005, S. 22; 2007 L 271 vom 16.10.2007, S. 18; 2008 L 93 vom 4.4.2008, S. 28; 2009 L 33 vom 3.2.2009, S. 49; 2014 L 305 vom 24.10.2014, S. 115; 2015 L 177 vom 8.7.2015, S. 60, L 268 vom 15.10.2015, S. 35; 2016 L 95 vom 9.4.2016, S. 20), zuletzt geändert durch den Delegierten Beschluss (EU) 2023/2383 der Kommission vom 23. Mai 2023 (ABl. L vom 9.10.2023, S. 1),
- Richtlinie 2006/123/EG des Europäischen Parlaments und des Rates vom 12. Dezember 2006 über Dienstleistungen im Binnenmarkt (ABl. L 376 vom 27.12.2006, S. 36),
- Verordnung (EU) Nr. 305/2011 des Europäischen Parlaments und des Rates vom 9. März 2011 zur Festlegung harmonisierter Bedingungen für die Vermarktung von Bauprodukten und zur Aufhebung der Richtlinie 89/106/EWG des Rates (ABl. L 88 vom 4.4.2011, S. 5; 2013 L 103 vom 12.4.2013, S. 10; 2015 L 92 vom 8.4.2015, S. 118),
- Richtlinie 2012/18/EU des Europäischen Parlaments und des Rates vom 4. Juli 2012 zur Beherrschung der Gefahren schwerer Unfälle mit gefährlichen Stoffen, zur Änderung und anschließenden Aufhebung der Richtlinie 96/82/EG des Rates (ABl. L 197 vom 24.7.2012, S. 1) und
- Richtlinie (EU) 2018/2001 des Europäischen Parlaments und des Rates vom 11. Dezember 2018 zur Förderung der Nutzung von Energie aus erneuerbaren Quellen (Neufassung) (ABl. L 328 vom 21.12.2018, S. 82; 2020 L 311 vom 25.9.2020, S. 11; 2022 L 41 vom 22.2.2022, S. 37).

2. Anlagen, soweit sie der Bergaufsicht unterliegen, mit Ausnahme von Gebäuden an der Erdoberfläche,
3. Leitungen, die der öffentlichen Versorgung mit Wasser, Gas, Elektrizität, Wärme, der öffentlichen Abwasserentsorgung oder der Telekommunikation dienen,
4. Rohrleitungen, die dem Ferntransport von Stoffen dienen,
5. Krane und Krananlagen,
6. Messestände in Messe- und Ausstellungsgebäuden,
7. Regale und Regalanlagen in Gebäuden, soweit sie weder Teil der Gebäudekonstruktion sind noch eine Erschließungsfunktion haben, und
8. Windenergieanlagen und Teile von Windenergieanlagen, für die die Konformität mit den Anforderungen der Richtlinie 2006/42/EG des Europäischen Parlaments und des Rates vom 17. Mai 2006 über Maschinen und zur Änderung der Richtlinie 95/16/EG (Neufassung) (ABl. L 157 vom 9.6.2006, S. 24; 2007 L 76 vom 16.3.2007, S. 35) in der jeweils geltenden Fassung durch eine Konformitätsbescheinigung und ein CE-Zeichen nachgewiesen ist.

[2]Abweichend von Satz 1 Nr. 8 sind auf Windenergieanlagen, soweit sie dem Anwendungsbereich der Richtlinie 2006/42/EG unterliegen, § 6 Abs. 1 bis 5 und 9, die §§ 60 bis 66, 73 bis 82, 84, 86, 89, 94 und 99 entsprechend anzuwenden.

Nr. 1 VollzBekThürBO

1.2.1 Anlagen des öffentlichen Verkehrs sind z. B. Straßen und Wege, öffentliche Parkplätze, Flugplätze und Bahnanlagen, wenn sie grundsätzlich jedermann im Rahmen der Widmung offenstehen. Zu den Straßen gehören nach § 2 Thüringer Straßengesetz z. B. Lärmschutzanlagen, Brücken und Tunnel, Böschungen und Stützmauern, zum Zubehör Verkehrszeichen und Verkehrseinrichtungen, zu den Nebenanlagen z. B. Gerätehöfe und Lagerplätze.

1.2.2 Der Umfang der Bergaufsicht ergibt sich aus § 69 i. V. m. § 2 BBergG. Es gibt keinen Automatismus, wonach alle Anlagen auf dem Betriebsgelände eines Bergbaubetriebs der Bergaufsicht unterliegen. Vielmehr ist jeweils im Einzelfall zu prüfen, ob die zu genehmigende Anlage von § 2 Abs. 1 Nr. 3 BBergG erfasst ist.

1.2.3 Leitungen der öffentlichen Versorgung bzw. Abwasserbeseitigung dienen nicht ausschließlich oder ganz überwiegend der Eigenver- oder -entsorgung, sondern stehen einem nicht von vornherein beschränkten Nutzerkreis zur Verfügung. Sie sind ungeachtet ihrer Betriebsform (öffentlich-rechtlich oder zivilrechtlich) von der Geltung der Thüringer Bauordnung ausgenommen.

1.2.4 Ungeachtet der Nichtanwendung der Thüringer Bauordnung auf Krane und Krananlagen können sich aus der Montage solcher Anlagen an Gebäudetragwerken Folgerungen für bautechnische Nachweise der Standsicherheit ergeben.

1.2.5 Messestände in Messe- und Ausstellungsgebäuden sind grundsätzlich von der Anwendung des Gesetzes ausgeschlossen. Sie sind Einrichtungen, die dem allgemeinen Sicherheitsrecht unterliegen. Die Sicherheitsbehörden können sich im Rahmen der Amtshilfe der Fachkenntnis der unteren Bauaufsichtsbehörden bedienen.

1.2.6 Anders als beispielsweise Regale, die im Freien errichtet werden und die nach § 63 Abs. 1 Nr. 15 Buchst. b unter bestimmten Voraussetzungen verfahrensfrei sind, sind Regale und Regalanlagen, die in Gebäuden errichtet werden, keine baulichen Anlagen, sondern Einrichtungsgegenstände. Keine Einrichtungsgegenstände sind Regale, die Teil der Gebäudekonstruktion sind oder Erschließungsfunktion haben. Eine Erschließungsfunktion haben Regale, wenn sie Teil der Rettungswege der baulichen Anlage sind, was wiederum dann der Fall ist, wenn sich Aufenthaltsflächen oder -räume auf den Regalen befinden oder (nur) über Regale erreichbar sind.

1.2.7 Auf Regale und Regalanlagen in Gebäuden findet das Bauordnungsrecht keine Anwendung. Davon unberührt bleibt die Berücksichtigung der Regale und Regalanlagen einschließlich des Lagerguts beim Nachweis der Standsicherheit (Bemessung der Fundamente und gegebenenfalls der tragenden Bauteile, auf die die Regallasten einwirken) und des Brandschutzes (Brandlasten, Löschmöglichkeiten, Führung der Rettungswege).

Die Behandlung von Regalen im Freien als bauliche Anlagen sowie von Regallagern mit einer Oberkante Lagerguthöhe von mehr als 7,50 m als Sonderbau nach § 2 Abs. 4 Nr. 18 bleibt hiervon unberührt.

1.2.8 Die Errichtung von Windenergieanlagen (WEA) oder Teilen von Windenergieanlagen darf nur insoweit einem nationalen Genehmigungsverfahren nicht unterworfen werden, als es um die Vorabprüfung von Aspekten geht, die Gegenstand der CE-Kennzeichnung und der Konformitätserklärung einschließlich Spezifikationen sind. Daher bleiben Genehmigungsverfahren zulässig, die sich auf nicht von der Richtlinie 2006/42/EG (sog. Maschinenrichtlinie; MRL) abgedeckte Risiken beziehen, also insbesondere solche, die standortbezogene Aspekte erfassen. Insbesondere sind Anforderungen unzulässig, die eine Änderung der von der Bauherrschaft vorgesehenen Anlagen erfordern.

Im Verfahren nach § 66 können das Bauplanungsrecht und das sogenannte aufgedrängte Recht geprüft werden, die regelmäßig keine Änderung der nach der Maschinenrichtlinie in Verkehr gebrachten Teile verlangen. Materielle Regelungen der Thüringer Bauordnung, die nicht im Widerspruch zur Behandlung nach der Maschinenrichtlinie stehen, können für anwendbar erklärt werden. Daher ist neben verschiedenen Verfahrensregelungen das Abstandflächenrecht anwendbar, da von Windenergieanlagen Auswirklungen wie von Gebäuden ausgehen können und dies nicht davon abhängig ist, auf welcher Grundlage die Anlage in den Verkehr gebracht wird. Die Erreichbarkeit für die Feuerwehr (insbesondere Zuwegungen und Aufstellflächen) sowie die Verfügbarkeit von Löschwasser kann als Teil der bauplanungsrechtlich erforderlichen Erschließung zu prüfen und ggf. zu fordern sein. In diesem Zusammenhang kann auch eine rechtliche Sicherung der Erschließung der gesamten Windenergieanlage erforderlich sein. Durch Baulast sicherbar ist auch die Rückbauverpflichtung nach § 35 Abs. 5 BauGB.

Da aufgrund der Konformitätserklärung und der CE-Kennzeichnung nach MRL davon ausgegangen werden muss, dass die Erfüllung grundlegender Sicherheitsanforderungen der Standsicherheit der Maschine gegeben ist, kann ein zusätzlicher Standsicherheitsnachweis bauaufsichtlich nicht mehr verlangt werden. Hersteller und Aufsteller sind dafür verantwortlich, die für die örtlichen Gegebenheiten „richtige" Maschine zu wählen. Das bedeutet, dass auch die örtlichen Anforderungen des anstehenden Baugrunds und/ oder der Turbulenzen, die bei der Aufstellung mehrerer Anlagen entstehen, von Seiten des Betreibers berücksichtigt werden müssen. Um dieser Verantwortung gerecht zu werden, liegt es für einen Betreiber nahe, die Standorteignung der vorgesehenen Maschine anhand des einschlägigen Regelwerks zu überprüfen und festzustellen. Die aufgrund einer CE-Kennzeichnung nach MRL entfallende bauaufsichtliche Prüfung grundlegender Anforderungen an Maschinen(bau)teile wird nicht durch eine weitergehende Prüfung der Immissionsschutzbehörden ersetzt, sondern in den Verantwortungsbereich des Betreibers verlagert.

Die Zuständigkeit der Marktüberwachungsbehörden besteht für alle Teile der WEA, für die eine Konformität mit der MRL bestätigt wurde und eine CE-Kennzeichnung erfolgte. Umgekehrt besteht eine Zuständigkeit der Bauaufsichtsbehörde nur für jene Teile der WEA, die nicht der Marktüberwachung unterliegen.

Begründung zu § 1

In § 1 ist der Anwendungsbereich der Thüringer Bauordnung geregelt.

Mit Absatz 1 ist die Geltung der Thüringer Bauordnung für alle baulichen Anlagen und Bauprodukte, für Grundstücke sowie für andere als bauliche Anlagen und Einrichtungen, an die in diesem Gesetz oder in Vorschriften aufgrund dieses Gesetzes Anforderungen gestellt werden, bestimmt. Der Begriff der baulichen Anlage ist in § 2 Abs. 1 und der der Bauprodukte in § 2 Abs. 10 definiert. Andere Anlagen, an die nach der Thüringer Bauordnung Anforderungen zu stellen sind, sind beispielsweise Warenautomaten, für die nach § 10 Abs. 5 teilweise die für Werbeanlagen anzuwendenden Bestimmungen entsprechend gelten.

Mit Absatz 2 sind verschiedene Anlagen aus dem Geltungsbereich der Thüringer Bauordnung ausgenommen, obwohl sie der Definition nach bauliche Anlagen sind. Es handelt sich dabei um Anlagen, die teilweise einem Fachplanungsprivileg im Sinne des § 38 BauGB unterfallen oder bei denen die Anwendung des materiellen Bauordnungsrechts keinen Sinn machen würde.

Messestände in Messe- und Ausstellungsgebäuden sind mit Satz 1 Nr. 6 vom Anwendungsbereich ausgenommen, da sie anders als Messestände, die im Freien errichtet werden, keine baulichen Anlagen, sondern Einrichtungsgegenstände sind. Mangels Qualifizierung als bauliche Anlage ist der Anwendungsbereich der Thüringer Bauordnung nach § 1 Abs. 1 Satz 1 insoweit nicht eröffnet. Der ausdrückliche Ausschluss von Messeständen in Gebäuden aus dem Anwendungsbereich dient somit lediglich der Klarstellung. Für Messestände in Gebäuden findet somit das Bauordnungsrecht keine Anwendung, sondern es gilt das allgemeine Sicherheitsrecht. Die Sicherheitsbehörden können sich im Rahmen der Amtshilfe zwar der Fachkenntnis der unteren Bauaufsichtsbehörden bedienen, im Außenverhältnis bleiben sie jedoch für die von ihnen getroffenen Entscheidungen verantwortlich.

Anders als Regale, die im Freien errichtet werden und nach § 63 Abs. 1 Nr. 15 Buchst. b unter bestimmten Voraussetzungen verfahrensfrei sind, sind Regale und Regalanlagen, die in Gebäuden errichtet werden, ebenfalls Einrichtungsgegenstände. Auf Regale und Regalanlagen in Gebäuden findet somit das Bauordnungsrecht keine Anwendung. Davon unberührt bleibt die Berücksichtigung der Regale und Regalanlagen, einschließlich Lagergut, beim Nachweis der Standsicherheit, insbesondere bei der Bemessung der Fundamente und gegebenenfalls der tragenden Bauteile, auf die die Regallasten einwirken, und des Brandschutzes, insbesondere in Bezug auf Brandlasten, Löschmöglichkeiten und Bemessung der Rettungswege.

Die Ausnahme vom Anwendungsbereich gilt nicht, wenn die Regale Teil der Gebäudekonstruktion sind, wie Geschosse wirken oder Erschließungsfunktion haben. Sie sind Teil der Gebäudekonstruktion, wenn die Regalständer gleichzeitig tragende Teile des Gebäudes sind; in diesem Fall ist nicht die Regal- sondern die Gebäudefunktion maßgeblich. Regale wirken wie Geschosse, wenn sich Aufenthaltsflächen oder -räume auf ihnen befinden. Regale mit Bediengängen haben Erschließungsfunktion, wenn einzelne Regalebenen nicht mehr vom Boden aus bedient werden.

Regale im Freien sind bauliche Anlagen nach § 2 Abs. 4 Nr. 2 und Regallager mit einer Oberkante Lagerguthöhe von mehr als 7,50 m sind Sonderbauten nach § 2 Abs. 4 Nr. 18. Maßgeblich für den Sonderbautentatbestand nach § 2 Abs. 4 Nr. 18 ist die Art und Form der Lagerung sowie die Höhe des Lagergutes. Es kommt nicht auf das Regal selbst an. Nicht das Regal selbst, sondern das Lagergebäude wird zum Sonderbau. Hintergrund des Sonderbautentatbestands ist die Gewährleistung wirksamer Löscharbeiten im Fall eines Brandes.

Windenergieanlagen können teilweise dem Anwendungsbereich nach der Richtlinie 2006/42/EG des Europäischen Parlaments und des Rates vom 17. Mai 2006 über Maschinen und zur Änderung der Richtlinie 95/16/EG (Neufassung) (ABl. L 157 vom 9.6.2006, S. 24; 2007 L 76 vom 16.3.2007, S. 35), zuletzt geändert durch Verordnung (EU) Nr. 2019/1243 vom 20. Juni 2019 (ABl. L 198 vom 25.7.2019, S. 241) oder deren nationaler Umsetzung durch die Maschinenverordnung vom 12. Mai 1993 (BGBl. I S. 704) in der jeweils geltenden Fassung und dem Bauordnungsrecht unterliegen. Soweit dies der Fall ist, können Anforderungen nach dem Bauordnungs- oder sonstigen öffentlichen Recht unzulässig sein.

Da die Errichtung von Windenergieanlagen nur insoweit einem nationalen Genehmigungsverfahren nicht unterworfen werden darf, als es um die Vorabprüfung von Aspekten geht, die Gegenstand der CE-Kennzeichnung und der Konformitätserklärung einschließlich Spezifikationen geht, sind Genehmigungsverfahren zulässig, die sich auf nicht von der Richtlinie 2006/42/EG abgedeckte Risiken beziehen, also insbesondere solche, die naturschutzrechtliche und planungsrechtliche Aspekte erfassen.

Damit kann im Verfahren nach § 66 zumindest das Bauplanungsrecht und das sogenannte aufgedrängte Recht geprüft werden, nach denen in der Regel keine Änderung der nach der Richtlinie 2006/42/EG in Verkehr gebrachten Teile zu verlangen ist. Aus dem Bauordnungsrecht kann beispielsweise die Einhaltung der Abstandsflächen oder die Erreichbarkeit durch die Feuerwehr geprüft werden.

Da der Nachweis über die Erfüllung der grundlegenden Sicherheits- und Gesundheitsschutzanforderungen einer Maschine bereits über die Konformitätsvermutung von Konformitätserklärung und CE-Kennzeichnung nach Artikel 7 Abs. 1 der Richtlinie 2006/42/EG geführt ist, ist ohne weitere Prüfung davon auszugehen, dass die Anforderungen nach der Richtlinie 2006/42/EG – einschließlich der Standsicherheit – erfüllt sind. Ein zusätzlicher bautechnischer oder bauproduktrechtlicher Nachweis kann nicht verlangt werden, soweit Konformitätserklärung und CE-Kennzeichnung reichen.

Fragen der Standsicherheit und der Verwendung von Bauprodukten können für die Teile der Windenergieanlage überprüft werden, die nicht nach der Richtlinie 2006/42/EG in Verkehr gebracht wurden. Dazu gehört insbesondere auch die Prüfung, ob die nach Bauordnungsrecht zu behandelnden Teile die von der Herstellerin oder dem Hersteller des Maschinenteils in der Konformitätserklärung zu benennenden Spezifikationen für die tragende Konstruktion erfüllen.

Hinsichtlich des Inverkehrbringens und der daraus abgeleiteten Zuständigkeiten sind daher folgende Kombinationen denkbar:

nach der Richtlinie 2006/42/EG in Verkehr gebracht	Zuständigkeit der Marktaufsicht nach der Richtlinie 2006/42/EG	bauaufsichtlich zu behandeln
Gondel	Gondel	Fundament und Turm
Gondel und Turm	Gondel und Turm	Fundament
Gondel, Turm und Fundament	Gondel, Turm und Fundament	./.

Im bauaufsichtlichen Verfahren können keine Anforderungen gestellt werden, die eine Änderung der nach der Richtlinie 2006/42/EG in Verkehr gebrachten Teile erfordern würden. So könnte beispielsweise nicht verlangt werden, dass eine Windenergieanlage mit Einrichtungen zur selbständigen Löschung von Bränden ausgestattet werden muss.

Zulässig wären dagegen Anforderungen, die Auswirkungen auf die Auswahl möglicher Windenergieanlagen haben. So ist die Forderung denkbar, dass einer Ausbreitung eines Brandes auf Flächen außerhalb der Anlage vorgebeugt werden muss. Wie der Herstellungsbetrieb das sicherstellt, ist ihm oder der Bauherrschaft bei der Auswahl des Anlagentyps oder gegebenenfalls ergänzender Maßnahmen überlassen.

Durch Nummer 8 sind Windenergieanlagen und Teile von Windenergieanlagen aus dem Anwendungsbereich der Thüringer Bauordnung ausgenommen, soweit für sie die Konformität mit den Anforderungen der Richtlinie 2006/42/EG durch eine Konformitätsbescheinigung und ein CE-Zeichen nachgewiesen ist. Damit kommt es für die Anwendbarkeit der Thüringer Bauordnung darauf an, welche Teile der Gesamtanlage – bestehend aus Gondel, Turm und Fundament – nach der Richtlinie 2006/42/ EG in Verkehr gebracht werden, vergleiche vorstehende Tabelle.

Unterfallen Windenergieanlagen der Ausschlussregelung, können gleichwohl Regelungen der Thüringer Bauordnung für anwendbar erklärt werden, die nicht im Widerspruch zur Behandlung nach der Richtlinie 2006/42/EG stehen.

Das Abstandflächenrecht ist für anwendbar erklärt, da von Windenergieanlagen Auswirkungen wie von Gebäuden ausgehen können und dies nicht davon abhängig ist, auf welcher Grundlage die Anlage in den Verkehr gebracht wird. Die Regelung ist zulässig, da den Mitgliedstaaten nach Artikel 15 der Richtlinie 2006/42/EG freigestellt ist, Installation und Verwendung in Übereinstimmung mit den einschlägigen Bestimmungen des Rechts der Europäischen Union zu regeln, vorausgesetzt, diese Regelungen führen nicht dazu, dass der freie Verkehr von Maschinen, die die Bestimmungen der Richtlinie 2006/42/EG erfüllen, behindert wird. In § 139 des Leitfadens für die Anwendung der Maschinenrichtlinie 2006/42/EG, Auflage 2.2, Stand: Oktober 2019, der Europäischen Kommission sind als Beispiel einzelstaatliche Rechtsvorschriften für die „Installation von Maschinen in bestimmten Gebieten, beispielsweise Installation von Kränen in Stadtgebieten oder Installation von Windkraftanlagen in ländlichen Gebieten" genannt.

Daher sind auch bauplanungsrechtliche Regelungen zu Standorten für Windenergieanlagen zulässig und können in einem Genehmigungsverfahren geprüft werden.

Da Genehmigungsverfahren angeordnet werden können, sind mit Satz 2 die Bestimmungen für entsprechend anwendbar erklärt, die zur Überprüfung von nicht durch die Richtlinie 2006/42/EG abgedeckten oder gesperrten Anforderungen erforderlich sind.

§ 2
Begriffe

(1) [1]Bauliche Anlagen sind mit dem Erdboden verbundene, aus Bauprodukten hergestellte Anlagen. [2]Eine Verbindung mit dem Boden besteht auch dann, wenn die Anlage durch eigene Schwere auf dem Boden ruht oder auf ortsfesten Bahnen begrenzt beweglich ist oder wenn die Anlage nach ihrem Verwendungszweck dazu bestimmt ist, überwiegend ortsfest benutzt zu werden. [3]Bauliche Anlagen sind auch
1. Aufschüttungen und Abgrabungen,
2. Lagerplätze, Abstellplätze und Ausstellungsplätze,
3. Campingplätze, Wochenendplätze, Zeltplätze, Spiel- und Sportflächen,
4. Stellplätze für Kraftfahrzeuge und Abstellplätze für Fahrräder,
5. Gerüste und Hilfseinrichtungen zur statischen Sicherung von Bauzuständen,
6. künstliche Hohlräume unter der Erdoberfläche und
7. Freizeit- und Vergnügungsparks.

[4]Anlagen sind bauliche Anlagen und andere Anlagen und Einrichtungen im Sinne des § 1 Abs. 1 Satz 2.

(2) Gebäude sind selbständig benutzbare, überdeckte bauliche Anlagen, die von Menschen betreten werden können und geeignet oder bestimmt sind, dem Schutz von Menschen, Tieren oder Sachen zu dienen.

(3) [1]Gebäude werden in folgende Gebäudeklassen eingeteilt:
1. Gebäudeklasse 1:
   a) freistehende Gebäude mit einer Höhe bis zu 7 m und nicht mehr als zwei Nutzungseinheiten von insgesamt nicht mehr als 400 m² Grundfläche und
   b) freistehende Gebäude, die einem land- oder forstwirtschaftlichen Betrieb oder einem Betrieb der gartenbaulichen Erzeugung im Sinne des § 35 Abs. 1 Nr. 1 und 2 in Verbindung mit § 201 des Baugesetzbuchs (BauGB) vom 3. November 2017 (BGBl. I S. 3634) in der jeweils geltenden Fassung dienen,
2. Gebäudeklasse 2: Gebäude mit einer Höhe bis zu 7 m und nicht mehr als zwei Nutzungseinheiten von insgesamt nicht mehr als 400 m² Grundfläche,
3. Gebäudeklasse 3: sonstige Gebäude mit einer Höhe bis zu 7 m,
4. Gebäudeklasse 4: Gebäude mit einer Höhe bis zu 13 m und Nutzungseinheiten mit jeweils nicht mehr als 400 m² Grundfläche und
5. Gebäudeklasse 5: sonstige Gebäude einschließlich unterirdischer Gebäude.

[2]Höhe im Sinne des Satzes 1 ist das Maß der Fußbodenoberkante des höchstgelegenen Geschosses, in dem ein Aufenthaltsraum möglich und zulässig ist, über der Geländeoberfläche im Mittel. [3]Die Grundflächen der Nutzungseinheiten im Sinne dieses Gesetzes sind die Brutto-Grundflächen; bei der Berechnung der Brutto-Grundflächen nach Satz 1 bleiben Flächen in Kellergeschossen außer Betracht. [4]Angebaute untergeordnete Gebäude ohne Aufenthaltsräume oder Feuerstätten mit nicht mehr als 50 m³ Brutto-Rauminhalt und Kleingaragen im Sinne des § 1

Abs. 7 Nr. 1 der Thüringer Garagenverordnung vom 28. März 1995 (GVBl. S. 185) in der jeweils geltenden Fassung ändern die Eigenschaft „freistehend" im Sinne des Satzes 1 Nr. 1 nicht.

(4) Sonderbauten sind Anlagen und Räume besonderer Art oder Nutzung, die einen der nachfolgenden Tatbestände erfüllen:
1. Gebäude mit einer Höhe nach Absatz 3 Satz 2 von mehr als 22 m (Hochhäuser),
2. bauliche Anlagen mit einer Höhe von mehr als 30 m, ausgenommen
   a) Antennen einschließlich der Masten zur Telekommunikationsversorgung,
   b) Anlagen, die in den Anwendungsbereich der Richtlinie (EU) 2018/2001 des Europäischen Parlaments und des Rates vom 11. Dezember 2018 zur Förderung der Nutzung von Energie aus erneuerbaren Quellen (Neufassung) (ABl. L 328 vom 21.12.2018, S. 82; 2020 L 311 vom 25.9.2020, S. 11; 2022 L 41 vom 22.2.2022, S. 37) in der jeweils geltenden Fassung fallen,
3. Gebäude mit mehr als 1 600 m^2 Grundfläche des Geschosses mit der größten Ausdehnung, ausgenommen Wohngebäude und Garagen sowie Räume und Gebäude für Abstellplätze für Fahrräder,
4. Verkaufsstätten, deren Verkaufsräume und Ladenstraßen insgesamt mehr als 800 m^2 Grundfläche haben,
5. Gebäude mit Räumen, die einer Büro- oder Verwaltungsnutzung dienen und einzeln eine Grundfläche von mehr als 400 m^2 haben,
6. Gebäude mit Räumen, die einzeln für die Nutzung durch mehr als 100 Personen bestimmt sind,
7. Versammlungsstätten
   a) mit Versammlungsräumen, die insgesamt mehr als 200 Besucherinnen und Besucher fassen, wenn diese Versammlungsräume gemeinsame Rettungswege haben oder
   b) im Freien mit Szenenflächen und Freisportanlagen jeweils mit Tribünen, die keine Fliegenden Bauten sind und insgesamt mehr als 1 000 Besucherinnen und Besucher fassen,
8. Schank- und Speisegaststätten mit mehr als 40 Gastplätzen in Gebäuden oder mehr als 1 000 Gastplätzen im Freien, Beherbergungsstätten mit mehr als zwölf Betten und Spielhallen mit mehr als 150 m^2 Grundfläche,
9. Gebäude mit Nutzungseinheiten zum Zwecke der Pflege oder Betreuung von Personen mit Pflegebedürftigkeit oder Behinderung, deren Selbstrettungsfähigkeit eingeschränkt ist, wenn die Nutzungseinheiten
   a) jeweils für mehr als sechs Personen oder
   b) für Personen mit Intensivpflegebedarf bestimmt sind oder
   c) einen gemeinsamen Rettungsweg haben und für insgesamt mehr als zwölf Personen bestimmt sind,
10. Krankenhäuser,
11. Wohnheime,
12. Einrichtungen zur Unterbringung von Personen sowie Tageseinrichtungen für Kinder, Menschen mit Behinderung und alte Menschen, ausgenommen Tageseinrichtungen einschließlich Tagespflege für nicht mehr als zehn Kinder,

13. Schulen, Hochschulen und ähnliche Einrichtungen,
14. Justizvollzugsanstalten und bauliche Anlagen für den Maßregelvollzug,
15. Camping- und Wochenendplätze,
16. Freizeit- und Vergnügungsparks,
17. Fliegende Bauten, soweit sie einer Ausführungsgenehmigung bedürfen,
18. Regallager mit einer Oberkante Lagerguthöhe von mehr als 7,50 m,
19. bauliche Anlagen, deren Nutzung durch Umgang mit oder Lagerung von Stoffen mit Explosions- oder erhöhter Brandgefahr verbunden ist, oder
20. Anlagen und Räume, die in den Nummern 1 bis 19 nicht aufgeführt und deren Art oder Nutzung mit vergleichbaren Gefahren verbunden sind.

(5) Aufenthaltsräume sind Räume, die zum nicht nur vorübergehenden Aufenthalt von Menschen bestimmt oder geeignet sind.

(6) [1]Oberirdische Geschosse sind Geschosse, deren Deckenoberkanten im Mittel mehr als 1,40 m über die Geländeoberfläche hinausragen; im Übrigen sind sie Kellergeschosse. [2]Hohlräume zwischen der obersten Decke und der Bedachung, in denen Aufenthaltsräume nicht möglich sind, sind keine Geschosse.

(7) [1]Stellplätze sind Flächen, die dem Abstellen von Kraftfahrzeugen außerhalb der öffentlichen Verkehrsflächen dienen. [2]Garagen sind Gebäude oder Gebäudeteile zum Abstellen von Kraftfahrzeugen. [3]Ausstellungs-, Verkaufs-, Werk- und Lagerräume und -flächen für Kraftfahrzeuge sind keine Stellplätze oder Garagen.

(8) Feuerstätten sind in oder an Gebäuden ortsfest benutzte Anlagen oder Einrichtungen, die dazu bestimmt sind, durch Verbrennung Wärme zu erzeugen.

(9) Barrierefrei sind bauliche Anlagen, wenn sie für Menschen mit Behinderung in der allgemein üblichen Weise ohne besondere Erschwernis und grundsätzlich ohne fremde Hilfe auffindbar, zugänglich und nutzbar sind.

(10) Bauprodukte sind
1. Produkte, Baustoffe, Bauteile und Anlagen sowie Bausätze nach Artikel 2 Nr. 2 der Verordnung (EU) Nr. 305/2011 des Europäischen Parlaments und des Rates vom 9. März 2011 zur Festlegung harmonisierter Bedingungen für die Vermarktung von Bauprodukten und zur Aufhebung der Richtlinie 89/106/EWG des Rates (ABl. L 88 vom 4.4.2011, S. 5; 2013 L 103 vom 12.4.2013, S. 10; 2015 L 92 vom 8.4.2015, S. 118) in der jeweils geltenden Fassung, die hergestellt werden, um dauerhaft in bauliche Anlagen eingebaut zu werden und
2. aus Produkten, Baustoffen, Bauteilen sowie Bausätzen nach Artikel 2 Nr. 2 der Verordnung (EU) Nr. 305/2011 vorgefertigte Anlagen, die hergestellt werden, um mit dem Erdboden verbunden zu werden und deren Verwendung sich auf die Anforderungen nach § 3 Satz 1 auswirken kann.

(11) Bauart ist das Zusammenfügen von Bauprodukten zu baulichen Anlagen oder Teilen von baulichen Anlagen.

(12) Prüfingenieurinnen, Prüfingenieure und Prüfämter sind Personen oder Behörden, denen bauaufsichtliche Prüfaufgaben einschließlich der Bauüberwachung und der Bauzustandsbesichtigung übertragen werden können.

Nr. 2 VollzBekThürBO

2.1.1 Aufschüttungen und Abgrabungen sind künstliche Veränderungen der vorhandenen Erdoberfläche. Dazu gehört auch die Auffüllung eines Grundstücks durch Bauschutt, mit mineralischen Ersatzbaustoffen oder Bodenmaterial bzw. Baggergut zur Herstellung einer neuen Geländeoberfläche oder die Anlage einer Terrasse. Bei der Verwendung von mineralischen Ersatzbaustoffen und/oder von Bodenmaterial und Baggergut sind die Anforderungen der Ersatzbaustoffverordnung (ErsatzbaustoffV) bzw. der Bundes-Bodenschutz- und Altlastenverordnung (BBodSchV) zu beachten. Eine Baugrube stellt keine selbstständige Abgrabung dar, sondern ist Teil der Bauausführung.

2.1.3 Wochenendplätze sind als Einheit geplante und genehmigte Plätze, die dem Aufstellen oder Errichten von Wochenendhäusern dienen. Die Gebäude dürfen nicht zum dauernden Aufenthalt genutzt werden. Dies gilt auch für nicht ortsveränderlich aufgestellte Wohnwagen und Mobilheime. Spiel- und Sportflächen sind Flächen, die diesen Zwecken gewidmet oder dafür planerisch ausgewiesen sind.

2.1.4 Abstellplätze für Fahrräder sind Flächen für Fahrräder auf Grundstücken ungeachtet des Vorhandenseins von baulichen Einrichtungen oder Fahrradständern. Stellplätze sind in § 2 Abs. 7 definiert.

2.1.7 Freizeit- und Vergnügungsparks sind als Gesamtheit bauliche Anlagen, bei denen nach Anlage 1 Nr. 3.1 des Thüringer UVP-Gesetzes nach allgemeiner Vorprüfung des Einzelfalls über die UVP-Pflicht zu entscheiden ist.

2.2 Gebäude sind vereinfacht ausgedrückt alle Anlagen, die ein Dach haben und von Menschen aufrecht betreten werden sowie einen Schutzzweck erfüllen können. Daran fehlt es z. B. bei unmittelbar auf Holzstapeln aufgelegten Dachplatten. Gebäude sind selbstständig benutzbar, wenn sie ihre Funktion unabhängig von anderen baulichen Anlagen erfüllen, insbesondere einen eigenen Eingang und – bei mehrgeschossigen Gebäuden – eine eigene notwendige Treppe haben. Nicht selbständig benutzbar sind zum Beispiel Anbauten, die nur vom Innern eines angrenzenden Gebäudes aus betretbar sind. Umgekehrt beeinträchtigen innere Verbindungen zwischen aneinandergebauten Gebäuden nicht deren Selbständigkeit, wenn jedes für sich vom Freien zu seiner Benutzung zugänglich ist. Die Verwendung gemeinsamer Bauteile ist nicht ausgeschlossen (OVG Nordrhein-Westfalen, 16.10.2008, 7 A 3096/07).

2.3.1 Die Gliederung der Gebäude in Gebäudeklassen (GK) ist systematische Grundlage für die Konzeption der Brandschutzanforderungen der Thüringer Bauordnung. Das Kriterium der Gebäudehöhe wird mit der Größe von brandschutzrelevanten Nutzungseinheiten (Zellenbauweise) kombiniert. Die Einstufung in Gebäudeklassen ist unabhängig von der Einstufung als Sonderbau nach Absatz 4. Damit gelten für Sonderbauten die an die Gebäudeklassen anknüpfenden Regelungen, soweit in den Sonderbauverordnungen keine abweichenden Anforderungen gestellt werden. Hochhäuser sind der Gebäudeklasse 5 zuzuordnen und außerdem Sonderbauten nach § 2 Abs. 4 Nr. 1.

2.3.2 Die Einstufung ist teilweise von der Zahl und Größe der Nutzungseinheiten abhängig. Als „Nutzungseinheit" gilt eine in sich abgeschlossene Folge von Aufenthaltsräumen, die einer Person oder einem gemeinschaftlichen Personenkreis zur Benutzung zur Verfügung stehen (z. B. abgeschlossene Wohnungen, Einliegerwohnungen, Büros, Praxen). Der Begriff der Nutzungseinheit setzt aber nicht das Vorhandensein eines Aufenthaltsraums voraus (z. B. reine Lagergebäude).

Die Nutzungseinheit kann auch aus einem Raum bestehen, z. B. Ein-Zimmer-Appartement oder ein Beherbergungsraum in einem Hotel (OVG Nordrhein-Westfalen, 07.07.1997, 10 A 3367/94).

Nutzungseinheiten sind brandschutztechnisch abgegrenzte Einheiten, die gegeneinander geschützt sind und den Feuerwehreinsatz durch räumlich definierte Abschnitte für die Brandbekämpfung begünstigen.

Maßgeblich ist also, ob einzelne Räume oder eine Folge von Räumen baulich so voneinander getrennt sind, dass sie jeweils für sich die für Nutzungseinheiten nach der Thüringer Bauordnung geltenden Anforderungen erfüllen.

Dazu gehören
- feuerwiderstandsfähige Trennwände zwischen Nutzungseinheiten (§ 32),
- jeweils in jedem Geschoss mindestens zwei voneinander unabhängige Rettungswege ins Freie (§ 36 Abs. 1),
- der erste Rettungsweg muss bei nicht zu ebener Erde liegenden Nutzungseinheiten über eine notwendige Treppe führen (§ 36 Abs. 2),
- wenn der zweite Rettungsweg nach § 36 Abs. 3 über Rettungsgeräte der Feuerwehr führt, muss dieser grundsätzlich unabhängig von anderen Nutzungseinheiten zur Verfügung stehen,
- Anforderungen an notwendige Flure (§ 39),
- Vorkehrungen gegen die Brandausbreitung bei Leitungs- und Lüftungsanlagen (§§ 43, 44).

2.3.3 Ob z. B. ein mehrgeschossiges (Büro-)Gebäude eine oder mehrere Nutzungseinheiten aufweist, hängt nicht davon ab, ob das Gebäude von mehreren Firmen genutzt wird, sondern davon, ob einzelne Räume oder eine Folge von Räumen entsprechend den genannten Anforderungen bautechnisch voneinander getrennt sind. Im Extremfall kann jeder einzelne Büroraum eine eigenständige Nutzungseinheit darstellen, wenn er für sich alle Anforderungen an Nutzungseinheiten erfüllt.

Gebäude, die über unterirdische bauliche Anlagen verbunden sind und gemeinsame Rettungswege haben (z. B. über Tiefgaragen), gelten als ein Gebäude.

2.3.4 Eine Galerie innerhalb einer Wohnung ist jedenfalls dann kein eigenes Geschoss, wenn sie alle nachstehenden Bedingungen erfüllt:
- Die Galerie erstreckt sich nur über den Hauptraum, mit dem sie in offener Verbindung steht; der Blickkontakt zu der darunterliegenden Ebene ist möglich.
- Die Fläche der Galerie ist nicht größer als die nicht von der Galerieebene überdeckte Fläche des Hauptraums in Höhe des Galeriefußbodens.
- Die Galerie darf sich nicht über fremde Nutzungseinheiten erstrecken.
- Die Galerie dient nicht der Erschließung von abgeschlossenen Räumen (einschließlich des nicht ausgebauten Dachraums) oder Fluren.

2.3.5 „Freistehend“ sind Gebäude, die nicht aneinandergebaut sind und die untereinander und zu den Nachbargrenzen Abstände einhalten. Aneinandergebaute Gebäude wie Reihen- oder Doppelhäuser sind keine freistehenden Gebäude, auch wenn sie auf einem Grundstück mit seitlichem Grenzabstand errichtet werden. Dies folgt aus dem in Absatz 2 bestimmten Gebäudebegriff (s. Nr. 2.2). Der bauordnungsrechtliche Begriff „freistehend“ ist nicht mit dem bauplanungsrechtlichen Begriff „offene Bauweise“ (§ 22 Abs. 2 BauNVO) identisch. Ein Gebäude, in dem zwei Wohneinheiten nebeneinander angeordnet sind, kann freistehend sein.

Beim Anbau von untergeordneten Gebäuden ohne Aufenthaltsräume oder Feuerstätten mit nicht mehr als 50 m^3 Brutto-Rauminhalt oder Kleingaragen im Sinne des § 1 Abs. 7 Nr. 1 ThürGarVO entfällt die Eigenschaft freistehend nicht. Der Anbau eines untergeordneten Gebäudes verändert auch dann die Gebäudeklasse des Hauptgebäudes nicht, wenn in der Summe eine Überschreitung der Flächenbegrenzung erfolgt (400 m^2 in Gebäudeklasse 1 und 2).

2.3.6 Für die Einordnung nach der Höhe ist auf die (fertige) Fußbodenoberkante des höchstgelegenen Geschosses abzustellen, in dem ein Aufenthaltsraum sowohl möglich als auch zulässig ist.

Aufenthaltsräume sind immer dann möglich, wenn die Mindestvoraussetzungen für Aufenthaltsräume nach § 50 erfüllt sind oder ohne bauaufsichtliches Verfahren geschaffen werden können sowie dann, wenn Aufenthaltsräume durch eine Abweichung nach § 73 zugelassen werden. Sie sind jedenfalls dann möglich, wenn das zu betrachtende Geschoss nach § 100 Abs. 2 ein Vollgeschoss wäre.

Ein Aufenthaltsraum ist nicht zulässig, wenn ungeachtet der technischen Möglichkeit nach den Bauvorlagen eine Nutzung für andere Zwecke vorgesehen ist. Werden entgegen den Angaben in den Bauvorlagen Aufenthaltsräume eingebaut und ändert sich dadurch die Gebäudeklasse, kann dadurch das Gebäude materiell und formell rechtswidrig werden. Das gilt auch, wenn die erforderlichen Ausbaumaßnahmen nach § 63 verfahrensfrei sind.

2.3.7 Ist die oberste Ebene ein reines Technikgeschoss, in dem ein Aufenthaltsraum zwar theoretisch möglich wäre und durch verfahrensfreie Baumaßnahmen auch verwirklicht werden könnte, ist sie gleichwohl bei der Ermittlung der Höhe jedenfalls dann nicht zu berücksichtigen, wenn das Technikgeschoss für die funktionsgerechte Nutzung des Gebäudes erforderlich ist (z. B. bei Krankenhäusern).

2.3.8 Maßgebend für die Ermittlung der Höhe ist die Geländeoberfläche im Mittel. Bei der Geländeoberfläche ist (anders als bei den Abstandsflächen; vgl. Nr. 6.4.3) auf die nach Fertigstellung des Gebäudes vorhandene Geländeoberfläche abzustellen. Im Verhältnis zum Gebäude geringfügige Abgrabungen vor Außenwänden, z. B. vor Kellerfenstern oder -treppen, sind nicht zu berücksichtigen.

Die Höhe des obersten Aufenthaltsraumfußbodens über der Geländeoberfläche im Mittel ergibt sich bei gleichmäßig ansteigendem Gelände aus dem Mittelwert der Höhen der Eckpunkte aller Seiten des Gebäudes und der Höhe des Fußbodens des höchstgelegenen Aufenthaltsraums. Bei besonderen Geländeverhältnissen oder Gebäudegestaltungen muss eine sinnvolle Aufteilung in Teilabschnitte erfolgen. Bei Gebäuden mit versetzten Geschossen ist nur die oberste Ebene mit möglichen Aufenthaltsräumen zu betrachten.

Anforderungen an die Zugänge und Zufahrten für Fahrzeuge der Feuerwehr (§ 5) und an die Rettungswege (§ 36) bleiben unberührt, da sie auf die tatsächlichen Rettungsmöglichkeiten abstellen.

2.3.9 Bei Gebäudekomplexen mit Teilen unterschiedlicher Höhe ist eine getrennte Einordnung der Gebäudeteile in Gebäudeklassen dann möglich, wenn eine selbstständige Betrachtung der Gebäudeteile als eigenständige Gebäude zulässig wäre. Andernfalls ist die jeweils höchste Gebäudeklasse für den Gesamtkomplex maßgeblich.

Werden Gebäude aufgestockt oder wird eine Aufenthaltsnutzung in obersten Geschossen dauerhaft aufgegeben, kann sich die Gebäudeklasse des Bestandsgebäudes verändern.

Bestehende Gebäude, deren Einstufung in die Gebäudeklasse sich durch den durch die ThürBO 2014 veränderten Bezugspunkt der Geländeoberfläche erhöht hat, haben hinsichtlich der ursprünglichen Gebäudeklasse Bestandsschutz.

2.3.10 Die Grundflächen im Sinne der ThürBO sind die Brutto-Grundflächen. Für die Berechnung der Brutto-Grundfläche ist die DIN 277-1; 2021 maßgebend (vgl. Anlage 4 zur ThürPPVO). Berücksichtigt werden die Grundflächen aller Grundrissebenen eines Gebäudes außer den Flächen in Kellergeschossen. Dabei spielt es keine Rolle, wie die Kellergeschosse genutzt werden (Kellerraum, Wohnnutzung, Garage). Selbstständige unterirdische Gebäude werden in die Gebäudeklasse 5 eingestuft. Ein unterirdisches Gebäude liegt vor, wenn es kein oberirdisches Geschoss i. S. d. § 2 Abs. 6 aufweist.

2.4.1 Der Sonderbautenbegriff hat verfahrenssteuernde Wirkung, da Sonderbauten immer im Baugenehmigungsverfahren nach § 66 behandelt werden, in dem alle bauordnungsrechtlichen Anforderungen geprüft werden. Soweit für Sonderbauten keine Sonderbauverordnung erlassen wurde, können nach § 54 besondere Anforderungen gestellt oder Erleichterungen zugelassen werden (zur möglichen Berücksichtigung der Muster-Sonderbauverordnungen der Bauministerkonferenz siehe Nummer 54.1.3). Auszugehen ist jedoch zunächst von den für die jeweilige Gebäudeklasse geltenden Regelungen.

Entspricht nur ein Teil des Bauvorhabens einem Sonderbau, unterliegt das Gesamtvorhaben dem Genehmigungsverfahren nach § 66 (Beispiel: Gaststätte in einem Wohngebäude).

2.4.2 Der Gliederung der Sonderbauten liegt folgende Systematik zu Grunde:
Nummer 1 – 3 = Anlagen mit besonderer Höhe oder Ausdehnung,
Nummer 4 – 8 = Gebäude für größere Personenzahlen,
Nummer 9 – 14 = Gebäude mit hilfsbedürftigen Personen,
Nummer 15 – 19 = atypische Nutzungen mit besonderem Gefährdungspotenzial.

Die einzelnen Tatbestände stehen nicht in einem besonderen Spezialitätsverhältnis zueinander. Eine Versammlungsstätte für insgesamt maximal 200 Personen ist zwar nicht nach Nr. 7 ein Sonderbau, kann es aber nach Nr. 6 sein, wenn ein Raum für die Nutzung durch mehr als 100 Personen bestimmt ist. Der Sonderbautenkatalog ist grundsätzlich abschließend. Der Auffangtatbestand der Nr. 20 ist für Sonderfälle vorgesehen, die bei Erstellung des Katalogs nicht erkennbar waren.

2.4.3 Weitere Hinweise:

Nr. 2: Die Höhe baulicher Anlagen, die keine Gebäude sind, ist abweichend von der Höhendefinition für Gebäude nach § 2 Abs. 3 Satz 2 das Maß von der (fertigen) Geländeoberfläche im Mittel bis zur Spitze bzw. Oberkante der Anlage. Antennen einschließlich Masten zur Telekommunikationsversorgung oder Anlagen im Anwendungsbereich der Richtlinie EU 2018/2001 (i. d. R. Windenergieanlagen) können zwar bauliche Anlagen über 30 m sein, sind aber aufgrund der Buchst. a und b nicht als Sonderbauten zu behandeln. Dies gilt auch, wenn Antennen auf Dächern montiert sind.

Nr. 3: Auch landwirtschaftliche Gebäude über 1 600 m² sind Sonderbauten ungeachtet möglicher Erleichterungen oder des möglichen Verzichts auf bautechnische Nachweise. Garagen sowie Räume und Gebäude für Abstellplätze für Fahrräder sind keine Sonderbauten. Für sie gilt die Thüringer Garagenverordnung.

Nr. 4: Es gilt die Thüringer Verkaufsstättenverordnung.

Nr. 6: Es kommt entsprechend der Regelung des § 1 der Muster-Versammlungsstättenverordnung – MVStättVO – (www.bauministerkonferenz.de) darauf an, wie viele Personen sich bei bestimmungsgemäßer Nutzung in dem Raum aufhalten sollen, nicht darauf, wie viele Personen sich dort theoretisch aufhalten können. Welche Nutzung beabsichtigt ist, entscheidet die Bauherrschaft im Bauantrag.

Nr. 7: Versammlungsstätten im Freien sind ortsfeste, auf Dauer angelegte Anlagen mit tribünenartiger Anordnung der Besucherbereiche, wie z. B. Freilichttheater, Anlagen für den Rennsport sowie Sportstadien. Beschränken sich die baulichen Anlagen im Wesentlichen auf Bühnen, Sanitäranlagen und eine Einzäunung, liegt keine Sonderbaueigenschaft vor. Auch temporäre Veranstaltungen, wie Musikfestivals oder Weihnachtsmärkte auf Freiflächen, sind keine Versammlungsstätten im Sinne der Nummer 7. Für sicherheitsrechtliche Anordnungen sind die Ordnungsbehörden zuständig. Für die Fluchtwegbemessung und die Festlegung anderer Vorkehrungen kann im Einzelfall die MVStättVO herangezogen werden. Ergänzend wird auf den „Orientierungsrahmen des Ministeriums für Inneres und Kommunales NRW für die kommunale Planung, Genehmigung, Durchführung und Nachbereitung von Großveranstaltungen im Freien" (https://www.im.nrw/sites/default/ files/ documents/2017-11/grossveranstaltungen_ orientierungsrahmen_druckversion.pdf) hingewiesen.

Solange keine landesrechtliche Regelung vorliegt, kann die MVStättVO sinngemäß herangezogen werden. Zur Bemessung der Besucherzahl wird auf § 1 MVStättVO verwiesen.

Nr. 8: Gaststätten bis 40 Gastplätze in Gebäuden dürfen zusätzlich eine Außenbewirtschaftung im Freien haben, ohne dass sie dadurch zum Sonderbau werden. Außenplätze haben regelmäßig nur geringe Auswirkungen auf die Rettungswegeführung.

Solange keine landesrechtliche Regelung vorliegt, kann die Muster-Beherbergungsstättenverordnung – MBeVO – (www.bauministerkonferenz.de) sinngemäß herangezogen werden.

Nr. 9 Ein Sonderbau liegt nur vor, wenn Nutzungseinheiten zum Zweck der Pflege oder Betreuung von bestimmten Personen geschaffen werden und diese Nutzungseinheiten (mindestens) eines der Kriterien der Buchstaben a bis c erfüllen. Maßgeblich ist die grundsätzliche Zweckbestimmung, nicht die jeweilige Zusammensetzung der Bewohner und ihre Pflegebedürftigkeit.

Ein Gebäude wird durch den Eintritt der Pflegebedürftigkeit seiner Bewohner nicht nachträglich zum Sonderbau. Ebenfalls sind Wohnungen nicht zu berücksichtigen, in denen Familienangehörige gepflegt werden oder wenn sich die Pflege und Betreuung auf hauswirtschaftliche Versorgung, Verpflegung oder allgemeine Dienstleistungen wie Notruf- oder Hausmeisterdienste, Informations- und Beratungsleistungen beschränkt.

Bei Nutzungseinheiten für 7 bis 12 Personen mit Pflege- oder Betreuungsbedarf kann die Muster-Wohnformen-Richtlinie – MWR – (www. bauministerkonferenz.de) herangezogen werden, bei mehr als 12 Personen, die auf einen gemeinsamen Rettungsweg angewiesen sind, können der MWR unter Nr. 2.3 ebenfalls Hinweise entnommen werden. Bei Intensivpflegebedarf beginnt die Sonderbaueigenschaft mit der ersten Person.

Die Nutzungsänderung von Wohnungen eines bestehenden Wohngebäudes zur Pflege oder Betreuung von Personen bzw. zur Intensivpflege hat bei Überschreitung der in Nummer 9 bestimmten Schwellenwerte die Einstufung des gesamten Gebäudes als Sonderbau zur Folge.

Nr. 11 Keine Wohnheime sind Gebäude, die zwar bestimmten Nutzergruppen vorbehalten sind, aber wie Wohngebäude aufgeteilt sind (z. B. „Studentenwohnheime", bei denen entsprechend Nummer 2.3.2 getrennte Wohneinheiten geschaffen werden).

Nr. 12 Stationäre Einrichtungen, die Aufgaben der Pflege oder Unterbringung für bestimmte Gruppen von Menschen erfüllen, sind unabhängig von der Art und Zahl der Nutzer Sonderbauten. Heime bzw. Wohnheime können einer Beherbergungsstätte vergleichbare Gefahren aufweisen. Dies gilt nicht nur für stationäre Einrichtungen des Heimrechts, für die die Heimmindestbauverordnung (HeimMindBauV) gilt, sondern auch für Wohnheime ohne Pflegeangebote.

Kindertageseinrichtungen für bis zu 10 Kinder sind vom Sonderbautenkatalog ausgenommen. Dies ermöglicht Betreuungseinrichtungen zweier Tagespflegepersonen entsprechend dem Betreuungsschlüssel nach § 10 ThürKitaG (max. 5 Kinder pro Tagespflegeperson) im Rahmen der allgemeinen Anforderungen der Thüringer Bauordnung.

Nr. 13: Zu beachten ist die Thüringer Schulbaurichtlinie (ThürStAnz Nr. 48/2010 S. 1613).

Nr. 17 Anforderungen enthalten die Richtlinie über den Bau und Betrieb Fliegender Bauten – FlBauR – Juni 2010 sowie die Verwaltungsvorschrift des Thüringer Ministeriums für Bau, Landesentwicklung und Verkehr über Ausführungsgenehmigungen für Fliegende Bauten und deren Gebrauchsabnahmen – FlBauVwV (ThürStAnz Nr. 51 + 52/2013 S. 2094, geändert durch VV vom 23.11.2018, ThürStAnz Nr. 51/2018, S. 1648, ber. ThürStAnz Nr. 8/2019, S. 438).

Nr. 18 Zu betrachtende bauliche Anlage ist nicht das Lagerregal. Zur Sonderbauteneigenschaft führt vielmehr die Nutzung „Lagerung von Gegenständen in Regalen mit einer Oberkante Lagergut von mehr als 7,50 m", da bei dieser Lagerform bei der Brandausbreitung und -bekämpfung andere Gesichtspunkte gelten können als bei einer gleich hohen Lagerung ohne Regale.

Nr. 19: Die Explosions- oder erhöhte Brandgefahr muss sich aus dem Umgang oder der Lagerung von Stoffen in der konkreten baulichen Anlage ergeben. Keine Rolle spielt dagegen, ob bei anderen Anlagen mit vergleichbarer Nutzung typischerweise mit Explosions- oder erhöhten Brandgefahren zu rechnen ist. Unbeachtlich ist daher z. B., dass bei Holzbearbeitungsbetrieben Schleif- und Hobelarbeiten verbunden mit einer automatischen Absaugung und Sammlung von Spänen zu einer Erhöhung der Brandgefahr führen können, wenn bei dem konkreten Betrieb keine Späneabsaugung vorgesehen ist. Die für die Beurteilung des Einzelfalls erforderlichen Anhaltspunkte ergeben sich aus der Baubeschreibung nach § 9 ThürBauVorlVO.

Eine Explosionsgefahr ist gegeben, wenn in einer baulichen Anlage die Gefahr des Auftretens einer explosionsfähigen Atmosphäre in gefahrdrohender Menge besteht (vgl. Technische Regeln für Gefahrstoffe – TRGS 721 – Gefährliche explosionsfähige Atmosphäre – Beurteilung der Explosionsgefährdung –).

Eine erhöhte Brandgefahr liegt dann vor, wenn aufgrund der Nutzung ein beträchtliches Risiko (Eintrittshäufigkeit und Eintrittswahrscheinlichkeit) der Entstehung und Ausbreitung eines Brandes besteht und mit Personenschäden zu rechnen ist. Der Einstufung als bauliche Anlage mit erhöhter Brandgefahr muss insbesondere eine Bewertung der Brandlasten, der Zündquellen, der Nutzung, der zu erwartenden Brandausbreitungsgeschwindigkeiten vorangehen. Eine erhöhte Brandgefahr kann vorliegen, wenn brandfördernde, leichtentzündliche oder hochentzündliche Stoffe entsprechend den Gefährlichkeitsmerkmalen nach der Gefahrstoffverordnung (GefStoffV) in nicht geringen Mengen gelagert, be- oder verarbeitet werden. Zur weiteren Bestimmung gegebenenfalls erhöhter Gefährdungen können die Technischen Regeln für Gefahrstoffe (TRGS) herangezogen werden.

Eine Sonderbauteneigenschaft besteht nicht, wenn sich die Explosions- oder Brandgefahr in dem Rahmen bewegt, der mit der Nutzung von Regelbauten üblicherweise verbunden ist. Durch das Lagern von Brennstoffen, wie Heizöl, Flüssiggas, Pellets, und von Kraftstoffen in den zum örtlichen Verbrauch erforderlichen Mengen wird ein Gebäude nicht zum Sonderbau. Auch ergibt sich noch keine Sonderbauteneigenschaft aus dem Erfordernis, bei einem zu betrachtenden Gebäude einzelne Räume nach § 32 Abs. 2 Nr. 2 ThürBO durch eine Trennwand abzutrennen.

Weitere Voraussetzung für die Bejahung der Sonderbauteneigenschaft ist, dass einer ggf. bestehenden Explosions- oder Brandgefahr mit Mitteln des Bauordnungsrechts begegnet werden kann und muss. Das wäre dann nicht der Fall, wenn der Umgang mit diesen Gefahren bereits fachgesetzlich abschließend geregelt ist und in einem (parallelen) fachgesetzlichen Anlagenzulassungsverfahren geprüft wird. Ebenfalls kein Sonderbau ist gegeben, wenn im Fall einer Explosion oder eines Brandes die typischerweise in einem Brandschutznachweis nach § 11 ThürBauVorlV zu behandelnden Fragen keine Rolle spielen.

Beispiele für bauliche Anlagen, deren Nutzung je nach konkreter Ausgestaltung durch Umgang oder Lagerung von Stoffen mit Explosions- oder erhöhter Brandgefahr verbunden sein kann, sind Lackfabriken, Spritzlackierbetriebe, Feuerwerks-, Munitions- und Sprengstofffabriken. Dagegen sind Biogasanlagen und Tankstellen regelmäßig keine Sonderbauten nach Nummer 19.

Nr. 20 Nummer 20 ist ein Auffangtatbestand für Anlagen und Räume, die nicht bereits dem Grunde nach in den konkreten Sonderbautentatbeständen der Nummern 1 bis 19 aufgeführt sind. Anders ausgedrückt ist eine Anlage kein Sonderbau, die bereits unter die Nummern 1 bis 19 fällt, die dort genannten Schwellen aber nicht erreicht bzw. dort aufgeführte besondere Kriterien nicht erfüllt.

Beispiele:
Eine Versammlungsstätte mit Versammlungsräumen, die insgesamt genau 200 Besucherinnen und Besucher fassen, ist vorbehaltlich der Nummer 6 auch nach Num-

mer 20 kein Sonderbau, da die Sonderbaueigenschaft nach Nummer 7a erst ab 201 Besucherinnen und Besuchern gegeben ist.
Eine Arztpraxis, in der regelmäßig Operationen auch unter Vollnarkose durchgeführt werden, ist kein mit einem Krankenhaus vergleichbarer Sonderbau (anders möglicherweise, wenn der Umfang der Operationen der Arztpraxis den Charakter einer Kleinklinik gibt).
Kein der Nummer 9 vergleichbarer Sonderbau liegt vor, wenn in einem Wohnhaus die Bewohnerinnen und Bewohner immer älter werden und zunehmend durch externe Hilfsdienste versorgt werden, da es sich bei den Wohnungen nicht um Nutzungseinheiten handelt, die zum Zweck der Pflege oder Betreuung geschaffen worden sind.

Es muss sich um eine Anlage handeln, deren Art oder Nutzung mit vergleichbaren Gefahren verbunden ist. Da das Bauordnungsrecht und hier insbesondere die Sonderbautentatbestände vorrangig die Sicherheit der Personen im Auge haben, die mit der Anlage als Nutzer, Besucher, Nachbarn, Passanten oder in vergleichbarer Weise in Berührung kommen, muss es sich um Gefahren für diesen Personenkreis handeln. Gefahren für die Umwelt sind insoweit nicht ausschlaggebend.

Für die Anwendbarkeit der Nummer 20 muss es sich um besondere Risiken handeln, die denen der Anlagen nach den Nummern 1 bis 19 vergleichbar sind. Diese Risiken können insbesondere
- auf der Größe der Anlagen (Nummern 1 bis 3),
- auf der Anwesenheit eines größeren Personenkreises (Nummern 4 bis 8),
- auf der Anwesenheit einer größeren Zahl von hilfs-, betreuungs- oder erhöht schutzbedürftigen Personen, deren Selbstrettungsfähigkeiten oder -möglichkeiten beschränkt ist (Nummern 9 bis 14) oder – auf der besonderen Atypik der Anlagen (Nummern 15 bis 19)

beruhen. Dabei können wie z. B. bei den Anlagen der Nummer 13 auch mehrere Gesichtspunkte für die Einstufung als Sonderbau sprechen.

Da sich das bei Sonderbauten erforderliche Baugenehmigungsverfahren vom vereinfachten Baugenehmigungsverfahren lediglich durch die Prüfung bauordnungsrechtlicher Anforderungen unterscheidet, muss es sich bei den vergleichbaren Gefahren um solche handeln, die Gegenstand der bauaufsichtlichen Prüfung sind und mit Mitteln des Bauordnungsrechts bewältigt werden können. Nicht zu betrachten sind dagegen Gefahren, die in einem anderen Zulassungsverfahren abzuarbeiten sind.

Anlagen sind nicht allein deswegen Sonderbauten nach Nummer 20, weil sie immissionsschutzrechtlich genehmigungsbedürftig sind. Den Besonderheiten dieser Vorhaben wird hinreichend im immissionsschutzrechtlichen Genehmigungsverfahren Rechnung getragen. Sie können aber z. B. nach Nummer 2 oder 3 Sonderbauten sein.

2.4.4 Bei einzelnen Nutzungen, für die es (Muster-)Sonderbauverordnungen gibt, liegt die „Einstiegsschwelle" des § 2 Abs. 4 niedriger als bei den Sonderbauverordnungen. Die Sonderbauverordnungen können als Orientierungshilfe für Entscheidungen nach § 54 herangezogen werden. Dabei ist zu berücksichtigen, dass die Vorhaben eben nicht unter die Sonderbauverordnung fallen und damit die Anforderungen der Sonderbauverordnung regelmäßig ganz oder teilweise bis auf die allgemeinen Anforderungen der Thüringer Bauordnung abgemindert werden können. Eine Überschreitung der Anforderungen der Sonderbauverordnung ist dagegen nur unter den in § 61 Abs. 2 genannten Gesichtspunkten möglich.

2.5 Ein nicht nur vorübergehender Aufenthalt liegt vor, wenn ein Raum entweder wie bei einem Wartezimmer durch einen wechselnden Personenkreis über einen insgesamt längeren Zeitraum oder durch einen gleichbleibenden Personenkreis über einen längeren Zeitraum genutzt wird (z. B. Wohn- oder Pausenräume). Aufenthaltsräume sind beispielsweise Wohn- und Schlafräume, Wohndielen, Wohn- und Kochküchen, Versammlungsräume, Arbeitsräume, Gasträume, Unterrichtsräume, Krankenräume, Warteräume, Geschäftsräume, Verkaufsräume und Werkstätten.

Keine Aufenthaltsräume sind beispielsweise Flure, Treppenräume, Wasch- und Toilettenräume, Nebenräume wie Speisekammern und andere Vorrats- und Abstellräume, Trockenräume, Wasch- und Futterküchen, Garagen, Heizräume, Maschinenräume sowie Räume, die zur Lagerung von Waren und zur Aufbewahrung von Gegenständen bestimmt sind, auch wenn in ihnen die mit der Lagerung und Aufbewahrung notwendig verbundenen Arbeiten verrichtet werden.

2.6 Die Definition grenzt oberirdische Geschosse von Kellergeschossen ab (vgl. Absatz 3 Satz 3). Da für Kellergeschosse aus Gründen des Brandschutzes teilweise höhere Brandschutzanforderungen gelten (z. B. § 30 Abs. 2, § 32 Abs. 2), kommt es auf die tatsächliche Geländeoberfläche nach Fertigstellung der Baumaßnahme an.

Die Möglichkeit von Aufenthaltsräumen in Hohlräumen zwischen der obersten Decke und der Bedachung ist bei einer lichten Raumhöhe unter 2 m regelmäßig ausgeschlossen.

2.7 Carports mit einer Grundfläche bis 100 m² sind offene Kleingaragen und ungeachtet ihrer Größe Gebäude i. S. d. Absatzes 2. Die Anforderungen entsprechen daher denen für Kleingaragen.

2.8 Anforderungen an die Aufstellung und den Betrieb von Feuerstätten enthält die Thüringer Feuerungsverordnung (ThürFeuVO) vom 10.08.2009 (GVBl. 2009, 745) in der jeweils gültigen Fassung.

2.9.1 Grundanforderungen des barrierefreien Bauens regelt § 53, Einzelanforderungen ergeben sich aus der als Technische Baubestimmung eingeführten DIN 18040.

Zu den Menschen mit Behinderung gehören auch Menschen mit Sinnesbehinderungen (insbesondere blinde, sehbehinderte, gehörlose, ertaubte und schwerhörige Menschen), denen in gleicher Weise wie anderen Menschen der Zugang und die Nutzung baulicher Anlagen ermöglicht werden muss.

2.9.2 Barrierefreiheit bedeutet, möglichst Sonderlösungen zu vermeiden. Beispielsweise ermöglicht eine Zugänglichkeit nur über Hinter- oder Nebeneingänge oder längere Umwege nicht die Nutzung in üblicher Weise. Die Einschränkung „grundsätzlich ohne fremde Hilfe" schließt Ausnahmefälle nicht aus, in denen auf fremde Hilfe nicht ganz verzichtet werden kann.

2.10 Ein Bausatz ist ein Bauprodukt, das von einem einzigen Hersteller als Satz von mindestens zwei getrennten Komponenten, die zusammengefügt werden müssen, um in das Bauwerk eingefügt zu werden, in Verkehr gebracht wird. Das Zusammenfügen von Komponenten eines Bausatzes gilt nicht als Bauart.

2.11 Die Anwendung von Bauarten wird in § 17 geregelt.

Begründung zu § 2

Mit § 2 sind verschiedene Begriffe definiert, die für eine größere Zahl von Bestimmungen von Bedeutung sind.

Mit Absatz 1 ist der Begriff der baulichen Anlage definiert. Hierzu gehören nicht nur Anlagen, die nach dem üblichen Sprachgebrauch Bauwerke sind, sondern es sind auch Anlagen erfasst, die zwar beweglich sind, im konkreten Fall aber ortsfest wie bauliche Anlagen genutzt werden. Hierzu können beispielsweise Fahrzeuge gehören, die wie feste Verkaufsstände oder Lagergebäude genutzt werden. Bei den in Satz 3 aufgeführten Anlagen kann ohne Regelung im Einzelfall die Erfüllung des Begriffs „bauliche Anlage" fraglich sein. Es ist aber auch klargestellt, dass beispielsweise bei Spiel- und Sportflächen nicht nur die einzelnen Geräte, sondern auch die Fläche als Gesamtheit eine bauliche Anlage darstellt.

In Absatz 2 ist bestimmt, was ein Gebäude ist. Wesentliche Merkmale eines Gebäudes sind die Überdeckung und der Schutzzweck. Dagegen ist es nicht erforderlich, dass die betreffende bauliche Anlage eine oder mehrere Wände aufweist. Die Frage, ob eine bauliche Anlage ein Gebäude ist, ist unter anderem von Bedeutung für die Erforderlichkeit einer durch Baulast gesicherten Zufahrt nach § 4 Abs. 1, für die Zugänglichkeit für die Feuerwehr nach § 5, für die Geltung von Brandschutzbestimmungen und für die Verpflichtung nach § 67, Bauvorlagen durch eine bauvorlageberechtigte Person erstellen zu lassen.

In Absatz 3 Satz 1 und 2 ist eine Gliederung der Gebäude in Gebäudeklassen enthalten, die als systematische Grundlage für das Brandschutzkonzept erforderlich ist. Die Brandschutzanforderungen richten sich nach einer Kombination des Kriteriums „Gebäudehöhe" mit der Zahl und Größe von Nutzungseinheiten.

Gebäude mit Nutzungseinheiten, die deutlich kleiner sind als Brandabschnitte, die gegeneinander mit Brandschutzqualität abgetrennt sind und die über ein eigenes Rettungswegsystem verfügen, wie beispielsweise Wohnungen, kleine Verwaltungseinheiten, Praxen oder kleine Läden, stellen für die Brandausbreitung und die Brandbekämpfung durch die Feuerwehr ein geringeres Risiko dar, als Gebäude mit ausgedehnten Nutzungseinheiten. Für Gebäude mit dieser Zellenbauweise, auch Kompartment-Bauweise genannt, sind daher geringere Brandschutzanforderungen vertretbar. Das Kriterium der Gebäudehöhe ist daher mit der Größe der Nutzungseinheiten kombiniert, was zur Bildung von fünf Gebäudeklassen führt.

Die Gebäudeklasse 1 umfasst freistehende Gebäude mit einer Höhe bis zu 7 m mit nicht mehr als zwei Nutzungseinheiten von insgesamt nicht mehr als 400 m² Grundfläche. Das sind vor allem freistehende Ein- und Zweifamilienhäuser. Die Nutzung ist jedoch nicht auf das Wohnen beschränkt. Ebenfalls in die Gebäudeklasse 1 sind freistehende Gebäude, die einem land- oder forstwirtschaftliche Betrieb oder einem Betrieb der gartenbaulichen Erzeugung dienen, eingeordnet. Gebäude der Gebäudeklasse 1 Buchst. a sind in die Gebäudeklasse 2 eingestuft, wenn sie nicht freistehend sind. In Gebäudeklasse 3 sind alle sonstigen Gebäude einer Höhe bis zu 7 m eingeordnet. Die Gebäudeklasse 4 umfasst Gebäude mit einer Höhe bis zu 13 m und Nutzungseinheiten mit jeweils nicht mehr als 400 m² Grundfläche. Alle sonstigen Gebäude, einschließlich unterirdischer Gebäude, fallen in die Gebäudeklasse 5. Die Einstufung in Gebäudeklassen ist unabhängig von der Einstufung als Sonderbau nach Absatz 4.

Bei der Abgrenzung der Gebäudeklassen hinsichtlich des Kriteriums der Gebäudehöhe wurde mit Satz 2 auf die Lage des höchstgelegenen Fußbodens über der Geländeoberfläche im Mittel abgestellt. Dadurch sind Unklarheiten über die Einordnung von Gebäuden vermieden, bei denen für die Personenrettung überhaupt keine Rettungsgeräte der Feuerwehr erforderlich sind, wie bei Gebäuden mit zwei baulichen Rettungswegen. Anforderungen an die Zugänge und Zufahrten auf den Grundstücken für die Feuerwehr nach § 5 und an die Rettungswege nach § 36 bleiben unberührt, da damit auf die tatsächlichen Rettungsmöglichkeiten abgestellt ist. Die Festlegung, dass bei der Berücksichtigung des obersten Geschosses auch darauf abzustellen ist, ob dort ein Aufenthaltsraum zulässig ist, soll Unsicherheiten über die Behandlung solcher Geschosse Rechnung tragen, bei denen, wie bei größeren Dachböden, die Schaffung eines Aufenthaltsraums zwar technisch möglich, aufgrund der Baugenehmigung oder aus anderen Gründen aber rechtlich nicht zulässig ist.

In Satz 3 Halbsatz 1 ist die Fläche der Nutzungseinheiten einheitlich als die Brutto-Grundfläche definiert. Dieser Begriff ist den Entwurfsverfasserinnen und Entwurfsverfassern geläufig und durch die DIN 277 – Grundflächen und Rauminhalte im Hochbau – unterlegt. Nach Halbsatz 2 sind für die Flächenberechnung nach Satz 1 Flächen in Kellergeschossen ausgenommen und, wie die Höhenbetrachtung, ist nur auf die oberirdischen Teile eines Gebäudes abgestellt. Für Räume in Kellergeschossen sind im Brandschutzkonzept eigene Regelungen sowohl hinsichtlich der Bauteilanforderungen als auch der Zugänglichkeit und der Rettungswege enthalten. Selbstständige unterirdische Gebäude sind nicht von den Gebäudeklassen 1 bis 4, sondern von der Gebäudeklasse 5 erfasst; auf die Flächengröße kommt es dabei nicht an.

Mit Satz 4 ist bestimmt, dass angebaute untergeordnete Gebäude ohne Aufenthaltsräume oder Feuerstätten mit nicht mehr als 50 m^3 Brutto-Rauminhalt sowie Kleingaragen die Eigenschaft freistehend nicht berühren. Damit ist unter anderem möglich, an bisher freistehende Ein- und Zweifamilienhäuser eine Garage oder ein anderes Nebengebäude anzubauen, ohne dass sich infolge einer Änderung der Gebäudeklasse höhere Brandschutzanforderungen ergeben. Die Größenbegrenzung entspricht § 33 Abs. 2 Satz 2 in Verbindung mit Abs. 1 Nr. 1, wonach kleinere Gebäude auch ohne Brandwand in einem Abstand von weniger als 2,50 m zur Grenze zulässig sind.

In Absatz 4 ist eine Aufzählung der Sonderbauten enthalten. Der Sonderbautenbegriff hat verfahrenssteuernde Wirkung, weil Sonderbauten grundsätzlich weder der Genehmigungsfreistellung nach § 64 noch dem vereinfachten Baugenehmigungsverfahren nach § 65 unterfallen, sondern im Baugenehmigungsverfahren nach § 66 zu behandeln sind, sodass in jedem Falle im Genehmigungsverfahren auch alle bauordnungsrechtlichen Anforderungen zu prüfen sind und die Möglichkeit eröffnet ist, nach § 54 Satz 1 besondere Anforderungen zu stellen oder Erleichterungen nach § 54 Satz 2 zuzulassen. Ferner ist der Begriff der Sonderbauten Anknüpfungspunkt für besondere Anforderungen hinsichtlich der bautechnischen Nachweise.

In den Katalog der Sonderbauten sind solche Anlagen aufgenommen worden, bei denen wegen ihrer Größe, wegen der Zahl und beziehungsweise oder der Schutzbedürftigkeit der sich in ihnen aufhaltenden Personen oder aus anderen Gründen ein besonderes Gefahrpotenzial erwartet werden muss. Deshalb ist mit dem einleitenden Wortlaut „die einen der nachfolgenden Tatbestände erfüllen" auch klargestellt, dass es für die Sonderbauteneigenschaft ausreicht, wenn ein Bauvorhaben von einem der in dem Katalog aufgezählten Fälle erfasst ist, die einzelnen Nummern des Katalogs also nicht untereinander spezialgesetzlich vorgehen. Unter dem Blickwinkel des Brandschutzes wurde erwogen, die Sonderbautendefinitionen durchgängig mit den Einstiegsschwellen der Muster-Sonderbautenverordnungen der Bauministerkonferenz, zu finden auf der Internetseite der Bauministerkonferenz www.bauministerkonferenz.de, zu harmonisieren. Im Ergebnis ist der Kreis der Sonderbauten aber deshalb weitergezogen worden, weil auch unterhalb dieser Einstiegsschwellen über die Standards des materiellen Bauordnungsrechts hinausgehende Anforderungen und gegebenenfalls kompensatorische Erleichterungen angezeigt sein können, die aber nur auf § 54 Satz 1 und 2 zu stützen sind, dessen Anwendung die Sonderbauteneigenschaft voraussetzt. Die Schwellenwerte beruhen auf bauaufsichtlichen Praxiserfahrungen.

Der Sonderbautenkatalog ist grundsätzlich abschließend, um den am Bau Beteiligten und den Bauaufsichtsbehörden für die Regelfälle eine zuverlässige und rechtssichere Orientierung zu ermöglichen. In Nummer 20 ist aber ein Auffangtatbestand enthalten, mit dessen Hilfe auch Sonderfälle erfasst werden können, die bei der Erstellung des Katalogs nicht erkennbar waren; der Auffangtatbestand kann aber nicht missbräuchlich dazu herangezogen werden, in den übrigen Nummern abschließend umrissene Sonderbautentatbestände zu erweitern.

Mit den Nummern 1 bis 3 sind bauliche Anlagen erfasst, die unabhängig von der Art ihrer Nutzung aufgrund ihrer Höhe oder Ausdehnung als Sonderbauten eingeordnet sind. Alle weiteren Typen sind nach der Art ihrer Nutzung differenziert. Antennen einschließlich der Masten zur Telekommunikationsversorgung und Anlagen, die in den Anwendungsbereich der Richtlinie (EU) 2018/2001 fallen, sind unabhängig von ihrer Höhe ausgenommen, da in diesem Fällen in der Regel nicht mit besonderen bauaufsichtlichen Problemen zu rechnen ist, die die Behandlung im Baugenehmigungsverfahren nach § 66 erfordern; unberührt bleiben die Anforderungen an die bautechnischen Nachweise nach § 72. Garagen sind klarstellend aus dem Sonderbautentatbestand der Nummer 3 ausgenommen, da die an Garagen zu stellenden Anforderungen gesondert in der Thüringer Garagenverordnung vom 28. März 1995 (GVBl. S. 185) in der jeweils geltenden Fassung und hinsichtlich der bautechnischen Nachweise in § 72 Abs. 2 Satz 3 und Abs. 3 Satz 2 Nr. 2 geregelt sind.

In den Nummern 4 bis 8 sind Nutzungsarten aufgeführt, die nur in Kombination mit einer größeren Zahl von Personen zu einer Sonderbauten-eigenschaft führen, wie Verkaufsstätten, Versammlungsstätten oder Großraumbüros; in diesen Fällen ist über die Flächengrößen oder, soweit möglich, über Personenzahlen eine sogenannte Einstiegsschwelle angegeben.

In Nummer 7 wurde zwischen Versammlungsstätten in Gebäuden und im Freien unterschieden. Bei Versammlungsstätten in Gebäuden besteht das Risiko, dass durch eine zu große Zahl von Personen, die auf die gleichen Rettungswege angewiesen ist, insbesondere bei Paniksituationen, Gefahren entstehen. Daher ist die Einstiegsschwelle auf 200 Besucherinnen und Besucher festgelegt, die auf die gleichen Rettungswege angewiesen sind.

Versammlungsstätten im Freien sind von Veranstaltungen im Freien zu unterscheiden, die überwiegend keine baulichen Anlagen darstellen. Typische Versammlungsstätten im Freien sind Freilichttheater, Anlagen für den Rennsport oder Reitbahnen sowie Sportstadien, also ortsfeste, auf Dauer angelegte Anlagen mit tribünenartiger Anordnung der Besucherbereiche. Das Vorhandensein von Szeneflächen und Tribünen und deren Verkoppelung mit dem dauerhaften Nutzungszweck der Anlage sind

Voraussetzungen, um unter die Regelung zu fallen; temporäre Veranstaltungen wie Musikfestivals auf Freiflächen sind nicht erfasst. Werden bei solchen Veranstaltungen Tribünen und Bühnen aufgestellt, handelt es sich um Fliegende Bauten, deren Genehmigung mit § 83 geregelt ist.

In Nummer 8 ist bestimmt, dass Gaststätten nur Sonderbauten sind, wenn sie mehr als 40 Gastplätze im Gebäude haben, da die bei üblichen Gaststätten mit Außenbewirtschaftung im Freien vorhandenen Plätze in der Regel nur geringe Auswirkungen auf die Rettungswegführung oder andere bauaufsichtliche Schutzziele haben. Abweichend davon sind Schank- und Speisegaststätten mit mehr als 1 000 Sitzplätzen unabhängig von der Zahl an Sitzplätzen im Gebäude als Sonderbauten zu qualifizieren. Darunter fallen insbesondere große Biergärten, sodass die Bauaufsichtsbehörde die Möglichkeit hat, nach § 54 besondere Anforderungen, beispielsweise im Hinblick auf eine angemessene Zahl von Toiletten, zu stellen. Die Schwelle von 1 000 Sitzplätzen ist dem Grenzwert für Versammlungsstätten im Freien nach Nummer 7 Buchst. b angelehnt.

Mit den Nummern 9 bis 15 sind Nutzungsarten erfasst, bei denen stets mit einer größeren Zahl von Personen zu rechnen ist, die pflege, betreuungs- oder erhöht schutzbedürftig sind, beispielsweise Krankenhäuser sowie Einrichtungen für Kinder, alte Menschen, Menschen mit Behinderung und Schulen.

Nach Nummer 9 haben bestimmte Gebäude mit Nutzungseinheiten Sonderbauteneigenschaft, wenn sie dem Zweck dienen, dass in ihnen Personen mit Pflegebedürftigkeit oder Behinderung gepflegt oder betreut werden. Nutzungseinheiten zum Zwecke der Pflege oder Betreuung sind solche, die von Anfang an nur für eine solche Nutzung geschaffen wurden. Somit wird beispielsweise eine Wohnung, in der aufgrund ihres Alters oder aus anderen Gründen pflegebedürftig gewordene Ehepartner weiter wohnen, nicht zum Sonderbau. Das Gleiche gilt bei Wohnungen, bei denen zur Aufnahme pflegebedürftiger Angehöriger besondere Einrichtungen vorgesehen sind. Die Tatbestandsmerkmale der Pflegebedürftigkeit oder der Behinderung bedeuten, dass die Personen mindestens auf ambulante Pflege- oder Betreuungsdienstleistungen angewiesen sind. Der Sonderbautentatbestand liegt vor, wenn eines der Kriterien der Buchstaben a, b oder c erfüllt ist.

Nach Buchstabe a sind Nutzungseinheiten ab sieben Personen mit Pflegebedürftigkeit oder Behinderung Sonderbauten, weil ab dieser Personenzahl ein Gefahrenpotential besteht, welches im Baugenehmigungsverfahren nach § 66 einer Einzelfallbeurteilung unterzogen werden muss. Bei bis zu sechs Personen ist weder die Einstufung in die Kategorie „Sonderbau" noch eine Nutzungsänderung anzunehmen. Die Sonderbauteneigenschaft entsteht auch nur, wenn die Nutzungseinheiten einzeln den Schwellenwert von mehr als sechs Personen erreichen. Durch die Eigenschaft „einzeln" soll zum Ausdruck gebracht werden, dass die Nutzungseinheit von ihrer baulichen Unabhängigkeit bestimmt ist, nicht durch ihre Organisationsform. In der Praxis bedeutet das beispielsweise, dass zwei baulich nicht unmittelbar verbundene Wohngemeinschaften mit jeweils sechs pflegebedürftigen oder betreuten Personen, auch im Fall ihrer organisatorischen Zusammengehörigkeit, zwei Nutzungseinheiten mit je sechs Personen bleiben. Die Einstiegsschwelle zum Sonderbautentatbestand ist in diesem Fall nicht erreicht.

Nach Buchstabe b ist der Sonderbautentatbestand immer dann erfüllt, wenn Einrichtungen oder Wohnungen über den allgemeinen Zweck der Pflege oder Betreuung hinaus darauf ausgerichtet sind, dem besonderen Zweck zu dienen, Personen mit Intensivpflegebedarf aufzunehmen, beispielsweise Menschen mit apallischem Syndrom, sogenanntes Wachkoma, oder mit Beatmungsbedarf.

Nach Buchstabe c ist der Sonderbautentatbestand erfüllt, wenn 13 oder mehr Personen, die in Nutzungseinheiten zum Zwecke der Pflege oder Betreuung von Personen leben, auf einen gemeinsamen Rettungsweg angewiesen sind. Hierbei sind nur die Personen anzurechnen, die gepflegt oder betreut werden. So ist insbesondere Pflege- und Betreuungspersonal nicht hinzuzurechnen. Sinn dieser Regelung ist, dass die Zahl der Personen, die sich im Gefahrenfall nicht selbst retten können, sondern auch auf die Hilfe der Einsatzkräfte der Feuerwehr angewiesen sind, begrenzt ist, soweit nicht im Baugenehmigungsverfahren nach § 66 die Genehmigungsfähigkeit der Nutzung festgestellt ist.

Krankenhäuser sind unabhängig von ihrer Größe zu den Sonderbauten zu zählen, da sich in der Regel ein Teil der Patientinnen und Patienten im Fall eines Brandes nicht selbst retten kann und auf fremde Hilfe angewiesen ist.

Da Wohnheime einer Beherbergungsstätte vergleichbare Gefahren aufweisen können, sind diese mit Nummer 11 den Sonderbauten zugeschrieben. Werden beispielsweise Studierenden Wohnmöglichkeiten vergleichbar einer Wohngemeinschaft angeboten, handelt es sich aber nicht um Wohnheime im bauordnungsrechtlichen Sinne.

Durch Nummer 12 sind kleinere Kindertageseinrichtungen, bei denen die Kinder in Form einer Kindertagespflege im Sinne des § 1 Abs. 2 des Thüringer Kindergartengesetzes (ThürKigaG) vom 18. Dezember 2017 (GVBl. S. 276) in der jeweils geltenden Fassung betreut werden, aus dem Sonderbautenkatalog herausgenommen. Aufgrund der Hilfebedürftigkeit der Kinder ist die Gesamtzahl der in einem Gebäude anwesenden Kinder in Kindertagespflege auf zehn begrenzt. Damit ist es auch möglich, dass zwei Tagespflegepersonen gemeinsam eine Pflegeeinrichtung begründen und dabei jeweils die nach § 10 Abs. 1 ThürKigaG zulässige Zahl von Kindern betreuen.

Mit den Nummern 16 bis 19 sind bauliche Anlagen erfasst, die wegen ihrer Atypik im Baugenehmigungsverfahren nach § 66 behandelt werden sollen.

Mit Absatz 5 ist bestimmt, unter welchen Voraussetzungen ein Raum als Aufenthaltsraum genutzt wird. Die Definition ist unter anderem für die Bestimmung der Gebäudeklassen nach Absatz 3 Satz 1, die Notwendigkeit von zwei Rettungswegen nach § 36 Abs. 1 und die Bestimmung von Mindesthöhen und Mindestfenstergrößen nach § 50 Abs. 2 von Bedeutung.

In Absatz 6 ist die Abgrenzung der oberirdischen Geschosse von Kellergeschossen geregelt. Die Regelung ist insbesondere für Brandschutzanforderungen von Bedeutung, da in Kellergeschossen in der Regel höhere Anforderungen gelten.

In Absatz 7 sind die Begriffe der Stellplätze und Garagen definiert. Die Definitionen stehen im Zusammenhang mit den Anforderungen nach § 52. Damit ist klargestellt, dass es um Flächen und Räume zur Aufnahme des ruhenden Verkehrs handelt. Das Abstellen von vorübergehend abgemeldeten Fahrzeugen oder von Kraftfahrzeuganhängern ist daher keine Stellplatznutzung, kann aber eine Zweckentfremdung des Stellplatzes sein.

In Absatz 8 ist der Begriff der Feuerstätten definiert. Erfasst sind damit nicht nur die der Raumheizung dienenden Anlagen, sondern beispielsweise auch Gaskochgeräte. Die konkreten Anforderungen sind in § 45 und in der Thüringer Feuerungsverordnung vom 10. August 2009 (GVBl. S. 745) in der jeweils geltenden Fassung geregelt.

Mit Absatz 9 wurde die Definition der Barrierefreiheit aus § 4 des Behindertengleichstellungsgesetzes vom 27. April 2002 (BGBl. I S. 1467 -1468-) in der jeweils geltenden Fassung übernommen. Dadurch ist deutlich, dass es keinen davon abweichenden bauordnungsrechtlichen Begriff der Barrierefreiheit gibt. Die Grundanforderungen an barrierefreies Bauen sind in § 53 geregelt, die Einzelanforderungen ergeben sich aus der als Technische Baubestimmung eingeführten DIN 18040 – Barrierefreies Bauen –.

Mit den Absätzen 10 und 11 sind die insbesondere für die Anwendung der §§ 17 bis 28 bedeutsamen Begriffe der Bauprodukte und Bauarten definiert.

Absatz 12 enthält eine Definition der Prüfingenieurinnen, Prüfingenieure und Prüfämter. Prüfingenieurinnen und Prüfingenieur nehmen als beliehene Unternehmer bauaufsichtliche Aufgaben wahr. Ihre Beauftragung erfolgt in der Regel durch die Bauaufsichtsbehörden, bei aufgrund des Verfahrens nach § 64 zulässigen Bauvorhaben durch die Bauherrschaft. Das Nähere regelt die aufgrund der in § 87 Abs. 2 der Thüringer Bauordnung in der Fassung vom 13. März 2014 enthaltenen Ermächtigung erlassene Thüringer Verordnung über die Prüfingenieure und Prüfsachverständigen vom 22. Februar 2018 (GVBl. S. 47) in der jeweils geltenden Fassung.

ThürOVG zu § 2[3]

Ein Wertstoffcontainer, der von Menschen in natürlicher, aufrechter Haltung betreten werden kann, um das Lagergut hineinzubringen, ist ein Gebäude im Sinne des § 2 Abs. 2 ThürBO.
(Thüringer Oberverwaltungsgericht, Beschluss vom 24. Oktober 2014 – 1 EO 92/14 –, juris, Rn. 13)

3 Leitsätze wurden vom Herausgeber entweder selbst erstellt oder redaktionell verändert bzw. an die aktuelle Gesetzesfassung angepasst.

§ 3
Allgemeine Anforderungen

[1]Anlagen sind so anzuordnen, zu errichten, zu ändern und instand zu halten, dass die öffentliche Sicherheit und Ordnung, insbesondere Leben, Gesundheit und die natürlichen Lebensgrundlagen, nicht gefährdet werden; dabei sind die Grundanforderungen an Bauwerke nach Anhang I der Verordnung (EU) Nr. 305/2011 zu berücksichtigen. [2]Dies gilt auch für die Beseitigung von Anlagen und bei der Änderung ihrer Nutzung.

Nr. 3 VollzBekThürBO

3.1 Instandhalten bedeutet, die baurechtlich relevanten Eigenschaften baulicher Anlagen sowie die Gebrauchstauglichkeit für die Dauer der Nutzung zu sichern. Qualitative Änderungen oder der Austausch wesentlicher Teile einer Anlage fallen nicht darunter.

3.2 Die Nennung der „natürlichen Lebensgrundlagen" erfordert keine Umweltverträglichkeitsprüfung in bauaufsichtlichen Verfahren. Vor Erteilung einer Baugenehmigung ist lediglich zu prüfen, ob das Vorhaben den nach §§ 65, 66 zu prüfenden Bestimmungen entspricht. Darunter fallen nur die Anforderungen, die aufgrund spezieller Regelungen gestellt werden. Allgemeine Optimierungsgebote bestehen nicht. Ob eine Umweltverträglichkeitsprüfung durchgeführt werden muss, richtet sich nach dem UVPG und dem ThürUVPG.

3.3 Die Grundanforderungen an Bauwerke entsprechend dem Anhang I der Verordnung (EU) Nr. 305/2011 sind Bestandteil der Anforderungen, die sich aus der Thüringer Bauordnung ergeben. In der Verwaltungsvorschrift nach § 96 (ThürVVTB) sind diese Anforderungen konkretisiert.

Begründung zu § 3

In § 3 sind die Grundanforderungen des Bauordnungsrechts enthalten.

Mit Satz 1 ist der materiell-rechtliche Mindeststandard festgelegt, dem der Thüringer Bauordnung unterliegende Anlagen genügen müssen. Dieser Mindeststandard ist unter anderem beim Verzicht auf Zustimmungen im Einzelfall nach § 17 Abs. 4 und § 23 Satz 2, beim Maßstab für besondere Anforderungen an Sonderbauten nach § 54 Satz 1 oder bei der Zulassung von Abweichungen nach § 73 Abs. 1 zu berücksichtigen. Es ist damit klargestellt, dass die Anforderungen an Bauwerke, die im Anhang I der Verordnung (EU) Nr. 305/2011 des Europäischen Parlaments und des Rates vom 9. März 2011 zur Festlegung harmonisierter Bedingungen für die Vermarktung von

Bauprodukten und zur Aufhebung der Richtlinie 89/106/EWG des Rates (ABl. L 88 vom 4.4.2011, S. 5; 2013 L 103 vom 12.4.2013, S. 10; 2015 L 92 vom 8.4.2015, S. 118) in der jeweils geltenden Fassung als Grundanforderungen an Bauwerke aufgeführt werden, auch Anforderungen sind, die sich aus der Thüringer Bauordnung ergeben. In Halbsatz 2 ist keine Erweiterung des Halbsatzes 1 enthalten. Vielmehr ist mit dem Wort „dabei" klargestellt, dass die nationalen Schutzziele die Grundanforderungen mit umfassen, diese in der Verwaltungsvorschrift nach § 96 konkretisiert werden und damit erfolgreich in die europäische Normung eingebracht werden können.

Mit Satz 2 ist klargestellt, dass die für die Errichtung und Änderung von Anlagen geltenden Grundanforderungen auch bei ihrer Beseitigung und Nutzungsänderung zu beachten sind.

Zweiter Teil
Das Grundstück und seine Bebauung

§ 4
Bebauung der Grundstücke mit Gebäuden

(1) Gebäude dürfen nur errichtet werden, wenn das Grundstück in angemessener Breite an einer befahrbaren öffentlichen Verkehrsfläche liegt oder wenn das Grundstück eine befahrbare, durch Baulast gesicherte Zufahrt zu einer befahrbaren öffentlichen Verkehrsfläche hat.

(2) Ein Gebäude auf mehreren Grundstücken ist nur zulässig, wenn durch Baulast gesichert ist, dass keine Verhältnisse eintreten können, die diesem Gesetz oder den aufgrund dieses Gesetzes erlassenen Rechtsvorschriften widersprechen.

Nr. 4 VollzBekThürBO

4.1.1 Die Anforderung gilt nur für Gebäude. Grundstück ist i. d. R. das Buchgrundstück. Andere Anlagen können auch auf gefangenen Grundstücken errichtet werden oder auf Grundstücken, die zwar eine Zufahrt haben, die aber nicht öffentlich-rechtlich gesichert ist. Bei Mobilfunkmasten und Windenergieanlagen beschränken sich bauplanungsrechtlich die Anforderungen an die Erschließung in der Regel auf eine Zuwegbarkeit zu Revisionszwecken.

4.1.2 Die Sicherung der Zufahrt muss durch eine Baulast nach § 90 erfolgen. Die Zulassung einer Abweichung vom Erfordernis einer gesicherten Zufahrt kommt nur in Betracht, wenn die Errichtung oder Erweiterung eines Gebäudes keine Auswirkungen auf die Wahrscheinlichkeit hat, dass das Grundstück von Fahrzeugen angefahren werden muss, die im öffentlichen Interesse im Einsatz sind (z. B. Krankenwagen, Feuerwehr oder Müllabfuhr). Das kann z. B. bei der Errichtung von Kleingaragen als Bestandteil eines bereits bewohnten Grundstücks der Fall sein. Die Anforderung dient ausschließlich dem öffentlichen Interesse und nicht der Erreichbarkeit des Grundstücks für Nutzer oder Besucher.

Eine öffentlich-rechtliche Sicherung für Leitungsanlagen, die über fremde Grundstücke führen, ist zur Erfüllung der bauplanungsrechtlichen Erschließungspflicht i. d. R. nicht erforderlich; ausreichend ist im Allgemeinen eine zivilrechtliche Sicherung. Im Einzelfall kann eine Baulasteintragung erforderlich werden, wenn Anlagen und Einrichtungen wie Hydranten oder eine gesicherte Netzeinspeisung zur Gefahrenabwehr Versorgungszuleitungen über Fremdgrundstücke zwingend benötigen.

4.1.3 Bei Wohnwegen mit begrenzter Länge (bis ca. 80 m) kann durch Zulassung einer Abweichung auf die Befahrbarkeit verzichtet werden, wenn wegen des Brandschutzes keine Bedenken bestehen. Die Abweichung kommt bei den Gebäudeklassen 4 und 5 regelmäßig nicht in Betracht.

4.2.1 Das Erfordernis einer öffentlich-rechtlichen Sicherung kann auch bei einer Grundstücksteilung nach Errichtung eines Gebäudes oder bei Anbauten an bestehende Gebäude entstehen. Bestehende Gebäude haben Bestandsschutz, soweit nicht die für die materielle Zulässigkeit des Gebäudes relevanten Grundstücksverhältnisse (z. B. durch eine Grundstücksteilung) nachträglich geändert werden.

4.2.2 Wird durch eine nachträglich angebrachte Wärmedämmung die Grundstücksgrenze überbaut, ist eine öffentlich-rechtliche Sicherung entbehrlich, da das Eintreten von Verhältnissen, die bauordnungsrechtlichen Bestimmungen zuwiderlaufen, auch ohne Sicherung nicht zu erwarten ist (siehe auch Nummer 6.8.6).

4.2.3 Eine Sicherung der Inanspruchnahme benachbarter Grundstücke ist notwendig, wenn Rotorblätter diese überstreichen. Für die von den Rotorblättern überstrichenen Flächen sind Baulasten einzutragen (Überstreichungsbaulast).

Begründung zu § 4

Nach Absatz 1 dürfen Gebäude nur auf Grundstücken errichtet werden, wenn das Grundstück in angemessener Breite an einer befahrbaren öffentlichen Verkehrsfläche liegt oder eine befahrbare, durch Baulast gesicherte Zufahrt zu einer befahrbaren öffentlichen Verkehrsfläche aufweist. Da Unklarheit darüber bestand, ob unter einer öffentlich-rechtlichen Sicherung auch geeignete Festsetzungen in Bebauungsplänen verstanden werden können, ist klargestellt, dass eine Sicherung durch Baulast nach § 90 erforderlich ist. Das Erfordernis einer öffentlich-rechtlichen Sicherung besteht nur für die Zufahrt, nicht aber für andere Erschließungsanforderungen, wie beispielsweise die Wasserver- oder Abwasserentsorgung, für deren Sicherung auch eine Grunddienstbarkeit möglich ist. Die Anforderung besteht nicht, wenn Anlagen errichtet werden, die keine Gebäude sind.

Mit Absatz 2 ist bestimmt, dass Gebäude auf mehreren Grundstücken nur zulässig sind, wenn durch Baulast gesichert ist, dass keine Verhältnisse eintreten können, die den bauordnungsrechtlichen Bestimmungen widersprechen. Diese Anforderung ist nicht nur bei der Errichtung des Gebäudes, sondern dauerhaft einzuhalten. Sie ist daher, insbesondere auch bei Grundstücksteilungen, nach der Errichtung eines Gebäudes oder bei Anbauten an bestehende Gebäude zu beachten.

§ 5
Zugänge und Zufahrten auf den Grundstücken

(1) [1]Von öffentlichen Verkehrsflächen ist insbesondere für die Feuerwehr ein geradliniger Zu- oder Durchgang zu rückwärtigen Gebäuden zu schaffen; zu anderen Gebäuden ist er zu schaffen, wenn der zweite Rettungsweg dieser Gebäude über Rettungsgeräte der Feuerwehr führt. [2]Zu Gebäuden, bei denen die Oberkante der Brüstung von zum Anleitern bestimmten Fenstern oder Stellen mehr als 8 m über Gelände liegt, ist in den Fällen des Satzes 1 anstelle eines Zu- oder Durchgangs eine Zu- oder Durchfahrt zu schaffen. [3]Ist für die Personenrettung der Einsatz von Hubrettungsfahrzeugen erforderlich, sind die dafür erforderlichen Aufstell- und Bewegungsflächen vorzusehen. [4]Bei Gebäuden, die ganz oder mit Teilen mehr als 50 m von einer öffentlichen Verkehrsfläche entfernt sind, sind Zufahrten oder Durchfahrten nach Satz 2 zu den vor und hinter den Gebäuden gelegenen Grundstücksteilen und Bewegungsflächen herzustellen, wenn sie aus Gründen des Feuerwehreinsatzes erforderlich sind.

(2) [1]Zu- und Durchfahrten, Aufstellflächen und Bewegungsflächen müssen für Feuerwehrfahrzeuge ausreichend befestigt und tragfähig sein; sie sind als solche zu kennzeichnen und ständig freizuhalten. [2]Die Kennzeichnung von Zufahrten muss von der öffentlichen Verkehrsfläche aus sichtbar sein. [3]Fahrzeuge dürfen auf den Flächen nach Satz 1 nicht abgestellt werden.

Nr. 5 VollzBekThürBO

5.1.1 Detaillierte Anforderungen zur Ausführung der Flächen und deren Kennzeichnung sind in der als Technische Baubestimmung eingeführten Muster-Richtlinie über Flächen für die Feuerwehr (Nr. A 2.2.1.1 ThürVVTB) enthalten. Aufstell- und Bewegungsflächen müssen auf Dauer freigehalten werden.

5.1.2 Die Lage und Ausgestaltung der Feuerwehrzufahrt ist regelmäßig Bestandteil der Baugenehmigung und bedarf daher bei späterer Veränderung einer Genehmigung. Abstimmungen mit der Feuerwehr oder der Bauaufsichtsbehörde können diese nicht ersetzen. Nicht genehmigungspflichtig sind geringfügige Änderungen der Begrenzungen, die zum Genehmigungszeitpunkt nicht Inhalt der Bauvorlagen waren bzw. maßlich nicht genau festgelegt waren.

5.1.3 Soll der Straßenraum als Feuerwehraufstell- und -bewegungsfläche genutzt werden, muss tatsächlich und rechtlich gewährleistet sein, dass die Flächen als Flächen für die Feuerwehr genutzt werden können. Das ist dann der Fall, wenn
- es sich um eine befahrbare öffentliche Straße handelt und
- die vorgesehene Fläche für die Sicherstellung des zweiten Rettungswegs über Rettungsgeräte der Feuerwehr i. S. d. § 36 Abs. 3 geeignet ist.

Eine Fläche ist dann geeignet, wenn die nach der in 5.1.1 genannten Richtlinie erforderlichen Flächen auf der Verkehrsfläche vorhanden sind, von der Feuerwehr erreicht werden können und nicht für den ruhenden Verkehr genutzt werden.

Der Träger der Straßenbaulast ist zur Frage zu beteiligen, ob Veränderungen vorgesehen sind, die die Eignung als Fläche für die Feuerwehr beeinträchtigen oder aufheben können. Die Eintragung einer Baulast ist nicht erforderlich. Die Straßenverkehrsbehörde sollte im Hinblick auf eventuelle verkehrsrechtliche Hinderungsgründe oder Anordnungserfordernisse beteiligt werden. Wird eine Baugenehmigung erteilt, vermittelt diese auch hinsichtlich der Sicherstellung des zweiten Rettungswegs Bestandsschutz. Veränderungen am Straßenraum können nicht zu Lasten des Bauherrn gehen. Wurde im Baugenehmigungsverfahren zu Unrecht von der Sicherstellung des zweiten Rettungswegs ausgegangen, gelten die allgemeinen Bestimmungen, insbesondere auch §§ 48, 49 VwVfG.

5.1.4 Bei Verwendung tragbarer Leitern zur Sicherstellung des zweiten Rettungsweges müssen die Standflächen zugänglich und zum Anleitern geeignet sein. Dies ist in der Regel der Fall, wenn natürliche oder künstlich geschaffene Flächen die Maße 2,50 m Tiefe x 3,00 m Breite zur Außenwand einhalten, eine Neigung von 5 v. H. entlang der Wand nicht überschreiten sowie ausreichend tragfähig und hindernisfrei sind.

Begründung zu § 5

In Absatz 1 ist die Erreichbarkeit von Gebäuden für die Feuerwehr geregelt. Dabei ist danach zu unterscheiden, mit welchen Rettungsgeräten die Personenrettung erfolgen muss. Auf konkrete Detailanforderungen wurde verzichtet, da sich diese aus der als Technische Baubestimmung eingeführten Muster-Richtlinien über Flächen für die Feuerwehr, Fassung Februar 2007, zuletzt geändert durch Beschluss der Fachkommission Bauaufsicht vom Oktober 2009, zu finden auf der Internetseite der Bauministerkonferenz, ergeben.

Mit Absatz 2 sind Grundanforderungen an Befestigung, Tragfähigkeit, Kennzeichnung und Freihaltung der Flächen für die Feuerwehr festgelegt. Auch hier wurde wegen der Verbindlichkeit der zu Absatz 1 genannten Richtlinien auf Detailanforderungen verzichtet.

§ 6
Abstandsflächen

(1) [1]Zur ausreichenden Belichtung und Belüftung sind vor den Außenwänden von Gebäuden Abstandsflächen von oberirdischen Gebäuden freizuhalten. [2]Für bauliche Anlagen, andere Anlagen und Einrichtungen, von denen Wirkungen wie von Gebäuden ausgehen, gilt Satz 1 gegenüber Gebäuden und Nachbargrenzen entsprechend. [3]Eine Abstandsfläche ist nicht erforderlich

1. vor Außenwänden, die an Grundstücksgrenzen errichtet werden, wenn nach planungsrechtlichen Rechtsvorschriften an die Grenze gebaut werden muss oder gebaut werden darf,
2. wenn ein Vorhaben nach § 34 Abs. 1 oder 3a BauGB zulässig ist,
3. für Windenergieanlagen, die im Außenbereich im Sinne des § 35 BauGB errichtet werden oder
4. für Antennen im Außenbereich im Sinne des § 35 BauGB einschließlich der Masten mit einer Breite des Mastes von höchstens 1,50 m und einer Gesamthöhe von nicht mehr als 50 m gegenüber anderen Grundstücken im Außenbereich.

(2) [1]Abstandsflächen müssen auf dem Grundstück selbst liegen. [2]Sie dürfen auch auf öffentlichen Verkehrs-, Grün- und Wasserflächen liegen, jedoch nur bis zu deren Mitte. [3]Abstandsflächen dürfen sich ganz oder teilweise auf andere Grundstücke erstrecken, wenn durch Baulast gesichert ist, dass sie nicht überbaut werden. [4]Abstandsflächen dürfen auf die auf diesen Grundstücken erforderlichen Abstandsflächen nicht angerechnet werden.

(3) [1]Abstandsflächen dürfen sich nicht überdecken; dies gilt nicht für

1. Außenwände, die in einem Winkel von mehr als 75 Grad zueinanderstehen und
2. Außenwände zu einem fremder Sicht entzogenen Gartenhof bei Wohngebäuden der Gebäudeklassen 1 und 2.

[2]In den Fällen des Satzes 1 findet Absatz 1 Satz 1 keine Anwendung.

(4) [1]Die Tiefe der Abstandsfläche bemisst sich nach der Höhe (H). [2]H ist das lotrechte Maß von jedem Punkt des oberen Abschlusses der Wand oder der Dachhaut bis zur Geländeoberfläche. [3]Die Abstandsfläche ist von dem Punkt der Geländeoberfläche, an dem H ermittelt wird, senkrecht zur Wand zu messen.

(5) [1]Die Tiefe der Abstandsflächen beträgt 0,4 H, mindestens 3 m. [2]In Gewerbe- und Industriegebieten sowie in Sondergebieten, deren Nutzung mit einem Gewerbe- oder Industriegebiet vergleichbar ist, genügt eine Tiefe von 0,2 H, mindestens 3 m. [3]Vor den Außenwänden von Gebäuden der Gebäudeklassen 1 und 2 mit nicht mehr als drei oberirdischen Geschossen genügt als Tiefe der Abstandsfläche 3 m. [4]Sind aufgrund einer städtebaulichen Satzung oder einer Satzung nach § 97 Außenwände zugelassen oder vorgeschrieben, vor denen Abstandsflächen größe-

rer oder geringerer Tiefe als nach den Sätzen 1 bis 3 liegen müssten, finden die Sätze 1 bis 3 keine Anwendung, es sei denn, mit der Satzung ist die Geltung dieser Regelungen angeordnet.

(6) Bei der Bemessung der Abstandsflächen bleiben außer Betracht
1. vor die Außenwand vortretende Bauteile, wie Gesimse und Dachüberstände,
2. bei Vorbauten, wie Balkonen, Erkern, Treppen, Treppenräumen und Aufzügen,
   a) die Seiten, die nicht mehr als 1,60 m vor die Außenwand vortreten und
   b) die den Nachbargrenzen gegenüberliegenden vorderen Seiten, wenn die Vorbauten insgesamt nicht mehr als ein Drittel der Breite der jeweiligen Außenwand in Anspruch nehmen, nicht mehr als 1,60 m vor die Außenwand vortreten und mindestens 2 m von der gegenüberliegenden Nachbargrenze entfernt bleiben,
3. untergeordnete Dachaufbauten, wie Schornsteine, Abgasanlagen und Antennen,
4. die Seiten von Dachaufbauten und Dachausschnitten untereinander sowie die Wände von Dachausschnitten und
5. bei Gebäuden an der Grundstücksgrenze gegenüber dieser Grenze zurückspringende Seitenwände und Dächer.

(7) [1]In den Abstandsflächen eines Gebäudes sowie ohne eigene Abstandsflächen sind, auch wenn sie nicht an die Grundstücksgrenze oder an das Gebäude angebaut werden, zulässig:
1. Garagen und Gebäude ohne Aufenthaltsräume und Feuerstätten mit einer mittleren Wandhöhe bis zu 3 m und einer Gesamtlänge je Grundstücksgrenze bis zu 9 m; abweichend von Absatz 4 bleibt die von Dächern mit einer Neigung von bis zu 45 Grad erzeugte Abstandsfläche unberücksichtigt,
2. gebäudeunabhängige Solaranlagen mit einer Höhe bis zu 3 m und einer Gesamtlänge je Grundstücksgrenze von 9 m,
3. Stützmauern und geschlossene Einfriedungen in Gewerbe- und Industriegebieten, außerhalb dieser Baugebiete mit einer Höhe bis zu 2 m,
4. Wärmepumpen, einschließlich ihrer Fundamente und Einhausungen, mit einer Höhe bis zu 2 m und einer Gesamtlänge je Grundstücksgrenze von 3 m und
5. Terrassen mit einer Höhe bis zu 1 m.

[2]Die Länge der die Abstandsflächentiefe gegenüber den Grundstücksgrenzen nicht einhaltenden Bebauung nach Satz 1 Nr. 1, 2 und 4 darf auf einem Grundstück insgesamt 18 m nicht überschreiten.

(8) [1]Bei rechtmäßig bestehenden Gebäuden sind abweichend von den Absätzen 1 bis 7 auch zulässig:
1. Änderungen innerhalb des Gebäudes,
2. Nutzungsänderungen,

3. die Errichtung und Änderung von Vor- und Anbauten, die für sich genommen die Tiefe der Abstandsflächen nach Absatz 5 einhalten,
4. die Errichtung und Änderung von Aufbauten, wenn deren Abstandsflächen nicht über die Abstandsflächen des bestehenden Gebäudes hinausgehen,
5. der Ersatz von Gebäuden oder Gebäudeteilen bis zu den bisherigen Abmessungen,
6. die Errichtung vor die Außenwand vortretender Aufzüge, Treppen und Treppenräume, wenn zu Nachbargrenzen ein Abstand von mindestens 2 m eingehalten wird und
7. Maßnahmen zum Zwecke der Energieeinsparung und Solaranlagen, wenn sie eine Stärke von nicht mehr als 0,40 m aufweisen.

[2]Satz 1 Nr. 1 bis 6 gilt nicht für Gebäude nach Absatz 7 Nr. 1.

(9) Die Zulassung von Abweichungen nach § 73 setzt keine atypische Grundstückssituation voraus.

Nr. 6 VollzBekThürBO

6.1.1 Die Regelung gilt für Abstandsflächen von Gebäuden und Anlagen mit gebäudegleicher Wirkung. Für das Nachbargrundstück kommen Wirkungen wie von Gebäuden besonders in Bezug auf Belichtung oder Belüftung in Betracht. Sie können z. B. ausgehen von Anlagen, die höher als 2 m sind wie Werbeanlagen, Behälter, Masten, aber auch von überdeckten Hundezwingern. Keine gebäudegleichen Wirkungen gehen in der Regel von Masten mit einem Basisdurchmesser bis 1 m, Hausschornsteinen, offenen Pergolen, Freisitzen und Schwimmbecken mit geringer Beckenrandhöhe aus.

6.1.2 Festsetzungen über die Bauweise (§ 22 BauNVO) oder von Baulinien (§ 23 Abs. 2 Satz 1 BauNVO) können eine Grenzbebauung erfordern oder zulassen. Das Gleiche gilt, wenn auf Grund des Einfügenserfordernisses des § 34 Abs. 1 Satz 1 BauGB eine Grenzbebauung erfolgen muss.

6.1.3 Sind nach § 34 BauGB andere Abstände als die Regelabstandsfläche oder eine Grenzbebauung zulässig, ist eine entsprechend reduzierte Abstandsfläche ausreichend. Nicht erforderlich ist, dass sich aus der Umgebungsbebauung ein bestimmtes, von Absatz 5 abweichendes Maß der Abstandsflächentiefe ergibt. Auch eine vorhandene Bebauung mit unterschiedlichen Gebäudeabständen kann eine Unterschreitung der Abstandsfläche erlauben. Schließlich ist eine Unterschreitung der sich aus der Umgebungsbebauung ergebenden Abstände auch möglich, soweit dadurch bodenrechtlich beachtliche Spannungen weder erzeugt noch verstärkt werden (BVerwG, 17.06.1993, 4 C 17/91).

6.1.4 Im Außenbereich sind grundsätzlich Abstandsflächen einzuhalten, da ein Vorrang des Bauplanungsrechts nur dann bestehen kann, wenn bauplanungsrechtliche Vorschriften (wie Festsetzungen eines Bebauungsplans oder eine nach § 34 Abs. 1 BauGB zu berücksichtigende vorhandene Bebauung) überhaupt Voraussetzungen für die Zulässigkeit oder Unzulässigkeit eines Baukörpers an der Grundstücksgrenze benennen. Dies ist im Außenbereich nicht der Fall (OVG Sachsen, 17.07.2003, 1 B 438/01).

6.1.5 Darf nach bauplanungsrechtlichen Bestimmungen an die Grundstücksgrenze gebaut oder ein Abstand eingehalten werden, steht es dem Bauherrn frei, für welche Bauweise er sich entscheidet. Dies ist bei uneinheitlicher Bauweise, die weder offen noch geschlossen ist, ebenso der Fall wie bei in Bebauungsplänen festgesetzten Baugrenzen, die weder allein noch zusammen mit anderen Festsetzungen (z. B. über die Bauweise) eine Grenzbebauung ausschließen. Ist das Nachbargrundstück bereits grenzständig bebaut, kann das Einfügenserfordernis zu einer Anbauverpflichtung führen.

6.1.6 Windenergieanlagen im Außenbereich benötigen keine Abstandsflächen, da die aus Immissionsschutzgründen erforderlichen Abstände von Nutzungen, bei denen die Schutzziele Belichtung und Belüftung eine Rolle spielen können, deutlich über die nach Absatz 5 erforderliche Abstandsflächentiefe hinausgehen. Werden in der Nähe von Windenergieanlagen Scheunen und ähnliche Anlagen errichtet, ist das unproblematisch, da diese im Hinblick auf die Schutzziele nicht betroffen sind. Unabhängig davon darf der Rotor nicht über die Grundstücksgrenze hinausreichen, soweit hierfür keine Baulast eingetragen wird.

6.1.7 Bei der für den Verzicht auf Abstandflächen maßgebliche Höhe von Antennen ist auf die Gesamthöhe abzustellen, bei der auch auf dem Mast angebrachte Antennen zu berücksichtigen sind.

6.2 Stimmt die Eigentümerin oder der Eigentümer des Nachbargrundstücks der Übernahme der Abstandsflächen zu, besteht ein Anspruch auf Eintragung einer Baulast.

6.3 Aus Satz 2 ergibt sich, dass für die in Satz 1 aufgeführten Fallkonstellationen auch das Verbot nicht gilt, dass Gebäude nicht auf Abstandsflächen anderer Gebäude stehen dürfen.

6.4.1 Für das Maß H ist der Abstand jeden Punkts des oberen Abschlusses der Wand oder der Dachhaut über der Geländeoberfläche maßgeblich. Damit entfällt die getrennte Ermittlung der Wandhöhe und der Dachhöhe. Auch die Dachneigung spielt keine Rolle.

6.4.2 Bei Gebäuden ohne Wand (Carports, Arkaden) ist eine fiktive Wand zu bilden. Da keine Mittelung der Wandhöhe erforderlich ist, ergeben sich bei geneigtem Gelände sowie bei Giebelflächen von Steildächern unregelmäßige Polygone (keine Rechtecke) als gespiegeltes Abbild.

6.4.3 Geländeoberfläche ist die natürliche oder die durch Bebauungsplan oder die Baugenehmigungsbehörde festgelegte Geländeoberfläche unmittelbar an der aufgehenden Wand. Eine ursprünglich unregelmäßige Geländeoberfläche unter der Gebäudegrundfläche ist nicht zu berücksichtigen. Veränderungen der Geländeoberfläche im Zusammenhang mit der Baumaßnahme sowie Geländeveränderungen mit dem erkennbaren Ziel einer Verkürzung der Abstandsflächentiefe sind ebenfalls nicht zu berücksichtigen.

6.4.4 Bei der Berechnung der Tiefe der Abstandsfläche für eine Windkraftanlage in Gebieten nach den §§ 30 und 34 BauGB mit senkrecht stehendem Rotor ist wie folgt zu differenzieren:

- Das Maß H entspricht der Gesamthöhe der Anlage (Nabenhöhe plus Rotorradius). Die Abstandsfläche ist einzuhalten ab einem Kreis um die Mittelachse der Anlage, dessen Radius durch den Abstand des senkrecht stehenden Rotors vom Mastmittelpunkt bestimmt wird.
- Als Mindestabstand muss der Rotorradius sowie zusätzlich 3 m eingehalten werden. Der Mindestabstand wird ab dem Mittelpunkt der Achse abgetragen, da die Exzentrizität nicht in Drehrichtung des Rotors besteht. Der Mindestabstand ergibt sich, wenn man sich die vom Rotor bestrichene Ansichtsfläche als Wand vorstellt, von deren Außenseite die Mindestabstandfläche von 3 m einzuhalten wäre. Der Mittelpunkt dieser Wand wäre mit dem Mittelpunkt der Rotorachse identisch.
- Unabhängig von der Bemessung der Abstandsfläche darf der Rotor nicht über die Grundstücksgrenze hinausreichen, soweit hierfür nicht eine Baulast eingetragen wird. (Dies gilt auch in Gebieten nach § 35 BauGB.)

6.5.1 Als Sondergebiete, die mit Gewerbe- und Industriegebieten vergleichbar sind, kommen insbesondere Sondergebiete für großflächige Einzelhandelsbetriebe in Betracht. Die Sonderregelung gilt für festgesetzte wie für faktische Baugebiete. Bei Bebauungsplangebieten für Windenergieanlagen (Windfarmen) kommt regelmäßig durch Zulassung einer Abweichung nach § 73 ein Verzicht auf Abstandsflächen in Betracht, da die Schutzziele des Abstandsflächenrechts allenfalls in den Randbereichen, aber nicht untereinander berührt sein können.

6.5.2 Die Sonderregelung für Gebäude der GK 1 und 2 macht eine genaue Darstellung der sich aus Absatz 4 ergebenden Abstandsflächen entbehrlich. Sie gilt unabhängig davon, ob sich bei exakter Ermittlung geringere oder tiefere Abstandsflächen ergeben würden.

6.6.1 Vortretende Bauteile haben Gestaltungs- oder Gliederungsfunktion. In Abhängigkeit von Gebäudehöhe und lokaler Bautradition können Dachüberstände von über 0,7 m auch andere funktionelle Eigenschaften haben und sind dann abstandsflächenrechtlich wie Vorbauten nach Nummer 2 zu behandeln. Bei Dachüberständen, die einen Abstand von 2,50 m gegenüber der Grundstücksgrenze unterschreiten, sind regelmäßig keine besonderen Vorkehrungen gegen eine Brandausbreitung erforderlich (siehe Nr. 33.2.4).

6.6.2 Die in Nummer 2 genannten Balkone, Erker, Treppen, Treppenräume und Aufzüge sind lediglich Beispiele untergeordneter Vorbauten. Loggien sind ebenso keine Vorbauten wie über mehrere Geschosse reichende verglaste Balkonvorbauten.

Erker sind Vorsprünge vor der Außenwand, wobei der Vorsprung nicht schon am Boden oder unmittelbar über dem Boden beginnen darf (Hess. VGH, 12.10.1995, 4 TG 2941/95). In funktioneller Hinsicht kann der Erker dem Ausblick, der Verbesserung der Belichtung oder der Gliederung der Fassade dienen. Vorbauten, die vorrangig dazu dienen, die Wohnfläche zu vergrößern, sind keine Erker. Dies ist insbesondere anzunehmen, wenn der Raum, dem der Erker zuzuordnen ist, erst mit der Fläche des Erkers seine ihm zugedachte Funktion erfüllen kann (z. B. als Teil einer Küche) oder der Erker selbst funktionelle Räume aufnimmt, z. B. Bad oder WC (OVG Nordrhein-Westfalen, 29.11.1985, 7 B 2402/85). Eine nennenswerte Vergrößerung der Wohnfläche liegt aber auch schon bei einer Flächenzunahme des jeweiligen Geschosses von mehr als 5 % vor (OVG Nordrhein-Westfalen, 26.03.1993, 11 B 713/93).

Nummer 2 Buchst. a stellt klar, dass abweichend von Absatz 3 mehrere Vorbauten untereinander keine Abstandsflächen auslösen, wenn sie nicht mehr als 1,60 m vor die Außenwand vortreten.

Der nach Nummer 2 Buchst. b erforderliche Abstand von 2 m gilt nur gegenüber Nachbargrenzen, nicht aber gegenüber der vorderen, zur Verkehrsfläche liegenden Grundstücksgrenze. Überbauungen des Straßenraums durch Vorbauten im Luftraum (Balkone) sind abstandsflächenrechtlich i. d. R. irrelevant, können aber straßenrechtlich Sondernutzungen darstellen, die ggf. erlaubnispflichtig sind.

6.6.3 Für die Brandschutzabstände seitlicher Wände von Vorbauten wird auf § 33 Abs. 10 und Nummer 33.10 verwiesen. Danach sind Balkonbrüstungen auch direkt an der Grundstücksgrenze ohne Brandschutzvorkehrungen zulässig.

6.6.4 Nummer 2 Buchst. b trifft keine Aussage zu einem seitlichen Grenzabstand von Vorbauten. Bei geschlossener Bauweise ist kein Grenzabstand einzuhalten (OVG Sachsen, 23.02.2010 – 1 B 581/09 und vom 12.10.2010 – 1 B 249/10). Durchgehende Balkone bei aneinandergebauten Gebäuden sind daher abstandsflächenrechtlich zulässig, soweit bauplanungsrechtliche Bedenken nicht bestehen (Rücksichtnahmegebot).

Nummer 4 stellt ebenso wie Nummer 2 Buchst. a klar, dass für Seiten von Dachaufbauten und Dachausschnitten untereinander sowie die Wände von Dachausschnitten das Überdeckungsverbot des Absatzes 3 nicht gilt.

6.6.5 Nummer 5 stellt klar, dass bei grenzständigen Gebäuden Vorbauten an der Grenze angeordnet werden können oder von der seitlichen Grundstücksgrenze einen Abstand halten dürfen, der weniger als die reguläre Abstandsfläche beträgt. Andere Anforderungen können sich aus dem Bauplanungsrecht ergeben.

6.7.1 Die Anordnung untergeordneter baulicher Anlagen ist nicht nur als Anbau an die Grenze, sondern auch in Zwischenbereichen möglich (kein Verbot der „engen Reihe"). Die Regelung stellt auf die Grundstücksgrenze ab und schließt damit auch die Grenze zur Straße ein. Bei der Ermittlung der mittleren Wandhöhe ist nach dem Ziel der Regelung (Ausgleich der Interessen von Bauherr und Nachbar) nur die grenznahe Wand zu betrachten. Die mittlere Wandhöhe ergibt sich z. B. bei giebelständigen Gebäuden (symmetrischer Giebel, ebenes Gelände) aus dem Mittelwert der Höhen der Eckpunkte und des Firsts und darf 3 m nicht überschreiten. Bei besonderen Geländeverhältnissen oder Gebäudegestaltungen muss eine sinnvolle Aufteilung in Teilabschnitte erfolgen. Bei traufständig zur Grenze stehenden Nebengebäuden ist die vom Dach erzeugte Abstandsfläche nicht zu berücksichtigen, wenn die Dachneigung nicht mehr als 45 Grad beträgt.

Bei der Beschränkung der Länge auf 9 m je Grundstücksgrenze und der mittleren Wandhöhe von 3 m ist auf das Baugrundstück und nicht auf die angrenzenden Grundstücke abzustellen.

Die Gesamtlänge der nach Satz 1 Nr. 1, 2 und 4 zulässigen baulichen Anlagen ohne eigene Abstandsflächen ist auf 18 m beschränkt. Unterirdische Gebäude nach Satz 1 Nr. 1 werden auf diese Länge nicht angerechnet. Bei Übernahme von Abstandsflächenbaulasten durch Eigentümerinnen oder Eigentümer benachbarter Grundstücke kann sich diese Länge vergrößern. Abstandsflächenbaulasten sind auch für „Teillängen" eines Gebäudes möglich. Soweit ein Baugrundstück an eine öffentliche Verkehrsfläche oder sonstige Fläche im Sinne des Absatzes 2 Satz 2 angrenzt, wird die Länge einer dort grenzständig oder mit geringem Abstand zur Grenze des Baugrundstücks errichteten baulichen Anlage nicht auf die nach Satz 2 zulässige Gesamtlänge der Grenzbebauung von 18 m angerechnet, wenn die Abstandsfläche nicht über die Mitte der öffentlichen Fläche hinausgeht.

Die abstandsflächenrechtliche Zulässigkeit kommt nur dann zum Tragen, wenn die Bebauung auch bauplanungsrechtlich zulässig ist. Dies ist insbesondere bei bestehender umfangreicher Grenzbebauung im Einzelfall zu prüfen.

Auch können Standorte wegen der Festsetzungen eines Bebauungsplans oder aus sonstigen Gründen bauplanungsrechtlich unzulässig sein.

6.7.2 Garagen und sonstige nach Nummer 1 zulässige Gebäude müssen funktional eigenständig sein, auch wenn sie an bestehende Gebäude heranrücken oder an diese angebaut sind. Eine Eigenständigkeit kann auch dann vorliegen, wenn Dächer vom angrenzenden Gebäude durchgehen oder zusätzlich zum Garagentor oder sonstigen Eingang des Gebäudes eine Verbindungstür zum angrenzenden Gebäude vorhanden ist. Die Nutzung eines Garagendachs als Terrasse führt nicht zur Aufhebung der Eigenständigkeit, wenn die Terrasse für sich die Abstandsflächen einhält oder die nach Absatz 6 Nr. 2 zulässige Größe eines Balkons nicht überschreitet.

6.7.3 Ob ein sonstiges Gebäude Aufenthaltsräume aufweist, hängt von seiner Ausgestaltung ab. Aufenthaltsräume sind nach § 2 Abs. 5 Räume, die zum nicht nur vorübergehenden Aufenthalt von Menschen bestimmt oder geeignet sind. Indiz für eine entsprechende Bestimmung oder Eignung können neben der Erfüllung der Anforderungen des § 50 z. B. wärmegedämmte Wände, großflächige Fenster, eine Ausstattung mit Elektroanschlüssen oder Heizgeräten sowie eine Einrichtung sein, die auf einen häufigen Aufenthalt hindeutet. Eine gelegentliche Nutzung für Feiern führt nicht zwingend zur Annahme eines Aufenthaltsraums, da auch Hobbyräume oder nichtgewerbliche Werkräume keine Aufenthaltsräume sein müssen (vgl. Nummer 2.5).

6.7.4 Stützmauern und geschlossene Einfriedungen sind außerhalb von Gewerbe- und Industriegebieten nur bis zu einer Höhe von 2 m abstandsflächenrechtlich zulässig. Die Höhe einer Stützmauer und eines darauf errichteten Gebäudes kann zusammenzurechnen sein (VGH Bayern, 12.09.2013, 14 CE 13.928).

Ob Stützmauern und Einfriedungen im Einzelfall errichtet werden können, richtet sich ebenso wie bei den Anlagen nach Nummer 1 und 2 insbesondere nach dem Bauplanungsrecht oder den Festsetzungen einer örtlichen Bauvorschrift.

6.7.5 Wärmepumpen sind in den in Nummer 4 genannten Ausmaßen ohne Abstandsflächen zulässig, da bei dieser Größe von Wärmepumpen keine Wirkungen wie von Gebäuden (vgl. Absatz 1 Satz 2) ausgehen. Unberührt bleiben sonstige Rechtsvorschriften insbesondere des Immissionsschutzrechts, die dazu führen können, dass bestimmte Wärmepumpen nicht im grenznahen Bereich errichtet werden dürfen. Auf den LAI-Leitfaden für die Verbesserung des Schutzes gegen Lärm bei stationären Geräten vom 28.08.2023 wird verwiesen.

6.8.1 Die Regelung gilt für rechtmäßig bestehende Gebäude. Das sind sowohl entsprechend einer Genehmigung errichtete als auch ohne Genehmigung errichtete, aber bestandsgeschützte Gebäude.

6.8.2 Die Nummern 3 und 4 betreffen Änderungen an Gebäuden, die bereits vor der Änderung die erforderlichen Abstandsflächen nicht eingehalten haben.

Durch Nummer 3 werden insbesondere Anbauten erfasst, die näher an die Grundstücksgrenze heranreichen und damit für die Nachbarschaft scheinbar eine stärkere Belastung darstellen. Sie sind zulässig, wenn sie als eigenständiges Gebäude die Abstandsflächen einhalten würden.

Nummer 4 ermöglicht Aufstockungen z. B. durch zurückgesetzte Geschosse. Bei diesen kommt es nicht darauf an, ob der Aufbau für sich genommen die Abstandsflächen einhält, sondern darauf, dass durch die Aufstockung die erforderliche Abstandsfläche nicht vergrößert wird.

6.8.3 Nummer 5 erlaubt vollständige oder Teil-Ersatzneubauten bis zu den bisherigen Abmessungen des Gebäudes oder Gebäudeteils. Maßgeblich ist dabei nicht die Einhaltung des bisherigen Bauvolumens oder der bisherigen Grundfläche. Vielmehr dürfen die neuen Gebäude oder Bauteile nicht weiter vortreten als die Außenwandteile des bisherigen Gebäudes.

6.8.4 Nummer 6 betrifft das zulässige Maß von 2 m, das vor die Außenwand errichtete Aufzüge, Treppen und Treppenräume haben dürfen und entspricht Absatz 6 Nr. 2 Buchst. b. Im Unterschied zu Absatz 6 kommt es aber nicht darauf an, dass das Gebäude, an das die genannten Bauteile angebaut werden, für sich genommen die Abstandsflächen einhält.

6.8.5 Nummer 7 betrifft bestehende Gebäude, deren fertige Wandoberfläche durch Aufbringen einer Wärmedämmung oder von Solaranlagen näher an die Grenze rückt und damit die Abstandsfläche gegenüber der Nachbargrenze unterschreitet. Bei einer Neubebauung müssen die Abstandsflächen mit der fertigen Wand einschließlich Wärmedämmung eingehalten werden. Begünstigt ist auch die Wärmedämmung des Daches und die dadurch gegebenenfalls bewirkte Veränderung der Höhe H (Erhöhung des Schnittpunkts der Wand mit der Dachhaut).

Soll von den in Nummer 7 genannten Maßen abgewichen werden, kann dies durch Zulassung einer Abweichung nach § 73 ermöglicht werden, wenn die hierfür geltenden Voraussetzungen erfüllt sind. Die Zulassung einer Abweichung ist entbehrlich, wenn die beabsichtigte Über- bzw. Unterschreitung bereits nach Absatz 1 zulässig ist.

Abweichungen von dem festgesetzten Maß der baulichen Nutzung, der Bauweise und der überbaubaren Grundstücksfläche können nach § 248 BauGB zulässig sein.

6.8.6 Die Aufbringung einer die Nachbargrenze überschreitenden Wärmedämmung hat nach § 14 a Thüringer Nachbarrechtsgesetz die Eigentümerin oder der Eigentümer des Nachbargrundstücks unter bestimmten Voraussetzungen zu dulden. Eine Sicherung durch Baulast ist nicht erforderlich. Unterliegt eine solche grenzüberschreitende Wärmedämmung als Bestandteil einer Baumaßnahme der Verfahrenspflicht, kann eine Genehmigung wie auch in anderen Fällen nach § 78 Abs. 4 unbeschadet der privaten Rechte Dritter erteilt werden.

Begründung zu § 6

In Absatz 1 Satz 1 ist der Grundsatz enthalten, dass vor den Außenwänden von Gebäuden Abstandsflächen von oberirdischen Gebäuden freizuhalten sind. Aufgenommen sind die Schutzziele, die durch die Regelungen zu den Abstandsflächen verfolgt werden. Die Schutzzielregelung ist insbesondere bei der Zulassung von Abweichungen nach § 73 wichtig, da dabei der Zweck der jeweiligen Anforderung zu berücksichtigen ist. Nicht als Schutzziel aufgenommen wurde die Einhaltung eines ausreichenden Sozialabstands, weil

1. verhaltensbedingte Belästigungen, wie Lärm und Geruchsemissionen, keine bauordnungsrechtlichen Schutzziele sind,
2. es nicht nachvollziehbar ist, warum der Sozialabstand bei höheren Gebäuden größer sein muss, daher wäre als Sozialabstand der Mindestabstand von 3 m ausreichend,
3. in der geschlossenen Bauweise die Einsichtnahme auf das Nachbargrundstück von einem Balkon aus offenbar kein Problem zu sein scheint,
4. es nicht nachvollziehbar wäre, warum nicht auch zwischen Balkonen des gleichen Gebäudes Abstandsflächen liegen müssen, wenn die Einsichtnahme von einem Balkon ein Problem wäre,
5. es nicht nachvollziehbar ist, warum auch zwischen gewerblichen Nut-zungen ein Sozialabstand erforderlich sein soll.

Werden die Abstandsflächen eingehalten, ist auch dem Schutzziel Rechnung getragen. Eine eigenständige ergänzende Prüfung ist nicht erforderlich.

Nach Satz 2 sind bei Anlagen mit gebäudegleicher Wirkung ebenfalls Abstandsflächen einzuhalten. Die Regelung ist gerechtfertigt, da für die benachbarten Personen kein Unterschied besteht, ob Belichtung und Belüftung durch ein Gebäude oder beispielsweise durch eine Werbeanlage beeinträchtigt werden. Eine gebäudegleiche Wirkung liegt vor, wenn die Schutzziele in gleicher Weise beeinträchtigt sind.

Mit Satz 3 Nr. 1 und 2 ist der Vorrang des bundesrechtlichen Bauplanungsrechts gegenüber dem Bauordnungsrecht festgelegt, vergleiche dazu grundsätzlich die Entscheidung des Bundesverwaltungsgerichts vom 11. März 1994, Aktenzeichen 4 B 53/94, in NVwZ 1994 S. 1008. Planungsrechtliche Vorschriften, nach denen im Sinne der Nummer 1 an die Grenze gebaut werden muss, sind in der Regel Vorschriften über die Bauweise nach § 22 der Baunutzungsverordnung (BauNVO) in der Fassung vom 21. November 2017 (BGBl. I S. 3786) in der jeweils geltenden Fassung. Diese können sich im Einzelfall aber auch aus Regelungen zu überbaubaren Grundstücksflächen, nämlich durch die Festsetzung von Baulinien nach § 23 Abs. 2 Satz 1 BauNVO, ergeben. Dass an die Grenze gebaut werden darf, kann sich auch aus der Festsetzung von Baugrenzen nach § 23 Abs. 3 Satz 1 BauNVO und Bebauungstiefen nach § 23 Abs. 4 Satz 1 BauNVO ergeben. Entsprechendes gilt bei der Anwendung des § 33 des Baugesetzbuches (BauGB) in der Fassung vom 3. November 2017 (BGBl. I S. 3634) in der jeweils geltenden Fassung für die künftigen Festsetzungen des Bebauungsplans und aufgrund des Einfügungsgebots nach § 34 Abs. 1 Satz 1 BauGB. Im Sinne der Bestimmung „darf" auch dann an die Grenze gebaut werden, wenn dies durch eine Befreiung nach § 31 Abs. 2 BauGB zugelassen worden ist.

Darf an die Grenze gebaut werden, steht der Bauherrschaft bauplanungsrechtlich grundsätzlich die Wahl frei, ob sie von dieser Möglichkeit Gebrauch macht oder nicht, sich etwa für eine an die Grenze zu bauende Doppelhaushälfte oder für ein freistehendes Gebäude zu entscheiden. Soweit im unbeplanten Innenbereich ein Baugebiet teils offene, teils geschlossene Bauweise aufweist, sind beide Bauweisen zulässig. Dieses planungsrechtliche Wahlrecht der Bauherrschaft findet in Nummer 1 ein bauordnungsrechtliches Pendant, indem die Bauherrschaft erforderlichenfalls von der Einhaltung einer Abstandsfläche freigestellt ist.

Mit Nummer 2 ist dem Umstand Rechnung getragen, dass es innerhalb im Zusammenhang bebauter Ortsteile im Sinne des § 34 Abs. 1 Satz 1 BauGB sachgerecht ist, wenn sich die Bauherrschaft nicht an den Abstandsflächentiefen nach Absatz 5, sondern an denjenigen Abständen orientieren darf und muss, die in der das Baugrundstück bauplanungsrechtlich prägenden Nachbarschaft bestehen. Bei der Beurteilung kommt es nicht darauf an, welches andere Maß der Höhe (H) statt 0,4 H beziehungsweise 0,2 H in der Umgebung vorhanden ist, sondern ob sich das Bauvorhaben im Sinne des § 34 Abs. 1 oder 3a BauGB insbesondere nach der Grundstücksfläche, die überbaut werden soll, in die Eigenart der näheren Umgebung einfügt. Unzuträgliche Verhältnisse können schon deshalb nicht entstehen, weil nach § 34 Abs. 1 Satz 2 Halbsatz 1 BauGB die Zulässigkeit auch von Bauvorhaben, die sich im Sinne des § 34 Abs. 1 Satz 1 BauGB in die Eigenart der näheren Umgebung einfügen, dann ausgeschlossen ist, wenn die Anforderungen an gesunde Wohn- und Arbeitsverhältnisse nicht gewahrt bleiben und somit ein Minimalstandard an Belichtung und Belüftung gewahrt ist. Durch die Zurückführung des Nachbarschutzes auf unzumutbare Beeinträchtigungen im Sinne einer nachbarschützend qualifizierten Verletzung des bauplanungsrechtlichen Gebots der Rücksichtnahme ist nicht nur eine erhebliche Flexibilisierung des Abstandsflächenrechts, sondern auch eine Harmonisierung bauordnungsrechtlicher und bauplanungsrechtlicher Anforderungen erreicht. Der Mindestabstand von 2,50 m bleibt im Hinblick auf das Brandwanderfordernis unberührt.

Auch für Ersatzbauten kann Satz 3 eine Rolle spielen. Beseitigte Gebäude prägen nach der Rechtsprechung die Eigenart der näheren Umgebung weiterhin bauplanungsrechtlich, solange nach der Verkehrsanschauung das Baugrundstück für eine Neubebauung im Umfang des beseitigten Altbestands aufnahmefähig ist, vergleiche dazu für den nicht beplanten Innenbereich rechtsgrundsätzlich die Entscheidung des Bundesverwaltungsgerichts vom 24. Mai 1988, Aktenzeichen 4 CB 12/88. Dies hat zur Folge, dass ein Ersatzbau auch dann bauplanungsrechtlich zulässig bleibt, wenn er nach der Beseitigung des Altbestands und unter Absehen von diesem bauplanungsrechtlich nicht mehr zulässig wäre, etwa in einer Ortsrandlage im grundsätzlich unbebaubaren Außenbereich läge. Da mit dieser Regelung ausdrücklich auf die umgebende Bebauung im Sinne des § 34 Abs. 1 Satz 1 BauGB Bezug genommen ist, ist damit auch diese fortdauernde prägende Wirkung des beseitigten Bestands aufgenommen. Damit ist auch insoweit die notwendige Harmonisierung der bauplanungs- und der bauordnungsrechtlichen Maßstäbe bewirkt.

Nach Nummer 3 sind bei Windenergieanlagen, die im Außenbereich im Sinne des § 35 BauGB errichtet werden sollen, keine Abstandsflächen erforderlich. Windenergieanlagen müssen bereits aus Immissionsschutzgründen einen Abstand von Gebäuden mit Aufenthaltsräumen einhalten, der in der Regel größer ist als die nach Absatz 5 erforderlichen Abstandsflächen. Soweit es sich um raumbedeutsame Windenergieanlagen handelt, sind diese nach den Regelungen im Landesentwicklungsprogramm und den Regionalplänen nur in als Ziele der Raumordnung ausgewiesenen Vorranggebieten zulässig. Da raumbedeutsame Vorhaben nach § 35 Abs. 3 Satz 2 Halbsatz 1 BauGB den Zielen der Raumordnung nicht widersprechen dürfen, ist ausgeschlossen, dass im Sinne des Abstandsflächenrechts schutzbedürftige Bauvorhaben innerhalb der Abstandsflächen der Windenergieanlagen errichtet werden.

Nach Nummer 4 sind für Antennen im Außenbereich im Sinne des § 35 BauGB keine Abstandsflächen erforderlich, wenn sie eine Breite des Mastes von höchstens 1,50 m und eine Gesamthöhe von nicht mehr als 50 m nicht überschreiten. Die Begünstigung gilt nur gegenüber anderen Grundstücken im Außenbereich. Auch hier ist davon auszugehen, dass die Schutzziele des Abstandsflächenrechts nicht beeinträchtigt werden. Auch müssen im Außenbereich wohnende Menschen grundsätzlich die Belastungen hinnehmen, die von im Außenbereich privilegiert zulässigen Anlagen ausgehen. Antennen sind einschließlich der Masten in der Regel nach § 35 Abs. 1 Nr. 4 BauGB privilegierte Anlagen.

Mit Absatz 2 Satz 1 ist der – an sich bauordnungsrechtlich irrelevante, aber für das Nachbarschaftsverhältnis bedeutsame – Grundsatz beibehalten, dass die Abstandsflächen auf dem Grundstück selbst liegen müssen. Nach Satz 2 dürfen die Abstandsflächen bis zur Mitte angrenzender öffentlicher Verkehrs-, Grün- und Wasserflächen liegen. Soweit ein Gebäude aus bauplanungsrechtlichen Gründen nur einfügt werden kann, wenn die theoretisch ermittelten Abstandsflächen über die Mitte der öffentlichen Flächen hinausreichen, kann dem durch die Zulassung einer Abweichung Rechnung getragen werden. Durch Satz 3 sind die Abstände im Sinne des Satzes 1 einbezogen; da unter den in der Regelung genannten Voraussetzungen keine öffentlich-rechtlichen Belange erkennbar sind, die einer Erstreckung der Abstandsflächen und Abstände auf das Nachbargrundstück entgegenstehen könnten, ist sie als unmittelbar gesetzesabhängige Zulässigkeitsregelung ausgestaltet. Im Vergleich zur bisher geltenden Regelung ist die Möglichkeit der Erstreckung von Abstandsflächen auf Nachbargrundstücke auch für Brandschutzabstände nach § 33 Abs. 2 Nr. 1 und § 35 Abs. 2 entfallen. Die Möglichkeit der Erstreckung von Abstandsflächen auf Nachbargrundstücke wurde in den §§ 33 und 35 aufgenommen, da sie wegen des Regelungszusammenhangs dort für die Anwenderinnen und Anwender leichter auffindbar ist. Satz 4 stellt klar, dass die Übernahme von Abstandsflächen dazu führt, dass auf dem übernehmenden Grundstück die Abstandsflächen für neue bauliche Anlagen nicht bis zur Grundstücksgrenze, sondern nur bis zu der übernommenen Abstandsfläche reichen dürfen. Bezogen auf die Abstandsflächen wird damit die Grundstücksgrenze gedanklich verschoben.

Mit Absatz 3 Satz 1 ist bestimmt, dass sich Abstandsflächen grundsätzlich nicht überdecken dürfen, da nur so den Zielen des Abstandsflächenrechts, der Gewährleistung einer ausreichenden Licht- und Luftzufuhr, Rechnung getragen werden kann. Von dem Überdeckungsverbot sind Fallgestaltungen ausgenommen, bei denen trotz Überdeckung eine ausreichende Belichtung und Luftzufuhr nach Nummer 1 oder letztlich nur eine hinzunehmende sogenannte Selbstschädigung nach Nummer 2 erfolgt. Die bisherige Regelung, die auch Gebäude und andere bauliche Anlagen ausnahm, die in den Abstandsflächen zulässig sind, wurde nicht übernommen, da sich dies bereits aus Absatz 7 Satz 1 ergibt.

Mit Satz 2 ist abweichend von Absatz 1 Satz 1 zulässig, dass die in Satz 1 genannten Außenwände auch innerhalb der Abstandsflächen errichtet werden dürfen. Mit dieser Regelung sind an sich erforderliche Abweichungsentscheidungen entbehrlich, weil Außenwände, die in einem Winkel von 75 Grad bis weniger als 90 Grad zueinanderstehen, bewirken, dass Gebäudeteile gegen das Überbauungsverbot nach Satz 1 Halbsatz 1 verstoßen, soweit die Außenwände nicht voneinander entsprechend abgerückt werden.

Mit Absatz 4 ist die Ermittlung der für die Abstandsfläche maßgeblichen Wandhöhe (H) geregelt. Ziel ist es, Dächer unterschiedlicher Neigungswinkel nicht mehr anteilig der Wandhöhe zuzurechnen, sondern den Dächern eine eigene Abstandsflächenbemessung zuzuweisen. Die bisherige Erhöhung der maßgeblichen Wandhöhe durch eine anteilmäßige Hinzurechnung von Dachhöhen benachteiligte Gebäude mit geneigten Dächer gegenüber Gebäuden mit zurückgestaffelten Wänden. Die Dachbemessung ist damit vereinfacht und erzeugt besonders auf der Traufseite etwas geringere Tiefen der Abstandsflächen.

Mit Satz 1 ist die Abhängigkeit der Abstandsfläche von H festgelegt. Die Tiefe der Abstandsfläche ist in Absatz 5 geregelt.

In Satz 2 ist die Legaldefinition der abstandsflächenrechtlich relevanten Wandhöhe enthalten. H ist das lotrechte Maß vom oberen Bezugspunkt zum unteren Bezugspunkt. Unterer Bezugspunkt von H ist immer die Geländeoberfläche. Von dem Versuch, eine generelle Definition des Begriffs der Geländeoberfläche in § 2 aufzunehmen, wurde Abstand genommen, da der Begriff der Geländeoberfläche in der Thüringer Bauordnung in verschiedenen Funktionen verwendet wird, die ihn unterschiedlich konkretisieren. Bei Gebäuden mit Flachdach ist oberer Bezugspunkt der obere Abschluss der Wand.

Die Abstandsflächenbemessung der Dächer erfolgt, indem unter den Extrempunkten der Dachhaut, mithin Punkte, die aus der Dachgeometrie am weitesten hervortreten, fiktive Wände gebildet werden, von denen die Tiefe der Abstandsfläche nach Absatz 5 abzutragen ist. So wie bisher bei zurückgestaffelten Wänden mehrere Wandhöhen entstehen können, erzeugen nun auch die fiktiven Wände unter den Extrempunkten der Dachhaut eigene Wandhöhen.

Die bisherige Bezugnahme auf den Schnittpunkt der Wand mit der Dachhaut ist entbehrlich, da dieser Punkt der obere Abschluss der Dachhaut an der entsprechenden Stelle ist. Wand- und Giebelflächen gehen in ihren tatsächlichen Abmessungen in die Abstandsflächenberechnung ein. So ergeben die Durchdringungspunkte der Wand- und Giebelflächen mit dem Dach, auch wenn auf sie nicht mehr ausdrücklich Bezug genommen ist, in der Grundrissprojektion ein um den Faktor 0,4 nach Absatz 5 Satz 1 verkürztes Abbild der Giebelwand.

In Satz 3 ist die Lage der Abstandsfläche zur Wand beziehungsweise fiktiven Wand festgelegt; die Abstandsfläche liegt senkrecht zur Wand.

In Absatz 5 ist die Tiefe der Abstandsflächen normiert. Mit der Abstandsflächentiefe von 0,4 H, unter Beachtung der Mindestabstandsflächentiefe von 3 m, wurde ausschließlich auf einen bauordnungsrechtlich zu sichernden Mindeststandard abgezielt und es wurden keine städtebaulichen Nebenzwecke verfolgt; angehobene Qualitätsanforderungen festzuschreiben, ist nicht Aufgabe des an der Gewährleistung eines sicherheitsrechtlichen Minimums ausgerichteten Bauordnungsrechts. Eine Unterschreitung der Mindestabstandsfläche kann im Einzelfall, insbesondere im unbeplanten Innenbereich im Sinne des § 34 BauGB, zulässig sein, wenn sich die geplanten Gebäude in die Eigenart der näheren Umgebung einfügen, da mit dem Abstandsflächenrecht ähnliche Ziele verfolgt werden wie mit der bauplanungsrechtlicher Regelung nach § 34 Abs. 1 Satz 2 Halbsatz 1 BauGB, nach der die Anforderungen an gesunde Wohn- und Arbeitsverhältnisse gewahrt bleiben müssen.

Ziel der Regelung der Abstandsflächentiefe ist die Ausleuchtung der Aufenthaltsräume mit Tageslicht im fensternahen Bereich, die Lesen und Schreiben bei bedecktem Himmel gestattet.

Allerdings muss hervorgehoben werden, dass Gebäudeabstände nur bedingt geeignet sind, die Aufenthaltsraumbeleuchtung mit Tageslicht zu steuern. Viele Einflüsse können auf die Helligkeit und somit die subjektiv empfundene Behaglichkeit einwirken. Dazu gehören von der Nutzerin oder vom Nutzer beeinflussbare Faktoren, wie die Verwendung lichtreflektierender oder lichtabsorbierender Mobiliar-, Wand- und Fußbodenoberflächen oder auch das Anbringen von Vorhängen und Gardinen. Nicht von der Nutzerin oder vom Nutzer beeinflussbar, jedoch von der Beleuchtungsauswirkung her erheblich, ist der Einfluss der Vegetation, die auf die bauordnungsrechtliche Beurteilung der Abstandsflächen keinen Einfluss hat.

Der festgelegte Mindestabstand lässt sich auch mit der DIN 5034 – Tageslicht in Innenräumen –, in Einklang bringen. Durch die Festlegung der Regelabstandsflächentiefe auf 0,4 H ergibt sich zwischen Gebäuden ein Gesamtabstand, der der Summe der beiderseitigen Tiefen der Abstandsflächen entspricht, das heißt, er beträgt in der Regel 0,8 H. Dieser Gesamtabstand entspricht gemäß der zurückgezogenen, aber immer noch als Anhaltspunkt geeigneten, DIN 5034-4 einem Verbauungswinkel von etwa 50 Grad, der eine lichte Raumhöhe von mindestens 2,40 m und eine dazugehörige Fensterhöhe von 1,35 m voraussetzt. Diesen tabellarisch erfassten Werten sind Fensterbreiten zugeordnet, deren Realisierung ausreichende Helligkeit, Tageslichtquotient, DIN 5034-4, 2.1, und eine Sichtverbindung nach außen, DIN 5034-4, 2.2, sicherstellt. Aus den Werten der DIN 5034 ergibt sich für einen 5 m mal 4,5 m ist gleich 22,5 m^2 großen Raum eine Fensterfläche von 1,35 m mal 4,31 m ist gleich 5,82 m^2, mithin etwa ein Viertel der Raumfläche. Demgegenüber ist mit § 50 Abs. 2 Satz 2 als Mindestfenstergröße ein Achtel der ihr zugeordneten Aufenthaltsraumgrundfläche festgelegt. Da sich der Tageslichtquotient aus dem Himmelslichtanteil, dem Außenreflexionsanteil, mithin der Reflexion an Verbauung, und dem Innenreflexionsanteil, mithin der Reflexion an den Rauminnenflächen zusammensetzt und Minderungsfaktoren, wie die Fensterverschmutzung, berücksichtigt, kann bezüglich der tabellarischen Werte von Qualitätsstandards ausgegangen werden, die von bauordnungsrechtlichen Mindeststandards zu unterscheiden sind. Dies bedeutet, dass die der Tabelle zu entnehmenden Fensterbreiten aus bauordnungsrechtlicher Sicht unterschritten werden dürfen.

Städtebauliche Aspekte können über die bauordnungsrechtlichen Abstandsflächenanforderungen hinausgehende Gebäudeabstände erfordern. Die Festlegung auf ein bauordnungsrechtliches Maß von 0,4 H lässt planungsrechtlichen Regelungen einen großen Raum zur Orientierung unterschiedlicher Bebauungsformen. Wie bisher kann die Gemeinde durch Festsetzung im Bebauungsplan oder einer sonstigen städtebaulichen Satzung geringere Gebäudeabstände zulassen, als sie nach den bauordnungsrechtlichen Abstandsbestimmungen erforderlich sind. Auch wenn nach dieser Bestimmung an sich ein ausreichendes Mindestniveau gewährleistet werden soll, kann gleichwohl die bauplanungsrechtliche Zulassung eines geringeren Gebäudeabstands Ergebnis einer sachgerechten Abwägung sein, da geringere Abstände städtebaulich gewollt sind und gegebenenfalls durch andere Maßnahmen ausgeglichen werden können. Eine Gemeinde wird sich aber in der Regel bewusstmachen müssen, dass sie geringere Abstände zulässt und sich mit der Frage auseinandersetzen muss, ob die allgemeinen Anforderungen an gesunde Wohn- und Arbeitsverhältnisse im Sinne des § 1 Abs. 6 Nr. 1 BauGB angemessen berücksichtigt sind.

In Gewerbe-, Industrie- und vergleichbaren Sondergebieten ist nach Satz 2 nur die Hälfte der Mindestabstandsflächentiefe nach Satz 1 erforderlich. Damit ist der Tatsache Rechnung getragen, dass in diesen Gebieten die Arbeitsräume häufig eine Tiefe aufweisen, die eine natürliche Belichtung ohnehin nicht zulassen und es damit ausreichend ist, dass in den Gebäuden Fenster eingebaut werden können, die eine Sichtverbindung nach draußen ermöglichen. Ein Sondergebiet ist einem Gewerbe- oder Industriegebiet vergleichbar, wenn die Schutzziele des Abstandsflächenrechts in gleicher Weise eine geringere Bedeutung haben. Das ist beispielsweise bei Sondergebieten für großflächigen Einzelhandel der Fall.

In Satz 3 ist eine begünstigende Sonderregelung für Gebäude der Gebäudeklassen 1 und 2 enthalten und damit dem Umstand Rechnung getragen, dass andernfalls aufgrund der Anrechnung von Giebelflächen auf die Abstandsflächentiefe die Mindestabstandfläche von 3 m in der Regel überschritten werden würde. Da Gebäude der Gebäudeklassen 1 und 2 in der Regel nur eine geringe Tiefe aufweisen und dadurch ein ausreichender seitlicher Lichteinfall auf Nachbargrundstücke möglich ist, ist diese Begünstigung gerechtfertigt. Soweit insbesondere bei gewerblich genutzten Gebäuden auch sehr hohe Wände denkbar sind, ist im Einzelfall eine Korrektur über das bauplanungsrechtliche Rücksichtnahmegebot möglich und erforderlich.

Mit Satz 4 ist bewirkt, dass auch städtebauliche Satzungen oder örtliche Bauvorschriften nach § 97 hinsichtlich der Bemessung der Abstandsflächentiefe gegenüber den Regelungen in den Sätzen 1 bis 3 Vorrang haben. Dies ist somit eine weitere Maßnahme zur Harmonisierung bauplanungs- und bauordnungsrechtlicher Anforderungen.

In Absatz 6 ist im Interesse einer besseren Gestaltung von Gebäuden die Zulässigkeit untergeordneter Bauteile und Vorbauten ohne Auswirkungen auf die Tiefe von Abstandsflächen geregelt.

Mit Nummer 1 sind, unter anderem, generell Dachüberstände in den Abstandsflächen zugelassen. Übergroße Dachüberstände sind allerdings nicht als Dachüberstände, sondern als Vordächer zu behandeln, die gegebenenfalls nach Nummer 2 unberücksichtigt bleiben können.

In Nummer 2 sind einleitend Beispiele für Vorbauten enthalten. Damit ist klargestellt, dass unter anderem auch Erker, auch mehrgeschossig vom Erdboden aufsteigend,

Treppenräume und Aufzüge Vorbauten sind. Auf eine funktionale Unterordnung kommt es nicht an. Keine Vorbauten sind Anbauten, die höher als die dahinterliegende Wand sind, da dies dem Begriff des Vorbaus widersprechen würde.

Mit Buchstabe a ist die abstandflächenrechtliche Unbeachtlichkeit der seitlichen Wände von Vorbauten normiert und mit Buchstabe b die abstandflächenrechtliche Unbeachtlichkeit der vorderen Wände.

Nach Buchstabe a sind die Seiten der Vorbauten nicht zu berücksichtigen, wenn die Vorbauten nicht mehr als 1,60 m vor die Außenwand vortreten. Das gilt unabhängig davon, ob es um die zu den Nachbarschaftsgrenzen ausgerichteten Seiten geht oder um die Seiten mehrerer Balkone des gleichen Gebäudes. Ebenso ist gleichgültig, ob das Gebäude an der Grundstücksgrenze steht oder nicht. Ist das Maß überschritten, erzeugen die Vorbauten Abstandsflächen. Das Maß von 1,60 m ermöglicht, dass auch barrierefreie Balkone abstandsflächenrechtlich zulässig sind.

Mit Buchstabe b ist zu den vorderen Seiten der Vorbauten geregelt. Die abstandsflächenrechtlich neutral zulässige Breite der an einer Außenwand vorgesehenen Vorbauten sind auf insgesamt nicht mehr als ein Drittel der Außenwandbreite festgelegt. Ebenso muss ein Abstand von mindestens 2 m zur gegenüberliegenden Nachbargrenze eingehalten werden. Angehoben ist die zulässige Tiefe, wie nach Buchstabe a, auf 1,60 m, um barrierefreie Balkone ohne Auswirkungen auf die erforderliche Abstandsflächentiefe zu ermöglichen.

Mit Nummer 3 ist bewirkt, dass untergeordnete Dachaufbauten keine Abstandsflächen haben. Die beispielhafte Aufzählung ist auch Maßstab für die Beurteilung, ob ein Dachaufbau untergeordnet ist. Unter Dachaufbauten im Sinne dieser Regelung sind insbesondere alle untergeordneten technischen Anlagen zu verstehen, auch wenn sie sich unterhalb der Dachhaut über mehrere oder alle Geschosse erstrecken. Maßgeblich ist nur der die Dachhaut überragende Teil.

Mit Nummer 4 ist bestimmt, dass Dachaufbauten, wie beispielsweise Gauben, untereinander keine Abstandsflächen haben. Das Gleiche gilt für Seitenwände von Dachausschnitten, die beispielsweise Dachterrassen bilden. Weiter ist klargestellt, dass die Seiten von Dachausschnitten keine eigenen Abstandsflächen gegenüber den Nachbargrenzen erfordern. Die Seiten von Dachausschnitten sind im Vergleich zu den Außenwänden des Gebäudes von der Nachbargrenze weiter entfernt. Es wäre nicht nachvollziehbar, wenn die Seitenwände von Dachausschnitten eine größere Abstandsfläche erzeugen als die Außenwände, die beispielsweise in der geschlossenen Bauweise ohne Abstandsfläche zulässig sind. Ob Umwehrungen von Dachausschnitten sich auf die Abstandsfläche auswirken, hängt von deren Ausbildung und Höhe ab.

Mit Nummer 5 ist klargestellt, dass in der geschlossenen Bauweise gegenüber der Grundstücksgrenze zurückspringende Seitenwände und Dächer außer Betracht bleiben. Dies umfasst auch die Seitenwände und Dächer von Dachgauben. Die Regelung ist nicht durch die Regelung nach Nummer 4 erfasst, denn Nummer 4 betrifft Gestaltungen, bei denen sich das Dach auf beiden Seiten der Dachausschnitte fortsetzt, während Nummer 5 Gebäude betrifft, bei denen Teile des Gebäudes insgesamt einen Abstand zur Nachbargrenze einhalten. Auch hier ist Hintergrund der Regelung, dass die benachbarter Personen im Hinblick auf die Schutzziele des Abstandsflächenrechts durch zurückspringende Bauteile weniger belastet ist als durch einen in gleicher Höhe zulässigen Grenzanbau.

In Absatz 7 ist die Zulässigkeit untergeordneter baulicher Anlagen in den Abstandsflächen und ohne eigene Abstandsflächen normiert. Nach Satz 1 sind solche untergeordneten baulichen Anlagen nicht nur alternativ an der Grenze beziehungsweise als Anbau an ein anderes Gebäude oder unter Einhaltung einer Abstandsfläche zulässig, sondern auch oder nur grenz- und gebäudenah. Dabei ist nicht auf die Nachbar-, sondern auf die Grundstücksgrenze abzustellen, da, jedenfalls abstandsflächenrechtlich unter Vorbehalt etwaiger entgegenstehender planungsrechtlicher Vorschriften oder etwaiger Regelungen nach der Thüringer Garagenverordnung, einer Grenzbebauung auch an der vorderen Grundstücksgrenze nichts entgegensteht.

Nach Satz 1 Nr. 1 sind abstandsflächenrechtlich Garagen und Gebäude in den dort genannten Abmessungen begünstigt. Die Privilegierung erstreckt sich auf Garagen und Gebäude, unabhängig davon, ob diese räumlich-funktional einem Hauptgebäude zu- oder untergeordnet sind, da dies abstandsflächenrechtlich unerheblich ist. Die mittlere Wandhöhe von 3 m und die zulässige Gesamtlänge von 9 m wurden wie bisher belassen. Abweichend von Absatz 4 ist bei der Ermittlung der Abstandsfläche traufständiger Gebäude die durch das Dach erzeugte Abstandsfläche nicht zu berücksichtigen, wenn das Dach eine Neigung von nicht mehr als 45 Grad aufweist. Dadurch ist die aus gestalterischen Gründen vielfach gewünschte Errichtung von Satteldächern auf Grenzgaragen möglich, die bei Berücksichtigung der Dachhöhe in der Regel nicht möglich wäre.

In Nummer 2 ist eine den Abmessungen nach Nummer 1 entsprechende Begünstigung für gebäudeunabhängige Solaranlagen enthalten, um abstandsflächenrechtliche Hindernisse für die Nutzung regenerativer Energien zu vermeiden.

Nach Nummer 3 sind ohne Höhenbegrenzung Stützmauern und geschlossene Einfriedungen in Gewerbe- und Industriegebieten abstandsflächenfrei, da in diesen Gebieten die Schutzgüter des Abstandsflächenrechts durch solche Anlagen in der Regel nicht berührt sind und gegebenenfalls im Wege der Bauleitplanung oder durch örtliche Bauvorschriften Regelungen getroffen werden können. Außerhalb dieser Baugebiete beträgt die abstandsflächenfreie Höhe bis zu 2 m. Von dieser abstandsflächenrechtlichen Begünstigung unberührt bleibt die sich aus Vorschriften des Bauplanungsrechts oder einer örtlichen Bauvorschrift vielfach ergebende Höhenbegrenzung.

Durch Nummer 4 sind Wärmepumpen abstandsflächenrechtlich privilegiert. Die Bedeutung dieser Anlagen zur Heizung von Gebäuden und anderen Einrichtungen ist bereits heute ein wichtiger Baustein der Energiewende und wird in Zukunft weiter zunehmen. Durch die Festlegung einer maximalen Höhe und einer maximalen Gesamtlänge je Grundstücksgrenze sind große Anlagen von der Begünstigung ausgeschlossen. Durch die Festlegung einer Gesamtlänge je Grundstücksgrenze von 3 m sind von der Regelung grundsätzlich auch mehrere nebeneinanderstehende Wärmepumpen erfasst, die zusammen die maximale Gesamtlänge je Grundstücksgrenze einhalten. Trotz der abstandsflächenrechtlichen Privilegierung von Wärmepumpen kann die Aufstellung dieser Anlagen im Einzelfall aufgrund der Anforderungen des Bauplanungs- oder Immissionsschutzrechts ausgeschlossen sein.

Mit Nummer 5 ist die Privilegierung von Terrassen geregelt. An sich wären auch noch höhere Terrassen im Hinblick auf die Schutzziele „Belichtung" und „Belüftung" unproblematisch. Mit dieser Regelung ist aber auch der Gesichtspunkt des sogenannten ausreichenden Sozialabstands berücksichtigt, um zu vermeiden, dass in vielen Fällen geprüft werden muss, ob eine Terrasse dem bauplanungsrechtlichen Rücksichtnahmegebot widerspricht.

Nach Satz 2 ist die Gesamtlänge der Bebauung nach Satz 1 Nr. 1, 2 und 4 je Grundstück auf 18 m beschränkt, um auch bauordnungsrechtlich relevanten sogenannten Einmauerungseffekten vorzubeugen. Ermöglicht ist dadurch an zwei Grundstücksgrenzen die nach Satz 1 Nr. 1, 2 und 4 zulässige Grenzbebauung. Wird ein Gebäude an zwei Grundstücksgrenzen angebaut, gehen beide Grenzwände beziehungsweise grenznahen Wände in die Berechnung der Gesamtlänge ein.

In Absatz 8 sind Begünstigungen für das Bauen im Bestand enthalten. Die Regelung ist nur erforderlich, wenn überhaupt Abstandsflächen zu beachten sind. Das wird vielfach nach Absatz 1 Satz 3 Nr. 2 nicht der Fall sein, weil das Gebäude im unbeplanten Innenbereich liegt und sich in der geplanten Form einfügt. Die Regelung hat daher nur in Gebieten mit Bebauungsplan und im Außenbereich im Sinne des § 35 BauGB eine Bedeutung. Ist die geplante Änderung nach den §§ 30 bis 35 BauGB unzulässig, geht die Regelung ins Leere.

Nach der Einleitungsformulierung des Satzes 1 ist auf rechtmäßig bestehende Gebäude abzustellen und nicht auf rechtmäßig errichtete, denn es kommt nur darauf an, dass das Gebäude zu irgendeinem Zeitpunkt formell und beziehungsweise oder materiell rechtmäßig war und deswegen Bestandschutz genießt. Auf untergegangene Gebäude oder Gebäudeteile findet die Regelung keine Anwendung, sondern nur auf die Gebäude, die zum Zeitpunkt ihrer Änderung oder des Neubaus bestehen. Für diese bestehenden Gebäude ist bestimmt, welche Veränderungen abstandsflächenrechtlich unbeachtlich sind. Das gilt auch dann, wenn bereits das bestehende Gebäude gegen die Anforderungen nach den Absätzen 1 bis 7 verstößt. Werden auf Grundlage des Absatzes 8 Änderungen vorgenommen oder Gebäude als Ersatzbau neu errichtet, genießen die dadurch entstandenen Anlagen weiterhin beziehungsweise erneut Bestandsschutz. Die Formulierung, dass die aufgeführten Änderungen abweichend von den Absätzen 1 bis 7 auch zulässig sind, bedeutet, dass die Regelung zusätzlich zu den Regelungen nach den Absätzen 1 bis 7 weitere Begünstigungen enthält.

Mit Satz 1 Nr. 1 ist bestimmt, dass Änderungen innerhalb eines Gebäudes keine abstandsflächenrechtlichen Auswirkungen haben. Dabei handelt es sich nur um eine Klarstellung, da durch Änderungen im Gebäudeinneren die Schutzziele des Abstandsflächenrechts nicht berührt werden können.

Nach Nummer 2 sind Nutzungsänderungen bestandsgeschützter Gebäude möglich, ohne dass sich die Frage der Abstandsflächen neu stellt. Das ist deswegen gerechtfertigt, da auch Nutzungsänderungen sich nicht auf die Ziele des Abstandsflächenrecht auswirken und eine eventuelle Beeinträchtigung nachbarlicher Interessen im Wesentlichen bereits besteht und sich nicht ändert.

Nach Nummer 3 soll der Bestandsschutz eines Gebäudes nicht untergehen, wenn Vor- oder Anbauten errichtet werden, die für sich genommen abstandsflächenrechtlich zulässig sind. Es kommt damit nicht darauf an, ob das Gebäude, an denen die Vor- oder Anbauten errichtet werden, die Abstandsflächen einhält.

Nach Nummer 4 ist die Errichtung von Aufbauten möglich, wenn deren Abstandsflächen nicht über die Abstandsfläche des bestehenden Gebäudes hinausgehen. Erleichtert ist damit die nachträgliche Errichtung von Dach- oder Staffelgeschossen. Die Begünstigung ist für die Nachbarschaft zumutbar, da sich die Abstandsfläche des Gebäudes nicht vergrößert und damit die Schutzziele des Abstandsflächenrechts nicht anders berührt sind. Die unterschiedliche Behandlung der Vor- und Anbauten einerseits und der Aufbauten andererseits ist darin begründet, dass durch Vor- und Anbauten das Gebäude näher an die Nachbargrenze heranrückt und damit zusätzlich eine bedrängende Wirkung entstehen kann. Bei Aufbauten ändert sich dagegen der Abstand der Wand zur Grenze nicht.

Mit Nummer 5 ist der Ersatz von Gebäuden und Gebäudeteilen in den bisherigen Abmessungen abstandsflächenrechtlich begünstigt. Da an sich der Bestandsschutz zumindest bei wesentlichen Veränderungen einer bestandsgeschützten Anlage verloren geht, wurde mitunter der Weg gewählt, die Gebäudehülle zu erhalten und kostenintensiv von innen nach außen zu sanieren. Je mehr derartige Baumaßnahmen einem Neubau gleichkommen, umso mehr stellt sich die Frage, ob sie noch durch den Bestandsschutz gedeckt sind. Mit der Regelung ist entschieden, dass auch der vollständige Ersatz bestandsgeschützter Bausubstanz abstandsflächenrechtlich begünstigt ist, da die Beeinträchtigung der Nachbarschaft oft schon seit Jahrzehnten oder Jahrhunderten besteht und keine zusätzliche Beeinträchtigung erfolgt.

Mit Nummer 6 ist die Nachverdichtung durch Aufstockungen und Dachraumausbauten abstandsflächenrechtlich begünstigt. Zusätzliche Nutzungsebenen ermöglichen der Feuerwehr oftmals nicht die Herstellung des zweiten Rettungswegs über Leitern oder Hubrettungsfahrzeuge. In diesen Fällen muss der zweite Rettungsweg baulich hergestellt werden, wodurch Konflikte mit dem Abstandsflächenrecht entstehen können. Durch die Begünstigung von Aufzügen, Treppen und Treppenräume kann sowohl die Schaffung eines zweiten Rettungswegs ermöglicht als auch der altersgerechte Umbau bestehender Gebäude unterstützt werden. Die Reduzierung der Mindestabstandsflächentiefe von 3 m auf 2 m entspricht der Festlegung in Absatz 6 Nr. 2 Buchst. b.

In Nummer 7 ist aufgrund der zunehmenden Bedeutung der Nutzung erneuerbarer Energien und des Erfordernisses der Energieeinsparung eine abstandsflächenrechtliche Privilegierung von Maßnahmen der Wärmedämmung und von Solaranlagen enthalten. Die abstandsflächenrechtlich zulässige Stärke wurde von 0,25 m auf 0,40 m angehoben, um auch die Anbringung vorgefertigter Wärmedämmsysteme zu begünstigen. Die Stärke von 0,40 m gilt auch für Solaranlagen, bei denen allerdings nach § 33 Abs. 5 ein größerer Abstand zur Brandwand eingehalten werden muss, wenn ihre Höhe über der Dachhaut mehr als 0,30 m beträgt. Die abstandsflächenrechtliche Begünstigung korrespondiert mit der in § 248 BauGB enthaltenen Regelung zur zulässigen Überschreitung von Festsetzungen zum Maß der baulichen Nutzung, zur Bauweise und zur überbaubaren Grundstücksfläche durch Maßnahmen zum Zweck der Energieeinsparung und zur Nutzung von solarer Strahlungsenergie an bestehenden Gebäuden.

Mit Satz 2 ist verhindert, dass Nebengebäude, wie beispielsweise Grenzgaragen, zu Hauptgebäuden werden. Der Ausschluss der Begünstigungen soll nicht für Maßnahmen zum Zwecke der Energieeinsparung und Solaranlagen gelten. Auch bei Nebengebäuden ohne Aufenthaltsräume kann eine Dämmung sinnvoll sein, beispielsweise, wenn dort frostempfindliche Gegenstände aufbewahrt werden, die eine Beheizung erfordern. Ebenfalls möglich bleiben soll die Anbringung oder Aufbringung von Solaranlagen, da bei diesen Maßnahmen kein Risiko besteht, dass aus einem Neben- ein Hauptgebäude wird.

Mit der Regelung in Absatz 9 wurde auf Rechtsprechung reagiert, nach der in der Regel nur bei atypischen Grundstückssituationen die Möglichkeit der Zulassung von Abweichungen vom Abstandsflächenrecht gegeben ist. Hauptanwendungsfall atypischer Grundstückssituationen sind Grundstücksgrenzen, die in der geschlossenen Bauweise nicht recht-, sondern spitzwinklig zur Straße verlaufen, wodurch bei klassischen Lückenschließungen die Abstandsflächen der rückwärtigen Gebäudewände in der Regel auf die Nachbargrundstücke fallen. Allerdings sind auch andere Fälle denkbar, in denen weder die Schutzziele des Abstandsflächenrechts noch nachbarliche Interessen berührt werden. Die Regelung soll auch in diesen Fällen die Zulassung von Abweichungen erleichtern.

ThürOVG zu § 6[4]

Die Anwendung der Ausnahmeregelung des § 6 Abs. 1 S. 3 Nr. 2 ThürBO setzt nicht voraus, dass sich aus der umgebenden Bebauung ein einheitliches, von § 6 ThürBO abweichendes Abstandsflächensystem ableiten lässt. Vielmehr kommt es **nur** darauf an, ob sich das Vorhaben insoweit im Sinne des § 34 Abs. 1 S. 1 BauGB in die Eigenart der näheren Umgebung **einfügt**[5].
(Thüringer Oberverwaltungsgericht, Beschluss vom 18. Februar 2019 – 1 EO 622/18 –, juris)

Für die Bemessung der **Wandhöhe** eines Gebäudes und damit der **Tiefe der Abstandsfläche** nach § 6 Abs. 4 ThürBO ist als unterer Bezugspunkt grundsätzlich die **natürliche** an das Gebäude angrenzende **Geländeoberfläche** zugrunde zu legen.
Auf die (bisherige) natürliche Geländeoberfläche kann bei der Abstandsflächenberechnung dann nicht mehr abgestellt werden, wenn diese durch **Abgrabungen** weitgehend und **auf Dauer beseitigt** wird.
In diesem Fall ist unterer **Bezugspunkt** für die Bemessung der Wandhöhe und damit der Tiefe der Abstandsfläche nach § 6 Abs. 4 ThürBO die durch die Abgrabungen **veränderte Geländeoberfläche**.
(Thüringer Oberverwaltungsgericht, Beschluss vom 19. März 2018 – 1 EO 770/17 –, juris, Rn. 13 und 14)

Für die Einhaltung der Abstandsflächen gemäß § 6 ThürBO sind die Grenzen des **Buchgrundstücks** maßgeblich, wie sie katastermäßig ausgewiesen sind. Es ist unerheblich, ob der amtlich festgestellte Grenzverlauf mit den Eigentumsverhältnissen übereinstimmt (vgl. auch § 78 Abs. 4 ThürBO).
(Thüringer Oberverwaltungsgericht, Beschluss vom 15. Mai 1996 – 1 EO 423/95 –, juris)

4 Leitsätze wurden vom Herausgeber entweder selbst erstellt oder redaktionell verändert bzw. an die aktuelle Gesetzesfassung angepasst.

5 Gesetzliche Reglung in der ThürBO 2024 ist der Entscheidung im Wortlaut angepasst. (d. Hrsg.)

§ 7
Teilung von Grundstücken

(1) Durch die Teilung eines Grundstücks, das bebaut oder dessen Bebauung genehmigt ist, dürfen keine Verhältnisse geschaffen werden, die diesem Gesetz oder den aufgrund dieses Gesetzes erlassenen Rechtsvorschriften widersprechen.

(2) Soll bei einer Teilung nach Absatz 1 von diesem Gesetz oder den aufgrund dieses Gesetzes erlassenen Rechtsvorschriften abgewichen werden, ist § 73 entsprechend anzuwenden.

(3) Auf Antrag in Textform einer oder eines am Grundstücksverkauf Beteiligten hat die Bauaufsichtsbehörde ein Zeugnis darüber auszustellen, dass die Teilung des Grundstücks den Anforderungen der Absätze 1 und 2 entspricht.

Nr. 7 VollzBekThürBO

7.1 Bei der Beurteilung, ob durch eine Grundstücksteilung bauordnungswidrige Verhältnisse entstehen, sind insbesondere die Lage an öffentlichen Verkehrsflächen (§ 4), die Zugänge und Zufahrten auf dem Grundstück (§ 5), die Abstandsflächen (§ 6), die Zuordnung von Nebenanlagen wie Stellplätzen (§ 52) und Brandschutzbestimmungen (u. a. Brandwand, Rettungswege) von Bedeutung.

7.3 Ein Zeugnis über die baurechtliche Unbedenklichkeit ist auf Antrag eines Beteiligten von der Bauaufsichtsbehörde auszustellen. Beteiligte sind Eigentümerinnen, Eigentümer, Erwerberinnen und Erwerber, nicht aber z. B. Notariate oder Vermessungsstellen, soweit sie nicht im Auftrag einer oder eines Beteiligten tätig werden.

Begründung zu § 7

Die Teilung eines Grundstücks ist zwar seit dem Jahr 2004 nicht mehr genehmigungsbedürftig, sie kann aber gleichwohl Auswirkungen auf bauordnungsrechtliche Belange haben. Daher ist mit Absatz 1 klargestellt, dass auch durch die Teilung eines Grundstücks, das bebaut oder dessen Bebauung genehmigt ist, keine bauordnungswidrigen Verhältnisse entstehen dürfen.

Mit Absatz 2 ist klargestellt, dass eine Abweichungsentscheidung nach § 73 getroffen werden muss, wenn durch eine Teilung im Widerspruch zu bauordnungsrechtlichen Vorschriften stehende Verhältnisse entstehen. Die Verantwortung für die Einhaltung der materiellen Anforderungen nach der Thüringer Bauordnung trägt, ebenso wie bei verfahrensfreien Bauvorhaben nach § 63, die Veranlasserin oder der Veranlasser der Grundstücksteilung. Da bei einem Verstoß gegen materielle Anforderungen ein Grundstücksteil nach der Teilung nicht mehr bebaubar sein kann, sollten die Beteiligten, insbesondere die Käuferin oder der Käufer, zur Vermeidung unnötiger Kosten im Vorfeld fachkundigen Rat einholen.

Mit Absatz 3 ist geregelt, dass am Grundstücksverkauf beteiligte Personen die Möglichkeit haben, ein Zeugnis über die Zulässigkeit der Teilung zu beantragen. Da eine materiell-rechtlich unzulässige Teilung das bebaute Grundstück beziehungsweise die vorhandene Bebauung wertlos machen kann, geht die dieses Grundstück erwerbende Person ansonsten ein erhebliches Risiko ein.

ThürOVG zu § 7[6]

Die Notwendigkeit einer bauordnungsrechtlichen **Teilungsgenehmigung** hat das Grundbuchamt an Hand der ihm vorliegenden Unterlagen selbständig und in eigener Verantwortung zu prüfen.
Ob das zu teilende Grundstück bebaut ist oder ob seine Bebauung genehmigt ist, kann das Grundbuchamt selbst grds. nur aufgrund einer die Form des § 29 GBO wahrenden **Teilungsgenehmigung** bzw. eines **Negativattests** feststellen, es sei denn das Fehlen eines solchen Sachverhalts ist offenkundig.
Die Teilung eines Grundstücks, das bebaut ist oder dessen Bebauung genehmigt ist, unterliegt dem Anwendungsbereich der Thüringer Bauordnung auch dann, wenn es teilweise bereits mit einer Anlage des öffentlichen Verkehrs bebaut ist.
(Thüringer Oberlandesgericht, Beschluss vom 23. Juli 2001 – 6 W 360/01 –, juris)

6 Leitsätze wurden vom Herausgeber entweder selbst erstellt oder redaktionell verändert bzw. an die aktuelle Gesetzesfassung angepasst.

§ 8
Nicht überbaute Flächen der bebauten Grundstücke, Kinderspielplätze

(1) [1]Die nicht mit Gebäuden oder vergleichbaren baulichen Anlagen überbauten Flächen der bebauten Grundstücke sind
1. wasseraufnahmefähig zu belassen oder herzustellen und
2. zu begrünen oder zu bepflanzen,
soweit dem nicht die Erfordernisse einer anderen zulässigen Verwendung der Flächen entgegenstehen. [2]Satz 1 findet keine Anwendung, soweit Bebauungspläne, andere städtebauliche Satzungen oder Satzungen nach § 97 Festsetzungen zu den nicht überbauten Flächen treffen.

(2) [1]Bei der Errichtung von Gebäuden mit mehr als drei Wohnungen ist auf dem Baugrundstück oder in unmittelbarer Nähe auf einem anderen geeigneten Grundstück, dessen dauerhafte Nutzung für diesen Zweck durch Baulast gesichert sein muss, ein ausreichend großer Spielplatz für Kleinkinder bis zur Vollendung des sechsten Lebensjahres anzulegen. [2]Dies gilt nicht, wenn in unmittelbarer Nähe eine Gemeinschaftsanlage oder ein sonstiger für die Kleinkinder nutzbarer Spielplatz geschaffen wird oder vorhanden ist oder ein solcher Spielplatz wegen der Art und der Lage der Wohnungen nicht erforderlich ist. [3]Bei bestehenden Gebäuden mit mehr als drei Wohnungen kann die Herstellung von Spielplätzen für Kleinkinder verlangt werden, wenn dies die Gesundheit und der Schutz der Kleinkinder erfordern.

Nr. 8 VollzBekThürBO

8.1.1 Bei der Frage, ob eine Versiegelung für eine andere zulässige Nutzung erforderlich ist, sind keine überzogenen Anforderungen zu stellen. Es reicht aus, dass die Nutzungsvorstellungen des Bauherrn unter Berücksichtigung des Zwecks der gesetzlichen Anforderung nachvollziehbar sind und nicht allein eine leichte Unterhaltung und Pflege der Flächen im Vordergrund steht.

8.1.2 Sogenannte Schottergärten stellen keine i. S. d. Satzes 1 Nr. 2 erforderliche Begrünung und Bepflanzung dar und sind daher grundsätzlich unzulässig.

8.2 Für die Beurteilung, ob ein Kleinkinderspielplatz ausreichend groß ist, kann die DIN 18034 – Spielplätze und Freiflächen zum Spielen; Grundlagen und Hinweise für die Objektplanung – Orientierungshilfe sein. Sie ist nicht als Technische Baubestimmung eingeführt und damit nicht i. S. des § 96 Abs. 1 verbindlich. Nach § 97 Abs. 1 Nr. 3 können Gemeinden die Lage, Größe, Beschaffenheit, Ausstattung und Unterhaltung von Kinderspielplätzen per Satzung regeln.

Ein Kleinkinderspielplatz ist nach der Art der Wohnung nicht erforderlich, wenn nach Größe oder Zweckbestimmung der Wohnungen im Allgemeinen nicht zu erwarten ist, dass sie mit Kindern bewohnt werden. In Betracht kommen insbesondere Altenwohnungen und Kleinappartements. „Art der Wohnung" bezieht sich nicht nur auf die Gegebenheiten innerhalb der Umfassungswände, sondern erstreckt sich auch auf die Zuordnung von Terrassen- und Gartenflächen zu den einzelnen Wohnungen. Sind den Wohnungen Flächen dieser Art in einem Umfang zugeordnet, wie sie üblicherweise zu einem Einfamilienhaus auf einem Grundstück zugehören, kann davon ausgegangen werden, dass diese Flächen den Kindern hinreichend Möglichkeiten zum Aufenthalt und Spielen im Freien bieten. Es bedarf in diesem Fall, wie bei einem Einfamilienhaus, keines besonderen Spielplatzes (OVG Bremen, 4.12.1979, I BA 95/78).

Begründung zu § 8

In Absatz 1 Satz 1 ist die Zielsetzung normiert, eine Bodenversiegelung möglichst zu verhindern. Mit dieser Regelung ist einen Mindeststandard festgelegt. Sogenannte Schottergärten oder Schotterungen zur Gestaltung von privaten Gärten sind unzulässig beziehungsweise grundsätzlich keine andere zulässige Verwendung im Sinne des Satzes 1. Die mit Schotterungen verbundene Versiegelung führt unter anderem dazu, dass die Bodenfunktionen beeinträchtigt werden. So geht unter anderem die Bodenfruchtbarkeit unter der stark verdichteten Oberflächen verloren. Mit Satz 2 ist der Vorrang abweichender Regelungen durch Bebauungspläne, andere städtebauliche Satzungen oder örtliche Bauvorschriften nach § 97 klargestellt.

In Absatz 2 ist die Erforderlichkeit von Spielplätzen für Kleinkinder geregelt. Nach Satz 1 ist nicht nur die Errichtung des Spielplatzes, was im Einzelfall auf erhebliche Schwierigkeiten stoßen kann, auf dem Baugrundstück selbst, sondern auch auf einem anderen geeigneten Grundstück in unmittelbarer Nähe zugelassen. Konkrete Vorgaben zur Größe des Spielplatzes erfolgten nicht; er muss lediglich ausreichend groß sein. Anhaltspunkte zur Größe sind in der DIN 18034-1 – Spielplätze und Freiräume zum Spielen – enthalten. Ergänzt ist die Regelung um die Anforderung, dass bei Spielplätzen auf anderen Grundstücken als dem Baugrundstück die dauerhafte Benutzung des Spielplatzes öffentlich-rechtlich gesichert sein muss.

In Satz 2 sind die Ausnahmen von der Spielplatzanlegungspflicht zusammengefasst. Die Spielplatzpflicht entfällt nicht nur, wenn in unmittelbarer Nähe eine Gemeinschaftsanlage, sondern auch, wenn ein sonstiger für die Kleinkinder nutzbarer Spielplatz geschaffen wird oder vorhanden ist. Eine zusätzliche Sicherung durch Baulast ist in diesen Fällen entbehrlich. Die Ausnahmen sind durchgängig unmittelbar gesetzesabhängig und erfordern keine bauaufsichtliche Ermessensentscheidung im Einzelfall. Nach Satz 3 kann auch bei bestehenden Gebäuden die Herstellung von Kleinkinderspielplätzen verlangt werden, wenn dies die Gesundheit und der Schutz der Kleinkinder erfordern. Eine entsprechende Nachforderung kommt insbesondere in Betracht bei Gebäuden mit vielen Wohneinheiten, die für Familien mit Kindern geeignet sind, bei denen Spielmöglichkeiten für Kleinkinder in der Nähe nicht vorhanden sind oder nicht gefahrlos erreicht werden können.

Dritter Teil
Bauliche Anlagen

Erster Abschnitt
Gestaltung

§ 9
Gestaltung

[1]Bauliche Anlagen müssen nach Form, Maßstab, Verhältnis der Baumassen und Bauteile zueinander, Werkstoff und Farbe so gestaltet sein, dass sie nicht verunstaltet wirken. [2]Bauliche Anlagen dürfen das Straßen-, Orts- und Landschaftsbild nicht verunstalten.

Nr. 9 VollzBekThürBO

In den Grundsatz der Baufreiheit darf nur unter besonderen Voraussetzungen eingegriffen werden. Eine Überschreitung der Grenze zur Verunstaltung setzt die Verletzung des ästhetischen Empfindens eines für ästhetische Eindrücke offenen Betrachters, des sog. gebildeten Durchschnittsmenschen, voraus. Gegen eine Verunstaltung durch den Verfall eines Gebäudes kann nach § 87 Abs. 2 auch bei fehlender Gefahr für Leib und Leben vorgegangen werden.

Begründung zu § 9

In § 9 ist das bauordnungsrechtliche Verunstaltungsverbot normiert. Da in die grundsätzlich zu beachtende Baufreiheit nur unter besonderen Voraussetzungen eingegriffen werden darf, wurde davon abgesehen, allgemeine Gestaltungsvorgaben zu machen. Davon unberührt bleibt die Möglichkeit der Gemeinden, durch örtliche Bauvorschriften nach § 97 für bestimmte Bereiche und Arten baulicher Anlagen besondere Anforderungen an die Gestaltung zu stellen. Ergänzend sind das bauplanungsrechtliche Einfügensgebot nach § 34 Abs. 1 Satz 1 BauGB und das bauplanungsrechtliche Verunstaltungsverbot nach § 34 Abs. 1 Satz 2 Halbsatz 2 und § 35 Abs. 3 Satz 1 Nr. 5 BauGB zu beachten.

ThürOVG zu § 9[7]

Eine sich auf eine seitliche Einkürzung von Dachgauben beschränkende Beseitigungsanordnung wegen verunstaltender Wirkung kann sich bei gleichzeitiger Dul-

7 Leitsätze wurden vom Herausgeber entweder selbst erstellt oder redaktionell verändert bzw. an die aktuelle Gesetzesfassung angepasst.

dung eines ebenfalls verunstaltenden Anbaus ermessensfehlerhaft sein, wenn die Beseitigungsanordnung allein nicht geeignet ist, die verunstaltende Wirkung zu beseitigen oder auch nur spürbar zu verringern.
(Thüringer Oberverwaltungsgericht, Urteil vom 19. September 2012 – 1 KO 286/12 –, juris)

§ 10
Anlagen der Außenwerbung und Warenautomaten

(1) [1]Anlagen der Außenwerbung (Werbeanlagen) sind alle ortsfesten Einrichtungen, die der Ankündigung oder Anpreisung oder als Hinweis auf Gewerbe oder Beruf dienen und vom öffentlichen Verkehrsraum aus sichtbar sind. [2]Hierzu zählen insbesondere Schilder, Beschriftungen, Bemalungen, Lichtwerbungen, Schaukästen sowie für Zettelanschläge und Bogenanschläge oder Lichtwerbung bestimmte Säulen, Tafeln und Flächen.

(2) [1]Für Werbeanlagen, die bauliche Anlagen sind, gelten die in diesem Gesetz an bauliche Anlagen gestellten Anforderungen. [2]Werbeanlagen, die keine baulichen Anlagen sind, dürfen weder bauliche Anlagen noch das Straßenbild, Ortsbild oder Landschaftsbild verunstalten oder die Sicherheit und Leichtigkeit des öffentlichen Verkehrs gefährden. [3]Die störende Häufung von Werbeanlagen ist unzulässig.

(3) [1]Außerhalb der im Zusammenhang bebauten Ortsteile sind Werbeanlagen unzulässig. [2]Ausgenommen sind, soweit in anderen Rechtsvorschriften nichts anderes bestimmt ist,
1. **Werbeanlagen an der Stätte der Leistung,**
2. **Schilder, die Inhaberinnen, Inhaber und Art gewerblicher Betriebe kennzeichnen, wenn sie vor Ortsdurchfahrten auf einer Tafel zusammengefasst sind (Hinweisschilder),**
3. **einzelne Hinweiszeichen an öffentlichen Straßen und Wegabzweigungen, die im Interesse des öffentlichen Verkehrs auf außerhalb der Ortsdurchfahrten liegende Betriebe oder versteckt liegende Stätten aufmerksam machen,**
4. **Werbeanlagen an und auf Flugplätzen, Sportanlagen und Versammlungsstätten, soweit sie nicht in die freie Landschaft wirken und**
5. **Werbeanlagen auf Ausstellungs- und Messegeländen.**

(4) [1]In Kleinsiedlungsgebieten, Dorfgebieten, reinen Wohngebieten und allgemeinen Wohngebieten sind Werbeanlagen nur zulässig an der Stätte der Leistung und Anlagen für amtliche Mitteilungen und zur Unterrichtung der Bevölkerung über kirchliche, kulturelle, politische, sportliche und ähnliche Veranstaltungen; die jeweils freie Fläche dieser Anlagen darf auch für andere Werbung verwendet werden. [2]In reinen Wohngebieten darf an der Stätte der Leistung nur mit Hinweisschildern geworben werden. [3]An Haltestellen des öffentlichen Personennahverkehrs können auch andere Werbeanlagen als nach den Sätzen 1 und 2 zugelassen werden, soweit diese die Eigenart des Gebiets und das Orts- und Landschaftsbild nicht beeinträchtigen.

(5) Die Absätze 1 bis 3 gelten für Warenautomaten entsprechend.

(6) Die Bestimmungen dieses Gesetzes sind nicht anzuwenden auf

1. **Anschläge und Lichtwerbung an dafür genehmigten Säulen, Tafeln und Flächen,**
2. **Werbemittel an Zeitungs- und Zeitschriftenverkaufsstellen,**
3. **Auslagen und Dekorationen in Fenstern und Schaukästen und**
4. **Wahlwerbung für die Dauer eines Wahlkampfs.**

Nr. 10 VollzBekThürBO

10.1 Werbeanlagen sind u. a. auch

- Schilder, auf denen für die Vermietung, Verpachtung oder den Verkauf einer baulichen Anlage geworben wird,
- Baustellenschilder, soweit sie über § 11 Abs. 3 hinausgehende Angaben enthalten (OVG Nordrhein-Westfalen, 28.09.1988, 11 B 849/88)
- Schilder an Tankstellen, soweit sie über § 15 Abs. 1 Preisangabenverordnung (PAngV) hinausgehende Angaben enthalten.

10.2 Ziel ist der Schutz des Orts- und Landschaftsbildes vor störender Werbung. Das Verunstaltungsgebot des § 9 erstreckt sich daher auch auf Werbeanlagen, die selbst keine baulichen Anlagen sind wie z. B. die Bemalung von baulichen Anlagen. Eine Häufung setzt ein räumlich dichtes Nebeneinander einer Mehrzahl von mindestens drei Werbeanlagen voraus. Die Störung setzt voraus, dass der für die Häufung maßgebliche örtliche Bereich im Gesichtsfeld des Betrachters derartig mit Werbeanlagen überladen ist, dass das Auge keinen Ruhepunkt mehr findet und das Bedürfnis nach werbungsfreien Flächen stark hervortritt. Wann die störende Wirkung eintritt, hängt wesentlich von dem Baugebietscharakter, der vorhandenen Bebauung und der tatsächlichen Nutzung des Gebiets ab (OVG Nordrhein-Westfalen, 20.02.2004, 10 A 3279/02). Daher ist eine gewisse Ansammlung von Werbeanlagen in Gewerbe-, Industrie- und vergleichbaren Sondergebieten oder bei einem gewerblich geprägten Straßenbild oder einer städtischen Geschäftsstraße i. d. R. nicht als störende Häufung anzusehen.

10.3 Werbeanlagen sind regelmäßig Vorhaben im Sinne des § 29 BauGB und nach den Zulässigkeitsbestimmungen der §§ 30 bis 35 BauGB zu bewerten. Außerhalb der im Zusammenhang bebauten Ortsteile sind sie in der Regel unzulässig. Das gilt auch für im Außenbereich ortsfest aufgestellte Fahrzeuge und Anhänger. Ob eine Einrichtung ortsfest ist, unterliegt einer wertenden Betrachtungsweise, wobei Sinn und Zweck des Absatzes 1 zu berücksichtigen sind. Sinn und Zweck dieser Bestimmung bestehen darin, Anlagen den Anforderungen des Bauordnungsrechts zu unterwerfen, die unter solchen Umständen an einem Platz aufgestellt und benutzt werden, dass sie in eine erkennbar verfestigte Beziehung zu ihrem Standort treten und deswegen wie Werbeanlagen wirken. Lassen objektive Umstände den Schluss darauf zu, dass die Anlage in eine verfestigte Beziehung zu ihrem Standort getreten ist und deswegen wie eine Werbeanlage wirkt, kommt es nicht darauf an, ob die Bauaufsichtsbehörde Feststellungen zur – bisherigen – Aufstelldauer getroffen hat und ob sich die Dauer der Aufstellung feststellen lässt (OVG Thüringen, 10.11.1999, 1 KO 519/98).

10.4 Werbeanlagen an Haltestellen des Personennahverkehrs sind Anlagen, die in die Haltestelleneinrichtungen integriert sind; lediglich eine räumliche Nähe ist nicht ausreichend. Eine Beeinträchtigung des Gebiets oder des Orts- und Landschaftsbildes wird regelmäßig nicht stattfinden. Satz 3 stellt von Satz 1 und 2 eine Ausnahmeregelung dar; daher darf bei der Beurteilung einer Beeinträchtigung der Eigenart des Gebiets nicht ausschließlich auf die bauplanungsrechtliche Zulässigkeit gewerblicher Anlagen abgestellt werden.

Begründung zu § 10

In Absatz 1 ist der Begriff der Werbeanlagen definiert, da sich § 9 überwiegend an Anwender richtet, für die nur die Bestimmungen über Werbeanlagen von Bedeutung sind. Darunter fallen nicht nur Anlagen, die gewerbliche Ziele verfolgen, sondern alle Anlagen, die der Ankündigung und Anpreisung dienen.

Mit Absatz 2 Satz 1 ist klargestellt, dass bei Werbeanlagen, die bauliche Anlagen sind, die allgemein für bauliche Anlagen geltenden Bestimmungen zu beachten sind. In Betracht kommen dabei insbesondere die Regelungen über Abstandsflächen und das Verunstaltungsverbot. Bei Werbeanlagen, die keine baulichen Anlagen sind, sind nach Satz 2 vorrangig das Verunstaltungsverbot und das Verbot der Verkehrsgefährdung zu beachten. Erfasst sind durch die Regelung beispielsweise Bemalungen.

Nach Absatz 3 Satz 1 sind Werbeanlagen im Außenbereich für unzulässig erklärt. Davon ausgenommen sind nach Satz 2 Werbeanlagen im Zusammenhang mit im Außenbereich rechtmäßig errichteten Anlagen, bestimmte hinweisende Werbeanlagen und Werbeanlagen im Zusammenhang mit bestimmten großen baulichen Anlagen, bei denen bereits eine bauliche Prägung des Außenbereichs erfolgt ist. Weitergehende Beschränkungen können sich aus verschiedenen Rechtsvorschriften beispielsweise des Bauplanungs-, des Naturschutz- oder des Straßenrechts ergeben.

Durch Absatz 4 ist die Zulässigkeit von Werbeanlagen je nach bauplanungsrechtlicher Zuordnung des Standorts beschränkt. Dabei handelt es sich, ebenso wie bei Absatz 3, nicht um eine unzulässige Regelung des Bauplanungsrechts im Gewand des Bauordnungsrechts, vergleiche Bundesverwaltungsgericht, Urteil vom 11. Oktober 2007, Aktenzeichen 4 C 8/06.

Mit Absatz 5 ist bestimmt, dass die allgemeinen Regelungen für Werbeanlagen, einschließlich der Beschränkung von Werbeanlagen im Außenbereich, auch für Warenautomaten gelten. Nicht einbezogen wurden die Regelungen nach Absatz 4 über die Beschränkung in auch dem Wohnen dienenden Gebieten, da Warenautomaten in der Regel auf einen Einzugsbereich in der näheren Umgebung ausgerichtet sind und damit der Deckung des täglichen Bedarfs für die Bewohnerinnen und Bewohner der Umgebung dienen.

Mit Absatz 6 sind bestimmte Arten von Werbungen aus dem Anwendungsbereich der Thüringer Bauordnung ausgenommen. Dabei handelt es sich um Werbung an Anlagen, die auf ständig wechselnde Werbeanschläge ausgerichtet sind und die bereits als Anlage für diesen Zweck genehmigt sind, um Werbemittel, bei denen die Abgrenzung zu den für den Verkauf vorgesehenen Produkten kaum möglich ist, und um Wahlwerbung.

ThürOVG zu § 10[8]

Stätte der Leistung im Sinne des § 10 Abs. 4 ThürBO ist bei der Vermietung von Wohnraum der Ort, an dem regelmäßig die Mietverträge abgeschlossen werden. Bei gewerbsmäßiger Vermietung ist dies der Geschäftssitz des Vermieters.
(Thüringer Oberverwaltungsgericht, Urteil vom 11. November 2003 – 1 KO 271/01 –, juris)

Die **Ortsfestigkeit** einer Anlage der Außenwerbung iSd § 10 Abs. 1 S. 1 ThürBO erfordert eine Verbindung mit dem Erdboden, wobei eine feste Verankerung nicht verlangt wird. Insoweit gelten die gleichen Maßstäbe wie für bauliche Anlagen iSd § 2 Abs. 1 ThürBO.

Ob eine Anlage ortsfest ist, unterliegt einer wertenden Betrachtung; hierbei sind Sinn und Zweck des § 10 Abs. 1 S. 1 ThürBO zu berücksichtigen, die darin bestehen, Anlagen den Anforderungen des Bauordnungsrechts zu unterwerfen, die unter solchen Umständen an einem Platz aufgestellt und benutzt werden, dass sie in eine erkennbar verfestigte Beziehung zu ihrem Standort treten und deswegen wie fest mit dem Boden verbundene Werbeanlagen wirken.

Die **Ortsfestigkeit** und damit die Wirkung einer Anlage als Werbeanlage mag im **Einzelfall** anhand des Kriteriums der **Aufstelldauer** ermittelt werden können. Lassen **sonstige** – objektive – **Umstände** jedoch den Schluss darauf zu, die Anlage sei in eine verfestigte Beziehung zu ihrem Standort getreten und wirke deswegen wie eine Werbeanlage, kommt es nicht darauf an, ob die Bauaufsichtsbehörde Feststellungen zur – bisherigen – Aufstelldauer getroffen hat und ob sich die Dauer der Aufstellung feststellen lässt.
(Thüringer Oberverwaltungsgericht, Urteil vom 10. November 1999 – 1 KO 519/98 –, juris)

8 Leitsätze wurden vom Herausgeber entweder selbst erstellt oder redaktionell verändert bzw. an die aktuelle Gesetzesfassung angepasst.

Zweiter Abschnitt
Allgemeine Anforderungen an die Bauausführung

§ 11
Baustelle

(1) Baustellen sind so einzurichten, dass bauliche Anlagen ordnungsgemäß errichtet, geändert oder abgebrochen werden können und Gefahren oder vermeidbare Belästigungen nicht entstehen.

(2) [1]Bei Bauarbeiten, durch die unbeteiligte Personen gefährdet werden können, ist die Gefahrenzone abzugrenzen oder durch Warnzeichen zu kennzeichnen. [2]Soweit erforderlich, sind Baustellen mit einem Bauzaun abzugrenzen, mit Schutzvorrichtungen gegen herabfallende Gegenstände zu versehen und zu beleuchten.

(3) Bei der Ausführung nicht verfahrensfreier Bauvorhaben hat die Bauherrschaft an der Baustelle ein Schild, das die Bezeichnung des Bauvorhabens und die Namen und Anschriften der Entwurfsverfasserin oder des Entwurfsverfassers, der bauleitenden Personen und der Unternehmerinnen oder Unternehmer für den Rohbau enthalten muss, dauerhaft und von der öffentlichen Verkehrsfläche aus sichtbar anzubringen.

(4) Bäume, Hecken und sonstige Bepflanzungen, die aufgrund anderer Rechtsvorschriften zu erhalten sind oder deren Erhaltung in der Baugenehmigung zur Auflage gemacht ist, müssen während der Bauausführung geschützt werden.

Nr. 11 VollzBekThürBO

11.2.1 Ziel der Regelung ist der Schutz der Allgemeinheit. Der Baustellenbetrieb unterliegt nicht den Anforderungen der ThürBO, da hier andere Vorschriften (UVV, BaustellVO, u. a.) Anwendung finden. Beim Bauen im genutzten Bestand sind in allen Bauzuständen die Anforderungen der ThürBO zu beachten. So sind z. B. auch bei der Aufstellung von Gerüsten zwei Rettungswege sicherzustellen. Wenn die Baustelle unmittelbar an öffentlich zugängliche Flächen angrenzt, ist regelmäßig eine Abgrenzung durch einen Bauzaun erforderlich.

11.2.2 Die Abgrenzung bzw. Kennzeichnung muss so erfolgen, dass auch blinde und sehbehinderte Menschen die Gefahrenzone nicht unbeabsichtigt betreten können oder in sonstiger Weise gefährdet werden.

11.2.3 Wird durch Baustellen die Nutzbarkeit von Verkehrsflächen einschließlich Rad- und Gehwegen beeinträchtigt, richten sich Erforderlichkeit und Art der Absicherung nach dem Straßen- und dem Straßenverkehrsrecht. Auf die

Richtlinien für die Sicherung von Arbeitsstellen an Straßen (RSA) und die Hinweise für das Anbringen von Verkehrszeichen und Verkehrseinrichtungen (HAV) wird hingewiesen.

11.3 Größe und Art des Baustellenschildes sind freigestellt, eine Genehmigungspflicht besteht nicht. Schilder, auf denen für die Vermietung, Verpachtung oder den Verkauf der baulichen Anlage geworben wird, sind keine Baustellenschilder, sondern genehmigungspflichtige Werbeanlagen. Für verfahrensfreie Bauvorhaben nach § 63 besteht keine Pflicht zur Anbringung eines Bauschilds.

Begründung zu § 11

In § 11 sind Anforderungen an Baustellen festgelegt. Dabei geht es vorrangig um den Schutz der benachbarten Personen und der Allgemeinheit und nicht um den Schutz der Beschäftigten auf der Baustelle, da insoweit in den Regelungen des Arbeitsschutzrechts Anforderungen enthalten sind.

In Absatz 1 ist die Einrichtung von Baustellen geregelt. Durch eine geeignete Organisation der Baustelle oder durch Schutzeinrichtungen kann beispielsweise vermieden werden, dass unnötiger Lärm entsteht oder durch Staubentwicklung benachbarte Personen unnötig belästigt wird. Werden Bauzäune oder Gerüste verwendet, ist durch geeignete Maßnahmen sicherzustellen, dass diese auch bei Sturm nicht den öffentlichen Verkehrsraum gefährden.

In Absatz 2 ist die äußere Abgrenzung der Baustelle geregelt. Die Anforderungen an die Abgrenzung im Einzelfall ergeben sich aus den konkreten Gefährdungen und der örtlichen Situation. Zu berücksichtigen ist auch die unterschiedliche Schutzbedürftigkeit der zu erwartenden Passantinnen und Passanten, insbesondere Kinder oder Menschen mit Sinnesbeeinträchtigungen.

Mit Absatz 3 soll sichergestellt sein, dass im Fall unvorhergesehener Gefahren, insbesondere außerhalb der Arbeitszeiten ohne Weiteres eine Ansprechpartnerin oder ein Ansprechpartner gefunden werden kann, der für die Beseitigung einer Gefahrenstelle sorgen kann.

Nach Absatz 4 sind die Pflanzen während der Bauausführung zu schützen, die nach anderen Rechtsvorschriften oder aufgrund der Baugenehmigung zu erhalten sind. Andere Rechtsvorschriften können unter anderem Bebauungspläne, Baumschutzsatzungen oder andere Unterschutzstellungen nach dem Naturschutzrecht sein.

§ 12
Standsicherheit

(1) [1]Jede bauliche Anlage muss im Ganzen und in ihren einzelnen Teilen für sich allein standsicher sein. [2]Die Standsicherheit anderer baulicher Anlagen und die Tragfähigkeit des Baugrunds der Nachbargrundstücke dürfen nicht gefährdet werden.

(2) Die Verwendung gemeinsamer Bauteile für mehrere bauliche Anlagen ist zulässig, wenn öffentlich-rechtlich gesichert ist, dass die gemeinsamen Bauteile bei der Beseitigung einer baulichen Anlage bestehen bleiben können.

Nr. 12 VollzBekThürBO

12.1 Beim Standsicherheitsnachweis sind nicht nur die Standsicherheit des Gebäudes, sondern auch die Tragfähigkeit und Setzungsempfindlichkeit des Baugrundes sowie die Grundwasserverhältnisse zu berücksichtigen. Die Standsicherheit ist zu jedem Zeitpunkt sicherzustellen, in der Bauphase ist dazu ggf. eine provisorische Absicherung erforderlich.

12.2 Beim Abbruch einer Anlage kann es erforderlich sein, dass zur Erhaltung der Standsicherheit der anderen Anlage gemeinsame Bauteile im notwendigen Umfang erhalten bleiben. Eine erforderliche öffentlich-rechtliche Sicherung erfolgt durch Eintragung einer Baulast nach § 90.

Begründung zu § 12

In Absatz 1 ist die Generalklausel für die Standsicherheit baulicher Anlagen enthalten. Die konkreten materiellen Anforderungen zur Gewährleistung der Standsicherheit sind im Technischen Regelwerk enthalten, insbesondere die nach § 96 Abs. 1 eingeführten Technischen Baubestimmungen. Die Berechtigung zur Erstellung von Standsicherheitsnachweisen und die Erforderlichkeit ihrer Überprüfung ist in § 72 geregelt.

Mit Absatz 2 ist der Grundsatz des Absatzes 1 eingeschränkt, dass jede Anlage für sich allein standsicher sein muss. Damit beim Abbruch einer Anlage die andere weiter standsicher ist, ist öffentlich-rechtlich zu sichern, dass die gemeinsamen Bauteile im notwendigen Umfang erhalten bleiben. Die erforderliche öffentlich-rechtliche Sicherung erfolgt durch Baulast nach § 90.

§ 13
Schutz gegen schädliche Einflüsse

[1]Bauliche Anlagen müssen so angeordnet, beschaffen und gebrauchstauglich sein, dass durch Feuchtigkeit, pflanzliche und tierische Schädlinge sowie andere chemische, physikalische oder biologische Einflüsse Gefahren oder unzumutbare Belästigungen nicht entstehen. [2]Baugrundstücke müssen für bauliche Anlagen entsprechend geeignet sein.

Begründung zu § 13

Mit § 13 ist ein umfassender Schutz vor Folgen bezweckt, die durch Feuchtigkeit, pflanzliche und tierische Schädlinge sowie andere chemische, physikalische oder biologische Einflüsse entstehen können. Geschützt sind damit einerseits sowohl die bauliche Anlage selbst als auch die Nachbarbebauung und andererseits auch die Nutzerinnen und Nutzer des Gebäudes sowie gegebenenfalls weitere Personen, wie benachbarte Personen oder Passantinnen und Passanten. Die Regelung dient nur der Gefahrenabwehr. Durch die genannten Einflüsse verursachte Schäden an baulichen Anlagen unterhalb der Gefahrenschwelle sind damit nicht erfasst. Unzumutbare Belästigungen sind insbesondere die nach dem Stand der Technik vermeidbaren und nach dem Immissionsschutzrecht, vergleiche § 3 Abs. 1 und § 22 des Bundes-Immissionsschutzgesetzes (BImSchG), in der Fassung vom 17. Mai 2013 (BGBl. I S. 1274; 2021 S. 123) in der jeweils geltenden Fassung damit zu vermeidende Belästigungen.

Auf eine Anzeigepflicht bei Auftreten von Hausbock, Hausschwamm oder Termiten wurde verzichtet, da in diesen Fällen vorrangig zivilrechtliche Verpflichtungen gegenüber den Eigentümerinnen oder Eigentümern der Nachbarschaftsgrundstücke bestehen, deren Durchsetzung nicht Aufgabe der Bauaufsichtsbehörden ist. Die Aufgaben der Bauaufsichtsbehörden sind erst berührt, wenn der Schädlingsbefall zu einer Gefährdung von Menschen im befallenen Gebäude oder in der Umgebung führt. In diesem Fall sind die allgemeinen Eingriffsbefugnisse der Bauaufsichtsbehörde nach den §§ 61 und 87 ausreichend.

§ 14
Brandschutz

Bauliche Anlagen sind so anzuordnen, zu errichten, zu ändern und instand zu halten, dass der Entstehung eines Brandes und der Ausbreitung von Feuer und Rauch (Brandausbreitung) vorgebeugt wird und bei einem Brand die Rettung von Menschen und Tieren sowie wirksame Löscharbeiten möglich sind.

Nr. 14 VollzBekThürBO

14.1 § 14 ist die Grundnorm des baulichen Brandschutzes. Gegenstand der Regelung ist die Schutzzielformulierung für das „Anordnen, Errichten, Ändern und Instandhalten" einer baulichen Anlage. Konkrete Anforderungen sind in den §§ 29 bis 49 enthalten. Bei Standardbauvorhaben reichen im Allgemeinen bauliche Mittel. Anlagentechnischer Brandschutz sowie Betriebsvorschriften werden in der Regel erst für die Kompensation besonderer Risiken bei Sonderbauten oder die Zulassung von Abweichungen erforderlich. Eine allgemeine Nachrüstpflicht für bestehende bauliche Anlagen besteht nicht (s. nächst. Kommentar).

14.2 Die Möglichkeit wirksamer Löscharbeiten schließt auch die ausreichende Löschwasserversorgung ein. Die Richtwerte für die ausreichende Bemessung sind im DVGWArbeitsblatt W 405 „Bereitstellung von Löschwasser durch die öffentliche Trinkwasserversorgung" dargestellt. Die der Löschwasserversorgung dienenden technischen Einrichtungen können (Trink- und Brauchwasser-) Versorgungsleitungen mit Hydranten sowie von diesen Versorgungsleitungen unabhängige Löschwasservorräte wie Löschwasserbrunnen, Löschwasserteiche und Löschwasser-Sauganschlüsse an offenen Gewässern sein. Im unbeplanten Innenbereich reicht für Gebäude, die sich i. S. d. § 34 BauGB einfügen, im Allgemeinen die Löschwasserversorgung aus, die vorhanden ist.

Begründung zu § 14

In § 14 ist die allgemeine Grundanforderung des Brandschutzes enthalten. Als Kurzbezeichnung für die Ausbreitung von Feuer und Rauch ist der Begriff „Brandausbreitung" legal definiert, der im Folgenden in diesem Sinne benutzt wird. Im Übrigen enthält die Schutzzielformulierung auch die Forderung der Rettungsmöglichkeit von Tieren.

Weitere Grundanforderungen des Brandschutzes sind unmittelbar den jeweils einschlägigen Abschnitten mit Einzelvorschriften zum Brandschutz vorangestellt, so im Vierten Abschnitt „Brandverhalten von Baustoffen und Bauteilen; Wände, Decken, Dächer" und im Fünften Abschnitt „Rettungswege, Öffnungen, Umwehrungen".

§ 15
Wärme-, Schall- und Erschütterungsschutz

(1) Gebäude müssen einen ihrer Nutzung und den klimatischen Verhältnissen entsprechenden Wärmeschutz haben.

(2) [1]Gebäude müssen einen ihrer Nutzung entsprechenden Schallschutz haben. [2]Geräusche, die von ortsfesten Einrichtungen in baulichen Anlagen oder auf Baugrundstücken ausgehen, sind so zu dämmen, dass Gefahren oder unzumutbare Belästigungen nicht entstehen.

(3) Erschütterungen oder Schwingungen, die von ortsfesten Einrichtungen in baulichen Anlagen oder auf Baugrundstücken ausgehen, sind so zu dämmen, dass Gefahren oder unzumutbare Belästigungen nicht entstehen.

Nr. 15 VollzBekThürBO

15.1 Konkrete Anforderungen an den „konstruktiven" Wärmeschutz, der aus bauphysikalischen Gründen erforderlich ist, enthalten die bauaufsichtlich eingeführten Technischen Baubestimmungen. Die Regelung hat für Anlagen, die dem Anwendungsbereich des Gebäudeenergiegesetzes (GEG) unterliegen, keine eigenständige materielle Bedeutung, da die Anforderungen des GEG über das aus bautechnischer Sicht Erforderliche hinausgehen.

15.2 Konkrete Anforderungen an den Schallschutz enthalten die bauaufsichtlich eingeführten Technischen Baubestimmungen (DIN 4109). Für Lärm, der von einer baulichen Anlage emittiert wird, gelten die immissionsschutzrechtlichen Regelungen.

Begründung zu § 15

Bei dem in Absatz 1 genannten Wärmeschutz handelt es sich nicht um den nach dem Gebäudeenergiegesetz vom 8. August 2020 (BGBl. I S. 1728), zuletzt geändert durch Artikel 1 des Gesetzes vom 16. Oktober 2023 (BGBl. I Nr. 280), in der jeweils geltenden Fassung erforderlichen Wärmeschutz, sondern nur um den Wärmeschutz, der aus bauphysikalischen Gründen erforderlich ist. Die Regelung hat bei den Anlagen, die in den Anwendungsbereich des Gebäudeenergiegesetzes fallen, keine praktische Bedeutung.

Die Regelung in Absatz 2 ist für den Schutz vor Außenlärm sowie vor Lärm, der innerhalb eines Gebäudes zwischen unterschiedlich genutzten Bereichen übertragen wird, vorrangig von Bedeutung. Für Lärm, der von einer baulichen Anlage emittiert wird, sind in immissionsschutzrechtlichen Bestimmungen Anforderungen enthalten.

Ein ausreichender, unzumutbare Belästigungen vermeidbarer, Schallschutz ist gegeben, wenn die Anforderungen nach der als Technische Baubestimmung eingeführten DIN 4109 – Schallschutz im Hochbau – eingehalten sind.

Nach Absatz 3 sind nur Erschütterungen oder Schwingungen betroffen, die von ortsfesten Einrichtungen ausgehen. Wie beim Schallschutz geht es nicht darum, unter der Wahrnehmbarkeitsschwelle zu bleiben, sondern nur um den Schutz vor Gefahren und unzumutbaren Belästigungen.

§ 16
Verkehrssicherheit

(1) Bauliche Anlagen und die dem Verkehr dienenden nicht überbauten Flächen von bebauten Grundstücken müssen verkehrssicher sein.

(2) Die Sicherheit und Leichtigkeit des öffentlichen Verkehrs darf durch bauliche Anlagen oder deren Nutzung nicht gefährdet werden.

Nr. 16 VollzBekThürBO

16.1 Die Forderungen betreffen nicht nur den Fahrzeugverkehr, sondern auch die Gebäudenutzung selbst. In Verbindung mit den Schutzzielen des § 3 können sich daraus Anforderungen an Bodenbeläge, Umwehrungen, Treppen, Absturzsicherungen oder die Fluchtwegesicherung ergeben.

16.2 Die Anforderungen betreffen Gefährdungen des öffentlichen Verkehrs durch bauliche Anlagen, wie sie durch hervortretende Bauteile, verbaute Sichtdreiecke, Einfriedungen oder die Anordnung von Ausfahrten entstehen können.

Begründung zu § 16

Die Verkehrssicherheit nach Absatz 1 betrifft nicht nur den Fahrzeugverkehr, sondern dient allgemein dem Schutz vor Unfällen bei der Nutzung baulicher Anlagen. Aufgrund des Schutzziels sind beispielsweise Gefahrenstellen abzugrenzen oder Verkehrswege, wie Treppen und Flure, tritt- und rutschsicher sowie ausreichend breit zu gestalten.

Während die Regelung in Absatz 1 vorrangig dem Schutz der Nutzerinnen und Nutzer der baulichen Anlage dient, sind durch Absatz 2 die Teilnehmenden am öffentlichen Verkehr vor Gefahren geschützt, die von einer baulichen Anlage ausgehen können. Zu denken ist etwa an die Freihaltung von Sichtdreiecken, die Einschränkung des Lichtraumprofils oder die Ablenkung von Fahrzeugführenden durch die Häufung oder Gestaltung von Werbeanlagen.

§ 17
Bauarten

(1) Bauarten dürfen nur angewendet werden, wenn bei ihrer Anwendung die baulichen Anlagen bei ordnungsgemäßer Instandhaltung während einer dem Zweck entsprechenden angemessenen Zeitdauer die Anforderungen, die in diesem Gesetz oder in aufgrund dieses Gesetzes erlassenen Rechtsvorschriften gestellt werden, erfüllen und für ihren Anwendungszweck tauglich sind.

(2) [1]Bauarten, die von Technischen Baubestimmungen nach § 96 Abs. 2 Nr. 2 oder 3 Buchst. a wesentlich abweichen oder für die es allgemein anerkannte Regeln der Technik nicht gibt, dürfen bei der Errichtung, Änderung und Instandhaltung baulicher Anlagen nur angewendet werden, wenn für sie
1. eine allgemeine Bauartgenehmigung durch das Deutsche Institut für Bautechnik oder
2. eine vorhabenbezogene Bauartgenehmigung durch die oberste Bauaufsichtsbehörde

erteilt worden ist. [2]§ 21 Abs. 2 bis 7 gilt entsprechend.

(3) [1]Anstelle einer allgemeinen Bauartgenehmigung genügt ein allgemeines bauaufsichtliches Prüfzeugnis für Bauarten, wenn die Bauart nach allgemein anerkannten Prüfverfahren beurteilt werden kann. [2]In der Verwaltungsvorschrift nach § 96 Abs. 5 werden diese Bauarten mit der Angabe der maßgebenden technischen Regeln bekannt gemacht. [3]§ 22 Abs. 2 gilt entsprechend.

(4) Wenn Gefahren im Sinne des § 3 Satz 1 nicht zu erwarten sind, kann die oberste Bauaufsichtsbehörde im Einzelfall oder für genau begrenzte Fälle allgemein festlegen, dass eine Bauartgenehmigung nicht erforderlich ist.

(5) [1]Bauarten bedürfen einer Bestätigung ihrer Übereinstimmung mit den Technischen Baubestimmungen nach § 96 Abs. 2, den allgemeinen Bauartgenehmigungen, den allgemeinen bauaufsichtlichen Prüfzeugnissen für Bauarten oder den vorhabenbezogenen Bauartgenehmigungen. [2]Als Übereinstimmung gilt auch eine Abweichung, die nicht wesentlich ist. [3]§ 24 Abs. 2 gilt für die anwendende Person der Bauart entsprechend.

(6) Bei Bauarten, deren Anwendung in außergewöhnlichem Maß von der Sachkunde und Erfahrung der damit betrauten Personen oder von einer Ausstattung mit besonderen Vorrichtungen abhängt, kann in der Bauartgenehmigung oder durch Rechtsverordnung der obersten Bauaufsichtsbehörde vorgeschrieben werden, dass die anwendende Person über solche Fachkräfte und Vorrichtungen verfügt und den Nachweis hierüber gegenüber einer Prüfstelle nach § 27 Satz 1 Nr. 1 zu erbringen hat.

(7) Für Bauarten, die einer außergewöhnlichen Sorgfalt bei der Ausführung oder der Instandhaltung bedürfen, kann in der Bauartgenehmigung oder durch Rechtsverordnung der obersten Bauaufsichtsbehörde die Überwachung dieser Tätigkeiten durch eine Überwachungsstelle nach § 27 Satz 1 Nr. 2 vorgeschrieben werden.

Nr. 17 VollzBekThürBO

17.1 Bei Bauarten nach § 2 Abs. 11 handelt es sich um Regelungen zur Bauausführung. (Geregelte) Bauarten, die den Technischen Baubestimmungen nach § 96 (ThürVVTB) entsprechen oder für die allgemeine Regeln der Technik existieren, können ohne weitere Genehmigung angewendet werden. Dies gilt auch dann, wenn sie von diesen nicht wesentlich abweichen.

17.2 (Ungeregelte) Bauarten bedürfen einer allgemeinen oder vorhabenbezogenen Bauartgenehmigung bzw. eines allgemeinen bauaufsichtlichen Prüfzeugnisses für Bauarten, wenn die Bauart nach allgemein anerkannten Prüfverfahren entsprechend der ThürVVTB beurteilt werden kann. Ebenso kann die oberste Bauaufsichtsbehörde auf eine Bauartgenehmigung verzichten, wenn Gefahren nach § 3 Satz 1 nicht zu erwarten sind.

Hinweis auf die als technische Baubestimmungen eingeführten Lehmbauregeln:
Der Einsatz lokal anstehender, bindiger Böden auch für tragendes Mauerwerk aus Lehmsteinen oder Stampflehm für Lehmbauten der Gebäudeklasse 1 und 2 ist dann möglich, wenn die Eignung im Rahmen eines Baugrundgutachtens unter Beachtung der bauaufsichtlich eingeführten Regeln der Technik, insbesondere der Lehmbauregeln, festgestellt sowie die der Tragwerksplanung zugrundeliegende Druckfestigkeit anhand geeigneter Prüfverfahren festgestellt und dokumentiert wurde. Eine vorhabenbezogene Bauartgenehmigung ist in diesen Fällen nicht erforderlich.

17.5 Die Übereinstimmung der Bauart mit der Technischen Baubestimmung, der allgemeinen oder vorhabenbezogenen Bauartgenehmigung oder dem bauaufsichtlichen Prüfzeugnis für Bauarten bedarf einer Übereinstimmungsbestätigung.

17.6 Auf die Thüringer Verordnung über Anforderungen an Hersteller von Bauprodukten und Anwender von Bauarten (ThürHAVO) und die Thüringer Verordnung über die Überwachung von Tätigkeiten mit Bauprodukten und bei Bauarten (ThürÜTVO) wird hingewiesen.

Begründung zu § 17

In Absatz 1 ist die grundsätzliche Bestimmung für die Anwendbarkeit von Bauarten enthalten. Bauarten, die den Technischen Baubestimmungen nach § 96 Abs. 2 Nr. 2 entsprechen oder für die allgemeine Regeln der Technik existieren, können ohne eine weitere behördliche Genehmigung angewendet werden, und zwar auch dann, wenn sie von diesen nicht wesentlich abweichen.

Mit Absatz 2 ist bestimmt, dass Bauarten, die von den Technischen Baubestimmungen nach § 96 Abs. 2 Nr. 2 oder 3 Buchst. a wesentlich abweichen oder für die allgemeine Regeln der Technik nicht existieren, einer Bauartgenehmigung bedürfen. Der Begriff „Genehmigung“ verdeutlicht den Sachzusammenhang mit der Ausführung der baulichen Anlage. Die Bauartgenehmigung kann nach Satz 1 Nr. 1 als allgemeine oder nach Satz 1 Nr. 2 als vorhabenbezogene Bauartgenehmigung erteilt werden. Hinsichtlich des Verfahrens zur Erteilung der Bauartgenehmigung wird auf die Regelungen des § 21 Abs. 2 bis 7 zur allgemeinen bauaufsichtlichen Zulassung verwiesen, die entsprechend anzuwenden sind.

Nach Absatz 3 genügt in bestimmten Fällen anstelle einer allgemeinen Bauartgenehmigung ein allgemeines bauaufsichtliches Prüfzeugnis für Bauarten; die entsprechenden Bauarten sind in der Verwaltungsvorschrift nach § 96 Abs. 5 in Verbindung mit Abs. 2 Nr. 4 bekanntzumachen. Diese Verwaltungsvorschrift ist derzeit die Verwaltungsvorschrift des Thüringer Ministeriums für Infrastruktur und Landwirtschaft zur Einführung Technischer Baubestimmungen vom 24. Oktober 2022 (StAnz. Nr. 46 S. 1387) in der jeweils geltenden Fassung. Hinsichtlich des Verfahrens wird auf § 22 Abs. 2 verwiesen, der entsprechend anzuwenden ist.

Nach Absatz 4 ist möglich, bei unproblematischen Bauarten generell oder im Einzelfall auf eine Bauartgenehmigung zu verzichten.

Mit Absatz 5 ist festgelegt, dass Bauarten einer Übereinstimmungsbestätigung bedürfen. Hinsichtlich des Verfahrens ist § 24 Abs. 2 entsprechend anzuwenden.

Die Absätze 6 und 7 betreffen Bauarten, deren Herstellung, Einbau, Transport, Instandhaltung oder Reinigung besonderer Kenntnisse oder Sorgfalt oder besonderer Einrichtungen bedürfen. Bei diesen Bauarten kann in der Bauartgenehmigung oder durch Rechtsverordnung der obersten Bauaufsichtsbehörde vorgeschrieben werden, dass die Herstellerin oder der Hersteller besondere Anforderungen erfüllt oder der Umgang mit diesen Bauarten besonders überwacht wird.

Dritter Abschnitt
Bauprodukte

§ 18
Allgemeine Anforderungen für die Verwendung von Bauprodukten

(1) Bauprodukte dürfen nur verwendet werden, wenn bei ihrer Verwendung die baulichen Anlagen bei ordnungsgemäßer Instandhaltung während einer dem Zweck entsprechenden angemessenen Zeitdauer die Anforderungen, die in diesem Gesetz oder in den aufgrund dieses Gesetzes erlassenen Rechtsvorschriften gestellt werden, erfüllen und gebrauchstauglich sind.

(2) Bauprodukte, die in Rechtsvorschriften anderer Vertragsstaaten des Abkommens über den Europäischen Wirtschaftsraum vom 2. Mai 1992 (ABl. L 1 vom 3.1.1994, S. 3) in der jeweils geltenden Fassung genannten technischen Anforderungen entsprechen, dürfen verwendet werden, wenn das geforderte Schutzniveau nach § 3 Satz 1 gleichermaßen dauerhaft erreicht wird.

Nr. 18 VollzBekThürBO

18.1.1 Absatz 1 enthält die grundlegende Regelung für die Verwendung von Bauprodukten. Bauprodukte, die die Anforderungen des § 17 erfüllen, dürfen ohne weiteres verwendet werden, soweit die §§ 19 bis 28 sowie 96 nicht weitergehende Anforderungen stellen. Mit dem CE-Zeichen gekennzeichnete Bauprodukte dürfen nach Maßgabe des § 19 verwendet werden.

18.1.2 Die in § 20 Abs. 1 genannten Produktgruppen bedürfen eines Verwendbarkeitsnachweises. Ohne Verwendbarkeitsnachweis und ohne Übereinstimmungsbestätigung dürfen verwendet werden

- Bauprodukte, für die es allgemein anerkannte Regeln der Technik gibt, die jedoch nicht als Technische Baubestimmungen bekanntgemacht worden sind gleichgültig, ob sie diesen Regeln entsprechen (Umkehrschluss aus § 20 Abs. 1 Nr. 2) oder von ihnen abweichen (§ 20 Abs. 2 Nr. 1),
- Bauprodukte, für die es zwar keine Technische Baubestimmung oder allgemein anerkannte Regel der Technik gibt, die aber auch nicht für die Erfüllung der Anforderungen nach § 3 von Bedeutung sind.

18.1.3 Bei einem Verstoß gegen § 18 kann die Bauaufsichtsbehörde aufgrund des § 86 Abs. 1 Satz 1 einschreiten.

Begründung zu § 18

In Absatz 1 ist die grundlegende Regelung für die Verwendung von Bauprodukten enthalten.

Bauprodukte, die die Anforderungen nach § 18 erfüllen, können ohne Weiteres verwendet werden, soweit die Regelungen nach den §§ 19 bis 28 und 96 nicht weitergehende Anforderungen stellen. So müssen Bauprodukte, für die es Technische Baubestimmungen nach § 96 Abs. 2 Nr. 3 gibt und die mit diesen übereinstimmen oder von diesen nicht wesentlich abweichen, aufgrund des § 96 Abs. 1 Satz 2 mit den entsprechenden Technischen Baubestimmungen übereinstimmen; außerdem bedürfen sie der Übereinstimmungsbestätigung nach § 24.

Mit dem CE-Zeichen gekennzeichnete Bauprodukte dürfen nach Maßgabe des § 19 verwendet werden.

Für die in § 20 Abs. 1 genannten Produktgruppen bedarf es eines Verwendbarkeitsnachweises.

Bauprodukte, für die es allgemein anerkannte Regeln der Technik gibt, die jedoch nicht als Technische Baubestimmungen bekanntgemacht worden sind, mithin sonstige Bauprodukte im Sinne des bis zum Ablauf des 31. August 2018 geltenden § 17 Abs. 1 Satz 2 und 3 der Thüringer Bauordnung vom 13. März 2014, dürfen unmittelbar auf Grundlage dieser Bestimmung verwendet werden, das heißt, ohne Verwendbarkeitsnachweis und ohne Übereinstimmungsbestätigung, gleichgültig, ob sie diesen Regeln im Umkehrschluss zu § 20 Abs. 1 Nr. 2 entsprechen oder nach § 20 Abs. 2 Nr. 1 von diesen abweichen. Dies gilt auch dann, wenn sie für die Erfüllung der in § 3 genannten Anforderungen von Bedeutung sind. In einem solchen Fall kann es nämlich sein, dass die Erfüllung der Anforderungen bereits durch ein anderes Regelsetzungs- und Zertifizierungssystem abgedeckt ist und deshalb bewusst auf die Bekanntmachung der allgemein anerkannten Regel der Technik als Technische Baubestimmung verzichtet wurde.

Ebenso dürfen in unmittelbarer Anwendung dieser Bestimmung Bauprodukte verwendet werden, für die es zwar keine Technische Baubestimmung oder allgemein anerkannte Regel der Technik gibt, die aber auch nicht für die Erfüllung der Anforderungen nach § 3 von Bedeutung sind.

Bei einem Verstoß gegen diese Bestimmung kann die Bauaufsichtsbehörde nach § 86 Abs. 1 Satz 1 einschreiten, wobei aus Gründen der Verhältnismäßigkeit auf dieser Grundlage auch mildere Mittel als die Einstellung der Arbeiten eingesetzt werden können, wie beispielsweise die Untersagung der Verwendung von Bauprodukten im konkreten Fall.

In Absatz 2 ist die Anerkennung von Bauprodukten geregelt, die den Vorschriften anderer Mitgliedstaaten des Europäischen Wirtschaftsraums entsprechen.

§ 19
Anforderungen für die Verwendung von CE-gekennzeichneten Bauprodukten

[1]Ein Bauprodukt, das die CE-Kennzeichnung trägt, darf verwendet werden, wenn die erklärten Leistungen den in diesem Gesetz oder in den aufgrund dieses Gesetzes erlassenen Rechtsvorschriften festgelegten Anforderungen für diese Verwendung entsprechen. [2]Die §§ 20 bis 28 Abs. 1 gelten nicht für Bauprodukte, die die CE-Kennzeichnung aufgrund der Verordnung (EU) Nr. 305/2011 tragen.

Nr. 19 VollzBekThürBO

Durch die CE-Kennzeichnung wird die Konformität des Bauprodukts mit der erklärten Leistung erklärt. Es ist Aufgabe der am Bau Beteiligten, sicherzustellen, dass die für ein Bauprodukt erklärten Leistungen ausreichend sind, um die sich aus den Bauwerksanforderungen ergebenden Produktanforderungen zu erfüllen. Ein Bauprodukt darf verwendet werden, wenn die erklärten Leistungen den Anforderungen entsprechen oder unter Berücksichtigung des konkreten Verwendungszwecks nicht wesentlich davon abweichen. Liegt im Hinblick auf die zu erfüllenden Bauwerksanforderungen keine ausreichende Leistungserklärung vor, ist eine Verwendung auf Grundlage von § 19 nicht möglich. Für Bauprodukte, die eine CE-Kennzeichnung tragen, dürfen keine Verwendbarkeitsnachweise bzw. Übereinstimmungsbestätigungen gefordert werden.

Begründung zu § 19

In § 19 sind die Voraussetzungen für die Verwendung von Bauprodukten geregelt, die die CE-Kennzeichnung tragen. Dabei ist die Regelung in Satz 1 eng an die Formulierung des Artikels 8 Abs. 4 der Verordnung (EU) Nr. 305/2011 angelehnt. Mit dieser Regelung ist das rechtliche Scharnier zwischen den erklärten Leistungen eines Produkts und den spezifischen Anforderungen dargestellt, die sich für einen bestimmten Verwendungszweck bauwerkseitig ergeben. Die bauwerkseitigen Anforderungen ergeben sich aus diesem Gesetz und den aufgrund dieses Gesetzes erlassenen Rechtsvorschriften, beispielsweise aus Sonderbautenvorschriften und Technischen Baubestimmungen. Die Regelungen der Thüringer Bauordnung entsprechen dabei dem Ansatz der Verordnung (EU) Nr. 305/2011, nach dem die CE-Kennzeichnung nicht die Brauchbarkeit des Bauprodukts oder seine Übereinstimmung mit den Vorgaben der harmonisierten technischen Spezifikation belegt, sondern lediglich die nach den Vorgaben der harmonisierten technischen Spezifikation festgestellte Konformität des Bauprodukts mit der erklärten Leistung. Aus der Regelung ergibt sich, dass das Bauprodukt verwendet werden darf, wenn die erklärten Leistungen den Anforderungen entsprechen. Dabei müssen alle Leistungen erklärt sein, die erforderlich sind, um zu beurteilen, ob alle durch und aufgrund der Thüringer Bauordnung gestellten bauwerkseitigen Anforderungen erfüllt sind.

Es ist Aufgabe der am Bau Beteiligten, sicherzustellen, dass die für ein Bauprodukt erklärten Leistungen ausreichend sind, um die Anforderungen zu erfüllen, die sich für die Bauprodukte aus den Bauwerksanforderungen ergeben. Ist mit den erklärten Leistungen nicht vollständig das Anforderungsniveau erreicht, weichen die Randbedingungen, unter denen die Bauprodukte verwendet werden, von den in der harmonisierten technischen Spezifikation vorgesehenen Randbedingungen ab oder sind zu bestimmten Merkmalen, die sich im konkreten Verwendungszusammenhang auf die Erfüllung der Anforderungen auswirken, keine Leistungen ausgewiesen, so müssen die am Bau Beteiligten entscheiden, ob die Defizite so gering sind, dass von der Erfüllung der Bauwerksanforderungen trotzdem ausgegangen werden kann. In diesem Fall kann das Bauprodukt trotzdem verwendet werden; dies entspricht der nicht wesentlichen Abweichung für Bauprodukte, die nicht in den Anwendungsbereich nach dieser Bestimmung fällt, vergleiche § 20 Abs. 1 Nr. 1.

Der Leistungserklärung kann eine harmonisierte Europäische Norm oder eine Europäische Technische Bewertung zugrunde liegen. Insbesondere kann die Herstellerin oder der Hersteller bei Produkten, die in den Anwendungsbereich einer harmonisierten Europäische Norm fallen, dann eine Europäische Technische Bewertung beantragen, wenn die harmonisierte Europäische Norm es der Herstellerin oder dem Hersteller nicht ermöglicht, die Leistungen so zu erklären, dass beurteilt werden kann, ob sie den Bauwerksanforderungen entsprechen, vergleiche Artikel 19 der Verordnung (EU) Nr. 305/2011. Eine Verpflichtung zur Beantragung besteht aber nicht.

Liegt im Hinblick auf die zu erfüllenden Bauwerksanforderungen keine ausreichende Leistungserklärung vor, kann das Bauprodukt nicht aufgrund dieser Bestimmung verwendet werden. Aus Satz 2 ergibt sich, welche Bestimmungen aus europarechtlichen Gesichtspunkten, wie sie sich insbesondere aus dem Urteil des Gerichtshofs der Europäischen Union vom 16. Oktober 2014, Aktenzeichen C-100/13, ergeben, für Bauprodukte, die eine CE-Kennzeichnung tragen, unanwendbar sind. Insbesondere dürfen für diese Bauprodukte keine Verwendbarkeitsnachweise und Übereinstimmungsbestätigungen gefordert werden.

Vielmehr muss die Bauaufsichtsbehörde im Einzelfall unter Berücksichtigung der materiellen Anforderungen nach dieser Bestimmung entscheiden, ob gegebenenfalls eine ordnungsbehördliche Maßnahme, beispielsweise die Einstellung von Arbeiten, erforderlich ist.

§ 20
Verwendbarkeitsnachweise

(1) Ein Verwendbarkeitsnachweis nach den §§ 21 bis 23 ist für ein Bauprodukt erforderlich, wenn
1. es keine Technische Baubestimmung und keine allgemein anerkannte Regel der Technik gibt,
2. das Bauprodukt von einer Technischen Baubestimmung nach § 96 Abs. 2 Nr. 3 wesentlich abweicht oder
3. dies in einer Rechtsverordnung nach § 95 Abs. 5 vorgesehen ist.

(2) Ein Verwendbarkeitsnachweis ist nicht erforderlich für ein Bauprodukt, das
1. von einer allgemein anerkannten Regel der Technik abweicht oder
2. für die Erfüllung der Anforderungen, die in diesem Gesetz oder in den aufgrund dieses Gesetzes erlassenen Rechtsvorschriften gestellt werden, nur eine untergeordnete Bedeutung hat.

(3) Die Technischen Baubestimmungen nach § 96 enthalten eine nicht abschließende Liste von Bauprodukten, die keines Verwendbarkeitsnachweises nach Absatz 1 bedürfen.

Nr. 20 VollzBekThürBO

20.1 Die Regelung benennt die Fälle, in denen ein Verwendbarkeitsnachweis für ein nationales Bauprodukt erforderlich ist. Dies ist der Fall, wenn es keine Technische Baubestimmung und keine allgemein anerkannte Regel der Technik gibt, das Bauprodukt von einer Technischen Baubestimmung wesentlich abweicht oder es eine Rechtsverordnung vorsieht. Wenn eine allgemein anerkannte Regel der Technik existiert, bedarf es unabhängig davon, ob diese eingehalten wird, keines Verwendbarkeitsnachweises. Eine Rechtsverordnung im Sinne der Nummer 3 ist die Thüringer Verordnung zur Feststellung der wasserrechtlichen Eignung von Bauprodukten und Bauarten vom 20. Juli 2007 (GVBl. S. 94) in der jeweils geltenden Fassung, nach der zur Vermeidung von Doppelprüfungen wasserrechtliche Anforderungen bei der Erteilung von Verwendbarkeitszeugnissen mit geprüft werden.

20.2 Auch Bauprodukte, für die ein Verwendbarkeitsnachweis nicht erforderlich ist, müssen die allgemeinen Anforderungen des § 18 erfüllen.

20.3 Da eine abschließende Erfassung aller denkbaren Bauprodukte unmöglich ist, enthält die ThürVVTB lediglich Beispiele von Bauprodukten, für die kein Verwendbarkeitsnachweis erforderlich ist. Dies entspricht der früheren Liste C der Bauregelliste. Die Liste soll der Klarstellung dienen. Maßgeblich für das Erfordernis eines Verwendbarkeitsnachweises sind aber die Absätze 1 und 2.

Begründung zu § 20

In § 20 sind die Fälle bestimmt, in denen ein Verwendbarkeitsnachweis erforderlich ist.

Mit Absatz 1 ist geregelt, in welchen Fällen die in den §§ 21 bis 23 aufgeführten Verwendbarkeitsnachweise
1. eine allgemeine bauaufsichtliche Zulassung,
2. ein allgemeines bauaufsichtliches Prüfzeugnis und
3. die Zustimmung im Einzelfall,

erforderlich sind.

Ein Verwendbarkeitsnachweis nach Nummer 1 ist vorbehaltlich des Absatzes 2 Nr. 2 erforderlich, wenn es weder eine Technische Baubestimmung noch eine allgemein anerkannte Regel der Technik gibt. Wenn eine allgemein anerkannte Regel der Technik existiert, bedarf es unabhängig davon, ob von dieser Regel abgewichen wird, keines Verwendbarkeitsnachweises. Das Bauprodukt kann dann aufgrund der §§ 18 und 96 Abs. 1 Satz 3 ohne Weiteres verwendet werden.

Nach Nummer 2 ist ein Verwendbarkeitsnachweis bei wesentlichen Abweichungen von einer Technischen Baubestimmung erforderlich. Wird dagegen von einer allgemein anerkannten Regel der Technik wesentlich oder unwesentlich abgewichen, ist nach Absatz 2 Nr. 1 kein Verwendbarkeitsnachweis erforderlich.

Nach Nummer 3 ist ein Verwendbarkeitsnachweis erforderlich, wenn dies in einer Rechtsverordnung nach § 95 Abs. 5 vorgesehen ist. Danach ist es auch im Interesse der Herstellerinnen oder Hersteller von Bauprodukten möglich, bei der Erteilung von Verwendbarkeitszeugnissen auch Anforderungen anderer Rechtsbereiche zu prüfen. Dadurch werden Doppelprüfungen vermieden. Aufgrund der auch bisher bestehenden Ermächtigung wurde die Thüringer Verordnung zur Feststellung der wasserrechtlichen Eignung von Bauprodukten und Bauarten vom 20. Juli 2007 (GVBl. S. 94) in der jeweils geltenden Fassung erlassen.

Mit Absatz 2 sind zwei Ausnahmen zu den in Absatz 1 geregelten Fällen vorgesehen. Mit Nummer 1 ist bestimmt, dass ein Verwendbarkeitsnachweis nicht erforderlich ist, wenn eine allgemein anerkannte Regel der Technik zwar existiert, das Bauprodukt aber von dieser abweicht. Dann kann das Bauprodukt aufgrund der Regelung in § 18 verwendet werden. Nach Nummer 2 sind Verwendbarkeitsnachweise nicht erforderlich für Bauprodukte, die nur eine untergeordnete Bedeutung für die Erfüllung der Anforderungen dieses oder aufgrund dieses Gesetzes erlassener Rechtsvorschriften haben.

Mit Absatz 3 ist klargestellt, dass die in der Verwaltungsvorschrift nach § 96 vorgesehene Liste von Bauprodukten, die keines Verwendbarkeitsnachweises bedürfen, nicht abschließend ist, weil eine abschließende Erfassung aller denkbaren Bauprodukte auch angesichts der technischen Entwicklung kaum möglich ist. Maßgeblich für das Erfordernis eines Verwendbarkeitsnachweises sind daher die Absätze 1 und 2.

In der Liste sind vorrangig die Bauprodukte aufgeführt, für die es weder Technische Baubestimmungen noch allgemein anerkannte Regeln der Technik gibt und die für die Erfüllung der Anforderungen nach § 3 nicht von Bedeutung sind. Das entspricht der Liste C nach dem bis zum Ablauf des 31. August 2018 geltenden § 17 Abs. 3 Satz 2 der Thüringer Bauordnung vom 13. März 2014. Außerdem können Bauprodukte in diese Liste aufgenommen werden, die für die Erfüllung der Anforderungen nach § 3 von Bedeutung sind, für die es allgemein anerkannte Regeln der Technik gibt, auch wenn sie von diesen abweichen, und die ausreichend durch andere Zertifizierungs- oder Zulassungssysteme abgedeckt sind. Die Liste soll den am Bau Beteiligten zur Klarstellung dienen.

§ 21
Allgemeine bauaufsichtliche Zulassung

(1) Das Deutsche Institut für Bautechnik erteilt auf Antrag unter den Voraussetzungen des § 20 Abs. 1 eine allgemeine bauaufsichtliche Zulassung für Bauprodukte, wenn deren Verwendbarkeit im Sinne des § 18 Abs. 1 nachgewiesen ist.

(2) [1]Die zur Begründung des Antrags erforderlichen Unterlagen sind beizufügen. [2]Soweit erforderlich, sind Probestücke von der antragstellenden Person zur Verfügung zu stellen oder durch Sachverständige, die das Deutsche Institut für Bautechnik bestimmen kann, zu entnehmen oder Probeausführungen unter Aufsicht der Sachverständigen herzustellen. [3]§ 75 Abs. 2 gilt entsprechend.

(3) Das Deutsche Institut für Bautechnik kann für die Durchführung der Prüfung die sachverständige Stelle und für Probeausführungen die Ausführungsstelle und Ausführungszeit vorschreiben.

(4) [1]Die allgemeine bauaufsichtliche Zulassung ist widerruflich und für eine bestimmte Frist zu erteilen, die in der Regel fünf Jahre beträgt. [2]Die Frist kann auf Antrag in Textform in der Regel um fünf Jahre verlängert werden; § 79 Abs. 2 Satz 2 gilt entsprechend. [3]Die Zulassung kann mit Nebenbestimmungen erteilt werden.

(5) Die allgemeine bauaufsichtliche Zulassung ist unbeschadet der privaten Rechte Dritter zu erteilen.

(6) Das Deutsche Institut für Bautechnik macht die von ihm erteilten allgemeinen bauaufsichtlichen Zulassungen nach Gegenstand und wesentlichem Inhalt öffentlich bekannt.

(7) Allgemeine bauaufsichtliche Zulassungen nach dem Recht anderer Länder gelten auch in Thüringen.

Begründung zu § 21

Nach Absatz 1 ist das Deutsche Institut für Bautechnik zuständig für die Erteilung allgemeiner bauaufsichtlicher Zulassungen. Allgemeine bauaufsichtliche Zulassungen sind Verwaltungsakte in Form von Allgemeinverfügungen und stellen neben allgemeinen bauaufsichtlichen Prüfzeugnissen eine Möglichkeit dar, die Verwendbarkeit von Bauprodukten in allgemeiner Form zu überprüfen. Die Zuständigkeit des Deutschen Instituts für Bautechnik bewirkt wegen gleicher Regelungen in den anderen Ländern auch die einheitliche Behandlung der entsprechenden Bauprodukte.

Nach Absatz 2 sind dem Antrag die zur Beurteilung erforderlichen Unterlagen beizufügen. Das sind beispielsweise Gutachten, Prüfergebnisse oder Angaben über Materialzusammensetzungen. Aufgrund des Verweises auf § 75 Abs. 2 kann das Deutsche Institut für Bautechnik nicht nur Probestücke verlangen, sondern auch weitere zur Beurteilung erforderliche Unterlagen und dafür eine angemessene Frist setzen, nach deren fruchtlosem Ablauf der Antrag als zurückgenommen gilt.

Nach Absatz 3 kann das Deutsche Institut für Bautechnik ergänzend zu den in Absatz 2 genannten Möglichkeiten die Prüfung durch sachverständige Stellen vorschreiben und dafür Termine vorgeben. Die im pflichtgemäßen Ermessen des Deutschen Instituts für Bautechnik stehende Entscheidung muss insbesondere dem Verhältnismäßigkeitsgrundsatz genügen.

Nach Absatz 4 darf die allgemeine bauaufsichtliche Zulassung nur für eine bestimmte Frist erteilt werden, die auf Antrag verlängert werden kann. Auch muss ein Widerrufsvorbehalt aufgenommen werden. Mit beidem ist sichergestellt, dass bei neuen Erkenntnissen über die Verwendbarkeit des Bauprodukts entweder sofort reagiert werden kann oder zumindest mittelfristig das Bauprodukt nicht mehr verwendet werden darf. Die Entscheidung wird von der Intensität der erkannten Gefahr und der Restgültigkeit der allgemeinen bauaufsichtlichen Zulassung abhängen. Eine Verlängerung der Frist ist nicht möglich, wenn für das Bauprodukt technische Regeln in die Thüringer Verwaltungsvorschrift Technische Baubestimmungen aufgenommen werden, denen das Bauprodukt entspricht beziehungsweise von denen es nicht wesentlich abweicht, weil es sich dann um ein geregeltes Bauprodukt handelt. Durch die Erteilung von Nebenbestimmungen kann auf eventuelle Gefahren beispielsweise bei einer unsachgemäßen Verwendung reagiert werden.

Nach Absatz 5 ist die allgemeine bauaufsichtliche Zulassung, ebenso wie nach § 78 Abs. 4 die Baugenehmigung, unbeschadet der privaten Rechte Dritter zu erteilen. Das Deutsche Institut für Bautechnik muss daher nicht überprüfen, ob die Antragstellerin oder der Antragsteller tatsächlich berechtigt ist, das Bauprodukt herzustellen oder zu vertreiben.

Die mit Absatz 6 vorgeschriebene Bekanntmachung der erteilten allgemeinen bauaufsichtlichen Zulassungen durch das Deutsche Institut für Bautechnik ist auf Gegenstand und wesentlichen Inhalt beschränkt. Durch diese Beschränkung sind die wirtschaftlichen Interessen der Inhaberin oder des Inhabers der allgemeinen bauaufsichtlichen Zulassung geschützt.

Mit Absatz 7 ist bestimmt, dass auf der Grundlage der Bauordnungen anderer Länder erteilte allgemeine bauaufsichtliche Zulassungen auch in Thüringen gelten. Da die anderen Landesbauordnungen gleiche Regelungen enthalten, ist die bundesweite Verwendbarkeit dieser Bauprodukte gewährleistet.

§ 22
Allgemeines bauaufsichtliches Prüfzeugnis

(1) [1]Bauprodukte, die nach allgemein anerkannten Prüfverfahren beurteilt werden, bedürfen anstelle einer allgemeinen bauaufsichtlichen Zulassung nur eines allgemeinen bauaufsichtlichen Prüfzeugnisses. [2]Dies ist mit der Angabe der maßgebenden technischen Regeln in den Technischen Baubestimmungen nach § 96 Abs. 5 bekannt zu machen.

(2) [1]Ein allgemeines bauaufsichtliches Prüfzeugnis für Bauprodukte ist von einer Prüfstelle nach § 27 Satz 1 Nr. 3 zu erteilen, wenn deren Verwendbarkeit im Sinne des § 18 Abs. 1 nachgewiesen ist. [2]§ 21 Abs. 2 und 4 bis 7 gilt entsprechend. [3]Die Anerkennungsbehörde für Stellen nach § 27 Satz 1 Nr. 1 und § 95 Abs. 4 Satz 1 Nr. 2 kann allgemeine bauaufsichtliche Prüfzeugnisse zurücknehmen oder widerrufen; die §§ 48 und 49 des Verwaltungsverfahrensgesetzes (VwVfG) in der Fassung vom 23. Januar 2003 (BGBl. I S. 102) in der jeweils geltenden Fassung finden Anwendung.

Begründung zu § 22

Nach Absatz 1 ist möglich, bei Bauprodukten, die zwar nach § 20 einen Verwendbarkeitsnachweis benötigen, also Bauprodukte, für die es Technische Baubestimmungen oder allgemein anerkannte Regeln der Technik nicht oder nicht für alle Anforderungen gibt, die aber hinsichtlich der nicht geregelten Anforderungen nach allgemein anerkannten Prüfverfahren beurteilt werden können, statt einer allgemeinen bauaufsichtlichen Zulassung ein weniger aufwendiges bauaufsichtliches Prüfzeugnis zu erteilen.

In Absatz 2 Satz 1 ist bestimmt, dass allgemeine bauaufsichtliche Prüfzeugnisse durch dafür zugelassene Prüfstellen erteilt werden. Für das Verfahren gelten die bei der Erteilung allgemeiner bauaufsichtlicher Zulassungen zu beachtenden Regelungen entsprechend. Nach Satz 2 ist § 21 Abs. 3 von der Anwendbarkeit ausgenommen, weil eine Prüfstelle nach § 27 Satz 1 Nr. 1 nur benannt werden kann, wenn sie entsprechende Prüfungen durchführen kann. Nach Satz 3 ist die Rücknahme oder den Widerruf allgemeiner bauaufsichtlicher Prüfzeugnisse durch die Behörde möglich, die die Prüfstelle anerkannt hat. Dieses Recht zur Ersatzvornahme ist als weiteres Instrument der Fachaufsicht in Fällen erforderlich, in denen sich die Prüfstelle den Weisungen der Anerkennungsbehörde widersetzt und im Verhältnis zur ebenfalls in Betracht kommenden Entziehung der Anerkennung das vielfach weniger einschneidende Mittel.

§ 23
Nachweis der Verwendbarkeit von Bauprodukten im Einzelfall

[1]Auf Antrag dürfen mit Zustimmung der obersten Bauaufsichtsbehörde unter den Voraussetzungen des § 20 Abs. 1 im Einzelfall Bauprodukte verwendet werden, wenn ihre Verwendbarkeit im Sinne des § 18 Abs. 1 nachgewiesen ist. [2]Wenn Gefahren im Sinne des § 3 Satz 1 nicht zu erwarten sind, kann die oberste Bauaufsichtsbehörde im Einzelfall erklären, dass ihre Zustimmung nicht erforderlich ist.

Nr. 23 VollzBekThürBO

Die Zustimmung im Einzelfall wird von der obersten Bauaufsichtsbehörde erteilt. Auf die „Allgemeinen Hinweise über vorzulegende Unterlagen und Nachweise zum Antrag auf Zustimmung im Einzelfall" (abrufbar auf der Internetseite des Thüringer Ministeriums für Infrastruktur und Landwirtschaft) wird hingewiesen.

Begründung zu § 23

Mit § 23 ist eine weitere Möglichkeit normiert, die Verwendbarkeit von Bauprodukten nachzuweisen. Anders als bei den Möglichkeiten nach den §§ 21 und 22 ist dabei nicht die Verwendbarkeit für eine Vielzahl von Fällen, sondern nur für einen Einzelfall zu bestätigen. Dabei muss es sich nicht um die einmalige Verwendung, wie beispielsweise einer Tür in einem Gebäude handeln, vielmehr ist dem Einzelfallerfordernis auch genügt, wenn das Bauprodukt mehrfach bei der gleichen Baumaßnahme eingesetzt wird. Da nur die Rahmenbedingungen des konkreten Bauvorhabens berücksichtigt werden müssen, ist die Entscheidung wesentlich einfacher und schneller möglich und damit für die Antragstellerin oder den Antragsteller kostengünstiger.

Wie bei den anderen Verwendbarkeitsbeurteilungen ist für die Zustimmung im Einzelfall ein Antrag in Textform erforderlich. Aus den Worten „nachgewiesen ist" ergibt sich, dass dem Antrag die zur Beurteilung erforderlichen Unterlagen beizufügen sind.

Da nach dem Urteil des Gerichtshofs der Europäischen Union vom 16. Oktober 2014, Aktenzeichen C-100/13, ergänzende Anforderungen der Regelungsbefugnis des nationalen Gesetzgebers entzogen sind, ist eine Zustimmung im Einzelfall hinsichtlich durch eine harmonisierte Europäische Norm nicht abgedeckter Grundanforderungen nicht möglich; dies wurde daher nicht vorgesehen.

Wenn durch die Verwendung des Bauprodukts bei dem zu beurteilenden Bauvorhaben keine Gefahren zu erwarten sind, kann die oberste Bauaufsichtsbehörde für diesen Einzelfall auf das Erfordernis einer Zustimmung verzichten.

§ 24
Übereinstimmungsbestätigung

(1) Bauprodukte bedürfen einer Bestätigung ihrer Übereinstimmung mit den Technischen Baubestimmungen nach § 96 Abs. 2, den allgemeinen bauaufsichtlichen Zulassungen, den allgemeinen bauaufsichtlichen Prüfzeugnissen oder den Zustimmungen im Einzelfall; als Übereinstimmung gilt auch eine Abweichung, die nicht wesentlich ist.

(2) Die Bestätigung der Übereinstimmung erfolgt durch Übereinstimmungserklärung der Herstellerin oder des Herstellers nach § 25.

(3) Die Übereinstimmungserklärung hat die Herstellerin oder der Hersteller durch Kennzeichnung der Bauprodukte mit dem Übereinstimmungszeichen (Ü-Zeichen) unter Hinweis auf den Verwendungszweck abzugeben.

(4) Das Ü-Zeichen ist auf dem Bauprodukt, auf einem Beipackzettel oder auf seiner Verpackung oder, wenn dies Schwierigkeiten bereitet, auf dem Lieferschein oder auf einer Anlage zum Lieferschein anzubringen.

(5) Ü-Zeichen nach dem Recht anderer Länder und anderer Staaten gelten auch in Thüringen.

Nr. 24 VollzBekThürBO

24.1 Mit der Übereinstimmungsbestätigung wird die Übereinstimmung eines Bauprodukts mit den Verwendbarkeitsanforderungen (§ 20 bis § 23) bestätigt. Die Regelung gilt nach § 17 Abs. 5 für den Anwender von Bauarten entsprechend.

24.2 Die Bestätigung der Übereinstimmung mit den technischen Regeln erfolgt stets durch Übereinstimmungserklärung der Herstellerin oder des Herstellers. In den durch § 25 Abs. 1 bestimmten Fällen darf die Erklärung zwar erst abgeben werden, wenn ein Zertifikat erteilt worden ist, aber auch dann erklärt die Herstellerin oder der Hersteller durch die Anbringung des Übereinstimmungszeichens nach Absatz 3 nicht lediglich, dass ein Zertifikat erteilt worden ist, sondern dass das Produkt mit den technischen Regeln übereinstimmt.

24.3 Für die Führung des Übereinstimmungsnachweises und die Kennzeichnung mit dem Übereinstimmungszeichen ist die Thüringer Übereinstimmungszeichenverordnung (ThürÜZVO) zu beachten.

Begründung zu den §§ 24 bis 26

Mit den §§ 24 bis 26 ist das System der zulässigen Verwendung von Bauprodukten ergänzt. Während in den §§ 17 bis 23 geregelt ist, unter welchen Voraussetzungen eine Bauart oder ein Bauprodukt für einen bestimmten Einsatzzweck überhaupt verwendbar ist, ist mit den §§ 24 bis 26 bestimmt, wie die Übereinstimmung eines Bauprodukts mit den Verwendbarkeitsanforderungen zu bestätigen ist. Die Anwendbarkeit dieser Bestimmungen auf Bauarten ergibt sich aus dem Verweis in § 17 Abs. 5 Satz 2.

Begründung zu § 24

In Absatz 1 ist der Grundsatz enthalten, dass die Übereinstimmung mit den Verwendbarkeitsregeln zu bestätigen ist. Dabei ist zu entscheiden, dass eine nicht wesentliche Abweichung der Bestätigung der Übereinstimmung nicht entgegensteht.

Mit Absatz 2 ist bestimmt, dass die Bestätigung der Übereinstimmung mit den technischen Regeln stets durch Übereinstimmungserklärung der Herstellerin oder des Herstellers erfolgt. In den durch § 25 Abs. 1 bestimmten Fällen darf die Herstellerin oder der Hersteller die Erklärung zwar erst abgeben, wenn ihr oder ihm ein Zertifikat erteilt worden ist, aber auch dann erklärt die Herstellerin oder der Hersteller durch die Anbringung des Übereinstimmungszeichens nach Absatz 3 nicht lediglich, dass ihr oder ihm ein Zertifikat erteilt worden ist, sondern dass das Produkt mit den technischen Regeln übereinstimmt. Damit ist die Verantwortung der Herstellerin oder des Herstellers für die Sicherstellung der Übereinstimmung betont.

Da die Übereinstimmungsbestätigung insbesondere der Verwenderin oder dem Verwender nachweisen soll, dass ein Bauprodukt einsetzbar ist, hat nach Absatz 3 die Herstellerin oder der Hersteller Bauprodukte mit einem Übereinstimmungszeichen, nachfolgend Ü-Zeichen genannt, zu kennzeichnen. Die Anforderungen an die Gestaltung des Ü-Zeichens und die beizufügenden Angaben ergeben sich aus der Thüringer Übereinstimmungszeichenverordnung vom 14. Juni 2002 (GVBl. S. 281) in der jeweils geltenden Fassung.

Mit Absatz 4 sind die Möglichkeiten der Anbringung des Ü-Zeichens aufgeführt. Die Herstellerin oder der Hersteller kann zunächst zwischen der Anbringung auf dem Bauprodukt, auf einem Beipackzettel oder auf der Verpackung des Bauprodukts frei wählen. Erst wenn diese Möglichkeiten Schwierigkeiten bereiten, ist eine Anbringung auf dem Lieferschein oder auf einer Anlage zum Lieferschein zulässig. Dadurch soll zumindest für den Normalfall sichergestellt sein, dass die Verwenderin oder der Verwender eines Bauprodukts zusammen mit dem Bauprodukt auch die Übereinstimmungsbestätigung erhält.

Mit der Regelung in Absatz 5 ist zusammen mit den entsprechenden Regelungen anderer Länder und anderer Staaten dem freien Verkehr von Bauprodukten gedient.

§ 25
Übereinstimmungserklärung der Herstellerin oder des Herstellers

(1) Die Herstellerin oder der Hersteller darf eine Übereinstimmungserklärung nur abgeben, wenn sie oder er durch werkseigene Produktionskontrolle sichergestellt hat, dass das von ihr oder ihm hergestellte Bauprodukt den maßgebenden technischen Regeln, der allgemeinen bauaufsichtlichen Zulassung, dem allgemeinen bauaufsichtlichen Prüfzeugnis oder der Zustimmung im Einzelfall entspricht.

(2) [1]In den Technischen Baubestimmungen nach § 96, in den allgemeinen bauaufsichtlichen Zulassungen, in den allgemeinen bauaufsichtlichen Prüfzeugnissen oder in den Zustimmungen im Einzelfall kann eine Prüfung der Bauprodukte durch eine Prüfstelle nach § 27 Satz 1 Nr. 4 vor Abgabe der Übereinstimmungserklärung vorgeschrieben werden, wenn dies zur Sicherung einer ordnungsgemäßen Herstellung erforderlich ist. [2]In diesen Fällen hat die Prüfstelle das Bauprodukt daraufhin zu überprüfen, ob es den maßgebenden technischen Regeln, der allgemeinen bauaufsichtlichen Zulassung, dem allgemeinen bauaufsichtlichen Prüfzeugnis oder der Zustimmung im Einzelfall entspricht.

(3) [1]In den Technischen Baubestimmungen nach § 96, in den allgemeinen bauaufsichtlichen Zulassungen oder in den Zustimmungen im Einzelfall kann eine Zertifizierung vor Abgabe der Übereinstimmungserklärung vorgeschrieben werden, wenn dies zum Nachweis einer ordnungsgemäßen Herstellung eines Bauprodukts erforderlich ist. [2]Die oberste Bauaufsichtsbehörde kann im Einzelfall die Verwendung von Bauprodukten ohne Zertifizierung gestatten, wenn nachgewiesen ist, dass diese Bauprodukte den technischen Regeln, Zulassungen, Prüfzeugnissen oder Zustimmungen nach Absatz 1 entsprechen.

(4) Bauprodukte, die nicht in Serie hergestellt werden, bedürfen nur einer Übereinstimmungserklärung nach Absatz 1.

Begründung zu § 25

In Absatz 1 ist die, vorbehaltlich des Absatzes 2, grundsätzlich zulässige Möglichkeit der einfachen Übereinstimmungserklärung enthalten. Bei dieser ist ausreichend, dass die Herstellerin oder der Hersteller über eine werkseigene Produktionskontrolle verfügt, mit der sichergestellt ist, dass das Bauprodukt den zu beachtenden Verwendbarkeitsbestimmungen entspricht. Die Übereinstimmungserklärung ist durch die Anbringung des Ü-Zeichens nach § 24 Abs. 3 und 4 abzugeben.

Nach Absatz 2 kann, wenn dies zur Sicherung einer ordnungsgemäßen Herstellung erforderlich ist, eine Prüfung der Bauprodukte durch eine Prüfstelle vor Abgabe der Übereinstimmungserklärung vorgeschrieben werden. Wie sich aus den Worten „vor Abgabe der Übereinstimmungserklärung" ergibt, ersetzt diese Prüfung nicht die werkseigene Produktionskontrolle, sondern tritt zu den Anforderungen des Absatzes 1 hinzu.

Als Prüfstelle kommt nur eine nach § 27 Satz 1 Nr. 4 anerkannte Stelle in Betracht. Da nach der Erstprüfung durch die Prüfstelle nur die werkseigene Produktionskontrolle die Übereinstimmung des Bauprodukts mit den maßgebenden Anforderungen bestätigt, kommt diese Variante des Übereinstimmungsnachweises nur in Betracht, wenn die Produktion an sich keine besonderen Schwierigkeiten aufweist.

Nach Absatz 3 Satz 1 kann verlangt werden, dass die Herstellerin oder der Hersteller die Übereinstimmungserklärung erst abgeben darf, wenn zunächst eine Zertifizierung nach § 26 erfolgt ist. Übereinstimmungszertifikate werden nur verlangt, soweit es beispielsweise wegen der besonderen Sicherheitsrelevanz eines Bauprodukts des Nachweises einer ordnungsgemäßen Herstellung bedarf. Bei Bauprodukten, deren Verwendbarkeit durch ein allgemeines bauaufsichtlichen Prüfzeugnis nachgewiesen wird, kann ein Übereinstimmungszertifikat nicht verlangt werden. Das ist deswegen gerechtfertigt, weil diese Bauprodukte entweder nicht der Erfüllung besonderer Sicherheitsanforderungen dienen oder nach allgemein anerkannten Prüfverfahren beurteilt werden können. Nach Satz 2 kann die oberste Bauaufsichtsbehörde auf ein an sich erforderliches Übereinstimmungszertifikat verzichten, wenn auf andere Weise nachgewiesen ist, dass diese Bauprodukte den nach Absatz 1 maßgeblichen technischen Regeln, Zulassungen, Prüfzeugnissen oder Zustimmungen entsprechen.

Nach Absatz 4 ist bei nicht in Serie hergestellten Bauprodukten grundsätzlich nur eine Übereinstimmungserklärung der Herstellerin oder des Herstellers erforderlich. Dabei handelt es sich um Bauprodukte, die von einer Bauherrschaft speziell für einen bestimmten Einsatzbereich bestellt und gegebenenfalls dafür angepasst werden müssen. Im Allgemeinen kann auch davon ausgegangen werden, dass in diesen Fällen ein besonderes Vertrags- und Vertrauensverhältnis zwischen Bestellerin oder Besteller und Herstellerin oder Hersteller besteht.

§ 26
Zertifizierung

(1) Der Herstellerin oder dem Hersteller ist ein Übereinstimmungszertifikat von einer Zertifizierungsstelle nach § 27 Satz 1 Nr. 5 zu erteilen, wenn das Bauprodukt
1. **den Technischen Baubestimmungen nach § 96 Abs. 2, der allgemeinen bauaufsichtlichen Zulassung, dem allgemeinen bauaufsichtlichen Prüfzeugnis oder der Zustimmung im Einzelfall entspricht und**
2. **einer werkseigenen Produktionskontrolle sowie einer Fremdüberwachung nach Maßgabe des Absatzes 2 unterliegt.**

(2) [1]Die Fremdüberwachung ist von einer Überwachungsstelle nach § 27 Satz 1 Nr. 6 durchzuführen. [2]Die Überwachungsstelle hat regelmäßig zu überprüfen, ob das Bauprodukt den Technischen Baubestimmungen nach § 96 Abs. 2, der allgemeinen bauaufsichtlichen Zulassung, dem allgemeinen bauaufsichtlichen Prüfzeugnis oder der Zustimmung im Einzelfall entspricht.

Begründung zu § 26

Mit Absatz 1 ist bestimmt, dass der Herstellerin oder dem Hersteller ein erforderliches Übereinstimmungszertifikat durch eine Zertifizierungsstelle zu erteilen ist. Das Übereinstimmungszertifikat ist nach § 25 Abs. 3 Voraussetzung für die Abgabe der Übereinstimmungserklärung der Herstellerin oder des Herstellers. Ob ein Übereinstimmungszertifikat erforderlich ist, ist nach § 25 Abs. 3 in der Verwaltungsvorschrift nach § 96, in der allgemeinen bauaufsichtlichen Zulassung oder in der Zustimmung im Einzelfall zu bestimmen. Das Übereinstimmungszertifikat unterscheidet sich von der Prüfung durch eine Prüfstelle vor Bestätigung der Übereinstimmung nach § 25 Abs. 2 dadurch, dass nicht nur das Bauprodukt auf Übereinstimmung mit den maßgeblichen Anforderungen überprüft wird, sondern auch eine Fremdüberwachung der Produktion erfolgt.

Die Fremdüberwachung nach Absatz 2 Satz 1 ist nicht durch die Zertifizierungsstelle selbst durchzuführen, sondern durch anerkannte Überwachungsstellen. Die Fremdüberwachung hat nach Satz 2 regelmäßig zu erfolgen. Wie häufig tatsächlich Kontrollen erfolgen müssen, ist nicht allgemein, sondern jeweils im Einzelfall zu entscheiden. Ziel ist, dass sicherheitsrelevante Mängel schnell erkannt und behoben werden können. Zu berücksichtigen sind dabei beispielsweise auch die Schwierigkeit des Produktionsprozesses oder die Zahl der produzierten Bauprodukte. Aus Satz 2 ergibt sich, dass die Überwachungsstellen nicht nur den Produktionsvorgang als solchen zu überwachen haben, sondern auch die jeweiligen Bauprodukte auf Übereinstimmung mit den maßgeblichen Anforderungen überprüfen müssen.

§ 27
Prüf-, Zertifizierungs-, Überwachungsstellen

[1]Die oberste Bauaufsichtsbehörde kann eine natürliche oder juristische Person als
1. **Prüfstelle für die Überprüfung nach § 17 Abs. 6 Satz 1 und § 28 Abs. 1 Satz 1,**
2. **Überwachungsstelle für die Überwachung nach § 17 Abs. 7 und § 28 Abs. 2,**
3. **Prüfstelle für die Erteilung allgemeiner bauaufsichtlicher Prüfzeugnisse nach § 22 Abs. 2 Satz 1,**
4. **Prüfstelle für die Überprüfung von Bauprodukten vor Bestätigung der Übereinstimmung nach § 25 Abs. 2,**
5. **Zertifizierungsstelle nach § 26 Abs. 1 oder**
6. **Überwachungsstelle für die Fremdüberwachung nach § 26 Abs. 2**

anerkennen, wenn sie oder die bei ihr Beschäftigten nach ihrer Ausbildung, Fachkenntnis, persönlichen Zuverlässigkeit, ihrer Unparteilichkeit und ihren Leistungen die Gewähr dafür bieten, dass diese Aufgaben den öffentlich-rechtlichen Vorschriften entsprechend wahrgenommen werden, und wenn sie über die erforderlichen Vorrichtungen verfügen. [2]Satz 1 ist entsprechend auf Behörden anzuwenden, wenn sie ausreichend mit geeigneten Fachkräften besetzt und mit den erforderlichen Vorrichtungen ausgestattet sind. [3]Die Anerkennung von Prüf-, Zertifizierungs- und Überwachungsstellen anderer Länder gilt auch in Thüringen.

Nr. 27 VollzBekThürBO

Auf die Thüringer Verordnung über die Anerkennung als Prüf-, Überwachungs- und Zertifizierungsstelle nach Bauordnungsrecht (ThürPÜZAVO) wird hingewiesen.

Begründung zu § 27

In § 27 ist geregelt, welche Funktionen Prüf-, Zertifizierungs- und Überwachungsstellen ausüben und unter welchen Voraussetzungen die Anerkennung als solche erfolgen kann.

In Satz 1 sind die allgemeinen Voraussetzungen für die Anerkennung als Prüf-, Zertifizierungs- und Überwachungsstelle enthalten, die in der Thüringer PÜZ-Stellenanerkennungsverordnung vom 7. Februar 1997 (GVBl. S. 85) in der jeweils geltenden Fassung konkretisiert sind, in der auch das Anerkennungsverfahren geregelt ist.

Nach Satz 2 ist die Anerkennung von Behörden als Prüf-, Zertifizierungs- und Überwachungsstellen möglich. Behörden müssen grundsätzlich über Fachkräfte mit der gleichen Qualifikation verfügen, die bei den nach Satz 1 anerkannten Stellen erforderlich ist. Unterschiede können bei den Anforderungen an den Leiter der Stelle gemacht werden, da bei Behörden die wirtschaftliche Unabhängigkeit in der Regel angenommen werden kann. Gleichwohl muss gesichert sein, dass trotz der Einbindung in die Struktur der jeweiligen Behörde die Aufgaben unparteilich wahrgenommen werden.

Mit Satz 3 ist die Anerkennung von Prüf-, Zertifizierungs- und Überwachungsstellen anderer Länder festgelegt.

§ 28
Besondere Sachkunde- und Sorgfaltsanforderungen

(1) Bei Bauprodukten, deren Herstellung in außergewöhnlichem Maß von der Sachkunde und Erfahrung der damit betrauten Personen oder von einer Ausstattung mit besonderen Vorrichtungen abhängt, kann in der allgemeinen bauaufsichtlichen Zulassung, in der Zustimmung im Einzelfall oder durch Rechtsverordnung der obersten Bauaufsichtsbehörde vorgeschrieben werden, dass die Herstellerin oder der Hersteller über solche Fachkräfte und Vorrichtungen verfügt und den Nachweis hierüber gegenüber einer Prüfstelle nach § 27 Satz 1 Nr. 1 zu erbringen hat.

(2) Für Bauprodukte, die wegen ihrer besonderen Eigenschaften oder ihres besonderen Verwendungszwecks einer außergewöhnlichen Sorgfalt beim Einbau, beim Transport, bei der Instandhaltung oder bei der Reinigung bedürfen, kann in der allgemeinen bauaufsichtlichen Zulassung, in der Zustimmung im Einzelfall oder durch Rechtsverordnung der obersten Bauaufsichtsbehörde die Überwachung dieser Tätigkeiten durch eine Überwachungsstelle nach § 27 Satz 1 Nr. 2 vorgeschrieben werden, soweit diese Tätigkeiten nicht bereits durch die Verordnung (EU) Nr. 305/2011 erfasst sind.

Begründung zu § 28

In § 28 ist zu Bauprodukten geregelt, dass deren Herstellung, Einbau, Transport, Instandhaltung oder Reinigung besonderer Kenntnisse oder Sorgfalt oder besonderer Einrichtungen bedarf. Bei diesen Bauprodukten kann in der allgemeinen bauaufsichtlichen Zulassung, in der Zustimmung im Einzelfall oder durch Rechtsverordnung der obersten Bauaufsichtsbehörde vorgeschrieben werden, dass die Herstellerin oder der Hersteller besondere Anforderungen erfüllt oder der Umgang mit diesen Bauprodukten besonders überwacht wird. Eine entsprechende Bestimmung in allgemeinen bauaufsichtlichen Prüfzeugnissen wurde nicht vorgesehen, weil deren Erteilung nach § 22 Abs. 1 nur für weniger problematische Bauprodukte in Betracht kommt.

Durch den letzten Nebensatz in Absatz 2 ist klargestellt, dass eine besondere Sorgfalt bei Einbau, Transport, Instandhaltung oder Reinigung für CE-gekennzeichnete Bauprodukte nur verlangt werden kann, wenn in der Verordnung (EU) Nr. 305/2011 hierzu keine Ausführungen enthalten sind. Nach Artikel 14 Abs. 3 der Verordnung (EU) Nr. 305/2011 haben Händlerinnen und Händler, solange sich das Bauprodukt in ihrem Verantwortungsbereich befindet, hierfür entsprechende Sorge zu tragen.

Vierter Abschnitt
Brandverhalten von Baustoffen und Bauteilen; Wände, Decken, Dächer

§ 29
Allgemeine Anforderungen an das Brandverhalten von Baustoffen und Bauteilen

(1) [1]Baustoffe sind nach den Anforderungen an ihr Brandverhalten zu unterscheiden in
1. nichtbrennbare,
2. schwer entflammbare oder
3. normal entflammbare.

[2]Baustoffe, die nicht mindestens normal entflammbar sind (leicht entflammbare Baustoffe), dürfen nicht verwendet werden; dies gilt nicht, wenn sie in Verbindung mit anderen Baustoffen nicht leicht entflammbar sind.

(2) [1]Bauteile sind nach den Anforderungen an ihre Feuerwiderstandsfähigkeit zu unterscheiden in
1. feuerbeständige,
2. hochfeuerhemmende oder
3. feuerhemmende;

die Feuerwiderstandsfähigkeit bezieht sich bei tragenden und aussteifenden Bauteilen auf deren Standsicherheit im Brandfall und bei raumabschließenden Bauteilen auf deren Widerstand gegen die Brandausbreitung. [2]Bauteile sind zusätzlich nach dem Brandverhalten ihrer Baustoffe zu unterscheiden in
1. Bauteile aus nichtbrennbaren Baustoffen,
2. Bauteile, deren tragende und aussteifende Teile aus nichtbrennbaren Baustoffen bestehen und die bei raumabschließenden Bauteilen zusätzlich eine in Bauteilebene durchgehende Schicht aus nichtbrennbaren Baustoffen haben,
3. Bauteile, deren tragende und aussteifende Teile aus brennbaren Baustoffen bestehen und die allseitig eine brandschutztechnisch wirksame Bekleidung aus nichtbrennbaren Baustoffen (Brandschutzbekleidung) und Dämmstoffe aus nichtbrennbaren Baustoffen haben oder
4. Bauteile aus brennbaren Baustoffen.

[3]Soweit in diesem Gesetz oder in den aufgrund dieses Gesetzes erlassenen Rechtsvorschriften nichts anderes bestimmt ist, müssen
1. Bauteile, die feuerbeständig sein müssen, mindestens den Anforderungen nach Satz 2 Nr. 2 und
2. Bauteile, die hochfeuerhemmend sein müssen, mindestens den Anforderungen nach Satz 2 Nr. 3

entsprechen. [4]Abweichend von Satz 3 sind andere Bauteile, die feuerbeständig oder hochfeuerhemmend sein müssen, aus brennbaren Baustoffen zulässig, so-

fern sie den Technischen Baubestimmungen nach § 96 entsprechen. [5]Satz 4 gilt nicht für Wände nach § 33 Abs. 3 Satz 1 und Wände nach § 38 Abs. 4 Satz 1 Nr. 1.

Nr. 29 VollzBekThürBO

Ausgehend von der Schutzzielformulierung des § 14 werden die allgemeinen Anforderungen an das Brandverhalten beschrieben und das System der Begriffe und deren Zuordnung zueinander bestimmt.

Die technische Umsetzung der Anforderungen erfordert die Zuordnung der bauordnungsrechtlichen Begriffe zu Klassen von Baustoffen und Bauteilen, die sich auf Grund von Brandversuchen nach technischen Regeln (DIN 4102, DIN EN 13501) ergeben. Diese Zuordnung ergibt sich aus Nr. A 2.1.2 ThürVVTB.

Die bauaufsichtlichen Anforderungen sind bei Bauprodukten im Geltungsbereich harmonisierter Normen nach der Bauproduktenrichtlinie auch durch die europäische Klassifizierung der Feuerwiderstandsfähigkeit von Bauteilen bzw. des Brandverhaltens nachweisbar, soweit harmonisierte Bestimmungen vorliegen und die ThürVVTB keine abweichenden Regelungen trifft.

Die Anforderungen beziehen sich, soweit nichts anderes bestimmt ist, auf die Beurteilung der Baustoffe und Bauteile im eingebauten Zustand. Bauteile, die auf Grund ihrer Materialeigenschaft oder Bemessung die erforderliche Feuerwiderstandsdauer nicht aufweisen, müssen diese durch zusätzliche Schutzmaßnahmen wie Beschichtungen oder Bekleidungen erreichen. Soweit Bekleidungen und somit die Oberfläche von Bauteilen nichtbrennbar oder schwer entflammbar sein müssen, ist deren Oberflächenbehandlung grundsätzlich in die Beurteilung der Brennbarkeit mit einzubeziehen, es sei denn, es handelt sich um Beschichtungen bis 0,5 mm Dicke, um Anstriche oder um Tapeten auf Mauerwerk, Beton oder mineralischem Putz.

29.1 Baustoffe

Bauaufsichtliche Benennung	**Baustoffklasse nach DIN 4102**
nicht brennbar	A, A1, A2
brennbar schwer entflammbar normal entflammbar leicht entflammbar	B B1 B2 B3 (Verwendung verboten)

29.2.1 Bauteile nach dem Feuerwiderstand

Bauaufsichtliche Benennung	**Feuerwiderstandsklasse**
feuerbeständig	F 90
Hochfeuerhemmend	F 60
feuerhemmend	F 30

29.2.2 Bauteile nach dem Brandverhalten ihrer Baustoffe

1. Bauteile aus nichtbrennbaren Stoffen	A, A1, A2
2. Bauteile in wesentlichen Teilen aus nichtbrennbaren Stoffen	AB-Bauweise
3. Bauteile, deren tragende und aussteifende Teile aus brennbaren Stoffen bestehen und die allseitig eine Brandschutzbekleidung und Dämmstoffe aus nicht brennbaren Baustoffen haben	BA-Bauweise
4. Bauteile aus brennbaren Stoffen	B, B1, B2

Zulässige Kombinationen von Feuerwiderstandsfähigkeit und Baustoffverwendung

		Feuerwiderstandsfähigkeit der Bauteile			
		feuerbeständig u. aus nichtbrennbaren Baustoffen	feuerbeständig	hochfeuerhemmend	feuerhemmend
Baustoffanforderung	alle Bestandteile sind nicht brennbar	x	x	x	x
	tragende u. aussteifende Teile sind nicht brennbar (Satz 3, Nr. 1)		x	x	x
	tragende u. aussteifende Teile sind brennbar und haben eine Brandschutzbekleidung (Satz 3, Nr. 2)			x	x
	alle Bestandteile sind brennbar				x

Begründung zu § 29

Mit § 29 wurden die allgemeinen Anforderungen an Baustoffe und Bauteile aufgegriffen und vervollständigt, sodass darin das gesamte System der in der Thüringer Bauordnung verwendeten Begriffe und deren Zuordnung zueinander enthalten ist.

In Absatz 1 Satz 1 sind die Bezeichnungen für die Anforderungen an das Brandverhalten von Baustoffen benannt. In Satz 2 ist das schon immer bestehende Verbot der Verwendung leicht entflammbarer Baustoffe enthalten.

Mit Absatz 2 Satz 1 Halbsatz 1 sind die Bezeichnungen für die Anforderungen an die Feuerwiderstandsfähigkeit von Bauteilen benannt. Den Begriffen entsprechen folgende Feuerwiderstandsdauern:

1. feuerhemmend: 30 min,
2. hochfeuerhemmend: 60 min,
3. feuerbeständig: 90 min.

Mit Halbsatz 2 ist die Feuerwiderstandsfähigkeit auf die Funktionen zu beziehen, auf die es im Brandfall ankommt. Für tragende, auch unterstützende, und aussteifende Bauteile ist das die Standsicherheit im Brandfall, für raumabschließende Bauteile ihr Widerstand gegen die Brandausbreitung. Die Regelungen in den §§ 30 bis 48 stellen diese Funktionen jeweils klar.

In Satz 2 sind die vier Typen der Baustoffverwendung von Bauteilen benannt. Mit Nummer 1 sind grundsätzlich nichtbrennbare Baustoffe verlangt. Bei Nummer 2, die häufig nach der Kurzbezeichnung in der sie konkretisierenden Prüfnorm als „AB-Bauweise" bezeichnet wird, sind die für die Tragfähigkeit und den Raumabschluss wesentlichen Teile nichtbrennbar. Nach Nummer 3 sind tragende und aussteifende Teile innerhalb des Bauteils aus brennbaren Baustoffen und mit einer brandschutztechnisch wirksamen Bekleidung erlaubt. Soweit es sich bei den brennbaren Baustoffen um Holz handelt, wird diese Bekleidung konkretisiert durch die als Technische Baubestimmung eingeführte Muster-Richtlinie über brandschutztechnische Anforderungen an Bauteile und Außenwandbekleidungen in Holzbauweise, zu finden auf der Internetseite der Bauministerkonferenz. Während in den Nummern 1 bis 3 Anforderungstypen genannt sind, nach den, von den Nummern 1 bis 3 abnehmend, die Verwendung nichtbrennbarer Baustoffe in bestimmter Weise vorgeschrieben ist, ist Nummer 4 durch das Fehlen solcher Anforderungen gekennzeichnet; sie erfasst allgemein Bauteile aus brennbaren Baustoffen.

Mit Satz 3 sind den Anforderungen „feuerbeständig" und „hochfeuerhemmend" Mindestanforderungen an die Baustoffe standardmäßig zugeordnet. Soweit nach der Thüringer Bauordnung oder nach den aufgrund dieses Gesetzes erlassenen Rechtsvorschriften keine andere Baustoffverwendung zu verlangen oder zugelassen ist, ist mindestens die hier verlangte oder eine brandschutztechnisch bessere Ausführung, beispielsweise nach Satz 2 Nr. 2 anstelle von Satz 2 Nr. 3 oder Satz 2 Nr. 1 anstelle von Satz 2 Nr. 2, erforderlich. An Bauteile, die feuerhemmend sein müssen, sind standardmäßig keine besonderen Baustoffanforderungen zu stellen.

Abweichend von Satz 3 sind nach Satz 4 alternativ zu feuerbeständigen Bauteilen, deren tragende Teile nach Satz 3 Nr. 1 aus nichtbrennbaren Baustoffen bestehen müssen, auch Bauteile aus brennbaren Baustoffen zulässig, sofern sie den einschlägigen Technischen Baubestimmungen entsprechen. Soweit es sich dabei um Bauteile aus Holz handelt, ist das neben den bereits existierenden Regeln für die statische Bemessung von Holzbauteilen vor allem die Muster-Richtlinie über brandschutztechnische Anforderungen an Bauteile und Außenwandbekleidungen in Holzbauweise der Bauministerkonferenz, die konkretisierende Regelungen zum Brandschutz enthält. Eine andere Art der Ausführung, als in der vorgenannten Richtlinie beschrieben, ist nicht unzulässig. Allerdings muss deren Geeignetheit zur Erreichung des Schutzziels im Einzelfall überprüft und zugelassen werden.

Da die bauordnungsrechtliche Definition des Begriffs „feuerbeständig" seit Jahrzehnten in der bestehenden Form bekannt und verbreitet ist, erscheint es nicht zielführend, sie zu ändern. Stattdessen ist klargestellt, dass Bauteile aus brennbaren Baustoffen zwar nicht feuerbeständig sind, aber unter den genannten Voraussetzungen anstelle feuerbeständiger Bauteile verwendet werden können. Nach Satz 5 sind Brandwände und Wände notwendiger Treppenräume, sofern sie die Bauart von Brandwänden haben müssen, mithin in Gebäuden der Gebäudeklasse 5, von dieser Regelung ausgenommen. Brandwände und Wände in der Bauart von Brandwänden haben immer den Zweck, auch ohne Eingreifen der Feuerwehr als Barriere gegen die Brandausbreitung zu dienen. Sie müssen daher zusätzlich zu der erforderlichen Feuerwiderstandsfähigkeit auch aus nichtbrennbaren Baustoffen bestehen oder eine entsprechende Bekleidung haben.

Daraus ergeben sich folgende zulässige Kombinationen (X) der Feuerwiderstandsfähigkeit und Baustoffverwendung von Bauteilen:

	feuerbeständig und aus nichtbrennbaren Baustoffen	feuerbeständig	hochfeuerhemmend	feuerhemmend
alle Bestandteile sind nichtbrennbar (Satz 2 Nr. 1)	X	X	X	X
tragende und aussteifende Teile sind nichtbrennbar (Satz 2 Nr. 2)	–	X	X	X
tragende und aussteifende Teile sind brennbar; sie haben eine Brandschutzbekleidung (Satz 2 Nr. 3)	–	(X)*	X	X
alle Teile sind brennbar zulässig (Satz 2 Nr. 4)	–	–	–	X

* Nach Absatz 2 Satz 4 sind Bauteile, die feuerbeständig sein müssen, nach der nach Nummer A 2.2.1.4 der Anlage zur Verwaltungsvorschrift des Thüringer Ministeriums für Infrastruktur und Landwirtschaft zur Einführung Technischer Baubestimmungen vom 24. Oktober 2022 (StAnz. Nr. 46 S. 1387) in der jeweils geltenden Fassung als Technische Baubestimmung eingeführten Muster-Richtlinie über brandschutztechnische Anforderungen an Bauteile und Außenwandbekleidungen in Holzbauweise auch in Massivholzbauweise zulässig, sofern die erforderliche Feuerwiderstandsfähigkeit nach Abschnitt 3.2 der Richtlinie nachgewiesen ist und die Anforderungen nach Abschnitt 5.2 bis 5.4 eingehalten werden.

§ 30
Tragende und aussteifende Wände und Stützen

(1) [1]Tragende und aussteifende Wände und Stützen müssen im Brandfall ausreichend lang standsicher sein. [2]Sie müssen in Gebäuden
1. der Gebäudeklasse 5 feuerbeständig,
2. der Gebäudeklasse 4 hochfeuerhemmend und
3. der Gebäudeklassen 2 und 3 feuerhemmend
sein. [3]Satz 2 gilt
1. für Geschosse im Dachraum nur, wenn darüber noch Aufenthaltsräume möglich sind; § 32 Abs. 4 bleibt unberührt, und
2. nicht für Balkone, ausgenommen offene Gänge, die als notwendige Flure im Sinne des § 39 Abs. 1 dienen.

(2) Im Kellergeschoss müssen tragende und aussteifende Wände und Stützen in Gebäuden
1. der Gebäudeklassen 3 bis 5 feuerbeständig und
2. der Gebäudeklassen 1 und 2 feuerhemmend
sein.

Nr. 30 VollzBekThürBO

Schutzziel: ausreichend lange Standsicherheit

Tragende und aussteifende Wände und Stützen	GK 1	GK 2	GK 3	GK 4	GK 5
In Geschossen, ausgenommen Keller- und Dachgeschosse*)		F 30	F 30	F 60-BA	F 90-AB
In Dachgeschossen, wenn darüber noch Aufenthaltsräume möglich sind*)		F 30	F 30	F 60-BA	F 90-AB
In Kellergeschossen	F 30	F 30	F 90-AB	F 90-AB	F 90-AB

*) Gilt nicht für Balkone, ausgenommen offene Gänge, die als notwendige Flure dienen.

30.1 Für offene Gänge, die als notwendige Flure dienen, gelten die Anforderungen des Satzes 2 unabhängig davon, ob nur ein oder beide Rettungswege über den offenen Gang führen.

Begründung zu § 30

In § 30 sind die Anforderungen an die tragenden und aussteifenden Wände und Stützen enthalten.

Mit Absatz 1 Satz 1 ist das Schutzziel formuliert. Diese Schutzzielformulierung, die jeder Einzelanforderung nach den §§ 30 bis 35 vorangestellt ist, besteht aus zwei Elementen:

1. die vom Bauteil verlangte Funktion im Brandfall, hier die Standsicherheit,
2. die zeitliche Dauer, mithin „ausreichend lang".

Diese Elemente sind durch die geforderte Feuerwiderstandsfähigkeit in den jeweils nachfolgenden Regelungen konkretisiert, unterschieden nach Gebäudeklassen und bestimmten Fallgestaltungen.

In Satz 2 sind die Anforderungen an die Feuerwiderstandsfähigkeit tragender und aussteifender Bauteile enthalten. Die Anforderung „feuerbeständig" ist der Gebäudeklasse 5 und die Anforderung „hochfeuerhemmend" der Gebäudeklasse 4 zugeordnet. Für Gebäude der Gebäudeklassen 2 und 3 reicht die Anforderung „feuerhemmend". Für Gebäude der Gebäudeklasse 1 sind keine Brandschutzanforderungen vorgesehen.

In Satz 3 Nr. 1 ist eine Erleichterung für oberste Geschosse von Dachräumen enthalten. Sofern im Dachraum Trennwände nach § 32 erforderlich sind und diese nicht bis zur Dachhaut geführt werden sollen, kann sich daraus eine Anforderung an den oberen Raumabschluss des obersten Geschosses und an die diesen tragenden, unterstützenden Teile ergeben, mithin „feuerhemmend" nach § 32 Abs. 4. Geschosse im Dachraum sind nur solche Hohlräume zwischen der obersten Decke und der Bedachung, in denen Aufenthaltsräume möglich sind; im Übrigen sind diese keine Geschosse, sondern Hohlräume nach § 2 Abs. 6 Satz 2. Zusätzlich sind mit Nummer 2 Balkonkonstruktionen von den Anforderungen freigestellt, soweit sie nicht als (Lauben-)Gänge Rettungswege sind.

In Absatz 2 sind die Anforderungen an tragende und aussteifende Wände und Stützen im Kellergeschoss enthalten. Die Abstufung der Feuerwiderstandsfähigkeit auf 30 min und damit „feuerhemmend" ist nach Nummer 2 für alle Gebäude der Gebäudeklassen 1 und 2 zugelassen; auf die Ausführung der wesentlichen Teile aus nichtbrennbaren Baustoffen wurde dabei verzichtet.

§ 31
Außenwände

(1) Außenwände und Außenwandteile, wie Brüstungen und Schürzen, sind so auszubilden, dass eine Brandausbreitung auf und in diesen Bauteilen ausreichend lang begrenzt ist.

(2) [1]Nichttragende Außenwände und nichttragende Teile tragender Außenwände müssen aus nichtbrennbaren Baustoffen bestehen; sie sind aus brennbaren Baustoffen zulässig, wenn sie als raumabschließende Bauteile feuerhemmend sind. [2]Satz 1 gilt nicht für
1. Türen und Fenster,
2. Fugendichtungen,
3. brennbare Dämmstoffe in nichtbrennbaren geschlossenen Profilen der Außenwandkonstruktionen und
4. Kleinteile, die nicht zur Brandausbreitung beitragen.

(3) [1]Oberflächen von Außenwänden sowie Außenwandbekleidungen müssen einschließlich der Dämmstoffe und Unterkonstruktionen schwer entflammbar sein; Unterkonstruktionen aus normal entflammbaren Baustoffen sind zulässig, wenn die Anforderungen nach Absatz 1 erfüllt sind. [2]Balkonbekleidungen, die über die erforderliche Umwehrungshöhe hinaus hochgeführt werden, müssen schwer entflammbar sein. [3]Baustoffe, die schwer entflammbar sein müssen, in Bauteilen nach Satz 1 Halbsatz 1 und Satz 2 dürfen nicht brennend abfallen oder abtropfen.

(4) [1]Bei Außenwandkonstruktionen mit geschossübergreifenden Hohl- oder Lufträumen, wie hinterlüfteten Außenwandbekleidungen, sind gegen die Brandausbreitung Vorkehrungen zu treffen. [2]Satz 1 gilt für Doppelfassaden entsprechend.

(5) [1]Die Absätze 2, 3 und 4 Satz 1 gelten nicht für Gebäude der Gebäudeklassen 1 bis 3; Absatz 4 Satz 2 gilt nicht für Gebäude der Gebäudeklassen 1 und 2. [2]Abweichend von Absatz 3 sind hinterlüftete Außenwandbekleidungen, die den Technischen Baubestimmungen nach § 96 entsprechen, mit Ausnahme der Dämmstoffe, aus normalentflammbaren Baustoffen zulässig.

Nr. 31 VollzBekThürBO

Schutzziel: ausreichend lange Begrenzung der Brandausbreitung

Außenwände	GK 1	GK 2	GK 3	GK 4	GK 5
Nichttragende Außenwände und nichttragende Teile tragender Außenwände				A oder W 30-B(1)	A oder W 30-B(1)
Oberflächen von Außenwänden und Außenwandbekleidungen, einschließlich Dämmstoffe und Unterkonstruktionen				B 1(2)	B 1(2)
Balkonbekleidungen, die über die erforderliche Umwehrungshöhe hinaus geführt werden				B 1	B 1

(1) Brennbare Türen, Fenster und Fugendichtungen sowie brennbare Dämmstoffe in nichtbrennbaren geschlossenen Profilen der Außenwandkonstruktion sind zulässig.

(2) Unterkonstruktionen aus normalentflammbaren Baustoffen (B 1) sind zulässig, wenn eine Brandausbreitung auf und in diesen Bauteilen ausreichend lang begrenzt ist (§ 31 Abs. 1).

31.2.1 Die Anforderung an die Nichtbrennbarkeit der Baustoffe dient einer Beschränkung des eigenen Beitrags der Fassade zum Brand. Die Ausnahmeregelung des Satzes 2 Nr. 1 bezieht sich auf Türen und Fenster in einer Lochfassade, nicht aber auf feste Verglasungen oder Glasfassaden.

31.2.2 Kleinteile können beispielsweise Dübel, Verbindungsmittel, lokal begrenzte Abdichtungen, kleinformatige Trennlagen zur thermischen Entkopplung von Wandhaltern für Außenwandbekleidungen sein.

31.3.1 Wärmedämmverbundsysteme mit einer Dämmung aus EPS-Hartschaum sind bis zu einer Dämmstoffdicke von 0,1 m ausweislich der Verwendbarkeitsnachweise als schwerentflammbar eingestuft. Bei Dämmstoffdicken > 0,1 m sind ggf. zusätzliche Brandschutzmaßnahmen erforderlich. Die erforderlichen Maßnahmen ergeben sich aus dem jeweiligen Verwendbarkeitsnachweis (z. B. Sturzschutz über jeder Öffnung, umlaufender Brandriegel in jedem zweiten Geschoss). Auf Nr. A 2.2.1.6 ThürVVTB „Hinterlüftete Außenwandbekleidungen" und das Merkblatt „Empfehlungen zur Sicherstellung der Schutzwirkung von Wärmedämmverbundsystemen (WDVS) aus Polystyrol" (Stand 18.06.2015) der Bauministerkonferenz (https://www.bauministerkonferenz.de/Dokumente/42318213.pdf) wird hingewiesen.

Zu beachten ist ebenfalls, dass unfertige Bauzustände (z. B. Wärmedämmverbundsysteme, die noch nicht verputzt oder verkleidet sind) zusätzliche Risiken bergen, die in der Bauphase zu berücksichtigen sind.

31.3.2 Werden Solaranlagen größeren Ausmaßes an der Außenwand errichtet, müssen sie dieselben Anforderungen erfüllen, die an die Oberfläche der Wand oder eine Außenwandbekleidung gestellt werden. Die Regelung in Satz 2 betrifft nur Balkonbekleidungen, die über die normale Umwehrungshöhe hinausgeführt werden. An Balkonkonstruktionen sind keine Brandschutzanforderungen zu stellen, sie dürfen nicht zur Brandausbreitung beitragen.

Begründung zu § 31

In § 31 sind die Anforderungen an Außenwände geregelt.

In Absatz 1 ist das Schutzziel enthalten. Danach müssen die Außenwände so beschaffen sein, dass eine Brandausbreitung auf und in diesen Bauteilen ausreichend lang begrenzt ist. Die Anforderungen stellen auf die Einschränkung des aktiven Beitrags der Fassade zum Brand ab. Die Herstellung eines Feuerüberschlagwegs zwischen den Geschossen wurde als Regelanforderung nicht verlangt.

Nach Absatz 2 Satz 1 Halbsatz 1 ist erforderlich, dass nichttragende Außenwände und nichttragende Teile von tragenden Außenwänden, wie Brüstungen und Schürzen, aus nichtbrennbaren Baustoffen bestehen. Mit Halbsatz 2 ist auch eine feuerhemmende Ausführung erlaubt; diese Feuerwiderstandsfähigkeit bezieht sich auf die raumabschließende Wirkung im Bereich des Bauteils.

Mit Satz 2 sind für die Baupraxis notwendige Erleichterungen klargestellt. Fugendichtungen und Dämmstoffe in nichtbrennbaren geschlossenen Profilen der Fassadenkonstruktion dürfen brennbar sein; sie spielen wegen ihrer geometrischen Form – punkt- oder linienförmig – und der geringen Abmessungen bei der Brandausbreitung eine untergeordnete Rolle. Für Dämmstoffe in Gebäudetrennfugen ist die Erleichterung nicht anzuwenden, nur für deren äußere Abdeckung in Fassadenebene. Nach Nummer 4 dürfen auch Kleinteile, wie beispielsweise Dübel, Verbindungsmittel, lokal begrenzte Abdichtungen, kleinformatige Trennlagen zur thermischen Entkopplung von Wandhaltern für Außenwandbekleidungen, die nicht zur Brandausbreitung beitragen, abweichend von der Regelung nach Satz 1, aus brennbaren Baustoffen bestehen. Der Begriff „Kleinteile" soll in den Technischen Baubestimmungen nach § 96 näher bestimmt werden.

Mit Absatz 3 Satz 1 sind die Anforderungen an die außenseitigen Teile von oder auf Außenwänden geregelt. Für Unterkonstruktionen sind nach Halbsatz 2, abweichend von Halbsatz 1, normal entflammbare Baustoffe zulässig. Zu beurteilen ist durch die Entwurfsverfasserin oder den Entwurfsverfasser aber, ob die normal entflammbaren Unterkonstruktionen das Schutzziel nach Absatz 1 berühren. Klargestellt ist mit Satz 2, dass Balkonbekleidungen, beispielsweise Sicht- oder Wetterschutzblenden, nur dann der Anforderung nach Satz 1 unterliegen, wenn sie über die normale Umwehrungshöhe hinaus hochgeführt werden. Mit Satz 3 soll verhindert werden, dass das Schutzziel nach Absatz 1 für Außenwände durch abfallende oder abtropfende Bauteile unterlaufen wird.

Mit Absatz 4 ist zu Außenwandkonstruktionen mit geschossübergreifenden Hohl- oder Lufträumen, wie hinterlüfteten Außenwandbekleidungen oder Doppelfassaden, geregelt, die einer besonderen Risikobetrachtung bedürfen, da die Brandausbreitung durch die Hohlräume begünstigt werden kann, vergleiche auch § 33 Abs. 7 Satz 2. Bei ihnen sind gegen die Brandausbreitung Vorkehrungen wie beispielsweise Brandsperren zu treffen.

Nach Absatz 5 Satz 1 sind in differenzierter Form Ausnahmen für Gebäude der Gebäudeklassen 1 bis 3 zugelassen. Da bei Doppelfassaden die Gefahr, insbesondere einer Rauchausbreitung, größer einzuschätzen ist als bei hinterlüfteten Außenwandbekleidungen, wurde mit Absatz 4 Satz 2 eine Differenzierung vorgenommen, auf die in der Ausnahmeregelung nach Satz 2 Bezug genommen ist. Bei Doppelfassaden ist der Verzicht auf die in Absatz 4 genannten besonderen Vorkehrungen auf Gebäude der Gebäudeklassen 1 und 2 beschränkt.

Nach Satz 2 sind alternativ zu schwerentflammbaren Außenwandbekleidungen, die nicht aus unbehandeltem Holz bestehen können, da Holz zu den normalentflammbaren Baustoffen gehört, auch Außenwandbekleidungen aus normalentflammbaren Baustoffen zugelassen, sofern sie den einschlägigen Technischen Baubestimmungen, insbesondere der Muster-Richtlinie über brandschutztechnische Anforderungen an Bauteile und Außenwandbekleidungen in Holzbauweise der Bauministerkonferenz, entsprechen. Damit soll dem Bedürfnis von Planerinnen und Planern und der Bauherrschaft Rechnung getragen werden, den Baustoff Holz, der das innere Tragsystem bildet, dann an der Fassade auch nach außen hin sichtbar zu machen, was andernfalls nur bei Gebäuden der Gebäudeklassen 1 bis 3 möglich ist. Einer Brandausbreitung entlang der Oberfläche soll dabei durch die Anordnung konstruktiver Brandsperren in bestimmten Abständen entgegengewirkt werden. Auch hierzu enthält die vorgenannte Richtlinie konkretisierende Regelungen; eine andere Art der Ausführung als in dieser Richtlinie beschrieben, ist nicht unzulässig, allerdings muss deren Geeignetheit zur Erreichung des Schutzziels im Einzelfall überprüft und zugelassen werden.

§ 32
Trennwände

(1) Trennwände müssen als raumabschließende Bauteile von Räumen oder Nutzungseinheiten innerhalb von Geschossen ausreichend lang widerstandsfähig gegen die Brandausbreitung sein.

(2) Trennwände sind erforderlich
1. zwischen Nutzungseinheiten sowie zwischen Nutzungseinheiten und anders genutzten Räumen, ausgenommen notwendigen Fluren,
2. zum Abschluss von Räumen mit Explosions- oder erhöhter Brandgefahr und
3. zwischen Aufenthaltsräumen und anders genutzten Räumen im Kellergeschoss.

(3) [1]Trennwände nach Absatz 2 Nr. 1 und 3 müssen die Feuerwiderstandsfähigkeit der tragenden und aussteifenden Bauteile des Geschosses haben, jedoch mindestens feuerhemmend sein. [2]Trennwände nach Absatz 2 Nr. 2 müssen feuerbeständig sein.

(4) Trennwände sind bis zur Rohdecke, im Dachraum bis unter die Dachhaut zu führen; werden in Dachräumen Trennwände nur bis zur Rohdecke geführt, ist diese Decke als raumabschließendes Bauteil einschließlich der sie tragenden und aussteifenden Bauteile feuerhemmend herzustellen.

(5) Öffnungen in Trennwänden sind nur zulässig, wenn sie auf die für die Nutzung erforderliche Zahl und Größe beschränkt sind; sie müssen feuerhemmende, dicht- und selbstschließende Abschlüsse haben.

(6) Die Absätze 1 bis 5 gelten nicht für Gebäude der Gebäudeklassen 1 und 2; ausgenommen sind Räume mit erhöhter Brand- oder Explosionsgefahr.

Nr. 32 VollzBekThürBO

Schutzziel: ausreichend lange Widerstandsfähigkeit gegen Brandausbreitung

Trennwände	GK 1(1)	GK 2(1)	GK 3	GK 4	GK 5
Zwischen Nutzungseinheiten sowie zwischen Nutzungseinheiten und anders genutzten Räumen, ausgenommen notwendigen Fluren(2)	F 30	FW der trag. u. aussteif. Bauteile d. Geschosses F 30	FW der trag. u. aussteif. Bauteile d. Geschosses F 30	FW der trag. u. aus steif. Bauteile d. Geschosses F 60-BA	FW der trag. u. aussteif. Bauteile d. Geschosses F 90-AB
Zum Abschluss von Räumen mit Explosions- oder erhöhter Brandgefahr	F 90-AB	F 90-AB	F 90-AB	F 90-AB	F 90-AB
Zwischen Aufenthaltsräumen und anders genutzten Räumen im Kellergeschoss	FW der trag. u. aussteif. Bauteile d. Geschosses F 30	FW der trag. u. aussteif. Bauteile d. Geschosses F 30	FW der trag. u. aussteif. Bauteile d. Geschosses F 90-AB	FW der trag. u. aussteif. Bauteile d. Geschosses F 90-AB	FW der trag. u. aussteif. Bauteile d. Geschosses F 90-AB
In Dachräumen, wenn Trennwände nur bis zur Rohdecke geführt sind	Decke F 30	Decke F 30	Decke F 30	Decke F 30	Decke F 30
Abschluss von Öffnungen in Trennwänden	T 30, dicht- u. selbstschließend	T 30, dicht- u. selbstschließend	T 30, dicht- u. selbstschließend	T 30, dicht- u. selbstschließend	T 30, dicht- u. selbstschließend

FW – Feuerwiderstandsfähigkeit
(1) Wohngebäude dieser GK ohne Anforderungen
(2) Wände notwendiger Flure siehe § 34 Abs. 4

32.5 Für die Abschlüsse von Öffnungen in Trennwänden, die feuerbeständig sein müssen, gilt hinsichtlich der Kombination von Brandschutztür und Brandschutzverglasung Folgendes:

- Handelt es sich bei der Trennwand um eine massive F 90-Wand, ist eine T 30-Tür mit verglasten Seitenteilen und Oberlichten, die ein Gesamtmaß von 3,50 m mal 3,50 m nicht überschreitet und als Gesamtelement auf T 30 geprüft ist, zulässig.
- Handelt es sich bei der Trennwand um eine F 90-Verglasung, ist eine T 30-Tür zulässig, jedoch keine weiteren Seitenteile oder Oberlichte in der abgeminderten Feuerwiderstandsklasse.

32.6 Wie bei der Regelung in § 34 Abs. 2 Satz 2 Nr. 1, bei der bei Wohngebäuden der Gebäudeklassen 1 und 2 geringere Anforderungen an die Decken unter und über Räumen mit erhöhter Brand- und Explosionsgefahr bestehen (feuerhemmend statt feuerbeständig) bestehen keine Bedenken, wenn in Wohngebäuden der Gebäudeklassen 1 und 2 (entsprechend der bisherigen Regelung) durch Zulassung einer Abweichung nach § 73 keine Trennwände von Räumen mit erhöhter Brand- und Explosionsgefahr verlangt werden. Dies gilt nicht für elektrische Betriebsräume nach der ThürEltBauVO, da diese in § 8 ThürEltBauVO insoweit eine vorrangige Spezialregelung enthält.

Begründung zu § 32

In § 32 sind die für Trennwände geltenden Anforderungen enthalten.

Mit Absatz 1 ist das Schutzziel bestimmt, dass Trennwände als raumabschließende Bauteile zum Abschluss von Nutzungseinheiten oder Räumen ausreichend lang widerstandsfähig gegen die Brandausbreitung sein müssen.

In Absatz 2 sind die Fälle benannt, in denen solche Trennwände verlangt werden.

Mit Nummer 1 werden Trennwände verlangt, die Nutzungseinheiten gegeneinander und gegen anders genutzte Räume abschließen. Mit dieser Anforderung ist die der Differenzierung der Gebäudeklassen zugrundeliegende Betrachtung der Zahl und Größe von Nutzungseinheiten gerechtfertigt. Nutzungseinheiten sind brandschutztechnisch abgegrenzte Einheiten, die gegeneinander geschützt sind und den Feuerwehreinsatz durch räumlich definierte Abschnitte für die Brandbekämpfung begünstigen. Für sie ist zudem nach § 36 jeweils ein eigenes Rettungswegsystem notwendig. Zwischen Nutzungseinheiten und externen notwendigen Fluren ist nicht eine Trennwand nach § 32, sondern eine Flur(trenn)wand nach § 39 Abs. 4 ausreichend, die geringeren Anforderungen genügt.

Mit Nummer 2 sind Trennwände zum Abschluss von einzelnen Räumen mit Explosions- oder erhöhter Brandgefahr erforderlich. Um zu erreichen, dass einzelne Räume in sonst normal genutzten Gebäuden, auch innerhalb von Nutzungseinheiten, brandschutztechnisch abgekapselt sind, ohne das gesamte Gebäude einer sonst nicht erforderlichen Sonderbaubetrachtung unterziehen zu müssen, ist hierfür die brandschutztechnisch erforderliche Abtrennung geregelt.

Nach Nummer 3 sind in Kellergeschossen auch einzelne Aufenthaltsräume besonders zu schützen, um der besonderen Gefahrensituation in Kellergeschossen Rechnung zu tragen.

In Absatz 3 sind die Anforderungen an die Feuerwiderstandsfähigkeit der Trennwände enthalten, die den jeweils gestellten Anforderungen an die Tragkonstruktion des Geschosses, in dem sie angeordnet werden, angeglichen sind; sie müssen jedoch mindestens feuerhemmend sein. Die Trennwände von Räumen mit Explosions- oder erhöhter Brandgefahr müssen wegen der besonderen Gefahrenlage immer feuerbeständig sein.

Nach Absatz 4 ist erforderlich, dass Trennwände zwischen unterem und oberem Geschossabschluss, der Rohdecke, durchgehen müssen, da nur so ein lückenloses System von raumabschließenden Bauteilen erreicht wird. Ergänzend ist zugelassen, dass Trennwände im Dachraum nicht bis unter die Dachhaut geführt werden müssen; sie sind dann bis zu einem darunterliegenden oberen Raumabschluss, der Rohdecke, zu führen, der einschließlich seiner tragenden und aussteifenden Teile feuerhemmend sein muss, um ein „Überlaufen" der Trennwand in diesem Bereich für die Zeit der Feuerwiderstandsfähigkeit der Wand auszuschließen. Der Anschluss an die Rohdecke ist erforderlich; unzulässig ist der Anschluss nur an eine abgehängte Decke oder Unterdecke.

Mit Absatz 5 sind die Öffnungen in Trennwänden geregelt. Unvermeidbare Öffnungen in der für die Nutzung erforderlichen Zahl und Größe sind zulässig; sie müssen feuerhemmende, dicht- und selbstschließende Abschlüsse haben. Die Eigenschaft „dichtschließend" wurde für alle Feuerschutzabschlüsse aufgenommen. Sie wird mit einer dreiseitig umlaufenden Dichtung erreicht; eines besonderen Nachweises bedarf es nicht.

Nach Absatz 6 gilt die Ausnahme von den Anforderungen nach den Absätzen 1 bis 5 nicht nur wie bisher für Wohngebäude der Gebäudeklassen 1 und 2, sondern für alle Gebäude dieser Gebäudeklassen. Damit sind die Anforderungen an Wände und Decken gleichgestellt, vergleiche auch § 35 Abs. 4 Nr. 1. Räume mit erhöhter Brand- und Explosionsgefahr sind von dieser Ausnahme ausgenommen.

§ 33
Brandwände

(1) Brandwände müssen als raumabschließende Bauteile zum Abschluss von Gebäuden (Gebäudeabschlusswand) oder zur Unterteilung von Gebäuden in Brandabschnitte (innere Brandwand) ausreichend lang die Brandausbreitung auf andere Gebäude oder Brandabschnitte verhindern.

(2) [1]Brandwände sind erforderlich
1. als Gebäudeabschlusswand, wenn diese Abschlusswände an oder mit einem Abstand von weniger als 2,50 m gegenüber der Grundstücksgrenze errichtet werden, es sei denn, dass ein Abstand von mindestens 5 m zu bestehenden oder nach den baurechtlichen Rechtsvorschriften zulässigen künftigen Gebäuden gesichert ist; § 6 Abs. 2 findet entsprechende Anwendung,
2. als Gebäudeabschlusswand bei aneinandergebauten Gebäuden auf demselben Grundstück und zwischen Gebäuden auf demselben Grundstück mit einem Abstand von weniger als 5 m zueinander,
3. als innere Brandwand zur Unterteilung ausgedehnter Gebäude in Abständen von nicht mehr als 40 m,
4. als innere Brandwand zur Unterteilung landwirtschaftlich genutzter Gebäude in Brandabschnitte von nicht mehr als 10 000 m^3 Brutto-Rauminhalt und
5. als Gebäudeabschlusswand zwischen Wohngebäuden und angebauten landwirtschaftlich genutzten Gebäuden sowie als innere Brandwand zwischen dem Wohnteil und dem landwirtschaftlich genutzten Teil eines Gebäudes.

[2]Satz 1 Nr. 1 und 2 gilt nicht für Gebäude ohne Aufenthaltsräume und ohne Feuerstätten mit nicht mehr als 50 m^3 Brutto-Rauminhalt.

(3) [1]Brandwände müssen auch unter zusätzlicher mechanischer Beanspruchung feuerbeständig sein und aus nichtbrennbaren Baustoffen bestehen. [2]Anstelle von Brandwänden sind in den Fällen des Absatzes 2 Satz 1 Nr. 1, 3 und 4 für Gebäude
1. der Gebäudeklasse 4 Wände, die auch unter zusätzlicher mechanischer Beanspruchung hochfeuerhemmend sind,
2. der Gebäudeklassen 1 bis 3 hochfeuerhemmende Wände und
3. der Gebäudeklassen 1 bis 3 Gebäudeabschlusswände, die jeweils von innen nach außen die Feuerwiderstandsfähigkeit der tragenden und aussteifenden Teile des Gebäudes, mindestens jedoch feuerhemmende Bauteile, und von außen nach innen die Feuerwiderstandsfähigkeit feuerbeständiger Bauteile haben,

zulässig. [3]Anstelle von Brandwänden sind in den Fällen
1. des Absatzes 2 Nr. 2 Wände in der Feuerwiderstandsfähigkeit der tragenden und aussteifenden Bauteile, jedoch mindestens feuerhemmend und
2. des Absatzes 2 Nr. 5 feuerbeständige Wände, wenn der Brutto-Rauminhalt des landwirtschaftlich genutzten Gebäudes oder Gebäudeteils nicht größer als 2 000 m^3 ist,

zulässig.

(4) [1]Brandwände müssen bis zur Bedachung durchgehen und in allen Geschossen übereinander angeordnet sein. [2]Abweichend davon dürfen anstelle innerer Brandwände Wände geschossweise versetzt angeordnet werden, wenn
1. die Wände im Übrigen den Vorgaben nach Absatz 3 Satz 1 entsprechen,
2. die Decken, soweit sie in Verbindung mit diesen Wänden stehen, feuerbeständig sind, aus nichtbrennbaren Baustoffen bestehen und keine Öffnungen haben,
3. die Bauteile, die diese Wände und Decken unterstützen, feuerbeständig sind und aus nichtbrennbaren Baustoffen bestehen,
4. die Außenwände in der Breite des Versatzes in dem Geschoss oberhalb oder unterhalb des Versatzes feuerbeständig sind und
5. Öffnungen in den Außenwänden im Bereich des Versatzes so angeordnet oder andere Vorkehrungen so getroffen sind, dass eine Brandausbreitung in andere Brandabschnitte nicht zu befürchten ist.

(5) [1]Brandwände sind 0,30 m über die Bedachung zu führen oder in Höhe der Dachhaut mit einer beiderseits 0,50 m auskragenden feuerbeständigen Platte aus nichtbrennbaren Baustoffen abzuschließen; darüber dürfen brennbare Teile des Daches nicht hinweggeführt werden. [2]Bei Gebäuden der Gebäudeklassen 1 bis 3 sind Brandwände mindestens bis unter die Dachhaut zu führen. [3]Verbleibende Hohlräume sind vollständig mit nichtbrennbaren Baustoffen auszufüllen. [4]Satz 2 gilt auch für am 4. April 2023 rechtmäßig bestehende Gebäude, die durch nachträglichen Dachausbau zur Schaffung von Wohnraum zu einem Gebäude der Gebäudeklasse 4 werden.

(6) Müssen Gebäude oder Gebäudeteile, die über Eck zusammenstoßen, durch eine Brandwand getrennt werden, muss der Abstand dieser Wand von der inneren Ecke mindestens 5 m betragen; das gilt nicht, wenn der Winkel der inneren Ecke mehr als 120 Grad beträgt oder mindestens eine Außenwand auf 5 m Länge als öffnungslose feuerbeständige Wand aus nichtbrennbaren Baustoffen, bei Gebäuden der Gebäudeklassen 1 bis 4 als öffnungslose hochfeuerhemmende Wand, ausgebildet ist.

(7) [1]Bauteile mit brennbaren Baustoffen dürfen über Brandwände nicht hinweggeführt werden. [2]Bei Außenwandkonstruktionen, die eine seitliche Brandausbreitung begünstigen können, wie bei hinterlüfteten Außenwandbekleidungen oder Doppelfassaden, sind gegen die Brandausbreitung im Bereich der Brandwände Vorkehrungen zu treffen. [3]Außenwandbekleidungen von Gebäudeabschlusswänden müssen einschließlich der Dämmstoffe und Unterkonstruktionen nichtbrennbar sein. [4]Bauteile dürfen in Brandwände nur so weit eingreifen, dass deren Feuerwiderstandsfähigkeit nicht beeinträchtigt wird; für Leitungen, Leitungsschlitze und Schornsteine gilt dies entsprechend.

(8) [1]Öffnungen in Brandwänden sind unzulässig. [2]Sie sind in inneren Brandwänden nur zulässig, wenn sie auf die für die Nutzung erforderliche Zahl und Größe

beschränkt sind; die Öffnungen müssen feuerbeständige, dicht- und selbstschließende Abschlüsse haben.

(9) In inneren Brandwänden sind feuerbeständige Verglasungen nur zulässig, wenn sie auf die für die Nutzung erforderliche Zahl und Größe beschränkt sind.

(10) Absatz 2 Satz 1 Nr. 1 gilt nicht für seitliche Wände von Vorbauten im Sinne des § 6 Abs. 6 Nr. 2, wenn sie von dem Nachbargebäude oder der Nachbargrenze einen Abstand einhalten, der ihrer eigenen Ausladung entspricht, mindestens jedoch 1 m beträgt.

(11) Die Absätze 4 bis 10 gelten entsprechend auch für Wände, die nach Absatz 3 Satz 2 und 3 anstelle von Brandwänden zulässig sind.

Nr. 33 VollzBekThürBO

Schutzziel: ausreichend lange Verhinderung der Brandausbreitung

<table>
<tr><th>Brandwände</th><th>GK 1</th><th>GK 2</th><th>GK 3</th><th>GK 4</th><th>GK 5</th></tr>
<tr><td>Brandwände</td><td></td><td></td><td></td><td></td><td>F 90-A+M</td></tr>
<tr><td rowspan="2">an Stelle von Brandwänden zulässige Wände</td><td>F 60-BA</td><td>F 60-BA</td><td>F 60-BA</td><td>F60-BA+M</td><td rowspan="3">nicht zulässig</td></tr>
<tr><td colspan="4">F 90-AB in Fällen des § 33 Abs. 2 Nr. 5 (Gebäudeabschlusswand bzw. innere Brandwand zwischen Wohnnutzung u. landwirt. Nutzung)</td></tr>
<tr><td>an Stelle von Brandwänden als Gebäudeabschlusswände zulässige Wände in den Fällen des § 33 Abs. 2 Nr. 1, 3 und 4</td><td colspan="3"><u>von innen nach außen:</u>
Feuerwiderstandsfähigkeit d. trag. und aussteif. Teile d. Gebäudes, mind. F 30

<u>von außen nach innen:</u>
F 90-AB</td><td>F60-BA+M</td></tr>
<tr><td>an Stelle von Brandwänden als Gebäudeabschlusswände zulässige Wände in dem Fall des § 33 Abs. 2 Nr. 2</td><td colspan="5">Feuerwiderstand der tragenden und aussteifenden Bauteile, mind. F 30</td></tr>
<tr><td>Abschlüsse von Öffnungen in inneren Brandwänden(1)</td><td>T 60, dicht u. selbstschließend</td><td>T 60, dicht u. selbstschließend</td><td>T 60, dicht u. selbstschließend</td><td>T 60, dicht u. selbstschließend</td><td>T 90, dicht u. selbstschließend</td></tr>
<tr><td>Verglasungen in inneren Brandwänden</td><td>X</td><td>F 60</td><td>F 60</td><td>F 60</td><td>F 90</td></tr>
</table>

M – mechanische Beanspruchung
(1) Öffnungen in äußeren Brandwänden unzulässig

33.2.1 Für Abschlusswände offener Kleingaragen ist nach § 9 Abs. 2 ThürGarVO keine Brandwand erforderlich.

33.2.2 Die ggf. notwendige Sicherung durch Baulasteintragung ist nur in dem Umfang erforderlich, der sich aus der Unterschreitung des Mindestabstandes von 2,50 m gegenüber der Grundstücksgrenze ergibt, wenn im Ergebnis zu bestehenden oder künftigen Gebäuden ein 5 m Abstand gesichert ist. Stimmt die Eigentümerin oder der Eigentümer des Nachbargrundstücks zu, besteht ein Anspruch auf Eintragung einer Baulast.

33.2.3 Auch zwischen Gebäuden auf demselben Grundstück bzw. aneinandergebauten Gebäuden auf demselben Grundstück gilt das Brandwanderfordernis in gleicher Weise, um einen Brandüberschlag zu vermeiden (auf die nach Absatz 3 Satz 2 Nr. 1 ggf. mögliche Abminderung wird hingewiesen). Es bestehen regelmäßig aber keine Bedenken, dass als Abweichung zugelassen wird, dass nur eine der beiden Wände als Brandwand hergestellt wird, da dies zur Verhinderung der Brandausbreitung ausreichend ist.

33.2.4 Bei Dachüberständen, die einen Abstand von 2,50 m gegenüber der Grundstücksgrenze um maximal 0,7 m (siehe Nr. 6.6.1) unterschreiten, sind regelmäßig keine besonderen Vorkehrungen erforderlich, die eine Brandausbreitung auf und in diesen Bauteilen begrenzen.

33.5.3 Bei dem nachträglichen Ausbau eines Dachgeschosses zu Wohnzwecken kann die Ausnahmeregelung nur in Anspruch genommen werden, wenn das Gebäude zum Stichtag rechtmäßig bestanden hat, d.h. das Gebäude formell und/oder materiell rechtmäßig errichtet wurde.

33.6.1 Bei inneren Ecken mit F 90-A Außenwänden ist das Mindestmaß von 5 m zwischen zwei Öffnungen zweier Brandabschnitte bei diagonaler Messung einzuhalten. Die Regelung gilt entsprechend für F 60-BA Außenwände bei Gebäuden der Gebäudeklassen 1 bis 4.

33.8 Die für die Nutzung erforderliche Zahl und Größe der Öffnungen ergibt sich aus der notwendigen inneren Erschließung der Gebäude. So darf eine Brandwand, die Verkaufsräume trennt, (grundsätzlich nur) die für den Kunden- und Warenverkehr erforderlichen Öffnungen haben. Für Öffnungen in Wänden anstelle von Brandwänden (Brandwandersatzwänden) gilt die Regelung entsprechend. Öffnungen müssen dicht- und selbstschließende Abschlüsse mit der gleichen Feuerwiderstandsdauer wie die Wand haben. Gibt es keine entsprechenden zugelassenen Bauprodukte, sind feuerbeständige Abschlüsse zu verwenden. Sog. Feuerschutzvorhänge entsprechen nicht den geforderten feuerbeständigen, dicht- und selbstschließenden Abschlüssen und können unter bestimmten Voraussetzungen allenfalls nach Zulassung einer Abweichung eingesetzt werden.

33.10.1 Die Regelung stellt seitliche Wände von Vorbauten, die nach § 6 Abs. 6 Nr. 2 in den Abstandsflächen zulässig sind, von Brandschutzanforderungen frei. Zur gegenüberliegenden Grenze ist bei Unterschreitung des Abstands von 2,50 m grundsätzlich eine Brandwand erforderlich.

33.10.2 Offene Vorbauten wie Balkone haben keine Wände, sondern lediglich eine Absturzsicherung und sind daher von der Regelung nicht betroffen. Sie benötigen weder eine Brandwand, noch haben sie aus bauordnungsrechtlicher Sicht einen Abstand zur seitlich gelegenen Grundstücksgrenze einzuhalten. Auch zur gegenüberliegenden Grundstücksgrenze ist bei diesen Vorbauten bei Unterschreitung des Abstands von 2,50 m keine Brandwand erforderlich. Für Balkonbekleidungen, die über die erforderliche Umwehrungshöhe hinaus hochgeführt werden, gilt § 31 Abs. 3 Satz 2. Nicht betroffen von der Regelung sind Loggien, die nicht als Vorbauten gelten können (siehe auch Nummer 6.6.2).

33.11 Die entsprechende Anwendung der Absätze 8 und 9 bedeutet eine Verringerung der Anforderungen gemäß den Anforderungen an Brandwandersatzwände. Dies gilt neben Wänden auch für Decken, Bauteile, die diese Wände und Decken unterstützen und Abschlüsse von Öffnungen.

Begründung zu § 33

In Absatz 1 ist das Schutzziel enthalten, dass Brandwände als raumabschließende Bauteile ausreichend lang die Brandausbreitung
1. als Gebäudeabschlusswand auf andere Gebäude,
2. als innere Brandwand auf andere Brandabschnitte

verhindern müssen. Die Anforderungen der nachfolgenden Absätze beziehen sich teilweise nur auf Gebäudeabschlusswände oder auf innere Brandwände.

In Absatz 2 sind die Fälle benannt, in denen Brandwände verlangt werden.

Mit Nummer 1 ist bestimmt, dass eine Brandwand unabhängig von der Bebauung auf dem Nachbargrundstück nur erforderlich ist, wenn der Abstand zur gegenüberliegenden Grenze weniger als 2,50 m beträgt. Der fehlende Abstand kann aufgrund der Verweisung auf § 6 Abs. 2 durch Baulast auf das Nachbargrundstück übertragen werden, darf aber weder durch Gebäude auf dem Nachbargrundstück überbaut noch auf den erforderlichen Abstand der Gebäude auf dem Nachbargrundstück angerechnet werden. Unabhängig davon darf sich der erforderliche Grenzabstand bis zur Mitte angrenzender öffentlicher Flächen erstrecken.

In Nummer 2 ist das Erfordernis einer Gebäudeabschlusswand beschrieben, wenn auf einem Grundstück mehrere Gebäude errichtet werden, bei denen untereinander weniger als den nach der Nummer 1 an sich gewünschten Abstand eingehalten ist. Das ist insbesondere wegen des zunehmenden Bauens mit brennbaren Baustoffen erforderlich. Die bisher indirekt geltende Anforderung, dass zwischen zwei aneinandergebauten Gebäuden zur Abtrennung unterschiedlicher Nutzungseinheiten Trennwände nach § 32 zu errichten waren, kann einen Brandüberschlag zwischen zwei Gebäuden nicht ausreichend lang verhindern. Wird bei einem der beiden Gebäude die Gebäudeabschlusswand als Brandwand ausgeführt, ist das Schutzziel an sich erreicht und die Zulassung einer Abweichung kommt in Betracht. Allerdings muss die Bauherrschaft berücksichtigen, dass eine spätere Grundstücksteilung nur möglich ist, wenn der Abstand zur Grenze bei dem Gebäude ohne Brandwand nach der dann anwendbaren Nummer 1 mindestens 2,50 m beträgt.

Mit Nummer 3 ist der größt zulässige Abstand innerer Brandwände bestimmt. Die Forderung gilt nicht zwischen aneinandergebauten Gebäuden auf demselben Grundstück. Für diesen Fall ist Nummer 2 maßgeblich; eine zusätzliche Brandwand alle 40 m ist entbehrlich.

In Nummer 4 ist eine Spezialregelung für die Brandabschnittsgrößen von landwirtschaftlich genutzten Gebäuden enthalten, mit der sachgerechter statt auf den Brandwandabstand von 40 m auf den Brutto-Rauminhalt von 10 000 m^3 abgestellt ist.

Nach Nummer 5 ist wegen der erfahrungsgemäß häufig vorhandenen Brandlasten in landwirtschaftlich genutzten Gebäuden oder Gebäudeteilen ein qualifizierter Wandabschluss zwischen Wohnnutzung und landwirtschaftlicher Nutzung erforderlich. Auf die Größe der jeweiligen Teile kommt es nicht an.

In Satz 2 ist eine Ausnahme für kleine Gebäude ohne Aufenthaltsräume und ohne Feuerstätten mit nicht mehr als 50 m^3 Brutto-Rauminhalt enthalten. Diese Gebäude sind innerhalb der in Satz 1 Nr. 1 und 2 genannten Abstände ohne eigene Brandwand zulässig. Dieser Ausnahme unterfallen gegebenenfalls auch Kleingaragen, unabhängig von den speziellen Erleichterungen für Gebäudeabschlusswände von Garagen nach der Thüringer Garagenverordnung.

Mit Absatz 3 Satz 1 sind die grundsätzlichen Anforderungen an eine Brandwand bestimmt. Zur Erreichung eines sicheren Abschlusses müssen Brandwände auch unter mechanischer Beanspruchung einen bestimmten Feuerwiderstand aufweisen.

In Satz 2 ist die Zulässigkeit anderer Wände anstelle von Brandwänden mit zum Teil deutlich geringeren Anforderungen bis hin zur Verwendung brennbarer Baustoffe geregelt. Mit den reduzierten Anforderungen wurde die konstruktiv mögliche Aussteifung durch die jeweils geforderte Tragkonstruktion der Gebäude berücksichtigt. In Nummer 3 ist eine Spezialregelung für auf benachbarten Grundstücken aneinandergebaute Gebäude in Systembauweise enthalten, dass die zweischalige Gebäudeabschlusswand jeweils von innen die Feuerwiderstandsdauer des tragenden Systems des Gebäudes aufweisen muss.

Nach Satz 3 Nr. 1 müssen bei auf dem gleichen Grundstück aneinandergebauten oder in einem Abstand von weniger als 5 m errichteten Gebäuden die Gebäudeabschlusswände nur die Feuerwiderstandsfähigkeit der tragenden und aussteifenden Bauteile des jeweiligen Gebäudes haben, jedoch mindestens feuerhemmend sein. Da auch solche Wände Gebäudeabschlusswände sind, gelten für sie die Anforderungen nach den Absätzen 4 bis 10 entsprechend. Der Fall, dass nur eine Wand zwischen zwei Gebäuden als Gebäudeabschlusswand hergestellt werden soll, würde die Erteilung einer Abweichung voraussetzen. In Nummer 2 ist eine Erleichterung für die Abtrennung zwischen Wohnnutzung und landwirtschaftlicher Nutzung enthalten. Auch bei diesen Gebäuden ist die Erleichterung nicht von der Gebäudeklasse abhängig.

In den Absätzen 4 bis 10 ist die Detailausbildung von Brandwänden geregelt. Nach Absatz 11 gelten diese Anforderungen sinngemäß auch für die Wände, die anstelle von Brandwänden zulässig sind.

In Absatz 4 ist zur Ausführung von inneren Brandwänden geregelt, die geschossweise versetzt angeordnet werden sollen. In diesem Fall muss unter anderem gewährleistet sein, dass im Bereich des Versatzes keine Brandübertragung möglich ist.

Mit Absatz 5 ist die Ausbildung von Brandwänden im Bereich der Bedachung geregelt. Bei Gebäuden der Gebäudeklassen 1 bis 3 reicht es aus, wenn die Brandwand bis unter die Dachhaut geführt wird. Nach Satz 4 soll das auch gelten, wenn durch den nachträglichen Dachausbau zu Wohnzwecken aus einem Gebäude der Gebäudeklassen 1 bis 3 ein Gebäude der Gebäudeklasse 4 wird. Dadurch sind aufwendige Änderungen der Brandwand entbehrlich, was aufgrund des geringeren Risikos bei Wohngebäuden im Vergleich zu anderen Nutzungen vertretbar ist. Begünstigt ist sowohl die Schaffung einzelner Räume als auch von abgeschlossenen Wohnungen. Voraussetzung ist, dass das Gebäude am 4. April 2023 rechtmäßig bestanden hat, da bei danach errichteten Gebäuden von der Bauherrschaft verlangt werden kann, eventuelle Ausbaumöglichkeiten in die Überlegungen einzubeziehen. Ein Gebäude besteht rechtmäßig, wenn es entsprechend einer erteilten Baugenehmigung errichtet wurde oder formellen oder materiellen Bestandsschutz genießt. Der Stichtag wurde gewählt, um Gebäude zu begünstigen, die zum Zeitpunkt der ersten Befassung des Kabinetts mit dem Referentenentwurf der Thüringer Bauordnung rechtmäßig bestanden haben. Eine Begünstigung zukünftig errichteter Gebäude soll nicht erfolgen.

In Absatz 6 Halbsatz 2 ist in dem dort geregelten Fall das Erfordernis der Ausführung als öffnungslose feuerbeständige Wand aus nichtbrennbaren Baustoffen durch das Erfordernis der Errichtung einer Brandwand ersetzt. Dabei handelt es sich nicht um eine Verschärfung, sondern um eine Erleichterung, mit der dem Umstand Rechnung getragen ist, dass die in Absatz 3 Satz 2 und 3 vorgesehenen Erleichterungen nur greifen können, wenn das Wort „Brandwand" verwendet ist, da andernfalls der Eindruck entsteht, dass es sich im Rahmen des Absatzes 6 ausschließlich um eine öffnungslose feuerbeständige Wand handeln dürfe.

Nach Absatz 7 Satz 1 dürfen Bauteile mit brennbaren Baustoffen über Brandwände nicht hinweggeführt werden, um zu vermeiden, dass die trennende Funktion der Brandwand verlorengeht. Die Formulierung des Satz 2 ist der nach § 31 Abs. 4 angepasst, da im Hinblick auf das mit § 31 Abs. 4 verfolgte Schutzziel auch gegen eine seitliche Brandausbreitung Vorkehrungen zu treffen sind. Mit Satz 3 ist dem Gesichtspunkt Rechnung getragen, dass die Brandwand das wichtigste Bauteil der brandschutztechnischen Abschottung bildet, an dem ein Brand zunächst auch ohne Eingreifen der Feuerwehr gestoppt werden und sich jedenfalls nicht weiter ausbreiten soll. Diese Funktion setzt voraus, dass auch die äußeren Oberflächen der Wand nichtbrennbar sind. Satz 4 dient ebenfalls der Erhaltung der Funktion der Brandwand, durch eine zu starke Verringerung der Dicke der Brandwand gefährdet werden könnte.

Nach Absatz 8 sind Öffnungen in Brandwänden grundsätzlich verboten. In inneren Brandwänden sind Öffnungen für eine sinnvolle Nutzung des Gebäudes jedoch in der Regel erforderlich. Sie müssen aber auf die für die Nutzung erforderliche Zahl und Größe beschränkt sein und feuerbeständige, dicht- und selbstschließende Abschlüsse haben.

Mit Absatz 9 ist die Regelung in Absatz 8 ergänzt und in inneren Brandwänden sind feuerbeständige verglaste Bauteile zugelassen, wenn sie auf die für die Nutzung erforderliche Zahl und Größe beschränkt sind. In äußeren Brandwänden sind dagegen verglaste Bauteile, ebenso wie Öffnungen, unzulässig.

In Absatz 10 ist eine Erleichterung für Vorbauten enthalten. Dabei ist nur bestimmt, welche Qualität Wände von Vorbauten haben müssen, nicht dagegen, dass Vorbauten überhaupt Wände haben müssen. Der Regelung lässt sich daher keine Anforderung für die Ausführung von Balkonen und Balkongeländern entnehmen. Davon unberührt bleibt die Regelung nach § 31 Abs. 3 Satz 2, nach der Balkonbekleidungen, die über die erforderliche Umwehrungshöhe hinaus hochgeführt werden, schwer entflammbar sein müssen.

Nach Absatz 11 ist für Wände, die nach Absatz 3 Satz 2 und 3 anstelle von Brandwänden zulässig sind, die entsprechende Anwendung der Detailanforderungen an Brandwände erforderlich. Die Detailanforderungen sind nicht direkt, sondern dem Sachzweck entsprechend anzuwenden, der sich aus der Schutzzielformulierung nach Absatz 1 ergibt.

§ 34
Decken

(1) [1]Decken müssen als tragende und raumabschließende Bauteile zwischen Geschossen im Brandfall ausreichend lang standsicher und widerstandsfähig gegen die Brandausbreitung sein. [2]Sie müssen in Gebäuden
1. der Gebäudeklasse 5 feuerbeständig,
2. der Gebäudeklasse 4 hochfeuerhemmend und
3. der Gebäudeklassen 2 und 3 feuerhemmend

sein. [3]Satz 2 gilt
1. für Geschosse im Dachraum nur, wenn darüber noch Aufenthaltsräume möglich sind; § 32 Abs. 4 bleibt unberührt und
2. nicht für Balkone, ausgenommen offene Gänge, die als notwendige Flure dienen.

(2) [1]Im Kellergeschoss müssen Decken in Gebäuden
1. der Gebäudeklassen 3 bis 5 feuerbeständig und
2. der Gebäudeklassen 1 und 2 feuerhemmend

sein. [2]Decken müssen feuerbeständig sein
1. unter und über Räumen mit Explosions- oder erhöhter Brandgefahr, ausgenommen in Wohngebäuden der Gebäudeklassen 1 und 2 und
2. zwischen dem landwirtschaftlich genutzten Teil und dem Wohnteil eines Gebäudes.

(3) Der Anschluss der Decken an die Außenwand ist so herzustellen, dass er den Anforderungen nach Absatz 1 Satz 1 genügt.

(4) Öffnungen in Decken, für die eine Feuerwiderstandsfähigkeit vorgeschrieben ist, sind nur zulässig
1. in Gebäuden der Gebäudeklassen 1 und 2,
2. innerhalb derselben Nutzungseinheit mit nicht mehr als insgesamt 400 m^2 Grundfläche in nicht mehr als zwei Geschossen und
3. im Übrigen, wenn sie auf die für die Nutzung erforderliche Zahl und Größe beschränkt sind und Abschlüsse mit der Feuerwiderstandsfähigkeit der Decke haben.

Nr. 34 VollzBekThürBO

Schutzziel: ausreichend lange Standsicherheit und Widerstandsfähigkeit gegen Brandausbreitung

Decken	GK 1	GK 2	GK 3	GK 4	GK 5
Decken ausgenommen in Keller- und Dachgeschossen		F 30	F 30	F 60-BA	F 90-AB
In Dachgeschossen, wenn darüber noch Aufenthaltsräume möglich sind		F 30	F 30	F 60-BA	F 90-AB
Decken unter und über offenen Gängen, die als notwendige Flure dienen(1)		F 30	F 30	F 60-BA	F 90-AB
Im Kellergeschoss	F 30	F 30	F 90-AB	F 90-AB	F 90-AB
Decken unter und über Räumen mit Explosions- und erhöhter Brandgefahr, außer bei Wohngebäuden der GK 1+2	F 90-AB	F 90-AB	F 90-AB	F 90-AB	F 90-AB
Decken zwischen landwirtschaftlicher Nutzung und Wohnnutzung	F 90-AB	F 90-AB	F 90-AB	F 90-AB	F 90-AB

(1) gilt nicht für Balkone

34.4 Mehr als zwei Geschosse dürfen innerhalb einer Nutzungseinheit nicht durch Deckenöffnungen miteinander in Verbindung stehen. Regelungen in Sonderbauvorschriften bleiben unberührt.

Begründung zu § 34

In Absatz 1 Satz 1 ist das Schutzziel enthalten, dass Decken als tragende und raumabschließende Bauteile zwischen den Geschossen ausreichend lang standsicher und widerstandsfähig gegen die Brandausbreitung sein müssen. Mit Satz 2 ist bestimmt, was ausreichend lang ist; hierzu wird auch auf die Begründung zu § 29 verwiesen. Mit der Ausnahme für Geschosse im Dachraum nach Satz 3 Nr. 1 bleibt § 32 Abs. 4, betreffend feuerhemmende Decken, an die Trennwände geführt werden, unberührt.

Mit Absatz 2 sind erhöhte Anforderungen an Decken über Geschossen oder Räumen mit erhöhtem Gefahrenpotential geregelt. Mit Satz 2 ist die Forderung feuerbeständiger Decken unter und über Räumen mit Explosions- oder erhöhter Brandgefahr enthalten und die entsprechende Trennwandregelung nach § 32 Abs. 2 Nr. 2 und Abs. 3 Satz 2 ergänzt.

In Absatz 3 ist die Forderung enthalten, dass der Anschluss der Decken an die Außenwand so herzustellen ist, dass er dem Schutzziel nach Absatz 1 Satz 1 genügt. Mit der Regelung sind die zunehmend verwendeten Fassadensysteme berücksichtigt, die vor den Geschossdecken hochgeführt und nicht durch diese getrennt werden. Regelungen zu Außenwandkonstruktionen mit Hohlräumen, die durch die Decke nicht getrennt werden, finden sich in § 31 Abs. 4.

Mit Absatz 4 sind Öffnungen in Decken geregelt. Nach Nummer 1 sind in Gebäuden der Gebäudeklassen 1 und 2 Deckenöffnungen ohne Einschränkung und Abschlüsse zulässig. In Nummer 2 ist eine Ausnahmeregelung für die Deckenöffnung zur Verbindung der Geschosse einer zweigeschossigen Nutzungseinheit, unabhängig von der Gebäudeklasse, mit insgesamt nicht mehr als 400 m^2 Grundfläche enthalten. Davon ist insbesondere die Verbindung der Geschosse innerhalb einer Wohnung betroffen, es ist aber nicht auf Wohneinheiten beschränkt. Für alle anderen Fälle sind nach Nummer 3 unvermeidbare Öffnungen in der für die Nutzung erforderlichen Zahl und Größe unmittelbar gesetzesabhängig zulässig; sie müssen Abschlüsse mit der Feuerwiderstandsfähigkeit der Decke haben.

§ 35
Dächer

(1) Bedachungen müssen gegen eine Brandbeanspruchung von außen durch Flugfeuer und strahlende Wärme ausreichend lang widerstandsfähig sein (harte Bedachung).

(2) [1]Bedachungen, die die Anforderungen nach Absatz 1 nicht erfüllen, sind zulässig bei Gebäuden der Gebäudeklassen 1 bis 3, wenn die Gebäude
1. **einen Abstand von der Grundstücksgrenze von mindestens 12 m,**
2. **von Gebäuden auf demselben Grundstück mit harter Bedachung einen Abstand von mindestens 15 m,**
3. **von Gebäuden auf demselben Grundstück mit Bedachungen, die die Anforderungen nach Absatz 1 nicht erfüllen, einen Abstand von mindestens 24 m und**
4. **von Gebäuden auf demselben Grundstück ohne Aufenthaltsräume und ohne Feuerstätten mit nicht mehr als 50 m³ Brutto-Rauminhalt einen Abstand von mindestens 5 m**

einhalten. [2]Soweit Gebäude nach Satz 1 Abstand halten müssen, genügt bei Wohngebäuden der Gebäudeklassen 1 und 2 in den Fällen
1. **der Nummer 1 ein Abstand von mindestens 6 m,**
2. **der Nummer 2 ein Abstand von mindestens 9 m und**
3. **der Nummer 3 ein Abstand von mindestens 12 m.**

[3]Für die Abstände nach den Sätzen 1 und 2 findet § 6 Abs. 2 entsprechende Anwendung.

(3) Die Absätze 1 und 2 gelten nicht für
1. **Gebäude ohne Aufenthaltsräume und ohne Feuerstätten mit nicht mehr als 50 m³ Brutto-Rauminhalt,**
2. **lichtdurchlässige Bedachungen aus nichtbrennbaren Baustoffen; brennbare Fugendichtungen und brennbare Dämmstoffe in nichtbrennbaren Profilen sind zulässig,**
3. **Dachflächenfenster, Oberlichte und Lichtkuppeln von Wohngebäuden,**
4. **Eingangsüberdachungen und Vordächer aus nichtbrennbaren Baustoffen und**
5. **Eingangsüberdachungen aus brennbaren Baustoffen, wenn die Eingänge nur zu Wohnungen führen.**

(4) Abweichend von den Absätzen 1 und 2 sind
1. **lichtdurchlässige Teilflächen aus brennbaren Baustoffen in Bedachungen nach Absatz 1 und**
2. **begrünte Bedachungen**

zulässig, wenn eine Brandentstehung bei einer Brandbeanspruchung von außen durch Flugfeuer und strahlende Wärme nicht zu befürchten ist oder Vorkehrungen gegen eine Brandentstehung getroffen werden.

(5) [1]**Dachüberstände, Dachgesimse und Dachaufbauten, lichtdurchlässige Bedachungen, Dachflächenfenster, Lichtkuppeln, Oberlichte und Solaranlagen sind so anzuordnen und herzustellen, dass Feuer nicht auf andere Gebäudeteile und Nachbargrundstücke übertragen werden kann.** [2]**Von Brandwänden und von Wänden, die anstelle von Brandwänden zulässig sind, müssen folgende Abstände eingehalten werden:**

1. kein Abstand bei
   a) Dachflächenfenstern, Oberlichten, Lichtkuppeln und Öffnungen in Bedachungen, wenn diese Wände mindestens 0,30 m über die Bedachung geführt sind, und
   b) Solaranlagen, Dachgauben und ähnliche Dachaufbauten aus brennbaren Baustoffen, die durch diese Wände gegen Brandübertragung geschützt sind,

2. mindestens 0,50 m bei Solaranlagen, die höchstens 0,30 m über der Dachhaut installiert oder im Dach integriert sind und nicht unter Nummer 1 Buchst. b fallen, und

3. mindestens 1,25 m bei
   a) Dachflächenfenstern, Oberlichten, Lichtkuppeln und Öffnungen in Bedachungen, die nicht unter Nummer 1 Buchst. a fallen,
   b) Dachgauben und ähnliche Dachaufbauten aus brennbaren Baustoffen, die nicht unter Nummer 1 Buchst. b fallen, und
   c) Solaranlagen, die nicht unter Nummer 1 Buchst. b und Nummer 2 fallen.

(6) [1]**Dächer von traufseitig aneinandergebauten Gebäuden müssen als raumabschließende Bauteile für eine Brandbeanspruchung von innen nach außen, einschließlich der sie tragenden und aussteifenden Bauteile, feuerhemmend sein.** [2]**Öffnungen in diesen Dächern müssen waagerecht gemessen mindestens 2 m von der Brandwand oder der Wand, die anstelle der Brandwand zulässig ist, entfernt sein.**

(7) [1]**Dächer von Anbauten, die an Außenwände mit Öffnungen oder ohne Feuerwiderstandsfähigkeit anschließen, müssen innerhalb eines Abstands von 5 m von diesen Wänden als raumabschließende Bauteile für eine Brandbeanspruchung von innen nach außen, einschließlich der sie tragenden und aussteifenden Bauteile, die Feuerwiderstandsfähigkeit der Decken des Gebäudeteils haben, an den sie angebaut werden.** [2]**Dies gilt nicht für Anbauten an Wohngebäude der Gebäudeklassen 1 bis 3.**

(8) Für vom Dach aus vorzunehmende Arbeiten sind sicher benutzbare Vorrichtungen anzubringen.

Nr. 35 VollzBekThürBO

Schutzziel ist die Verhinderung der Brandübertragung durch Flugfeuer und strahlende Wärme mittels harter Bedachung oder entsprechend großer Abstände zu anderen Gebäuden.

35.2 Die erforderlichen Abstände können (nur) durch Baulast auf das Nachbargrundstück übertragen werden. Stimmt die Eigentümerin oder der Eigentümer des Nachbargrundstücks zu, besteht ein Anspruch auf Eintragung einer Baulast.

35.4.1 Gegen Lichtbänder aus brennbaren Baustoffen in Dächern mit harter Bedachung bestehen keine Bedenken, wenn sie

- mit ihrer Längsseite parallel zur Traufe geführt werden, höchstens 2 m breit und 20 m lang sind und
- untereinander und von den Dachrändern mindestens 2 m Abstand haben.

35.4.2 Gegen Lichtkuppeln aus brennbaren Baustoffen in Dächern mit harter Bedachung bei Nichtwohngebäuden bestehen in der Regel keine Bedenken, wenn

- die Grundrissfläche der einzelnen Lichtkuppel in der Dachfläche 6 m^2 nicht überschreitet,
- die Grundrissfläche aller Lichtkuppeln höchstens 20 v. H. der Dachfläche erreicht und
- die Lichtkuppeln untereinander und von den Dachrändern mindestens 1 m Abstand, von Lichtbändern einen Abstand von mindestens 2 m haben.

Im Einzelfall können weitere Vorkehrungen notwendig sein.

35.4.3 Werden solche Lichtkuppeln und Lichtbänder zusammen verwendet, dann dürfen diese Bedachungen insgesamt höchstens 30 v. H. der Dachflächen erreichen. Diese Teilflächen gelten nicht als weiche Bedachung.

35.4.4 Die DIN 4102-7 ist für die Beurteilung begrünter Dächer – Extensivbegrünungen, Intensivbegrünungen, Dachgärten – ungeeignet. Für die Beurteilung einer ausreichenden Widerstandsfähigkeit gegen Flugfeuer und strahlende Wärme können jedoch die nachstehenden Ausführungen zu Grunde gelegt werden:

Dächer mit Intensivbegrünung und Dachgärten – das sind solche, die bewässert und gepflegt werden und die in der Regel eine dicke Substratschicht aufweisen – sind als widerstandsfähig gegen Flugfeuer und strahlende Wärme (harte Bedachung) zu bewerten.

Bei Dächern mit Extensivbegrünungen durch überwiegend niedrig wachsende Pflanzen, wie beispielsweise Gras, Sedum, Eriken, ist ein ausreichender Widerstand gegen Flugfeuer und strahlende Wärme gegeben, wenn

- eine mindestens 3 cm dicke Schicht Substrat (Dachgärtnererde, Erdsubstrat) mit höchstens 20 Gewichtprozent organischer Bestandteile vorhanden ist; bei Begrünungsaufbauten, die dem nicht entsprechen, wie beispielsweise Substrat mit höherem Anteil organischer Bestandteile, Vegetationsmatten aus Schaumstoff, ist ein Nachweis nach DIN 4102-7 bei einer Neigung von 15 Grad und im trockenen Zustand (Ausgleichsfeuchte bei Klima 23/50) ohne Begrünung zu führen;
- Gebäudeabschlusswände, Brandwände oder Wände, die anstelle von Brandwänden zulässig sind, mindestens 30 cm über das begrünte Dach, bezogen auf Oberkante Substrat oder Erde, geführt sind. Sofern diese Wände aufgrund bauordnungsrechtlicher Bestimmungen nicht über Dach geführt werden müssen, genügt auch eine mindestens 30 cm hohe Aufkantung aus nicht brennbaren Baustoffen oder ein 1 m breiter Streifen aus massiven Platten oder Grobkies;
- vor Öffnungen in der Dachfläche (Dachfenster, Lichtkuppeln) und vor Wänden mit Öffnungen ein mindestens 0,5 m breiter Streifen aus massiven Platten oder Grobkies angeordnet wird, es sei denn, dass die Brüstung der Wandöffnung mehr als 0,8 m über Oberkante Substrat hoch ist und
- bei aneinandergereihten, giebelständigen Gebäuden im Bereich der Traufe ein in der Horizontalen gemessener mindestens 1 m breiter Streifen nachhaltig unbegrünt bleibt und mit einer Dachhaut aus nicht brennbaren Baustoffen versehen ist.

35.5 Solaranlagen nach Nr. 1b, die keinen Abstand zu einer über die Bedachung geführten Brandwand bzw. einer entsprechenden Wand anstelle einer Brandwand einhalten müssen, benötigen keine Klassifizierung als „nichtbrennbar" nach DIN 4102-1.

Auch Solaranlagen nach Nr. 2 und 3 benötigen keine Klassifizierung, da durch die geforderten Abstände zur Brandwand eine Übertragung von Feuer ausreichend lang gesichert ist.

35.6 Die Regelung gilt entsprechend, wenn ein traufseitiger Anbau zulässig ist. Auch wenn das Gebäude lediglich grenznah errichtet werden soll, ist mit Öffnungen der Abstand von 2 m von der Grenze einzuhalten.

Begründung zu § 35

In Absatz 1 ist das Schutzziel für die Anforderungen an die Bedachung formuliert.

Mit Absatz 2 sind Ausnahmen von der nach Absatz 1 grundsätzlich erforderlichen harten Bedachung zugelassen. Um die damit verbundene Erhöhung der Gefahr einer Brandübertragung über das Dach zu reduzieren, muss nach Satz 1 bei Gebäuden ohne harte Bedachung von der Grenze und von anderen Gebäuden ein größerer Abstand einhalten werden. Mit Satz 2 sind für Wohngebäude der Gebäudeklassen 1 und 2 verringerte Abstände erlaubt. Ein fehlender Abstand kann aufgrund der Verweisung auf § 6 Abs. 2 durch Baulast auf das Nachbargrundstück übertragen werden, darf aber weder durch Gebäude auf dem Nachbargrundstück überbaut noch auf den erforderlichen Abstand der Gebäude auf dem Nachbargrundstück angerechnet werden. Unabhängig davon darf sich der erforderliche Grenzabstand bis zur Mitte angrenzender öffentlicher Flächen erstrecken.

In Absatz 3 sind Ausnahmen für kleine Nebengebäude und Teile von Bedachungen enthalten, von denen nur ein geringes Risiko ausgeht. Mit Nummer 3 wurden zusätzlich zur bisher geltenden Regelung Dachflächenfenster aufgenommen; diese Ausnahme korrespondiert mit der Ausnahmeregelung in § 31 für Fenster in Außenwänden.

In Absatz 4 sind weitere Ausnahmen von den Absätzen 1 und 2 enthalten, die aber im Unterschied zu den in Absatz 3 genannten Ausnahmen nicht uneingeschränkt gelten, sondern unter dem Vorbehalt stehen, dass eine Brandentstehung durch Brandbeanspruchung von außen durch Flugfeuer und strahlende Wärme nicht zu befürchten ist beziehungsweise dagegen Vorkehrungen getroffen werden. Lichtdurchlässige Teilflächen aus brennbaren Baustoffen werden bei geringer Größe in der Regel unbedenklich sein.

In Absatz 5 Satz 1 ist das Schutzziel für die Anforderungen an Dachaufbauten und ähnliche Dachteile formuliert. Für Dachflächenfenster, Oberlichte, Lichtkuppeln und Öffnungen in Bedachungen sowie für Dachgauben und ähnliche Dachaufbauten bleiben die bisher geltenden Anforderungen unverändert. Für Solaranlagen sind partiell geringere Abstände zugelassen als bisher. Da die Anforderungen nach Satz 2 der ausreichend langen Verhinderung der Brandweiterleitung auf ein anderes Gebäude dienen, sind insbesondere für Solaranlagen unterschiedliche Abstände zu Brandwänden und Wänden anstelle von Brandwänden vorgesehen.

Nach Nummer 1 muss bei Solaranlagen kein Abstand eingehalten sein, wenn sie durch diese Wände gegen Brandübertragung geschützt sind. Werden beispielsweise bei Gebäuden der Gebäudeklassen 4 und 5 Brandwände 0,30 m über Dach geführt, sind Solaranlagen gegen Brandübertragung geschützt, wenn sie die Brandwände nicht überragen, sie also höchstens 0,30 m über der Bedachung installiert sind.

Werden Brandwände beziehungsweise Wände anstelle von Brandwänden dagegen nur unter die Dachhaut geführt oder in Höhe der Dachhaut mit einer beiderseits 0,50 m auskragenden feuerbeständigen Platte aus nichtbrennbaren Baustoffen abgeschlossen, sind Abstände für Solaranlagen erforderlich. Dies gilt auch für dachintegrierte Solaranlagen. Die Abstände sind zwischen den Außenseiten von Solaranlagen und Brandwänden zu messen.

Unter den Voraussetzungen nach Nummer 2 genügt für Solaranlagen ein Abstand von 0,50 m, weil von ihnen eine geringere Brandweiterleitungsgefahr als von höher aufgeständerten Solaranlagen ausgeht, da ein Überlaufen einer nicht über Dach geführten Brandwand seitens der Feuerwehren kontrolliert beziehungsweise verhindert werden kann. Auf einen Mindestabstand von 0,50 m zu einer Brandwand kann in diesen Fällen aber nicht verzichtet werden. Der Feuerwehr muss es möglich sein, ein Dach für wirksame Löscharbeiten zu öffnen. Die Einsatzpraxis zeigt, dass im Brandfall zwingend der obere Abschluss der Brandwand kontrolliert werden muss, um einer Ausbreitung von Feuer über die Brandwand hinweg vorzubeugen. Dies sollte weiterhin ohne Demontage der Photovoltaik-Elemente möglich sein, da hier nur geschulte Fachkräfte eingesetzt werden können, über die die Feuerwehr nicht verfügt.

Nach Nummer 3 müssen höher als 0,30 m über der Dachhaut aufgeständerte Solaranlagen weiterhin ein Abstand von 1,25 m einhalten. Bei solchen Photovoltaikanlagen ist die Gefahr der Brandweiterleitung mit anderen Dachaufbauten aus brennbaren Baustoffen vergleichbar.

Mit Absatz 6 sind an Dächer von traufseitig aneinandergebauten Gebäuden höhere Anforderungen gestellt. Diese sind gerechtfertigt, da andernfalls der durch eine Brandwand oder eine Trennwand vermittelte Schutz vor Brandübertragung oberhalb der Wand enden würde. Für Öffnungen in diesen Dächern ist anders als bei Öffnungen in Wänden nach § 33 Abs. 2 Satz 1 Nr. 1 ein Abstand von 2 m ausreichend, da im Brandfall die Hitze nicht unmittelbar in Richtung auf die Grenze beziehungsweise das andere Gebäude abgestrahlt wird.

Da für die Brandübertragung gleichgültig ist, ob die durch Decken getrennten Geschosse unmittelbar übereinander oder versetzt angeordnet sind, ist mit Absatz 7 bestimmt, dass Decken von Anbauten, außer bei Wohngebäuden der Gebäudeklassen 1 bis 3, die Feuerwiderstandfähigkeit der Decken des Gebäudes aufweisen müssen, an das sie angebaut sind. Nach § 34 müssen Decken eine bestimmte Feuerwiderstandsfähigkeit erreichen.

Nach Absatz 8 sind für vom Dach aus vorzunehmende Arbeiten sicher benutzbare Vorrichtungen anzubringen. Die Regelung dient dem Schutz von Personen, die wie die Schornsteinfegerin oder der Schornsteinfeger regelmäßig das Dach betreten müssen, nicht dagegen von Personen, die das Dach nur in Ausnahmefällen, beispielsweise zur Durchführung von Reparaturarbeiten, betreten; insoweit gelten die allgemeinen Arbeitsschutzbestimmungen.

Fünfter Abschnitt
Rettungswege, Öffnungen, Umwehrungen

§ 36
Erster und zweiter Rettungsweg

(1) [1]Für Nutzungseinheiten mit mindestens einem Aufenthaltsraum, wie Wohnungen, Praxen, selbstständige Betriebsstätten, müssen in jedem Geschoss mit Aufenthaltsräumen mindestens zwei voneinander unabhängige Rettungswege ins Freie vorhanden sein; beide Rettungswege dürfen jedoch innerhalb des Geschosses über denselben notwendigen Flur führen. [2]Ein zweiter Rettungsweg ist für eingeschossige, zu ebener Erde liegende Nutzungseinheiten nicht erforderlich, wenn im Brandfall die Rettung über einen direkten Ausgang ins Freie möglich ist.

(2) [1]Für Nutzungseinheiten nach Absatz 1, die nicht zu ebener Erde liegen, muss der erste Rettungsweg über eine notwendige Treppe führen. [2]Der zweite Rettungsweg kann eine weitere notwendige Treppe oder eine mit Rettungsgeräten der Feuerwehr erreichbare Stelle der Nutzungseinheit sein. [3]Ein zweiter Rettungsweg ist nicht erforderlich, wenn die Rettung über einen sicher erreichbaren Treppenraum möglich ist, in den Feuer und Rauch nicht eindringen können (Sicherheitstreppenraum).

(3) [1]Gebäude, deren zweiter Rettungsweg über Rettungsgeräte der Feuerwehr führt und bei denen die Oberkante der Brüstung von zum Anleitern bestimmten Fenstern oder Stellen mehr als 8 m über der Geländeoberfläche liegt, dürfen nur errichtet werden, wenn die Feuerwehr über Hubrettungsfahrzeuge verfügt. [2]Der zweite Rettungsweg über Rettungsgeräte der Feuerwehr ist nur zulässig, wenn keine Bedenken wegen der Personenrettung bestehen.

Nr. 36 VollzBekThürBO

36.1.1 Rettungswege sind bis ins Freie nachzuweisen. Bei Regelbauten ist ein Nachweis der Weiterführung der Rettungswege auf dem Grundstück zur öffentlichen Verkehrsfläche in der Regel verzichtbar.

36.1.2 Bei ebenerdig liegenden Nutzungseinheiten, deren Ausgang unmittelbar ins Freie oder über notwendige Flure mit Ausgang ins Freie führt, ist ein zweiter Rettungsweg nicht erforderlich. Ein Fenster erfüllt die Anforderung eines Ausgangs unmittelbar ins Freie nicht. Die sonstigen Anforderungen an das Rettungswegsystem, wie „kein notwendiger Flur innerhalb von Nutzungseinheiten mit nicht mehr als 200 m^2", „Rettungsweg nicht länger als 35 m" und „Stichflur nicht länger als 15 m", bleiben unberührt.

36.2.1 Statt einer notwendigen Treppe ist auch eine Rampe mit flacher Neigung zulässig (vgl. § 37 Abs. 1 Satz 2).

36.2.2 Ein Rettungsweg muss grundsätzlich die Selbst- und Fremdrettung ermöglichen. Als zweite Rettungswege sind daher Notrutschen, einklappbare Leitertreppen oder feste Leitern nicht zulässig. Diese Sonderlösungen können nur in Einzelfällen, z. B. bei der Sanierung bestandsgeschützter Gebäude unter Berücksichtigung des darauf angewiesenen Personenkreises, als Abweichung nach § 73 zugelassen werden. Werden z. B. ortsfeste Notleitern an Stellen verwendet, die mit Rettungsgeräten nicht direkt erreichbar sind, ist auf ihre sichere Benutzbarkeit entsprechend den Bestimmungen der DIN 14094 zu achten.

36.2.3 Der Einsatz von verkehrssicheren Rettungsrutschen in bestehenden Kindergärten ist nur in solchen Fällen im Rahmen einer Abweichungsentscheidung zulässig, wo die Herstellung eines zweiten baulichen Rettungsweges nicht oder nur mit unverhältnismäßigem Aufwand möglich ist. Folgende Bedingungen sind einzuhalten:
- Der erste Rettungsweg muss weitgehend den Forderungen der Thüringer Bauordnung entsprechen. Bei Abweichungen ist über Kompensationsmaßnahmen zu entscheiden.
- Die Personenrettung über die Rettungsrutsche darf nur aus dem 1. Obergeschoss erfolgen.
- Die Rettungsrutsche muss im täglichen Gebrauch auch als Spielgerät verwendet werden.
- Die Rettungsrutsche ist in geschlossener Bauweise (Röhrenrutsche) aus nichtbrennbaren Materialien zu errichten.
- Innerhalb der Aufprallfläche ist entsprechend DIN EN 1176-77 ein stoßdämpfender Untergrund vorzusehen.
- Die Rettungsrutsche ist als Rettungsweg nach DIN 4844 zu kennzeichnen und der Einstieg ist ständig freizuhalten.
- Die Rettungsrutsche muss von einer zugelassenen Stelle abgenommen werden und ist wie ein Spielgerät zu warten.
- Die Rettungsrutsche ist nach den geltenden Unfallverhütungsvorschriften zu errichten.
- Der Angriffsweg der Feuerwehr muss sichergestellt sein.

36.2.4 Wird an Stelle zweier Rettungswege ein sicher erreichbarer (notwendiger) Treppenraum (Sicherheitstreppenraum) geschaffen, ist dieser entsprechend Nr. 4.2 der Muster-Hochhaus-Richtlinie – MHHR – auszubilden. Dass Feuer und Rauch nicht in den Sicherheitstreppenraum eindringen können, wird sichergestellt durch die Zugänglichkeit des Treppenraumes
- über einen im freien Windstrom angeordneten offenen Gang oder
- durch eine Sicherheitsschleuse bei Überdruck im Treppenraum.

36.3.1 Führt der zweite Rettungsweg über Feuerwehrrettungsgeräte, so müssen diese dauerhaft vorgehalten werden, technisch geeignet und für die Evakuierung der zu erwartenden Personenanzahl ausreichend vorhanden sein. Auf die Ausstattung der örtlichen Feuerwehren ist dabei abzustellen.

Für Sonderbauten mit hoher Personenanzahl können gemäß § 54 unabhängig der Einstufung in die Gebäudeklasse besondere Anforderungen gestellt werden.

36.3.2 Bedenken wegen der Personenrettung können sich insbesondere in Abhängigkeit von der Zahl der regelmäßig gleichzeitig anwesenden Nutzer ergeben. Unter der Voraussetzung, dass Einsatzkräfte in Zugstärke (mind. 16 Personen) am Einsatzort zur Verfügung stehen, ist faustformelartig erst bei einer Zahl von mehr als 40 Personen, die sich gleichzeitig in einer Nutzungseinheit aufhalten, eine nähere Prüfung erforderlich. Zu berücksichtigen sind dabei nicht nur die Zahl der zu rettenden Personen, sondern auch eventuelle Besonderheiten des Nutzerkreises (besondere Hilfsbedürftigkeit) und die Ausstattung der örtlichen Feuerwehr einschließlich der Möglichkeit, bei Bedarf kurzfristig weitere Feuerwehrkräfte einsetzen zu können. Eine entsprechende Forderung kommt bei Wohngebäuden und anderen Standardbauten regelmäßig nicht in Betracht.

36.3.3 Bedenken wegen der Personenrettung können auch bestehen, wenn sich die zu rettenden Personen nicht ohne weiteres bemerkbar machen können. Erforderlich ist daher, dass die Stelle, von der die Rettung und das „Bemerkbarmachen" erfolgen soll, auch für ältere und hilfsbedürftige Menschen gefahrlos erreichbar ist.

36.3.4 Zur Nutzung des öffentlichen Straßenraums als Fläche für die Feuerwehr siehe Nummer 5.1.3.

Begründung zu § 36

In § 36 sind die grundsätzlichen Regelungen zu den Rettungswegen enthalten, die den Einzelbestimmungen über die Rettungswege damit unmittelbar vorangestellt sind.

In Absatz 1 ist das Rettungswegsystem enthalten, wonach jede Nutzungseinheit in jedem Geschoss mit mindestens einem Aufenthaltsraum zwei voneinander unabhängige Rettungswege haben muss. Der Begriff „Nutzungseinheiten" ist durch die beispielhafte Nennung von Wohnungen, Praxen, selbstständigen Betriebsstätten verdeutlicht. Um das Erfordernis von Rettungswegen auszulösen, reicht ein Aufenthaltsraum aus; sind in einem Geschoss dagegen wie bei Technikgeschossen keine Aufenthaltsräume vorhanden, gilt die Forderung nach einem zweiten Rettungsweg nicht. Beide Rettungswege müssen aus dem Geschoss ins Freie führen. Zusätzlich ist jedoch klargestellt, dass beide Rettungswege innerhalb des Geschosses über denselben notwendigen Flur führen dürfen. Bei eingeschossigen ebenerdigen Nutzungseinheiten ist nach Satz 2 ein Rettungsweg ausreichend, wenn die Nutzungseinheit einen unmittelbaren Ausgang in das Freie hat, da in diesem Fall nicht die Gefahr eintreten kann, dass der Rettungsweg außerhalb der Nutzungseinheit unbenutzbar ist. Auch ist mit dieser Regelung ein inhaltlicher Widerspruch zu Satz 1 beseitigt, nach dem in Obergeschossen beide Rettungswege über denselben notwendigen Flur geführt werden dürfen, der auch ein Stichflur sein kann und damit nur eine Fluchtrichtung erlaubt. Mit dieser Regelung sind Abweichungsentscheidungen nicht mehr erforderlich.

In Absatz 2 sind die Regelungen für Nutzungseinheiten enthalten, die nicht zu ebener Erde liegen. Nach Satz 1 ist die Führung des ersten Rettungswegs über eine notwendige Treppe erforderlich, an die nach § 37 Abs. 3 nähere Anforderungen zu stellen sind. In Satz 2 ist der zweite Rettungsweg normiert. Dabei stehen zwei Möglichkeiten nebeneinander:

1. eine weitere notwendige Treppe oder
2. ein Rettungsweg, der mit Hilfe der Feuerwehr hergestellt wird.

Klarstellend ist festgelegt, dass die dafür erforderliche, mit Rettungsgeräten der Feuerwehr erreichbare Stelle eine Stelle in beziehungsweise an der Nutzungseinheit sein muss, auf die sich das Rettungswegsystem bezieht. Unter welchen Bedingungen die zweite Variante angewandt werden kann, ergibt sich aus Absatz 3. Nach Satz 3 ist der Verzicht auf einen zweiten Rettungsweg möglich, wenn ein Sicherheitstreppenraum hergestellt ist, der auch sicher erreichbar sein muss. Die Anforderungen an die sichere Erreichbarkeit ergeben sich aus § 39 Abs. 3.

In Absatz 3 sind Bedingungen für die Zulässigkeit des zweiten Rettungswegs über Rettungsgeräte der Feuerwehr enthalten. Voraussetzung ist nach Satz 1 auch, dass die Feuerwehr überhaupt über die erforderlichen Rettungsgeräte verfügt. Bei Gebäuden, bei denen die Oberkante der Brüstung von zum Anleitern bestimmten Fenstern oder Stellen mehr als 8 m über der Geländeoberfläche liegt, muss die Feuerwehr daher über Hubrettungsfahrzeuge verfügen. Weitere Voraussetzung ist die Erreichbarkeit der zum Anleitern bestimmten Stellen nach § 5.

Nach Satz 2 ist die Rettungswegführung über Rettungsgeräte der Feuerwehr nur zugelassen, wenn wegen der Personenrettung keine Bedenken bestehen. Solche Bedenken bestehen insbesondere bei Sonderbauten, bei denen wegen einer großen Zahl von Personen in einer Nutzungseinheit oder wegen einer erhöhten Hilfsbedürftigkeit der Personen, beispielsweise kranke oder behinderte Personen oder Kleinkinder, eine Rettung über die Feuerwehrleiter so erschwert ist, dass sie nicht oder nicht in vertretbarer Zeit durchgeführt werden kann. Für Gebäude, die keine Sonderbauten sind, werden dagegen nur in außergewöhnlichen Fällen Bedenken gegen den zweiten Rettungsweg über Rettungsgeräte der Feuerwehr bestehen.

§ 37
Treppen

(1) [1]Jedes nicht zu ebener Erde liegende Geschoss und der benutzbare Dachraum eines Gebäudes müssen über mindestens eine Treppe zugänglich sein (notwendige Treppe). [2]Statt notwendiger Treppen sind Rampen mit flacher Neigung zulässig.

(2) [1]Einschiebbare Treppen und Rolltreppen sind als notwendige Treppen unzulässig. [2]In Gebäuden der Gebäudeklassen 1 und 2 sind einschiebbare Treppen und Leitern als Zugang zu einem Dachraum ohne Aufenthaltsräume zulässig.

(3) [1]Notwendige Treppen sind in einem Zuge zu allen angeschlossenen Geschossen zu führen; sie müssen mit den Treppen zum Dachraum unmittelbar verbunden sein. [2]Dies gilt nicht für Treppen
1. in Gebäuden der Gebäudeklassen 1 und 2 und
2. nach § 38 Abs. 1 Satz 3 Nr. 2.

(4) [1]Die tragenden Teile notwendiger Treppen müssen in Gebäuden
1. der Gebäudeklasse 5 feuerhemmend und aus nichtbrennbaren Baustoffen,
2. der Gebäudeklasse 4 aus nichtbrennbaren Baustoffen und
3. der Gebäudeklasse 3 aus nichtbrennbaren Baustoffen oder feuerhemmend
sein. [2]Tragende Teile von Außentreppen nach § 38 Abs. 1 Satz 3 Nr. 3 für Gebäude der Gebäudeklassen 3 bis 5 müssen aus nichtbrennbaren Baustoffen bestehen.

(5) Die nutzbare Breite der Treppenläufe und Treppenabsätze notwendiger Treppen muss für den größten zu erwartenden Verkehr ausreichen.

(6) [1]Treppen müssen einen festen und griffsicheren Handlauf haben. [2]Für Treppen sind Handläufe auf beiden Seiten und Zwischenhandläufe vorzusehen, soweit die Verkehrssicherheit dies erfordert.

(7) Eine Treppe darf nicht unmittelbar hinter einer Tür beginnen, die in Richtung der Treppe aufschlägt; zwischen Treppe und Tür ist ein ausreichender Treppenabsatz anzuordnen.

Nr. 37 VollzBekThürBO

Schutzziel: Verkehrssicherheit (alle Treppen), Brandschutz (notwendige Treppen)

37.1.1 Soweit Rampen bei barrierefrei zu errichtenden Gebäuden notwendige Treppen ersetzen sollen, sind die Anforderungen der DIN 18040-1 bzw. DIN 18040-2 zu beachten.

37.1.2 Notwendige Treppen sichern die Zugänglichkeit nicht zu ebener Erde liegender Geschosse und nutzbarer Dachräume eines Gebäudes. Sie sind Teil des baulichen Rettungsweges.

Treppen	**GK 1**	**GK 2**	**GK 3**	**GK 4**	**GK 5**
Tragende Teile			A oder F 30-B	A	F 30-A
Tragende Teile von Außentreppen			A	A	A

37.3 Soweit notwendige Treppen in einem Zug zu führen sind, müssen sie im gleichen durchgehenden Treppenraum liegen. Wenn die Treppe zum Dachraum versetzt angeordnet ist, muss sie in unmittelbarer Verbindung zur Geschosstreppe angeordnet werden, ohne dass ein anderer Raum dazwischen liegt.

37.5 Der größte Verkehr ist im Evakuierungsfall zu erwarten, wenn Aufzüge bzw. ein zweiter Rettungsweg nicht nutzbar sind. Für die Ausbildung von Treppen in und an Gebäuden wird auf die als technische Baubestimmung eingeführten Normen DIN 18065, DIN 18040-1 und DIN 18040-2 hingewiesen. Der nachträgliche Einbau eines Treppenlifts ist bei Beachtung der Anlage A 4.2/1 ThürVVTB zulässig. Die Anwendung der DIN 18065 ist in Wohngebäuden der Gebäudeklassen 1 und 2 nicht vorgeschrieben.

37.6 Zur Vermeidung der Leiterwirkung an einem Treppengeländer sind die Anforderungen der DIN 18065 zu erfüllen.

Begründung zu § 37

Nach Absatz 1 Satz 1 müssen nicht zu ebener Erde liegende Geschosse über mindestens eine Treppe zugänglich sein. Diese Treppe ist als „notwendige Treppe“ bezeichnet. Weitere notwendige Treppen können wegen Überschreitung der Rettungsweglänge nach § 38 Abs. 2 Satz 1 erforderlich sein. Sind in der Thüringer Bauordnung und in den aufgrund der Thüringer Bauordnung erlassenen Rechtsvorschriften an Treppen besondere Anforderungen gestellt, beziehen sich diese in der Regel nur auf notwendige Treppen, nicht aber auf weitere Treppen, die beispielsweise aus gestalterischen Gründen oder zur Verbesserung der inneren Abläufe innerhalb des Gebäudes eingebaut werden.

Mit Absatz 2 ist die Verwendung einschiebbarer Treppen und Rolltreppen als notwendige Treppen untersagt, da deren jederzeitige gefahrlose Nutzung als Rettungsweg nicht gewährleistet ist. Dieses Verbot gilt nicht für Zugänge zum Dachraum von Gebäuden der Gebäudeklassen 1 und 2, wenn dieser keine Aufenthaltsräume aufweist, da hier mit einem überraschenden Einschieben der Treppe in der Regel nicht zu rechnen ist.

Nach Absatz 3 ist erforderlich, dass Treppen grundsätzlich in einem Zug zu allen angeschlossenen Geschossen zu führen sind. Die Forderung dient dem Zweck, Rettungswege möglichst kurz und übersichtlich zu halten. Da bei Gebäuden der Gebäudeklassen 1 und 2 und bei Maisonettetreppen mit der Anwesenheit überwiegend ortskundiger Personen zu rechnen ist, ist in diesen Fällen eine abweichende Führung der Treppen zulässig. Gebäude der Gebäudeklasse 3 sind von dieser Ausnahmeregelung herausgenommen, da nach § 38 Abs. 1 notwendige Treppen außer bei Gebäuden der Gebäudeklassen 1 und 2 in einem eigenen durchgehenden Treppenraum liegen müssen und damit in einem Zug zu führen sind. Bei der Errichtung von Gebäuden ist dies ohne Weiteres möglich. Beim Bauen im Bestand kommt in Fällen, in denen die Erfüllung dieser Anforderung zu einem unverhältnismäßigen Mehraufwand führen würde, die Zulassung einer Abweichung in Betracht.

In Absatz 4 sind die Brandschutzanforderungen an die tragenden Teile notwendiger Treppen enthalten, die innerhalb von Gebäuden liegen. Tragende Teile von Außentreppen, die als notwendige Treppe nach § 38 Abs. 1 Satz 3 Nr. 3 ohne Treppenraum zulässig sind, müssen nach Satz 2 bei Gebäuden der Gebäudeklassen 3 bis 5 nur nichtbrennbar sein.

Mit Absatz 5 ist bestimmt, dass Treppen für den größten zu erwartenden Verkehr ausreichend breit sein müssen. Konkrete Maßangaben sind in der als Technische Baubestimmung eingeführten DIN 18065 – Gebäudetreppen – enthalten. Für Versammlungsstätten ist in § 7 Abs. 4 der Muster-Versammlungsstättenverordnung, Fassung Juni 2005, zuletzt geändert durch Beschluss der Fachkommission Bauaufsicht vom Juli 2014, zu finden auf der Internetseite der Bauministerkonferenz, eine Berechnungsmöglichkeit enthalten, die für die Beurteilung genutzt werden kann.

Mit den Absätzen 6 und 7 ist der sicheren Benutzbarkeit der Treppen gedient. Auch zu diesen Grundanforderungen sind in der DIN 18065 ergänzende Regelungen enthalten.

ThürOVG zu § 37[9]

§ 37 ThürBO ist für Baulichkeiten wie einen Theaterzuschauerraum und die darin vorhandenen Treppenstufen nicht einschlägig.
(Thüringer Oberlandesgericht, Beschluss vom 6. Oktober 2005 – 4 U 882/05 –, juris, Rn. 8)

9 Leitsätze wurden vom Herausgeber entweder selbst erstellt oder redaktionell verändert bzw. an die aktuelle Gesetzesfassung angepasst.

§ 38
Notwendige Treppenräume, Ausgänge

(1) [1]Jede notwendige Treppe muss zur Sicherstellung der Rettungswege aus den Geschossen ins Freie in einem eigenen, durchgehenden Treppenraum liegen (notwendiger Treppenraum). [2]Notwendige Treppenräume müssen so angeordnet und ausgebildet sein, dass die Nutzung der notwendigen Treppen im Brandfall ausreichend lang möglich ist. [3]Notwendige Treppen sind ohne eigenen Treppenraum zulässig
1. in Gebäuden der Gebäudeklassen 1 und 2,
2. für die Verbindung von höchstens zwei Geschossen innerhalb derselben Nutzungseinheit von insgesamt nicht mehr als 200 m² Grundfläche, wenn in jedem Geschoss ein anderer Rettungsweg erreicht werden kann,
3. als Außentreppe, wenn ihre Benutzung ausreichend sicher ist und im Brandfall nicht gefährdet werden kann und
4. innerhalb von Wohnungen.

(2) [1]Von jeder Stelle eines Aufenthaltsraumes und eines Kellergeschosses muss mindestens ein Ausgang in einen notwendigen Treppenraum oder ins Freie in höchstens 35 m Entfernung erreichbar sein. [2]Übereinanderliegende Kellergeschosse müssen jeweils mindestens zwei Ausgänge in notwendige Treppenräume oder ins Freie haben. [3]Sind mehrere notwendige Treppenräume erforderlich, müssen sie so verteilt sein, dass sie möglichst entgegengesetzt liegen und dass die Rettungswege möglichst kurz sind.

(3) [1]Jeder notwendige Treppenraum muss einen unmittelbaren Ausgang ins Freie haben. [2]Sofern der Ausgang eines notwendigen Treppenraumes nicht unmittelbar ins Freie führt, muss der Raum zwischen dem notwendigen Treppenraum und dem Ausgang ins Freie
1. mindestens so breit sein wie die dazugehörigen Treppenläufe,
2. Wände haben, die die Anforderungen an die Wände des Treppenraumes erfüllen,
3. rauchdichte und selbstschließende Abschlüsse zu notwendigen Fluren haben und
4. ohne Öffnungen zu anderen Räumen, ausgenommen zu notwendigen Fluren, sein.

(4) [1]Die Wände notwendiger Treppenräume müssen als raumabschließende Bauteile in Gebäuden
1. der Gebäudeklasse 5 die Bauart von Brandwänden haben,
2. der Gebäudeklasse 4 auch unter zusätzlicher mechanischer Beanspruchung hochfeuerhemmend sein und
3. der Gebäudeklasse 3 feuerhemmend sein.

[2]Dies ist nicht erforderlich für Außenwände von Treppenräumen, die aus nichtbrennbaren Baustoffen bestehen und durch andere an diese Außenwände an-

schließende Gebäudeteile im Brandfall nicht gefährdet werden können. [3]Der obere Abschluss notwendiger Treppenräume muss als raumabschließendes Bauteil die Feuerwiderstandsfähigkeit der Decken des Gebäudes haben; dies gilt nicht, wenn der obere Abschluss das Dach ist und die Treppenraumwände bis unter die Dachhaut reichen.

(5) In notwendigen Treppenräumen und in Räumen nach Absatz 3 Satz 2 müssen
1. Bekleidungen, Putze, Dämmstoffe, Unterdecken und Einbauten aus nichtbrennbaren Baustoffen bestehen,
2. Wände und Decken aus brennbaren Baustoffen eine Bekleidung aus nichtbrennbaren Baustoffen in ausreichender Dicke haben und
3. Bodenbeläge, ausgenommen Gleitschutzprofile, aus mindestens schwer entflammbaren Baustoffen bestehen.

(6) [1]In notwendigen Treppenräumen müssen Öffnungen
1. zu Kellergeschossen, zu nicht ausgebauten Dachräumen, Werkstätten, Läden, Lager- und ähnlichen Räumen sowie zu sonstigen Räumen und Nutzungseinheiten mit einer Fläche von mehr als 200 m² Grundfläche, ausgenommen Wohnungen, mindestens feuerhemmende, rauchdichte und selbstschließende Abschlüsse,
2. zu notwendigen Fluren rauchdichte und selbstschließende Abschlüsse und
3. zu sonstigen Räumen und Nutzungseinheiten mindestens dicht- und selbstschließende Abschlüsse

haben. [2]Die Feuerschutz- und Rauchschutzabschlüsse dürfen lichtdurchlässige Seitenteile und Oberlichte enthalten, wenn der Abschluss insgesamt nicht breiter als 2,50 m ist.

(7) [1]Notwendige Treppenräume müssen zu beleuchten sein. [2]Notwendige Treppenräume ohne Fenster müssen in Gebäuden mit einer Höhe nach § 2 Abs. 3 Satz 2 von mehr als 13 m eine Sicherheitsbeleuchtung haben.

(8) [1]Notwendige Treppenräume müssen belüftet und zur Unterstützung wirksamer Löscharbeiten entraucht werden können. [2]Sie müssen
1. in jedem oberirdischen Geschoss unmittelbar ins Freie führende Fenster mit einem freien Querschnitt von mindestens 0,50 m² Fläche haben, die geöffnet werden können, oder
2. an der obersten Stelle eine Öffnung zur Rauchableitung haben.

[3]In den Fällen des Satzes 2 Nr. 1 ist in Gebäuden der Gebäudeklasse 5 an der obersten Stelle eine Öffnung zur Rauchableitung erforderlich; in den Fällen des Satzes 2 Nr. 2 sind in Gebäuden der Gebäudeklassen 4 und 5, soweit dies zur Erfüllung der Anforderungen nach Satz 1 erforderlich ist, Vorkehrungen zu treffen. [4]Öffnungen zur Rauchableitung nach den Sätzen 2 und 3 müssen in jedem Treppenraum einen freien Querschnitt von mindestens 1 m² Fläche und Vorrichtungen zum Öffnen ihrer Abschlüsse haben, die vom Erdgeschoss sowie vom obersten

Treppenabsatz aus bedient werden können. [5]Die Sätze 2 und 3 gelten nicht für notwendige Treppenräume mit Druckbelüftungsanlagen.

Nr. 38 VollzBekThürBO

Schutzziel: ausreichend lange Nutzung der notwendigen Treppen im Brandfall

Notwendige Treppenräume, Ausgänge	**GK 1**	**GK 2**	**GK 3**	**GK 4**	**GK 5**
Wände			F 30	F 60-BA+M	F 90-A+M
Oberer Abschluss, wenn er nicht Dach ist u. Treppenraumwände bis unter Dachhaut reichen			F 30	F 60-BA	F 90-AB
Bekleidungen, Putze, Dämmstoffe, Unterdecken und Einbauten, insbesondere Bekleidungen von Wänden und Decken aus brennbaren Stoffen			A	A	A
Bodenbeläge, ausgenommen Gleitschutzprofile			B 1	B 1	B 1
Abschlüsse von Öffnungen					
Zu Kellergeschossen, nicht ausgebauten Dachräumen, Werkstätten, Läden, Lagerräumen sowie zu sonstigen Räumen und Nutzungseinheiten mit einer Fläche > 200 m², ausgenommen Wohnungen			T 30-RS	T 30-RS	T 30-RS
Zu notwendigen Fluren			RS	RS	RS
Zu sonstigen Räumen und Nutzungseinheiten (Wohnungen)			dicht u. selbstschließend	dicht u. selbstschließend	dicht u. selbstschließend

Arten notwendiger Treppenräume im Nichtsonderbau (Standardbau) ohne Sicherheitstreppenräume			
mit Fenster		ohne Fenster	
GK 3+4 – öffenbare Fenster mit freiem Querschnitt von mind. 0,5 m² pro Geschoss	GK 5 – öffenbare Fenster mit freiem Querschnitt von mind. 0,5 m² pro Geschoss – Öffnung zur Rauchableitung an oberster Stelle mit freiem Querschnitt von mind. 1 m², Öffnungsvorrichtungen in EG und oberstem Treppenabsatz	GK 3 – Öffnung zur Rauchableitung an oberster Stelle mit freiem Querschnitt von mind. 1 m², Öffnungsvorrichtungen in EG und oberstem Treppenabsatz	GK 4+5 – Öffnung zur Rauchableitung an oberster Stelle mit freiem Querschnitt von mind. 1 m², Öffnungsvorrichtungen in EG und oberstem Treppenabsatz – soweit dies zur Erfüllung der Anforderungen an Belüftung und Entrauchung erforderlich ist besondere Vorkehrungen, z. B. a) Vorraum b) qualifizierte Abschlüsse c) Druckbelüftung

38.1 Der eigene, durchgehende Treppenraum

Nach Satz 1 muss jede notwendige Treppe in einem eigenen und somit geschlossenen Treppenraum liegen. Ausnahmen regelt Satz 3 für Gebäude der GK 1 und 2, die Verbindung von höchstens zwei Geschossen derselben Nutzungseinheit (siehe auch Nummer 2.3.4 zu Galerien), für Außentreppen sowie für Wohnungen.

Die Forderung nach einem durchgehenden Treppenraum trägt der vorgeschriebenen Treppenführung in einem Zuge zu allen angeschlossenen Geschossen entsprechend § 37 Abs. 3 Rechnung.

Notwendige Außentreppen müssen auch unter winterlichen Bedingungen uneingeschränkt begehbar sein. Ein möglicher Feuerüberschlag aus Außenwandöffnungen darf die Nutzung im Brandfall nicht einschränken.

38.2 Lage und Anzahl notwendiger Treppenräume ergeben sich insbesondere aus der festgesetzten maximalen Fluchtweglänge. Zur Sicherung kurzer Rettungswege und alternativer Fluchtrichtungen sind mehrere notwendige Treppenräume möglichst entgegengesetzt anzuordnen.

38.3 Die Anforderungen an Ausgänge notwendiger Treppenräume bzw. Räume zwischen Treppenraum und Ausgang ins Freie werden im Einzelnen beschrieben. Vorräume dürfen Öffnungen zu Aufzügen haben, wenn Aufzüge innerhalb des Treppenraums ohne eigenen Fahrschacht nach § 42 Abs. 1 Satz 3 Nr. 1 zulässig wären.

38.6 Eine Tür ist dann dichtschließend, wenn sie ein formstabiles Türblatt hat und mit einer dreiseitig umlaufenden dauerelastischen Dichtung ausgestattet ist, die aufgrund ihrer Form (Lippen-/Schlauchdichtung) und des Dichtungsweges bei der geschlossenen Tür sowohl an der Zarge als auch am Türflügel anliegt. Verglasungen in diesen Abschlüssen sind zulässig. Als rauchdicht bzw. Rauchschutzabschlüsse (RS) gelten Abschlüsse, wenn sie der DIN 18095 entsprechen.

38.7 Entsprechend der Funktion als Rettungsweg ist für notwendige Treppenräume eine Beleuchtung erforderlich, um die notwendige Orientierung zu gewährleisten. Sind keine Fenster vorhanden, ist in Gebäuden mit einer Höhe von mehr als 13 m zudem eine Sicherheitsbeleuchtung erforderlich. Die Beleuchtungsstärke in den Achsen der Rettungswege muss mindestens 1 Lux betragen.

38.8 Das der Rauchableitung zugrundeliegende Schutzziel ist die Unterstützung wirksamer Löscharbeiten durch die Feuerwehr. Die Evakuierung von Personen wird allein durch Maßnahmen der inneren Abschottung, der Gestaltung der Rettungswege und durch organisatorische Maßnahmen (ggf. in Verbindung mit anlagentechnischen Maßnahmen) sichergestellt.

38.8.1 Die Anforderungen an die Belüftung und Rauchableitung werden in der Regel durch öffenbare Fenster und/oder, wenn nicht vorhanden, eine Rauchableitungsöffnung an oberster Stelle mit manueller Bedienung erfüllt. Fenster dienen der Belüftung, Belichtung sowie der Rauchableitung und in Verbindung mit der geöffneten Haustür ggf. auch als Zuluftöffnung. Öffnungen zur Rauchableitung müssen im Erdgeschoss eine gleich große Zuluftöffnung haben (i. d. R. die offene Haustür entsprechender Größe mit Feststellvorrichtung). Das Öffnen der Rauchableitungsöffnung erfolgt in der Regel durch die Feuerwehr, da die Entrauchung des Treppenraums der Unterstützung wirksamer Löscharbeiten dient. Öffnungen zur Rauchableitung, die keine Rauch- und Wärmeabzugsanlagen nach DIN 18232/12101-2 sind, müssen nicht mit Funktionserhalt ausgeführt werden und unterliegen nicht einer wiederkehrenden Prüfpflicht. Unabhängig davon ist im Brandfall bei Betätigung der Auslösevorrichtung das sichere Öffnen der Rauchableitung zu gewährleisten.

Für notwendige Treppenräume ohne Fenster können bei Gebäuden der GK 4 und 5 nach Satz 3 HS 2 im Einzelfall ggf. besondere Vorkehrungen notwendig werden, um eine Belüftung und Entrauchung zur Unterstützung wirksamer Löscharbeiten sicherzustellen. Zusätzliche Maßnahmen können den Raucheintritt aus anschließenden Nutzungseinheiten begrenzen. Angesichts des vergleichbaren Risikoprofils notwendiger Treppenräume mit und ohne Fenster müssen zusätzliche Maßnahmen begründet und verhältnismäßig sein. In Abhängigkeit von der Gebäudenutzung, der Anzahl der Personen in den Nutzungseinheiten etc. und der weiteren brandschutztechnischen Ausstattung kommen z. B. folgende zusätzliche Maßnahmen in Betracht:

a) Der Treppenraum darf aus den Geschossen nur über einen **Vorraum oder einen notwendigen Flur** zugänglich sein. Der Vorraum darf weitere Öffnungen nur zu Aufzügen und zu Sanitärräumen haben. Im Übrigen hat er die Anforderungen an notwendige Flure zu erfüllen.
b) Ein Vorraum oder Flur ist nicht erforderlich, wenn zum Treppenraum rauchdichte und selbstschließende Türen in der Feuerwiderstandsklasse T 30 als **qualifizierte Abschlüsse** vorhanden sind. Diese Lösung ist i. d. R. auf Gebäude mit nicht mehr als 10 Wohnungen oder Nutzungseinheiten von nicht mehr als 200 m² beschränkt.
c) Ein Vorraum oder Flur ist nicht erforderlich, wenn der Eintritt von Rauch in den Treppenraum durch Anlagen zur Erzeugung von Überdruck verhindert wird. **Druckbelüftungsanlagen** müssen so bemessen und beschaffen sein, dass die Luft auch bei geöffneten Türen zu dem vom Brand betroffenen Geschoss auch unter ungünstigen klimatischen Bedingungen entgegen der Fluchtrichtung strömt. Die Abströmgeschwindigkeit der Luft durch die geöffnete Tür des Treppenraums muss mindestens 2,0 m/s betragen. Die maximale Türöffnungskraft an den Türen darf höchstens 100 N betragen. Druckbelüftungsanlagen müssen durch die Brandmeldeanlage automatisch ausgelöst werden. Geeignete Abströmöffnungen sind vorzusehen. Die Anforderungen an notwendige Treppenräume ohne Fenster der GK 4 und 5 sind geringer als bei Sicherheitstreppenräumen, da ein zweiter Rettungsweg zur Verfügung steht.

Sofern sicherheitstechnische Anlagen wie Druckbelüftungsanlagen baurechtlich gefordert werden, sind diese entsprechend der ThürTechPrüfVO prüfpflichtig. Für alle Sicherheitseinrichtungen des Treppenraums ist eine Ersatzstromversorgungsanlage (Ersatzstromanlage) vorzuhalten, die sich bei Ausfall der allgemeinen Stromversorgung selbsttätig innerhalb von 15 Sekunden einschaltet. Die Ersatzstromanlage ist für eine Betriebsdauer von mindestens 60 Minuten auszulegen; bei Wohngebäuden mit nicht mehr als 10 Wohnungen pro Treppenraum genügt eine Betriebsdauer von mindestens 30 Minuten.

Anstelle einer Ersatzstromanlage können ggf. auch zwei voneinander unabhängige Netzeinspeisungen angeordnet werden (keine „Sprinklerschaltung").

Das Lüftungs- und Entrauchungserfordernis entfällt, wenn mittels Druckbelüftungsanlagen nach Anhang 14 der Anlage zur ThürVVTB der Treppenraum von Rauch freigehalten wird. Eine gesonderte Abweichung ist nicht erforderlich.

Begründung zu § 38

In § 38 sind Anforderungen an notwendige Treppenräume und an Ausgänge enthalten.

In Absatz 1 Satz 1 ist die Aufgabe notwendiger Treppenräume beschrieben, mithin die Sicherstellung der Rettungswege aus den Geschossen ins Freie. Dabei ist auch klargestellt, dass für andere als notwendige Treppen kein Treppenraum erforderlich ist. Soweit die durch andere als notwendige Treppen entstehenden Deckenöffnungen unzulässig sind, kann die Gestattung einer Abweichung von § 34 Abs. 4 die Herstellung eines vergleichbaren Raumabschlusses zwischen den Geschossen in der Art eines Treppenraums voraussetzen.

In Satz 2 ist das Schutzziel der an notwendige Treppenräume gestellten Brandschutzanforderungen enthalten.

Mit Satz 3 sind in vier Fällen notwendige Treppen ohne eigenen Treppenraum zugelassen:

1. in Gebäuden der Gebäudeklassen 1 und 2,
2. zur inneren Verbindung von zweigeschossigen Nutzungseinheiten, wenn in jedem Geschoss ein anderer Rettungsweg erreicht werden kann,
3. für Außentreppen, deren Benutzung ausreichend sicher ist und die im Brandfall vom Feuer nicht beaufschlagt werden können,
4. innerhalb von Wohnungen.

Ein anderer Rettungsweg nach Nummer 2 ist der Ausgang in einen notwendigen Treppenraum oder eine anleiterbare Stelle, soweit diese nach § 33 Abs. 3 zulässig ist. Außentreppen nach Nummer 3 dürfen im Brandfall nicht durch Feuer beaufschlagt werden können; dazu sind sie etwa vor geschlossenen Wandscheiben mit Feuerwiderstandsfähigkeit und nicht vor Fenstern anzuordnen. Die Forderung einer ausreichend sicheren Benutzung stellt auf die verkehrssichere Nutzung, beispielsweise auch unter winterlichen Witterungseinflüssen, ab. Mit Nummer 4 ist eine Erleichterung gegenüber der Regelung in Nummer 2 vorgesehen, die gerechtfertigt ist, da bei Wohnungen die Rettungswegführung den Nutzerinnen und Nutzern bekannt ist und Wohnungen in der Regel auch kleiner sind, als die in Nummer 2 genannte Grenze von 200 m^2 Grundfläche.

In Absatz 2 sind Anforderungen an die Lage und Zahl notwendiger Treppenräume enthalten, die sich insbesondere aus der Rettungsweglänge ergeben. Ergänzend ist verlangt, dass mehrere notwendige Treppenräume möglichst entgegengesetzt liegen sollen, um im Rahmen der Möglichkeiten eine alternative Fluchtrichtung zu erhalten.

In Absatz 3 sind Anforderungen an die Ausgänge von notwendigen Treppenräumen ins Freie beziehungsweise an Flächen zwischen notwendigem Treppenraum und Ausgang ins Freie enthalten. Auf das Erfordernis einer Lage von notwendigen Treppenräumen an einer Außenwand wurde verzichtet.

Mit Absatz 4 sind die Anforderungen an die Wände notwendiger Treppenräume und den oberen Abschluss des Treppenraums bestimmt. Die Anforderungen an die Wände wurden mit Satz 1 Nr. 2 und 3 für Gebäude der Gebäudeklassen 3 und 4 auf die erforderliche Feuerwiderstandsfähigkeit der jeweiligen Tragkonstruktion reduziert. In der Gebäudeklasse 4 ist neben der Feuerwiderstandsklasse „hochfeuerhemmend" verlangt, dass diese auch unter zusätzlicher mechanischer Beanspruchung gewährleistet sein muss. Die Anforderungen an den oberen Abschluss sind den Anforderungen an Decken des Gebäudes gleichgeschaltet und übernehmen damit diese Erleichterung für Gebäude der Gebäudeklasse 4.

In Absatz 5 sind die Anforderungen an die treppenhausseitigen Baustoffe enthalten. Für Wände, die aus brennbaren Baustoffen zulässig sind, das betrifft feuerhemmende Wände, vergleiche Absatz 4, ist erforderlich, dass sie eine Bekleidung aus nichtbrennbaren Baustoffen in ausreichender Dicke erhalten. Für die ebenfalls zulässigen hochfeuerhemmenden Wände ergibt sich das bereits aus der standardmäßig erforderlichen Brandschutzbekleidung, vergleiche § 29 Abs. 2 Satz 2 Nr. 3.

Mit Absatz 6 sind Anforderungen an die Öffnungen in den raumabschließenden Bauteilen von notwendigen Treppenräumen geregelt. Für die Türen zu sonstigen Räumen und Nutzungseinheiten nach Satz 1 Nr. 3, das sind insbesondere Wohnungen und Nutzungseinheiten mit weniger als 200 m², wurde die bisher geltende Anforderung „dichtschließend" beibehalten; diese Eigenschaft ist mit einer dreiseitig umlaufenden Dichtung erreicht und bedarf keines formellen Nachweises.

Mit Absatz 7 ist zur sicheren Benutzbarkeit von notwendigen Treppenräumen bestimmt, dass sie zu beleuchten sind und bei höheren Gebäuden mit einem in der Regel auch größeren Kreis von Benutzerinnen und Benutzern den zusätzlichen Einbau einer Sicherheitsbeleuchtung. Bei dem Erfordernis des Vorhandenseins einer Sicherheitsbeleuchtung ist nicht zwischen außenliegenden und innenliegenden Treppenräumen differenziert. Auch bei außenliegenden Treppenräumen ist eine zusätzliche Lichtquelle zur Vermeidung von Stürzen erforderlich, da bei Dunkelheit kein Licht von außen den Treppenraum beleuchtet.

In Absatz 8 sind die Anforderungen an die Belüftung und Rauchableitung enthalten, in Satz 1 die Grundanforderung. Mit der Regelung nach Satz 2 wurde zwischen notwendigen Treppenräumen mit Fenstern und ohne Fenster unterschieden. Die Fenster dienen der Belüftung und Belichtung sowie der Rauchableitung und – in Verbindung mit der geöffneten Haustür – als Nachströmöffnung für die Zuluft. Mit dem Begriff „Öffnung zur Rauchableitung" soll klargestellt sein, dass keine Rauchabzugsanlage und auch keine automatische Einschaltung zu verlangen sind; das Öffnen erfolgt in der Regel durch die Feuerwehr. Zur Erfüllung der Grundanforderung sind nach Satz 3 in Abhängigkeit von der Gebäudeklasse und der Beschaffenheit des Treppenraums zusätzliche Maßnahmen erforderlich. Diese können beispielsweise darin bestehen, dass der Raucheintritt aus anschließenden Nutzungseinheiten durch Anordnung notwendiger Flure und Vorräume sowie qualifizierte Abschlüsse begrenzt und die Zuluftzufuhr verstärkt wird, gegebenenfalls durch maschinelle Spülluft. Mit Satz 4 ist die Mindestgröße der Öffnungen für die Rauchableitung bestimmt und die Bedienung der Abschlüsse dieser Öffnungen geregelt. Die Formulierung in Satz 5 dient der Klarstellung für die Fälle, in denen in notwendige Treppenräume Druckbelüftungsanlagen eingebaut werden.

Die Regelung nach Satz 2, wonach in jedem Geschoss Fenster oder an der obersten Stelle des Treppenraumes eine Öffnung zur Rauchableitung vorzusehen sind, ist für Sicherheitstreppenräume nach § 36 Abs. 2 Satz 3 nicht sachgerecht, weil in diese Treppenräume Feuer und Rauch nicht eindringen dürfen. Weil in solchen Treppenräumen zur Verhinderung des Eindringens von Feuer und Rauch Druckbelüftungsanlagen vorgesehen werden müssen – eine andere anlagentechnische oder bauliche Lösung zu Verhinderung des Eintritts von Feuer und Rauch ist nicht bekannt –, ist eine (zusätzliche) Öffnung im Sinne des Satzes 2 sogar kontraproduktiv. Eine solche zusätzliche Öffnung könnte die bestimmungsgemäße Funktion der Druckbelüftungsanlage, die ihrerseits bereits funktionsbedingt über eine entsprechend bemessene Abströmmöglichkeit, beispielsweise im Brandgeschoss, verfügen muss, behindern. In solchen Fällen wären Abweichungsentscheidungen erforderlich. Dies ist durch die Aufnahme der Regelung in Satz 5 vermieden.

§ 39
Notwendige Flure, offene Gänge

(1) [1]Flure, über die Rettungswege aus Aufenthaltsräumen oder aus Nutzungseinheiten mit Aufenthaltsräumen in notwendige Treppenräume oder ins Freie führen (notwendige Flure), müssen so angeordnet und ausgebildet sein, dass die Nutzung im Brandfall ausreichend lang möglich ist. [2]Notwendige Flure sind nicht erforderlich
1. in Wohngebäuden der Gebäudeklassen 1 und 2,
2. in sonstigen Gebäuden der Gebäudeklassen 1 und 2, ausgenommen in Kellergeschossen,
3. innerhalb von Nutzungseinheiten mit nicht mehr als 200 m² Grundfläche und innerhalb von Wohnungen und
4. innerhalb von Nutzungseinheiten, die einer Büro- oder Verwaltungsnutzung dienen, mit nicht mehr als 400 m² Grundfläche; das gilt auch für Teile größerer Nutzungseinheiten, wenn diese Teile nicht größer als 400 m² Grundfläche sind, Trennwände nach § 32 Abs. 2 Nr. 1 haben und jeder Teil unabhängig von anderen Teilen Rettungswege nach § 36 Abs. 1 hat.

(2) [1]Notwendige Flure müssen so breit sein, dass sie für den größten zu erwartenden Verkehr ausreichen. [2]In den Fluren ist eine Folge von weniger als drei Stufen unzulässig.

(3) [1]Notwendige Flure sind durch nichtabschließbare rauchdichte und selbstschließende Abschlüsse in Rauchabschnitte zu unterteilen. [2]Die Rauchabschnitte dürfen nicht länger als 30 m sein; soweit über notwendige Flure beide Rettungswege in nur einer Fluchtrichtung (Stichflur) geführt werden, dürfen sie nicht länger als 15 m sein. [3]Die Abschlüsse sind bis an die Rohdecke zu führen; sie dürfen bis an die Unterdecke der Flure geführt werden, wenn die Unterdecke feuerhemmend ist. [4]Notwendige Flure mit nur einer Fluchtrichtung, die zu einem Sicherheitstreppenraum führen, dürfen nicht länger als 15 m sein. [5]Die Sätze 1 bis 4 gelten nicht für offene Gänge nach Absatz 5.

(4) [1]Die Wände notwendiger Flure müssen als raumabschließende Bauteile feuerhemmend, in Kellergeschossen, deren tragende und aussteifende Bauteile feuerbeständig sein müssen, feuerbeständig sein. [2]Die Wände sind bis an die Rohdecke zu führen. [3]Sie dürfen bis an die Unterdecke der Flure geführt werden, wenn die Unterdecke feuerhemmend und ein demjenigen nach Satz 1 vergleichbarer Raumabschluss sichergestellt ist. [4]Türen in diesen Wänden müssen dicht schließen; Öffnungen zu Lagerbereichen im Kellergeschoss müssen feuerhemmende, dicht- und selbstschließende Abschlüsse haben.

(5) [1]Für Wände und Brüstungen notwendiger Flure mit nur einer Fluchtrichtung, die als offene Gänge vor den Außenwänden angeordnet sind, gilt Absatz 4 ent-

sprechend. [2]Fenster sind in diesen Außenwänden ab einer Brüstungshöhe von 0,90 m zulässig.

(6) In notwendigen Fluren sowie in offenen Gängen nach Absatz 5 müssen
1. **Bekleidungen, Putze, Unterdecken und Dämmstoffe aus nichtbrennbaren Baustoffen bestehen und**
2. **Wände und Decken aus brennbaren Baustoffen eine Bekleidung aus nichtbrennbaren Baustoffen in ausreichender Dicke haben.**

Nr. 39 VollzBekThürBO

Vorhandene Flure, die Teil des Rettungsweges sind, sind notwendige Flure und haben die entsprechenden Anforderungen zu erfüllen. Ggf. vorgesehene, aber nicht als Rettungsweg benötigte (nicht notwendige) Flure müssen die Anforderungen des § 39 nicht erfüllen. Auch in anderen Gebäuden können notwendige Flure entfallen, wenn die Verbindung der Treppenräume zu den Nutzungseinheiten ohne Flure erfolgt (siehe dazu Nummer 38).

Schutzziel: ausreichend lange Nutzung im Brandfall

Notwendige Flure, offene Gänge	**GK 1**	**GK 2**	**GK 3*)**	**GK 4*)**	**GK 5*)**
Wände notwendiger Flure	X	X	F 30	F 30	F 30
Wände und Brüstungen notwendiger Flure mit nur einer Fluchtrichtung, die als offene Gänge vor den Außenwänden angeordnet sind			F 30	F 30	F 30
Wände in Kellergeschossen ausgenommen Wohngebäude der GK 1 und 2			F 90-AB	F 90-AB	F 90-AB
Türen in Wänden notwendiger Flure			dichtschließend	dichtschließend	dichtschließend
Türen zur Teilung notwendiger Flure in Rauchabschnitte von max. 30 m Länge			RS, nicht abschließbar	RS, nicht abschließbar	RS, nicht abschließbar
Öffnungen in Wänden notwendiger Flure zu Lagerbereichen im Kellergeschoss			T 30 dicht- u. selbstschließend	T 30 dicht- u. selbstschließend	T 30 dicht- u. selbstschließend
Bekleidungen, Putz, Unterdecken, Dämmstoffe sowie Oberflächen von Wänden und Decken			A	A	A

*) Gilt nicht innerhalb von Nutzungseinheiten bis 200 m² und Wohnungen sowie Büroeinheiten bis 400 m².

39.3 Eine Unterteilung notwendiger Flure ist erst bei einer Länge von über 30 m erforderlich. Werden über notwendige Flure beide Rettungswege in nur einer Fluchtrichtung (Stichflur) geführt, ist eine Unterteilung bei mehr als 15 m erforderlich; soweit an den Nutzungseinheiten angeleitert werden kann, gilt die Anforderung nicht, da dann nicht beide Rettungswege über den Stichflur geführt werden.

39.4 An feststehende Verglasungen wie Lichtöffnungen in Innenwänden notwendiger Flure sind Anforderungen wie an Flurwände zu stellen. Dabei sind in der Regel feuerhemmende Verglasungen (F 30) zu verwenden. Verglasungen der Feuerwiderstandsklasse G 30 nach DIN 4102 Teil 5 in Trennwänden von notwendigen Fluren sind zulässig, wenn sie mit der Unterkante mindestens 1,80 m über dem Fußboden angeordnet sind.

39.6 Aus der Anforderung der Nichtbrennbarkeit der Oberflächen von Wänden und Decken ergibt sich unter Berücksichtigung des Schutzziels der ausreichend langen Nutzbarkeit im Brandfall eine Minimierung von Brandlasten und Brandentstehungsgefahren. Daraus ist abzuleiten, dass notwendige Flure von Brandlasten weitgehend freigehalten werden sollten. Baustoffeigenschaften für Bodenbeläge sind nicht geregelt. Aus der Systematik des § 38 Abs. 5 Nr. 3 ergibt sich, dass mindestens schwerentflammbare Baustoffe jedenfalls ausreichen. Weitergehende Anforderungen können sich aus dem Brandschutzkonzept ergeben.

Begründung zu § 39

In Absatz 1 Satz 1 sind die Funktionsbeschreibung sowie das Schutzziel enthalten, dass notwendige Flure so angeordnet und ausgebildet sein müssen, dass die Nutzung im Brandfall ausreichend lang möglich ist. Mit Satz 2 sind bestimmte Fälle vom Erfordernis der Ausbildung notwendiger Flure ausgenommen, bei denen von einem kleinen Kreis von Benutzerinnen und Benutzern und einer aufgrund der geringen Größe der Nutzungseinheiten guten Erreichbarkeit der notwendigen Treppenräume oder der Ausgänge ins Freie auszugehen ist. Die Größenbegrenzung von 200 m² Grundfläche nach Nummer 3 gilt nicht für Wohnungen, sondern nur für andere Nutzungseinheiten.

Mit Absatz 2 ist, wie nach § 37 Abs. 5, verlangt, dass die Breite des Rettungswegs, hier von notwendigen Fluren, für den größten zu erwartenden Verkehr ausreicht. Jedenfalls dann, wenn die Nutzung des Flurs als Rettungsweg durch aus anschließenden Räumen kommende Personen oder in den Rettungsweg aufschlagende Türen beeinträchtigt werden kann, muss die Breite der Flure größer sein als die Breite der Treppen.

In Absatz 3 ist die Unterteilung langer Flure durch Rauchabschlüsse in Rauchabschnitte geregelt. Bisher wurde lediglich aufgrund des Satzes 4 die Länge der notwendigen Flure mit nur einer Fluchtrichtung, sogenannte Stichflure, zu Sicherheitstreppenräumen begrenzt. Fallkonstellationen, in denen beide Rettungswege in einer Richtung über den notwendigen Flur zu zwei voneinander unabhängigen Treppenräumen führen, waren nicht geregelt. Bei einem Rauchabschnitt von 30 m Länge wurde davon ausgegangen, dass eine Person von der Mitte eines Flures bis zum nächsten Rauchabschnitt höchstens 15 m zurücklegen muss. Die Ergänzung des Satzes 2 soll bewirken, dass der durch einen möglicherweise verrauchten Flurabschnitt zurückzulegende Weg in jedem Fall nicht länger als 15 m ist. Stichflure dürfen zwar weiterhin länger als 15 m sein, müssen aber risikogerecht in höchstens 15 m lange Rauchabschnitte unterteilt werden. Damit sind Lösungen, insbesondere bei Umbauten im Bestand, ohne die Erteilung von Abweichungen möglich. Dagegen sollen Stichflure, die zu einem Sicherheitstreppenraum führen, wegen des höheren Risikos nach Satz 4 weiterhin höchstens 15 m lang sein. Sind die Nutzungseinheiten, deren Ausgänge zum Stichflur führen, auch mit Rettungsgeräten der Feuerwehr erreichbar, bedarf es einer Unterteilung in höchstens 15 m lange Rauchabschnitte nicht, weil nicht beide Rettungswege über diesen Stichflur führen. Um auszuschließen, dass eine Rauchausbreitung oberhalb der abgehängten Decke den Rauchabschluss überläuft, ist mit Satz 3 zusätzlich klargestellt, dass Rauchabschlüsse grundsätzlich bis an die Rohdecke zu führen sind. Der obere Anschluss an eine Unterdecke ist stattdessen nur dann zulässig, wenn diese feuerhemmend ist, weil dadurch ein vergleichbarer Rauchabschluss zu erwarten ist, ohne dass weitere Maßnahmen erforderlich wären.

In Absatz 4 sind die Anforderungen an die Flurwände enthalten. Die Anforderung „feuerhemmend" bezieht sich auf den Raumabschluss nach Satz 1. Die notwendigen Flure von Aufenthaltsräumen in Kellergeschossen müssen, wie die Trennwände von Aufenthaltsräumen in Kellergeschossen, der Feuerwiderstandsfähigkeit der Tragkonstruktion des Kellergeschosses entsprechen, gegebenenfalls also feuerbeständig sein. Es ist auch hier klargestellt, dass nach Satz 2 die Wände bis zur Rohdecke zu führen sind. Nach Satz 3 ist der obere Anschluss an eine Unterdecke nur zulässig, wenn die Unterdecke feuerhemmend ist und der Raumabschluss sichergestellt ist, was in der Regel ein bauaufsichtlich zugelassenes System voraussetzt. In Satz 4 ist eine Erleichterung für Türen in Flurwänden enthalten, wonach nur verlangt ist, dass sie dicht schließen. Ausreichend ist eine dreiseitig umlaufende Dichtung, ein formeller Nachweis ist nicht erforderlich. Zu Lagerbereichen in Kellergeschossen sind dagegen Feuerschutzabschlüsse erforderlich.

Mit Absatz 5 ist die Ausbildung der Wände von offenen Gängen geregelt, die anstelle von notwendigen Fluren die einzige Verbindung zwischen Aufenthaltsräumen und notwendigen Treppenräumen darstellen. Mit Satz 1 ist klargestellt, dass Anforderungen nur an solche Gänge gestellt werden, die nur in einer Fluchtrichtung benutzt werden können. Unter Wänden sind hier die Außenwand, vor der der Gang liegt, und seine Brüstung zu verstehen. Für sie gilt nach Satz 1 die Anforderung nach Absatz 4 entsprechend; sie müssen raumabschließend feuerhemmend sein. Nach Satz 2 sind Fenster in diesen Außenwänden ohne besondere Anforderung ab einer Brüstungshöhe von 0,90 m zulässig. Die Brüstung muss geschlossen ausgebildet werden. Wenn ein Feuerüberschlag nicht zu befürchten ist, beispielsweise wegen besonders tiefer Gangbreiten oder der Anordnung von Schürzen, kann durch Zulassung einer Abweichung nach § 73 auf die geschlossene feuerhemmende Brüstung teilweise oder ganz verzichtet werden.

Mit Absatz 6 sind die Anforderungen an die flurseitigen Baustoffe festgelegt, die nichtbrennbar sein müssen. Für Wände und Decken aus brennbaren Baustoffen ist verlangt, dass sie eine Bekleidung aus nichtbrennbaren Baustoffen in ausreichender Dicke erhalten.

§ 40
Fenster, Türen, sonstige Öffnungen

(1) Können die Fensterflächen nicht gefahrlos vom Erdboden, vom Inneren des Gebäudes oder von Loggien und Balkonen aus gereinigt werden, so sind Vorrichtungen anzubringen, die eine Reinigung von außen ermöglichen.

(2) [1]Glastüren und andere Glasflächen, die bis zum Fußboden allgemein zugänglicher Verkehrsflächen herabreichen, sind so zu kennzeichnen, dass sie leicht erkannt werden können. [2]Weitere Schutzmaßnahmen sind für größere Glasflächen vorzusehen, wenn dies die Verkehrssicherheit erfordert.

(3) Eingangstüren von Wohnungen, die über Aufzüge erreichbar sein müssen, müssen eine lichte Durchgangsbreite von mindestens 0,90 m haben.

(4) [1]Jedes Kellergeschoss ohne Fenster muss mindestens eine Öffnung ins Freie haben, um eine Rauchableitung zu ermöglichen. [2]Gemeinsame Kellerlichtschächte für übereinanderliegende Kellergeschosse sind unzulässig.

(5) [1]Fenster, die als Rettungswege nach § 36 Abs. 2 Satz 2 dienen, müssen im Lichten mindestens 0,90 m mal 1,20 m groß und nicht höher als 1,20 m über der Fußbodenoberkante angeordnet sein. [2]Liegen diese Fenster in Dachschrägen oder Dachaufbauten, so darf ihre Unterkante oder ein davorliegender Austritt von der Traufkante horizontal gemessen nicht mehr als 1 m entfernt sein.

Nr. 40 VollzBekThürBO

40.2 Zur Kennzeichnung von Glastüren und anderen Glasflächen, die bis zum Fußboden allgemein zugänglicher Verkehrsflächen herabreichen, vgl. DIN 18040-1 Nr. 4.3.2 und 4.3.3.5. Die Hinweise gelten sinngemäß auch für Wohngebäude.

40.3 Durch diese Regelung werden an Eingangstüren von über Aufzüge erreichbaren Wohnungen Anforderungen gestellt, die eine Zugänglichkeit für Rollstuhlfahrer ermöglichen.

40.5.1 Gegen Türöffnungen, die im Lichten 0,80 m x 1,80 m groß sind, bestehen keine Bedenken, wenn diese zu Rettungsbalkonen führen.

40.5.2 Das erforderliche Maß von Fensteröffnungen darf durch feststehende Pfosten oder Riegel im Fensterrahmen nicht eingeschränkt werden. Es muss sichergestellt sein, dass Personen sich im Brandfall gegenüber den Rettungskräften bemerkbar machen können (siehe auch Nummer 36.3.3).

Begründung zu § 40

Mit Absatz 1 ist der Vermeidung von Unfällen bei der Reinigung von nicht ohne Weiteres zugänglichen Glasflächen gedient. Auf besondere Vorrichtungen kann dann verzichtet werden, wenn es sich um Fenster handelt, die typischerweise von Spezialfirmen mit besonderen Geräten gereinigt werden, die auf die Hilfsvorrichtungen nicht angewiesen sind.

Mit Absatz 2 ist der Vermeidung von Unfällen gedient, die sowohl durch Kollisionen mit den Glasflächen als auch durch Glasbruch und dadurch entstehende scharfe Kanten verursacht werden können. Über die Kennzeichnung hinausgehende Maßnahme kann beispielsweise die Verwendung von Gläsern mit erhöhter Bruchsicherheit sein.

Mit Absatz 3 ist der barrierefreien Nutzbarkeit von Wohnungen gedient, ist aber nicht auf Wohnungen beschränkt, die nach § 53 Abs. 1 barrierefrei erreichbar sein müssen. Vielmehr müssen nach § 42 Abs. 4 in Gebäuden mit einer Höhe nach § 2 Abs. 3 Satz 2 von mehr als 13 m grundsätzlich alle Wohnungen mit Aufzügen erreichbar sein.

Mit Absatz 4 Satz 1 ist verlangt, dass zur Rauchableitung aus fensterlosen Kellergeschossen mindestens eine Öffnung ins Freie vorgesehen werden muss. Ohne Öffnung ins Freie ist eine Rauchableitung aus einem Kellergeschoss nicht oder nur über den notwendigen Treppenraum möglich. Der Anforderung kann auch durch eine anlagentechnische Maßnahme zur Rauchabführung entsprochen werden.

In Absatz 5 sind die Anordnung und die Größe von Fenstern geregelt, die als Rettungsweg dienen. Die Mindestgröße von 0,90 m mal 1,20 m lässt sowohl 0,90 m breite und 1,20 m hohe als auch 1,20 m breite und 0,90 m hohe Fenster zu. Die erforderliche Größe muss tatsächlich zur Verfügung stehen und darf nicht durch Fensterunterteilungen eingeschränkt sein. Daher muss auch das Rohbaumaß der Fensteröffnungen entsprechend größer sein. Die Begrenzung der Entfernung von der Traufkante ist erforderlich, um eine Rettung durch die Feuerwehr zu ermöglichen.

§ 41
Umwehrungen

(1) In, an und auf baulichen Anlagen sind zu umwehren oder mit Brüstungen zu versehen:

1. Flächen, die im Allgemeinen zum Begehen bestimmt sind und unmittelbar an mehr als 1 m tiefer liegende Flächen angrenzen; dies gilt nicht, wenn die Umwehrung dem Zweck der Flächen widerspricht,
2. nicht begehbare Oberlichte und Glasabdeckungen in Flächen, die im Allgemeinen zum Begehen bestimmt sind, wenn sie weniger als 0,50 m aus diesen Flächen herausragen,
3. Dächer oder Dachteile, die zum auch nur zeitweiligen Aufenthalt von Menschen bestimmt sind,
4. Öffnungen in begehbaren Decken sowie in Dächern oder Dachteilen nach Nummer 3, wenn sie nicht sicher abgedeckt sind,
5. nicht begehbare Glasflächen in Decken sowie in Dächern oder Dachteilen nach Nummer 3,
6. die freien Seiten von Treppenläufen, Treppenabsätzen und Treppenöffnungen, und
7. Kellerlichtschächte und Betriebsschächte, die an Verkehrsflächen liegen, wenn sie nicht verkehrssicher abgedeckt sind.

(2) [1]In Verkehrsflächen liegende Kellerlichtschächte und Betriebsschächte sind in Höhe der Verkehrsfläche verkehrssicher abzudecken. [2]An und in Verkehrsflächen liegende Abdeckungen müssen gegen unbefugtes Abheben gesichert sein. [3]Fenster, die unmittelbar an Treppen liegen und deren Brüstung unter der notwendigen Umwehrungshöhe liegen, sind zu sichern.

(3) [1]Fensterbrüstungen von Flächen mit einer Absturzhöhe
1. bis zu 12 m müssen mindestens 0,80 m und
2. von mehr als 12 m müssen mindestens 0,90 m

hoch sein. [2]Geringere Brüstungshöhen sind zulässig, wenn durch andere Vorrichtungen, wie Geländer, die nach Satz 3 vorgeschriebenen Mindesthöhen eingehalten werden. [3]Andere nach Absatz 1 notwendige Umwehrungen müssen folgende Mindesthöhen haben:
1. 0,90 m bei Umwehrungen
   a) zur Sicherung von Öffnungen in begehbaren Decken und Dächern sowie
   b) von Flächen mit einer Absturzhöhe von 1 m bis zu 12 m und
2. 1,10 m bei Umwehrungen von Flächen mit mehr als 12 m Absturzhöhe.

Nr. 41 VollzBekThürBO

41.1.1 Die Regelung ergänzt und konkretisiert die Bestimmungen des § 16 zur Verkehrssicherheit baulicher Anlagen. Auf die als Technische Baubestimmung eingeführte DIN 18065 „Gebäudetreppen“ wird hingewiesen.

Entsprechend sind in Gebäuden, in denen mit der Anwesenheit von unbeaufsichtigten Kleinkindern zu rechnen ist, Umwehrungen so zu gestalten, dass ein Überklettern durch Kleinkinder erschwert wird. Davon nicht betroffen sind in der Regel industrielle und gewerbliche Anlagen sowie Bereiche von Gebäuden, die vornehmlich zur Wartung und Unterhaltung betreten werden und die nicht allgemein zugänglich sind.

41.1.2 „Im Allgemeinen zum Begehen bestimmt“ sind z. B. Dachterrassen, Balkone, Emporen und Galerien. Nicht hierunter fallen Flachdächer, die nur gelegentlich für die Durchführung von Inspektions- oder Reparaturarbeiten betreten werden. Es kommt nicht auf die objektive Eignung, sondern auf die subjektive Bestimmung der Flächen an.

41.1.3 „Begehbar“ sind Flächen, wenn sie durchtrittsicher ausgebildet sind. Zu den Anforderungen an begehbare Glasbauteile siehe „Anforderungen an begehbare Verglasungen; Empfehlungen für das Zustimmungsverfahren (Fassung November 2009)“, DIBt Mitteilungen, Heft Nr. 1/2010.

41.1.4 „Zeitweilig“ i. S. des Absatzes 1 Nr. 3 grenzt von dem längeren Aufenthalt ab, wie er z. B. auf einem Dachgarten erfolgt. Erfasst sind hiervon Flächen, auf denen sich Personen kurzfristig aufhalten, z. B. um einen Dachgarten zu erreichen. Nicht erfasst ist der Aufenthalt von Personen zur Durchführung von Wartungs-, Reparatur- oder Inspektionsarbeiten; insofern sind nach § 35 Abs. 8 andere Sicherheitsvorkehrungen erforderlich.

41.3 Eine Fensterbrüstung ist der unterhalb eines Fensters liegende Teil einer Wand. Die Höhe der Brüstung ist i. d. R. von der Oberkante Fertigfußboden bis zur Oberkante Fensterbank oder eines anderen feststehenden brüstungsähnlichen Bauteiles ohne Hinzurechnung des Fensterrahmens zu messen. Befinden sich vor der Fensterbrüstung Bauteile, wie Leitungsschächte oder Lüftungskanäle, die zum Daraufsteigen geeignet sind, ist von der Oberkante dieser Bauteile zu messen.

Begründung zu § 41

In Absatz 1 ist bestimmt, welche Flächen zu umwehren sind. Erfasst sind mit den Nummern 1 und 2 Flächen, die im Allgemeinen zum Begehen bestimmt sind, mit den Nummern 3 und 4 Flächen, die zum auch nur zeitweiligen Aufenthalt bestimmt sind und mit den Nummern 5 bis 7 Flächen, die an begehbare oder an Verkehrsflächen angrenzen. Ziel der Anforderung ist das Vermeiden von unbeabsichtigtem Abstürzen. Daraus ergibt sich auch, in welcher Weise die Umwehrung zu erfolgen hat.

Nach Absatz 2 ist bei Schächten an und in Verkehrsflächen eine Abdeckung statt einer Umwehrung erforderlich, da durch eine Umwehrung die Funktion der Verkehrsfläche durch die Einengung in der Regel eingeschränkt würde und durch die Hindernisse auch neue Gefahrenstellen entstehen können. Dementsprechend ist nach Absatz 1 Nr. 7 eine Abdeckung bei Schächten an Verkehrsflächen entbehrlich, wenn sie umwehrt werden.

In Absatz 3 sind die erforderlichen Höhen der Absturzsicherungen festgelegt und dabei nach der möglichen Absturzhöhe differenziert. Die Höhe von Fensterbrüstungen ist gegenüber anderen Umwehrungen reduziert, da durch die im Vergleich zu sonstigen Umwehrungen größere Tiefe zum einen das Risiko des unbeabsichtigten Absturzes geringer ist und zum anderen psychologisch eine zusätzliche Sicherung besteht. Stellt bei Fensteröffnungen lediglich eine stehende Verglasung oder ein schmaler Stab die Absturzsicherung dar, handelt es sich nicht um eine Brüstung, sondern um eine sonstige Umwehrung, die die in Satz 4 genannten Höhen aufweisen muss.

Sechster Abschnitt
Technische Gebäudeausrüstung

§ 42
Aufzüge

(1) [1]Aufzüge im Inneren von Gebäuden müssen eigene Fahrschächte haben, um eine Brandausbreitung in andere Geschosse ausreichend lang zu verhindern. [2]In einem Fahrschacht dürfen bis zu drei Aufzüge liegen. [3]Aufzüge ohne eigene Fahrschächte sind zulässig
1. innerhalb eines notwendigen Treppenraumes, ausgenommen in Hochhäusern,
2. innerhalb von Räumen, die Geschosse überbrücken,
3. zur Verbindung von Geschossen, die offen miteinander in Verbindung stehen dürfen, und
4. in Gebäuden der Gebäudeklassen 1 und 2;

sie müssen sicher umkleidet sein.

(2) [1]Fahrschachtwände müssen als raumabschließende Bauteile
1. in Gebäuden der Gebäudeklasse 5 feuerbeständig und aus nichtbrennbaren Baustoffen,
2. in Gebäuden der Gebäudeklasse 4 hochfeuerhemmend und
3. in Gebäuden der Gebäudeklasse 3 feuerhemmend

sein; Fahrschachtwände aus brennbaren Baustoffen müssen schachtseitig eine Bekleidung aus nichtbrennbaren Baustoffen in ausreichender Dicke haben. [2]Fahrschachttüren und andere Öffnungen in Fahrschachtwänden mit erforderlicher Feuerwiderstandsfähigkeit sind so herzustellen, dass die Anforderungen nach Absatz 1 Satz 1 nicht beeinträchtigt werden.

(3) [1]Fahrschächte müssen zu lüften sein und eine Öffnung zur Rauchableitung mit einem freien Querschnitt von mindestens 2,5 Prozent der Fahrschachtgrundfläche, mindestens jedoch 0,10 m² haben. [2]Diese Öffnung darf einen Abschluss haben, der im Brandfall selbsttätig öffnet und von mindestens einer geeigneten Stelle aus bedient werden kann. [3]Die Lage der Rauchaustrittsöffnungen muss so gewählt sein, dass der Rauchaustritt durch Windeinfluss nicht beeinträchtigt wird.

(4) [1]Gebäude mit einer Höhe nach § 2 Abs. 3 Satz 2 von mehr als 13 m müssen Aufzüge in ausreichender Zahl haben; dies gilt nicht
1. beim nachträglichen Ausbau und der Nutzungsänderung des obersten Geschosses und
2. bei der Aufstockung des Gebäudes um bis zu zwei Geschosse.

[2]Die nach Satz 1 erforderlichen Aufzüge müssen mit Sprachmodulen ausgerüstet sein. [3]Von diesen Aufzügen muss mindestens ein Aufzug Kinderwagen, Rollstühle, Krankentragen und Lasten aufnehmen können sowie Haltestellen in allen Geschossen haben. [4]Diese Aufzüge müssen von der öffentlichen Verkehrsfläche und von allen Nutzungseinheiten in dem Gebäude aus stufenlos erreichbar sein. [5]Hal-

testellen im obersten Geschoss oder in den Kellergeschossen sind nicht erforderlich, wenn sie nur unter besonderen Schwierigkeiten hergestellt werden können.

(5) [1]Fahrkörbe zur Aufnahme einer Krankentrage müssen eine nutzbare Grundfläche von mindestens 1,10 m mal 2,10 m, zur Aufnahme eines Rollstuhles von mindestens 1,10 m mal 1,40 m haben. [2]Aufzugtüren müssen eine lichte Durchgangsbreite von mindestens 0,90 m haben. [3]In einem Aufzug für Rollstühle und Krankentragen ist es zulässig, dass der für Rollstühle nicht erforderliche Teil der Fahrkorbgrundfläche durch eine verschließbare Tür abgesperrt werden kann. [4]Vor den Aufzügen muss eine ausreichende Bewegungsfläche vorhanden sein.

Nr. 42 VollzBekThürBO

Der Regelungsbereich beschränkt sich auf den baulichen Teil von Aufzügen. Für außenliegende Aufzüge ohne Fahrschacht sind die Anforderungen der Absätze 1 bis 3 nicht anwendbar. Anforderungen an den maschinentechnischen Teil sind in der Thüringer Bauordnung nicht geregelt. Es gilt die Aufzugsverordnung (12. ProdSV).

Die Regelungen gelten nicht für Treppenschrägaufzüge, da nutzungsbedingt eine Verkleidung nicht möglich ist.

Schutzziel: ausreichend lange Verhinderung einer Brandausbreitung in andere Geschosse

Aufzüge	**GK 1**	**GK 2**	**GK 3**	**GK 4**	**GK 5**
Fahrschachtwände als Raumabschluss			F 30(1)	F 60-BA(1)	F 90-A
Fahrschachttüren			ausreichend lange Verhinderung einer Brandausbreitung in andere Geschosse		

(1) ggf. schachtseitige Bekleidung aus A-Baustoffen

42.3 Öffnungen zur Rauchableitung, die z. B. aus Gründen der Energieeinsparung mit Abschlüssen versehen werden, bedürfen einer allgemeinen bauaufsichtlichen Zulassung für das System (Abschluss und Rauchauslöseeinrichtung). Neben der wirksamen Rauchableitung im Brandfall ist auch die Lüftung im „Normalbetrieb" sicherzustellen. Fahrschächte innerhalb notwendiger Treppenräume bedürfen keiner eigenen Rauchabzugsöffnung.

42.4.1 Aufzüge sind faustformelartig in „ausreichender" Zahl vorhanden, wenn für je 20 auf den Aufzug angewiesene Personen ein Platz zur Verfügung steht. Im konkreten Einzelfall sind dabei insbesondere

- die planerische Konzeption (Eigenart der Gebäudenutzung, Gebäudegeometrie, getrennte Aufzüge für unterschiedliche Aufzugsfunktionen),

- die zeitliche Verteilung der die Aufzüge in Anspruch nehmenden Personen,
- die zeitliche Verteilung zu befördernder Lasten,
- die Geschwindigkeit der Aufzüge,
- die gebäudeabschnittsweise Zuordnung von Haltestellen an bestimmten Aufzügen und
- die Verwendung geeigneter (intelligenter) Steuerungselektronik

zu berücksichtigen.

42.4.2 Voraussetzung für den Verzicht auf Aufzüge beim nachträglichen Ausbau von Dachgeschossen ist das Vorliegen eines formell oder materiell rechtmäßig bestehenden (= bestandsgeschützten) Gebäudes.

42.4.3 Der Verzicht auf Haltestellen im obersten Geschoss oder in den Kellergeschossen bedarf keiner Abweichungsentscheidung der Bauaufsichtsbehörde. „Besondere Schwierigkeiten" stehen der Herstellung der Haltestellen im obersten Geschoss z. B. entgegen, wenn der Triebwerksraum aus baurechtlichen Gründen nicht als Dachaufbau angeordnet werden kann. Im Kellergeschoss kann das Herstellen einer Haltestelle besondere Schwierigkeiten aufweisen, wenn der Aufzug als hydraulischer Aufzug ausgeführt wird. Als Gründe für das Entfallen von Haltestellen sind Kostengesichtspunkte nur relevant, wenn sie auf technischen oder rechtlichen Schwierigkeiten beruhen.

Begründung zu § 42

In Absatz 1 Satz 1 ist das Schutzziel der Fahrschachtforderung enthalten, dass Fahrschächte die Brandausbreitung von Geschoss zu Geschoss ausreichend lang verhindern sollen. Nach Satz 2 sind bis zu drei Aufzüge in einem Fahrschacht zulässig. In Satz 3 sind Ausnahmen enthalten, nach denen Aufzüge ohne eigenen Fahrschacht zulässig sind. Nach Nummer 1 ist dies zulässig für Aufzüge in Treppenräumen bis zur Hochhausgrenze, da erfahrungsgemäß keine vom Aufzug ausgehende Gefahr für den Treppenraum zu erwarten ist. Nach Nummer 2 ist dies zulässig für Aufzüge innerhalb von Räumen, die Geschosse überbrücken und nach Nummer 3 zur Verbindung von Geschossen, die offen miteinander in Verbindung stehen dürfen, da in beiden Fällen bereits ein Luftverbund entsteht und damit durch den Verzicht auf einen Fahrschacht keine zusätzliche Gefahr entsteht. Nach Nummer 4 ist dies zulässig für Aufzüge in Gebäuden der Gebäudeklassen 1 und 2, da bei diesen Gebäuden nach § 38 Abs. 1 Satz 3 Nr. 1 auch Treppen ohne Treppenräume zulässig sind.

In Absatz 2 Satz 1 Halbsatz 1 sind die Anforderungen an die Fahrschachtwände enthalten und klargestellt, dass sie sich auf den Raumabschluss beziehen. Die Anforderungen sind, den Anforderungen an die tragenden Teile des Gebäudes folgend, abgestuft. Bei Fahrschachtwänden aus brennbaren Baustoffen ist nach Halbsatz 2 erforderlich, dass sie schachtseitig eine Bekleidung aus nichtbrennbaren Baustoffen in ausreichender Dicke erhalten. Das betrifft Gebäude der Gebäudeklasse 3, bei denen eine feuerhemmende Ausführung zulässig ist. Da Fahrschachttüren nicht wie Wände den Durchgang insbesondere von Rauch verhindern können, enthält Satz 2 nur das allgemeine Ziel, dass die Anforderungen des Absatz 1 Satz 1 nach beeinträchtigt werden.

Mit Absatz 3 ist die Möglichkeit der Belüftung der Fahrschächte und der Rauchableitung bestimmt. Mit der Bezeichnung „Öffnung zur Rauchableitung" ist klargestellt, dass zur Rauchableitung keine Anlagentechnik erforderlich ist. Ergänzend ist nach Satz 3 erforderlich, dass die Lage der Rauchaustrittsöffnung so gewählt sein muss, dass die Rauchableitung nicht durch Windeinfluss beeinträchtigt wird.

Mit Absatz 4 ist bei höheren Gebäuden eine ausreichende Zahl von Aufzügen verlangt. Die Zahl der erforderlichen Aufzüge richtet sich sowohl nach der Zahl der auf Aufzüge angewiesenen Personen als auch nach der Höhe des Gebäudes sowie der Größe und Geschwindigkeit der Aufzüge. Aufzüge haben insbesondere die Funktion, Personen die Nutzung des Gebäudes zu ermöglichen, die nicht oder nur mit Schwierigkeiten Treppen nutzen können. Außerdem soll der Transport von Lasten erleichtert werden, die oftmals so sperrig oder schwer sind, dass ein Transport über den Treppenraum kaum möglich ist. Daher sind Anforderungen an die Ausgestaltung der Aufzüge und die Lage der Haltestellen gestellt. Aufzüge sind in den in Satz 1 Halbsatz 2 genannten Fällen nicht erforderlich. Mit den Nummern 1 und 2 ist der nachträgliche Ausbau von Dachgeschossen oder die Aufstockung von Gebäuden erleichtert; dadurch kann insbesondere zusätzlicher Wohnraum deutlich günstiger geschaffen werden, was auch unter Nachhaltigkeitsgesichtspunkten, hier die Vermeidung zusätzlichen Flächenverbrauchs, sinnvoll ist. Besondere Schwierigkeiten, Haltestellen in allen Geschossen herzustellen, können sich aus der Lage der Antriebseinheit ergeben.

Mit Absatz 5 ist die Größe von Fahrkörben und Aufzugtüren festgelegt, die zur Aufnahme von Krankentragen oder Rollstühlen erforderlich ist. Zulässig ist danach, dass es Aufzüge gibt, die zwar für Rollstühle, nicht aber für Krankentragen geeignet sind. An weitere Aufzüge werden hinsichtlich ihrer Größe keine Anforderungen gestellt. Da der Transport von Krankentragen nur selten erforderlich sein wird, darf nach Satz 2 der für Rollstühle nicht erforderliche Teil der Fahrkorbgrundfläche abgesperrt werden. Dadurch können Verschmutzungen oder Beschädigungen vermieden werden. Nach Satz 3 ist eine ausreichende Bewegungsfläche vor den Aufzügen erforderlich, damit sich aus und einsteigende Personen nicht gegenseitig behindern. Die erforderliche Größe hängt insbesondere von der Zahl und Größe der Aufzüge ab.

§ 43
Leitungsanlagen, Installationsschächte und -kanäle

(1) Leitungen dürfen durch raumabschließende Bauteile, für die eine Feuerwiderstandsfähigkeit vorgeschrieben ist, nur hindurchgeführt werden, wenn eine Brandausbreitung ausreichend lang nicht zu befürchten ist oder Vorkehrungen gegen eine Brandausbreitung getroffen sind; dies gilt nicht
1. für Gebäude der Gebäudeklassen 1 und 2,
2. innerhalb von Wohnungen und
3. innerhalb derselben Nutzungseinheit mit nicht mehr als insgesamt 400 m² Grundfläche in nicht mehr als zwei Geschossen.

(2) In notwendigen Treppenräumen, in Räumen nach § 38 Abs. 3 Satz 2 und in notwendigen Fluren sind Leitungsanlagen nur zulässig, wenn eine Nutzung als Rettungsweg im Brandfall ausreichend lang möglich ist.

(3) Für Installationsschächte und -kanäle gelten Absatz 1 und § 44 Abs. 2 Satz 1 und Abs. 3 entsprechend.

Nr. 43 VollzBekThürBO

43.1.1 Leitungsdurchführungen stellen in raumabschließenden Bauteilen, für die eine Feuerwiderstandsfähigkeit vorgeschrieben ist, eine Schwachstelle dar. Eine Brandausbreitung ist ausreichend lang nicht zu befürchten, wenn die Bauteilanforderungen trotz der Leitungen eingehalten werden. Die Anforderungen des Absatzes 1, auch hinsichtlich der Vorkehrungen gegen die Übertragung von Feuer und Rauch (z. B. durch Abschottungen der Klassifikation „R" und „S" und Installationsschächte der Klassifikation „I" nach DIN 4102), werden durch die als Technische Baubestimmung bauaufsichtlich eingeführte Muster-Richtlinie über brandschutztechnische Anforderungen an Leitungsanlagen (MLAR) ausgefüllt.

43.1.2 Der Verzicht auf Vorkehrungen gegen die Brandausbreitung für Gebäude der GK 2 gilt nicht für die Leitungsführung durch Wände zwischen aneinandergebauten Gebäuden.

Begründung zu § 43

Da bei Bauteilen, die im Brandfall gegen die Brandausbreitung widerstandsfähig sein müssen, die Durchführung von Leitungen eine Schwachstelle darstellen kann, ist mit Absatz 1 bestimmt, dass für Leitungen, die durch raumabschließende Bauteile geführt werden, für die eine Feuerwiderstandsfähigkeit vorgeschrieben ist, Vorkehrungen gegen die Brandausbreitung zu treffen sind. Konkretisiert ist diese allgemeine Anforderung durch die als Technische Baubestimmung eingeführte Muster-Leitungsanlagen-Richtlinie, Fassung vom 10. Februar 2015, zuletzt geändert durch Beschluss der Fachkommission Bauaufsicht vom 3. September 2020 (Amtliche Mitteilungen des Deutschen Instituts für Bautechnik Ausgabe 3 vom 30. April 2021), in der jeweils geltenden Fassung. Die in Halbsatz 2 genannten Ausnahmen entsprechen den Regelungen über die Zulässigkeit von Öffnungen in Decken nach § 34 Abs. 4 Nr. 1 und 2. Die zusätzliche Ausnahme für Decken innerhalb von Wohnungen ist angesichts der üblichen Größe von Wohnungen gerechtfertigt.

Mit Absatz 2 ist wegen der damit verbundenen Brandlast und der Gefahr toxischer Gase das Verlegen von Leitungen innerhalb von Rettungswegen beschränkt. Möglichkeiten zur Vereinbarkeit der Leitungsverlegung mit dem Schutzziel, dass eine Nutzung als Rettungsweg im Brandfall ausreichend lang möglich sein muss, sind in der Muster-Leitungsanlagen-Richtlinie enthalten.

Nach Absatz 3 sind bei der Durchdringung von raumabschließenden Bauteilen, für die eine Feuerwiderstandsfähigkeit vorgeschrieben ist, mit Installationsschächten und -kanälen die Regelungen über Vorkehrungen gegen die Brandausbreitung, über die Verwendung brennbarer Baustoffe und über die Verhinderung der Übertragung von Gerüchen und Staub in andere Räume entsprechend anwendbar. Damit ist berücksichtigt, dass es bei Installationsschächten und -kanälen in gleicher Weise zur Durchdringung von raumabschließenden Bauteilen kommt, wie bei Leitungen, und zusätzlich, wie bei Lüftungsanlagen, ein über die reine Leitungsführung hinausgehender Hohlraum entsteht.

§ 44
Lüftungsanlagen

(1) Lüftungsanlagen müssen betriebssicher und brandsicher sein; sie dürfen den ordnungsgemäßen Betrieb von Feuerungsanlagen nicht beeinträchtigen.

(2) [1]Lüftungsleitungen sowie deren Bekleidungen und Dämmstoffe müssen aus nichtbrennbaren Baustoffen bestehen; brennbare Baustoffe sind zulässig, wenn ein Beitrag der Lüftungsleitung zur Brandentstehung und Brandweiterleitung nicht zu befürchten ist. [2]Lüftungsleitungen dürfen raumabschließende Bauteile, für die eine Feuerwiderstandsfähigkeit vorgeschrieben ist, nur überbrücken, wenn eine Brandausbreitung ausreichend lang nicht zu befürchten ist oder, wenn Vorkehrungen gegen eine Brandausbreitung getroffen sind.

(3) Lüftungsanlagen sind so herzustellen, dass sie Gerüche und Staub nicht in andere Räume übertragen.

(4) [1]Lüftungsanlagen dürfen nicht in Abgasleitungen eingeführt werden; die gemeinsame Nutzung von Lüftungsleitungen zur Lüftung und zur Ableitung der Abgase von Feuerstätten ist zulässig, wenn keine Bedenken wegen der Betriebssicherheit und des Brandschutzes bestehen. [2]Die Abluft ist ins Freie zu führen. [3]Nicht zur Lüftungsanlage gehörende Einrichtungen sind in Lüftungsleitungen unzulässig.

(5) Die Absätze 2 und 3 gelten nicht
1. **für Gebäude der Gebäudeklassen 1 und 2,**
2. **innerhalb von Wohnungen und**
3. **innerhalb derselben Nutzungseinheit mit nicht mehr als 400 m² Grundfläche in nicht mehr als zwei Geschossen.**

(6) Für raumlufttechnische Anlagen und Warmluftheizungen gelten die Absätze 1 bis 5 entsprechend.

Nr. 44 VollzBekThürBO

Lüftungsanlagen	GK 1	GK 2	GK 3	GK 4	GK 5
Lüftungsleitungen sowie deren Bekleidungen und Dämmstoffe			A B(1)	A B(1)	A B(1)

(1) wenn kein Beitrag zur Brandentstehung und -weiterleitung

Ein Hindurchführen von Lüftungsleitungen stellt für raumabschließende Bauteile, für die eine Feuerwiderstandsfähigkeit vorgeschrieben ist, eine Schwachstelle dar. Eine Brandausbreitung ist ausreichend lang nicht zu befürchten, wenn die Bauteilanforderungen trotz der Lüftungsleitungen eingehalten werden. Die Anforderungen werden durch die als Technische Baubestimmung bauaufsichtlich eingeführte Muster-Richtlinie über brandschutztechnische Anforderungen an Lüftungsanlagen (M-LüAR) ausgefüllt. Die Regelungen erfassen gleichwertige Brandschutzlösungen sowohl im Schacht- als auch im Schottprinzip.

Auf die Schallschutzanforderungen der als Technische Baubestimmung eingeführten DIN 4109 wird hingewiesen.

Begründung zu § 44

Mit Absatz 1 ist bestimmt, dass Lüftungsanlagen unter anderem betriebssicher sein müssen. Betriebssicherheit bedeutet, dass durch den Betrieb der Anlagen keine Gefahren entstehen. Die Komfortfunktion der Anlagen ist dagegen kein bauaufsichtliches Schutzziel. Ergänzende Regelungen zur Vermeidung von Gefahren, die beim gleichzeitigen Betrieb von Feuerungsanlagen nach § 45 Abs. 1 und Lüftungsanlagen auftreten können, sind in der Thüringer Feuerungsverordnung enthalten.

In Absatz 2 Satz 1 sind die Brandschutzanforderungen an die Baustoffe von Lüftungsleitungen enthalten, einschließlich ihrer Dämmstoffe und Bekleidungen, die nichtbrennbar sein müssen. Für die Zulässigkeit der Verwendung brennbarer Baustoffe ist darauf abgestellt, ob ein Beitrag der Lüftungsleitung zur Brandentstehung und Brandweiterleitung zu befürchten ist. Da bei Durchdringung raumabschließender Bauteile mit Lüftungsleitungen die gleichen Gefahren zu befürchten sind wie bei der Durchdringung mit Leitungsanlagen, ist in Satz 2 eine dem § 43 Abs. 1 Halbsatz 1 vergleichbare Regelung enthalten.

Konkretisiert wurden die allgemeinen Anforderungen durch die als Technische Baubestimmung eingeführte Muster-Lüftungsanlagen-Richtlinie, Fassung vom 29. September 2005, zuletzt geändert durch Beschluss der Fachkommission Bauaufsicht vom 3. September 2020 (Amtliche Mitteilungen des Deutschen Instituts für Bautechnik Ausgabe 2 vom 30. April 2021), in der jeweils geltenden Fassung.

Durch die Regelung nach Absatz 3 ist zwar auch das Wohlbefinden der Nutzerinnen und Nutzer eines Gebäudes geschützt, vorrangig geht es dabei aber um die Verhinderung der Übertragung von Krankheitserregern.

Durch die mit Absatz 4 vorgeschriebene Trennung von Abluft- und Abgasführung soll verhindert werden, dass bei ungünstigen Witterungslagen Abgase über die Lüftungsanlagen in Aufenthaltsräume gelangen. Die Trennung ist entbehrlich, wenn durch technische Vorkehrungen dieses Risiko ausgeschlossen werden kann oder aus anderen Gründen Gefahren nicht zu erwarten sind.

Die in Absatz 5 getroffenen Ausnahmen betreffen kleinere Nutzungseinheiten, bei denen Gefahren üblicherweise nicht zu erwarten sind oder bei denen sich die Nichteinhaltung der Grundanforderungen nur innerhalb der gleichen Nutzungseinheit mit begrenztem Kreis von Nutzerinnen und Nutzern auswirkt.

Mit Absatz 6 sind die Anforderungen an Lüftungsanlagen auf andere Anlagen sinngemäß anwendbar erklärt, da es auch bei den genannten Anlagen zu einer Durchdringung raumabschließender Bauteile kommt und damit die gleichen Gefahren entstehen können.

§ 45
Feuerungsanlagen, sonstige Anlagen zur Wärmeerzeugung und Energiebereitstellung

(1) Feuerstätten und Abgasanlagen (Feuerungsanlagen) müssen betriebssicher und brandsicher sein.

(2) Feuerstätten dürfen in Räumen nur aufgestellt werden, wenn nach der Art der Feuerstätte und nach der Lage, Größe, baulichen Beschaffenheit und Nutzung der Räume Gefahren nicht entstehen.

(3) [1]Abgase von Feuerstätten sind durch Abgasleitungen, Schornsteine und Verbindungsstücke (Abgasanlagen) so abzuführen, dass keine Gefahren oder unzumutbaren Belästigungen entstehen. [2]Abgasanlagen sind in solcher Zahl und Lage und so herzustellen, dass die Feuerstätten des Gebäudes ordnungsgemäß angeschlossen werden können. [3]Sie müssen leicht zu reinigen sein. [4]Die Sätze 1 bis 3 gelten nicht für Feuerungsanlagen, die nach dem Stand der Technik ohne eine Einrichtung zur Ableitung der Abgase betrieben werden können.

(4) [1]Behälter und Rohrleitungen für brennbare Gase und Flüssigkeiten müssen betriebssicher und brandsicher sein. [2]Diese Behälter und feste Brennstoffe sind so aufzustellen oder zu lagern, dass keine Gefahren oder unzumutbaren Belästigungen entstehen.

(5) Für ortsfeste Verbrennungsmotoren, Blockheizkraftwerke, Brennstoffzellen, Verdichter und Wasserstoff-Elektrolyseure sowie die Ableitung ihrer Prozessgase gelten die Absätze 1 bis 3 entsprechend.

Nr. 45 VollzBekThürBO

Feuerstätten sind nach § 2 Abs. 8 in oder an Gebäuden ortsfest benutzte Anlagen oder Einrichtungen, die dazu bestimmt sind, durch Verbrennung Wärme zu erzeugen.

Die Anforderungen des § 45 werden durch die Thüringer Feuerungsverordnung – ThürFeuVO (GVBl. 2009 S. 745), in der jeweils geltenden Fassung konkretisiert. Die Bestimmungen des Immissionsschutzrechts, insbesondere der 1. BImSchV, bleiben unberührt.

Zur Verfahrensfreiheit vgl. § 63 Abs. 1 Nr. 2, zur Abnahme durch die bevollmächtigte Bezirksschornsteinfegerin oder den bevollmächtigten Bezirksschornsteinfeger vgl. § 89 Abs. 2.

45.3 Ausnahmen von der Verpflichtung, Abgase über Abgasanlagen ins Freie zu führen können sich aus der starken Verdünnung der Abgase bei Außenaufstellung dieser Anlagen ergeben, die Gefahren durch Rückströmung bzw. Belästigungen ausschließt. Dies gilt z. B. für Gas-Absorptions-Wärmepumpen.

Begründung zu § 45

In § 45 sind die erforderlichen Grundregeln zu Feuerungsanlagen, sonstigen Anlagen zur Wärmeerzeugung und Energiebereitstellung enthalten. Anlagen, die mit Hilfe von Verbrennungsprozessen auch Wärme erzeugen, aber keine Feuerstätten sind, sind hinsichtlich der Aufstellung und Ableitung der Verbrennungsgase erfasst, da bei der Ableitung dieser Abgase durch das Gebäude bauliche Vorkehrungen zum Gesundheits- und zum Brandschutz erforderlich sind. Ergänzende Anforderungen sind in der Thüringer Feuerungsverordnung enthalten.

In Absatz 1 sind Feuerstätten und Abgasanlagen unter dem Begriff der Feuerungsanlagen zusammengefasst und die Grundanforderung formuliert, dass diese betriebssicher und brandsicher sein müssen.

In Absatz 2 ist die Grundanforderung an die Aufstellung von Feuerstätten enthalten. Nähere Regelungen sind auch in Abhängigkeit von der Art der Feuerstätte und ihrer Leistung in der Thüringer Feuerungsverordnung enthalten, mit denen sowohl der Vermeidung von Brandgefahren als auch der Vermeidung von Gefahren gedient ist, die durch eine falsche Zu- und Abluftführung entstehen können.

Mit Absatz 3 sind die Grundforderungen an Abgasanlagen konkretisiert. Gefahren sind sowohl durch brennbare als auch durch toxische Bestandteile der Abgase möglich, die deshalb gefahrlos ins Freie abgeleitet werden müssen. Zusätzliche Anforderungen sind beispielsweise in der Thüringer Feuerungsverordnung und in der Verordnung über kleine und mittlere Feuerungsanlagen (1. BImSchV) vom 26. Januar 2010 (BGBl. I S. 38) in der jeweils geltenden Fassung enthalten. Gas-Absorptions-Wärmepumpen zeichnen sich dadurch aus, dass es sich um gasbetriebene Wärmepumpen ohne (elektrische) Verdichtung handelt, bei denen das Abgas derart verdünnt wird, dass die Wärmepumpen hinsichtlich des Umfangs der Belästigungen vergleichbar mit Elektrowärmepumpen sind; Abgasanlagen sind daher für diese im Freien aufgestellten Anlagen entbehrlich. Eine vergleichbare Freistellung ist in § 1 Abs. 2 Satz 1 Nr. 1 der 1. BImSchV enthalten.

In Absatz 4 sind die grundsätzlichen Anforderungen an die Brennstofflagerung und an Rohrleitungen für brennbare Gase und Flüssigkeiten enthalten. Mit Blick auf die Hochwasserereignisse der letzten Jahre ist erwogen worden, ob in diese Regelung zusätzliche Anforderungen zur Sicherstellung der Stand- und Auftriebssicherheit in solchen Fällen aufgenommen werden sollen. Hierbei handelt es sich jedoch um eine dem Wasserrecht zugeordnete Materie, die in den einschlägigen Regelungen über den Umgang mit wassergefährdenden Stoffen abzuarbeiten ist; daneben und zusätzlich bauordnungsrechtliche Regelungen zu treffen, wäre nicht sachgerecht.

In Absatz 5 ist die entsprechende Anwendung der Absätze 1 bis 3 für die Aufstellung und die Ableitung der Verbrennungsgase von Verbrennungsmotoren, Blockheizkraftwerken und weiteren Anlagen zur Wärmeerzeugung und Energiebereitstellung bestimmt. Die Anlagen selbst unterliegen nicht dem Bauordnungsrecht. Die Anforderungen wurden auf Elektrolyseure ausgeweitet. Die Anforderungen nach den Absätzen 1 bis 3 gelten nicht ausschließlich für das Aufstellen der Anlagen. Auch die Anlagen selbst müssen betriebssicher und brandsicher sein. Dabei ist unbeachtlich, ob diese Anlagen der Beheizung von Räumen oder der Warmwasserversorgung dienen und somit in den Anwendungsbereich der Thüringer Feuerungsverordnung fallen. Der bisherige verwendete Begriff der Verbrennungsgase wurde auf Prozessgase erweitert, um beispielsweise auch die in Reformern anfallenden Gase zu erfassen.

§ 46
Sanitäre Anlagen, Wasserzähler

(1) Fensterlose Bäder und Toilettenräume sind nur zulässig, wenn eine wirksame Lüftung gewährleistet ist.

(2) [1]In jeder Wohnung muss ein eigener Wasserzähler vorhanden sein. [2]Dies gilt nicht bei Nutzungsänderungen, wenn die Anforderung nach Satz 1 nur mit unverhältnismäßigem Mehraufwand erfüllt werden kann.

Nr. 46 VollzBekThürBO

46.1 Auf die Richtlinie über die Lüftung fensterloser Küchen, Bäder und Toilettenräume in Wohnungen (Nr. A 3.2.6 ThürVVTB) wird hingewiesen.

46.2 Die Pflicht zum Einbau von Wasserzählern gilt auch, wenn in bisher anders genutzten Gebäuden Wohnungen neu eingerichtet werden oder wenn größere Wohnungen in kleinere geteilt werden. Die Wasserzähler müssen nicht in der Wohnung installiert sein, sondern können sich auch an zentraler Stelle eines Gebäudes für mehrere Wohnungen befinden.

Die Einschränkung bei Nutzungsänderungen in Satz 2 trägt dem Grundsatz der Verhältnismäßigkeit Rechnung. Ein unverhältnismäßiger Mehraufwand ist z. B. anzunehmen, wenn die Nutzungsänderung nicht mit baulichen Änderungen der Wasserversorgungsanlagen verbunden ist und nur wegen der getrennten Erfassung des Wasserverbrauchs die Leitungsanlagen geändert werden müssten.

Begründung zu § 46

Nach der Thüringer Bauordnung sind außer bei Wohnungen nach § 51 Abs. 3 keine Anforderungen an die Ausstattung von Gebäuden mit Bädern und Toiletten oder deren Lage oder Ausstattung zu stellen. Nach Absatz 1 muss aber bei fensterlosen Bädern und Toilettenräumen eine wirksame Lüftung gewährleistet sein. Die Forderung ist durch die als Technische Baubestimmung eingeführte Bauaufsichtliche Richtlinie über die Lüftung fensterloser Küchen, Bäder und Toilettenräume in Wohnungen vom April 2009, zuletzt geändert durch Beschluss der Fachkommission Bauaufsicht vom 1. Juli 2010, zu finden auf der Internetseite der Bauministerkonferenz, in der jeweils geltenden Fassung konkretisiert.

Mit Absatz 2 ist der sparsamen Verwendung von Trinkwasser gedient, da separate Wasserzähler einen auf den tatsächlichen Verbrauch abstellende Nebenkostenabrechnung ermöglichen und dadurch auch einen Anreiz zum Wassersparen schaffen.

§ 47
Kleinkläranlagen, Gruben

[1]Kleinkläranlagen und Gruben müssen wasserdicht und ausreichend groß sein. [2]Sie müssen dichte und sichere Abdeckungen sowie Reinigungs- und Entleerungsöffnungen haben. [3]Diese Öffnungen dürfen nur vom Freien aus zugänglich sein. [4]Die Anlagen sind so zu entlüften, dass Gesundheitsschäden oder unzumutbare Belästigungen nicht entstehen. [5]Die Zuleitungen zu Abwasserentsorgungsanlagen müssen geschlossen, dicht, und, soweit erforderlich, zum Reinigen eingerichtet sein.

Nr. 47 VollzBekThürBO

Die geordnete Abwasserentsorgung ist Bestandteil der bauplanungsrechtlich erforderlichen Erschließung. Anforderungen können sich auch aus dem Wasserrecht ergeben.

Begründung zu § 47

In § 47 sind Anforderungen an Kleinkläranlagen und Gruben enthalten, die unter anderem auch bei allgemeinen bauaufsichtlichen Zulassungen zu berücksichtigen sind. Ergänzende Anforderungen können wasserrechtliche Regelungen enthalten. Aus diesen ergibt sich auch, ob eine Abwasserentsorgung über Kleinkläranlagen und Gruben überhaupt zulässig ist. Die Verpflichtung, unzumutbare Belästigungen zu vermeiden, betrifft insbesondere nach dem Immissionsschutzrecht zu vermeidende Geruchsbelästigungen.

§ 48
Aufbewahrung fester Abfallstoffe

Feste Abfallstoffe dürfen innerhalb von Gebäuden vorübergehend aufbewahrt werden, in Gebäuden der Gebäudeklassen 3 bis 5 jedoch nur, wenn die dafür bestimmten Räume

1. **Trennwände und Decken als raumabschließende Bauteile mit der Feuerwiderstandsfähigkeit der tragenden Wände haben,**
2. **Öffnungen vom Gebäudeinneren zum Aufstellraum mit feuerhemmenden, dicht- und selbstschließenden Abschlüssen haben,**
3. **unmittelbar vom Freien entleert werden können und**
4. **eine ständig wirksame Lüftung haben.**

Nr. 48 VollzBekThürBO

Die Regelung bezieht sich auf häusliche Abfälle und ist auf andere Abfälle wie z. B. Produktionsreststoffe nicht anwendbar. Zur Abfallaufbewahrung bestimmte Räume dürfen ausschließlich für die Aufstellung der erforderlichen Abfallbehältnisse bestimmt sein. Gegen das Abstellen von Arbeitsgeräten oder vergleichbar unproblematische Nebennutzungen bestehen im Allgemeinen keine Bedenken.

Begründung zu § 48

Von Abfallstoffen können nicht nur Gesundheits- sondern auch Brandgefahren ausgehen. Mit der vorübergehenden Lagerung von Abfallstoffen innerhalb von Gebäuden sind daher Vorkehrungen zur Verringerung dieser Gefahren erforderlich, die in der Aufzählung aufgeführt sind. Auf erhöhte Anforderungen kann bei Gebäuden der Gebäudeklassen 1 und 2 verzichtet werden, da davon ausgegangen werden kann, dass bei diesen Gebäuden nicht zuletzt wegen der fehlenden Anonymität ein sorgsamerer Umgang mit den Abfallstoffen erfolgt.

Soweit von den Anforderungen nach § 48, beispielsweise wegen einer Abfallentsorgung über Müllabwurfschächte, abgewichen werden soll, kann den dadurch entstehenden Gefahren im Rahmen der Zulassung einer Abweichung nach § 73 Rechnung getragen werden.

§ 49
Blitzschutzanlagen

Bauliche Anlagen, bei denen nach Lage, Bauart oder Nutzung Blitzschlag leicht eintreten oder zu schweren Folgen führen kann, sind mit dauernd wirksamen Blitzschutzanlagen zu versehen.

Nr. 49 VollzBekThürBO

Blitzschutzanlagen können erforderlich sein bei Anlagen, die ihre Umgebung überragen, die von zahlreichen Personen genutzt werden, die keine Bedachung haben oder bei der Lagerung von Stoffen mit Explosions- oder erhöhter Brandgefahr.

Begründung zu § 49

Nach § 49 sind nur in besonderen Fällen Blitzschutzanlagen erforderlich. In Betracht kommen beispielsweise besonders hohe Gebäude oder Gebäude, die gleichzeitig von vielen Personen genutzt werden. Mit dieser Forderung ist dem Personenschutz gedient. Allein das Risiko hoher Sachschäden erfordert bauordnungsrechtlich in der Regel keine Blitzschutzanlage.

Siebenter Abschnitt
Nutzungsbedingte Anforderungen

§ 50
Aufenthaltsräume

(1) [1]Aufenthaltsräume müssen eine lichte Raumhöhe von mindestens 2,40 m haben. [2]Aufenthaltsräume im Dachraum müssen eine lichte Raumhöhe von mindestens 2,20 m über mindestens der Hälfte ihrer Netto-Raumfläche haben; Raumteile mit einer lichten Raumhöhe bis zu 1,50 m bleiben außer Betracht. [3]Die Sätze 1 und 2 gelten nicht für Aufenthaltsräume in Wohngebäuden der Gebäudeklassen 1 und 2.

(2) [1]Aufenthaltsräume müssen ausreichend belüftet und mit Tageslicht belichtet werden können. [2]Sie müssen Fenster mit einem Rohbaumaß der Fensteröffnungen von mindestens einem Achtel der Netto-Raumfläche des Raumes, einschließlich der Netto-Raumfläche verglaster Vorbauten und Loggien, haben.

(3) Aufenthaltsräume, deren Benutzung eine Belichtung mit Tageslicht verbietet, sowie Verkaufsräume, Schank- und Speisegaststätten, ärztliche Behandlungs-, Sport-, Spiel-, Werk- und ähnliche Räume sind ohne Fenster zulässig.

Nr. 50 VollzBekThürBO

Zur Definition von Aufenthaltsräumen vgl. § 2 Abs. 5. Die Anforderungen beschränken sich auf Raumhöhe, Belichtung und Belüftung. Besondere Anforderungen an Aufenthaltsräume in Keller- und Dachgeschossen werden nicht gestellt, da die für alle Aufenthaltsräume geltenden Mindestanforderungen ausreichend sind.

50.1 „Lichte Raumhöhe" ist der Abstand der Oberkante des fertigen Fußbodens bis zur Unterkante der fertigen Decke. Einzelne Bauteile, wie Balken oder Unterzüge schränken die sonst eingehaltene lichte Höhe nicht ein. Dies gilt jedoch nicht, wenn z. B. die gesamten Sparren oder Deckenbalken bzw. Galerien die erforderliche lichte Raumhöhe unterschreiten.

50.2.1 Eine ausreichende Belüftung kann z. B. durch Lüftung über Eck, Querlüftung oder Lüftung über raumlufttechnische Anlagen bewirkt werden. Eine Beleuchtung mit Tageslicht ist ausreichend, wenn die nach Satz 2 erforderlichen Fensteröffnungen eingehalten werden.

50.2.2 Die Regelung zur Fenstergröße dient ausschließlich der Sicherstellung der Beleuchtung und Belüftung. Die unter dem Gesichtspunkt der Rettung von Personen erforderlichen Maße von Fenstern sind in § 40 Abs. 5 geregelt. Anforderungen zur Barrierefreiheit, nach denen auch in sitzender Position ein

Teil der Fenster in Aufenthalts- und Schlafräumen Durchblick in die Umgebung ermöglichen soll, ergeben sich aus der als Technische Baubestimmung eingeführten DIN 18040-2.

50.2.3 Bei der Bemessung der Netto-Raumfläche des Raumes ist die DIN 277-1; 2021 zu Grunde zu legen. Die Grundfläche von Vorbauten und Loggien ist nur in die Grundfläche einzubeziehen, wenn diese verglast sind. Da auf das Rohbaumaß abzustellen ist, sind die Fensterrahmen nicht einzurechnen.

Bedenken gegen ein geringes Fenstermaß bestehen wegen der Lichtverhältnisse z. B. nicht bei Schlafräumen, die nach Art, Lage und Größe nur für diese Nutzung in Betracht kommen.

50.3 Aufenthaltsräume, deren Benutzung eine Belichtung mit Tageslicht verbietet, sind z. B. Fotolabore oder Kinosäle. Als „ähnliche Räume" kommen Hörsäle, Sitzungssäle und sonstige Räume in Frage, in denen sich derselbe Personenkreis nur während weniger Stunden aufhält. Bei Wohngebäuden der Gebäudeklassen 1 und 2 können regelmäßig Abweichungen zugelassen werden.

Begründung zu § 50

Nach Absatz 1 Satz 1 müssen Aufenthaltsräume unabhängig von ihrer konkreten Nutzung eine lichte Raumhöhe von mindestens 2,40 m aufweisen. Nach Satz 2 reicht im Dachraum eine niedrigere Raumhöhe, da geringere Raumhöhen durch die besondere Geometrie von Dachräumen kompensiert werden können. Eine Festlegung auch für den Dachraum dient der weniger streitanfälligen Einstufung in die Gebäudeklassen, da geringere Raumhöhen, unabhängig vom Inhalt der Bauvorlagen, eine Nutzung als Aufenthaltsraum jedenfalls nicht ohne Zulassung einer Abweichung ermöglichen. Mit Satz 3 sind von diesen Anforderungen Aufenthaltsräume in Wohngebäuden der Gebäudeklassen 1 und 2 ausgenommen, da es sich hierbei um Gebäude handelt, die die Hauptnutzenden für sich selbst errichtet haben. Bei diesen Gebäuden spielt der Schutz weiterer Nutzender, wie Mieterinnen und Mieter, in der Regel keine Rolle.

Mit Absatz 2 Satz 1 ist gefordert, dass Aufenthaltsräume ausreichend belüftet und mit Tageslicht belichtet werden können. Die Grundanforderung nach ausreichender Belüftung gilt für alle Aufenthaltsräume; wie sie erfüllt wird, ist eine Frage des konkreten Einzelfalls, sodass auf detaillierte Regelungen verzichtet wurde. Mit Satz 2 ist die Anforderung an die ausreichende Belichtung konkretisiert und diese Regelung durch die Einbeziehung der Netto-Raumfläche verglaster Vorbauten und Loggien präzisiert. Geprüft worden ist, ob wegen der geringen Regelabstandsflächentiefe von 0,4 H nach § 6 Abs. 5 Satz 1 eine Erhöhung der Bemessungsfläche von einem Achtel für die Fenstergröße erforderlich ist. Davon wurde abgesehen, weil lediglich materiell-rechtliche Mindeststandards festgelegt werden sollen, eine Ausleuchtung im fensternahen Bereich unter bauordnungsrechtlichen Gesichtspunkten ausreichend ist, die DIN-Werte als Qualitätsstandards sich auf die ungünstigste Situation im Bereich des unteren Geschosses beziehen, bei bedecktem Himmel eine Vergrößerung der Abstände und des Lichteinfallswinkels nur zu einer verhältnismäßig geringen Erhöhung der Helligkeit im Aufenthaltsraum führte und schließlich trotz Beibehaltung der Fenstergrößenfestlegung die Reduzierung der Regelabstandsflächentiefe auf 0,4 H im Jahr 2004 keine schlechten Erfahrungen zu verzeichnen waren.

Nach Absatz 3 ist bei verschiedenen Räumen der Verzicht auf Fenster zugelassen. Dabei handelt es sich zum einen um Räume, deren Benutzung eine Belichtung mit Tageslicht verbietet, beispielsweise Theater, und zum anderen um Räume, bei denen aufgrund ihrer Größe, wegen des nur kurzzeitigen Aufenthalts oder aus anderen Gründen eine natürliche Belichtung nicht erforderlich ist.

Aufenthaltsräume, die die in den Absätzen 1 bis 3 enthaltenen sowie die sonstigen bauordnungsrechtlichen Anforderungen erfüllen, können – unter dem Blickwinkel der bausicherheitsrechtlichen Gefahrenabwehr – auch in Kellergeschossen und Dachräumen liegen; einer gesonderten Regelung solcher Aufenthaltsräume bedarf es nicht.

§ 51
Wohnungen

(1) Fensterlose Küchen und Kochnischen sind zulässig, wenn eine wirksame Lüftung gewährleistet ist.

(2) Für Wohngebäude der Gebäudeklassen 3 bis 5 sind
1. barrierefrei zugängliche Abstellräume für Kinderwagen und Mobilitätshilfsmittel,
2. leicht erreichbare Abstellräume für Fahrräder und
3. für jede Wohnung ein Abstellraum
herzustellen; die Abstellräume müssen ausreichend groß sein.

(3) In jeder Wohnung muss ein Bad mit Badewanne oder Dusche und eine Toilette vorhanden sein.

(4) [1]Zum Schutz von Leben und Gesundheit müssen in Wohnungen Schlafräume und Kinderzimmer sowie Flure, die zu Aufenthaltsräumen führen, jeweils mindestens einen geeigneten Rauchwarnmelder haben. [2]Die Rauchwarnmelder müssen so eingebaut und betrieben werden, dass Brandrauch frühzeitig erkannt und gemeldet wird.

(5) Werden Nutzungseinheiten mit Aufenthaltsräumen in rechtmäßig bestehenden Gebäuden in Wohnraum umgenutzt, sind auf bestehende Bauteile die §§ 6, 30, 31 und 33 bis 35 nicht anzuwenden.

Nr. 51 VollzBekThürBO

Die Regelung beschränkt sich auf die Festlegung von Mindeststandards. Aus § 32 Abs. 2 ergibt sich für Wohnungen ausgenommen in Wohngebäuden der Gebäudeklassen 1 und 2 indirekt die Erforderlichkeit eines Abschlusses von anderen Wohnungen.

51.1 Auf die Richtlinie über die Lüftung fensterloser Küchen, Bäder und Toilettenräume in Wohnungen (Nr. A 3.2.6 ThürVVTB) wird hingewiesen.

51.2.1 Die barrierefrei zugänglichen Abstellräume für Kinderwagen und Mobilitätshilfsmittel und die leicht erreichbaren Fahrradabstellräume müssen nicht als getrennte Räume errichtet werden, sondern können auch beide Nutzungen verbinden. Abstellräume für jede Wohnung müssen nicht zwingend innerhalb der Wohnung liegen, sondern können auch an anderer Stelle hergestellt werden. Die Größe des Abstellraums richtet sich nach der Art und Größe der Wohnung. Die in § 46 Abs. 4 ThürBO 1994 noch genannte Größe (6 m^2, davon mindestens 1 m^2 innerhalb der Wohnung) kann allenfalls als Orientierungswert für Wohnungen herangezogen werden, die für Vierpersonenhaushalte geeignet sind. Anstelle eines (abgeschlossenen) Abstellraumes kann im Zuge einer Abweichung nach § 73 eine Abstellfläche vorgesehen werden.

51.2.2 Die Forderung nach Abstellräumen für Kinderwagen, Mobilitätshilfsmittel und Fahrräder beschränkt sich auf Wohngebäude der Gebäudeklassen 3 bis 5. Leicht erreichbar und barrierefrei zugänglich sind sie in der Regel dann, wenn sie zu ebener Erde liegen oder stufenlos oder über eine Rampe mit flacher Neigung erreicht werden können. Sind mehrere Räume vorgesehen, können die für Fahrräder vorgesehenen Räume auch über wenige Stufen oder Rampen mit stärkerer Neigung zugänglich sein. Die Abstellräume können auch in Nebengebäuden außerhalb der Wohngebäude oder als Gemeinschaftsanlage für mehrere benachbarte Gebäude hergestellt werden.

51.4.1 Rauchwarnmelder stellen eine Maßnahme zur Nutzungssicherheit der Wohnungen, insbesondere während der Nachtruhe, dar. Sie dienen ausschließlich dem Schutz der Personen in der vom Brand betroffenen Wohnung. Rauchwarnmelder sind nach Herstellerangaben an der Zimmerdecke möglichst mittig im Raum zu installieren. In besonderen Fällen kann auch mehr als ein Rauchwarnmelder erforderlich sein, um eine Rauchdetektion in vertretbarem Zeitrahmen sicherzustellen. Hinweise zur Anordnung von Rauchwarnmeldern enthalten die nicht verbindlich eingeführte DIN 14676 „Rauchwarnmelder für Wohnhäuser, Wohnungen und Räume mit wohnungsähnlicher Nutzung – Einbau, Betrieb und Instandhaltung" (09.2012) und die Einbauanweisungen der Hersteller. Eine Prüfung durch Sachverständige oder Sachkundige ist entbehrlich, ein Funktionstest (auch durch ungeschulte) Personen entsprechend den Herstellervorgaben ist ausreichend. Soweit Wohnungen von gehörlosen Bewohnern genutzt werden, sind unter geeigneten Rauchwarnmelder solche zu verstehen, die auch optische oder taktile Signale aussenden.

51.4.2 Verantwortlich für den Einbau und die Wartung von Rauchwarnmeldern sind wie bei allen anderen Anforderungen des Bauordnungsrechts nach § 55 Bauherrschaft bzw. Eigentümerinnen oder Eigentümer der Wohnungen. Unbenommen bleiben vertragliche Regelungen zwischen Vermietenden und Mietenden zur Erhaltung der Betriebsbereitschaft, die aber die Verantwortlichkeit der Eigentümerin oder des Eigentümers unberührt lassen.

51.4.3 Die Bauaufsichtsbehörden prüfen wie auch sonst nach § 61 Abs. 1 Satz 2 nach pflichtgemäßem Ermessen die Einhaltung der Rauchwarnmelderpflicht. In der Regel ist ein anlassbezogenes Tätigwerden ausreichend.

Begründung zu § 51

In Absatz 1 ist eine dem § 46 Abs. 1 entsprechende Regelung für fensterlose Küchen und Kochnischen enthalten. Die Forderung ist durch die als Technische Baubestimmung eingeführte Bauaufsichtliche Richtlinie über die Lüftung fensterloser Küchen, Bäder und Toilettenräume in Wohnungen konkretisiert. Eine Verpflichtung, in Wohnungen überhaupt Küchen oder Kochnischen vorzusehen, besteht dagegen nicht.

Nach Absatz 2 sind für Wohngebäude der Gebäudeklassen 3 bis 5 barrierefrei zugängliche Abstellräume für Kinderwagen und Mobilitätshilfsmittel wie Rollstühle und Rollatoren, leicht erreichbare und gut zugängliche Abstellräume für Fahrräder sowie den einzelnen Wohnungen zugeordnete Abstellräume erforderlich, die jeweils ausreichend groß sein müssen. Von der Festlegung einer Mindestgröße der Abstellräume oder einer Verpflichtung, eine Abstellmöglichkeit in den Wohnungen selbst zu schaffen, wurde wegen der unterschiedlichen Umstände des Einzelfalls abgesehen. Auf die Verpflichtung, für Wohnungen einen Abstellraum herzustellen und nicht nur eine Abstellfläche vorzusehen, wurde nicht verzichtet, um zu vermeiden, dass diese Verpflichtung mit der Begründung umgangen wird, jeder Bewohnerin oder Bewohner könne sich nach eigener Entscheidung an irgendeiner Stelle eine Abstellfläche reservieren. Je nach Wohnungsgrundriss können aber andere Lösungen als Abweichung nach § 73 zugelassen werden, beispielsweise Aufweitungen in Fluren. Berücksichtigt wurde die Verpflichtung, auch Abstellräume für Mobilitätshilfsmittel, wie Rollstühle oder Rollatoren, vorzusehen. Dabei müssen für Kinderwagen, Mobilitätshilfsmittel und Fahrräder nicht jeweils getrennte Räume vorgesehen werden. Die Abstellräume müssen ausreichend groß und die Abstellräume nach Nummer 1 für das Abstellen von Kinderwagen und Mobilitätshilfsmittel sowie die nach Nummer 2 für das Abstellen von Fahrrädern geeignet sein.

Nach Absatz 3 ist für jede Wohnung ein Bad mit Badewanne oder Dusche und eine Toilette erforderlich. Die Zulässigkeit fensterloser Bäder und Toiletten ist in § 46 Abs. 1 geregelt. Ob in Betriebsstätten Toiletten erforderlich sind, ist durch das Arbeitsstättenrecht geregelt.

Nach Absatz 4 ist die Ausstattung von Wohnungen mit geeigneten Rauchwarnmeldern vorgeschrieben. Erforderlich können damit Rauchwarnmelder sein, die Menschen mit Einschränkungen des Hörsinns auf eine andere Art warnen. Die Verpflichtung zur Anbringung von Rauchwarnmeldern in Fluren, über die Rettungswege führen, wurde durch die Verpflichtung zur Anbringung in Fluren, die zu Aufenthaltsräumen führen, ersetzt, da es nach dem Brandschutzkonzept der Thüringer Bauordnung innerhalb von Wohnungen keine Rettungswege gibt.

Mit der Ausnahmeregelung nach Absatz 5 ist der Bestandsschutz von Gebäuden gestärkt, wenn Nutzungseinheiten mit Aufenthaltsräumen in Wohnraum umgewandelt werden. In diesen Fällen ist durch die Nutzungsänderung der Bestandsschutz rechtmäßig bestehender Bauteile hinsichtlich der Anforderungen an tragende Wände, Stützen, Außenwände, Brandwände, Decken und Dächer nach den §§ 30, 31 und 33 bis 35 nicht aufgehoben; sie genießen vielmehr weiterhin Bestandsschutz, auch wenn sie aktuellen Anforderungen nicht entsprechen. Die Regelung bezieht sich ausdrücklich nur auf bestehende Bauteile; an neu eingebaute Bauteile sind die aktuellen bauordnungsrechtlichen Anforderungen zu stellen. Da die Ausnahme nur für bestandsgeschützte Bauteile gilt, müssen die Bauteile den zum Zeitpunkt ihrer Errichtung oder zu einem späteren Zeitpunkt geltenden Recht entsprechen.

§ 52
Notwendige Stellplätze und notwendige Abstellplätze für Fahrräder

(1) [1]Bei der Errichtung von Anlagen, bei denen ein Zu- und Abgangsverkehr mit Kraftfahrzeugen zu erwarten ist, müssen im erforderlichen Umfang geeignete Stellplätze hergestellt werden, wenn der Zu- und Abgangsverkehr mittels Kraftfahrzeugen erfolgt (notwendige Stellplätze); die Stellplätze können auch in Garagen hergestellt werden. [2]Geeignete schwellenlos erreichbare Abstellplätze für Fahrräder sind in solcher Zahl herzustellen, dass sie für die ordnungsgemäße Nutzung der Anlagen ausreichen (notwendige Abstellplätze für Fahrräder). [3]Bei der Bemessung des Bedarfs von Stellplätzen und Abstellplätzen für Fahrräder sind insbesondere zu berücksichtigen:
1. die Zahl und die Art der durch die ständige Benutzung und den Besuch der Anlagen zu erwartenden Kraftfahrzeuge und Fahrräder,
2. die örtlichen Verkehrsverhältnisse,
3. die zu erwartende Nutzung des öffentlichen Personenverkehrs, auch unter Berücksichtigung geplanter Änderungen-, und
4. gemeindliche Mobilitätskonzepte.

[4]Bei Änderungen oder Nutzungsänderungen ist nur der Mehrbedarf zu decken. [5]Kreisfreie Städte, Große Kreisstädte und Große kreisangehörige Städte dürfen durch Satzung insbesondere unter Berücksichtigung der Kriterien des Satzes 3 die Zahl der nach den Sätzen 1 und 2 erforderlichen Stellplätze sowie Abstellplätze für Fahrräder festlegen.

(2) Die Verpflichtungen nach Absatz 1 Satz 1 bis 3 entfallen,
1. soweit die Gemeinde durch örtliche Bauvorschrift nach § 97 oder durch städtebauliche Satzung die Herstellung von notwendigen Stellplätzen sowie notwendigen Abstellplätzen für Fahrräder ausschließt oder beschränkt,
2. wenn bei einem am 4. April 2023 rechtmäßig bestehenden Gebäude eine Wohnung geteilt oder Wohnraum durch Nutzungsänderung, durch Aufstocken des Gebäudes oder durch Ausbau des Dachraums geschaffen wird und
3. bei Wohngebäuden der Gebäudeklassen 1 und 2.

(3) Die notwendigen Stellplätze sowie die notwendigen Abstellplätze für Fahrräder sind auf dem Baugrundstück oder in zumutbarer Entfernung davon auf einem anderen geeigneten Grundstück, dessen dauerhafte Benutzung für diesen Zweck durch Baulast gesichert wird, herzustellen oder nach Absatz 4 abzulösen.

(4) [1]Die notwendigen Stellplätze sowie die notwendigen Abstellplätze für Fahrräder können mit Einverständnis der Gemeinde durch Zahlung eines Geldbetrags abgelöst werden. [2]Die Höhe des Geldbetrags je Stellplatz und Abstellplatz ist durch Satzung festzulegen und kann insbesondere nach der Art der Nutzung und der Lage der baulichen Anlage unterschiedlich geregelt werden. [3]Der Geldbetrag darf 60 Prozent der durchschnittlichen Herstellungskosten von Stellplätzen oder Abstellplätzen nach Absatz 5 Nr. 1 einschließlich der Kosten des Grunderwerbs

im Gemeindegebiet oder in bestimmten Teilen des Gemeindegebiets nicht übersteigen.

(5) Die Gemeinde hat den Geldbetrag nach Absatz 4 zweckgebunden zu verwenden für

1. **die Herstellung zusätzlicher oder die Instandhaltung, Instandsetzung oder Modernisierung bestehender Stellplätze oder Abstellplätze oder**
2. **sonstige investive Maßnahmen zur Entlastung der öffentlichen Straßen vom ruhenden Verkehr.**

Nr. 52 VollzBekThürBO

52.1.1 Zur Definition der Begriffe Stellplatz und Garage vgl. § 2 Abs. 7. Anforderungen ergeben sich aus der Thüringer Garagenverordnung (ThürGarVO). Geeignet sind Stellplätze, wenn sie den ihnen zugedachten Zweck erfüllen, die öffentlichen Verkehrsflächen vom ruhenden Verkehr zu entlasten, der von baulichen Anlagen ausgelöst wird. Hierzu gehört, dass der Anordnung auf dem Baugrundstück keine Hindernisse tatsächlicher, bauplanungsrechtlicher oder bauordnungsrechtlicher Art oder allgemein aus Gründen der öffentlichen Sicherheit und Ordnung, insbesondere des Verkehrs, entgegenstehen. „Gefangene" Stellplätze (hintereinanderliegende Stellplätze, bei denen der hintere nur über den davor liegenden Stellplatz befahren werden kann) können i. d. R. nicht als notwendige Stellplätze anerkannt werden (OVG Rheinland-Pfalz, 22.08.2002, 1 A 10439/02). Stellplätze müssen von den öffentlichen Verkehrsflächen aus verkehrssicher zu erreichen sein.

52.1.2 Abstellmöglichkeiten für Fahrräder sind zu schaffen, wenn mit Ziel- und Quellverkehr mit Fahrrädern zu rechnen ist. Eine Behinderung des ruhenden oder fließenden Verkehrs ohne Abstellplätze muss nicht zu befürchten sein. Für die Zahl der Fahrradabstellplätze gelten die Gesichtspunkte für die Ermittlung der erforderlichen Kfz-Stellplätze sinngemäß. Es kommt insbesondere darauf an, inwieweit aufgrund der Nutzung und der Lage der Anlage damit zu rechnen ist, dass tatsächlich ein Teil der Besucher mit dem Fahrrad kommt. Je nach Nutzung können auch Kfz-Stellplätze entbehrlich und dafür in größerem Umfang Fahrradabstellmöglichkeiten erforderlich sein (z. B. bei „Fahrradhotels"). Bei Wohngebäuden der Gebäudeklassen 3 bis 5 ist zu berücksichtigen, dass zumindest ein Teil der Abstellmöglichkeiten nach § 51 Abs. 2 Nr. 1 in Abstellräumen hergestellt werden muss.

52.1.3 Fahrradabstellmöglichkeiten sollen sicher und möglichst schwellenlos erreichbar sein und dürfen nicht zu einer Gefährdung des Fußgänger- oder Fahrzeugverkehrs führen. Technisch bedingte Schwellen sind zulässig. Ist aufgrund der örtlichen Verhältnisse oder der Besonderheiten der baulichen Anlage ein schwellenloser Zugang nicht oder nur mit erheblichem Aufwand zu errichten, sind Abweichungen nach § 73 jedenfalls dann möglich, wenn die Abstellplätze immer noch leicht erreichbar sind (vgl. § 51 Abs. 2 Nr. 2). Abstellmöglichkeiten sollten ein Anschließen der Fahrräder ermöglichen. Auf eine ausreichende Länge und Breite der Abstellplätze ist zu achten.

52.1.4 Bei Umbaumaßnahmen im Bestand oder Nutzungsänderungen ist ungeachtet bisher fehlender Stellplätze nur der durch das konkrete Vorhaben ausgelöste Mehrbedarf zu befriedigen. Es ist ein Vergleich des Bedarfs der Anlage vor und nach der Änderung/Nutzungsänderung vorzunehmen. Sind für die bisherige Nutzung nach den derzeitigen Verhältnissen zu wenig Stellplätze vorhanden, ist dieser Mangel „bestandsgeschützt", wenn der Bestand

- genehmigt wurde oder
- (bei Schwarzbauten) seit seiner Errichtung/Umnutzung einschließlich der Zahl der vorhandenen Stellplätze genehmigungsfähig gewesen wäre oder
- mindestens seit dem 31.07.1985 vorhanden ist.

Andernfalls ist der Gesamtbedarf herzustellen.

52.1.5 Bei Anlagen mit unterschiedlicher Nutzung ist der Stellplatzbedarf für die jeweilige Nutzungsart getrennt zu ermitteln. Bei Anlagen mit Mehrfachnutzung (z. B. Sport- und Veranstaltungshalle) ist die Nutzungsart mit dem größten Stellplatzbedarf maßgebend. Ist bei Anlagen mit verschiedenen Nutzungen eine wechselseitige Belegung der Stellplätze möglich, verringert sich der Stellplatzbedarf entsprechend (z. B. bei Gebäuden, in denen sich Einzelhandelsbetriebe und Gaststätten befinden, die nicht gleichzeitig geöffnet sind).

52.1.6 Bei Anlagen mit regelmäßigem An- oder Auslieferungsverkehr können auch Stellplätze für Lastkraftwagen erforderlich sein. Dies gilt sinngemäß auch für Anlagen, bei denen ein Besucherverkehr durch Omnibusse oder Krafträder zu erwarten ist.

52.1.7 Wenn wegen einer untypischen Art der Nutzung von einem gegenüber den Richtzahlen verringerten Stellplatzbedarf ausgegangen wird (vgl. z. B. Nr. 52.1.3), empfiehlt es sich, im Baugenehmigungsverfahren darauf hinzuweisen, dass Veränderungen der zugrunde gelegten Rahmenbedingungen eine Nutzungsänderung darstellen und zu einer Neuberechnung der Stellplatzverpflichtung (in der Regel verbunden mit einer Erhöhung der Anzahl erforderlicher Stellplätze) führen können.

52.1.8 Die Zahl der notwendigen Stellplätze ist jeweils im Einzelfall zu ermitteln. Dabei ist insbesondere auch die Erreichbarkeit durch Fahrradverkehr sowie die Anbindung an den öffentlichen Personennahverkehr (ÖPNV) zu berücksichtigen. Ein Bauvorhaben kann mit der Folge der Reduzierung des Stellplatzbedarfs z. B. dann überdurchschnittlich gut mit öffentlichen Verkehrsmitteln erreicht werden, wenn es weniger als 400 m von einem ÖPNV-Haltepunkt entfernt ist und dieser Haltepunkt während der normalen Nutzungszeiten von mindestens einer Linie des ÖPNV in zeitlichen Abständen von jeweils höchstens zwanzig Minuten angefahren wird. Die gute Erreichbarkeit kann aber nur dann berücksichtigt werden, wenn auch erwartet werden kann, dass die Nutzer der Anlage tatsächlich in nennenswertem Umfang den ÖPNV nutzen werden. Dies wird bei Anlagen mit überörtlichem Einzugsbereich oft nicht der Fall sein, wenn der Einzugsbereich nicht ebenfalls über den ÖPNV gut angebunden ist. Gemeindliche Mobilitätskonzepte sind nur zu berücksichtigen, wenn zu erwarten ist, dass sie tatsächlich in absehbarer Zeit so umgesetzt werden, dass sie Auswirkungen auf den Stellplatzbedarf haben.

52.1.9 Der durch ein Bauvorhaben ausgelöste Stellplatzbedarf wird von der Bauaufsichtsbehörde nur im Rahmen eines Baugenehmigungsverfahrens nach § 66 beurteilt und entschieden. Im Übrigen ist die Bauherrschaft selbst verantwortlich; eine Abstimmung der Zahl der notwendigen Stellplätze mit der Bauaufsichtsbehörde ist zu empfehlen. Die nachfolgende Tabelle ist nicht verbindlich, sondern bietet lediglich einen Anhaltspunkt für den durchschnittlichen Bedarf an Stellplätzen ausgewählter Nutzungen. Unter Berücksichtigung insbesondere der in Satz 3 genannten Kriterien muss der Bedarf konkretisiert werden. Besondere örtliche Verhältnisse können z. B. bestehen, wenn sich aus Statistiken oder sonstigen Informationsquellen ergibt, dass sich der durchschnittliche Pkw-Besatz pro Privathaushalt von Stadt- oder Ortsteilen untereinander wesentlich unterscheidet. Auch können identische Gebäude je nach Standort, Einzugsbereich, Anbindung an den ÖPNV usw. einen unterschiedlichen Stellplatzbedarf auslösen. Die im Einzelfall festzulegende Stellplatzzahl muss diese Besonderheiten berücksichtigen. Dabei ist zu beachten, dass nach Absatz 2 Nr. 2 bei der nachträglichen Schaffung von Wohnraum die Stellplatzerrichtungspflicht entfallen kann.

52.1.10 (Ausschließlich) kreisfreie Städte, Große Kreisstädte und Große kreisangehörige Städte dürfen durch Satzung die Zahl der erforderlichen Stellplätze und Abstellplätze für Fahrräder festlegen. Dabei sind die Kriterien des Satzes 3 zu berücksichtigen. Das bedeutet auch, dass insbesondere bei größeren Städten dem gegebenenfalls unterschiedlichen Bestand von Kraftfahrzeugen je Wohneinheit Rechnung zu tragen ist. Andere Städte und Gemeinden können lediglich durch Satzung nach § 97 Abs. 1 Satz 1 Nr. 4 Anforderungen an die Gestaltung von Stellplätzen und Abstellplätzen für Fahrräder stellen.

52.2.1 Beschränkt eine Gemeinde nach Nummer 1 die Zahl der zulässigen Stellplätze, entfällt insoweit die Stellplatzpflicht.

52.2.2 Bei der nachträglichen Schaffung von Wohnraum entfällt die Stellplatzerrichtungspflicht nur, wenn das Gebäude zum Stichtag rechtmäßig bestanden hat, d. h. das Gebäude formell und/oder materiell rechtmäßig errichtet wurde.

52.3.1 Die Errichtung von Stellplätzen auf dem Baugrundstück, einem anderen Grundstück und die Ablösung in Geld sind gleichberechtigte Möglichkeiten. Als zumutbare Entfernung zu einem anderen Grundstück kann bei Wohnungen im Allgemeinen von einer Entfernung bis zu 300 m Fußweg zwischen Baugrundstück und Stellplatz ausgegangen werden. Bei Gebäuden, die nicht dem Wohnen dienen, kann in großen Gemeinden je nach Nutzung eine Entfernung bis zu 1 000 m Fußweg zwischen Baugrundstück und Stellplatz vertretbar sein. Auch eine Unterscheidung zwischen Stellplätzen für Mitarbeitende und Stellplätzen für Besucherinnen und Besucher kann gerechtfertigt sein.

52.3.2 Stellplätze für Menschen mit Behinderung sollten möglichst nah am Gebäude und generell in der Nähe der barrierefreien Zugänge angeordnet werden. Auch Abstellplätze für Fahrräder werden nach allgemeiner Erfahrung nur angenommen, wenn der Weg vom Abstellplatz zu der baulichen Anlage nur wenige Schritte beträgt.

52.4.1 Das Einverständnis der Gemeinde mit der Stellplatzablösung ist Voraussetzung für die Rechtmäßigkeit eines Bauvorhabens, wenn die Stellplätze nicht real hergestellt werden. Bei Vorhaben, für die eine Genehmigungsfreistellung (§ 64) oder ein vereinfachtes Baugenehmigungsverfahren (§ 65) durchzuführen ist, in dem das Bauordnungsrecht und damit auch die Einhaltung der Stellplatzpflicht nicht präventiv geprüft wird, darf mit der Errichtung eines Vorhabens erst begonnen werden, wenn die Gemeinde ihr Einverständnis mit der Ablösung erklärt hat. Über die Ablösung entscheidet die Gemeinde allein; sie ist auch für eine gegebenenfalls erforderliche zwangsweise Durchsetzung ihrer Forderungen aus der Ablösevereinbarung oder für die Gewährung von Zahlungserleichterungen zuständig.

52.4.2 Über die Höhe des Geldbetrages zur Ablöse kann die Gemeinde in Abhängigkeit vom Parkraumkonzept differenzierte lage- und nutzungsbezogene Regelungen treffen, die sich im Rahmen der Obergrenze von 60 % der durchschnittlichen Kosten (einschließlich Grunderwerb) bewegen. Bei den Durchschnittskosten kann auf ein in die Zukunft gerichtetes Gesamtkonzept (z. B. Mischung von ebenerdigen Stellplätzen und Parkhäusern) abgestellt werden. Hat die Gemeinde die Errichtung von Stellplätzen nach § 97 Abs. 1 Nr. 7 ganz oder teilweise untersagt, sind diese insoweit auch nicht abzulösen.

52.4.3 Nach § 2 Abs. 2 ThürKAG muss die Ablösebetragssatzung u. a. den Zeitpunkt der Entstehung und Fälligkeit der Schuld bestimmen. Da die Zahlung des Stellplatzablösebetrages die „Gegenleistung“ für die Erteilung der Baugenehmigung ist, ist ein Fälligwerden mit Erteilung oder Bestandskraft der Baugenehmigung sachgerecht. Werden nach Fertigstellung des Bauvorhabens Nutzungsänderungen vorgenommen, die den Stellplatzbedarf mindern, kann die Bauherrschaft nicht ohne weiteres eine Anpassung des Stellplatzablösungsvertrages und Rückzahlung von Teilen der Ablösesummen verlangen (OVG Rheinland-Pfalz, 13.11.2003, 8 A 10878/03. Die Nichtausnutzung der Baugenehmigung kann eine nach § 60 Abs. 1 VwVfG beachtliche Veränderung der Verhältnisse darstellen und ggf. die Rückforderung bereits geleisteter Ablösebeträge rechtfertigen (OVG Nordrhein-Westfalen, 21.11.2000, 10 A 1966/99).

Anlage
zu Nr. 52.1.9

Nr.	Verkehrsquelle	Zahl der Kfz-Stellplätze	Zahl der Fahrradabstellplätze
1	**Wohngebäude**		
1.1	Einfamilienhäuser	1 – 2 je Wohnung	1 – 2 je Wohnung
1.2	Mehrfamilienhäuser und sonstige Gebäude mit Wohnungen	1 – 1,5 je Wohnung	1,5 je Wohnung
1.3	Wochenend- und Ferienhäuser, Ferienwohnungen	1 je Wohnung	1 je Wohnung
1.4	Kinder- und Jugendwohnheime	1 je 10 – 20 Betten, jedoch mind. 2	1 je 5 Betten, jedoch mind. 2
1.5	Altenwohnheime, Altenheime	1 je 8 – 15 Betten, jedoch mind. 3	mind. 3
1.6	Sonstige Wohnheime	1 je 4 – 8 Betten	1 je 2 – 5 Betten
2	**Gebäude mit Büro-, Verwaltungs- und Praxisräumen**		
2.1	Büro- und Verwaltungsräume allgemein	1 je 30 – 40 m² Nutzfläche	1 je 30 – 50 m² Nutzfläche
2.2	Räume mit erheblichem Besucherverkehr (Schalter-, Abfertigungs- oder Beratungsräume, Arztpraxen und dergleichen)	1 je 20 – 30 m² Nutzfläche, jedoch mind. 3	1 je 30 – 50 m² Nutzfläche, jedoch mind. 3
3	**Verkaufsstätten**		
3.1	Läden, Geschäftshäuser	1 je 30 – 40 m² Verkaufsnutzfläche, jedoch mind. 2 je Laden	mind. 2 je Laden
3.2	Geschäftshäuser mit geringem Besucherverkehr	1 je 50 m² Verkaufsnutzfläche	mind. 2 je Laden
3.3	Großflächige Einzelhandelsbetriebe außerhalb von Kerngebieten	1 je 10 – 20 m² Verkaufsnutzfläche	1 je 120 m² Verkaufsnutzfläche
4	**Versammlungsstätten (außer Sportstätten), Kirchen**		
4.1	Versammlungsstätten von überörtlicher Bedeutung (z. B. Theater, Konzerthäuser, Mehrzweckhallen)	1 je 5 Sitzplätze	1 je 30 Sitzplätze
4.2	Sonstige Versammlungsstätten (z. B. Lichtspieltheater, Schulaulen, Vortragssäle)	1 je 5 – 10 Sitzplätze	1 je 10 – 20 Sitzplätze
4.3	Gemeindekirchen	1 je 30 – 50 Sitzplätze	1 je 30 Sitzplätze
4.4	Kirchen von überörtlicher Bedeutung	1 je 20 – 30 Sitzplätze	1 je 60 Sitzplätze
5	**Sportstätten**		
5.1	Sportplätze und Sportstadien	1 je 250 m² Sportfläche, zusätzlich 1 je 10 – 15 Besucherplätze	1 Stpl. je 250 m² Sportfläche, zusätzlich 1 je 15 – 20 Besucherplätze
5.2	Spiel- und Sporthallen	1 je 250 m² Sportfläche, zusätzlich 1 je 10 – 15 Besucherplätze	1 je 100 m² Sportfläche, zusätzlich 1 je 10 – 15 Besucherplätze
5.3	Freibäder und Freiluftbäder	1 je 200 – 300 m² Grundstücksfläche	1 je 100-200 m² Grundstücksfläche
5.4	Hallenbäder	1 je 5 – 10 Kleiderablagen, zusätzlich 1 je 10 – 15 Besucherplätze	1 je 10 – 20 Kleiderablagen, zusätzlich 1 je 10 – 15 Besucherplätze
5.5	Tennisplätze	3 je Spielfeld, zusätzlich 1 je 10 – 15 Besucherplätze	2 je Spielfeld, zusätzlich 1 je 10 – 15 Besucherplätze
5.6	Minigolfplätze	6 je Minigolfplatz	6 je Minigolfplatz

Nr.	Verkehrsquelle	Zahl der Kfz-Stellplätze	Zahl der Fahrradabstellplätze
5.7	Kegel-, Bowlingbahnen	3 je Bahn	3 je Bahn
5.8	Bootshäuser und Bootsliegeplätze	1 je 2 – 5 Boote	1 je 5 Boote
6	**Gaststätten und Beherbergungsbetriebe**		
6.1	Gaststätten von örtlicher Bedeutung	1 je 8 – 12 Sitzplätze	1 je 8 – 12 Sitzplätze
6.2	Gaststätten von überörtlicher Bedeutung	1 je 4 – 8 Sitzplätze	1 je 4 – 8 Sitzplätze
6.3	Hotels, Pensionen, Kurheime und andere Beherbergungsbetriebe	1 je 2 – 3 Gästezimmer, für zugehörigen Restaurationsbetrieb Zuschlag nach Nr. 6.1 oder 6.2	1 je 15 – 20 Gästezimmer
6.4	Jugendherbergen	1 je 10 Betten	1 je 20 Betten
7	**Krankenanstalten**		
7.1	Krankenhäuser von überörtlicher Bedeutung (z. B. Universitätskliniken, Schwerpunktkrankenhäuser), Privatkliniken	1 je 3 – 4 Betten	1 je 20 Betten
7.2	Krankenhäuser von örtlicher Bedeutung	1 je 4 – 6 Betten	1 je 20 Betten
7.3	Sanatorien, Kuranstalten, Anstalten für langfristig Kranke	1 je 2 – 6 Betten	1 je 20 Betten
8	**Schulen, Einrichtungen der Jugendförderung**		
8.1	Grundschulen	1 je 30 Schüler	1 je 15 Schüler
8.2	Sonstige allgemeinbildende Schulen, Berufsschulen, Berufsfachschulen	1 je 25 Schüler, zusätzlich 1 je 5 – 10 Schüler über 18 Jahre	1 je 5 – 10 Schüler
8.3	Sonderschulen für Behinderte	1 je 15 Schüler 1 je 15 Schüler	
8.4	Fachhochschulen, Hochschulen	1 je 3 – 4 Studierende	1 je 2 – 5 Studierende
8.5	Kindergärten, Kindertagesstätten	1 je 20 – 30 Kinder, jedoch mind. 2	1 je 20 – 30 Kinder, jedoch mind. 2
8.6	Jugendfreizeitheime und dergleichen	1 je 15 Besucherplätze	1 je 10 – 15 Besucherplätze
9	**Gewerbliche Anlagen**		
9.1	Handwerks- und Industriebetriebe	1 je 50 – 70 m² Nutzfläche oder je 3 Beschäftigte*)	1 je 10 Beschäftigte*)
9.2	Lagerräume, Lagerplätze, Ausstellungs- und Verkaufsplätze	1 je 80 – 100 m² Nutzfläche oder je 3 Beschäftigte*)	mind. 1
9.3	Kraftfahrzeugwerkstätten	6 je Wartungs- od. Reparaturstand	mind. 1 je 10 Beschäftigte
9.4	Tankstellen mit Pflegeplätzen	10 je Pflegeplatz	0
9.5	Kraftfahrzeugwaschstraßen	4 je Waschstraße	0
10	**Verschiedenes**		
10.1	Kleingartenanlagen	1 je 3 Kleingärten	1 je 30 – 50 Kleingärten
10.2	Friedhöfe	1 je 2 000 m² Grundstücksfläche, jedoch mind. 10	mind. 3
10.3	Spiel- und Automatenhallen	1 je 20 m² Spielhallenfläche, mind. jedoch 3	1 je 20 m² Spielhallenfläche, mind. jedoch 3

*) Der Stellplatzbedarf ist in der Regel nach der Nutzfläche zu berechnen; ergibt sich dabei ein offensichtliches Missverhältnis zum tatsächlichen Stellplatzbedarf, so ist die Zahl der Beschäftigten zu Grunde zu legen.

Begründung zu § 52

Nach Absatz 1 müssen baulichen Anlagen, bei denen ein Zu- oder Abgangsverkehr mit Kraftfahrzeugen zu erwarten ist, die erforderlichen Stellplätze zwingend zugeordnet werden, sogenannte notwendige Stellplätze. Notwendige Stellplätze können auch in Garagen hergestellt werden. Ziel der Regelung ist in erster Linie, den öffentlichen Verkehrsraum dadurch von ruhendem Verkehr zu entlasten, dass die Fahrzeuge außerhalb öffentlicher Flächen abgestellt werden, woraus sich auch die erforderliche Zahl der nachzuweisenden Stellplätze ergibt. Weiteres Ziel ist, die Kosten für die Herstellung der Stellplätze als Nebenfolge der Errichtung von Bauvorhaben bei der Bauherrschaft zu belassen und nicht durch die Errichtung öffentlicher Stellplätze auf die Allgemeinheit zu übertragen.

Anders als bisher ist die Verpflichtung zur Herstellung von notwendigen Abstellplätzen für Fahrräder durch Satz 2 nicht mehr davon abhängig, dass mit einem erheblichen Zu- oder Abgangsverkehr mit Fahrrädern zu rechnen ist, da angesichts der zunehmenden Bedeutung des Fahrradverkehrs davon ausgegangen werden kann, dass bei fast jeder Nutzung ein Bedarf für Fahrradabstellmöglichkeiten besteht. Werden Abstellplätze für Fahrräder bereitgestellt, kann das auch ein Anreiz zur Nutzung des Fahrrads anstelle des Personenkraftwagens sein.

Art und Zahl der notwendigen Stellplätze sowie der notwendigen Abstellplätze für Fahrräder richten sich nach den konkreten Verhältnissen des Einzelfalls. Im Übrigen identische Anlagen können daher je nach Standort einen deutlich unterschiedlichen Bedarf auslösen. Das ist dadurch verdeutlicht, dass in Satz 3 Kriterien aufgeführt werden, die bei der Entscheidung im Einzelfall zu berücksichtigen sind. Die Aufzählung ist nicht abschließend. Bei der Art der Fahrzeuge können auch besondere Arten von Fahrrädern, wie Lastenfahrräder, berücksichtigt werden, wenn davon ausgegangen werden kann, dass für diese in der Regel ein Bedarf an Abstellmöglichkeiten besteht. Das wird bei Einzelhandelsbetrieben eher der Fall sein als beispielsweise bei Schulen, Versammlungsstätten oder auch Wohngebäuden.

Konkrete Anforderungen an Lage und Ausgestaltung der Stellplätze sowie der notwendigen Abstellplätze für Fahrräder sind nicht gestellt. Aus der Forderung, dass geeignete Stellplätze sowie Abstellplätze für Fahrräder hergestellt werden müssen, ergibt sich aber unter anderem, dass die diese ausreichend groß und im erforderlichen Umfang befestigt sein müssen sowie nach ihrer Lage nicht zu unzulässigen Immissionen führen dürfen. Ergänzende Anforderungen sind in der Thüringer Garagenverordnung enthalten. Auch aus örtlichen Bauvorschriften nach § 97 Abs. 1 Satz 1 Nr. 4 oder städtebaulichen Satzungen können sich weitere Anforderungen ergeben.

Bei Nutzungs- und anderen Änderungen ist nur der dadurch verursachte Mehrbedarf an Stellplätzen sowie Abstellplätzen für Fahrräder zu befriedigen, da auch nur insoweit die Ziele der Stellplatzregelung berührt werden.

Kreisfreie Städte, Große Kreisstädte und Große kreisangehörige Städte sind ermächtigt, die Zahl der notwendigen Stellplätze sowie der notwendigen Abstellplätze für Fahrräder zu konkretisieren. Dabei sind insbesondere die in Satz 3 genannten Kriterien zu berücksichtigen, was gerade bei größeren Städten eine Differenzierung nach einzelnen Stadtteilen erfordern wird. Unabhängig von der Satzung entfällt die

Pflicht nach Absatz 1 Satz 1 bis 3 in den in Absatz 2 genannten Fällen. Die Satzungsermächtigung ist auf kreisfreie Städte, Große Kreisstädte und Große kreisangehörige Städte beschränkt, da es sich zum einen um Gemeinden handelt, bei denen in größerem Umfang örtliche Besonderheiten mit Auswirkungen auf den Platzbedarf zu berücksichtigen sind und zum anderen die Städte auch Bauaufsichtsbehörden sind und damit ohnehin für ihr Gemeindegebiet eine Ermittlung des durchschnittlichen Stell- und Abstellplatzbedarfs durchführen müssen.

Nach Absatz 2 entfällt unter bestimmten Voraussetzungen die Verpflichtung zur Herstellung von notwendigen Stellplätzen sowie notwendigen Abstellplätzen für Fahrräder. Nach Nummer 1 entfällt die Verpflichtung, wenn die Gemeinde die Errichtung dieser Stellplätze oder Abstellplätze für Fahrräder untersagt hat. Damit entfällt auch die Verpflichtung, diese abzulösen. Maßgebend ist hierfür die Überlegung, dass die Untersagung der Herstellung von notwendigen Stellplätzen sowie notwendigen Abstellplätzen für Fahrräder nur dann möglich ist, wenn dadurch keine Gefahren für die öffentliche Sicherheit und Ordnung entstehen. Wenn dies aber der Fall ist, ist es nicht gerechtfertigt, die Bauherrschaften mit Kosten zu belasten.

Nach Nummer 2 entfällt die Herstellungspflicht, wenn bei am 4. April 2023 rechtmäßig bestehenden Gebäuden eine Wohnung geteilt oder Wohnraum durch Nutzungsänderung, durch Aufstocken des Gebäudes oder durch Ausbau des Dachraums geschaffen wird. Dadurch soll die nachträgliche Herstellung von Wohnraum erleichtert werden. Ein Gebäude besteht rechtmäßig, wenn es entsprechend einer erteilten Baugenehmigung errichtet wurde oder formellen oder materiellen Bestandsschutz genießt. Der Stichtag wurde gewählt, um Gebäude zu begünstigen, die zum Zeitpunkt der ersten Befassung des Kabinetts mit dem Referentenentwurf der Thüringer Bauordnung rechtmäßig bestanden haben. Eine Begünstigung zukünftig errichteter Gebäude soll nicht erfolgen, um eine Umgehung der Pflicht zur Errichtung von Stellplätzen und Abstellplätzen für Fahrräder zu verhindern.

Nach Nummer 3 entfällt die Herstellungspflicht bei Wohngebäuden der Gebäudeklassen 1 und 2, da diese überwiegend auf einem Grundstück errichtet werden, auf dem auch die Herstellung von notwendigen Stellplätzen sowie notwendigen Abstellplätzen für Fahrräder möglich ist.

Nach Absatz 3 sind notwendige Stellplätze sowie notwendige Abstellplätze für Fahrräder entweder auf dem Baugrundstück oder einem anderen Grundstück herzustellen oder durch Zahlung eines Geldbetrags gegenüber der Gemeinde abzulösen. Die drei Möglichkeiten stehen gleichberechtigt nebeneinander mit der Folge, dass die Bauherrschaft grundsätzlich ein Wahlrecht hat. Für die Geeignetheit eines anderen Grundstücks gelten die gleichen Anforderungen wie bei der Herstellung auf dem Baugrundstück selbst. Dabei ist auch zu beachten, dass nach § 12 Abs. 2 und 3 BauNVO die Errichtung von Stellplätzen für gewerbliche Nutzungen in bestimmten Baugebietskategorien bauplanungsrechtlich unzulässig sein kann.

Mit Absatz 4 Satz 1 ist die nach Absatz 3 grundsätzlich zulässige Ablösung geregelt. Auch wenn die Bauherrschaft ein Wahlrecht hat, setzt diese Ablösung eine Zustimmung der Gemeinde voraus, da die Ablösegebühr auf einen Teil der tatsächlich entstehenden Kosten begrenzt ist und damit die Gemeinde nicht nur die Verpflichtung der zweckentsprechenden Verwendung der Ablösebeträge eingeht, sondern auch die Verpflichtung zur ergänzenden Finanzierung. Mit Satz 2 ist klargestellt, dass die Gemeinden nicht verpflichtet sind, den höchst möglichen Geldbetrag je abgelösten Platz festzulegen oder grundsätzlich je abgelösten Platz die gleichen Gebühren zu verlangen. Vielmehr kann auch nach der Art der Nutzung unterschieden werden. Dadurch können beispielsweise städtebaulich in den Innenstädten erwünschte Nutzungen bevorzugt werden, die zu einer Belebung der Innenstädte beitragen und dadurch eventuelle Mindereinnahmen ausgleichen.

Nach Absatz 5 besteht die Verpflichtung, die Einnahmen aus der Ablösung nach Absatz 4 zweckgebunden zu verwenden. In Betracht kommen entweder die Herstellung, Instandhaltung, Instandsetzung und Modernisierung von Stellplätzen sowie Abstellplätzen für Fahrräder oder sonstige investive Maßnahmen zur Entlastung der öffentlichen Straßen vom ruhenden Verkehr und damit zur Verminderung des allgemeinen Stellplatzbedarfs. Als sonstige investive Maßnahmen kommen beispielsweise der Ausbau des öffentlichen Personennahverkehrs oder die Anlegung innerstädtischer Radwege in Betracht. Dagegen wäre eine Verwendung der Ablösebeträge zur Deckung eines allgemeinen Defizits im öffentlichen Personennahverkehr unzulässig.

§ 53
Barrierefreies Bauen

(1) [1]In

1. Gebäuden mit mehr als zwei Wohnungen müssen die Wohnungen mindestens eines Geschosses und

2. Gebäuden, die nach § 42 Abs. 4 über einen Aufzug verfügen müssen, müssen die Wohnungen von mindestens zwei Geschossen

barrierefrei erreichbar sein; diese Verpflichtung kann auch durch eine entsprechende Zahl barrierefrei erreichbarer Wohnungen in mehreren Geschossen erfüllt werden. [2]In diesen Wohnungen müssen die Aufenthaltsräume, mindestens ein Toilettenraum, mindestens ein Bad und, soweit vorhanden, eine Küche oder Kochnische sowie ein Freisitz sowie die zu diesen Räumen führenden Flure barrierefrei zugänglich sein. [3]§ 42 Abs. 4 bleibt unberührt. [4]Die Sätze 1 und 2 gelten nicht, wenn durch

1. nachträglichen Ausbau des Dachgeschosses oder

2. Aufstockung um bis zu zwei Geschosse oder

3. Teilung von Wohnungen

zusätzliche Wohnungen entstehen.

(2) [1]Bauliche Anlagen, die öffentlich zugänglich sind, müssen in den dem allgemeinen Personenverkehr dienenden Teilen barrierefrei sein. [2]Dies gilt insbesondere für

1. Einrichtungen der Kultur, des Bildungs- und Erziehungswesens,

2. Sport- und Freizeitstätten,

3. Einrichtungen des Gesundheitswesens,

4. Büro-, Verwaltungs- und Gerichtsgebäude,

5. Verkaufs-, Gast- und Beherbergungsstätten und

6. Stellplätze und Toilettenanlagen.

[3]Für die der zweckentsprechenden Nutzung dienenden Räume und Flächen genügt es, wenn sie in dem erforderlichen Umfang barrierefrei sind. [4]Toilettenräume und notwendige Stellplätze für Besucherinnen, Besucher, Benutzerinnen und Benutzer müssen in der erforderlichen Anzahl barrierefrei sein.

(3) Für bauliche Anlagen, die überwiegend von Menschen mit Behinderung oder aufgrund von Alter oder Krankheit beeinträchtigten Menschen genutzt werden, oder ihrer Betreuung dienen, gilt Absatz 2 Satz 3 und 4 entsprechend.

(4) Abweichungen nach § 73 von den Absätzen 1 bis 3 können auch zugelassen werden, soweit die Anforderungen nur mit einem unverhältnismäßigen Mehraufwand erfüllt werden können, insbesondere

1. wegen schwieriger Geländeverhältnisse,

2. wegen des Einbaus eines sonst nicht erforderlichen Aufzugs,

3. wegen ungünstiger vorhandener Bebauung oder

4. im Hinblick auf die Sicherheit der Menschen mit Behinderung.

Nr. 53 VollzBekThürBO

Die Vorschriften des (Bundes-)Behindertengleichstellungsgesetzes und des Thüringer Behinderten-Gleichstellungsgesetzes bleiben unberührt. Die Grundanforderungen des barrierefreien Bauens werden durch die als Technische Baubestimmungen eingeführten Normen DIN 18040-1 und 18040-2 für Gebäude und Wohnungen sowie DIN 18040-3 für Freiflächen konkretisiert.

53.1.1 Die Zahl der Wohnungen, die barrierefrei erreichbar sein müssen, hängt auch davon ab, ob in einem Gebäude nach § 42 Abs. 4 ein Aufzug vorhanden sein muss. Es ist dagegen gleichgültig, wenn in einem niedrigeren Gebäude freiwillig ein Aufzug eingebaut wird.

53.1.2 Die barrierefreie Erreichbarkeit umfasst die äußere Erschließung auf dem Grundstück sowie die innere Erschließung des Gebäudes bis zur Wohnungseingangstür. Sie muss sowohl von der Straße als auch vom PKW-Stellplatz aus gegeben sein. Der Nachweis der barrierefreien Erreichbarkeit von Wohnungen erfolgt über die Einhaltung der als Technische Baubestimmung eingeführten DIN 18040 im Bereich der Erschließungswege. Eine barrierefreie Erreichbarkeit ist stufenfrei sicherzustellen.

53.1.3 Die Bauherrschaft kann wählen, ob alle Wohnungen in einem bzw. zwei Geschossen oder eine entsprechende Zahl von Wohnungen in mehreren Geschossen barrierefrei erreichbar sein sollen. Sind in den Geschossen unterschiedlich viele Wohnungen vorhanden, kann die Bauherrschaft wählen, welche Geschosse barrierefrei ausgeführt bzw. als Vergleich herangezogen werden. Werden durch die Bauherrschaft mehrere Wohngebäude errichtet, muss grundsätzlich für jedes Gebäude die Anforderung erfüllt werden. Eine Konzentration der barrierefreien Wohnungen in einem Gebäude wäre nur nach Zulassung einer Abweichung möglich.

53.1.4 In den barrierefrei erreichbaren Wohnungen müssen alle Aufenthaltsräume, mindestens ein Toilettenraum und ein Bad barrierefrei erreichbar sein. Für Küchen oder Kochnischen sowie Freisitze gilt das nur, soweit sie überhaupt vorhanden sind. Eine uneingeschränkte Rollstuhlnutzbarkeit aller Bereiche der Wohnung nach DIN 18040-2 ist nicht erforderlich (vgl. Anlage A 4.2/3 ThürVVTB).

53.2.1 Die Regelung verzichtet auf die Benennung des Personenkreises, für den öffentlich zugängliche Anlagen barrierefrei ausgestaltet werden müssen, da bei Einhaltung der Anforderungen an die Barrierefreiheit alle Personengruppen die Anlage in gleicher Weise nutzen können. Aufgrund der Definition der Barrierefreiheit in § 2 Abs. 9 müssen auch Vorkehrungen für die Zugänglichkeit und Nutzbarkeit durch Menschen mit Sinnesbehinderungen geschaffen werden (z. B. taktile, kontrastierende Gestaltung, Informations-, Kommunikations- und Leitsysteme). Im Rahmen eines Brandschutznachweises ist auch auf die Rettung von Personen mit Behinderung einzugehen.

53.2.2 Zu den Einrichtungen des Bildungs- und Erziehungswesens zählen auch Tageseinrichtungen für Kinder.

53.2.3 „Öffentlich zugänglich" sind bauliche Anlagen, die nach ihrer Zweckbestimmung grundsätzlich von jedermann betreten und genutzt werden können. Dabei kommt es nicht darauf an, ob die angebotene Dienstleistung öffentlicher oder privater Natur ist oder ob sie unentgeltlich oder gegen Entgelt erbracht wird.

53.2.4 Die Anforderungen an die Barrierefreiheit können sich auf den für die zweckentsprechende Nutzung tatsächlich erforderlichen Umfang beschränken. Maßstab ist die Herstellung einer diskriminierungsfreien Nutzbarkeit. Stehen mehrere gleichartige Räume oder Anlagen zur Verfügung (z. B. funktionsgleiche Klassenräume in einer Schule, Sitzungssäle oder Besucherplätze in einem Versammlungsraum), können einzelne Bereiche von der Barrierefreiheit ausgenommen oder z. B. unter zahlenmäßiger Beschränkung barrierefrei gestaltet werden.

53.2.5 Ist aufgrund der Nutzung einer Anlage nicht mit der Anwesenheit von Menschen mit Behinderung oder mit bestimmten Behinderungen zu rechnen, ist die Erfüllung der diesem Personenkreis dienenden Anforderungen an die Barrierefreiheit i. S. d. Satzes 3 nicht erforderlich.

53.2.6 Die konkret erforderliche Anzahl barrierefreier Toilettenräume und barrierefreier PKW-Stellplätze ergibt sich aus der Anlage A 4.2.2 ThürVVTB. Für Sonderbauten gelten ggf. weitergehende Anforderungen der (Muster-)Sonderbauvorschriften.

53.3 Absatz 3 erfasst Anlagen, die weder öffentlich zugänglich noch eindeutig den Wohngebäuden zugeordnet werden können wie beispielsweise Tages- und Begegnungsstätten oder Alten- und Pflegeheime. Werden sie überwiegend von Menschen mit Behinderung oder aufgrund von Alter oder Krankheit beeinträchtigten Menschen genutzt, oder dienen sie der Betreuung dieser Personen, müssen sie in den Bereichen, die diesen Personengruppen dienen, barrierefrei sein.

53.4.1 Dem Verwaltungsrecht immanent ist der Grundsatz der Verhältnismäßigkeit. Daher stehen die Anforderungen an das barrierefreie Bauen (automatisch) unter dem Vorbehalt, dass sie keinen unverhältnismäßigen Mehraufwand erfordern. Als Regelbeispiele werden schwierige Geländeverhältnisse, der Einbau eines sonst nicht erforderlichen Aufzugs, eine ungünstige vorhandene

Bebauung oder ein im Hinblick auf die Sicherheit der Menschen mit Behinderung unverhältnismäßiger Mehraufwand angeführt.

53.4.2 Die Erfüllung eines der Regelbeispiele führt nicht automatisch dazu, dass eine Abweichung nach § 73 zugelassen werden muss. Vielmehr ist ergänzend zu prüfen, ob das Vorliegen eines der Regelbeispiele tatsächlich zu einem unverhältnismäßigen Mehraufwand führt. Dabei können auch die folgenden Gesichtspunkte eine Rolle spielen:

- Die Anforderungen an die Barrierefreiheit sind grundsätzlich genauso einzuhalten wie alle anderen Anforderungen der Bauordnung. Dadurch entstehende Mehrkosten sind daher im Allgemeinen hinzunehmen.
- Bei der Prüfung des Zwecks der Anforderung sind die Mehrkosten gegenüber dem Nachteil für den betroffenen Personenkreis abzuwägen; je geringer der Vorteil ist, den der geschützte Personenkreis aus der jeweiligen Vorkehrung für die barrierefreie Nutzbarkeit erlangt, umso eher wird die Schwelle der Unzumutbarkeit für den Bauherrn überschritten (OVG Sachsen-Anhalt, 16.12.2010, 2 L 246/09).
- Differenziert werden kann nach dem Grad der Wahrscheinlichkeit einer Benutzung der Anlage durch den geschützten Personenkreis. Je größer die Wahrscheinlichkeit ist, dass eine bauliche Anlage vom geschützten Personenkreis genutzt wird, desto größer ist auch das Gewicht des öffentlichen Interesses an der Barrierefreiheit. Je unwahrscheinlicher eine Nutzung durch ihn ist, desto weniger geeignet ist die Barrierefreiheit zur Durchsetzung ihres Ziels und desto geringer wird das Gewicht des öffentlichen Interesses sein (VGH Baden-Württemberg, 27.09.2004, 3 S 1719/03).
- Es kommt nicht auf den absoluten oder relativen Umfang der Kostensteigerungen an. Abzustellen ist vielmehr darauf, ob durch das Gesamtgebäude unter Berücksichtigung aller Anforderungen noch ein hinreichender (ggf. fiktiver) Ertrag erwirtschaftet werden kann.
- Regelmäßig wird es bei der Prüfung der Verhältnismäßigkeit nicht nur um die Alternativen „vollständige Erfüllung" oder „vollständige Nichterfüllung" der Anforderungen gehen, sondern um einen Verzicht auf einzelne Anforderungen.

53.4.3 Aus der Einleitung des Absatzes 4 ergibt sich, dass Absatz 4 zusätzliche Möglichkeiten der Erteilung von Abweichungen enthält, die Möglichkeiten des § 73 aber unberührt bleiben.

53.4.4 Im Rahmen des Baugenehmigungsverfahrens sind nur die Anforderungen an die Barrierefreiheit prüfbar, für die Angaben in den Bauvorlagen sinnvoll getroffen werden können (auf den „Leitfaden Barrierefreies Bauen" des ehemaligen Bundesministeriums des Innern, für Bau und Heimat wird hingewiesen). Die vollständige Umsetzung der Anforderungen an die Barrierefreiheit kann regelmäßig erst bei der Aufnahme der Nutzung überprüft werden.

53.4.5 Bestehende bauliche Anlagen sind bestandsgeschützt. Die Verpflichtung zur Umsetzung der Anforderungen an die Barrierefreiheit gilt daher nur bei Neubaumaßnahmen sowie baulichen Änderungen und Nutzungsänderungen, die nicht mehr vom Bestandsschutz umfasst sind.

Begründung zu § 53

In § 53 ist die Verpflichtung zur Herstellung der Barrierefreiheit bei baulichen Anlagen geregelt. Konkrete Anforderungen, wie die Barrierefreiheit erreicht werden muss, sind in der als Technische Baubestimmung eingeführten und damit grundsätzlich verbindlichen DIN 18040-2 Barrierefreies Bauen – Planungsgrundlagen – Teil 2: Wohnungen enthalten.

Mit Absatz 1 Satz 1 ist bestimmt, dass bei Gebäuden mit mindestens drei Wohnungen die Wohnungen mindestens eines Geschosses barrierefrei erreichbar sein müssen. Bei Gebäuden, die nach § 42 Abs. 4 über einen Aufzug verfügen müssen, müssen die Wohnungen von mindestens zwei Geschossen barrierefrei erreichbar sein; die Anforderung ist bei diesen Gebäuden vertretbar, da ein wesentlicher Teil der Mehrkosten für die Herstellung der Barrierefreiheit von Wohnungen durch den Einbau eines Aufzugs entsteht, der bei Gebäuden mit einer Höhe im Sinne des Absatzes 3 von mehr als 13 m ohnehin grundsätzlich erforderlich ist. Die Forderung nach der barrierefreien Zugänglichkeit wurde für barrierefrei erreichbare Wohnungen auf die Aufenthaltsräume und bestimmte weitere Räume erstreckt. Da die Herstellung der Barrierefreiheit andere Wohnungsgrundrisse erfordern kann, können bei übereinanderliegenden Wohnungen dann bautechnische Probleme entstehen, wenn diese Wohnungen nicht im obersten Geschoss liegen. Zur Vermeidung dieser Probleme ist zugelassen, dass die barrierefrei herzustellenden Wohnungen in mehreren Geschossen liegen dürfen.

Mit Satz 2 wurde im Vergleich zur bisherigen Regelung begrifflich auf Aufenthaltsräume umgestellt. Die bisherige Regelung, nach der nur Wohn- und Schlafräume barrierefrei zugänglich sein mussten, sollte in einer zweiten Ebene, Maisonette, andere Aufenthaltsräume als Wohn- und Schlafräume, beispielsweise Hobby-Räume oder Arbeitszimmer, sowie weitere Sanitärräume ermöglichen. Da solche Fallgestaltungen sehr selten sind, bezieht sich das Erfordernis der Barrierefreiheit aus Gründen der Vereinfachung auf alle Aufenthaltsräume. Sollte der Bedarf nach Aufenthaltsräumen in einer zweiten nicht barrierefrei erreichbaren Ebene bestehen, wird in der Regel nach Absatz 4 Nr. 2 die Zulassung einer Abweichung in Betracht kommen.

Auch eine Küche, Kochnische und ein Freisitz müssen barrierefrei sein. Die Einschränkung der Anforderung „soweit vorhanden" stellt klar, dass nicht zwingend diese Räume und Flächen hergestellt werden müssen, sondern nur Anforderungen an die Barrierefreiheit zu beachten sind, wenn sie in einer barrierefreien Wohnung hergestellt werden.

Satz 3 stellt klar, dass die Verpflichtung zur Herstellung von Aufzügen unabhängig davon gilt, ob sich in einem Geschoss Wohnungen befinden, die barrierefrei erreichbar sein müssen.

Mit Satz 4 ist das Bauen im Bestand erleichtert und Abweichungsentscheidungen sind entbehrlich. Gerade in Hinblick auf Nachverdichtungspotenziale, die durch den Ausbau von Dachräumen und die Aufstockung von Gebäuden erschlossen werden, sollen Ermessensentscheidungen der Bauaufsichtsbehörden darüber, ob die nachträglichen Maßnahmen die Anforderungen nach den Sätze 1 und 2 erfüllen müssen, entfallen. Die Begrenzung der Aufstockung auf bis zu zwei Geschosse erfolgte vor dem Hintergrund, dass in der Regel darüber hinaus die Hochhausgrenze erreicht ist, die für sich eine Aufzugspflicht begründet und daraus folgend Maßnahmen der Barrierefreiheit verhältnismäßig werden lässt. Die Regelung korrespondiert mit § 42 Abs. 4 Satz 1 Halbsatz 2.

Mit Absatz 2 Satz 1 ist bei der Verpflichtung zur Herstellung der Barrierefreiheit anderer baulicher Anlagen auf die öffentliche Zugänglichkeit abgestellt, um zu gewährleisten, dass öffentlichen Zwecken dienende Anlagen von allen Menschen barrierefrei erreicht und ohne fremde Hilfe genutzt werden können. Die Anforderungen sind allerdings auf die dem allgemeinen Personenverkehr dienenden Teile, einschließlich Stellplätze, beschränkt, da für Arbeitnehmerinnen und Arbeitnehmer in diesen Anlagen andere Vorschriften, insbesondere des Schwerbehindertenrechts einschlägig sind.

Eine Ausweitung des Anwendungsbereichs auf Arbeitsstätten erfolgte nicht, weil zum einen die speziellen Anforderungen an Arbeitsstätten insgesamt nicht im Bauordnungsrecht, sondern im Arbeitsstättenrecht des Bundes geregelt sind und zum anderen, weil behinderte Arbeitnehmerinnen und Arbeitnehmer vorrangig in bestimmten Arbeitsbereichen, insbesondere Bürogebäuden, beschäftigt werden, sodass Anforderungen an alle Gebäude, in denen sich Arbeitsstätten befinden, unverhältnismäßig wären. Darüber hinaus ist bei den Anforderungen an Arbeitsstätten die jeweilige Art der Behinderung ausschlaggebend; Arbeitsplätze müssen daher nach Bedarf individuell ausgestaltet werden.

Mit Satz 2 ist beispielhaft aufgezählt, für welche Anlagen und Einrichtungen die Anforderungen nach Satz 1 gelten. Der Katalog wurde kurzgefasst und auf die wichtigsten Anlagen beschränkt, da es sich nicht um eine abschließende Regelung handelt.

In Nummer 1 wurden im Vergleich zur bisherigen Regelungen zusätzlich Einrichtungen des Erziehungswesens aufgenommen. Damit ist klargestellt, dass auch Tageseinrichtungen für Kinder in den dem allgemeinen Personenverkehr dienenden Teilen barrierefrei sein müssen. Die Benutzung der Tageseinrichtungen für Kinder durch Kinder mit Behinderung ist damit ermöglicht. Krippenbereiche der Tageseinrichtungen für Kinder sind von Barrierefreiheitserfordernis nur hinsichtlich der sensorischen Wahrnehmungsmöglichkeiten betroffen. Bei der Gründung von Tageseinrichtungen für Kinder im Gebäudebestand dürften in der Regel Abweichungsvoraussetzungen nach Absatz 4 vorliegen.

Nach Satz 3 ist erlaubt, dass die Anforderungen an die Barrierefreiheit auf den für die zweckentsprechende Nutzung tatsächlich erforderlichen Umfang beschränkt sein dürfen. Dies kommt insbesondere in Betracht, wenn mehrere gleichartige Räume oder Anlagen, wie Gastplätze in Gaststätten oder Besucherinnen- und Besucherplätze in Versammlungsstätten, zur Verfügung stehen.

Nach Satz 4 muss bei barrierefreien Anlagen ein Teil der für Besucherinnen und Besucher und Benutzerinnen und Benutzer vorgesehenen Toilettenräume und der notwendigen Stellplätze barrierefrei sein. Ob und in welchem Umfang überhaupt Toilettenräume und Stellplätze zu schaffen sind, richtet sich nach den für die jeweilige Nutzung geltenden Regelungen.

Nach Absatz 3 sollen die Anforderungen nach Absatz 2 Satz 3, barrierefreie zweckentsprechende Nutzung in erforderlichem Umfang, und Satz 4, barrierefreie Toilettenräume und Besucherinnen- und Besucherstellplätze in der erforderlichen Zahl, auch für solche baulichen Anlagen gelten, die weder eindeutig öffentlich zugänglich noch dem Wohnen zuzuordnen sind.

Zu den baulichen Anlagen, die überwiegend von Menschen mit Behinderung genutzt werden, gehören beispielsweise Behindertenwerk- und -ausbildungsstätten. Zu den baulichen Anlagen für Menschen, die aufgrund von Alter beeinträchtigt sind, gehören beispielsweise Tages- und Begegnungsstätten und Altenheime. Zu den baulichen Anlagen für Menschen, die aufgrund von Krankheit beeinträchtigt sind, gehören beispielsweise Pflegeeinrichtungen. Zu den baulichen Anlagen, die der Betreuung dienen, gehören beispielsweise Heime für Menschen mit Behinderung und Einrichtungen zum Zwecke der Pflege- und Betreuung von Menschen.

Mit der Regelung nach Absatz 4 sind Abweichungsentscheidungen zu den Regelungen der Absätze 1 bis 3 in die Entscheidungssphäre der Bauaufsichtsbehörde gestellt. Inhaltlich sind mit Absatz 4 die Abweichungskriterien des bis zum Inkrafttreten der Thüringer Bauordnung vom 13. März 2014 geltenden Absatzes 3 aufgegriffen. Danach galten die Anforderungen des barrierefreien Bauens nicht, wenn die nunmehr für eine Abweichensentscheidung vorgesehenen Voraussetzungen vorlagen. Die Wiederaufnahme der Kriterien und die Umstellung auf eine behördliche Entscheidung erfolgte mit dem Ziel, einerseits die Barrierefreiheit weitgehend sicherzustellen und andererseits im Interesse der Bauherrschaft zwar Beispiele aufzunehmen, wann die Herstellung der Barrierefreiheit nicht erforderlich ist, die Einhaltung der Abweichungskriterien aber streng zu handhaben. Durch das Wort „auch“ ist klargestellt, dass es sich nicht um eine abschließende Aufzählung handelt, sondern die Zulassung einer Abweichung nach § 73 aus anderen Gründen möglich ist.

§ 54
Sonderbauten

[1]An Sonderbauten können im Einzelfall zur Verwirklichung der allgemeinen Anforderungen nach § 3 Satz 1 besondere Anforderungen gestellt werden. [2]Erleichterungen können gestattet werden, soweit es der Einhaltung von Bestimmungen nach diesem Gesetz oder den aufgrund dieses Gesetzes erlassenen Rechtsvorschriften wegen der besonderen Art oder Nutzung baulicher Anlagen oder Räume oder wegen besonderer Anforderungen nicht bedarf. [3]Die Anforderungen und Erleichterungen nach den Sätzen 1 und 2 können sich insbesondere erstrecken auf:

1. die Anordnung der baulichen Anlagen auf dem Grundstück,
2. die Abstände von Nachbargrenzen, von anderen baulichen Anlagen auf dem Grundstück und von öffentlichen Verkehrsflächen sowie auf die Größe der freizuhaltenden Flächen der Grundstücke,
3. die Öffnungen nach öffentlichen Verkehrsflächen und nach angrenzenden Grundstücken,
4. die Anlage von Zu- und Abfahrten,
5. die Anlage von Grünstreifen, Baumpflanzungen und anderen Pflanzungen sowie die Begrünung oder Beseitigung von Halden und Gruben,
6. die Bauart und Anordnung aller für die Stand- und Verkehrssicherheit, den Brand-, Wärme-, Schall- oder Gesundheitsschutz wesentlichen Bauteile und die Verwendung von Baustoffen,
7. die Brandschutzanlagen, -einrichtungen und -vorkehrungen,
8. die Löschwasserrückhaltung,
9. die Anordnung und Herstellung von Aufzügen, Treppen, Treppenräumen, Fluren, Ausgängen und sonstigen Rettungswegen,
10. die Beleuchtung und Energieversorgung,
11. die Lüftung und Rauchableitung,
12. die Feuerungsanlagen und Heizräume,
13. die Wasserversorgung,
14. die Aufbewahrung und Entsorgung von Abwasser und festen Abfallstoffen,
15. die Stellplätze und Abstellplätze,
16. die barrierefreie Nutzbarkeit,
17. die zulässige Zahl der Benutzerinnen und Besucher sowie die Anordnung und Zahl der zulässigen Sitz- und Stehplätze bei Versammlungsstätten, Tribünen und Fliegenden Bauten,
18. die Zahl der Toiletten für Besucherinnen und Besucher,
19. den Umfang, Inhalt und die Zahl besonderer Bauvorlagen, insbesondere eines Brandschutzkonzepts,
20. weitere zu erbringende Bescheinigungen,
21. die Bestellung und Qualifikation der bauleitenden Person sowie der Fachbauleiterinnen oder Fachbauleiter,
22. den Betrieb und die Nutzung einschließlich der Bestellung und der Qualifikation einer oder eines Brandschutzbeauftragten und

23. die Erst- und Wiederholungsprüfungen und die Bescheinigungen, die hierüber zu erbringen sind.

Nr. 54 VollzBekThürBO

54.1.1 Die Begriffsdefinition für Sonderbauten enthält § 2 Abs. 4.

54.1.2 Soweit in Sonderbauverordnungen aufgrund des § 95 Abs. 1 Nr. 4 keine Einzelfallermächtigungen zu weitergehenden materiellen Anforderungen enthalten sind, können Anforderungen, die über die Sonderbauverordnungen hinausgehen, nur bei atypischen Fällen gestellt werden, um einer im Einzelfall bestehenden Gefahr zu begegnen. Bei Sonderbauten i. S. d. § 2 Abs. 4, die die Schwelle zur Anwendung der jeweiligen Sonderbauverordnung nicht erreichen, können Sonderbauverordnungen für die nach § 54 zu treffenden Entscheidungen als Anhaltspunkt herangezogen werden. Es ist jedoch zu berücksichtigen, dass diese Gebäude eben nicht der Sonderbauverordnung unterliegen. Erhöhte Anforderungen nach den Sonderbauten stellen daher regelmäßig die Obergrenze dar.

54.1.3 Erleichterungen von Anforderungen der Sonderbauverordnungen, ausgenommen solcher, die im Rahmen bautechnischer Nachweise geprüft werden (siehe Nr. 73.1.2), können nur durch eine Abweichung nach § 73 zugelassen werden. Erleichterungen von der Thüringer Bauordnung, die sich aus den Möglichkeiten des § 5 ergeben, müssen dagegen nicht gesondert ausgesprochen werden.

54.1.4 Gibt es keine Sonderbauverordnungen, können nicht umgesetzte Muster-Verordnungen oder Sonderbaurichtlinien der Bauministerkonferenz (ARGE-BAU) zur Orientierung herangezogen werden. Da diese Materialien keine Rechtssatzqualität haben, ist bei ihrer Anwendung auf Folgendes zu achten:

- Die Baugenehmigung ist nach § 78 Abs. 1 zu erteilen, wenn der jeweilige Sonderbau den materiellen Anforderungen der Thüringer Bauordnung oder aufgrund der Thüringer Bauordnung erlassener Rechtsvorschriften entspricht. Werden Muster-Verordnungen oder Richtlinien der ARGE-BAU herangezogen, müssen die darin enthaltenen Betriebs- und Prüfvorschriften in den Brandschutznachweis aufgenommen oder als Auflage in der Baugenehmigung angeordnet werden, um für den Bauherrn verbindlich zu sein. Sofern ein Verstoß gegen Betriebs- oder Prüfvorschriften als Ordnungswidrigkeit bezeichnet ist, müssen auch die Anordnungen (Auflagen) in der Baugenehmigung mit dem Hinweis auf § 94 Abs. 1 Nr. 2 versehen werden, dass ein Verstoß gegen die Anordnung eine Ordnungswidrigkeit darstellt, die mit einem Bußgeld geahndet werden kann.
- Nach § 11 Abs. 2 Satz 2 ThürBauVorlVO ist im Brandschutznachweis anzugeben, warum es der Einhaltung von Vorschriften wegen der besonderen

Art oder Nutzung baulicher Anlagen oder Räume oder wegen besonderer Anforderungen nicht bedarf. Dadurch soll die Brandschutzplanung leichter nachvollziehbar und damit auch die Prüfung beschleunigt werden. Da bei nicht umgesetzten Muster-Sonderbauverordnungen die Prüfung der allgemeinen Angemessenheit abweichender Lösungen bereits im Rahmen der Ausarbeitung durch die Gremien der Bauministerkonferenz erfolgt ist, ist eine erneute Auflistung und Begründung der von der Thüringer Bauordnung abweichenden Lösungen der Muster-Sonderbauverordnung entbehrlich. Im Brandschutzkonzept sollte aber dargestellt werden, welche Muster-Sonderbauverordnung (einschließlich Stand des Musters) Grundlage der Planung ist. Die Auflistung und Begründung der vorgesehenen Erleichterungen kann sich dann auf die von der Muster-Sonderbauverordnung abweichenden Lösungen beschränken.

- Von den Muster-Sonderbauverordnungen abweichende Lösungen können ebenso wie von der Bauordnung abweichende Lösungen als Erleichterungen zugelassen werden. Sie stellen keine Abweichungen i. S. d. § 73 dar.

54.1.5 Nr.18: Die Zahl der Toiletten kann sich aus den Sonderbauverordnungen ergeben. Sie kann im Einzelfall abweichend festgelegt werden. Enthält eine Sonderbauverordnung keine Regelung, kann eine bestimmte Zahl von Toiletten nur verlangt werden, wenn sie für die Nutzung des Gebäudes erforderlich ist. Die Bauherrschaft ist nicht verpflichtet, für die Öffentlichkeit nutzbare Toiletten herzustellen.

Nr. 19: Umfang und Inhalt des Brandschutznachweises bzw. Brandschutzkonzepts werden in der Thüringer Bauvorlagenverordnung geregelt.

Nr. 21: Die Anforderungen an die Qualifikation der bauleitenden Person können sich im Einzelfall auch aus der besonderen Bedeutung der Funktion sicherheitsrelevanter Anlagen im Rahmen der Bauausführung ergeben.

Begründung zu § 54

Die in § 2 Abs. 4 aufgeführten Sonderbauten sind dadurch gekennzeichnet, dass bei ihnen entweder eine besondere Gefährdungssituation vorliegt oder es erforderlich ist, auch von sicherheitsrelevanten Bestimmungen der Thüringer Bauordnung abzuweichen und dies gegebenenfalls durch andere Maßnahmen zu kompensieren. Diese Abweichungen nach Satz 1 nach oben durch erhöhte Anforderungen oder nach unten durch Erleichterungen sind grundsätzlich für das jeweils zur Genehmigung beantragte Bauvorhaben festzulegen.

Da bei Sonderbauten zur Gewährleistung des bauaufsichtlich erforderlichen Sicherheitsniveaus in der Regel eine Gesamtbetrachtung ohne strikte Bindung an für

Regelbauten geltende Einzelanforderungen erforderlich ist, wäre es ein unnötiger Aufwand, für jede abweichende Lösung eine Abweichung nach § 73 zu beantragen, zu begründen und gesondert zu genehmigen. In Satz 2 wurde zur Abgrenzung daher der Begriff der Erleichterung verwendet, über die nicht gesondert entschieden werden muss.

In Satz 3 ist ein nicht abschließender Katalog möglicher Gegenstände besonderer Anforderungen und Erleichterungen enthalten. Dieser Katalog stellt gewissermaßen eine Art Checkliste dar, auch wenn er regelungstechnisch, weil er alle erdenklichen bauordnungsrechtlichen Anforderungen abdeckt, nicht zwingend erforderlich wäre.

Vierter Teil
Die am Bau Beteiligten

§ 55
Grundsatz

Bei der Errichtung, Änderung, Nutzungsänderung und der Beseitigung von Anlagen sind die Bauherrschaft und im Rahmen ihres Wirkungskreises die anderen am Bau Beteiligten dafür verantwortlich, dass die öffentlich-rechtlichen Vorschriften eingehalten werden.

Nr. 55 VollzBekThürBO

Die Bauherrschaft und die anderen am Bau Beteiligten tragen die Verantwortung für die Einhaltung der öffentlich-rechtlichen Vorschriften auch insoweit, als diese im Genehmigungsverfahren nicht geprüft werden bzw. ein Genehmigungsverfahren nicht erforderlich ist. Dabei sind auch die durch die ThürVVTB eingeführten Technischen Baubestimmungen zu beachten.

Begründung zu § 55

In § 55 ist der Grundsatz enthalten, dass die Bauherrschaft und im Rahmen ihres Wirkungskreises die anderen am Bau Beteiligten dafür verantwortlich sind, dass die öffentlich-rechtlichen Vorschriften eingehalten werden. Die Pflichten der Bauherrschaft beginnen mit der ersten bauvorbereitenden Tätigkeit und enden mit der abschließenden Herstellung, da ab diesem Zeitpunkt den nicht zwingend mit der Bauherrschaft identischen Eigentümerinnen, Eigentümern, Nutzerinnen, Nutzern oder sonstigen Verantwortlichen die Verpflichtungen nach der Thüringer Bauordnung oder von aufgrund der Thüringer Bauordnung erlassenen Vorschriften obliegen.

§ 56
Bauherrschaft

(1) [1]Die Bauherrin oder der Bauherr (Bauherrschaft) hat zur Vorbereitung, Überwachung und Ausführung eines nicht verfahrensfreien Bauvorhabens sowie der Beseitigung von Anlagen geeignete Beteiligte nach Maßgabe der §§ 57 bis 59 zu bestellen, soweit sie nicht selbst zur Erfüllung der Verpflichtungen nach den Bestimmungen dieses Gesetzes oder nach den aufgrund dieses Gesetzes erlassenen Rechtsvorschriften geeignet ist. [2]Der Bauherrschaft obliegen außerdem die nach den öffentlich-rechtlichen Vorschriften erforderlichen Anträge, Anzeigen und Nachweise. [3]Sie hat die zur Erfüllung der Anforderungen nach diesem Gesetz oder nach den aufgrund dieses Gesetzes erlassenen Rechtsvorschriften erforderlichen Nachweise und Unterlagen zu den verwendeten Bauprodukten und den angewandten Bauarten bereitzuhalten. [4]Werden Bauprodukte verwendet, die die CE-Kennzeichnung nach der Verordnung (EU) Nr. 305/2011 tragen, ist die Leistungserklärung bereitzuhalten. [5]Die Bauherrschaft hat vor Baubeginn den Namen der bauleitenden Person und während der Bauausführung einen Wechsel dieser Person unverzüglich der unteren Bauaufsichtsbehörde in Textform mitzuteilen. [6]Wechselt die Bauherrschaft, hat die neue Bauherrschaft dies der unteren Bauaufsichtsbehörde unverzüglich in Textform mitzuteilen.

(2) [1]Treten bei einem Bauvorhaben mehrere Personen als Bauherrschaft auf, kann die Bauaufsichtsbehörde verlangen, dass ihr gegenüber eine sie vertretende Person bestellt wird, die die der Bauherrschaft nach Absatz 1 obliegenden Verpflichtungen zu erfüllen hat. [2]Im Übrigen findet § 18 Abs. 1 Satz 2 und 3 sowie Abs. 2 VwVfG mit der Maßgabe entsprechende Anwendung, dass eine Erklärung in Textform ausreichend ist.

Nr. 56 VollzBekThürBO

56.1.1 Die Tätigkeit der von der Bauherrschaft bestellten Beteiligten umfasst Vorbereitung, Überwachung und Ausführung des Bauvorhabens und endet mit der Fertigstellung der baulichen Anlage. Die Bauherrschaft kann diese Aufgaben selbst wahrnehmen, wenn sie hierfür geeignet ist. Soweit sie die Aufgaben der Entwurfsverfasserin oder des Entwurfsverfassers wahrnimmt, muss sie bauvorlageberechtigt sein.

56.1.2 Die Bauherrschaft ist ebenso wie die Unternehmen (vgl. § 58 Abs. 1) verpflichtet, die erforderlichen Nachweise und Unterlagen zu den verwendeten Bauprodukten und angewandten Bauarten sowie bei Bauprodukten mit CE-Kennzeichen die Leistungserklärung bereitzuhalten. Sie kann diese Verpflichtung auf die Entwurfsverfasserin oder den Entwurfsverfasser oder andere am Bau Beteiligte übertragen.

56.1.3 Die Verpflichtung der Bauherrschaft, geeignete Beteiligte zu bestellen, kann notfalls durch die allgemeine Befugnis der Bauaufsichtsbehörde nach § 61 Abs. 1 durchgesetzt werden.

56.1.4 Die Bauherrschaft muss nicht gleichzeitig Grundstückseigentümerin oder Grundstückseigentümer sein. Nach § 74 Abs. 4 kann in diesem Fall die Bauaufsichtsbehörde die Zustimmung der Grundstückseigentümerin oder des Grundstückseigentümers zum Bauantrag verlangen.

Begründung zu § 56

Da die Einhaltung der Anforderungen nach der Thüringer Bauordnung oder von aufgrund der Thüringer Bauordnung erlassenen Vorschriften Fachkenntnisse erfordert, die bei der Bauherrschaft meistens nicht vorliegen, hat die Bauherrschaft nach Absatz 1 Satz 1 geeignete Beteiligte zu bestellen. Das ist zur Vermeidung von Gefahren auch deswegen erforderlich, weil selbst im Baugenehmigungsverfahren nach § 66 trotz der dort gegebenen Verantwortung der Bauaufsichtsbehörde eine lückenlose Prüfung und Überwachung nicht möglich ist. Im Umkehrschluss kann die Bauherrschaft die Aufgaben der am Bau Beteiligten selbst wahrnehmen, wenn sie dazu geeignet ist. Nach den Sätzen 2 und 3 obliegen der Bauherrschaft die nach der Thüringer Bauordnung oder nach öffentlich-rechtlichen Vorschriften erforderlichen Anträge, Anzeigen, Nachweise und Unterlagen. Sie kommt dieser Verpflichtung auch nach, wenn sie die Verpflichtung einer oder einem Dritten, in der Regel der nach § 67 bauvorlageberechtigten Person, überträgt. Die mit Satz 4 begründete Mitteilungspflicht soll die Überwachung der Erfüllung der Anforderung nach Satz 1 hinsichtlich der Bestellung der Bauleiterin oder des Bauleiters erleichtern. Die Mitteilung des Wechsels der Bauherrschaft nach Satz 6 ermöglicht, insbesondere bei Gefahr im Verzug, in der Phase der Bauausführung die schnelle Kontaktaufnahme zwischen Bauaufsichtsbehörde und Bauherrschaft.

Nach Absatz 2 Satz 1 kann die Bauaufsichtsbehörde verlangen, dass mehrere als Bauherrschaft eines Vorhabens auftretende Personen eine gemeinsame Vertretung bestellen. Mit Satz 2 ist klargestellt, dass mit der Regelung lediglich die verwaltungsverfahrensrechtliche, sogenannte Masseschwelle abgesenkt werden soll, im Übrigen aber die einschlägigen verwaltungsverfahrensrechtlichen Vorschriften gelten. Durch die Regelungen nach Absatz 2 soll erreicht werden, dass die Bauaufsichtsbehörde bei Abstimmungsgesprächen nur mit einer Person verhandeln muss, nicht aber die möglicherweise gegenläufigen Interessen von Bauherrengemeinschaften koordinieren soll.

§ 57
Entwurfsverfasserin oder Entwurfsverfasser

(1) [1]Die Entwurfsverfasserin oder der Entwurfsverfasser muss nach Sachkunde und Erfahrung zur Vorbereitung des jeweiligen Bauvorhabens geeignet sein. [2]Sie oder er ist für die Vollständigkeit und Brauchbarkeit des Entwurfs verantwortlich. [3]Die Entwurfsverfasserin oder der Entwurfsverfasser hat dafür zu sorgen, dass die für die Ausführung erforderlichen Einzelzeichnungen, Einzelberechnungen und Anweisungen den öffentlich-rechtlichen Vorschriften entsprechen.

(2) [1]Hat die Entwurfsverfasserin oder der Entwurfsverfasser auf einzelnen Fachgebieten nicht die erforderliche Sachkunde und Erfahrung, sind geeignete Fachplanerinnen oder Fachplaner heranzuziehen. [2]Diese sind für die von ihnen gefertigten Unterlagen verantwortlich. [3]Für das ordnungsgemäße Ineinandergreifen aller Fachplanungen bleibt die Entwurfsverfasserin oder der Entwurfsverfasser verantwortlich.

Nr. 57 VollzBekThürBO

57.1 Eine Voraussetzung für die Eignung der Entwurfsverfasserin oder des Entwurfsverfassers ist bei nicht verfahrensfreien Vorhaben die Bauvorlageberechtigung nach § 67. Im Einzelfall können sich aus der Schwierigkeit einer Anlage hinsichtlich Sachkunde und Erfahrung auch höhere oder andere Anforderungen ergeben. Die Entwurfsverfasserin oder der Entwurfsverfasser müssen die Bauvorlagen nicht unbedingt selbst erstellen. Ausreichend ist die verantwortliche Leitung und Koordinierung der Gesamtplanung.

57.2 Wird die Ausführungsplanung durch Dritte angefertigt, z. B. bei Fertighäusern oder Bewehrungsplänen, handelt es sich um Fachplanung. Die Verantwortung der Entwurfsverfasserin oder des Entwurfsverfassers bleibt unberührt. Sie haben sich davon zu überzeugen, dass die Ausführungsplanung mit den genehmigten Bauvorlagen übereinstimmt.

57.3 Die Verantwortung der Entwurfsverfasserinnen und Entwurfsverfasser besteht unabhängig von der Art des bauaufsichtlichen Verfahrens und dem Prüfumfang der Bauaufsichtsbehörde.

Begründung zu § 57

In Absatz 1 sind die Grundanforderungen geregelt, die an die Person der Entwurfsverfasserin oder des Entwurfsverfassers zu stellen sind. Diese sind erforderlich, da der Entwurfsverfasserin oder dem Entwurfsverfasser, die in den in § 67 genannten Fällen bauvorlageberechtigt sein müssen, eine wesentliche Koordinierungsfunktion zukommt. Sie müssen einerseits die Interessen der Bauherrschaft verfolgen und andererseits dafür sorgen, dass die in Umsetzung dieser Interessen erstellten Bauvorlagen mit den öffentlich-rechtlichen Vorschriften vereinbar sind, zu denen nicht nur Vorschriften des Baurechts, sondern des gesamten öffentlichen Rechts gehören, die Auswirkungen auf die Zulässigkeit des geplanten Vorhabens haben können. Diese Verantwortung zeigt sich insbesondere in den §§ 64 und 65, nach denen die Einhaltung der öffentlich-rechtlichen Vorschriften überhaupt nicht oder nur eingeschränkt präventiv überprüft wird. Weitere Aufgabe der Entwurfsverfasserin oder des Entwurfsverfassers ist bei der Bestellung von Fachplanerinnen oder Fachplanern nach Absatz 2 Satz 3 die Koordinierung der Gesamtplanung. Nicht zwingend ist dagegen mit der Funktion der Entwurfsverfasserin oder des Entwurfsverfassers die eigenhändige Erstellung der Pläne verbunden.

Nach Absatz 2 Satz 1 kann und muss die Entwurfsverfasserin oder der Entwurfsverfasser geeignete Fachplanerinnen oder Fachplaner heranziehen, wenn sie oder er selbst nicht über die erforderlichen Kenntnisse verfügt. Mit Satz 2 ist die Verpflichtung der Fachplanerinnen und Fachplaner begründet, die von ihnen gefertigten Unterlagen zu unterzeichnen und damit auch nach außen hin die Verantwortung dafür zu übernehmen. Wird die Gesamtplanung auf mehrere Schultern verteilt, ist die Entwurfsverfasserin oder der Entwurfsverfasser für das ordnungsgemäße Ineinandergreifen aller Fachplanungen verantwortlich. Wer dazu nicht in der Lage, ist auch nicht im Sinne des Absatzes 1 Satz 1 als Entwurfsverfasserin oder Entwurfsverfasser für das konkrete Bauvorhaben geeignet.

§ 58
Unternehmen

(1) [1]Jedes Unternehmen ist für die mit den öffentlich-rechtlichen Vorschriften übereinstimmende Ausführung der von ihm übernommenen Arbeiten und insoweit für die ordnungsgemäße Einrichtung und den sicheren Betrieb der Baustelle verantwortlich. [2]Es hat die zur Erfüllung der Anforderungen nach diesem Gesetz oder nach den aufgrund dieses Gesetzes erlassenen Rechtsvorschriften erforderlichen Nachweise und Unterlagen zu den verwendeten Bauprodukten und den angewandten Bauarten zu erbringen und auf der Baustelle bereitzuhalten. [3]Bei Bauprodukten, die die CE-Kennzeichnung nach der Verordnung (EU) Nr. 305/2011 tragen, ist die Leistungserklärung bereitzuhalten.

(2) Jedes Unternehmen hat auf Verlangen der Bauaufsichtsbehörde für Arbeiten, bei denen die Sicherheit der Anlage in außergewöhnlichem Maße von der besonderen Sachkenntnis und Erfahrung des Unternehmens oder von einer Ausstattung des Unternehmens mit besonderen Vorrichtungen abhängt, nachzuweisen, dass es für diese Arbeiten geeignet ist und über die erforderlichen Vorrichtungen verfügt.

Nr. 58 VollzBekThürBO

58.1.1 Unternehmen ist unabhängig des Vertragsverhältnisses mit der Bauherrschaft, wer die Ausführung von Bauarbeiten übernimmt. Unterauftragsverhältnisse sind für die Bauaufsichtsbehörde unbeachtlich. Die Beauftragung eines Unternehmens ist nicht generell erforderlich, wenn die Baudurchführung in Selbst- oder Nachbarschaftshilfe mit der nötigen Sachkunde und Zuverlässigkeit erfolgt.

58.1.2 Unbeschadet weitergehender zivilrechtlicher Ansprüche ist jedes Unternehmen zur Einhaltung der öffentlich-rechtlichen Anforderungen verpflichtet. Dazu gehört auch die den genehmigten oder im Verfahren nach § 64 eingereichten Bauvorlagen entsprechende Bauausführung.

Begründung zu § 58

Nach Absatz 1 ist das Unternehmen für die Einhaltung der für die übernommenen Bauarbeiten geltenden öffentlich-rechtlichen Vorschriften verantwortlich. Die Verpflichtung gilt neben der Verpflichtung der Bauleitung nach § 59 sowie gegebenenfalls weiterer, beispielsweise für die Sicherheit auf der Baustelle, verantwortliche Personen. Ebenfalls verantwortlich ist das Unternehmen für die Einhaltung der öffentlich-rechtlichen Vorschriften durch von ihm eingesetzte Subunternehmen. Werden dagegen weitere Unternehmen unmittelbar durch die Bauherrschaft beauftragt, sind diese unmittelbar nach Absatz 1 verantwortlich. Eine Verpflichtung anderer

Hauptunternehmen besteht insoweit nicht. Die Verpflichtung zur Bereithaltung der Verwendbarkeitsnachweise für Bauprodukte und Bauarten soll der Bauaufsichtsbehörde und den Prüfingenieurinnen und Prüfingenieuren die Baukontrollen erleichtern und unnötige auch das Unternehmen belastende Nachfragen vermeiden. Eine zusätzliche Belastung für die Unternehmen entsteht dadurch nicht, da die Verpflichtung zur Beachtung der öffentlich-rechtlichen Vorschriften auch die Verpflichtung beinhalten, nur für den jeweiligen Verwendungszweck zugelassene Bauprodukte und Bauarten zu verwenden.

Nach Absatz 2 kann die Bauaufsichtsbehörde für Arbeiten, bei denen die Sicherheit der baulichen Anlage in außergewöhnlichem Maße von der besonderen Sachkenntnis und Erfahrung des Unternehmens oder von einer Ausstattung des Unternehmens mit besonderen Vorrichtungen abhängt, den Nachweis verlangen, dass das Unternehmen für diese Arbeiten geeignet ist und über die erforderlichen Vorrichtungen verfügt. Dieses Verlangen wird sich auf Sonderfälle beschränken und insbesondere Fälle erfassen, bei denen eine nicht sachgerechte Bauausführung nicht ohne Weiteres im Rahmen normaler Kontrollen erkannt werden kann.

§ 59
Bauleitung

(1) [1]Die bauleitende Person (Bauleitung) hat darüber zu wachen, dass die Baumaßnahme entsprechend den öffentlich-rechtlichen Vorschriften durchgeführt wird und die dafür erforderlichen Weisungen zu erteilen. [2]Sie hat im Rahmen dieser Aufgabe auf den sicheren bautechnischen Betrieb der Baustelle, insbesondere auf das gefahrlose Ineinandergreifen der Arbeiten der Unternehmen zu achten. [3]Die Verantwortlichkeit der Unternehmen bleibt unberührt.

(2) [1]Die die Bauleitung übernehmenden Personen müssen über die für ihre Aufgabe erforderliche Sachkunde und Erfahrung verfügen. [2]Verfügen sie auf einzelnen Teilgebieten nicht über die erforderliche Sachkunde, so sind geeignete Fachbauleitungen heranzuziehen. [3]Diese treten insoweit an die Stelle der bauleitenden Person. [4]Die Bauleitung hat die Tätigkeit der Fachbauleitungen und ihre Tätigkeit aufeinander abzustimmen.

Nr. 59 VollzBekThürBO

59.1.1 Für die Überwachung der Einhaltung öffentlich-rechtlicher Vorschriften sowie eines sicheren bautechnischen Betriebs ist für jedes nicht verfahrensfreie Vorhaben eine bauleitende Person (Bauleitung) zu bestellen. Sind Bauleitung und Sicherheits- und Gesundheitsschutzkoordinator nach der Baustellenverordnung nicht identisch, ist ihr jeweiliger Aufgabenumfang genau abzustimmen.

59.1.2 Die Verpflichtung, darüber zu wachen, dass die Baumaßnahme entsprechend den öffentlich-rechtlichen Anforderungen durchgeführt wird, beschränkt sich auf solche Anforderungen, die im Rahmen des bauaufsichtlichen Verfahrens von Bedeutung sind. Das sind vorrangig die Inhalte der genehmigten oder im Genehmigungsfreistellungsverfahren eingereichten Bauvorlagen (einschließlich eventueller Auflagen), die sonstigen Anforderungen der Bauordnung und der aufgrund der Bauordnung erlassenen Vorschriften einschließlich der ThürVVTB und der Regelungen über die Verwendbarkeit von Bauprodukten. Dagegen hat die Bauleitung i. S. d. § 59 nicht die privatrechtlichen Aufgaben, die üblicherweise von Bauleitungen bauausführender Firmen wahrgenommen werden (z. B. Qualitätssicherung); eine Übertragung beider Aufgabengebiete auf eine Person ist jedoch möglich.

59.2 Die Anforderungen an die Qualifikation der bauleitenden Person ergeben sich aus der Schwierigkeit des Bauvorhabens und der Bauausführung. Eine Bauvorlageberechtigung ist nicht erforderlich und im Einzelfall auch nicht ausreichend. Die Bauleitung muss in dem Umfang auf der Baustelle anwesend oder durch eine geeignete Person vertreten sein, wie dies für eine ordnungsgemäße Überwachung erforderlich ist.

Begründung zu § 59

In Absatz 1 sind die Aufgaben der Bauleitung beschrieben. Die Bauleitung im Sinne des § 59 hat nicht die Aufgabe, im Interesse der Bauherrschaft die Bauarbeiten zu koordinieren und zu überwachen und dadurch zur Qualitätssicherung beizutragen. Aufgabe der Bauleitung ist vielmehr für die Einhaltung der öffentlich-rechtlichen Vorschriften zu sorgen. Das schließt nicht aus, dass die beschriebenen unterschiedlichen Aufgaben der Bauleitung durch die gleichen Personen erledigt werden.

In Absatz 2 Satz 1 sind in allgemeiner Form die persönlichen Anforderungen formuliert, die an eine die Bauleitung übernehmende Person zu stellen sind. Eine besondere Ausbildung oder ein bestimmter Ausbildungsabschluss ist nicht verlangt, da je nach Schwierigkeit des konkreten Bauvorhabens unterschiedliche Kenntnisse erforderlich sind. So wird eine für die Bauleitung bei einem Gebäude der Gebäudeklasse 1 ausreichende Erfahrung für die Bauleitung bei einem Krankenhausneubau in der Regel nicht ausreichend sein. Wegen der unterschiedlichen Anforderungen der Gewerke kann die Einschaltung von Fachbauleitungen erforderlich sein. In diesem Fall muss gleichwohl eine Koordinierung durch die Hauptbauleitung erfolgen.

Fünfter Teil
Bauaufsichtsbehörden, Verfahren

Erster Abschnitt
Bauaufsichtsbehörden

§ 60
Aufbau und Zuständigkeit der Bauaufsichtsbehörden

(1) [1]Bauaufsichtsbehörden sind
1. die Landkreise und die kreisfreien Städte im übertragenen Wirkungskreis als untere Bauaufsichtsbehörden,
2. das Landesverwaltungsamt als obere Bauaufsichtsbehörde und
3. das für das Bauordnungsrecht zuständige Ministerium als oberste Bauaufsichtsbehörde.

[2]Das Landesverwaltungsamt ist auch technische Fachbehörde. [3]Es unterstützt auf Anforderung die Bauaufsichtsbehörden, insbesondere durch Gutachten und Beratung, und wirkt bei der Normung mit.

(2) Für den Vollzug dieses Gesetzes sowie anderer öffentlich-rechtlicher Vorschriften für die Errichtung, Änderung, Nutzungsänderung, Instandhaltung, Nutzung oder die Beseitigung von Anlagen ist die untere Bauaufsichtsbehörde zuständig, soweit in diesem Gesetz oder in Rechtsvorschriften aufgrund dieses Gesetzes nichts anderes bestimmt ist.

(3) Kommt eine Bauaufsichtsbehörde einer schriftlichen Weisung ihrer Fachaufsichtsbehörde nicht innerhalb einer gesetzten angemessenen Frist nach, so kann die die Fachaufsichtsbehörde leitende Person anstelle der angewiesenen Behörde handeln (Selbsteintritt).

(4) [1]Die Bauaufsichtsbehörden sind zur Durchführung ihrer Aufgaben ausreichend mit geeigneten Fachkräften zu besetzen und mit den erforderlichen Vorrichtungen auszustatten. [2]Den Bauaufsichtsbehörden müssen insbesondere auch Personen mit Ingenieur- oder Hochschulabschluss im Bauwesen, die über die erforderlichen Kenntnisse der Bautechnik, der Baugestaltung und des öffentlichen Baurechts verfügen, und Personen, die die Befähigung zum Richteramt oder zum höheren nichttechnischen Verwaltungsdienst besitzen, angehören; die oberste Bauaufsichtsbehörde kann Ausnahmen von diesen Anforderungen gestatten.

Nr. 60 VollzBekThürBO

60.1 Untere Bauaufsichtsbehörden sind neben den Landkreisen und kreisfreien Städten auch die Großen kreisangehörigen Städte, soweit ihnen in der Rechtsverordnung aufgrund § 6 Abs. 4 ThürKO diese Aufgabe übertragen wurde und die Große Kreisstadt Eisenach (vgl. § 3 Abs. 2 Nr. 1 Buchst. a EisenachNGG).

60.4 Ausreichend ist eine Personalausstattung, wenn die üblicherweise anfallenden Bauaufsichtsaufgaben ordnungsgemäß erfüllt werden können. Hierzu gehört auch, dass Baugenehmigungsverfahren regelmäßig innerhalb von drei Monaten abgeschlossen werden und Stellungnahmen in anderen Verfahren fristgemäß erfolgen. Auch muss gewährleistet sein, dass neben der präventiven Tätigkeit auch die repressiven Aufgaben wahrgenommen werden können.

Begründung zu § 60

In Absatz 1 ist der dreistufige Aufbau der Bauaufsichtsbehörden festgelegt. Als untere Bauaufsichtsbehörden sind nur die Landkreise und kreisfreien Städte im übertragenen Wirkungskreis erwähnt. Dies schließt nicht aus, dass weiteren Gemeinden auf Grundlage der Thüringer Kommunalordnung (ThürKO) in der Fassung vom 28. Januar 2003 (GVBl. S. 41) in der jeweils geltenden Fassung oder durch besonderes Gesetz, beispielsweise durch § 3 Abs. 2 Nr. 1 Buchst. a des Eisenach-Neugliederungsgesetzes vom 16. Oktober 2019 (GVBl. S. 429), die Aufgaben der unteren Bauaufsichtsbehörden zugewiesen werden. Mit Satz 2 ist verdeutlicht, dass das Landesverwaltungsamt nicht nur Vollzugsbehörde, sondern auch technische Fachbehörde ist. Es kann beispielsweise im Rahmen einer vorhabenbezogenen Bauartgenehmigung nach § 17 Abs. 2 Nr. 2 oder einer Zustimmung im Einzelfall nach § 23 Gutachten als Grundlage einer Entscheidung der obersten Bauaufsichtsbehörde erstellen oder im Auftrag der obersten Bauaufsichtsbehörde das Land in Normungsgremien vertreten.

Mit Absatz 2 ist bestimmt, dass für den Vollzug, insbesondere der Thüringer Bauordnung grundsätzlich die unteren Bauaufsichtsbehörden sachlich zuständig sind. Abweichende Zuständigkeitszuweisungen sind insbesondere in den §§ 21 bis 23, 83, 84 und 93 enthalten.

Mit Absatz 3 ist das Selbsteintrittsrecht geregelt. Die Regelung ist erforderlich, da rechtlich umstritten ist, ob Fachaufsichtsbehörden selbst tätig werden können, wenn Weisungen nicht befolgt werden. Um den Ausnahmecharakter zu unterstreichen, muss das Selbsteintrittsrecht durch die Leiterin oder den Leiter der Fachaufsichtsbehörde ausgeübt werden. Mit dieser Zuweisung ist auch die Ausübung durch die Vertretung der Behördenleitung vereinbar.

In Absatz 4 sind Vorgaben für die Besetzung der Bauaufsichtsbehörden enthalten. Dabei müssen der Bauaufsichtsbehörde mindestens Personen mit Ingenieur- oder Hochschulabschluss im Bauwesen, die die erforderlichen Kenntnisse der Bautechnik, der Baugestaltung und des öffentlichen Baurechts und Personen, die die Befähigung zum Richteramt oder zum höheren nicht technischen Verwaltungsdienst haben, angehören. Da Bauaufsichtsbehörde der Landkreis oder die kreisfreie Stadt ist, müssen diese Personen nicht zwingend ausschließlich der Funktionseinheit zugeordnet sein, die als Bauaufsichtsbehörde tätig wird. Im Übrigen enthält die Regelung nur die Vorgabe, dass Bauaufsichtsbehörden ausreichend und mit geeigneten Fachkräften zu besetzen sind.

§ 61
Aufgaben und Befugnisse der Bauaufsichtsbehörden

(1) [1]Die Bauaufsichtsbehörden haben bei der Errichtung, Änderung, Nutzungsänderung, Instanthaltung, Nutzung oder Beseitigung von Anlagen darüber zu wachen, dass die öffentlich-rechtlichen Vorschriften eingehalten werden, soweit nicht andere, sachnähere Behörden zuständig sind. [2]Sie haben in Wahrnehmung dieser Aufgaben nach pflichtgemäßem Ermessen die erforderlichen Maßnahmen zu treffen.

(2) Soweit die Regelungen nach den §§ 12 bis 53 und nach den aufgrund dieses Gesetzes erlassenen Rechtsvorschriften nicht ausreichen, um die Anforderungen nach § 3 zu erfüllen, können die Bauaufsichtsbehörden im Einzelfall auch weitergehende Anforderungen stellen, um erhebliche Gefahren abzuwehren.

(3) Bauaufsichtliche Genehmigungen und sonstige Maßnahmen gelten auch für und gegen Rechtsnachfolgerinnen und Rechtsnachfolger.

(4) [1]Die mit dem Vollzug dieses Gesetzes beauftragten Personen sind berechtigt, in Ausübung ihres Amts Grundstücke und bauliche Anlagen, einschließlich der Wohnungen, zu betreten. [2]Das Grundrecht der Unverletzlichkeit der Wohnung wird insoweit eingeschränkt (Artikel 13 des Grundgesetzes, Artikel 8 der Verfassung des Freistaats Thüringen).

Nr. 61 VollzBekThürBO

61.1.1 Die Überwachungspflicht der Bauaufsichtsbehörden gilt unabhängig davon, ob es sich um verfahrens- oder genehmigungsbedürftige Vorhaben handelt oder nicht. Auch gegen verfahrensfreie, aber materiell rechtswidrige Vorhaben ist i. d. R. einzuschreiten. Dabei sind unter Berücksichtigung des Grundsatzes der Verhältnismäßigkeit geeignete Mittel zur Erreichung des Regelungszwecks der Vorschrift zu wählen (einschließlich Nutzungsuntersagung und Beseitigungsverfügung).

61.1.2 „Öffentlich-rechtliche Vorschriften" i. S. des Satzes 1 umfassen über das Bauordnungsrecht hinaus das gesamte öffentliche Recht, soweit dieses baulichen Bezug hat. Andere Behörden sind jedenfalls dann sachnäher und damit vorrangig zuständig, wenn die materielle Zulässigkeit einer Maßnahme vorrangig von einem anderen Fachrecht abhängt (so stellt die Verfüllung eines nach § 30 BNatSchG, § 15 ThürNatG gesetzlich geschützten Biotops mit belastetem Material nach § 2 Abs. 1 zwar auch eine bauliche Anlage dar, ist aber vorrangig unter umweltrechtlichen Gesichtspunkten zu beurteilen). Sofern keine formelle Beteiligung erfolgt, sollen zuständige Behörden über Maßnahmen in Kenntnis gesetzt werden, die ihren Aufgabenbereich berühren.

61.1.3 Die allgemeine Befugnisnorm erlaubt es den Bauaufsichtsbehörden, zur Einhaltung der allgemeinen Anforderungen des § 3 im Einzelfall Anforderungen zu stellen, die nicht ausdrücklich geregelt sind. So kann z. B. aus Gründen der öffentlichen Sicherheit und Ordnung eine Einfriedung eines Baugrundstückes gefordert oder verboten werden (vgl. § 10 ThürBO 1994). Weitere Anforderungen können z. B. auch gestellt werden, wenn bei Erteilung der Baugenehmigung nicht vorhersehbare Gefahren oder erhebliche Nachteile eintreten (z. B. neue Erkenntnisse über die Schädlichkeit bestimmter Baustoffe wie Asbest oder Formaldehyd).

61.1.4 Schließt die Baugenehmigung andere Genehmigungen ein, übersendet die Bauaufsichtsbehörde der jeweiligen Fachbehörde einen Abdruck der Baugenehmigung, beteiligt sie bei der Überwachung der Baumaßnahme und gibt ihr Gelegenheit zur Teilnahme an Ortseinsichten. Werden bei der Überwachung Verstöße gegen in die Baugenehmigung aufgenommene Anforderungen des sonstigen öffentlichen Rechts festgestellt, wird es i. d. R. sachgerecht sein, wenn die Fachbehörde mit dem Bauherrn die Behebung der Mängel abstimmt und diese überwacht. Werden Anordnungen zur Durchsetzung der Auflagen erforderlich, sind diese regelmäßig durch die Bauaufsichtsbehörde zu erlassen.

61.2 Zur Gefahrenabwehr und Sicherung der Schutzziele nach § 3 sind nicht nur bei Sonderbauten (§ 54), sondern bei allen Anlagen weitergehende Anforderungen als nach den §§ 12 bis 53 möglich. Diese Auffangregelung ist geeignet, im begründeten Einzelfall zur Abwehr von erheblichen Gefahren erhöhte Anforderungen zu stellen.

Begründung zu § 61

Mit Absatz 1 sind umfassend die Aufgaben und Befugnisse der Bauaufsichtsbehörden beschrieben. Die Regelung wird durch spezielle Befugnisnormen ergänzt, wie insbesondere die §§ 85 bis 89. Die Worte „... soweit nicht andere, sachnähere Behörden zuständig sind" stellen eine Kollisionsregel für Fälle des positiven Zuständigkeitskonflikts dar. Die Aufgabenzuweisung an die Bauaufsichtsbehörden ist damit grundsätzlich subsidiär ausgestaltet; eine bauaufsichtliche Aufgabe besteht nicht, wenn die Überwachung der Einhaltung bestimmter öffentlich-rechtlicher Vorschriften anderen Behörden zugewiesen ist. Damit ist insbesondere auch der Möglichkeit von Doppelzuständigkeiten und daraus resultierenden widersprüchlichen Regelungen im Einzelfall vorgebeugt. Mit dieser Regelung sind die in spezielleren Bestimmungen enthaltenen Befugnisse, die grundsätzlich ein Einschreiten bei allen Verstößen gegen öffentlich-rechtliche Vorschriften erlauben, dahin gehend beschränkt, dass eine Zuständigkeit dann nicht besteht, wenn andere sachnähere Behörden auch zuständig sind.

Nach Absatz 2 ist den Bauaufsichtsbehörden in Ausnahmefällen möglich, weitergehende Anforderungen zu stellen, soweit im Einzelfall die materiellen Anforderungen des Bauordnungsrechts zur Gefahrenabwehr nicht ausreichen. Der Anwendungsbereich wird sich auf seltene Fälle beschränken, da Gefahren vorrangig bei Sonderbauten zu erwarten sind und insoweit § 54 eine speziellere Regelung zur Gefahrenabwehr enthält.

In Absatz 3 ist verallgemeinert der auch in der verwaltungsgerichtlichen Rechtsprechung anerkannte Grundsatz der aus der Grundstücksbezogenheit folgenden Dinglichkeit bauaufsichtlicher Entscheidungen, die bewirkt, dass sie auch für und gegen die jeweiligen Rechtsnachfolgerinnen oder Rechtsnachfolger gelten, enthalten.

In Absatz 4 ist ein für den Vollzug der Thüringer Bauordnung wesentliches Betretungsrecht für Grundstücke und bauliche Anlagen, einschließlich Wohnungen, enthalten. Dieses Betretungsrecht hat dann Bedeutung, wenn die Eigentümerin oder der Eigentümer oder sonstige Verfügungsberechtigte den Zutritt nicht freiwillig einräumen, was insbesondere bei der Verfolgung ungenehmigter Baumaßnahmen oder absehbaren Anordnungen zur Gefahrenabwehr der Fall sein kann. Die Durchsetzung des Betretungsrechts erfordert gegebenenfalls den Erlass einer Duldungsanordnung und die Einleitung von Verwaltungszwangsmaßnahmen nach dem Thüringer Verwaltungszustellungs- und Vollstreckungsgesetz in der Fassung vom 5. Februar 2009 (GVBl. S. 24) in der jeweils geltenden Fassung.

ThürOVG zu § 61[10]

Das **Sondereigentum** nach dem **Wohnungseigentumsgesetz schließt** grundsätzlich **öffentlich-rechtliche Nachbarschutzrechte** innerhalb der Gemeinschaft der Miteigentümer ein und desselben Grundstückes **aus**.
Etwas anderes kann dann gelten, wenn der Miteigentümer von der Behörde nicht allein den Schutz seiner Rechte begehrt, sondern er **ein behördliches Einschreiten** wegen bestehender Gefahren verlangt, die von einer **bestimmten Art der Nutzung des Sondereigentums** oder der Gemeinschaftsanlagen **ausgehen** (vgl. BVerwG, Urt. v. 14. Oktober 1988 – 4 C 1.86 -).
Ergibt sich dadurch eine **unmittelbare Gefährdung besonders wichtiger Rechtsgüter** (vgl. BVerwG, Urt. v.18. Januar 1960 – 1 C 42.59 –, a. a. O.), kann die **Befugnis der Bauaufsichtsbehörde** nach § 61 Abs. 1 Satz 2 ThürBO nach pflichtgemäßem Ermessen einzuschreiten, zu einer **Verpflichtung** werden, weil ein Einschreiten gegen die Wohnungseigentümergemeinschaft nicht ermessensgerecht abzulehnen wäre.
(Thüringer Oberverwaltungsgericht, Beschluss vom 11. Januar 2023 – 1 EO 348/22 –, juris)

10 Leitsätze wurden vom Herausgeber entweder selbst erstellt oder redaktionell verändert bzw. an die aktuelle Gesetzesfassung angepasst.

Die Thüringer Bauordnung enthält **keine Befugnisnorm** (mehr), die es der Bauaufsichtsbehörde erlaubt, den Bauherrn durch Verwaltungsakt **zur Stellung eines Bauantrags aufzufordern**.
(Thüringer Oberverwaltungsgericht, Beschluss vom 15. Januar 2019 – 1 EO 522/18 –, juris)

Ehemalige Eigentümer einer störenden Sache können sich der **Zustandshaftung nicht** durch **Dereliktion entziehen** (vgl. § 11 Abs. 3 ThürOBG), denn die ehemaligen Eigentümer, die aus dem Anwesen einen Nutzen ziehen konnten, sollen nicht die Möglichkeit haben, die aus ihrer Nutzung entstandenen Nachteile auf die Allgemeinheit abzuwälzen.
(Thüringer Oberverwaltungsgericht, Beschluss vom 4. August 2014 – 1 EO 760/13 –, Rn. 20, juris)

Die Regelung in § 61 Abs. 3 ThürBO, dass baurechtliche Genehmigungen und sonstige Maßnahmen auch für und gegen Rechtsnachfolgerinnen und Rechtsnachfolger gelten, erfasst nicht nur Fälle der **Gesamtrechtsnachfolge**, sondern **auch** solche der **Einzelrechtsnachfolge**. § 61 Abs. 3 ThürBO knüpft dabei an den **zivilrechtlichen Begriff** der Rechtsnachfolge an; der Bestimmung liegt kein eigenständiger öffentlichrechtlicher Begriff der Rechtsnachfolge zugrunde.
Ein **neuer Nutzer** ist aber grundsätzlich **nicht Rechtsnachfolger** des früheren Nutzers.
(Thüringer Oberverwaltungsgericht, Beschluss vom 20. Dezember 2013 – 1 EO 312/13 –, juris)

Die **allgemeine Eingriffsbefugnis** für das bauaufsichtliche Einschreiten in § 61 Abs. 2 ThürBO ist gesetzliche Grundlage für eine privatrechtsgestaltende Anordnung der **Duldung** eines Nutzungsverbots, mit der ein Vollstreckungshindernis im Hinblick auf **private Rechte Dritter beseitigt** werden soll.
(Thüringer Oberverwaltungsgericht, Beschluss vom 27. Februar 1997 – 1 EO 235/96 –, juris)

Mit einer **Nutzungsbeschränkung** für einen Teil der baulichen Anlage darf eine **Räumungsanordnung** verbunden werden; Rechtsgrundlage für dieses Einschreiten bildet die bauaufsichtliche **Generalklausel** in § 61 Abs. 2 ThürBO.
(Thüringer Oberverwaltungsgericht, Beschluss vom 27. Februar 1997 – 1 EO 233/96 –, juris)

Zweiter Abschnitt
Genehmigungspflicht, Genehmigungsfreiheit

§ 62
Grundsatz

(1) Die Errichtung, Änderung und Nutzungsänderung von Anlagen bedürfen der Baugenehmigung, soweit in den §§ 63, 64, 83 Abs. 2 und § 84 Abs. 1 nichts anderes bestimmt ist.

(2) [1]Die Genehmigungsfreiheit nach den §§ 63, 64, § 83 Abs. 2 und § 84 Abs. 1 sowie die Beschränkung der bauaufsichtlichen Prüfung nach den §§ 65, 66 und 72 Abs. 5 sowie § 84 Abs. 3 entbinden nicht von der Verpflichtung zur Einhaltung der Anforderungen, die durch öffentlich-rechtliche Vorschriften, insbesondere des Bauplanungsrechts, an Anlagen gestellt werden sowie von der Pflicht, nach anderen Rechtsvorschriften erforderliche behördliche Entscheidungen, wie Genehmigungen, Erlaubnisse und Bewilligungen, einzuholen und lassen die bauaufsichtlichen Eingriffsbefugnisse unberührt. [2]Die Verpflichtungen der Bauherrschaft, der mit der Baubetreuung Beauftragten, der Bauaufsichtsbehörden, der Gemeinden und der Gemeindeverbände sowie der Eigentümerinnen und Eigentümer nach § 6 Abs. 2 Satz 1 und § 7 Satz 1 des Hochbaustatistikgesetzes vom 5. Mai 1998 (BGBl. I S. 869) in der jeweils geltenden Fassung bleiben unberührt.

Nr. 62 VollzBekThürBO

Die Genehmigungspflicht ist der Normalfall, die Genehmigungs- oder Verfahrensfreiheit die Ausnahme. Ausnahmetatbestände sind grundsätzlich eng auszulegen. Eine Anwendung auf scheinbar vergleichbare Baumaßnahmen ist daher nicht ohne weiteres bzw. nur zulässig, wenn die Voraussetzungen des § 63 Abs. 1 Nr. 15 Buchst. e erfüllt sind.

Begründung zu § 62

In Absatz 1 ist der Grundsatz enthalten, dass jede Errichtung, Änderung und Nutzungsänderung von Anlagen einer Baugenehmigung bedarf, soweit nicht ausdrücklich in den §§ 63, 64, 83 Abs. 2 und § 84 Abs. 1 etwas anderes bestimmt wird. Die in diesen Bestimmungen geregelten Ausnahmen sind grundsätzlich eng auszulegen.

Eine bauaufsichtliche Genehmigung für die Beseitigung von Anlagen ist nicht erforderlich, da an das „Ob“ der Beseitigung baurechtliche Anforderungen, die in einem bauaufsichtlichen Genehmigungsverfahren präventiv zu prüfen wären, nicht gestellt werden; im Geltungsbereich von Veränderungssperren nach § 14 Abs. 1 Nr. 1 und Abs. 2 BauGB, in förmlich festgelegten Sanierungsgebieten nach § 144 Abs. 1 Nr. 1

BauGB und im Geltungsbereich von Erhaltungssatzungen nach § 172 Abs. 1 Satz 1 BauGB bestehen eigenständige Genehmigungserfordernisse, sodass die gemeindliche Planungshoheit durch den Verzicht auf die Genehmigungsbedürftigkeit der Beseitigung von Anlagen nicht beeinträchtigt wird. Im Einzelfall in Betracht kommende andere öffentlich-rechtliche Voraussetzungen für die Beseitigung von Anlagen, namentlich solche des Denkmalschutzes, können in fachrechtlichen Genehmigungsverfahren, etwa im denkmalschutzrechtlichen Erlaubnisverfahren, abgearbeitet werden. Sicherheitsrechtlich relevant ist demgegenüber lediglich der Abbruchvorgang, also das „Wie" der Beseitigung der Anlagen; diesem Vorgang sind auch die gegebenenfalls im Hinblick auf die Standsicherheit von Nachbargebäuden nach § 12 Abs. 1 Satz 2 und Abs. 2 zu treffenden Vorkehrungen zuzuordnen. Insoweit ist es ausreichend, der Bauherrschaft für die in § 63 Abs. 3 benannten Fälle die Einschaltung einer qualifizierten Person zur Beurteilung der Standsicherheit der Nachbargebäude aufzugeben. Bei Abbrucharbeiten zu befürchtende Unfälle stellen kein bauaufsichtlich zu bewältigendes Problem dar, sondern sind als Fragen der Arbeitssicherheit Gegenstand der Gewerbeaufsicht und der Tätigkeit der Berufsgenossenschaften.

Mit Absatz 2 Satz 1 ist klargestellt, dass Genehmigungsfreiheit und Beschränkung bauaufsichtlicher Prüfungen von der Verpflichtung zur Einhaltung der jeweils einschlägigen materiell-rechtlichen Anforderungen nicht entbinden und die bauaufsichtlichen Eingriffsbefugnisse unberührt lassen. Damit kann es erforderlich sein, die Durchführung eines im vereinfachten Baugenehmigungsverfahren genehmigten Bauvorhabens wegen Verstoßes gegen materielle Anforderungen der Thüringer Bauordnung zu untersagen. Soweit diese mögliche Kollision vor der Erteilung der Baugenehmigung erkannt wird, ist nach § 78 Abs. 1 Halbsatz 2 die Versagung der Baugenehmigung auch aus Gründen möglich, die an sich nicht zum Prüfumfang in dem jeweiligen Verfahren gehören. Die Klarstellung in Satz 2 erfolgte wegen der Bedeutung der Bautätigkeitsstatistik für eine Vielzahl von Planungsentscheidungen von Bund, Land und Kommunen, einschließlich der Entscheidung über die Ausgestaltung von Förderprogrammen.

§ 63
Verfahrensfreie Bauvorhaben, Beseitigung von Anlagen

(1) Verfahrensfrei sind
1. folgende Gebäude:
   a) eingeschossige Gebäude mit einer Grundfläche bis zu 10 m², außer im Außenbereich,
   b) Garagen und Gebäude zum Abstellen von Fahrrädern einschließlich überdachter Stellplätze und Abstellplätze für Fahrräder mit einer mittleren Wandhöhe im Sinne des § 6 Abs. 7 Satz 1 Nr. 1 bis zu 3 m und mit einer Grundfläche bis zu 50 m², außer im Außenbereich,
   c) Gebäude ohne Feuerungsanlagen mit einer traufseitigen Wandhöhe bis zu 5 m, die einem land- oder forstwirtschaftlichen Betrieb oder einem Betrieb der gartenbaulichen Erzeugung im Sinne des § 35 Abs. 1 Nr. 1 und 2 in Verbindung mit § 201 BauGB dienen, eine Grundfläche von höchstens 100 m² haben und nur zur Unterbringung von Sachen oder zum vorübergehenden Schutz von Tieren bestimmt sind,
   d) Gewächshäuser mit einer Firsthöhe bis zu 5 m, die einem land- oder forstwirtschaftlichen Betrieb oder einem Betrieb der gartenbaulichen Erzeugung im Sinne des § 35 Abs. 1 Nr. 1 und 2 in Verbindung mit § 201 BauGB dienen und eine Grundfläche von höchstens 1 600 m² haben,
   e) Fahrgastunterstände, die dem öffentlichen Personenverkehr oder der Beförderung von Schülerinnen und Schülern dienen,
   f) Schutzhütten für wandernde Personen, die jedermann zugänglich sind und keine Aufenthaltsräume haben,
   g) Terrassenüberdachungen mit einer Fläche bis zu 30 m² und einer Tiefe bis zu 4 m, außer im Außenbereich,
   h) vor der Außenwand eines Gebäudes aus lichtdurchlässigen Baustoffen errichtete unbeheizte Wintergärten mit einer Grundfläche bis zu 20 m² und 75 m³ Brutto-Rauminhalt,
   i) Gartenlauben in Kleingartenanlagen im Sinne des § 1 Abs. 1 des Bundeskleingartengesetzes vom 28. Februar 1983 (BGBl. I S. 210) in der jeweils geltenden Fassung und
   j) Wochenendhäuser mit einer Grundfläche bis zu 40 m² und einer Firsthöhe bis zu 4 m in genehmigten Wochenendhausgebieten;
2. Anlagen der technischen Gebäudeausrüstung, ausgenommen freistehende Abgasanlagen mit einer Höhe von mehr als 10 m;
3. folgende Anlagen zur Nutzung erneuerbarer Energien:
   a) Solaranlagen in, an und auf Dach- und Außenwandflächen, ausgenommen bei Hochhäusern, sowie die damit verbundene Änderung der Nutzung oder der äußeren Gestalt des Gebäudes,
   b) gebäudeunabhängige Solaranlagen mit einer Höhe bis zu 3 m und einer Gesamtlänge bis zu 9 m,
   c) sonstige Solaranlagen im Geltungsbereich eines Bebauungsplans, der Regelungen über die Zulässigkeit, den Standort und die Größe der Anlage

enthält, wenn sie den Festsetzungen des Bebauungsplans nicht widersprechen,
d) Windenergieanlagen bis zu 10 m Höhe, gemessen von der Geländeoberfläche bis zum höchsten Punkt der vom Rotor bestrichenen Fläche und einem Rotordurchmesser bis zu 3 m, außer in reinen Wohngebieten und im Außenbereich, soweit es sich um geschützte Teile von Natur und Landschaft im Sinne des § 20 Abs. 2 des Bundesnaturschutzgesetzes vom 29. Juli 2009 (BGBl. I S. 2542) oder der Thüringer Natura 2000-Erhaltungsziele-Verordnung vom 29. Mai 2008 (GVBl. S. 181) jeweils in der jeweils geltenden Fassung handelt,
e) Anlagen zur Wasserstofferzeugung, sofern der darin erzeugte Wasserstoff dem Eigenverbrauch in den baulichen Anlagen dient, für die sie errichtet werden und
f) Anlagen zur Erzeugung und Nutzung von Wasserstoff sowie die zugehörigen Gasspeicher, bei denen die Prozessschritte Erzeugung und Nutzung in einem werksmäßig hergestellten Gerät kombiniert sind und die Speichermenge 20 kg nicht überschreitet;

4. folgende Anlagen der Ver- und Entsorgung:
a) Brunnen und
b) Anlagen, die der Telekommunikation, der öffentlichen Versorgung mit Elektrizität, Gas, Öl, Wasser oder Wärme oder der Abwasserbeseitigung dienen, mit einer Höhe bis zu 5 m und einer Grundfläche bis zu 20 m^2;
5. folgende Masten, Antennen und ähnliche Anlagen:
a) unbeschadet der Nummer 4 Buchst. b Antennen, einschließlich der Masten mit einer Höhe bis zu 15 m, auf Gebäuden gemessen ab dem Schnittpunkt der Anlage mit der Dachhaut, im Außenbereich frei stehend mit einer Höhe bis zu 20 m und zugehöriger Versorgungseinheiten mit einem Brutto-Rauminhalt bis zu 10 m^3 sowie, soweit sie in, auf oder an einer bestehenden baulichen Anlage errichtet werden, die damit verbundene Änderung der Nutzung oder der äußeren Gestalt der Anlage; bei Masten mit mehr als 10 m Höhe muss vor Baubeginn die Standsicherheit der Maßnahme durch eine qualifizierte Tragwerksplanerin oder einen qualifizierten Tragwerksplaner im Sinne des § 72 Abs. 2 beurteilt und im erforderlichen Umfang nachgewiesen werden,
b) Masten und Unterstützungen für Fernsprechleitungen, für Leitungen zur Versorgung mit Elektrizität, für Seilbahnen und für Leitungen sonstiger Verkehrsmittel, für Sirenen und für Fahnen,
c) Masten, die aus Gründen des Brauchtums errichtet werden,
d) Signalhochbauten für die Landesvermessung und
e) Flutlichtmasten mit einer Höhe bis zu 10 m;
6. folgende Behälter:
a) ortsfeste Behälter für Flüssiggas mit einem Fassungsvermögen von weniger als 3 t, für nicht verflüssigte Gase mit einem Brutto-Rauminhalt bis zu 6 m^3,

b) ortsfeste Behälter für brennbare oder wassergefährdende Flüssigkeiten mit einem Brutto-Rauminhalt bis zu 10 m^3,
c) ortsfeste Behälter sonstiger Art mit einem Brutto-Rauminhalt bis zu 50 m^3 und einer Höhe bis zu 3 m,
d) Gärfutterbehälter mit einer Höhe bis zu 6 m und Schnitzelgruben,
e) Fahrsilos und ähnliche Anlagen und
f) Wasserbecken mit einem Beckeninhalt bis zu 100 m^3;

7. folgende Mauern und Einfriedungen:
   a) Mauern einschließlich Stützmauern und Einfriedungen mit einer Höhe bis zu 2 m, außer im Außenbereich, und
   b) offene, sockellose Einfriedungen für Grundstücke, die einem land- oder forstwirtschaftlichen Betrieb oder einem Betrieb der gartenbaulichen Erzeugung im Sinne des § 35 Abs. 1 Nr. 1 und 2 in Verbindung mit § 201 BauGB dienen;
8. private Verkehrsanlagen, einschließlich Brücken und Durchlässe mit einer lichten Weite bis zu 5 m und Untertunnelungen mit einem Durchmesser bis zu 3 m;
9. Aufschüttungen und Abgrabungen mit einer Höhe oder Tiefe bis zu 2 m und einer Grundfläche bis zu 30 m^2, im Außenbereich bis zu 300 m^2;
10. folgende Anlagen in Gärten und zur Freizeitgestaltung:
    a) Schwimmbecken mit einem Beckeninhalt bis zu 100 m^3, einschließlich dazugehöriger luftgetragener Überdachungen, außer im Außenbereich,
    b) Sprungschanzen, Sprungtürme und Rutschbahnen mit einer Höhe bis zu 10 m,
    c) Anlagen, die der zweckentsprechenden Einrichtung von Spiel-, Abenteuerspiel-, Bolz- und Sportplätzen, Reit- und Wanderwegen, Trimm- und Lehrpfaden dienen, ausgenommen Gebäude und Tribünen,
    d) Wohnwagen, Zelte und bauliche Anlagen, die keine Gebäude sind, auf Camping-, Zelt- und Wochenendplätzen und
    e) Anlagen, die der Gartennutzung, der Gartengestaltung oder der zweckentsprechenden Einrichtung von Gärten dienen, ausgenommen Gebäude und Einfriedungen;
11. folgende tragende und nichttragende Bauteile:
    a) nichttragende und nichtaussteifende Bauteile in baulichen Anlagen,
    b) die Änderung tragender oder aussteifender Bauteile innerhalb von Wohngebäuden der Gebäudeklassen 1 und 2,
    c) für einzelne neue Räume in überwiegend zu Wohnzwecken genutzten Gebäuden sowie die damit verbundene Nutzungsänderung,
    d) Fenster und Türen sowie die dafür bestimmten Öffnungen,
    e) Außenwandverkleidungen, einschließlich Maßnahmen der Wärmedämmung, ausgenommen bei Hochhäusern, Verblendungen und Verputz baulicher Anlagen und
    f) Bedachungen, einschließlich Maßnahmen der Wärmedämmung, ausgenommen bei Hochhäusern;

12. folgende Werbeanlagen sowie, soweit sie in, auf oder an einer bestehenden baulichen Anlage errichtet werden, die damit verbundene Änderung der Nutzung oder der äußeren Gestalt der Anlage:
    a) Werbeanlagen mit einer Ansichtsfläche bis zu 1 m², außer im Außenbereich,
    b) Warenautomaten,
    c) Werbeanlagen, die nach ihrem erkennbaren Zweck nur vorübergehend für höchstens zwei Monate angebracht werden, außer im Außenbereich,
    d) Hinweisschilder und
    e) Werbeanlagen in durch Bebauungsplan festgesetzten Gewerbe-, Industrie- und vergleichbaren Sondergebieten mit einer Höhe bis zu 10 m;
13. folgende vorübergehend aufgestellte oder benutzbare bauliche Anlagen:
    a) Baustelleneinrichtungen, einschließlich Lagerhallen, Schutzhallen und Unterkünfte,
    b) Gerüste,
    c) Toilettenwagen,
    d) Behelfsbauten, die der Landesverteidigung, dem Katastrophenschutz oder der Unfallhilfe dienen,
    e) bauliche Anlagen, die für höchstens drei Monate auf genehmigtem Messe- und Ausstellungsgelände errichtet werden, ausgenommen Fliegende Bauten,
    f) Verkaufsstände und andere bauliche Anlagen auf Straßenfesten, Volksfesten und Märkten, ausgenommen Fliegende Bauten, und
    g) ortsveränderliche Antennen einschließlich der Masten, die für längstens zwei Jahre aufgestellt werden; bei Masten mit mehr als 10 m Höhe muss vor Baubeginn die Standsicherheit der Maßnahme durch eine qualifizierte Tragwerksplanerin oder einen qualifizierten Tragwerksplaner im Sinne des § 72 Abs. 2 beurteilt und im erforderlichen Umfang nachgewiesen werden;
14. folgende Plätze:
    a) unbefestigte Lager- und Abstellplätze, die einem land- oder forstwirtschaftlichen Betrieb oder einem Betrieb der gartenbaulichen Erzeugung im Sinne des § 35 Abs. 1 Nr. 1 und 2 in Verbindung mit § 201 BauGB dienen,
    b) andere Lager- und Abstellplätze mit einer Fläche bis zu 100 m², außer im Außenbereich,
    c) nicht überdachte Stellplätze und Abstellplätze für Fahrräder mit einer Fläche bis zu jeweils insgesamt 100 m² je Grundstück und deren Zufahrten, außer im Außenbereich, und
    d) Kinderspielplätze;
15. folgende sonstige bauliche Anlagen:
    a) Zapfsäulen und Tankautomaten genehmigter Tankstellen sowie Ladestationen für Elektromobilität und die damit verbundene Änderung der Nutzung,
    b) Regale mit einer Oberkante Lagerguthöhe bis zu 7,50 m,
    c) Grabdenkmale auf Friedhöfen, Feldkreuze, Denkmäler, Skulpturen und sonstige Kunstwerke jeweils mit einer Höhe bis zu 4 m,

d) Waren- und Leistungsautomaten sowie Packstationen von Post- und Paketdienstleistern mit einem Brutto-Rauminhalt bis zu 50 m³ und einer Höhe bis zu 3 m und

e) andere unbedeutende Anlagen oder unbedeutende Teile von Anlagen, wie Hauseingangsüberdachungen, Markisen, Rollläden, Terrassen, Maschinenfundamente, Straßenfahrzeugwaagen, Pergolen, Jägerstände, Wildfütterungen, Bienenfreistände, Taubenhäuser, Hofeinfahrten und Teppichstangen.

(2) Verfahrensfrei ist die Änderung der Nutzung von Anlagen, wenn

1. für die neue Nutzung keine anderen öffentlich-rechtlichen Anforderungen nach § 66 in Verbindung mit § 72 als für die bisherige Nutzung in Betracht kommen oder

2. die Errichtung oder Änderung der Anlagen nach Absatz 1 verfahrensfrei wäre.

(3) [1]Verfahrensfrei ist die Beseitigung von

1. Anlagen nach Absatz 1,

2. freistehenden Gebäuden der Gebäudeklassen 1 und 3 und

3. sonstigen Anlagen, die keine Gebäude sind, mit einer Höhe bis zu 10 m.

[2]Im Übrigen ist die beabsichtigte Beseitigung von Anlagen mindestens einen Monat zuvor der Bauaufsichtsbehörde anzuzeigen. [3]Bei nicht freistehenden Gebäuden muss die Standsicherheit des Gebäudes oder der Gebäude, an die das zu beseitigende Gebäude angebaut ist, durch eine qualifizierte Tragwerksplanerin oder einen qualifizierten Tragwerksplaner im Sinne des § 72 Abs. 2 beurteilt und im erforderlichen Umfang nachgewiesen werden; die Beseitigung ist, soweit notwendig, durch die qualifizierte Tragwerksplanerin oder den qualifizierten Tragwerksplaner zu überwachen. [4]Satz 3 gilt nicht, soweit an verfahrensfreie Gebäude angebaut ist. [5]§ 78 Abs. 6 Nr. 3 und Abs. 8 gilt entsprechend.

(4) Verfahrensfrei sind Instandhaltungsarbeiten.

Nr. 63 VollzBekThürBO

63.1 Verfahrensfreie Vorhaben können grundsätzlich ohne jede (bauaufsichtliche) Beteiligung der Gemeinde oder der Bauaufsichtsbehörde durchgeführt werden (unberührt bleiben besondere Genehmigungserfordernisse wie z. B. nach §§ 144, 173 BauGB). Bauvorlagen sind nicht einzureichen. Die Verfahrensfreiheit von Vorhaben entbindet jedoch nicht von der Einhaltung der berührten baurechtlichen und sonstigen öffentlich-rechtlichen Vorschriften etwa des Umwelt- oder Denkmalschutzrechts, die im Ergebnis ein verfahrensfreies Vorhaben auch unzulässig machen können. Lässt ein Bebauungsplan z. B. Garagen nicht oder nur auf bestimmten Flächen zu, ändert sich an dieser Beschränkung durch die Verfahrensfreiheit nach Absatz 1 Nr. 1

Buchst. b nichts. Die Garage darf dann nicht bzw. nur auf der im Bebauungsplan zugelassenen Fläche gebaut werden.

Steht ein verfahrensfreies Vorhaben im Zusammenhang mit der Errichtung einer nicht verfahrensfreien Anlage, nimmt es selbst am Verfahren teil. Enthält eine Baugenehmigung Nebenbestimmungen zu Anlagen oder Bauteilen aus dem Katalog des Absatzes 1, sind diese zu erfüllen, da sie materielle Anforderungen an diese Anlagen darstellen.

Soll bei verfahrensfreien Vorhaben von Bestimmungen der Thüringer Bauordnung oder von aufgrund der Thüringer Bauordnung erlassenen Vorschriften (ausgenommen Satzungen aufgrund des § 97) abgewichen werden, ist eine isolierte Abweichung nach § 73 erforderlich, die von der Baugenehmigungsbehörde erteilt wird. Soll von einer gemeindlichen Satzung nach § 97 oder nach dem BauGB abgewichen werden, entscheidet die Gemeinde nach § 73 Abs. 3 über die Abweichung. Soll sowohl von einer Bestimmung der Thüringer Bauordnung als auch von einer gemeindlichen Satzung abgewichen werden, sind zwei Abweichungen zu beantragen.

Sollen im räumlichen Zusammenhang mehrere verfahrensfreie Vorhaben (z. B. Garagen) errichtet werden, ändert das an der Verfahrensfreiheit nichts. Je größer die insgesamt bebaute Fläche wird, umso eher wird das Gesamtvorhaben aber insbesondere wegen Verstoßes gegen bauplanungsrechtliche Bestimmungen unzulässig sein.

63.1.1b Garagen sind nur dann verfahrensfrei, wenn sie als Abstellplatz für Kraftfahrzeuge (PKW, Motorrad, LKW) genutzt werden. Diese Voraussetzung ist bei abweichender Nutzung, z. B. auch bei der Nutzung zum Abstellen von Wohnanhängern, Bootsanhängern etc. nicht erfüllt. Die Ermittlung der mittleren Wandhöhe erfolgt entsprechend Nr. 6.7.1.

63.1.1c Mobile Stallanlagen insbesondere für Geflügel sind abhängig von Größe, Ortsfestigkeit und Dauerhaftigkeit als Gebäude anzusehen, die dem nicht nur vorübergehenden Schutz von Tieren dienen. Sie benötigen daher eine Baugenehmigung. Die Baugenehmigung kann aber mehrere immer wieder genutzte Standorte bzw. die freie Umsetzung auf einem Grundstück unter Beachtung der Auflagen in der Baugenehmigung (z. B. Abstand zu Wohngebäuden) umfassen.

63.1.1g Terrassenüberdachungen sind offene, an Gebäude anschließende Dächer. Abstandsflächen sind einzuhalten.

63.1.1h Als Wintergarten bezeichnet man einen Anbau an ein Gebäude oder ein selbständiges Bauwerk, dessen Dach und Seitenwände größtenteils aus Glas bestehen. Ein kalter Wintergarten ist ein Glasanbau, der zur Überwinterung von nicht winterfesten Pflanzen benutzt wird. Er wird nicht beheizt bzw. frostfrei gehalten oder bis maximal 12 °C beheizt – je nach zu schützendem Pflanzentyp bzw. Nutzungsziel. Ein Wintergarten stellt somit einen energetischen Puffer zwischen Wohnräumen und der Außenluft dar. Zwischen Wintergarten und Gebäude ist daher typischerweise eine geschlossene Wand vorhanden, in der sich Glasflächen befinden dürfen. Ein „Wohnzimmer mit Glaswänden" ist kein Wintergarten. Abstandsflächen sind einzuhalten. Bei geschlossener Bauweise oder grenznaher Bebauung kann die Errichtung eines Wintergartens an der Grundstücksgrenze eine Brandwand erfordern.

63.1.1j Als genehmigte Wochenendhausgebiete sind auch Wochenendsiedlungen anzusehen, für die es eine Gesamtplanung und -genehmigung nach dem Recht der DDR gibt. Ein Bebauungsplan i. S. d. § 8 BauGB ist nicht zwingende Voraussetzung. Auf die zulässige Grundfläche von 40 m² werden nach § 2 Abs. 3 Satz 3 Kellergeschosse i. S. d. § 2 Abs. 6 nicht angerechnet.

63.1.3a Die Verfahrensfreiheit von Solaranlagen umfasst sowohl Sonnenkollektoren (Erzeugung von Wärme) als auch Photovoltaikanlagen (Erzeugung elektrischer Energie). Von der Verfahrensfreistellung umfasst sind die damit verbundene Nutzungsänderung zu einer gewerblichen Nutzung (bei Stromeinspeisung) sowie Änderungen der äußeren Gestalt, soweit sich keine Einschränkungen durch gemeindliche Satzungen ergeben. In diesem Falle wäre ggf. ein isoliertes Verfahren nach § 73 Abs. 3 erforderlich. Sogenannte Balkonkraftwerke (Stecker-PV-Anlagen) sind keine Bauprodukte und unterfallen daher nicht dem Anwendungsbereich der Thüringer Bauordnung. Folgende Hinweise sind zu beachten: https://www.dibt.de/de/aktuelles/meldungen/nachricht-detail/meldung/aktualisiert-welche-bauaufsichtlichen-bestimmungen-gelten-fuer-photovoltaik-module-pv-module.

63.1.3b Die Gesamtlänge (bzw. -breite) ergibt sich aus der Summe der Längen (bzw. Breiten) der Module. Eine Zusammenfassung erfolgt aber nur, wenn das Gesamterscheinungsbild mehrerer Module eine funktionale und gestalterische Einheit bildet. Andernfalls können auch mehrere Anlagen jeweils mit einer Gesamtlänge von bis zu 9 m auf dem gleichen Grundstück errichtet werden.

63.1.3d Wird eine Windenergieanlage auf einer anderen Anlage (z. B. Gebäude) errichtet, ist gleichwohl die Höhe ab der Geländeoberfläche maßgeblich.

63.1.3f Anders als bei den Anlagen nach Buchstabe e muss der erzeugte Wasserstoff nicht nur einer baulichen Anlage dienen. Möglich sind damit auch kleinere Anlagen zur Quartiersversorgung.

63.1.4b Eine Ver- oder Entsorgung ist öffentlich, wenn sie grundsätzlich der Allgemeinheit und nicht nur einem Einzelnen für dessen Eigenbedarf dient, also von jedem genutzt werden kann, der daran interessiert ist. Auf die Eigentumsverhältnisse, die Rechtsform des Betreibers oder des Versorgungsverhältnisses kommt es nicht an. Die Eigenschaft öffentlich" wird nicht dadurch ausgeschlossen, dass die Leistungen nur einem beschränkten Kreis von Versorgten dienen (z. B. den Grundstückseigentümerinnen und Grundstückseigentümern in einem kleineren Wohngebiet).

63.1.5a Wird eine Antennenanlage nach Nr. 5 a) auf einer anderen Anlage errichtet, wird die Höhe der anderen Anlage bei der zulässigen Höhe nicht berücksichtigt. Dies gilt auch im Außenbereich. Wird die Versorgungseinheit einer Antenne innerhalb einer bestehenden baulichen Anlage untergebracht, gilt für die Volumenbegrenzung von 10 m^3 die Größe ihrer andernfalls erforderlichen Einhausung.

Ist der Mast (nicht die Gesamtanlage) höher als 10 m, ist die Standsicherheit durch eine qualifizierte Tragwerksplanerin oder einen qualifizierten Tragwerksplaner im Sinne des § 72 Abs. 2 zu beurteilen und im erforderlichen Umfang nachzuweisen. Die Regelung ist an Absatz 3 Satz 2 angelehnt und erfordert keinen Nachweis gegenüber der Bauaufsichtsbehörde. Vielmehr entscheidet die qualifizierte Person eigenständig, inwieweit ein Standsicherheitsnachweis oder eine sonstige Form der Beurteilung der Standsicherheit erforderlich ist.

63.1.10a Luftgetragene Überdachungen werden durch Überdruck in der Überdachung selbst oder in dem überdachten Bereich (sog. Traglufthallen) gehalten. Sonstige Tragkonstruktionen erfordern eine Baugenehmigung.

63.1.11 Einzelne neue Räume i. S. d. Nr. 11 c) bedürfen einer funktionalen Zuordnung zu einer vorhandenen Nutzungseinheit. Führt die Herstellung von Aufenthaltsräumen in obersten Geschossen darüber hinaus zu einer Erhöhung der Gebäudeklasse, ist in der Regel eine Baugenehmigung erforderlich, soweit § 64 Abs. 1 Nr. 2a) keine Genehmigungsfreistellung vorsieht.

Bei der Schaffung von Fensteröffnungen ist vor dem Hintergrund möglicher Anforderungen des Brandschutzes aufgrund des § 33 zu beachten, dass ein ausreichender Abstand zu Nachbargebäuden vorhanden ist.

Nach Nr. 11 Buchst. e und f ist die Wärmedämmung der Gebäudehülle im Zusammenhang mit Außenwandverkleidungen bzw. Dachdeckungen (ohne verändernde Eingriffe in konstruktive Teile des Daches) verfahrensfrei. Verblendungen und Verputz nach Nr. 11 Buchst. e sind auch bei Hochhäusern verfahrensfrei, nicht aber Solaranlagen (siehe Nr. 63.1.3a).

63.1.12 Die Verfahrensfreiheit von Werbeanlagen erfasst auch die mit der Anbringung an Anlagen verbundene Nutzungsänderung/-erweiterung. Werbeanlagen in baulichen Anlagen ist z. B. die Bandenwerbung in Stadien. Hinweisschilder nach Buchst. d sind nach § 10 Abs. 3 Nr. 2 Schilder, die Inhaberinnen, Inhaber und Art gewerblicher Betriebe kennzeichnen, wenn sie vor Ortsdurchfahrten auf einer Tafel zusammengefasst sind.

63.1.13g Versorgungseinheiten mit einem Brutto-Rauminhalt bis zu $10\,m^3$ sind wie bei den nicht ortsveränderlichen Anlagen nach Absatz 1 Nr. 5 Buchst. a von der Verfahrensfreiheit umfasst.

63.1.14a Übersteigt die Fläche entweder aller Stellplätze oder aller Abstellplätze für Fahrräder auf dem Grundstück $100\,m^2$, ist nach Nr. 14 Buchst. b für die Stellplätze bzw. Abstellplätze für Fahrräder ein bauaufsichtliches Verfahren erforderlich. Aus Bebauungsplänen oder dem Einfügensgebot des § 34 BauGB können sich Beschränkungen hinsichtlich Größe und Standort der Stellplätze ergeben.

63.1.14d Die Verfahrensfreiheit der Kinderspielplätze bezieht sich sowohl auf § 8 Abs. 2 als auch auf Spielplätze, die keinen Gebäuden zugeordnet sind.

63.1.15 Die Verfahrensfreiheit der Ladesäulen für Elektromobilität umfasst auch technisch notwendige Nebenanlagen wie Transformatoren.

63.2 Kommen für die Nutzungsänderungen nur andere öffentlich-rechtliche Anforderungen außerhalb des Prüfprogramms des Baugenehmigungsverfahrens nach § 66 in Betracht, ist die Nutzungsänderung verfahrensfrei. Gleichgültig ist, ob die in Betracht kommenden Anforderungen tatsächlich geprüft werden. Kommen andere bautechnische Anforderungen in Betracht, deren Einhaltung durch bautechnische Nachweise nachzuweisen ist, entfällt die Verfahrensfreiheit.

63.3.1 Die Regelung soll sicherstellen, dass bei der Beseitigung von Anlagen nicht die Standsicherheit benachbarter Gebäude gefährdet wird. Die Standsicherheit der zu beseitigenden Anlage in allen Phasen des Abbruchvorgangs ist nicht Regelungsinhalt. Insoweit sind die Bestimmungen des Arbeitsschutzes zu beachten.

63.3.2 Eine Abbruchanzeige ist für die in Satz 1 genannten Maßnahmen nicht erforderlich. Entsprechend dem Regelungsziel können zwei an sich der GK 2 zuzuordnende Gebäude als ein Gebäude der GK 1 behandelt werden, wenn sie insgesamt freistehend sind und als einheitliche Maßnahme beseitigt werden.

63.3.3 Eine Differenzierung nach Gebäudeklassen als Anknüpfungspunkt einer intensiveren Beurteilung der Standsicherheit des angebauten Gebäudes erfolgt nicht. Die Bauherrschaft hat bei nicht freistehenden Gebäuden immer eine qualifizierte Tragwerksplanerin oder einen qualifizierten Tragwerksplaner i. S. d. § 72 Abs. 2 einzuschalten. Soweit ein Nachweis der Standsicherheit erforderlich ist, dient dies der Nachweisführung im Falle eines Schadens. Eine Vorlage gegenüber der Bauaufsichtsbehörde oder eine bauaufsichtliche Prüfung kann grundsätzlich nicht verlangt werden.

63.3.4 Die Abbruchanzeige erfordert keine Eingangsbestätigung. Gebühren fallen nicht an.

63.3.5 Ggf. erforderliche Genehmigungen nach dem Thüringer Denkmalschutzgesetz oder naturschutzrechtliche Bestimmungen (Artenschutz) und die Bestimmungen des Abfallrechts bleiben unberührt. Bittet eine Fachbehörde um die Übersendung von Abbruchanzeigen, um in eigener Zuständigkeit tätig zu werden, ist diesem Anliegen grundsätzlich Rechnung zu tragen. Näheres ist untereinander abzustimmen.

63.4 Die Verfahrensfreiheit von Instandhaltungsarbeiten, also Reparaturarbeiten zur Beseitigung von Schäden und Mängeln, kann sich insbesondere auch auf tragende und nichttragende Bauteile nach Nr. 11 erstrecken. Der Austausch einzelner Elemente des Dachtragwerks (z. B. einzelner Sparren) gegen baugleiche Elemente in gleicher Lage ist im Rahmen von Instandhaltungsmaßnahmen verfahrensfrei möglich.

Begründung zu § 63

In § 63 ist die Verfahrensfreiheit von Bauvorhaben geregelt. Der Begriff der Verfahrensfreiheit wurde gewählt, um die unter § 63 fallenden Bauvorhaben von den der Genehmigungsfreistellung nach § 64 unterliegenden und damit ebenfalls genehmigungsfreien Bauvorhaben zu unterscheiden. Mit dieser Bestimmung ist nur die Verfahrensfreiheit bestimmter selbstständiger Bauvorhaben geregelt; der Grundsatz, dass ein als Ganzes genehmigungsbedürftiges Vorhaben nicht in genehmigungsbedürftige und genehmigungsfreie Bestandteile aufgespaltet werden darf, bleibt unberührt. Ferner ist in Absatz 3 für die Beseitigung bestimmter Anlagen ein Anzeigeverfahren geregelt.

Die Verfahrensfreiheit nach Absatz 1 erfasst alle die Anlagen betreffenden Vorgänge, die nicht nachfolgend in den Absätzen 2 bis 4 gesondert angesprochen sind, also die Errichtung und die Änderung. Bei der Bemessung des Umfangs der verfahrensfreien Anlagen waren die Vorgaben des bundesrechtlichen Bauplanungsrechts zu berücksichtigen. Nach § 36 Abs. 1 Satz 3 BauGB ist von den Ländern gefordert, die Information der Gemeinden über Bauvorhaben im Geltungsbereich qualifizierter Bebauungspläne nach § 30 Abs. 1 BauGB sicherzustellen. Ohne Modifikationen verfahrensfrei können daher grundsätzlich nur Anlagen sein, die nicht im Sinne des § 29 Abs. 1 BauGB planungsrechtlich relevant sind, wobei nach dem Urteil des Bundesverwaltungsgerichts vom 7. Mai 2001, Aktenzeichen 6C 18/00, nicht einmal daraus, dass Anlagen bereits vor dem Einsetzen der Bauordnungsreformen im Jahr 1990 baugenehmigungsfrei waren, auf ihre fehlende planungsrechtliche Relevanz soll geschlossen werden können.

Eine weitere Begrenzung möglicher Verfahrensfreistellung ergibt sich daraus, dass von der Durchführung eines Vorhabens keine Risiken im Sinne des Bauordnungsrechts ausgehen sollten, denen nicht durch ein präventives Verfahren begegnet wird.

Schließlich ist zu berücksichtigen, dass bei Verfahrensfreiheit insoweit eine Serviceleistung für die Bauherrschaft entfällt, als sie nicht die durch die Baugenehmigung vermittelte Sicherheit der zumindest formellen Rechtmäßigkeit eines Bauvorhabens hat und damit allein die Verantwortung für die Zulässigkeit der Baumaßnahme trägt. Damit kann ein erhebliches wirtschaftliches Risiko verbunden sein.

Verfahrensfrei sollen daher nur Baumaßnahmen mit geringer bauplanungs- und bauordnungsrechtlicher Relevanz und im Fall eines Rückbaus vertretbaren wirtschaftlichen Folgen werden.

In Nummer 1 ist die Verfahrensfreiheit bestimmter Gebäude geregelt.

Mit Buchstabe a sind eingeschossige Gebäude mit einer Brutto-Grundfläche bis zu 10 m^2 erfasst. Die Verfahrensfreiheit gilt nicht im bauplanungsrechtlichen Außenbereich, in dem die Errichtung von Gebäuden in der Regel unzulässig ist. Verfahrensfrei sind dagegen auch Gebäude mit Aufenthaltsräumen, wie beispielsweise Verkaufskioske.

Mit Buchstabe b sind Garagen und Gebäude zum Abstellen von Fahrrädern mit bestimmten Abmessungen verfahrensfrei gestellt. Da materiell-rechtlich zulässige Garagen nach näherer Maßgabe des § 12 BauNVO in den Baugebieten grundsätzlich allgemein zulässig sind, ist mit der Festsetzung eines Baugebiets zugleich die Errichtung der für die zugelassenen Nutzungen erforderlichen Garagen gleichsam in Kauf genommen. Jedenfalls bei kleinen verkehrsüblichen Garagen bedarf es einer besonderen Sicherung der Anwendung des Bauplanungsrechts und einer Anstoßwirkung für die Gemeinde nicht. Durch den Verweis auf § 6 Abs. 7 Satz 1 Nr. 1 ist bestimmt, dass die Höhe von Dächern bis zu einer Dachneigung von 45 Grad bei der Ermittlung der mittleren Wandhöhe nicht zu berücksichtigen ist. Anders als bei Garagen nach § 6 Abs. 7 Satz 1 Nr. 1, bei denen es erkennbar auf die grenznahe Wand ankommt, sind bei der mittleren Wandhöhe bei Garagen nach Buchstabe b alle Seiten zu berücksichtigen.

Mit Buchstabe c sind Gebäude verfahrensfrei gestellt, die einem Betrieb im Sinne des § 35 Abs. 1 Nr. 1 oder 2 in Verbindung mit § 201 BauGB dienen. Der Verweis auf § 35 BauGB bedeutet nicht, dass nur Gebäude im bauplanungsrechtlichen Außenbereich erfasst sind. Vielmehr soll klargestellt sein, was unter einem land- oder forstwirtschaftlichen Betrieb oder einem Betrieb der gartenbaulichen Erzeugung zu verstehen ist. Weiter muss es sich um Gebäude handeln, die dem Betrieb im Sinne der Rechtsprechung zu § 35 Abs. 1 BauGB dienen, also nach § 35 Abs. 1 Nr. 1 und 2 BauGB privilegiert sind.

Mit Buchstabe d sind Gewächshäuser im Zusammenhang mit einem land- oder forstwirtschaftlichen Betrieb oder einem Betrieb der gartenbaulichen Erzeugung verfahrensfrei gestellt. Die Verfahrensfreistellung unterscheidet sich von der Regelung in Buchstabe c dadurch, dass es auf die First- und nicht die Wandhöhe ankommt. Die Größe der verfahrensfreien Gewächshäuser wurde im Vergleich zur bisherigen Regelung auf 1 600 m² angehoben. Das ist gerechtfertigt, da Gewächshäuser privilegiert im Sinne des § 35 Abs. 1 Nr. 1 oder 2 BauGB sind und damit in der Regel bauplanungsrechtlich zulässig sind. Unterhalb der Sonderbautenschwelle des § 2 Abs. 4 Nr. 3 weisen sie üblicherweise auch keine bauordnungsrechtlichen Probleme auf, die die Überprüfung in einem bauaufsichtlichen Verfahren erfordern.

Mit Buchstabe e sind Fahrgastunterstände ohne Größenbegrenzung verfahrensfrei gestellt, da davon ausgegangen werden kann, dass die für den öffentlichen Personenverkehr oder die Schülerbeförderung zuständigen Unternehmen aus wirtschaftlichen Gründen die Größe auf das notwendige Maß beschränken werden. Auch aus dem Begriff „Unterstand“ ergibt sich, dass die Ausführung auf das für den Schutzzweck Erforderliche beschränkt sein muss.

Schutzhütten für wandernde Personen sind nach Buchstabe f unter anderem nur verfahrensfrei, wenn sie keine Aufenthaltsräume aufweisen. Verfahrensfrei sind damit nur einfache Unterstellmöglichkeiten, die auf das zum Witterungsschutz Erforderliche beschränkt sind.

Mit Buchstabe g sind Terrassenüberdachungen mit begrenzter Flächengröße und Tiefe verfahrensfrei gestellt.

Im Unterschied zu Buchstabe g handelt es sich bei den durch Buchstabe h verfahrensfrei gestellten Wintergärten um in der Regel vom Gebäude durch eine durchgehende Wand mit Verbindungstür getrennte Anbauten, bei denen der Glashauseffekt anstelle konventioneller Heizungstechniken zum Erreichen einer Raumtemperatur genutzt wird, die das Überwintern von geeigneten Pflanzen ermöglicht. Keine Wintergärten in diesem Sinne sind Aufenthaltsräume, bei denen lediglich die normalen Wände durch Glaswände ersetzt werden.

Die Verfahrensfreiheit von Gartenlauben nach Buchstabe i ist nicht auf Dauerkleingartenanlagen beschränkt, sondern gilt in allen Kleingartenanlagen im Sinne des Bundeskleingartengesetzes (BKleingG) vom 28. Februar 1983 (BGBl. I S. 210) in der jeweils geltenden Fassung. Die zulässige Gebäudegröße ergibt sich aus § 3 BKleingG.

Mit Buchstabe j sind Wochenendhäuser mit einer Grundfläche bis zu 40 m² und einer Firsthöhe bis zu 4 m verfahrensfrei gestellt. Wochenendhausgebiete sind dann im Sinne dieser Regelung genehmigt, wenn sie aufgrund einer städtebaulichen Gesamtplanung entstanden sind, die nach Maßgabe der dafür geltenden Rechtsvorschriften aufgestellt und abgeschlossen wurde. Erfasst sind damit auch die nach dem Recht der Deutschen Demokratischen Republik geplanten Gebiete, nicht aber die Gebiete, die sich als eine eher zufällige Ansammlung kleinerer Gebäude im Außenbereich darstellen.

Mit Nummer 2 sind grundsätzlich alle Anlagen der technischen Gebäudeausrüstung nach dem Sechsten Abschnitt des Dritten Teils verfahrensfrei gestellt. Maßgeblich dafür ist, dass die Anlagen der technischen Gebäudeausrüstung, soweit sie sicherheitsrelevant sind, bei der Ersterrichtung von Gebäuden, soweit Bauordnungsrecht geprüft wird, Gegen stand des Baugenehmigungsverfahrens sind oder etwa im Rahmen des Brandschutzkonzepts durch entfallende bauaufsichtliche Prüfungen ersetzende kompensatorische Vorkehrungen erfasst sind; entsprechendes gilt für in den Gebäudebestand eingreifende Änderungen jedenfalls dann, wenn dadurch von bauordnungsrechtlichen Anforderungen abgewichen wird, sodass eine Entscheidung nach § 73 Abs. 2 Satz 2 erforderlich ist. Ferner unterliegen sicherheitstechnische Anlagen und Einrichtungen nach näherer Maßgabe der Thüringer Verordnung über die Prüfung technischer Anlagen und Einrichtungen in Gebäuden vom 6. Mai 2004 (GVBl. S. 585) in der jeweils geltenden Fassung der Verpflichtung zu wiederkehrenden Prüfungen, namentlich auch bei wesentlichen Änderungen. Bei Feuerstätten sind die sicherheitsrechtlich relevanten Aspekte durch § 89 Abs. 2 Satz 4 abgedeckt. Andere Anlagen der technischen Gebäudeausrüstung sind nur unter anderen als baurechtlichen Gesichtspunkten bedeutsam. Von der Verfahrensfreiheit sind daher nur, wegen ihrer möglichen statisch-konstruktiven Schwierigkeit, freistehende Abgasanlagen mit einer Höhe von mehr als 10 m ausgenommen.

Mit Nummer 3 ist die Verfahrensfreiheit von Anlagen zur Nutzung erneuerbarer Energien geregelt. Erfasst sind sowohl Anlagen, deren erzeugte Energie selbst verbraucht, als auch Anlagen, bei denen die Energie überwiegend in das öffentliche Netz eingespeist wird.

Die Verfahrensfreiheit von Solaranlagen nach Buchstabe a umfasst sowohl Sonnenkollektoren für die Erzeugung von Wärme als auch Photovoltaikanlagen für die Erzeugung von elektrischer Energie. Es ist wie bisher zwischen gebäudeabhängigen und gebäudeunabhängigen Solaranlagen zu unterscheiden. Zur abstandsflächenrechtlichen Begünstigung wird auf § 6 Abs. 7 und 8 und zu Brandschutzaspekten auf § 35 Abs. 5 und die Begründungen zu diesen Regelungen verwiesen.

Da Solaranlagen auch auf gemieteten Dächern als eigenständige gewerbliche Nutzung errichtet werden, ist die damit verbundene Nutzungsänderung von der Verfahrensfreistellung mitumfasst. Das Gleiche gilt für die Änderung der äußeren Gestalt des Gebäudes. Eventuelle Einschränkungen durch Gestaltungssatzungen oder durch gestalterische Festsetzungen in Bebauungsplänen bleiben nach § 62 Abs. 2 Satz 1 davon unberührt und erfordern gegebenenfalls ein isoliertes Verfahren nach § 73.

Die Verfahrensfreistellung gebäudeabhängiger Solaranlagen gilt für alle Anlagen auf Dach- und Außenwandflächen. Damit können auch Anlagen verfahrensfrei errichtet werden, die nicht in oder parallel zu Dach- und Wandflächen liegen. Eine Ausnahme erfolgte für Anlagen an und auf Hochhäusern, da Solaranlagen brennbare Bestandteile aufweisen und damit an Hochhäusern nicht ohne Weiteres zulässig sind. Die Ausnahme entspricht systematisch den Regelungen in Nummer 11 Buchst. e und f.

Nach Buchstabe b ist die Verfahrensfreistellung gebäudeunabhängiger Solaranlagen in der Höhe und der Länge begrenzt. Die Begrenzung gilt je Einzelanlage. Daher können auch mehrere Anlagen auf einem Grundstück verfahrensfrei errichtet werden. Eine Zusammenfassung kann erforderlich sein, wenn sich aus Konstruktion oder Anordnung der Anlagen der Eindruck einer funktionalen Einheit ergibt.

Nach Buchstabe c sind Solaranlagen im Geltungsbereich eines Bebauungsplans, der Regelungen über die Zulässigkeit, den Standort und die Größe der Anlage enthält, verfahrensfrei, wenn sie den Festsetzungen des Bebauungsplans nicht widersprechen. Die Verfahrensfreistellung ist gerechtfertigt, da gebäudeunabhängige Solaranlagen in der Regel keine bauordnungsrechtlichen Probleme aufweisen und die Anforderungen des Bauplanungsrechts sich aus dem Bebauungsplan ergeben. Auch die Durchführung eines Verfahrens nach § 64 ist aufgrund der geringen städtebaulichen Auswirkungen nicht erforderlich.

Nach Buchstabe d können kleinere Windenergieanlagen bis zu 10 m Höhe und mit einem Rotordurchmesser bis höchstens 3 m verfahrensfrei errichtet werden. Die Beschränkung der Höhe und des Rotordurchmessers korrespondiert mit der unter Nummer A 1.2.8.7 der Anlage zur Verwaltungsvorschrift des Thüringer Ministeriums für Infrastruktur und Landwirtschaft zur Einführung Technischer Baubestimmungen als Technische Baubestimmung eingeführten Richtlinie für Windenergieanlagen; Einwirkungen und Standsicherheitsnachweise für Turm und Gründung, Stand Oktober 2012 – Korrigierte Fassung März 2015 (Mitteilung des Deutschen Instituts für Bautechnik), zu finden auf der Internetseite des Deutschen Instituts für Bautechnik. Danach sind nur bei kleinen Windenergieanlagen besondere Gutachten zur Standsicherheit sowie besondere Abstände oder technische Vorkehrungen wegen der Gefahr des Eisabwurfs entbehrlich.

Die Verfahrensfreiheit ist in reinen Wohngebieten ausgeschlossen, da die Immissionsrichtwerte der Technischen Anleitung zum Schutz gegen Lärm vom 26. August 1998 (GMBl. S. 503) in der jeweils geltenden Fassung für reine Wohngebiete unter Berücksichtigung der üblichen dichten Bebauung von den derzeit verfügbaren Anlagen weit überwiegend nicht eingehalten werden können. Darüber hinaus ist zumindest fraglich, ob die besonderen Auswirkungen von Windkraftanlagen mit dem Charakter eines reinen Wohngebiets vereinbar sind. Der Ausschluss der Verfahrensfreiheit bedeutet aber nicht, dass die Anlagen in reinen Wohngebieten generell unzulässig wären, sondern lediglich, dass vor ihrer Errichtung die Zulässigkeit in einem bauaufsichtlichen Verfahren zu prüfen ist.

Der Ausschluss der Verfahrensfreiheit im Bereich geschützter Teile von Natur und Landschaft erfolgte, da dort die Errichtung auch kleiner Windkraftanlagen nicht nur in Ausnahmefällen mit dem jeweiligen Schutzzweck unvereinbar sein kann mit der Folge der materiellen Unzulässigkeit der Anlagen. Die präventive Prüfung der Zulässigkeit der Anlagen dient auch dem Schutz der Bauherrschaft vor wirtschaftlichen Schäden, die bei einem Rückbau unrechtmäßig errichteter Anlagen entstehen.

Bei den geschützten Teilen von Natur und Landschaft handelt es sich um Naturschutzgebiete, Nationalparke, Nationale Naturmonumente, Biosphärenreservate, Landschaftsschutzgebiete, Naturparke, Naturdenkmäler und geschützte Landschaftsbestandteile nach den §§ 23 bis 29 des Bundesnaturschutzgesetzes (BNatSchG) vom 29. Juli 2009 (BGBl. I S. 2542) sowie die sogenannten Natura 2000-Gebiete nach der Thüringer Natura 2000-Erhaltungsziele-Verordnung vom 29. Mai 2008 (GVBl. S. 181) jeweils in der jeweils geltenden Fassung.

Durch Buchstabe e ist die Wasserstofferzeugung in Fällen verfahrensfrei gestellt, in denen der erzeugte Wasserstoff in den versorgten Gebäuden genutzt wird. Nicht freigestellt ist die Wasserstoffproduktion zum Zwecke des Verkaufs oder der stofflichen Verwendung. Von der Freistellung umfasst sind dabei auch Anlagen der Quartiersversorgung. Ergänzend zu der ausschließlichen Freistellung der Wasserstofferzeugung – also der Elektrolyseure – werden zur Nutzung des Wasserstoffs Brennstoffzellen und Wasserstoffspeicher benötigt, wofür es abhängig von der Größe bereits Freistellungen, für Brennstoffzellen als Teil der Technischen Gebäudeausrüstung nach Nummer 2 und für Speicher als ortsfeste Behälter bis zu 6 m³ Brutto-Rauminhalt nach Nummer 6, gibt. Zugehörige Behälter sind in dem in Nummer 6 Buchst. a genannten Umfang ebenfalls verfahrensfrei.

Durch Buchstabe f sind integrierte Wasserstoffanlagen, beispielsweise Solar-Wasserstoff-Systeme oder Brennstoffzellenheizgeräte mit Reformer, einschließlich ihrer Speicher verfahrensfrei gestellt. Die zulässige Speichermenge ist dabei auf einen haushaltsüblichen Maßstab begrenzt.

In Nummer 4 ist die Verfahrensfreiheit für Anlagen der Ver- und Entsorgung geregelt.

In Nummer 5 ist die Verfahrensfreiheit von Masten, Antennen und ähnlichen Anlagen geregelt.

Nach Buchstabe a sind neben Antennen einschließlich der Masten auch die zugehörigen Versorgungseinheiten mit einem Brutto-Rauminhalt bis zu 10 m³ sowie, soweit sie auf oder an einer bestehenden baulichen Anlage errichtet werden, die damit verbundene Änderung der Nutzung oder der äußeren Gestalt der Anlage verfahrensfrei. Die Höhenbegrenzungen sind statisch-konstruktiv motiviert, sodass es bei Errichtung von Antennenmasten auf bestehenden baulichen Anlagen auf die Höhe der Masten, nicht auf die Gesamthöhe der baulichen Anlage insgesamt ankommt. Die Höhe der verfahrensfreien Anlagen wurde aus technischen Gründen bei der Errichtung auf Gebäuden auf 15 m und bei der Errichtung im bauplanungsrechtlichen Außenbereich auf 20 m angehoben. Die Regelung ist auch unter dem Blickwinkel der gemeindlichen Planungshoheit vertretbar, da den Masten für sich genommen kein nennenswertes städtebauliches Gewicht zukommt und die Verfahrensfreiheit bei Widerspruch des Bauvorhabens zu städtebaulichen Satzungen nicht von der Erforderlichkeit einer isolierten Ausnahme oder Befreiung hinsichtlich der Nutzung nach § 73 Abs. 2 Satz 2 befreit. Mit dem Verweis auf Nummer 4 Buchst. b ist klargestellt, dass die Verfahrensfreiheit nach Buchstabe a auch greift, wenn es sich um Anlagen handelt, die der Telekommunikation dienen. Die Verfahrensfreiheit gilt nicht bei Antennen, die einschließlich der Masten mehr als 10 m Höhe aufweisen. Da bei höheren Anlagen Standsicherheitsprobleme entstehen können, muss bei ihnen vor Baubeginn die Standsicherheit der Maßnahme durch eine qualifizierte Tragwerksplanerin oder einen qualifizierten Tragwerksplaner im Sinne des § 72 Abs. 2 beurteilt und im erforderlichen Umfang nachgewiesen werden. Aus dem Nachweis muss sich ergeben, dass mit Standsicherheitsproblemen nicht zu rechnen ist. Art und Umfang des Nachweises liegen in der Verantwortung der nachweisberechtigten Person. Die Beurteilung und gegebenenfalls Nachweisführung erfolgt nur gegenüber der Bauherrschaft. Eine Einschaltung der Bauaufsichtsbehörde ist nicht erforderlich.

Bei den in Buchstabe b aufgeführten Masten handelt es sich um selbst im bauplanungsrechtlichen Außenbereich nach § 35 Abs. 1 Nr. 4 BauGB privilegierte Vorhaben. Da sie in der Regel von Versorgungsunternehmen errichtet und betrieben werden, die ein Interesse insbesondere der Standsicherheit haben, sind Sicherheitsgefahren nicht zu befürchten.

Die in Buchstabe c aufgeführten Masten, die aus Gründen des Brauchtums errichtet werden, sind bauplanungsrechtlich in der Regel unproblematisch. Gefahren aufgrund fehlender Standsicherheit sind nicht bekannt geworden.

Für die in Buchstabe d aufgeführten Signalhochbauten für die Landesvermessung gelten die Hinweise zu Buchstabe b entsprechend.

Die in Buchstabe e aufgeführten Flutlichtmasten werden in der Regel im räumlichen Zusammenhang mit genehmigten Anlagen errichtet und sind damit üblicherweise bauplanungsrechtlich unproblematisch.

In Nummer 6 ist die Verfahrensfreiheit von Behältern geregelt.

Die Behälter nach den Buchstaben a bis c sind in der Regel Nebenanlagen, die ebenso wie die Hauptanlagen bauplanungsrechtlich zulässig sind. Aufgrund ihrer geringen

Größe haben sie nur eine geringe bauaufsichtliche Relevanz. Soweit die Behälter wasser- oder in sonstiger Weise umweltgefährdende Stoffe aufnehmen, wären die Anforderungen im Umweltrecht zu regeln.

Behälter nach den Buchstaben d und e werden vorrangig im Zusammenhang mit landwirtschaftlichen Betrieben genutzt. Soweit sie als Teil landwirtschaftlicher Betriebe im Außenbereich errichtet werden, sind sie nach § 35 Abs. 1 Nr. 1 oder 2 BauGB privilegiert. Ähnliche Anlagen, wie Fahrsilos, können beispielsweise einfache Kompostieranlagen sein.

Wasserbecken nach Buchstabe f unterscheiden sich von Schwimmbecken nach Nummer 10 Buchst. a dadurch, dass sie keine bei Schwimmbecken übliches technisches Zubehör, wie Filtertechnik, aufweisen.

In Nummer 7 ist die Verfahrensfreiheit von Mauern und Einfriedungen geregelt.

Mit der verfahrensfreien Höhe nach Buchstabe a wurde § 6 Abs. 7 Satz 1 Nr. 3 entsprochen und gewährleistet, dass von der Einfriedung keine Wirkungen wie von Gebäuden ausgehen. Aus bauplanungsrechtlichen Vorschriften, insbesondere aus Festsetzungen eines Bebauungsplans, oder aus Satzungen nach § 97 Abs. 1, können sich Beschränkungen der zulässigen Höhe oder ein Verbot der Errichtung von Einfriedungen ergeben.

Mit Buchstabe b sind offene, sockellose Einfriedungen verfahrensfrei gestellt, die einem land- oder forstwirtschaftlichen oder einem Gartenbaubetrieb dienen. Die Einfriedungen sind privilegiert nach § 35 Abs. 1 Nr. 1 oder 2 BauGB. Ein Größenbeschränkung ist entbehrlich, da sie sich daraus ergibt, dass die Einfriedung dem Betrieb dienen muss.

Private Verkehrsanlagen sind nach Nummer 8 verfahrensfrei gestellt, da sie in der Regel keine bauplanungsrechtlichen Probleme aufwerfen. Eine Beschränkung der Größe ist bei Brücken, Durchlässen und Untertunnelungen wegen möglicher Standsicherheitsprobleme erforderlich.

Die verfahrensfreie Höhe von Aufschüttungen nach der Nummer 9 entspricht § 6 Abs. 7 Satz 1 Nr. 3 und vermeidet, dass von der Aufschüttung eine gebäudegleiche Wirkung ausgeht. Mit der im bebauten Bereich verfahrensfreien Grundfläche von 30 m² wurde Nummer 1 Buchst. g entsprochen und ermöglicht, dass sowohl eine Terrasse als auch ihre Überdachung verfahrensfrei errichtet werden können. Im Außenbereich ist eine größere Grundfläche möglich, da auch mit einer Größe von 300 m² der Begriff des Vorhabens im Sinne des § 29 Abs. 1 BauGB in den meisten Fällen noch nicht erfüllt sein wird.

Mit Nummer 10 sind verschiedene Anlagen in Gärten und zur Freizeitgestaltung verfahrensfrei gestellt. Die Anlagen sind typischerweise Zubehör zu anderen Anlagen, die für sich genommen verfahrenspflichtig sind. Sie sind damit bauplanungsrechtlich in der Regel zulässig. Die bauordnungsrechtliche Unbedenklichkeit ist durch die gewählten Größenbeschränkungen und Rückausnahmen, beispielsweise für Gebäude in Buchstaben c bis e, erreicht.

Mit Nummer 11 ist die Verfahrensfreiheit tragender und nichttragender Bauteile geregelt. Vor dem Hintergrund der Bestrebungen zur Energieeinsparung wurden auch Maßnahmen der Wärmedämmung in den Freistellungskatalog aufgenommen. Auch wenn das Aufbringen einer Dämmung auf Wände bereits unter den Begriff der Außenwandbekleidung subsumiert werden könnte, sind Maßnahmen zur Wärmedämmung zur Klarstellung ausdrücklich genannt. Soweit Wärmedämmmaßnahmen Auswirkungen auf die Einhaltung der erforderlichen Abstandflächen haben können, erfolgt eine Begünstigung durch § 6 Abs. 7. Ergänzend wird auf die bauplanungsrechtliche Erleichterung in § 248 BauGB hingewiesen.

Die Verfahrensfreiheit von Wärmedämmmaßnahmen und des Austausches der Bedachung gilt nicht bei Hochhäusern, da die dabei verwendeten Baustoffe häufig brennbare Bestandteile aufweisen, die bei Hochhäusern nicht ohne Weiteres zugelassen werden können. Damit ist ohnehin ein bauaufsichtliches Verfahren erforderlich.

In Nummer 12 ist die Verfahrensfreiheit von Werbeanlagen geregelt.

Werden kleinere Werbeanlagen nach Buchstabe a materiell rechtswidrig beispielsweise unter Verstoß gegen die in § 10 Abs. 2 bis 4 enthaltenen Beschränkungen errichtet, ist der Schaden für Werbetreibende gering. Auf eine Präventivprüfung kann daher verzichtet werden.

Warenautomaten nach Buchstabe b sind in der Regel bauplanungs- und bauordnungsrechtlich unproblematisch.

Mit der Verfahrensfreiheit vorübergehend aufgestellter Werbeanlagen nach Buchstabe c ist unnötiger Verwaltungsaufwand vermieden. Eine im Einzelfall bestehende materiell-rechtliche Unzulässigkeit ist aufgrund der kurzen Aufstellzeit hinnehmbar.

Bei der Verfahrensfreiheit nach Buchstabe d handelt es sich um die in § 10 Abs. 3 Nr. 2 definierten Werbeanlagen. Bei ihnen steht die Information für ortsfremde Personen im Vordergrund. Diese Funktion hat angesichts der heutigen Möglichkeiten der Information über Gewerbebetriebe nur noch eine geringe Bedeutung, kann aber im Einzelfall gleichwohl sinnvoll sein.

Die in Buchstabe e geregelte Verfahrensfreiheit für Werbeanlagen in Gewerbe, Industrie- und vergleichbaren Sondergebieten gilt nur, wenn die Gebiete durch Bebauungsplan ausgewiesen sind, nicht aber in faktischen Baugebieten im Sinne des § 34 Abs. 2 BauGB. Klargestellt ist, dass bei einer Errichtung der Werbeanlagen auf, in oder an einer bestehenden baulichen Anlage die damit gegebenenfalls verbundene

Änderung der Nutzung oder der äußeren Gestalt der Anlage ebenfalls von der Freistellung erfasst ist.

In Nummer 13 ist die Verfahrensfreiheit vorübergehend aufgestellter oder benutzbarer Anlagen geregelt. Da sie nur vorübergehend am gleichen Standort verbleiben und es sich überwiegend um vorgefertigte Anlagen handelt, weisen sie nur eine geringe bauplanungs- und bauordnungsrechtliche Relevanz auf.

Zu den Baustelleneinrichtungen nach Buchstabe a gehören auch die für den Baustellenbetrieb erforderlichen Büroräume. Baustelleneinrichtungen können auch für mehrere Baustellen genutzt werden, wenn ein räumlicher Zusammenhang besteht.

Gerüste nach Buchstabe b sind vorrangig für den Arbeitsschutz relevant und erfordern daher keine zusätzliche bauaufsichtliche Prüfung.

Toilettenwagen nach Buchstabe c werden überwiegend im Zusammenhang mit Veranstaltungen und damit nur kurzzeitig genutzt. Von ihnen gehen keine bauaufsichtliche zu bewältigenden Gefahren aus.

Behelfsbauten nach Buchstabe d müssen oft kurzfristig aufgrund eines konkreten Unglücksfalls errichtet werden. Die Durchführung eines bauaufsichtlichen Verfahrens wäre aufgrund der Eilbedürftigkeit nicht möglich.

Bauliche Anlagen auf Messe- und Ausstellungsgeländen nach Buchstabe e erfordern kein gesondertes bauaufsichtliches Verfahren, da die Rahmenbedingungen ihrer Zulässigkeit in der Regel im Rahmen der Genehmigung des Messe- oder Ausstellungsgeländes festgelegt werden.

Bei den Verkaufsständen und anderen baulichen Anlagen auf Straßenfesten, Volksfesten und Märkten nach Buchstabe f handelt es sich überwiegend um Anlagen, die bereits nach Nummer 1 Buchst. a verfahrensfrei errichtet werden könnten. Überschreiten sie die danach zulässige Größe, wird es sich regelmäßig um geringfügige Überschreitungen handeln. Eventuellen Gefahren kann durch Anordnung der für die jeweilige Veranstaltung verantwortlichen Person begegnet werden.

Die Verfahrensfreiheit nach Buchstabe g von ortsveränderlichen Antennen einschließlich der Masten, die für längstens 2 Jahre aufgestellt werden, erleichtert den aus verschiedenen Gründen wichtigen Mobilfunkausbau. Die verfahrensfrei mögliche Aufstelldauer von 2 Jahren ist ausreichend, um entweder einen Standort für eine dauerhaft zu errichtende Anlage zu finden oder eine Baugenehmigung für eine längere Aufstellzeit zu erreichen. Da bei mehr als 10 m hohen Anlagen Standsicherheitsprobleme entstehen können, muss vor Baubeginn die Standsicherheit der Maßnahme durch eine qualifizierte Tragwerksplanerin oder einen qualifizierten Tragwerksplaner im Sinne des § 72 Abs. 2 beurteilt und im erforderlichen Umfang nachgewiesen werden. Aus dem Nachweis muss sich ergeben, dass mit Standsicherheitsproblemen nicht zu rechnen ist. Art und Umfang des Nachweises liegen in der Verantwortung der nachweisberechtigten Person. Die Beurteilung der Standsicherheit erfolgt nur gegenüber der Bauherrschaft. Eine Einschaltung der Bauaufsichtsbehörde ist nicht erforderlich.

In Nummer 14 ist die Verfahrensfreiheit von Plätzen geregelt.

Mit Buchstabe a sind unbefestigte Lager- und Abstellplätze, die einem land- oder forstwirtschaftlichen Betrieb oder einem Betrieb der gartenbaulichen Erzeugung im Sinne des § 35 Abs. 1 Nr. 1 und 2 in Verbindung mit § 201 BauGB dienen, verfahrensfrei gestellt. Das ist auch mit Blick auf den Schutz der gemeindlichen Planungshoheit vertretbar, weil es sich gewissermaßen um Zubehör planungsrechtlich privilegierter landwirtschaftlicher Betriebe handelt.

Mit Buchstabe b sind andere Lager- und Abstellplätze verfahrensfrei gestellt, wenn sie nicht im Außenbereich liegen. Darunter fallen befestigte und unbefestigte Flächen unabhängig davon, ob sie der Land- oder Forstwirtschaft oder der gartenbaulichen Erzeugung oder anderen Zwecken dienen.

In die in Buchstabe c geregelte Verfahrensfreiheit für nicht überdachte Stellplätze sind auch die Abstellplätze für Fahrräder aufgenommen. Anders als bei den übrigen Regelungen zur Verfahrensfreiheit ist hier eine Gesamtfläche je Grundstück bestimmt, damit die Regelung nicht umgangen werden kann. Ohne Flächenbegrenzung sind die für die nicht überdachten Stellplätze und Abstellplätze für Fahrräder erforderlichen Zufahrten verfahrensfrei. Der Ausschluss für Lagerplätze im Außenbereich erfolgt, da diese Plätze im Außenbereich in der Regel unzulässig sind, soweit sie nicht einem nach § 35 Abs. 1 BauGB privilegierten Vorhaben dienen. Es wäre nicht sinnvoll, bauliche Anlagen verfahrensfrei zu stellen, die in der Regel nicht gebaut werden dürfen.

Mit Buchstabe d sind Kinderspielplätze verfahrensfrei gestellt. Da Geräuscheinwirkungen von Kinderspielplätzen nach § 23 Abs. 1a BImSchG im Regelfall keine schädlichen Umwelteinwirkungen darstellen, sind sie in der Regel auch bauplanungsrechtlich zulässig. Werden sie nicht nur als Kinderspielplatz genutzt, kann die Nutzung zumindest formell rechtswidrig sein und ein Einschreiten erfordern.

Mit Nummer 15 ist die Verfahrensfreiheit sonstiger baulicher Anlagen geregelt.

Mit Buchstabe a sind Zapfsäulen und Tankautomaten genehmigter Tankstellen verfahrensfrei gestellt. Nicht verfahrensfrei ist dagegen die Errichtung der Tankstellen selbst. Aus der Verfahrensfreiheit von Ladestationen für die Elektromobilität kann indirekt entnommen werden, dass die Ladestationen auch in Groß- und Mittelgaragen nicht aus Gründen des Brandschutzes untersagt werden müssen.

Mit Buchstabe b sind Regale mit einer Oberkante Lagerguthöhe bis zu 7,50 m verfahrensfrei gestellt; erst oberhalb dieser Höhe werden diese Anlagen auch aus Gründen des Brandschutzes auch im Hinblick auf § 2 Abs. 4 Nr. 19 baurechtlich bedeutsam.

Nach Buchstabe c sind Grabdenkmale auf Friedhöfen, Feldkreuze, Denkmäler, Skulpturen und sonstige Kunstwerke jeweils mit einer Höhe bis zu 4 m verfahrensfrei. Der Begriff des Denkmals ist nicht mit dem des Thüringer Denkmalschutzgesetzes (ThürDSchG) in der Fassung vom 14. April 2004 (GVBl. S. 465) in der jeweils geltenden Fassung identisch. Der Begriff des Kunstwerks ist weit auszulegen.

Nach Buchstabe d sind Waren- und Leistungsautomaten sowie Packstationen von Post- und Paketdienstleistern mit einem Rauminhalt bis zu 50 m³ verfahrensfrei. Packstationen können zu den Behältern im Sinne des Absatzes 1 Nr. 6 Buchst. c gerechnet werden. Die Regelung dient damit der Klarstellung. Umfasst von der Freistellung sind auch sogenannte Paketbriefkästen, die der Zustellung von Paketsendungen bei den Empfängern dienen.

In Buchstabe e ist mit einem offenen Katalog von Beispielen zur Orientierung ein Auffangtatbestand für andere unbedeutende Anlagen und unbedeutende Teile von Anlagen enthalten. Die Beispiele sind eng auszulegen. Sie können nicht dazu herangezogen werden, Anlagen als verfahrensfrei zu behandeln, die in der Sache bereits durch die übrigen Tatbestände erfasst sind, die dort genannten Voraussetzungen aber nicht erfüllen. Zu den ausdrücklich genannten Terrassen gehören nicht die Dachterrassen. Vielmehr handelt es sich um ebenerdig oder geringfügig über der natürlichen Geländeoberfläche angeordnete Plattformen.

In Absatz 2 ist die Verfahrensfreiheit von Nutzungsänderungen geregelt.

Nach Nummer 1 kommt es für die Genehmigungsbedürftigkeit der Nutzungsänderung nicht darauf an, ob tatsächlich andere öffentlich-rechtliche Anforderungen zu stellen sind, sondern darauf, ob dies möglich und deshalb eine Prüfung in einem Baugenehmigungsverfahren gerechtfertigt ist. Allerdings muss es sich um Anforderungen handeln, die in einem Baugenehmigungsverfahren nach § 66 Satz 1 Prüfgegenstand wären oder bei denen die Erstellung und gegebenenfalls Prüfung bautechnischer Nachweise erforderlich wäre.

Bei der Frage, ob die Anforderungen in einem Baugenehmigungsverfahren zu prüfen sind, kommt es nicht darauf an, ob für die konkrete Änderung tatsächlich ein Baugenehmigungsverfahren nach § 66 oder ein vereinfachtes Baugenehmigungsverfahren nach § 65 durchgeführt wird. Die Einbeziehung des § 72 erfolgte zur Vermeidung von Gefahren, da es Nutzungsänderungen geben kann, durch die Vorschriften, insbesondere des Bauplanungs- und Bauordnungsrechts, nicht berührt werden, die aber gleichwohl Auswirkungen auf Anforderungen der Standsicherheit oder des Brandschutzes haben.

Mit Nummer 2 ist, ergänzend zu Absatz 1, die Nutzungsänderung verfahrensfreier Anlagen ihrerseits verfahrensfrei gestellt. Dabei ist nicht darauf abzustellen, ob die ursprüngliche Anlage mit ihrer Nutzung verfahrensfrei war, sondern darauf, ob die neue Nutzung, einschließlich der zugehörigen Anlage, verfahrensfrei errichtet werden oder durch verfahrensfreie Änderungen aus der bisherigen Anlage entstehen könnte.

Mit Absatz 3 ist die Verfahrensfreiheit der Beseitigung von Anlagen geregelt und festgelegt, welche Regelungen bei der Beseitigung nicht verfahrensfreier Anlagen zur Gewährleistung der Standsicherheit benachbarter Gebäude gelten.

Mit Satz 1 ist die Beseitigung von Anlagen verfahrensfrei gestellt, deren Beseitigung zumindest in aller Regel keine statisch-konstruktiven Schwierigkeiten aufwirft und auch mit Blick auf das Nachbarschaftsverhältnis keiner formalisierten bauaufsichtlichen Handhabung bedarf. Dies sind nach Nummer 1 zunächst alle nach Absatz 1 verfahrensfreien Anlagen, nach Nummer 2 die freistehenden Gebäude der Gebäudeklassen 1 und 3 und nach Nummer 3 sonstige Anlagen, die keine Gebäude sind, mit einer Höhe bis zu 10 m.

Mit Satz 2 ist vorgeschrieben, dass die beabsichtigte Beseitigung aller anderen als in Satz 1 genannten Anlagen mindestens einen Monat zuvor der Bauaufsichtsbehörde anzuzeigen ist. Welchen Inhalt die Anzeige hat und welche Bauvorlagen ihr beizugeben sind, ist in der Thüringer Bauvorlagenverordnung vom 23. März 2010 (GVBl. S. 129) in der jeweils geltenden Fassung geregelt. Die Anzeige bezweckt eine Information der Bauaufsichtsbehörde, auf die sie in der ihr jeweils nach Lage der Dinge angezeigt erscheinenden Weise reagieren kann; Rechtsgrundlage für etwaige bauaufsichtliche Maßnahmen ist § 61 Abs. 1.

In Satz 3 sind Maßnahmen zur Gewährleistung der Standsicherheit in denjenigen Fällen geregelt, in denen das zu beseitigende an ein oder mehrere andere Gebäude angebaut ist. Da Gefahren bei der Beseitigung von Gebäuden im Vorfeld nur beschränkt abschätzbar sind und die Probleme häufig erst während des Beseitigungsvorgangs auftreten, ohne dass sie vorhersehbar waren, erfolgt eine flexiblere Handhabung, in deren Mittelpunkt die Verpflichtung zur Vorbereitung und Begleitung des Beseitigungsvorgangs selbst durch eine qualifizierte Tragwerksplanerin oder einen qualifizierten Tragwerksplaner steht. Es reicht aus, dass eine qualifizierte Tragwerksplanerin oder ein qualifizierter Tragwerksplaner zunächst die Standsicherheit des Gebäudes, an das das zu beseitigende Gebäude angebaut ist, beurteilt. Wie diese Beurteilung erfolgt, steht grundsätzlich in der Verantwortung der qualifizierten Person. Gegebenenfalls kann auch die Erstellung eines Standsicherheitsnachweises erforderlich sein. Je nach dem Ergebnis dieser Beurteilung zur Notwendigkeit hat die qualifizierte Person den Beseitigungsvorgang zu begleiten.

In Satz 4 ist eine Bagatellklausel enthalten, nach der wegen des damit verbundenen geringen Risikopotenzials die in Satz 3 beschriebenen Anforderungen nicht gelten, wenn das Gebäude, an das das zu beseitigende angebaut ist, verfahrensfrei ist.

In Satz 5 ist geregelt, dass die Regelungen über die Baubeginnsanzeige entsprechend anzuwenden sind.

Mit Absatz 4 ist klargestellt, dass Instandhaltungsarbeiten verfahrensfrei sind, da es bei diesen nur um die Aufrechterhaltung eines zumindest bestandsgeschützten Zustands geht.

§ 64
Genehmigungsfreistellung

(1) [1]Keiner Genehmigung bedarf unter den Voraussetzungen des Absatzes 2
1. die Errichtung, Änderung und Nutzungsänderung von
   a) Gebäuden der Gebäudeklassen 1 bis 3,
   b) sonstigen Anlagen, die keine Gebäude sind,
   c) Nebengebäuden und Nebenanlagen zu Vorhaben nach den Buchstaben a und b und
2. unter den Voraussetzungen des Absatzes 2 Nr. 3 und 4 im Anwendungsbereich des
   a) § 34 BauGB die Änderung und Nutzungsänderung von Dachgeschossen zu Wohnzwecken einschließlich der Errichtung von Dachgauben,
   b) § 35 Abs. 1 Nr. 8 Buchst. b BauGB die Errichtung und Änderung von Anlagen zur Nutzung solarer Strahlungsenergie,
3. die Modernisierung und der Ersatz von bestehenden Anlagen zur Erzeugung von Strom aus erneuerbaren Energien.

[2]Satz 1 Nr. 1 und 2 gilt nicht,
1. wenn die baulichen Anlagen Sonderbauten sind oder werden,
2. für Anlagen, die einer Pflicht zur Durchführung einer Umweltverträglichkeitsprüfung oder einer Vorprüfung nach dem Gesetz über die Umweltverträglichkeitsprüfung (UVPG) in der Fassung vom 18. März 2021 (BGBl. I S. 540) oder dem Thüringer UVP-Gesetz vom 20. Juli 2007 (GVBl. S. 85) jeweils in der jeweils geltenden Fassung unterliegen,
3. für die Errichtung, Änderung oder Nutzungsänderung
   a) eines oder mehrerer Gebäude, wenn dadurch dem Wohnen dienende Nutzungseinheiten mit einer Größe von insgesamt mehr als 5 000 m^2 Grundfläche geschaffen werden, und
   b) baulicher Anlagen, die öffentlich zugänglich sind, wenn dadurch die gleichzeitige Nutzung durch mehr als 100 zusätzliche Besucherinnen und Besucher ermöglicht wird,

die innerhalb eines vom Landesamt für Umwelt, Bergbau und Naturschutz im Internet bekannt gemachten angemessenen Sicherheitsabstands um einen Betriebsbereich im Sinne des § 3 Abs. 5a des Bundes-Immissionsschutzgesetzes (BImSchG) in der Fassung vom 17. Mai 2013 (BGBl. I S. 1274; 2021 S. 123) in der jeweils geltenden Fassung liegen, es sei denn, die Immissionsschutzbehörde hat aufgrund ihr vorliegender Kenntnisse mitgeteilt, dass sich das Vorhaben außerhalb des angemessenen Sicherheitsabstands des Betriebsbereichs im Sinne des § 50 BImSchG befindet; bei der Festlegung des angemessenen Abstands sind insbesondere die im Betriebsbereich verwendeten Stoffe, die Art des Umgangs mit diesen Stoffen, Gegebenheiten der unmittelbaren Umgebung und repräsentative Szenarien eines schweren Unfalls zu berücksichtigen.

(2) Bauvorhaben nach Absatz 1 Satz 1 Nr. 1 sind genehmigungsfrei gestellt, wenn
1. **sie im Geltungsbereich eines Bebauungsplans im Sinne des § 30 Abs. 1 oder der §§ 12 und 30 Abs. 2 BauGB liegen,**
2. **sie den Festsetzungen des Bebauungsplans nicht widersprechen,**
3. **die Erschließung im Sinne des Baugesetzbuchs gesichert ist und**
4. **die Gemeinde nicht innerhalb der Frist nach Absatz 3 Satz 2 erklärt, dass das vereinfachte Genehmigungsverfahren durchgeführt werden soll, oder eine vorläufige Untersagung nach § 15 Abs. 1 Satz 2 BauGB beantragt.**

(3) [1]Die Bauherrschaft hat die erforderlichen Unterlagen bei der Gemeinde einzureichen; die Gemeinde legt, soweit die Unterlagen nicht elektronisch bei der Bauaufsichtsbehörde eingereicht wurden und sie nicht selbst Bauaufsichtsbehörde ist, eine Fertigung der Unterlagen unverzüglich der unteren Bauaufsichtsbehörde vor. [2]Mit dem Vorhaben darf einen Monat nach Eingang der erforderlichen Unterlagen bei der Gemeinde begonnen werden. [3]Teilt die Gemeinde der Bauherrschaft innerhalb der Frist nach Satz 2 mit, dass kein Genehmigungsverfahren durchgeführt werden soll und sie eine Untersagung nach § 15 Abs. 1 Satz 2 BauGB nicht beantragen wird, darf die Bauherrschaft mit der Ausführung des Vorhabens beginnen. [4]Von der Mitteilung nach Satz 3 hat die Gemeinde die Bauaufsichtsbehörde zu unterrichten. [5]Das Recht zur Ausführung des Bauvorhabens entsprechend der eingereichten Unterlagen erlischt, wenn innerhalb von drei Jahren nach Vorliegen der Voraussetzungen nach den Sätzen 2 und 3 mit dessen Ausführung nicht begonnen wurde oder die Bauausführung mehr als drei Jahre unterbrochen worden ist.

(4) [1]Die Erklärung der Gemeinde nach Absatz 2 Nr. 4, dass das vereinfachte Genehmigungsverfahren durchgeführt werden soll, kann insbesondere deshalb erfolgen, weil sie eine Überprüfung der sonstigen Voraussetzungen nach Absatz 2 oder des Bauvorhabens aus anderen Gründen für erforderlich hält. [2]Darauf, dass die Gemeinde von ihrer Erklärungsmöglichkeit keinen Gebrauch macht, besteht kein Rechtsanspruch. [3]Erklärt die Gemeinde, dass das vereinfachte Baugenehmigungsverfahren durchgeführt werden soll, hat sie der Bauherrschaft vorgelegte Unterlagen zurückzureichen. [4]Hat die Bauherrschaft bei der Einreichung der Unterlagen bestimmt, dass diese im Fall der Erklärung nach Absatz 2 Nr. 4 als Bauantrag zu behandeln sind, leitet die Gemeinde die Unterlagen gleichzeitig mit der Erklärung an die Bauaufsichtsbehörde weiter. [5]Werden Unterlagen gleichzeitig bei der Bauaufsichtsbehörde elektronisch eingereicht, informiert die Gemeinde die Bauaufsichtsbehörde über die Abgabe der Erklärung nach Absatz 2 Nr. 4 1. Alternative und gegebenenfalls über die Erklärung der Bauherrschaft, dass die Einreichung der Unterlagen als Bauantrag behandelt werden soll.

(5) [1]§ 72 bleibt unberührt. [2]§ 74 Abs. 2 Satz 1, § 75 Abs. 3 sowie § 78 Abs. 6 bis 8 sind entsprechend anzuwenden.

Nr. 64 VollzBekThürBO

64.0 § 64 Abs. 1 Satz 1 ist missverständlich formuliert. Die Voraussetzung der Verfahrensfreiheit der in Nummer 1 genannten Vorhaben ergeben sich aus Absatz 2. Die in Nummer 2 genannten Vorhaben sind unter der Voraussetzung des Absatzes 2 Nr. 3 und 4 verfahrensfrei. (Absatz 2 Nr. 1 und 2 betreffen Bebauungspläne und sind erkennbar nicht zutreffend.) Vorhaben nach der Nummer 3 sollen ohne weitere Voraussetzungen der Genehmigungsfreistellung unterliegen. Die missverständliche Regelung soll bei einer Änderung der ThürBO korrigiert werden.

64.1.1 Werden verfahrensfreie Bauvorhaben (z. B. Garagen) im Zusammenhang mit dem Hauptgebäude errichtet, nehmen sie nach § 64 Abs. 1 Nr. 1 Buchst. c am Genehmigungsfreistellungsverfahren teil. Andernfalls verbleibt es bei der Verfahrensfreiheit.

64.1.2 Die Genehmigungsfreistellung gilt nicht für größere Wohn- und Nichtwohnbauvorhaben, die in der Nähe von sog. Störfallbetrieben verwirklicht werden sollen. Bei den Wohngebäuden kommt es nicht darauf an, ob die Wohnfläche von mehr als 5 000 m² Brutto-Grundfläche in einem oder mehreren Gebäuden errichtet wird oder ob es sich um reine Wohngebäude oder gemischt genutzte Gebäude handelt. Bei öffentlich zugänglichen Gebäuden ist nicht die Gesamtgröße des Gebäudes maßgeblich, sondern nur, ob aufgrund des Bauvorhabens die Nutzung durch mehr als 100 zusätzliche Besucherinnen oder Besucher ermöglicht wird.

64.1.3 Der für die Ausnahme von der Genehmigungsfreistellung maßgebliche Umkreis um die Störfallbetriebe wird vom Landesamt für Umwelt, Bergbau und Naturschutz im Internet bekannt gemacht und bei neueren Erkenntnissen fortgeschrieben. Liegt die beantragte schutzbedürftige Nutzung innerhalb des bekannt gemachten Abstands, ergibt sich daraus nicht deren Unzulässigkeit. Vielmehr ist zunächst nur ein vereinfachtes Baugenehmigungsverfahren nach § 65 durchzuführen, in dem die bauplanungsrechtliche Zulässigkeit des Vorhabens geprüft wird. Zum Inhalt der Prüfung wird auf die Arbeitshilfe „Berücksichtigung des Art. 13 Seveso-III-Richtlinie im baurechtlichen Genehmigungsverfahren in der Umgebung von unter die Richtlinie fallenden Betrieben" der Fachkommission Städtebau (www.bauministerkonferenz.de) hingewiesen.

64.1.4 Werden im Zusammenhang mit der Errichtung von Anlagen zur Nutzung solarer Strahlungsenergie nach § 35 Abs. 1 Nr. 8 Buchst. b BauGB untergeordnete Nebenanlagen oder Einfriedungen errichtet, nehmen diese am Genehmigungsfreistellungsverfahren teil. Sie sind auf das für die Nutzung der Solaranlagen Erforderliche zu beschränken.

64.2.1 Ein Bauvorhaben, das nur nach der Zulassung einer Ausnahme oder Befreiung nach § 31 BauGB genehmigt werden kann, widerspricht im Sinne des Absatzes 2 Nr. 2 dem Bebauungsplan und ist daher in einem Verfahren nach § 65 zu behandeln. Das gilt auch, wenn die Ausnahme oder Befreiung bereits in einem gesonderten Vorbescheidsverfahren zugelassen wurde.

64.2.2 Keine Ausnahme oder Befreiung ist die Zulassung des geringfügigen Vor- und Zurücktretens bzw. des geringfügigen Überschreitens von festgesetzten Baulinien, Baugrenzen und Bebauungstiefen nach § 23 Abs. 2 bis 4 BauNVO und die Zulassung von Anlagen außerhalb der festgesetzten überbaubaren Grundstücksfläche nach § 23 Abs. 5 BauNVO, soweit die Zulässigkeit nicht im Bebauungsplan ausgeschlossen oder beschränkt wurde. Zuständig ist die Bauaufsichtsbehörde. Ein Einvernehmen der Gemeinde ist nicht erforderlich, eine eventuelle Äußerung der Gemeinde ist aber im Rahmen der Ermessensausübung zu würdigen. Die Zulassung kann formlos beantragt werden. Die Zulassung erfolgt durch einen Bescheid der Bauaufsichtsbehörde, der zwar keine Baugenehmigung darstellt, aber entsprechend § 78 Abs. 5 der Gemeinde zu übermitteln ist.

64.2.3 Das Erfordernis einer Abweichung von Bestimmungen der Thüringer Bauordnung oder aufgrund der Thüringer Bauordnung steht dem Verfahren nach § 64 nicht entgegen; insoweit ist eine isolierte Abweichung nach § 73 Abs. 2 erforderlich.

64.3.1 Nach Ablauf der Monatsfrist nach Eingang der vollständigen erforderlichen Unterlagen kann der Bauherr formell legal mit der Ausführung beginnen. Genehmigungsvorbehalte anderer Rechtsbereiche bleiben unberührt.

64.3.2 Wird der Bebauungsplan oder das Bauordnungsrecht nach Durchführung des Verfahrens geändert, kann das Vorhaben entsprechend den eingereichten Unterlagen ausgeführt werden, wenn diese dem zum Zeitpunkt der Einreichung maßgeblichen Bauplanungs- und Bauordnungsrecht entsprechen.

64.4.1 Die Beteiligung der Gemeinde dient ausschließlich der Sicherung ihrer Planungshoheit. Die Gemeinde treffen keine Prüfpflichten. Sie ist daher weder verpflichtet, die Übereinstimmung mit dem Bebauungsplan noch die gesicherte Erschließung zu prüfen. Auch die „Freigabe“ des Bauvorhabens nach Absatz 3 Satz 3 stellt keine Bestätigung der materiellen Rechtmäßigkeit des Vorhabens dar.

64.4.2 Die Gemeinde kann frei entscheiden, ob sie die Durchführung des vereinfachten Genehmigungsverfahrens oder eine vorläufige Untersagung nach § 15 Abs. 1 S. 2 BauGB verlangt. Ein entsprechendes Verlangen kann insbesondere bei Zweifeln an der Plankonformität des Vorhabens sinnvoll sein oder zur Ermöglichung einer Bebauungsplanänderung aus Anlass eines konkreten

Vorhabens. Sind raumordnerische Vorranggebiete von dem Vorhaben betroffen, kann dies ebenfalls das Verlangen der Durchführung eines vereinfachten Genehmigungsverfahrens nahelegen.

64.5 Führt die Änderung und Nutzungsänderung von Dachgeschossen zu Wohnzwecken zu einer Einstufung in eine höhere Gebäudeklasse, können Anpassungen erforderlich werden. Deren Umfang ist in dem Brandschutznachweis abzubilden, da die Genehmigungsfreistellung nicht von den Anforderungen bezüglich der Erstellung und ggf. Prüfung bautechnischer Nachweise i. S. d. § 72 entbindet. Soweit eine Prüfung der Nachweise für Vorhaben nach § 64 erforderlich ist, kann die Bauherrschaft den Prüfauftrag nach § 2 Abs. 1 ThürPPVO selbst erteilen. Die bautechnischen Nachweise gehören nicht zu den einzureichenden Bauvorlagen, müssen aber bei Baubeginn einschließlich einer gegebenenfalls erforderlichen bauaufsichtlichen Prüfung vorliegen; dies kann von der Bauaufsichtsbehörde überprüft werden, da nach § 61 Abs. 1 die bauaufsichtlichen Aufgaben und Befugnisse unberührt bleiben.

Begründung zu § 64

Im Genehmigungsfreistellungsverfahren ist keine präventive Befassung der Bauaufsichtsbehörde mit dem Bauvorhaben vorgesehen, sondern allein eine Einschaltung der Gemeinde, die im Interesse insbesondere des Schutzes ihrer Planungshoheit das Bauvorhaben in ein Genehmigungsverfahren überleiten kann. Die Bauaufsichtsbehörde erhält durch die Übermittlung der Unterlagen lediglich Kenntnis von einer Bauabsicht, ohne dass sie tätig werden muss.

In Absatz 1 ist der gegenständliche Anwendungsbereich der Genehmigungsfreistellung festgelegt. Es handelt sich dabei um Gebäude und andere Anlagen, die üblicherweise ein geringeres Gefahrenpotential aufweisen und im Allgemeinen kaum über das Baurecht hinaus weitere Rechtsgebiete berühren.

Mit Satz 1 ist bestimmt, auf welche Anlagen das Verfahren anwendbar ist. In Nummer 1 ist die Anwendung auf Gebäude, Anlagen, die keine Gebäude sind und deren Nebenanlagen geregelt. Der Anwendungsbereich ist in Nummer 1 auf Nicht-Wohngebäude der Gebäudeklasse 3 ausgedehnt, da die Beurteilung und Einhaltung der bauordnungsrechtlichen Anforderungen an diese Gebäude in der Regel nicht komplizierter ist als bei Wohngebäuden gleicher Größe.

Durch Nummer 2 Buchst. a ist der Anwendungsbereich auf die Änderung und Nutzungsänderung von Dachgeschossen zu Wohnzwecken einschließlich der Errichtung von Dachgauben ausgedehnt, wenn sich das Gebäude im unbeplanten Innenbereich im Sinne des § 34 BauGB befindet. In Bereichen nach § 34 BauGB hat der Dachgeschossausbau in der Regel keine Auswirkungen auf das Tatbestandsmerkmal „Einfügen" hinsichtlich des Maßes baulicher Nutzung, da sich die Kubatur des Gebäudes nicht wesentlich verändert. Damit ist das Risiko, dass ohne Prüfung der bauplanungsrechtlichen Zulässigkeit des Dachgeschossausbaus städtebauliche Missstände verursacht oder verschärft werden, gering. Durch Nummer 2 Buchst. b ist der Anwendungsbereich auf die Errichtung und Änderung von nach § 35 Abs. 1 Nr. 6 Buchst. b BauGB im Außenbereich privilegierte Anlagen zur Nutzung solarer Strahlungsenergie erweitert. Darunter fallen auch nachgeführte Photovoltaik-Anlagen, die dem Sonnenstand folgen. Diese Anlagen können zwar Abstandsflächen auslösen, die jedoch unter Berücksichtigung der Schutzziele des § 6 außerhalb von Ortschaften nicht zum Tragen kommen. Eine spezielle Regelung oder Höhenbeschränkung ist daher nicht notwendig. Auch im Übrigen werden bauordnungsrechtliche Belange nicht berührt. Soweit die bauplanungsrechtliche Zulässigkeit von baulichen Anlagen der Nummer 2 aus Sicht der Gemeinde zweifelhaft ist, kann sie nach Absatz 2 Nr. 4 ohne weitere Begründung in das vereinfachte Genehmigungsverfahren überleiten. In der relativen Vielzahl der unproblematischen Fälle könnte die Bauherrschaft nach Absatz 3 dagegen einen Monat nach Einreichen vollständiger Unterlagen bei der Gemeinde mit der Ausführung seines Vorhabens beginnen.

Mit Nummer 3 ist der Umsetzung des Artikels 16 Abs. 6 der Richtlinie (EU) 2018/2001 gedient, wonach die Modernisierung und der Ersatz von bestehenden Anlagen zur Erzeugung von Strom aus erneuerbaren Energien, sogenanntes Repowering, durch ein vereinfachtes, zügiges Verfahren erleichtert werden soll. Die Genehmigungsfreistellung stellt ein entsprechendes Verfahren dar. Da es sich um den Ersatz bestehender Anlagen handelt, sind sie bauplanungsrechtlich in der Regel zulässig. Soweit das aus Sicht der Gemeinde im Einzelfall nicht gegeben ist, kann sie, wie bei den anderen Anlagen nach Satz 1, durch eine Umsteuerung in das vereinfachte Baugenehmigungsverfahren die Überprüfung der bauplanungsrechtlichen Zulässigkeit ermöglichen. Bauordnungsrechtlich sind in der Regel nur Fragen der Standsicherheit betroffen, die nach § 72 unabhängig von der Verfahrensart zu prüfen sind.

In Satz 2 sind für Anlagen nach Satz 1 Nr. 1 und 2 Ausnahmen vom Anwendungsbereich der Genehmigungsfreistellung enthalten. Ausgenommen sind nach Nummer 1 Sonderbauten, da diese nicht nur mit einem erhöhten Gefahrenpotential verbunden sind, sondern sich vor allem die materiellen Anforderungen in der Regel nicht unmittelbar aus einer gesetzlichen Regelung ergeben, sondern nach § 54 jeweils bezogen auf das konkrete Bauvorhaben bestimmt werden.

Nach Nummer 2 sind Anlagen ausgenommen, die einer Pflicht zur Durchführung einer Umweltverträglichkeitsprüfung oder einer Vorprüfung nach dem Gesetz über die Umweltverträglichkeitsprüfung (UVPG) in der Fassung vom 18. März 2021 (BGBl. I S. 540) oder dem Thüringer UVP-Gesetz vom 20. Juli 2007 (GVBl. S. 85) jeweils in der jeweils geltenden Fassung unterliegen, da für die Durchführung einer Umweltverträglichkeitsprüfung ein sogenanntes Trägerverfahren erforderlich ist. Für diese Anlagen kommt auch kein vereinfachtes Baugenehmigungsverfahren nach § 65 in Betracht, da sowohl die Vorprüfung der Pflicht zur Umweltverträglichkeitsprüfung als auch die Durchführung einer Umweltverträglichkeitsprüfung einen Zeitaufwand erfordert, der mit dem gewollten Beschleunigungszweck nicht vereinbar ist.

Mit Nummer 3 ist der Umsetzung der Richtlinie 2012/18/EU des Europäischen Parlaments und des Rates vom 4. Juli 2012 zur Beherrschung der Gefahren schwerer Unfälle mit gefährlichen Stoffen, zur Änderung und anschließenden Aufhebung der Richtlinie 96/82/EG des Rates (ABl. L 197 vom 24.7.2012, S. 1) in der jeweils geltenden Fassung gedient. Nach Artikel 13 Abs. 2 Buchst. a in Verbindung mit Abs. 1 Satz 2 Buchst. c der Richtlinie 2012/18/EU haben die Mitgliedstaaten dafür zu sorgen, dass zwischen den unter diese Richtlinie fallenden Betrieben einerseits und unter anderem Wohngebieten, öffentlich genutzten Gebäuden und Gebieten sowie Erholungsgebieten andererseits ein angemessener Sicherheitsabstand gewahrt bleibt, wenn diese Ansiedlungen oder Entwicklungen Ursache von schweren Unfällen sein oder das Risiko eines schweren Unfalls vergrößern oder die Folgen eines solchen Unfalls verschlimmern können. Bei der Beurteilung, ob derartige Risiken bestehen, kommt es nicht nur auf die von einem Betriebsbereich ausgehenden Gefahren an. Zu berücksichtigen sind auch vorhabenspezifische Faktoren, wie die Zunahme der Zahl der möglicherweise betroffenen Personen, Schutzmaßnahmen an der schutzwürdigen Bebauung oder die besondere Gefährdung oder Schutzbedürftigkeit der betroffenen Personen. Um diese Anforderungen zu berücksichtigen, ist sicherzustellen, dass für die unter die Richtlinie 2012/18/EU fallenden schutzbedürftigen Vorhaben ein Verwaltungsverfahren durchgeführt wird, in dem die Anforderungen nach der Richtlinie 2012/18/EU geprüft werden. Diese Vorhaben müssen daher aus dem Anwendungsbereich der Genehmigungsfreistellung herausgenommen werden.

Mit Buchstabe a ist der Umsetzung der Richtlinie 2012/18/EU für Wohngebiete gedient. Wohngebiete im Sinne dieser Richtlinie sind nicht ausschließlich im Sinne der Gebietskategorien nach der Baunutzungsverordnung zu verstehen. Vielmehr geht es um die Vorsorge, dass nicht durch eine Neuansiedlung einer größeren Zahl von Menschen die Folgen eines Unfalls im Betriebsbereich erheblich verschärft werden. Abstrakt lassen sich Wohngebiete im Sinne dieser Richtlinie daher dahin gehend definieren, dass es sich um Flächen handeln muss, die zumindest überwiegend dem Wohnen dienen oder die in einer Weise genutzt werden, die unter Gesichtspunkten des Störfallschutzes, ähnlich wie das Wohnen, eines besonderen Schutzes bedürfen. Daher soll die Errichtung einzelner Wohngebäude oder die Schaffung von Wohnraum durch Umbaumaßnahmen und Nutzungsänderungen dann erfasst werden, wenn sie eine einem Wohngebiet vergleichbare Nutzungsintensität aufweisen.

Für die Festlegung des Schwellenwerts von 5 000 m² Grundfläche war maßgeblich, dass in der Richtlinie 2012/18/EU als schutzbedürftige Nutzungen Wohngebiete, öffentlich genutzte Gebäude und Gebiete, Erholungsgebiete und Hauptverkehrswege aufgeführt sind. Dabei handelt es sich typischerweise um Vorhaben mit einer größeren Nutzungsintensität. Die größere Nutzungsintensität kann Auswirkungen auf den in Artikel 13 Abs. 1 Satz 2 Buchst. c der Richtlinie 2012/18/EU genannten

Schutzzweck haben, das Risiko eines schweren Unfalls zu vergrößern oder die Folgen eines solchen Unfalls zu verschlimmern.

Da in dieser Richtlinie kein absolutes Verschlechterungsverbot enthalten ist, erscheint eine zusätzliche Anwesenheit einer nicht zu kleinen Zahl von Personen als noch akzeptabel. Auch ist durch die Ansiedlung einzelner Personen in den meisten Fällen nicht mit einer signifikanten Gefahrerhöhung zu rechnen, da ein Schutz dieser Personen durch die vorhandenen Sicherungen des Katastrophenschutzes, wie Möglichkeiten der Warnung und beziehungsweise oder Evakuierung, möglich ist.

Ab einer Zahl von mehr als 100 Personen, die sich bei Verwirklichung eines Bauvorhabens zusätzlich im Gefahrenbereich eines Betriebes befinden, ist dagegen damit zu rechnen, dass nicht nur in Einzelfällen das Gefährdungspotential signifikant ansteigt und daher auch zusätzliche Überlegungen zur Warnung und Evakuierung der betroffenen Personen erforderlich sind.

Daher sollen für die bauordnungsrechtliche Beurteilung unter Wohngebieten im Sinne der Richtlinie 2012/18/EU Bauvorhaben verstanden werden, die der Errichtung von Wohnraum für mehr als 100 Personen dienen. Dabei sollen auch Baumaßnahmen erfasst werden, bei denen nicht nur Wohnraum, sondern zusätzlich auch Flächen für andere Nutzungen, beispielsweise Einzelhandel oder Büroflächen, geschaffen werden. Entscheidend ist hinsichtlich Buchstabe a aber nur die Größe der zusätzlichen Wohnfläche.

Maßgeblich ist das jeweilige Bauvorhaben, das im Einzelfall auch mehrere Gebäude umfassen kann, die gemeinsam Gegenstand eines einheitlichen bauaufsichtlichen Verfahrens sind. Eine Hinzurechnung weiterer in der Nachbarschaft möglicher Wohnbaumaßnahmen oder im zeitlichen Zusammenhang bereits durchgeführter Wohnungsbaumaßnahmen erfolgt nicht. Soweit derartige Entwicklungen aufgrund der in der Nachbarschaft vorhandenen unbebauten Flächen möglich sind, kann im Einzelfall nach § 1 Abs. 3 BauGB eine Steuerung durch die Aufstellung oder Änderung von Bebauungsplänen erforderlich sein.

Da weder für die Bauherrschaft noch für Bauaufsichtsbehörden ausreichend vorhersehbar ist, in welcher Intensität Wohnungen genutzt werden, soll nicht auf die vorgesehene Zahl von Bewohnerinnen und Bewohnern, sondern auf die Grundfläche der dem Wohnen dienenden Nutzungseinheiten abgestellt werden, die in der Regel ohnehin im Zusammenhang mit der Gebäudeplanung ermittelt wird. Werden einzelne Räume von Nutzungseinheiten auch anders genutzt, ist die auf die Nutzungseinheit entfallende Grundfläche gleichwohl vollständig zu berücksichtigen, wenn die Nutzungseinheit auch dem Wohnen dient.

Gewählt ist ein Wert von 5 000 m² Grundfläche, was einem Durchschnittswert von 50 m² Fläche je Person entspricht. Dabei wurde berücksichtigt, dass das Statistische Bundesamt für das Jahr 2020 eine durchschnittliche Wohnfläche von 47,4 m² je Person ermittelt hat. Im Jahr 1998 lag der Wert bei 39 m² Wohnfläche je Person. Für das Jahr 2025 wird für alle Bundesländer eine durchschnittliche Wohnfläche von etwa 52 m² je Person prognostiziert (empirica, Wohnflächennachfrage in Deutschland, Berlin 2005, zu finden auf der Internetseite des Empirica-Instituts, Stand am 12. Februar 2024). Die Auswirkungen des Zuzugs von Geflüchteten auf die Wohnungsgrößen lassen sich nicht hinreichend sicher prognostizieren, dürften die Geschwindigkeit der Wohnflächenzunahme möglicherweise aber lediglich verringern, nicht aber den Trend umkehren.

Mit Buchstabe b ist der Umsetzung der Richtlinie 2012/18/EU für öffentlich genutzte Gebäude gedient.

Der Begriff der baulichen Anlagen, die öffentlich zugänglich sind, entspricht dem Begriff in § 53 Abs. 2. Aus den zu Buchstabe a genannten Gründen ist als Schwellenwert, ab dem ein öffentlich zugängliches Gebäude im Hinblick auf die Anforderungen nach der Richtlinie 2012/18/EU zu prüfen ist, eine Zahl von mehr als 100 Besucherinnen und Besuchern gewählt. Entsprechend dem Ziel nach der Richtlinie, die Öffentlichkeit vor Gefahren zu schützen, ist nicht auf die insgesamt in einem Gebäude anwesenden Personen, sondern lediglich auf die Zahl der Besucherinnen und Besucher abzustellen. Bei Änderungen und Nutzungsänderungen bestehender Gebäude kommt es darauf an, ob die mögliche Zahl der Besucherinnen und Besucher um mindestens 100 Personen erhöht wird.

Eine Prüfung, ob auch bestimmte Sonderbauten zu berücksichtigen sind, ist entbehrlich, weil diese ohnehin nicht dem Genehmigungsfreistellungsverfahren unterliegen.

Voraussetzung für die Nichtanwendbarkeit der Genehmigungsfreistellung ist, dass das Bauvorhaben innerhalb eines Abstands um einen Betriebsbereich im Sinne des § 3 Abs. 5a BImSchG verwirklicht werden soll, bei dem eine erhöhte Gefährdung der Nutzerinnen und Nutzer nicht unwahrscheinlich ist. Für die Bemessung des Sicherheitsabstands spielen unter anderem die im Betriebsbereich verwendeten Stoffe, die Art des Umgangs mit diesen Stoffen, Schutzvorkehrungen des Betriebes, die Erreichbarkeit durch Rettungskräfte, Gegebenheiten der unmittelbaren Umgebung einschließlich typischerweise zu erwartender Wetterlagen und repräsentative Szenarien eines schweren Unfalls eine Rolle. Soweit keine näheren Kenntnisse beispielsweise aufgrund von Sicherheitsberichten der Betriebe oder in früheren Genehmigungsverfahren eingeholter Gutachten vorliegen, kann der Sicherheitsabstand in Anlehnung an Nummer 3.1 des Leitfadens „Empfehlungen für Abstände zwischen Betriebsbereichen nach der Störfall-Verordnung und schutzbedürftigen Gebieten im Rahmen der Bauleitplanung – Umsetzung § 50 BImSchG“ der Kommission für Anlagensicherheit beim Bundesministerium für Umwelt, Naturschutz und Reaktorsicherheit vom November 2010, 2. überarbeitete Fassung (zu finden auf der Internetseite der Kommission für Anlagensicherheit), ermittelt werden.

Der Sicherheitsabstand soll für alle Betriebsbereiche durch das Landesamt für Umwelt, Bergbau und Naturschutz ermittelt und im Internet bekannt gemacht werden. Ob die Bekanntgabe in Form einer Karte oder durch Bekanntgabe der Standorte der Betriebsbereiche und eines Umkreises um diese Betriebsbereiche oder in sonstiger Form erfolgt, ist nach Praktikabilitätsgesichtspunkten zu entscheiden.

Wird der Abstand eingehalten, kann in der Regel davon ausgegangen werden, dass durch die Ansiedlung der schutzbedürftigen Nutzung das Risiko eines schweren Unfalls weder vergrößert noch die Folgen eines solchen Unfalls verschlimmert werden.

Mit dem Abstand ist in vielen Fällen nur einer ersten Abschätzung des Gefährdungspotentials gedient und die Besonderheiten des jeweiligen Betriebsbereichs und seiner Umgebung können teilweise nicht umfassend berücksichtigt werden. Bei Berücksichtigung der konkreten Verhältnisse des Betriebsbereichs werden vielfach auch deutlich geringere Abstände möglich sein, die nach Artikel 13 Abs. 2 Buchst. a der Richtlinie 2012/18/EU als „angemessener Sicherheitsabstand" bezeichnet ist. Dieser Begriff wurde auch im Bundes-Immissionsschutzgesetz verwendet, sodass eine Übernahme in die Thüringer Bauordnung angezeigt war.

Zur Ermittlung des angemessenen Sicherheitsabstands sind in der Regel von der Bauherrschaft vorzulegende Gutachten erforderlich, soweit sich der Sicherheitsabstand nicht aus dem Sicherheitsbericht nach § 9 der Störfall-Verordnung (12. BImSchV) in der Fassung vom 15. März 2017 (BGBl. I S. 483) in der jeweils geltenden Fassung ergibt. Da diese Gutachten zu Zeitverlusten führen und erhebliche Kosten verursachen können, werden sie mitunter durch Gemeinden in Auftrag gegeben. Liegen derartige Gutachten vor, kann bei Einhaltung der sich daraus ergebenden Sicherheitsabstände ebenfalls davon ausgegangen werden, dass die Anforderungen nach der Richtlinie 2012/18/EU eingehalten sind. Eine Herausnahme der Bauvorhaben aus dem Anwendungsbereich der Genehmigungsfreistellung ist daher nicht erforderlich, wenn der angemessene Sicherheitsabstand eingehalten ist.

Wegen der besonderen Kenntnisse der Immissionsschutzbehörden sollen diese bei der Beurteilung einbezogen werden, ob der angemessene Sicherheitsabstand eingehalten ist. Bei der Mitteilung der Immissionsschutzbehörde handelt es sich nicht um einen isoliert anfechtbaren Verwaltungsakt, sondern um eine einfache Auskunft darüber, ob der Immissionsschutzbehörde aufgrund eigener Ermittlungen, vorgelegter Gutachten oder in sonstiger Weise Kenntnisse vorliegen, dass der angemessene Sicherheitsabstand eingehalten ist oder nicht. Die Mitteilung hat insoweit verfahrenssteuernde Wirkung, als sie dazu führen kann, dass das Genehmigungsfreistellungsverfahren weiter anwendbar ist.

Folge der Herausnahme der in Nummer 3 genannten Bauvorhaben aus dem Genehmigungsfreistellungsverfahren ist, dass diese Bauvorhaben dem vereinfachten Baugenehmigungsverfahren nach § 65 unterliegen, soweit im Übrigen die Voraussetzungen für dessen Anwendung erfüllt sind.

Mit Absatz 2 sind die Voraussetzungen bestimmt, unter denen die Bauvorhaben nach Absatz 1 Satz 1 genehmigungsfrei sind.

Nach Nummer 1 muss das Bauvorhaben im Geltungsbereich eines qualifizierten oder eines vorhabenbezogenen Bebauungsplans nach § 30 Abs. 1 oder nach den §§ 12 und 30 Abs. 2 BauGB liegen. Geprüft worden ist, den Anwendungsbereich der Genehmigungsfreistellung über den qualifiziert beplanten auf den nicht beplanten Innen- und den Außenbereich nach den §§ 34 und 35 BauGB auszuweiten unter der Voraussetzung, dass die bauplanungsrechtliche Zulässigkeit des Bauvorhabens durch Vorbescheid nach § 82 festgestellt worden ist. Davon wurde mit Rücksicht darauf Abstand genommen, dass die sachlich für die Genehmigungsfreistellung in Betracht kommenden Bauvorhaben im Falle ihrer Genehmigungsbedürftigkeit im vereinfachten Baugenehmigungsverfahren nach § 65 zu behandeln sind. Dessen Prüfprogramm beschränkt sich aber in der weitaus überwiegenden Zahl der Fälle gerade auf die Feststellung der planungsrechtlichen Zulässigkeit des Bauvorhabens, sodass ein sachlicher Vorteil auch für die Bauherrschaft nicht erkennbar ist.

Nach Nummer 2 darf das Bauvorhaben den Festsetzungen des Bebauungsplans nicht widersprechen, muss also ohne Ausnahmen nach § 31 Abs. 1 BauGB und Befreiungen nach § 31 Abs. 2 BauGB zulässig sein. Erwogen worden ist, in den Anwendungsbereich auch ausnahme- beziehungsweise befreiungsbedürftige Bauvorhaben einzubeziehen, sei es durch das Erfordernis eines vorab die bauplanungsrechtliche Zulässigkeit feststellenden Vorbescheids oder sei es durch eine ebenfalls vorab zu fordernde isolierte Ausnahme oder Befreiung von den Festsetzungen des Bebauungsplans. Auch dieser Ansatz ist mit Rücksicht auf das im Kern auf die planungsrechtliche Zulässigkeit beschränkte Prüfprogramm des vereinfachten Baugenehmigungsverfahrens nicht weiterverfolgt worden, neben dem solche Lösungen keinen nennenswerten praktischen Nutzen bringen würden.

Mit Nummer 3 ist, angelehnt an die tatbestandlichen Zulässigkeitsvoraussetzungen des § 30 Abs. 1 BauGB, gefordert, dass die bauplanungsrechtlich erforderliche Erschließung gesichert sein muss. Dazu ist es ausreichend, dass angenommen werden kann, dass die Erschließungsanlagen bis zur Nutzungsaufnahme im für eine gefahrlose Nutzung erforderlichen Umfang hergestellt und benutzbar sind.

Durch Nummer 4 ist die Voraussetzung bestimmt, dass die Gemeinde nicht innerhalb der Monatsfrist nach Absatz 3 Satz 2 erklärt haben darf, dass das vereinfachte Genehmigungsverfahren durchgeführt werden soll, oder eine vorläufige Untersagung nach § 15 Abs. 1 Satz 2 BauGB beantragt. Zwar würde die zweite Alternative für die Umsetzung der mit § 36 Abs. 1 Satz 3 BauGB in Zusammenhang stehenden bundesrechtlichen Vorgabe des § 15 Abs. 1 Satz 2 BauGB als Minimalschutz der gemeindlichen Planungshoheit ausreichen, die Gemeinde soll aber daneben und unabhängig davon die Möglichkeit haben, das Bauvorhaben in das vereinfachte Baugenehmigungsverfahren umzusteuern. So sind vielfältige Konstellationen denkbar, in denen es sinnvoll ist, zwischen der Gemeinde und der Bauherrschaft auftretende Meinungsverschiedenheiten im Wege der Durchführung des vereinfachten Baugenehmigungsverfahrens zu entscheiden, etwa bei unterschiedlicher Beurteilung der Plankonformität des Vorhabens, zumal dann, wenn eine kleinere und leistungsschwächere Gemeinde schwierigere planungsrechtliche Fragen nicht rechtssicher beurteilen kann.

Mit Absatz 3 sind Verfahrensfragen der Genehmigungsfreistellung geregelt.

Mit Satz 1 ist die Einreichung der erforderlichen Unterlagen bei der Gemeinde vorgeschrieben, soweit die Unterlagen nicht elektronisch bei der Bauaufsichtsbehörde eingereicht werden. Welche Unterlagen erforderlich sind, ergibt sich aus der Thüringer Bauvorlagenverordnung. Grundsätzlich sollen die Unterlagen elektronisch bei der Bauaufsichtsbehörde eingereicht werden. Soweit das nicht der Fall ist, sind die Unterlagen die der Gemeinde einzureichen, die eine Fertigung der Unterlagen unverzüglich der Bauaufsichtsbehörde, sofern sie dies nicht selbst ist, vorzulegen hat. Die Bauaufsichtsbehörde entscheidet eigenständig, wie sie mit diesen Unterlagen umgeht. Eine Verpflichtung zur Überprüfung der Unterlagen auf Vollständigkeit oder inhaltliche Richtigkeit besteht nicht. Entbehrlich ist eine gesonderte Regelung einer Einschreitensfrist, weil deren Ablauf beim Anzeigeverfahren für die Bauherrschaft auch keinen Vertrauensschutz schaffen würde.

Mit Satz 2 ist die mit dem Eingang der vollständigen erforderlichen Unterlagen bei der Gemeinde beginnende Monatsfrist festgelegt, nach deren Ablauf die Bauherrschaft unter diesem Aspekt formell legal mit der Bauausführung beginnen kann. Die Gemeinde kann diese Frist dadurch abkürzen und der Bauherrschaft einen früheren Baubeginn ermöglichen, indem sie ihr nach Satz 3 vor Fristablauf schriftlich mitteilt, dass sie von den Möglichkeiten nach Absatz 2 Nr. 4 keinen Gebrauch machen wird.

Die Einbindung der Gemeinde in die Genehmigungsfreistellung soll unter anderem die Anstoßwirkung sichern, die ein Bauvorhaben für etwaige planerische Absichten der Gemeinde haben kann. Diesen Anstoß kann das Instrument nach Satz 1 nur zu dem jeweiligen Zeitpunkt, also gleichsam nur punktuell geben.

Mit der Festlegung in Satz 4 sind der Genehmigungsfreistellung unterfallende Bauvorhaben insoweit den genehmigungsbedürftigen gleichgestellt, als entsprechend § 79 Abs. 1 das Recht zur Bauausführung erlischt, wenn nicht innerhalb von drei Jahren nach dem möglichen Baubeginn der Bau begonnen oder die Bauausführung mehr als drei Jahre unterbrochen ist.

Da in der Genehmigungsfreistellung keinerlei Prüfung der materiell-rechtlichen Zulässigkeit erfolgt, trägt die Bauherrschaft die alleinige Verantwortung für die Einhaltung aller Anforderungen. Allerdings wäre es nicht sachgerecht, der Bauherrschaft dem Risiko auszusetzen, dass sich zwischen möglichem Baubeginn und Fertigstellung Anforderungen des Bauplanungs- und beziehungsweise oder Bauordnungsrechts ändern. Durch die Genehmigungsfreistellung soll lediglich auf eine präventive Prüfung des materiellen Rechts verzichtet werden, im Übrigen aber keine

Besser- oder Schlechterstellung der Bauherrschaft erfolgen. Daher kann ein Bauvorhaben für die Dauer der Gültigkeit der Bauanzeige entsprechend der zum Zeitpunkt der Einreichung der Bauvorlagen geltenden Rechtslage durchgeführt werden. Aus der Formulierung in Satz 5 „Das Recht zur Ausführung ... erlischt..." ergibt sich auch, dass keine wie auch immer geartete fiktive Genehmigung zu erteilen ist. War das angezeigte Bauvorhaben materiell unzulässig, hat nie ein Recht zur Ausführung des Bauvorhabens bestanden, das erlöschen könnte.

Hinsichtlich der Bestandskraft gegenüber einer Änderung des Bebauungsplans wurde auch der Gedanke nach § 14 Abs. 3 BauGB aufgegriffen, wonach eine Veränderungssperre Bauvorhaben nicht berührt, von denen die Gemeinde nach Maßgabe des Bauordnungsrechts Kenntnis erlangt hat und mit deren Ausführung vor dem Inkrafttreten der Veränderungssperre hätte begonnen werden dürfen. Nach dieser Regelung soll eine Änderung der für das Bauvorhaben maßgeblichen bauplanungsrechtlichen Grundlagen das Recht zur Ausführung entsprechend der bisherigen Rechtslage nicht berühren.

Da das Recht zur Bauausführung nach drei Jahren erlischt, ist das Verfahren erneut durchzuführen, wenn die Bauherrschaft das Bauvorhaben weiter durchführen will. Die Gemeinde hat dann die Gelegenheit, ihre Haltung zu einem nach wie vor plankonformen Bauvorhaben zu überdenken.

In Absatz 4 sind nähere Regelungen über die gemeindliche Erklärung nach Absatz 2 Nr. 4 1. Alternative und deren Wirkungen enthalten. In Satz 1 ist bewusst keine abschließende Aufzählung derjenigen Gründe enthalten, welche die Gemeinde dazu veranlassen könnte beziehungsweise dürfte zu erklären, dass das vereinfachte Baugenehmigungsverfahren durchgeführt werden soll. Damit soll zum einen der Eindruck vermieden werden, der Gemeinde würden durch die Einräumung der Erklärungsmöglichkeit bestimmte Prüfpflichten auferlegt, die ihr auch gegenüber der Bauherrschaft mit entsprechenden Konsequenzen, wie Feststellungswirkung oder Amtshaftung, obliegen könnten. Zum anderen ist dadurch verdeutlicht, dass die gemeindliche Erklärung, dass das vereinfachte Baugenehmigungsverfahren durchgeführt werden soll, stets zur Genehmigungsbedürftigkeit des Bauvorhabens führt und, unter den Voraussetzungen nach Satz 4, unabhängig von dem Grund der Differenzen zwischen Bauherrschaft und Gemeinde in diesem Verfahren eine schnelle Konfliktlösung erfolgen kann.

Mit Satz 2 ist unterstrichen, dass die Genehmigungsfreistellung kein Baugenehmigungsverfahren ist und keine genehmigungsartige Funktion erfüllt, indem klargestellt ist, dass auf ein Unterlassen der gemeindlichen Erklärung kein Rechtsanspruch der Bauherrschaft besteht.

In den Sätzen 3 und 4 sind die Rechtsfolgen der Abgabe der gemeindlichen Erklärung geregelt, dass das vereinfachte Baugenehmigungsverfahren durchgeführt werden soll. Diese Erklärung führt stets zur Genehmigungsbedürftigkeit des Bauvorhabens.

Im Falle des Satzes 3 hat die Gemeinde der Bauherrschaft die vorgelegten Unterlagen zurückzureichen, da dann mangels Bauantrags kein Baugenehmigungsverfahren anhängig ist. Hat die Bauherrschaft bei der Vorlage der Unterlagen bestimmt, dass ihre Vorlage im Fall der Erklärung nach Absatz 2 Nr. 4 als Bauantrag zu behandeln ist, ist die Genehmigungsfreistellung als Baugenehmigungsverfahren fortzusetzen, das mit der Weitergabe der Unterlagen an die Bauaufsichtsbehörde nach Satz 4 bei dieser anhängig ist. Da im elektronischen Genehmigungsverfahren die Unterlagen auch bei der Bauaufsichtsbehörde eingehen, hat die Gemeinde die Bauaufsichtsbehörde über die eventuelle Abgabe der Erklärung nach Absatz 2 Nr. 4 1. Alternative und gegebenenfalls über die Erklärung der Bauherrschaft, dass die Einreichung der Unterlagen in diesem Fall als Bauantrag behandelt werden soll, zu informieren.

Mit Absatz 5 Satz 1 ist klargestellt, dass die Genehmigungsfreistellung nicht von den durch § 72 begründeten Anforderungen bezüglich der Erstellung und gegebenenfalls Prüfung der bautechnischen Nachweise entbindet. Nach Satz 2 sind die Bestimmungen über die vollständige Einreichung der Bauvorlagen, deren Unterzeichnung und den Baubeginn sowie die Beteiligung der einheitlichen Stelle bei Anlage, die in den Anwendungsbereich der Richtlinie (EU) 2018/2001 fallen, für entsprechend anwendbar erklärt.

Dritter Abschnitt
Genehmigungsverfahren

§ 65
Vereinfachtes Baugenehmigungsverfahren

(1) [1]Das vereinfachte Baugenehmigungsverfahren wird durchgeführt bei
1. Gebäuden der Gebäudeklassen 1 bis 3,
2. Antennen einschließlich der Masten zur Telekommunikationsversorgung,
3. sonstigen Anlagen, die keine Gebäude sind, und
4. Nebengebäuden und Nebenanlagen zu Vorhaben nach den Nummern 1 bis 3,
ausgenommen Sonderbauten und Anlagen, die einer Pflicht zur Durchführung einer Umweltverträglichkeitsprüfung oder einer Vorprüfung nach dem Gesetz über die Umweltverträglichkeitsprüfung oder dem Thüringer UVP-Gesetz unterliegen. [2]Im vereinfachten Baugenehmigungsverfahren prüft die Bauaufsichtsbehörde
1. die Übereinstimmung mit den Bestimmungen über die Zulässigkeit der baulichen Anlagen nach den §§ 29 bis 38 BauGB,
2. beantragte Abweichungen im Sinne des § 73 Abs. 1 und 2 Satz 2 sowie
3. andere öffentlich-rechtliche Anforderungen, soweit wegen der Baugenehmigung eine Entscheidung nach anderen öffentlich-rechtlichen Vorschriften entfällt oder ersetzt wird.
[3]§ 72 bleibt unberührt.

(2) [1]Über den Bauantrag ist innerhalb von drei Monaten nach Vorlage der vollständigen Antragsunterlagen zu entscheiden; die Bauaufsichtsbehörde kann diese Frist gegenüber der Antragstellerin oder dem Antragsteller aus wichtigem Grund um bis zu zwei Monate verlängern. [2]Der Antrag gilt als genehmigt, wenn über ihn nicht innerhalb der nach Satz 1 maßgeblichen Frist entschieden worden ist.

(3) [1]Absatz 1 gilt auch für Anlagen, die in den Anwendungsbereich der Richtlinie (EU) 2018/2001 fallen. [2]Bei diesen Anlagen ist über den Bauantrag innerhalb eines Jahres nach Vollständigkeit der Antragsunterlagen zu entscheiden; die Bauaufsichtsbehörde kann diese Frist gegenüber der Antragstellerin oder dem Antragsteller aus wichtigem Grund um bis zu einem Jahr verlängern. [3]Der Antrag gilt als genehmigt, wenn über ihn nicht innerhalb der nach Satz 2 maßgeblichen Frist entschieden worden ist.

Nr. 65 VollzBekThürBO

Der Anwendungsbereich des vereinfachten Baugenehmigungsverfahrens umfasst weitgehend die gleichen Bauvorhaben wie § 64 Abs. 1 Nr. 1, soweit sie außerhalb eines Bebauungsplangebiets errichtet werden sollen oder einer Ausnahme oder Befreiung nach § 31 BauGB bedürfen oder soweit die Gemeinde die Durchführung dieses Verfahrens verlangt hat. Zusätzlich fallen Vorhaben darunter, für die wegen der Nähe zu Störfallbetrieben die Genehmigungsfreistellung nach § 65 Abs. 1 Satz 2 ausgeschlossen ist, sowie Antennen einschließlich der Masten zur Telekommunikationsversorgung.

Wird das vereinfachte Baugenehmigungsverfahren wegen einer Erklärung der Gemeinde nach § 64 Abs. 2 Nr. 4 erforderlich, ist auch die Gemeinde zu beteiligen. Die Gemeinde kann aber zusammen mit ihrer Erklärung auch eine Stellungnahme zum Bauvorhaben abgeben und nach § 75 Abs. 1 S. 2 auf eine erneute Beteiligung verzichten.

65.1.1 Bei der bauplanungsrechtlichen Zulässigkeit sind im unbeplanten Innenbereich i. S. d. § 34 BauGB insbesondere bei Gemengelagen u. a. Immissionsschutzbelange zu prüfen, soweit sie im Hinblick auf die Beurteilung der Zulässigkeit nach der Art der Nutzung oder die Beachtung des bauplanungsrechtlichen Rücksichtnahmegebots eine Rolle spielen. Bei der Frage, ob sich ein Vorhaben im Hinblick auf die Grundstücksfläche einfügt, die überbaut werden soll, ist auch der Standort des Gebäudes zu beurteilen. Fügt sich das Vorhaben an einem Standort an der Grundstücksgrenze oder in der Nähe der Grundstücksgrenze ein, wird damit indirekt auch die Entbehrlichkeit von Abstandsflächen oder die Zulässigkeit geringerer Abstandsflächen nach § 6 Abs. 1 bestätigt.

Eine Baugenehmigung zur Errichtung einer baulichen Anlage ergeht im Hinblick auf die naturschutzrechtlichen Belange, insbesondere des Artenschutzes, im Benehmen mit der unteren Naturschutzbehörde. Äußert sich die Naturschutzbehörde nicht innerhalb eines Monats, kann die Baugenehmigungsbehörde nach § 18 Abs. 3 Satz 2 BNatSchG davon ausgehen, dass Belange des Naturschutzes und der Landschaftspflege von dem Vorhaben nicht berührt werden.

65.1.2 Das Benehmen mit der Naturschutzbehörde ist nach § 18 Abs. 3 Satz 3 BNatSchG nicht erforderlich bei Vorhaben in Gebieten mit Bebauungsplänen und während der Planaufstellung nach §§ 30 und 33 BauGB sowie in Gebieten mit Satzungen nach § 34 Abs. 4 Satz 1 Nr. 3 BauGB. Bei diesen Vorhaben sind die Vorschriften der §§ 14 bis 17 BNatSchG gemäß § 18 Abs. 2 BNatSchG nicht anzuwenden, naturschutzrechtlich erforderliche Kompensationsmaßnahmen richten sich gemäß § 18 Abs. 1 BNatSchG nach den Festsetzungen des Bebauungsplans bzw. der Satzung.

65.1.3 Im Außenbereich i. S. d. § 35 BauGB sind als Voraussetzung der bauplanungsrechtlichen Zulässigkeit insbesondere die in § 35 Abs. 3 BauGB genannten Belange zu prüfen. Dies umfasst nach dem Urteil des BVerwG v. 27.06.2013, 4 C 1/12, auch die naturschutzrechtliche Zulässigkeit des Vorhabens (einschließlich Artenschutz).

Entscheidungen über Vorhaben nach § 35 Abs. 1 und 4 BauGB ergehen nach § 18 Abs. 3 BNatSchG im Benehmen mit der unteren Naturschutzbehörde. Bei Vorhaben nach § 35 Abs. 2 BauGB ist das Einvernehmen der Naturschutzbehörde erforderlich (§ 18 Abs. 2 Satz 2, § 17 Abs. 1 BNatSchG i. V. m. § 9 Abs. 1 Satz 1 ThürNatG). Da die Eingriffsregelung nach §§ 14, 15 BNatSchG sachlich umfassend darauf zielt, dass erhebliche Beeinträchtigungen des Naturhaushalts (§ 7 Abs. 1 Nr. 2 BNatSchG: „die Naturgüter Boden, Wasser, Luft, Klima, Tiere und Pflanzen sowie das Wirkungsgefüge zwischen ihnen") oder des Landschaftsbildes vermieden oder kompensiert werden (§ 15 Abs. 1 und 2 BNatSchG), kann die Eingriffsgenehmigung nur erfolgen, wenn vorab von der Naturschutzbehörde eine formal selbständige naturschutzrechtliche Ausnahme oder Befreiung nach den Bestimmungen des Arten-, Biotop-, Landschafts- bzw. Gebietsschutzes geprüft wurden und eine Erteilung möglich ist.

65.1.4 Regelungen der Thüringer Bauordnung oder aufgrund der Thüringer Bauordnung werden unbeschadet des § 72 nicht geprüft. Etwas anderes gilt bei beantragten Abweichungen nach § 73. In diesem Fall kann auch eine weitergehende bauordnungsrechtliche Prüfung erforderlich sein, um die Voraussetzungen der Erteilung einer Abweichung zu prüfen oder das Erfordernis einer Kompensation durch andere Maßnahmen zu beurteilen.

65.1.5 Es wird – vorbehaltlich der für die Beurteilung der bauplanungsrechtlichen Zulässigkeit maßgeblichen Belange – nur das Fachrecht geprüft, das zwar ein eigenes Genehmigungsverfahren vorsieht, das aber wiederum durch eine Baugenehmigung ersetzt wird (sog. „aufgedrängtes" Fachrecht). Hierunter fallen derzeit die Genehmigung nach § 173 BauGB, die naturschutzrechtliche Eingriffsregelung (§ 17 BNatSchG), die denkmalschutzrechtliche Erlaubnis (§ 12 ThürDSchG), bestimmte wasserrechtliche (§ 36 WHG i. V. m. § 28 ThürWG, § 78a Abs. 2 WHG i. V. m. § 54 ThürWG, § 78 Abs. 5 WHG) und straßenrechtliche Entscheidungen (§§ 9 Abs. 2 FStrG, 24 Abs. 2 ThürStrG), die Zustimmung nach § 12 LuftVG, die Entscheidung über das Bauen in Waldnähe (§ 26 Abs. 5 ThürWaldG). Bei den Entscheidungen nach § 145 BauGB sowie bei § 108 Abs. 1 BBergG handelt es sich nicht um aufgedrängtes Recht in diesem Sinn.

65.1.6 Der Katalog der nach § 65 Abs. 1 Satz 2 zu prüfenden Bereiche ist abschließend. Die Baugenehmigung hat daher infolge des eingeschränkten Prüfungsprogramms nur eine beschränkte Feststellungswirkung. Die Bauaufsichtsbehörde ist nicht befugt, das Prüfungsprogramm und damit die gesetzlichen Voraussetzungen für die zu erteilende Baugenehmigung zu erweitern. Erkennt die Bauaufsichtsbehörde Mängel außerhalb des von ihr zu prüfenden Bereichs oder erhält sie davon Kenntnis (z. B. aufgrund von Nachbarbeschwerden oder aufgrund entsprechender Hinweise der Gemeinde), kann sie die Bauherrschaft darauf hinweisen.

65.1.7 Stellt die Bauaufsichtsbehörde Verstöße gegen nicht zu prüfendes Recht fest, kann sie den Bauantrag nach § 78 wegen des Verstoßes gegen sonstiges öffentliches Recht oder eine Entscheidung überhaupt wegen fehlenden Sachbescheidungsinteresses ablehnen (an einer Genehmigung für ein Vorhaben, dessen Verwirklichung durch eine Baueinstellung verhindert oder dessen Beseitigung verlangt werden kann, besteht kein Sachbescheidungsinteresse, OVG Rheinland-Pfalz, 18.11.1991, 8 B 11955/91). Wird die Baugenehmigung trotz der erkannten Mängel erteilt, sollten die für den entsprechenden Belang zuständigen Fachbehörden von der Genehmigung informiert werden. Nebenbestimmungen hinsichtlich der nicht zu prüfenden Bereiche sind dagegen nicht möglich.

65.1.8 Die bautechnischen Nachweise müssen nicht mit dem Bauantrag eingereicht werden. Sie müssen auch noch nicht zum Zeitpunkt der Entscheidung über den Bauantrag vorliegen. Da insbesondere der Brandschutznachweis und dessen Prüfung zu einer Änderung des Bauvorhabens und damit auch der Baugenehmigung führen können, ist eine Vorlage zusammen mit den Bauvorlagen dringend zu empfehlen.

Soweit die bautechnischen Nachweise noch nicht erstellt sind, können die in den Bauantragsformularen vorgesehenen Erklärungen der Nachweisberechtigten auch noch nicht abgegeben werden.

65.1.9 In der Baugenehmigung sollte auf die ggf. erforderliche Prüfung der Nachweise vor Baubeginn und die Regelungen der § 78 Abs. 6, § 89 Abs. 2 hingewiesen werden.

65.2.1 Eine Überschreitung der Fristen führt zu einer fiktiven Baugenehmigung gemäß dem Inhalt des Bauantrags. Die Fiktionswirkung gilt nur für die Anforderungen, die nach Absatz 1 Satz 2 zum Prüfumfang gehören. Die Frist beginnt mit Vollständigkeit des Bauantrags bzw. der Behebung erheblicher Mängel i. S. d. § 75 Abs. 2. Auf den Eintritt der Fiktionswirkung kann durch einen Antrag auf Aussetzung des Verfahrens verzichtet werden (VGH Hessen, 13.08.2007 – 3 UZ 522/07 und VG Gießen, 05.02.2007, 1 E 3865/06). Reicht die Bauherrschaft Unterlagen auf Anforderung oder geänderte bzw. ergänzte Bauvorlagen ohne Anforderung nach, so beginnt die Frist mit dem Posteingang der Nachreichungen.

65.2.2 Die Baugenehmigung oder die Verlängerung der Entscheidungsfrist müssen der Bauherrschaft oder der von ihr beauftragten Person innerhalb der Frist zugegangen sein; andernfalls tritt die Fiktion der Baugenehmigung ein. Es genügt nicht, dass die Entscheidung innerhalb der Frist von der Bauaufsichtsbehörde abgesandt worden ist. Der Zwischenbescheid, mit dem die Verlängerung erfolgt, ist eine nach § 44a VwGO nicht isoliert anfechtbare Verfahrenshandlung (OVG Niedersachsen, 25.01.1993, 1 L 85/90 zur Fristverlängerung nach § 19 Abs. 3 BauGB a. F.). Eine fiktive Baugenehmigung hat die gleiche Rechtswirkung wie eine tatsächlich erteilte Baugenehmigung.

65.2.3 Ein wichtiger Grund zur Verlängerung der Entscheidungsfrist kann insbesondere dann vorliegen, wenn das Einvernehmen anderer Stellen erforderlich ist und die diesen Stellen eingeräumte Frist (einschließlich erforderlicher Postlaufzeiten) die Bearbeitungsfrist fast vollständig ausschöpft oder überschreitet. Ein wichtiger Grund kann aber auch bestehen, wenn z. B. eine erforderliche Baulasterklärung nicht rechtzeitig vorgelegt werden kann. Liegt ein wichtiger Grund tatsächlich nicht vor, hat die Fristverlängerung keine Wirkung.

65.2.4 Die Frist kann auch mehrfach verlängert werden, jedoch nicht über den gesetzlich bestimmten Gesamtzeitraum von zwei Monaten hinaus. Kann die Genehmigungsfähigkeit nicht rechtzeitig festgestellt werden, ist der Antrag abzulehnen.

Begründung zu § 65

In Absatz 1 sind die dem vereinfachten Baugenehmigungsverfahren unterliegenden Bauvorhaben und das in diesem Verfahren von der Bauaufsichtsbehörde abzuarbeitende Prüfprogramm geregelt.

Nach Satz 1 sollen dem vereinfachten Baugenehmigungsverfahren im Wesentlichen die gleichen Bauvorhaben unterliegen, für die auch die Durchführung des Genehmigungsfreistellungsverfahrens nach § 64 in Betracht kommen, da für sie bauordnungsrechtlich die gleichen Anforderungen gelten. Im Unterschied zu diesen Vorhaben sollen die Vorhaben nach § 65 aber außerhalb eines Bebauungsplangebiets oder abweichend von den Festsetzungen des Bebauungsplans durchgeführt werden. Daher sind die Anforderungen zu prüfen, die bei einer Lage im Bebauungsplangebiet im Bebauungsplanverfahren geprüft und entschieden wurden. Zusätzlich ist für Antennen einschließlich der Masten zur Telekommunikationsversorgung das vereinfachte Baugenehmigungsverfahren anwendbar, da bei ihnen in der Regel nicht mit besonderen bauaufsichtlichen Problemen zu rechnen ist, die die Behandlung im Baugenehmigungsverfahren nach § 66 erfordern.

Bauordnungsrecht ist unbeschadet des § 72 im vereinfachten Baugenehmigungsverfahren nicht zu prüfen.

Zu prüfen ist daher nach Satz 2 Nr. 1 zunächst nur die Übereinstimmung mit den bauplanungsrechtlichen Zulässigkeitsbestimmungen der §§ 29 bis 38 BauGB. Abweichungen von sonstigem materiellen Bauplanungsrecht, beispielsweise das Erfordernis einer Ausnahme von einer Veränderungssperre nach § 14 Abs. 2 BauGB, sind, sofern kein eigenständiges Gestattungsverfahren vorgesehen ist, wie etwa in

§ 144 BauGB, nach § 73 Abs. 2 zu behandeln. Im Rahmen der Prüfung der bauplanungsrechtlichen Zulässigkeit sind die Belange zu überprüfen, die, soweit kein Bebauungsplan vorliegt, Auswirkungen auf das Einfügen eines Bauvorhabens im Sinne des § 34 BauGB beziehungsweise das Berührtsein öffentlicher Belange im Sinne des § 35 Abs. 3 BauGB haben. Im unbeplanten Innenbereich betrifft dies insbesondere die unter dem Gebot der Rücksichtnahme zu beachtenden immissionsschutzrechtlichen Bestimmungen sowie die Fragen der gesicherten Erschließung. Im Außenbereich spielen zusätzlich insbesondere Fragen des Naturschutzes und der Landschaftspflege, des Wasserrechts und die Ziele der Raumordnung eine Rolle.

Mit Nummer 2 sind die nach § 73 Abs. 1 und 2 Satz 2 beantragten Abweichungen in das Prüfprogramm einzubeziehen. Damit ist klargestellt, dass über solche Abweichungen, trotz des beschränkten Prüfumfangs, auch zugleich im vereinfachten Baugenehmigungsverfahren mitentschieden werden kann; davon bleibt aber die Beschränkung des Prüfprogramms grundsätzlich mit der Folge unberührt, dass es Sache der Bauherrschaft ist, diese Abweichungen im vereinfachten Baugenehmigungsverfahren ausdrücklich zur Prüfung zu stellen, und nicht etwa die Bauaufsichtsbehörde das Bauvorhaben auf Abweichungen von nicht zum Prüfprogramm gehörigen Vorschriften zu untersuchen hat.

Mit Nummer 3 sind in das Prüfprogramm andere, nicht von den Nummern 1 und 2 erfasste, öffentlich-rechtliche Anforderungen einbezogen, soweit wegen der Baugenehmigung eine Entscheidung nach anderen öffentlich-rechtlichen Vorschriften entfällt oder ersetzt wird. Öffentlich-rechtliche Anforderungen, die nicht dem spezifischen Baurecht, also dem Bauplanungs- und Bauordnungsrecht, angehören, sollen im Baugenehmigungsverfahren nur geprüft werden, wenn das jeweilige Fachrecht eine Präventivkontrolle vorsieht und entscheidet, dass diese Präventivkontrolle, soweit ein Baugenehmigungsverfahren durchgeführt wird, im Baugenehmigungsverfahren erfolgen soll. Damit soll das sachnähere Fachrecht darüber entscheiden, ob und in welchem Verfahrensregime seine jeweiligen materiellen Anforderungen einer der Bauausführung vorausgehenden Überprüfung unterzogen werden sollen. Damit trägt das Fachrecht auch die rechtspolitische Verantwortung dafür, ob und in welchem Umfang das bauordnungsrechtliche Genehmigungsverfahren mit der Prüfung von Fachrecht angereichert wird, und dafür, in welchem Maße fachrechtliche Anlagenzulassungsverfahren mit baurechtlichen Genehmigungsverfahren verknüpft und koordiniert werden.

Tritt das fachrechtliche Verfahren bei Baugenehmigungsbedürftigkeit des Vorhabens zurück und weist das Fachrecht seine Prüfung dem Baugenehmigungsverfahren zu, ist in einem Verfahren sowohl über baurechtliche als auch fachrechtliche Fragen zu entscheiden. Zu den anderen öffentlich-rechtlichen Anforderungen, bei denen eine eigenständige Entscheidung wegen der Baugenehmigung entfällt oder ersetzt wird, gehören insbesondere die naturschutzrechtliche Eingriffsregelung nach § 17 BNatSchG in Verbindung mit §§ 6 und 7 ThürNatSchG, Belange des Denkmalschutzes nach § 12 ThürDSchG, die Genehmigung von Anlagen in, an, über und unter oberirdischen Gewässern nach § 36 des Wasserhaushaltsgesetzes vom 31. Juli 2009 (BGBl I S. 2585) in Verbindung mit § 28 des Thüringer Wassergesetzes vom 25. Mai 2019 (GVBl. S. 74), straßenrechtliche Entscheidungen nach § 9 Abs. 2 des Bundesfernstraßengesetzes in der Fassung vom 28. Juni 2007 (BGBl. I S. 1206) und § 24 Abs. 2 des Thüringer Straßengesetzes vom 7. Mai 1993 (GVBl. S. 273) und die Genehmigung für das Bauen in Waldnähe nach § 26 Abs. 5 des Thüringer Waldgesetzes in der Fassung vom 18. September 2008 (GVBl. S. 327) jeweils in der jeweils geltenden Fassung.

Sind fachrechtliches und baurechtliches Genehmigungsverfahren nicht koordiniert, sogenanntes paralleles Anlagengenehmigungsverfahren, erfolgt die Prüfung des Fachrechts ausschließlich im fachrechtlichen, nicht im bauordnungsrechtlichen Genehmigungsverfahren. Bauaufsichtliche Prüfung und Entscheidung erfolgen eigenständig mit der Folge, dass eine Baugenehmigung auch dann erteilt werden kann, wenn das Vorhaben aus fachrechtlichen Gründen nicht ausgeführt werden kann. Um dieses auch für die Bauaufsichtsbehörden teilweise unbefriedigende Ergebnis zu vermeiden, ist nach § 78 Abs. 1 Satz 1 Halbsatz 2 die Ablehnung des Bauantrags wegen Verstoßes auch gegen solche öffentlich-rechtlichen Vorschriften erlaubt, die nicht zum Prüfumfang des Baugenehmigungsverfahrens gehören. Unberührt bleibt auch die Befugnis der Bauaufsichtsbehörde, eine Baugenehmigung, auch im vereinfachten Baugenehmigungsverfahren, im Ermessenswege mangels Sachbescheidungsinteresses jedenfalls dann zu versagen, wenn eine erforderliche fachrechtliche Parallelgenehmigung unanfechtbar versagt worden ist oder offenkundig nicht erteilt werden kann.

In Satz 3, wonach § 72 unberührt bleibt, ist eine über eine bloße Klarstellung hinausgehende zusätzliche Regelung des bauaufsichtlichen Prüfprogramms hinsichtlich der Standsicherheit und des Brandschutzes, sei es durch die Bauaufsichtsbehörde selbst oder sei es durch eine Prüfingenieurin oder einen Prüfingenieur als beliehene Unternehmerin oder beliehener Unternehmer, enthalten. In diesen Fällen ist das Prüfprogramm um die jeweils der bauaufsichtlichen Prüfung unterworfenen Gegenstände erweitert.

Mit Absatz 2 ist bestimmt, dass über die, dem vereinfachten Baugenehmigungsverfahren unterliegenden Bauanträge grundsätzlich innerhalb von drei Monaten entschieden werden muss. Bei einer Überschreitung der Frist gilt der Bauantrag als genehmigt. Allerdings kann nicht ausgeschlossen werden, dass insbesondere bei der Einbeziehung von Fachbehörden objektive Gründe eine fristgemäße Entscheidung nicht zulassen. Daher muss eine Verlängerung aus wichtigem Grund möglich sein. Entsprechend der Rechtsprechung und Literatur zu vergleichbaren Regelungen, beispielsweise § 4 BauGB, liegt ein wichtiger Grund nur bei besonderen Schwierigkeiten des konkreten Bauvorhabens vor. Eine allgemeine Arbeitsüberlastung, auch in Ferienzeiten, stellt dagegen keinen schwierigen Grund dar. Von der Verlängerung ist die Antragstellerin oder der Antragsteller zu informieren.

Durch Absatz 3 Satz 1 ist das vereinfachte Baugenehmigungsverfahren auch für Anlagen nach der Richtlinie (EU) 2018/2001 möglich, die Sonderbauten sind. Das betrifft vorrangig Windenergieanlagen mit einer Höhe von mehr als 30 m. Mit den Sätzen 2 und 3 ist der Umsetzung des Artikels 16 Abs. 5 und 6 der Richtlinie (EU) 2018/2001 gedient, wonach das Genehmigungsverfahren für die dort genannten Anlagen nicht länger als ein Jahr dauern darf. Nur in besonderen Fällen ist eine Verlängerung auf zwei Jahre möglich. Die Folge einer Fristüberschreitung ist mit der Richtlinie (EU) 2018/2001 nicht geregelt. Eine in diesem Fall eintretende Genehmigungsfiktion entspricht der Konzeption des § 42 a ThürVwVfG. Die Sätze 2 und 3 gelten nur für Anlagen, die auch Sonderbauten sind. Für Nichtsonderbauten gelten die Fristen nach Absatz 2.

§ 66
Baugenehmigungsverfahren

[1]Bei genehmigungsbedürftigen baulichen Anlagen, die nicht unter § 65 fallen, prüft die Bauaufsichtsbehörde
1. **die Übereinstimmung mit den Bestimmungen über die Zulässigkeit der baulichen Anlagen nach den §§ 29 bis 38 BauGB,**
2. **die Anforderungen nach den Bestimmungen dieses Gesetzes und aufgrund dieses Gesetzes erlassener Rechtsvorschriften sowie**
3. **andere öffentlich-rechtliche Anforderungen, soweit wegen der Baugenehmigung eine Entscheidung nach anderen öffentlich-rechtlichen Vorschriften entfällt oder ersetzt wird.**

[2]§ 72 bleibt unberührt.

Nr. 66 VollzBekThürBO

Der Prüfumfang unterscheidet sich von dem vereinfachten Baugenehmigungsverfahren nur durch die zusätzliche Prüfung der Anforderungen der Thüringer Bauordnung oder aufgrund der Thüringer Bauordnung erlassener Rechtsvorschriften. Nicht hierunter fallen die Anforderungen zur Standsicherheit und zum Brandschutz, da insoweit § 72 eine eigenständige abschließende Regelung enthält. Eine maximale Bearbeitungsfrist mit Genehmigungsfiktion ist nicht bestimmt. Im Übrigen wird auf Nr. 65 verwiesen.

Begründung zu § 66

Mit § 66 sind Festlegungen zum regulären Baugenehmigungsverfahren getroffen. Nach Satz 1 Nr. 1 gilt, wie im vereinfachten Baugenehmigungsverfahren nach § 65, auch im Baugenehmigungsverfahren nur ein deutlich eingeschränktes Prüfprogramm. Es umfasst zunächst, übereinstimmend mit § 65 Abs. 1 Satz 2 Nr. 1, die bauplanungsrechtliche Zulässigkeit der Bauvorhaben nach den §§ 29 bis 38 BauGB. Nach Nummer 2 ist das gesamte Bauordnungsrecht zu prüfen, weil nur so für die stets dem Baugenehmigungsverfahren vorbehaltenen Sonderbauten nach § 2 Abs. 4 die Möglichkeit eröffnet ist, besondere Anforderungen zu stellen und gegebenenfalls kompensatorische Erleichterungen nach § 54 Satz 1 und 2 zuzulassen. Mit Nummer 3 ist in Übereinstimmung mit § 65 Abs. 1 Satz 2 Nr. 3 die Prüfung des sogenannten aufgedrängten öffentlichen Rechts vorgeschrieben.

In Satz 2 ist, wie in § 65 Abs. 1 Satz 3 auch, eine ergänzende Regelung des bauaufsichtlichen Prüfprogramms in Bezug auf die bautechnischen Nachweise zur Standsicherheit und zum Brandschutz enthalten.

§ 67
Bauvorlageberechtigung

(1) [1]Bauvorlagen für die nicht verfahrensfreie Errichtung und Änderung von Gebäuden müssen von einer Entwurfsverfasserin oder einem Entwurfsverfasser erstellt sein, die oder der bauvorlageberechtigt ist. [2]Dies gilt nicht für
1. Bauvorlagen, die üblicherweise von Fachkräften mit anderer Ausbildung als nach Absatz 2 verfasst werden, und
2. geringfügige oder technisch einfache Bauvorhaben.

(2) Bauvorlageberechtigt ist, wer
1. die Berufsbezeichnung „Architektin" oder „Architekt" führen darf oder
2. in die von der Ingenieurkammer Thüringen geführte Liste der Bauvorlageberechtigten eingetragen ist oder ohne eine solche Listeneintragung nach § 71 bauvorlageberechtigt ist; einer Eintragung in diese Liste bedarf es nicht, wenn die antragstellende Person aufgrund einer vergleichbaren Regelung eines anderen Landes bauvorlageberechtigt ist.

(3) Bauvorlageberechtigt sind ferner Berufsangehörige,
1. die über die in § 68 genannten inländischen oder ausländischen Hochschulabschlüsse verfügen für die in Absatz 1 Satz 2 genannten Bauvorlagen und Bauvorhaben und für
   a) freistehende oder nur einseitig angebaute oder anbaubare Wohngebäude der Gebäudeklassen 1 bis 3,
   b) eingeschossige gewerblich genutzte Gebäude, die keine Sonderbauten sind, und
   c) land- und forstwirtschaftlich genutzte Gebäude, die keine Sonderbauten sind,
2. die die Berufsbezeichnung „Innenarchitektin" oder „Innenarchitekt" führen dürfen, für die mit der Berufsaufgabe der Innenarchitektin oder des Innenarchitekten verbundenen baulichen Änderungen von Gebäuden sowie
3. die einen berufsqualifizierenden Hochschulabschluss eines Studiums der Fachrichtung Bauingenieurwesen gemäß den in der Anlage geregelten Leitlinien zu Ausbildungsinhalten oder der Fachrichtung Architektur nachweisen können und nach diesem Abschluss mindestens zwei Jahre auf dem Gebiet der Entwurfsplanung von Gebäuden praktisch tätig gewesen und Bedienstete einer juristischen Person des öffentlichen Rechts sind, für die dienstliche Tätigkeit.

(4) Die Bauvorlageberechtigten nach Absatz 3 Nr. 1 müssen in ein von der Ingenieurkammer Thüringen zu führendes Verzeichnis eingetragen sein und zur Deckung der sich aus ihrer Berufsausübung ergebenden Haftpflichtgefahren eine angemessene Berufshaftpflichtversicherung für die Dauer ihrer Eintragung sowie eine Nachhaftungszeit von mindestens fünf Jahren nach Beendigung des Versicherungsvertrags aufrechterhalten; § 33 des Thüringer Architekten- und

Ingenieurkammergesetzes (ThürAIKG) vom 14. Dezember 2016 (GVBl. S. 529) in der jeweils geltenden Fassung gilt entsprechend.

Nr. 67 VollzBekThürBO

67.1 Eine Bauvorlageberechtigung ist bei verfahrensfreien Vorhaben bereits deswegen nicht erforderlich, weil dort keine Bauvorlagen einzureichen sind. Im Übrigen ist eine Bauvorlageberechtigung nur bei der Errichtung oder Änderung von Gebäuden, nicht aber bei sonstigen Anlagen, bei reinen Nutzungsänderungen oder bei der Beseitigung von Gebäuden erforderlich.

Satz 2 Nr. 1 erfasst z. B. kleine Baumaßnahmen als Bestandteil einer anderen fachlichen Planung wie kleinere Gebäude innerhalb von Gartenanlagen, die üblicherweise von Landschaftsarchitekten mitgeplant werden.

Zu geringfügigen oder technisch einfachen Gebäuden i. S. d. Satz 2 Nr. 2 zählen z. B. eingeschossige gewerbliche Gebäude bis 5 m Wandhöhe und 250 m² Brutto-Grundfläche oder max. zweigeschossige landwirtschaftliche Betriebsgebäude bis zu 250 m² Brutto-Grundfläche, jeweils ohne Aufenthaltsräume.

Begründung zu § 67

Mit § 67 ist die Erforderlichkeit der Bauvorlageberechtigung geregelt und sind Grundentscheidungen festgelegt, wer bauvorlageberechtigt ist.

Mit Absatz 1 Satz 1 ist festgelegt, für welche Bauvorhaben die Entwurfsverfasserin oder der Entwurfsverfasser bauvorlageberechtigt sein muss. Das Erfordernis ist auf die nicht verfahrensfreie Errichtung und Änderung von Gebäuden beschränkt. Eine Bauvorlageberechtigung ist damit nicht erforderlich bei der Nutzungsänderung oder der Beseitigung von Gebäuden sowie bei der Errichtung, Änderung, Nutzungsänderung und Beseitigung von Anlagen, die keine Gebäude sind.

In Satz 2 sind weitere Ausnahmen vom Erfordernis der Bauvorlageberechtigung enthalten. Nach Nummer 1 ist die Bestellung einer bauvorlageberechtigten Person bei Bauvorlagen zur Errichtung oder Änderung von Gebäuden entbehrlich, die üblicherweise von Fachkräften mit anderer Ausbildung als nach Absatz 2 verfasst werden. Dabei handelt es sich in der Regel um Planungen, die keine Bauvorlageberechtigung erfordern und bei denen, quasi nebenbei, auch in geringerem Umfang Baumaßnahmen geplant werden, für die eine Bauvorlageberechtigung erforderlich wäre. Dies betrifft beispielsweise kleinere Gebäude innerhalb von Gartenanlagen, die von Landschaftsarchitektinnen und Landschaftsarchitekten geplant werden. Nach Nummer 2 ist generell bei geringfügigen oder technisch einfachen Vorhaben auf die Bestellung von Bauvorlageberechtigten zu verzichten. Der Anwendungsbereich dieser Regelung ist gering, da die meisten in Betracht kommenden Vorhaben nach § 63 verfahrensfrei sind.

In den Absätzen 2 und 3 sind die persönlichen Voraussetzungen der Bauvorlageberechtigung enthalten.

Mit Absatz 2 Nr. 1 ist die uneingeschränkte Bauvorlageberechtigung der Architektinnen und Architekten vorgesehen, die in Verbindung mit § 3 des Thüringer Architekten- und Ingenieurkammergesetzes (ThürAIKG) vom 14. Dezember 2016 (GVBl. S. 529) in der jeweils geltenden Fassung nur davon abhängig ist, dass die betreffenden Personen in einem Land oder Mitgliedstaat der Europäischen Union diese Berufsbezeichnung führen dürfen.

Mit Nummer 2 ist die Bauvorlageberechtigung der Ingenieurinnen und Ingenieure geregelt und bestimmt, dass Eintragungen in die Liste der Bauvorlageberechtigten eines anderen Landes auch in Thüringen gelten, ohne dass eine neue Eintragung oder Anzeige erforderlich ist. Die Regelung ist zur Umsetzung der Richtlinie 2006/123/EG des Europäischen Parlaments und des Rates vom 12. Dezember 2006 über Dienstleistungen im Binnenmarkt (ABl. L 376 vom 27.12.2006, S. 36) in der jeweils geltenden Fassung erforderlich, nach der Berechtigungen der Dienstleistungserbringung grundsätzlich im gesamten Mitgliedstaat gelten müssen. Eine Eintragung ist nach § 71 nicht erforderlich für Ingenieurinnen und Ingenieure, die nur vorübergehend und gelegentlich Dienstleistungen erbringen wollen.

Mit Absatz 3 Nr. 1 ist der Umsetzung des Artikels 4f der Richtlinie 2005/36/EG gedient. Um zu vermeiden, dass eine Vielzahl unterschiedlicher Bauvorlageberechtigungen denkbar ist und damit geprüft und von der Ingenieurkammer Thüringen bestätigt werden müssten, sind die Voraussetzungen einer eingeschränkten Bauvorlageberechtigung und deren Inhalt einheitlich geregelt. Wer über einen der in § 68 genannten Hochschulabschlüsse verfügt, ist eingeschränkt bauvorlageberechtigt. Wesentlicher Unterschied bei den Anforderungen ist, dass eine einschlägige Berufspraxis nicht verlangt wird. Bei den Gebäuden, für die die eingeschränkte Bauvorlageberechtigung ausreichend ist, handelt es sich um die in den Buchstaben a bis c aufgeführten Gebäude mit in der Regel geringerem Gefahrenpotential.

In Nummer 2 ist die Bauvorlageberechtigung von Innenarchitektinnen und Innenarchitekten enthalten. Sie ist beschränkt auf die mit den Berufsaufgaben der Innenarchitektinnen und Innenarchitekten verbundenen baulichen Änderungen von Gebäuden. Die Beschränkung ist berechtigt, da bei der Errichtung von Gebäuden eine Vielzahl von Vorschriften des sonstigen Fachrechts berührt sein kann, dessen Beachtung aufgrund des beschränkten Prüfumfangs im bauaufsichtlichen Verfahren allein in der Verantwortung der Bauherrschaft und der oder des sie beratenden Bauvorlageberechtigten liegt.

Nach Nummer 3 sind Bedienstete einer juristischen Person des öffentlichen Rechts für ihre dienstliche Tätigkeit auch ohne Eintragung in die Architektenliste oder die Liste der Bauvorlageberechtigten bauvorlageberechtigt, wenn sie die Voraussetzungen einer Eintragung erfüllen.

Mit Absatz 4 ist bestimmt, dass nach Absatz 3 Nr. 1 bauvorlageberechtigte Personen in ein von der Ingenieurkammer Thüringen zu führendes Verzeichnis einzutragen sind. Dabei handelt es sich nicht um die Liste der Bauvorlageberechtigten nach Absatz 2 Nr. 2, da dort nur umfassend bauvorlageberechtigte Personen eingetragen werden können.

§ 68
Voraussetzungen für die Eintragung in die Liste nach § 67 Abs. 2 Nr. 2

(1) Auf Antrag ist in die Liste nach § 67 Abs. 2 Nr. 2 von der Ingenieurkammer Thüringen einzutragen, wer
1. **einen berufsqualifizierenden Hochschulabschluss eines Studiums der Fachrichtung Bauingenieurwesen gemäß den in der Anlage geregelten Leitlinien zu Ausbildungsinhalten an einer deutschen Hochschule nachweist und**
2. **nach dem in Nummer 1 genannten Abschluss mindestens zwei Jahre auf dem Gebiet der Entwurfsplanung von Gebäuden praktisch tätig gewesen ist.**

(2) Abweichend von Absatz 1 ist auf Antrag in die Liste nach § 67 Abs. 2 Nr. 2 einzutragen, wer über einen ausländischen Hochschulabschluss verfügt, der den in Absatz 1 Nr. 1 genannten Anforderungen gleichwertig ist, und die Voraussetzung nach Absatz 1 Nr. 2 erfüllt.

(3) [1]Auf Antrag ist in die Liste nach § 67 Abs. 2 Nr. 2 einzutragen, wer
1. **in Bezug auf die Studienanforderungen nach Absatz 1 Nr. 1 einen Ausbildungsnachweis nach Artikel 11 der Richtlinie 2005/36/EG des Europäischen Parlaments und des Rates vom 7. September 2005 über die Anerkennung von Berufsqualifikationen (ABl. L 255 vom 30.9.2005, S. 22) in der jeweils geltenden Fassung besitzt, soweit diese Studienanforderungen in einem Mitgliedstaat der Europäischen Union oder einem diesem durch Abkommen gleichgestellten Staat erforderlich sind, um in dessen Hoheitsgebiet die Erlaubnis zur Aufnahme und Ausübung dieses Berufs zu erhalten,**
2. **mit dem Ausbildungsnachweis nach Nummer 1 die Anforderungen nach Artikel 13 Abs. 1 Unterabs. 2 der Richtlinie 2005/36/EG erfüllt und**
3. **eine berufspraktische Tätigkeit nachweist, die den Anforderungen nach Absatz 1 Nr. 2 gleichwertig ist.**

[2]Satz 1 gilt auch für eine antragstellende Person, die nachweist, dass sie
1. **diese berufspraktische Tätigkeit ein Jahr lang in Vollzeit oder während einer entsprechenden Gesamtdauer in Teilzeit während der vorhergehenden zehn Jahre in Mitgliedstaaten der Europäischen Union oder einem gleichgestellten Staat ausgeübt hat, sofern der Beruf im Niederlassungsmitgliedstaat nicht reglementiert ist,**
2. **im Besitz eines Ausbildungs- oder Befähigungsnachweises ist, der die Anforderungen nach Artikel 13 Abs. 2 Unterabs. 2 der Richtlinie 2005/36/EG erfüllt, und**
3. **keine wesentlichen Unterschiede zum Abschluss nach Absatz 1 Nr. 1 bestehen.**

[3]Antragstellende Personen nach den Sätzen 1 und 2 müssen zur Deckung der sich aus ihrer Berufsausübung ergebenden Haftpflichtgefahren eine angemessene Berufshaftpflichtversicherung für die Dauer ihrer Eintragung sowie eine Nachhaftungszeit von mindestens fünf Jahren nach Beendigung des Versicherungsvertrags aufrechterhalten; § 33 ThürAIKG gilt entsprechend.

(4) Über die Eintragung in die Liste nach § 67 Abs. 2 Nr. 2 ist eine Bescheinigung auszustellen.

(5) Einer Eintragung in die Liste nach § 67 Abs. 2 Nr. 2 bedarf es nicht, wenn die antragstellende Person aufgrund einer vergleichbaren Regelung eines anderen Landes bauvorlageberechtigt ist.

Begründung zu § 68

In § 68 sind die Voraussetzungen für die Eintragung in die Liste nach § 67 Abs. 2 Nr. 2 festgelegt.

Nach Absatz 1 Nr. 1 ist Voraussetzung für die Eintragung ein berufsqualifizierender Hochschulabschluss eines Studiums der Fachrichtung Bauingenieurwesen. Berufsqualifizierend ist ein Hochschulabschluss, der mindestens den Anforderungen nach Artikel 11 Buchst. d der Richtlinie 2005/36/EG entspricht.

Mit der Anknüpfung an einen berufsqualifizierenden Abschluss eines solchen Studiums ist sichergestellt, dass, unabhängig von den in den Ländern vorhandenen unterschiedlichen Regelungen in den Ingenieurgesetzen und deren mögliche künftige Entwicklungen, einheitliche Qualifikationsanforderungen für die bauvorlageberechtigte Bauingenieurin oder den bauvorlageberechtigten Bauingenieur gelten, die auch für die Umsetzung der Richtlinie 2005/36/EG unerlässlich sind.

Die Anforderungen an ein Studium in der Fachrichtung Bauingenieurwesen ergeben sich aus den in der Anlage aufgeführten Leitlinien zu Ausbildungsinhalten. Eine Regelung ist erforderlich, um angesichts der an den Hochschulen sehr unterschiedlichen Ausgestaltung der Studiengänge zu gewährleisten, dass in einem Mindestumfang auch für das Bauingenieurwesen wesentliche Inhalte vermittelt werden. Ein unzulässiger Eingriff in die Freiheit von Wissenschaft, Forschung und Lehre ist damit nicht verbunden, da zum einen die Hochschulen die inhaltlichen Grundanforderungen nach ihren Zielen ausgestalten können und zum anderen neben den Mindestinhalten ein ausreichender Spielraum für weitere Studieninhalte verbleibt.

Nach Nummer 2 ist eine mindestens zweijährige Berufspraxis vorgeschrieben. Die Berufserfahrung muss auf dem Gebiet der Entwurfsplanung von Gebäuden erworben worden sein, da sonstige Tätigkeiten im Berufsbild von Bauingenieurinnen und Bauingenieuren, beispielsweise Ausschreibungen vorbereiten oder die Bauleitung, zwar für eine umfassende Berufsfertigkeit erforderlich, für die Fertigung von Bauvorlagen aber ohne Bedeutung sind. Gleichgültig ist, ob die Berufserfahrung in der Bundesrepublik Deutschland oder einem anderen Staat erworben wurde.

Mit Absatz 2 ist bestimmt, dass über Absatz 1 hinaus auch Personen mit einem Hochschulabschluss aus anderen Staaten einzutragen sind, wenn der Hochschulabschluss dem nach Absatz 1 Nr. 1 gleichwertig ist und ebenfalls eine mindestens zweijährige Berufserfahrung auf dem Gebiet der Entwurfsplanung von Gebäuden gegeben ist. Ob ein ausländischer Hochschulabschluss gleichwertig ist, orientiert sich daran, ob der Abschluss den in der Anlage bestimmten Leitlinien zu Ausbildungsinhalten entspricht.

Mit Absatz 3 ist die Eintragung für weitere Personen eröffnet. Es handelt sich dabei um Personen, die in einem anderen Mitgliedstaat der Europäischen Union oder einem gleichgestellten Staat niedergelassen und dort rechtmäßig als Bauvorlageberechtigte tätig sind.

Mit Satz 1 ist der Umsetzung des Artikels 13 Abs. 1 der Richtlinie 2005/36/EG gedient, dass die Tätigkeit als bauvorlageberechtigte Person im Niederlassungsmitgliedstaat reglementiert ist. In diesem Fall ist nach Nummer 1 eine Eintragung möglich, wenn die antragstellende Person über den im Niederlassungsmitgliedstaat für die Tätigkeit als bauvorlageberechtigte Person erforderlichen Ausbildungsnachweis verfügt. Dieser Nachweis muss nach Nummer 2 von einer im Niederlassungsmitgliedstaat nach dessen Rechts- und Verwaltungsvorschriften benannten zuständigen Behörde ausgestellt sein. Darüber hinaus muss eine dem Absatz 1 Nr. 2 gleichwertige Berufserfahrung nachgewiesen sein.

Mit Satz 2 ist der Umsetzung des Artikels 13 Abs. 2 der Richtlinie 2005/36/EG gedient, dass die Bauvorlageberechtigung im Niederlassungsmitgliedstaat nicht reglementiert ist. In diesem Fall reicht es aus, dass die antragstellende Person ein Jahr lang in Vollzeit oder während einer entsprechenden Gesamtdauer in Teilzeit in den vorangegangenen zehn Jahren in Mitgliedstaaten der Europäischen Union oder einem gleichstellten Staat als bauvorlageberechtigte Person tätig gewesen ist. Die Tätigkeit muss durch einen von einer in einem Mitgliedstaat zuständigen Behörde ausgestellten Ausbildungsnachweis belegt werden, mit dem bescheinigt ist, dass die Inhaberin oder der Inhaber auf die Tätigkeit als bauvorlageberechtigte Person vorbereitet wurde. Die nachzuweisende Ausbildung darf keine wesentlichen Unterschiede zu dem nach Absatz 1 Nr. 1 geforderten Hochschulabschluss aufweisen. Ob das der Fall ist, ist anhand der in der Anlage bestimmten Leitlinien zu Ausbildungsinhalten zu beurteilen. Werden wesentliche Unterschiede festgestellt, kommen Ausgleichsmaßnahmen nach § 70 in Betracht.

Nach Absatz 4 ist über die Eintragung eine Bescheinigung auszustellen. Dadurch kann gegenüber Auftraggeberinnen und Auftraggebern und Bauaufsichtsbehörden auch in anderen Ländern die Bauvorlageberechtigung nachgewiesen werden.

Nach Absatz 5 ist eine Eintragung nicht erforderlich, wenn die antragstellende Person aufgrund einer Regelung eines anderen Landes bauvorlageberechtigt ist. Da davon auszugehen ist, dass die anderen Länder vergleichbare Regelungen erlassen, kann die Bauvorlageberechtigung in anderen Ländern durch eine dem Absatz 4 entsprechende Bescheinigung nachgewiesen werden.

§ 69
Eintragung und Löschung von antragstellenden Personen nach § 68 Abs. 3

(1) [1]Der Antrag auf Eintragung kann schriftlich oder elektronisch gestellt werden. [2]Für die Form, die einzureichenden Unterlagen und das Eintragungsverfahren gelten im Übrigen § 12 Abs. 2 bis 5 und § 13 des Thüringer Berufsqualifikationsfeststellungsgesetzes (ThürBQFG) vom 16. April 2014 (GVBl. S. 139) in der jeweils geltenden Fassung entsprechend.

(2) [1]Antragstellende Personen haben der Ingenieurkammer Thüringen Unterlagen nach Artikel 50 Abs. 1 in Verbindung mit Anhang VII Nr. 1 Buchst. a und b Satz 1 sowie auf Anforderung nach Anhang VII Nr. 1 Buchst. b Satz 2 der Richtlinie 2005/36/EG vorzulegen. [2]Gibt die antragstellende Person an, hierzu nicht in der Lage zu sein, wendet sich die Ingenieurkammer Thüringen zur Beschaffung der erforderlichen Unterlagen an die Kontaktstelle, die zuständige Behörde oder die jeweilige Ausbildungsstelle. [3]Bei Ausbildungsnachweisen nach Artikel 3 Abs. 1 Buchst. c der Richtlinie 2005/36/EG kann die Ingenieurkammer Thüringen bei berechtigten Zweifeln von der zuständigen Stelle des Herkunftsmitgliedstaats die Überprüfung der Kriterien nach Artikel 50 Abs. 3 der Richtlinie 2005/36/EG verlangen. [4]War die antragstellende Person bereits in einem anderen Mitgliedstaat der Europäischen Union oder einem gleichgestellten Staat auf dem Gebiet der Entwurfsplanung von Gebäuden tätig, kann die Ingenieurkammer Thüringen im Fall berechtigter Zweifel von der im Herkunftsmitgliedstaat zuständigen Behörde eine Bestätigung der Tatsache verlangen, dass die Ausübung dieses Berufes durch die antragstellende Person nicht aufgrund schwerwiegenden standeswidrigen Verhaltens oder einer Verurteilung wegen strafbarer Handlungen untersagt worden ist. [5]Artikel 50 Abs. 1 in Verbindung mit Anhang VII Nr. 1 Buchst. d, e, f und g der Richtlinie 2005/36/EG findet Anwendung. [6]Die auf Verlangen übermittelten Unterlagen und Bescheinigungen dürfen bei ihrer Vorlage nicht älter als drei Monate sein. [7]Der Informationsaustausch erfolgt über das Binnenmarkt-Informationssystem.

(3) [1]Die Liste nach § 67 Abs. 2 Nr. 2 muss folgende Angaben über die antragstellende Person enthalten:
1. Zeitpunkt der Eintragung,
2. Familienname, Geburtsname und Vornamen,
3. Geburtsdatum, Geburtsort und Geschlecht,
4. akademische Grade und Titel,
5. ladungsfähige Adresse,
6. Staatsangehörigkeit,
7. Bezeichnung des Staates, in dem die Berufsqualifikation erworben wurde.

[2]Wesentliche Änderungen in den nach Satz 1 Nr. 1 bis 5 eingetragenen Angaben hat die antragstellende Person der Ingenieurkammer Thüringen unverzüglich mitzuteilen. [3]Für die Löschung aus der Liste ist § 12 ThürAIKG entsprechend anzuwenden.

(4) Kann eine Eintragung in die Liste nach § 67 Abs. 2 Nr. 2 nicht erfolgen, weil die Ingenieurkammer Thüringen feststellt, dass die antragstellende Person die Voraussetzungen nach § 68 Abs. 3 Satz 2 nicht erfüllt, ist dies durch Bescheid im Sinne des § 10 ThürBQFG festzustellen.

Begründung zu § 69

In § 69 ist das Verfahren zur Eintragung in die Liste nach § 67 Abs. 2 Nr. 2 für Personen geregelt, die nicht über den nach § 68 Abs. 1 Nr. 1 erforderlichen oder einen gleichwertigen Hochschulabschluss nach § 68 Abs. 2 verfügen.

Nach Absatz 1 kann der Antrag auf Eintrag schriftlich oder elektronisch gestellt werden. Im Übrigen gelten für den Antrag, die einzureichenden Unterlagen und das Eintragungsverfahren selbst grundsätzlich die Regelungen nach § 12 Abs. 2 bis 5 und § 13 des Thüringer Berufsqualifikationsfeststellungsgesetzes (ThürBQFG) vom 16. April 2014 (GVBl. S. 139) in der jeweils geltenden Fassung, soweit in den folgenden Bestimmungen nichts anderes bestimmt ist.

In Absatz 2 sind von § 12 ThürBQFG teilweise abweichende Regelungen zu den vorzulegenden Unterlagen festgelegt.

Nach Satz 1 sind von der antragstellenden Person immer ein Staatsangehörigkeitsnachweis und Kopien der Ausbildungsnachweise sowie Bescheinigungen über die Berufserfahrung vorzulegen. Daneben können weitere Informationen zur Ausbildung verlangt werden. Das kann insbesondere zur Beurteilung erforderlich sein, inwieweit die Ausbildung inhaltlich den Anforderungen nach § 68 Abs. 3 Satz 1 Nr. 1 und 2 beziehungsweise Satz 2 Nr. 2 und 3 entspricht.

Mit Satz 2 ist es der Ingenieurkammer Thüringen möglich, Unterlagen unmittelbar von Stellen zu beschaffen, die über die erforderlichen Informationen verfügen, soweit die antragstellende Person nach ihren Angaben zur Beschaffung nicht in der Lage ist.

Mit Satz 3 ist Artikel 50 Abs. 3 der Richtlinie 2005/36/EG umgesetzt, wenn sich der ausländische Ausbildungsnachweis auf eine Ausbildung in einem weiteren Mitgliedstaat bezieht. In diesem Fall kann die Ingenieurkammer Thüringen von der ausstellenden Behörde Auskunft verlangen, ob

1. der Ausbildungsgang in der betreffenden Einrichtung von der Ausbildungseinrichtung des Ausstellungsmitgliedstaats offiziell bescheinigt worden ist,
2. der ausgestellte Ausbildungsnachweis dem entspricht, der verliehen worden wäre, wenn der Ausbildungsgang vollständig im Ausstellungs-mitgliedstaat absolviert worden wäre, und
3. mit dem Ausbildungsnachweis im Hoheitsgebiet des Ausstellungsmitgliedstaats dieselben beruflichen Rechte verliehen werden.

Mit Satz 4 ist Artikel 50 Abs. 3a der Richtlinie 2005/36/EG umgesetzt und der Ingenieurkammer Thüringen bei berechtigten Zweifeln möglich, von den zuständigen Behörden des Herkunftsmitgliedstaats eine Bestätigung zu verlangen, dass die Ausübung des Berufs als Bauvorlageberechtigte oder Bauvorlageberechtigter durch die antragstellende Person nicht aufgrund eines schwerwiegenden standeswidrigen Verhaltens oder einer Verurteilung wegen strafbarer Handlungen ausgesetzt oder untersagt wurde. Die Zweifel können auf Hinweisen von anderen Bauvorlageberechtigten, von Bauunternehmen, von Bauherrschaften oder sonstigen Erkenntnissen beruhen.

Mit Satz 5 ist Artikel 50 Abs. 1 in Verbindung mit Anhang VII Nr. 1 Buchst. d bis g der Richtlinie 2005/36/EG umgesetzt. Danach müssen für die Prüfung der im Anhang VII Nr. 1 Buchst. d bis g der Richtlinie 2005/36/ EG genannten Kriterien, soweit sie bei der Prüfung der Bauvorlageberechtigung maßgeblich sind, durch Behörden und andere Stellen im Herkunftsmitgliedstaat ausgestellte Bescheinigungen nachgewiesen sein.

Mit Satz 6 wird Artikel 50 Abs. 1 Unterabs. 2 der Richtlinie 2005/36/EG umgesetzt.

Mit Satz 7 ist Artikel 50 Abs. 3b der Richtlinie 2005/36/EG umgesetzt, wonach der Informationsaustausch, der zwischen den zuständigen Behörden der einzelnen Mitgliedstaaten stattfindet, über das Binnenmarktinformationssystem (IMI) zu erfolgen hat.

In Absatz 3 Satz 1 ist festgelegt, welche Angaben in der Liste nach § 67 Abs. 2 Nr. 2 über die einzutragenden Personen enthalten sein müssen. Die Angaben sind zur Legitimation der Personen erforderlich und entsprechen weitgehend den Angaben nach § 31 Abs. 2 ThürAIKG. Nach Satz 2 sind der Ingenieurkammer Thüringen wesentliche Änderungen der Angaben nach Satz 1 Nr. 1 bis 5 unverzüglich mitzuteilen. Auf antragstellende und nicht nur auf eingetragene Personen ist abgestellt, um zu verdeutlichen, dass eine Mitteilung auch vor Abschluss eines Eintragungsverfahrens erforderlich sein kann. Die Aktualisierung ist insbesondere erforderlich, um eine Erreichbarkeit der Personen zu gewährleisten. Der Verweis auf § 13 ThürAIKG in Satz 3 bedeutet, dass die dort geregelten Gründe für eine Löschung ebenso entsprechend anwendbar sind, wie die Regelungen des Thüringer Verwaltungsverfahrensgesetzes zur Rücknahme und zum Widerruf eines Verwaltungsaktes.

Mit Absatz 4 ist klargestellt, dass über das Nichtvorliegen der Eintragungsvoraussetzungen ein rechtsmittelfähiger Bescheid zu erteilen ist, der die vorhandenen Berufsqualifikationen und die wesentlichen Unterschiede gegenüber der zur Bauvorlageberechtigung erforderlichen Berufsqualifikation aufführen sowie weitere in § 10 ThürBQFG geregelte Angaben enthalten muss.

§ 70
Ausgleichsmaßnahmen

(1) [1]Antragstellende Personen, die nicht in die Liste nach § 67 Abs. 2 Nr. 2 eingetragen werden können, weil sie aufgrund von wesentlichen Unterschieden nicht über eine gleichwertige Berufsqualifikation verfügen, aber über einen Ausbildungsnachweis verfügen, der dem Berufsqualifikationsniveau nach Artikel 11 Buchst. b, c, d oder e der Richtlinie 2005/36/EG entspricht, können einen höchstens dreijährigen Anpassungslehrgang absolvieren oder eine Eignungsprüfung ablegen. [2]Beantragt eine Person mit einer Berufsqualifikation nach Artikel 11 Buchst. a der Richtlinie 2005/36/EG die Anerkennung ihrer Berufsqualifikation und ist die erforderliche Berufsqualifikation unter Artikel 11 Buchst. d der Richtlinie 2005/36/EG eingestuft, kann die Ingenieurkammer Thüringen sowohl einen Anpassungslehrgang als auch eine Eignungsprüfung vorschreiben.

(2) Die Einzelheiten zur Durchführung von Ausgleichsmaßnahmen sind durch Satzung der Ingenieurkammer Thüringen festzulegen.

(3) [1]Die Ingenieurkammer Thüringen kann mit anderen zuständigen Stellen innerhalb der Bundesrepublik Deutschland Vereinbarungen zur Durchführung von Ausgleichsmaßnahmen schließen. [2]Die Vereinbarungen bedürfen der Genehmigung der obersten Bauaufsichtsbehörde.

Begründung zu § 70

Mit § 70 ist der Umsetzung des Artikels 14 der Richtlinie 2005/36/EG gedient. Antragstellenden Personen, die die Eintragungsvoraussetzungen wegen einer fehlenden Gleichwertigkeit der Berufsqualifikation nicht erfüllen, müssen Ausgleichsmaßnahmen ermöglicht werden. Das können sowohl Anpassungslehrgänge als auch Eignungsprüfungen sein.

Durch Absatz 1 Satz 1 ist der Fall geregelt, dass die antragstellende Person einen Abschluss einer Ausbildung auf Sekundarniveau, eines Diploms aufgrund einer Ausbildung außerhalb einer Hochschule, oder eines Diploms nach einer mindestens dreijährigen Ausbildung an einer Hochschule oder einer vergleichbaren Einrichtung oder einen postsekundären Ausbildungsgang von mindestens vier Jahren an einer Universität oder Hochschule nachweist. In diesem Fall hat die antragstellende Person ein Wahlrecht zwischen einem Anpassungslehrgang oder einer Eignungsprüfung. Der Anpassungslehrgang darf nicht länger als drei Jahre dauern. Die Dauer wird davon abhängen, welche Unterschiede zwischen der absolvierten und der in Thüringen für eine Bauvorlageberechtigung erforderlichen Ausbildung bestehen. Verfügt die antragstellende Person über keinen der in Satz 1 genannten Ausbildungsnachweise, kann die Ingenieurkammer Thüringen nach Satz 2 sowohl einen Anpassungslehrgang als auch eine Eignungsprüfung vorschreiben.

Mit Absatz 2 ist bestimmt, dass die Ingenieurkammer Thüringen die Einzelheiten zur Durchführung der möglichen Ausgleichsmaßnahmen durch Satzung festlegt.

Nach Absatz 3 Satz 1 kann die Ingenieurkammer Thüringen mit anderen zuständigen Stellen innerhalb der Bundesrepublik Deutschland Vereinbarungen zur Durchführung von Ausgleichsmaßnahmen schließen. Angesichts der in den vergangenen Jahren sehr geringen Zuwanderung von bauvorlageberechtigten Personen würde die Durchführung von Ausgleichsmaßnahmen nur für Personen, die eine Eintragung in Thüringen begehren, einen erheblichen Aufwand bedeuten. Auch könnte bei nur wenigen antragstellenden Personen insbesondere die erforderliche kurzfristige Durchführung von Eignungsprüfungen nicht gewährleistet werden. Nach Satz 2 ist die Zustimmung der obersten Bauaufsichtsbehörde zu der Vereinbarung erforderlich, um zu gewährleisten, dass durch die Ausgleichsmaßnahmen das erforderliche Eignungsniveau der antragstellenden Person erreicht werden kann.

§ 71
Vorübergehende und gelegentliche Dienstleistungserbringung durch bauvorlageberechtigte Ingenieurinnen und Ingenieure, Anzeigeverfahren

(1) [1]Dienstleisterinnen und Dienstleister sind zur vorübergehenden und gelegentlichen Erstellung von Bauvorlagen berechtigt, wenn sie in ein entsprechendes Verzeichnis bei der Ingenieurkammer Thüringen eingetragen sind. [2]Sie müssen zur Deckung der sich aus ihrer Berufsausübung ergebenden Haftpflichtgefahren eine angemessene Berufshaftpflichtversicherung für die Dauer ihrer Eintragung sowie eine Nachhaftungszeit von mindestens fünf Jahren nach Beendigung des Versicherungsvertrags aufrechterhalten; § 33 ThürAIKG gilt entsprechend.

(2) [1]Dienstleisterinnen und Dienstleister, die die vorübergehende und gelegentliche Erstellung von Bauvorlagen beabsichtigen, haben das erstmalige Erbringen dieser Dienstleistungen zuvor der Ingenieurkammer Thüringen in Textform anzuzeigen; ob Dienstleistungen vorübergehend und gelegentlich erbracht werden, ist von der Ingenieurkammer Thüringen im Einzelfall zu beurteilen, insbesondere anhand ihrer Dauer, Häufigkeit, regelmäßigen Wiederkehr und Kontinuität. [2]Einer Anzeige nach Satz 1 Halbsatz 1 bedarf es nicht, wenn die jeweilige Dienstleisterin oder der jeweilige Dienstleister bereits aufgrund einer Regelung eines anderen Landes zur Dienstleistungserbringung berechtigt ist. [3]Zusammen mit der Anzeige nach Satz 1 Halbsatz 1 sind folgende Unterlagen beizufügen:
1. ein Nachweis über die Staatsangehörigkeit,
2. eine Bescheinigung darüber, dass die Dienstleisterin oder der Dienstleister in einem Mitgliedstaat der Europäischen Union oder einem diesem durch Abkommen gleichgestellten Staat rechtmäßig zur Ausübung der betreffenden Tätigkeit niedergelassen ist und ihr oder ihm die Ausübung dieser Tätigkeit zum Zeitpunkt der Vorlage der Bescheinigung nicht, auch nicht vorübergehend, untersagt ist,
3. ein Berufsqualifikationsnachweis,
4. in den in § 68 Abs. 3 Satz 2 genannten Fällen ein Nachweis in beliebiger Form darüber, dass die Tätigkeit nach § 68 Abs. 3 Satz 2 Nr. 1 mindestens ein Jahr während der vorhergehenden zehn Jahre ausgeübt wurde, sofern der Beruf im Niederlassungsmitgliedstaat nicht reglementiert ist,
5. ein Nachweis über den beruflichen Versicherungsschutz.
[4]§ 12 Abs. 2 bis 5 und § 13 ThürBQFG gelten für das Anzeigeverfahren entsprechend.

(3) [1]Die Vorlage der Anzeige nach Absatz 2 berechtigt die Dienstleisterin oder den Dienstleister zur Erstellung von Bauvorlagen. [2]Die Ingenieurkammer Thüringen ist berechtigt, die Unterlagen nach Absatz 2 Satz 3 nachzuprüfen. [3]Die Erstellung von Bauvorlagen ist der Dienstleisterin oder dem Dienstleister von der Ingenieurkammer Thüringen zu untersagen, wenn die nach Absatz 2 Satz 3 geforderten Unterlagen nicht oder nicht vollständig vorgelegt werden oder wenn nach Prüfung dieser Unterlagen durch die Ingenieurkammer Thüringen keine ausreichen-

de Dienstleistungserbringung zu erwarten ist; in diesem Fall ist der Dienstleisterin oder dem Dienstleister die Möglichkeit einzuräumen, fehlende Kenntnisse, Fähigkeiten und Kompetenzen durch einen Anpassungslehrgang zu erwerben oder durch eine Eignungsprüfung nachzuweisen. [4]Ist die Dienstleisterin oder der Dienstleister zur Ausübung desselben Berufs rechtmäßig in einem Mitgliedstaat niedergelassen oder erfüllt sie oder er die Voraussetzungen nach § 68 Abs. 3 Satz 2, so darf ihr oder ihm die Erstellung von Bauvorlagen nicht aufgrund ihrer oder seiner Berufsqualifikation beschränkt werden. [5]Für die Bestimmung desselben Berufs im Sinne dieses Absatzes gilt das gestufte System nach § 67.

(4) [1]Ausländische bauvorlageberechtigte Ingenieurinnen und Ingenieure haben die Berufspflichten zu beachten. [2]Sie sind hierfür wie Mitglieder der Ingenieurkammer Thüringen zu behandeln. [3]Die Ingenieurkammer Thüringen stellt über die Eintragung in das Verzeichnis nach Absatz 1 Satz 1 eine auf fünf Jahre befristete Bescheinigung aus, die auf Antrag verlängert werden kann.

Begründung zu § 71

Mit § 71 ist der Fall geregelt, dass nicht die Niederlassung als bauvorlageberechtigte Person beabsichtigt ist, sondern nur die vorübergehende und gelegentliche Erstellung von Bauvorlagen.

Durch Absatz 1 Satz 1 ist bestimmt, dass Dienstleisterinnen und Dienstleister in ein von der Ingenieurkammer Thüringen geführtes Verzeichnis einzutragen sind. Dabei handelt es sich nicht um die Liste der Bauvorlageberechtigten nach § 67 Abs. 2 Nr. 2. Satz 2 verlangt zum Schutz der Auftraggebenden eine ausreichende Haftpflichtversicherung. Da die Dienstleisterinnen und Dienstleister nur einzelne Planungsaufträge übernehmen werden, kann auch eine für ein bestimmtes Objekt abgeschlossene Versicherung ausreichend sein.

Durch Absatz 2 Satz 1 ist bestimmt, dass Personen, die die vorübergehende und gelegentliche Erstellung von Bauvorlagen beabsichtigen, sogenannte Dienstleisterinnen und Dienstleister, das erstmalige Erbringen dieser Dienstleistungen zuvor der Ingenieurkammer Thüringen anzuzeigen haben. Für die Anzeige ist die Textform ausreichend, da für eine Prüfung der Zulässigkeit der Dienstleistungserbringung die nach Satz 3 beizufügenden Unterlagen maßgeblich sind. Ob ein nur vorübergehendes und gelegentliches Tätigwerden beabsichtigt ist, lässt sich nicht allgemein anhand feststehender Kriterien, wie Häufigkeit oder Dauer, beurteilen, erforderlich ist vielmehr eine Gesamtbetrachtung durch die Ingenieurkammer Thüringen mit der Folge, dass ein mehrmaliges Tätigwerden über etliche Jahre hinaus anders zu beurteilen sein kann als ein gleich häufiges Tätigwerden innerhalb eines kurzen Zeitraums. Nach Satz 2 ist eine Anzeige entbehrlich, wenn die oder der jeweilige Dienstleistende aufgrund einer Regelung eines anderen Landes bauvorlageberechtigt ist. Mit dieser Regelung ist der Umsetzung des Artikels 7 Abs. 2a der Richtlinie 2005/36/EG gedient. Sie entspricht inhaltlich § 68 Abs. 5 und soll eine Doppelmeldung und -prüfung entbehrlich machen. In Satz 3 ist geregelt, welche Unterlagen der Anzeige beizufügen sind. Mit diesen Unterlagen ist der Ingenieurkammer Thüringen die Prüfung möglich, ob die Dienstleistungserbringung rechtmäßig erfolgt. Mit der Bezugnahme in Nummer 4 auf die für die Niederlassung als bauvorlageberechtigte Personen maßgebliche Regelung nach § 68 Abs. 3 Satz 2 sollen Personen erfasst sein, die in einem Mitgliedstaat, in dem die Bauvorlageberechtigung nicht reglementiert ist, die Tätigkeit als Bauvorlageberechtigte ausüben. Die Bezugnahme auf § 12 Abs. 2 bis 5 und § 13 ThürBQFG bedeutet, dass die dort geregelten Verfahrensanforderungen auch auf die Anzeige nach Satz 1 Halbsatz 1 entsprechend anwendbar sind.

Nach Absatz 3 Satz 1 kann die Dienstleisterin oder der Dienstleister unmittelbar nach der Anzeige nach Absatz 2 mit der verantwortlichen Erstellung von Bauvorlagen anfangen. Eine Entscheidung der Ingenieurkammer Thüringen oder die Einhaltung einer Wartefrist, um eine Überprüfung zu ermöglichen, ist nicht erforderlich. Die Ingenieurkammer Thüringen ist nach Satz 2 jedoch berechtigt, die bei der Anzeige vorzulegenden Unterlagen und damit das Vorliegen der Voraussetzungen der Dienstleistungserbringung zu überprüfen. Ob sie eine Prüfung vornimmt, hat sie nach pflichtgemäßem Ermessen zu entscheiden, eine umfassende Prüfpflicht besteht nicht. Kommt die Ingenieurkammer Thüringen zu dem Ergebnis, dass die Voraussetzungen der Dienstleistungserbringung nicht erfüllt sind, hat sie die verantwortliche Erstellung von Bauvorlagen zunächst zu untersagen und der dienstleistenden Person nach Satz 3 Halbsatz 2 die Möglichkeit einzuräumen, möglicherweise fehlende Kenntnisse, Fähigkeiten und Kompetenzen durch einen Anpassungslehrgang oder eine Eignungsprüfung nachzuweisen. Unabhängig davon ist die Dienstleisterin oder der Dienstleister natürlich berechtigt, sich vor Ablegung der Eignungsprüfung weitere Kenntnisse, Fähigkeiten und Kompetenzen zu verschaffen. Eine Bauvorlageberechtigung besteht in dieser Zeit nicht. Mit Satz 4 ist klargestellt, dass bei dienstleistenden Personen für die Bauvorlageberechtigung maßgeblich ist, dass sie in einem Mitgliedstaat rechtmäßig zur Ausübung desselben Berufs (Tätigkeit als bauvorlageberechtigte Person) niedergelassen sind; auf die Berufsqualifikation kommt es dabei nicht an. Nach § 67 gibt es nicht nur eine umfassende Bauvorlegeberechtigung, die die verantwortliche Erstellung von Bauvorlagen für jede Art von Gebäuden beinhaltet. Architektinnen und Architekten und in die Liste nach § 67 Abs. 2 Nr. 2 eingetragene Personen haben zwar eine entsprechende Berechtigung, nach § 67 Abs. 1 Satz 2 Nr. 2 können bestimmte Bauvorlagen aber auch von Personen mit anderer Ausbildung erstellt werden. Weiter ist mit § 67 Abs. 3 für bestimmte Personengruppen eine eingeschränkte Bauvorlageberechtigung vorgesehen. Nach Satz 6 sind diese unterschiedlichen Bauvorlageberechtigungen wie verschiedene Berufe anzusehen mit der Folge, dass auswärtige Dienstleistende, die in ihrem Niederlassungsstaat nur eine entsprechende eingeschränkte Bauvorlageberechtigung haben, in Thüringen keine weitergehenden Bauvorlagen verantwortlich erstellen dürfen.

Mit Absatz 4 Satz 1 und 2 ist Artikel 5 Abs. 3 der Richtlinie 2005/36/EG umgesetzt, wonach Dienstleistende den Berufsregeln des Aufnahmemitgliedstaats unterliegen.

Nach Satz 3 hat die Ingenieurkammer Thüringen eine Bescheinigung über die Eintragung in das Verzeichnis nach Absatz 1 Satz 1 auszustellen. Damit kann die dienstleistende Person sowohl gegenüber Auftraggeberinnen und Auftraggebern als auch gegenüber Bauaufsichtsbehörden (auch anderer Länder) ihre Bauvorlageberechtigung nachweisen. Die Gültigkeit der Bescheinigung ist auf fünf Jahre begrenzt, auch um zu vermeiden, dass eine als Dienstleistungserbringung begonnene Tätigkeit sich zu einer dauerhaften Niederlassung entwickelt, ohne dass die Voraussetzungen eines dauerhaften Tätigwerdens erfüllt sind. Wird die Dienstleistung weiter vorübergehend und gelegentlich erbracht, kann die Gültigkeit der Bescheinigung verlängert werden.

§ 72
Bautechnische Nachweise

(1) [1]Die Einhaltung der Anforderungen an die Standsicherheit, den Brand-, Schall- und Erschütterungsschutz ist nach Maßgabe der Rechtsverordnung nach § 95 Abs. 3 nachzuweisen (bautechnische Nachweise); dies gilt nicht für verfahrensfreie Bauvorhaben einschließlich der Beseitigung von Anlagen, soweit nicht in diesem Gesetz oder in der Rechtsverordnung nach § 95 Abs. 3 etwas anderes bestimmt ist. [2]Die Bauvorlageberechtigung nach § 67 Abs. 2 und 3 Nr. 3 schließt die Berechtigung zur Erstellung der bautechnischen Nachweise ein, soweit nicht in den Absätzen 2 bis 5 Abweichendes bestimmt ist.

(2) [1]Bei Gebäuden der Gebäudeklassen 1 bis 3 und sonstigen baulichen Anlagen, die keine Gebäude sind, muss der Standsicherheitsnachweis von

1. einer Person mit einem berufsqualifizierenden Hochschulabschluss eines Studiums der Fachrichtung Architektur, Hochbau oder Bauingenieurwesen mit einer mindestens dreijährigen Berufserfahrung in der Tragwerksplanung oder
2. einer Prüfingenieurin oder einem Prüfingenieur für Standsicherheit

erstellt sein. [2]Auch bei anderen Bauvorhaben darf der Standsicherheitsnachweis von einer Person nach Satz 1 erstellt werden. [3]Der Standsicherheitsnachweis muss

1. bei Gebäuden der Gebäudeklassen 4 und 5,
2. bei unterirdischen Mittelgaragen und Großgaragen im Sinne der Rechtsverordnung nach § 95 Abs. 1 Nr. 3 oder
3. wenn dies nach Maßgabe eines in der Rechtsverordnung nach § 95 Abs. 3 Satz 1 Nr. 3 geregelten Kriterienkatalogs erforderlich ist, bei
   a) Gebäuden der Gebäudeklassen 1 bis 3,
   b) Behältern, Brücken, Stützmauern, Tribünen,
   c) sonstigen baulichen Anlagen, die keine Gebäude sind, mit einer Höhe von mehr als 10 m und
   d) Fundamenten für Windenergieanlagen mit einer Höhe von mehr als 10 m, deren weitere Bestandteile dem Anwendungsbereich der Richtlinie 2006/42/EG unterliegen,

bauaufsichtlich geprüft sein; dies gilt nicht für Wohngebäude der Gebäudeklassen 1 und 2.

(3) [1]Bei Bauvorhaben der Gebäudeklasse 4, ausgenommen Sonderbauten sowie Mittel- und Großgaragen im Sinne der Rechtsverordnung nach § 95 Abs. 1 Nr. 3, muss der Brandschutznachweis von

1. einer für das Bauvorhaben bauvorlageberechtigten Person, die die erforderlichen Kenntnisse des Brandschutzes nachgewiesen hat,
2. einer oder einem
   a) Angehörigen der Fachrichtung Architektur, Hochbau, Bauingenieurwesen oder eines Studiengangs mit Schwerpunkt Brandschutz, die oder der ein Studium an einer deutschen Hochschule oder ein gleichwertiges Studium an einer ausländischen Hochschule abgeschlossen hat, oder

b) Absolventin oder Absolventen, die oder der die Ausbildung für mindestens den gehobenen feuerwehrtechnischen Dienst abgeschlossen hat,

und nach dem Abschluss mindestens zwei Jahre auf dem Gebiet der brandschutztechnischen Planung und Ausführung von Gebäuden oder deren Prüfung praktisch tätig gewesen ist und die erforderlichen Kenntnisse des Brandschutzes nachgewiesen hat, oder

3. einer Prüfingenieurin oder einem Prüfingenieur für Brandschutz

erstellt sein. [2]Auch bei anderen Bauvorhaben darf der Brandschutznachweis von einer der in Satz 1 genannten Personen erstellt werden. [3]Bei

1. Sonderbauten,
2. Mittel- und Großgaragen im Sinne der Rechtsverordnung nach § 95 Abs. 1 Nr. 3 und
3. Gebäuden der Gebäudeklasse 5

muss der Brandschutznachweis bauaufsichtlich geprüft sein.

(4) [1]Die in Absatz 2 Satz 1 Nr. 1 und Absatz 3 Satz 1 Nr. 1 und 2 genannten Personen müssen in eine von der Architektenkammer Thüringen und der Ingenieurkammer Thüringen gemeinsam geführte Liste eingetragen sein; die §§ 11 und 12 ThürAIKG gelten entsprechend. [2]Eintragungen in vergleichbaren Listen anderer Länder gelten auch in Thüringen. [3]Personen, die in einem anderen Mitgliedstaat der Europäischen Union oder einem nach dem Recht der Europäischen Gemeinschaften oder der Europäischen Union gleichgestellten Staat zur Erstellung von Standsicherheits- oder Brandschutznachweisen niedergelassen sind, sind nachweisberechtigt, wenn sie in ihrem Niederlassungsstaat vergleichbare Anforderungen erfüllen mussten; sie haben das erstmalige Tätigwerden der Architektenkammer Thüringen oder der Ingenieurkammer Thüringen in Textform anzuzeigen und dabei die in § 71 Abs. 2 Satz 3 genannten Unterlagen beizufügen. [4]Bei Bediensteten einer juristischen Person des öffentlichen Rechts ist für die dienstliche Tätigkeit eine Eintragung in die Liste nach Satz 1 nicht erforderlich, wenn ihnen die obere Bauaufsichtsbehörde bestätigt hat, dass sie im Übrigen die Voraussetzungen nach Absatz 2 Satz 1 Nr. 1 oder Absatz 3 Satz 1 Nr. 1 oder 2 erfüllen.

(5) [1]Soweit abweichend von Absatz 4 Satz 1 die Erstellerin oder der Ersteller eines Standsicherheits- oder Brandschutznachweises nicht in die in Absatz 4 Satz 1 Halbsatz 1 genannte Liste eingetragen ist, ist die bauaufsichtliche Prüfung des Standsicherheits- oder Brandschutznachweises erforderlich. [2]Außer in den Fällen nach Satz 1, nach Absatz 2 Satz 3 und nach Absatz 3 Satz 3 sind bautechnische Nachweise nicht zu prüfen; § 73 bleibt unberührt. [3]Einer bauaufsichtlichen Prüfung bedarf es ferner nicht, soweit für das Bauvorhaben Standsicherheitsnachweise vorliegen, die von einem Prüfamt für Standsicherheit allgemein geprüft sind (Typenprüfung); Typenprüfungen anderer Länder gelten auch in Thüringen.

Nr. 72 VollzBekThürBO

72.1.1 Bautechnische Nachweise sind außer für verfahrensfreie Vorhaben für alle Bauvorhaben zu erstellen. Ein Nachweis des bauordnungsrechtlichen Wärmeschutzes ist für das bauaufsichtliche Verfahren entbehrlich.

72.1.2 Grundsätzlich ist die Bauvorlageberechtigung nach § 67 für die Erstellung der bautechnischen Nachweise ausreichend. Etwas anderes gilt nur für die in Absatz 2 Satz 1, Absatz 3 Satz 1 genannten Nachweise, wenn die Prüfung der Nachweise entfallen soll.

72.1.3 Bautechnische Nachweise müssen mit den Bauzeichnungen und Baubeschreibungen übereinstimmen. Sofern die Bauaufsichtsbehörde nicht selbst prüft, obliegt die Feststellung der Übereinstimmung der nachweisberechtigten Person nach § 72 Abs. 4 oder dem/der Prüfingenieur/-in nach § 2 Abs. 12. Der Umfang und Inhalt bautechnischer Nachweise für Standsicherheit und Brandschutz ist in den §§ 10 und 11 ThürBauVorlVO geregelt. Im Brandschutznachweis ist auch auf die Rettung von Personen mit Behinderungen einzugehen, mit deren Anwesenheit bei der konkreten baulichen Anlage zu rechnen ist.

72.1.4 Bautechnische Nachweise müssen nach § 78 Abs. 7 Satz 3 zum Baubeginn auf der Baustelle vorliegen. Sind sie prüfpflichtig, müssen sie nach § 78 Abs. 6 Nr. 2 geprüft vorliegen.

72.1.5 Ergibt sich aus nachträglich erstellten Nachweisen, dass ein Bauvorhaben nicht so ausgeführt werden kann, wie es genehmigt wurde, ist eine Änderung der Baugenehmigung zu beantragen. Dabei handelt es sich in der Sache um ein neues Genehmigungsverfahren, bei dem vorhandene Unterlagen ggf. genutzt werden können. Soweit durch die Änderungen von Fachbehörden zu vertretende Belange nicht neu oder anders berührt werden, ist deren Beteiligung entbehrlich.

72.1.6 Der Brandschutznachweis kann insbesondere bei Sonderbauten in Form eines objektbezogenen Brandschutzkonzepts dargestellt werden. Bei einfachen Sonderbauten wie z. B. landwirtschaftlichen Gebäuden nach § 2 Abs. 4 Nr. 3 kann ggf. auf „Muster-Brandschutzkonzepte" zurückgegriffen werden, die objektbezogen ergänzt werden.

72.2.1 An die Ersteller bautechnischer Nachweise werden in Abhängigkeit von der Schwierigkeit der baulichen Anlagen unterschiedlich hohe Anforderungen gestellt. Ein Vier-Augen-Prinzip ist nur teilweise vorgesehen.

72.2.2 Ein Standsicherheitsnachweis ist immer erforderlich. Die Prüfpflicht ergibt sich aus Satz 3. Allein die Sonderbaueigenschaft eines Gebäudes führt nicht zur Prüfpflicht für den Standsicherheitsnachweis, da Sonderbauten nicht generell höhere Probleme im Bereich der Standsicherheit aufweisen.

72.2.3 Soweit Windenergieanlagen höher als 10 m sind, sind sie nach Maßgabe des Kriterienkatalogs der Anlage 2 zur ThürBauVorlVO entweder insgesamt nach Satz 3 Nr. 3 Buchst. c oder – wenn Turm und Gondel nach der Richtlinie 2006/42/EG in Verkehr gebracht wurden – nur das Fundament zu prüfen.

72.2.4 Wohngebäude der Gebäudeklassen 1 und 2 sind hinsichtlich des Standsicherheitsnachweises nie prüfpflichtig. Dies gilt ungeachtet der Frage, ob die Kriterien des Kriterienkatalogs ganz oder teilweise erfüllt oder nicht erfüllt sind.

72.2.5 Die Erteilung der Prüfaufträge erfolgt nach § 2 Abs. 1 ThürPPVO in der Regel durch die untere Bauaufsichtsbehörde unter Berücksichtigung fachlicher Kriterien sowie unter Berücksichtigung der Möglichkeit einer örtlichen Bauüberwachung. Die Festlegung des Prüfers kann frühzeitig erfolgen, um bereits in der Planungsphase fachliche Abstimmungen zwischen Ersteller und Prüfer der Nachweise zu ermöglichen. Anregungen des Bauherrn oder Nachweiserstellers zur Auswahl eines bestimmten Prüfingenieurs können insbesondere dann berücksichtigt werden, wenn die Anlage oder die bautechnischen Nachweise Besonderheiten aufweisen, die auch beim Prüfingenieur Spezialwissen erfordern.

72.3.1 Ein Brandschutznachweis ist immer erforderlich. Bei den Gebäudeklassen 1 bis 3 ist er regelmäßig in den Bauvorlagen enthalten. Auch bei Gebäuden der Gebäudeklassen 4 und 5, die keine Sonderbauten sind, ist regelmäßig kein getrennter Nachweis erforderlich (vgl. § 11 Abs. 1 ThürBauVorlVO). Wird kein getrennter Nachweis erstellt, muss der Fachplaner aus den Plänen, die die Angaben zum Brandschutz enthalten, ebenfalls hervorgehen. Die Angabe im Formblatt „Erklärung zum Brandschutznachweis“ ist nicht ausreichend.

72.3.2 Der Brandschutznachweis kann sich nach § 11 ThürBauVorlVO auf das für die Beurteilung Erforderliche beschränken. Bei Anbauten und anderen Änderungen an einem Gebäude kann die Darstellung ausreichend sein, dass die geplante Änderung keine Auswirkungen auf den Brandschutz des bestehenden Gebäudes hat. Bei Windenergieanlagen wird regelmäßig nach § 1 Abs. 5 ThürBauVorlVO ein Verzicht auf die Vorlage eines Brandschutznachweises in Betracht kommen, ungeachtet möglicher Anforderungen zum abwehrenden Brandschutz.

72.3.3 Wurde ein Standsicherheits- oder Brandschutznachweis für Gebäude und Anlagen nach Absatz 2 Satz 1 bzw. Absatz 3 Satz 1 durch eine Prüfingenieurin oder einen Prüfingenieur für Standsicherheit bzw. für Brandschutz erstellt, ist er nicht zu prüfen. Absatz 5 Satz 1 gilt nur für die Nachweisersteller, die in der Liste nach Absatz 4 eingetragen sein müssen, zu denen Prüfingenieurinnen und Prüfingenieure nicht gehören. Sind Abweichungen nach § 73 erforderlich, sind diese auch dann zu beantragen und gesondert zu genehmigen, wenn der Nachweis durch Prüfingenieurinnen oder Prüfingenieure erstellt wurde.

72.3.4 Obwohl bautechnische Nachweise in der Regel nur in den Fällen des Absatzes 2 Satz 3 und des Absatzes 3 Satz 3 geprüft werden, kann ein Antrag auf Abweichung eine Teilprüfung der bautechnischen Nachweise notwendig machen, da die abweichende Lösung Auswirkungen auf die Gesamtplanung haben kann. In diesen Fällen sind bautechnische Nachweise in dem Umfang zu prüfen, der für die Beurteilung der Abweichung notwendig ist.

72.4 Die Listenführung erfolgt auf Grundlage einer einmaligen Überprüfung der Eintragungsvoraussetzungen. Eine regelmäßige Überprüfung, ob die Eintragungsvoraussetzungen noch vorliegen oder ob der Eingetragene weiter im Rahmen seiner Nachweisberechtigung tätig wird, ist nicht erforderlich. Eine Löschung der Eintragung ist unter den in § 12 ThürAIKG geregelten Voraussetzungen möglich.

Begründung zu § 72

In § 72 ist ein weiteres Kernstück des Verfahrensrechts enthalten. Mit der Beschränkung des Prüfprogramms im vereinfachten Baugenehmigungsverfahren nach § 65 Abs. 1 Satz 1 und der Genehmigungsfreistellung nach § 64 entfallen bauaufsichtliche Prüfungen auch hinsichtlich bautechnischer Anforderungen des Bauordnungsrechts, sodass insoweit die in Absatz 1 Satz 1 Halbsatz 1 gesetzlich definierten bautechnischen Nachweise nicht mehr inhaltlich zu prüfende Bestandteile der Bauvorlagen sind. Auch die in § 72 enthaltenen Prüfeinschränkungen müssen zudem, jedenfalls teilweise, durch Anforderungen an die Erstellerinnen oder Ersteller bautechnischer Nachweise und an die private Prüfung solcher Nachweise außerhalb des bauordnungsrechtlichen Genehmigungsverfahrens ausgeglichen werden.

Für die Kompensation entfallender bauaufsichtlicher Prüfungen ist mit § 72 ein dreistufiges Modell zur Verfügung gestellt. Grundsätzlich genügt die allgemeine Bauvorlageberechtigung nach Absatz 1 Satz 2 auch für die Erstellung der bautechnischen Nachweise. Für die Teilbereiche Standsicherheit nach Absatz 2 Satz 1 und Brandschutz nach Absatz 3 Satz 1 ist eine zusätzliche oder besondere Qualifikation als sogenannte qualifizierte Tragwerks- beziehungsweise Brandschutzplanerin oder qualifizierter Tragwerks- beziehungsweise Brandschutzplaner gefordert. Soweit dies angesichts der bautechnischen Schwierigkeit und beziehungsweise oder des Risikopotenzials bestimmter Bauvorhaben angezeigt erscheint, wurde mit Absatz 2 Satz 3 und Absatz 3 Satz 3 am Vier-Augen-Prinzip festgehalten, das aber einer Privatisierung geöffnet ist. Auch wenn die jeweiligen bauaufsichtlichen Aufgaben einer oder einem Privaten übertragen werden, bleibt davon, auch unabhängig davon, wer die

Prüfingenieurin oder den Prüfingenieur für das konkrete Bauvorhaben beauftragt, vergleiche Urteil des Bundesgerichtshofs vom 25. März 1993, Aktenzeichen III ZR 34/92, in NJW 1993 S. 1784, die Hoheitlichkeit der Aufgabe unberührt. Die Privatperson ist in diesem Falle als beliehene Unternehmerin oder beliehener Unternehmer und damit als Teil der mittelbaren Staatsverwaltung hoheitlich bauaufsichtlich tätig und nimmt die Prüfaufgaben für die Bauaufsichtsbehörde wahr, der ihre Prüftätigkeit verfahrens- und haftungsrechtlich zugerechnet wird. Soweit diese Privatperson im Zusammenhang mit einem Baugenehmigungsverfahren prüft, ist diese Prüfung Bestandteil des, insoweit gegebenenfalls durch § 72 erweiterten, Prüfprogramms nach § 65 Abs. 1 Satz 1 und § 66 Satz 1. Die Prüfungsergebnisse gehen in die Regelungs- und Feststellungswirkung der Baugenehmigung ein.

Mit Absatz 1 Satz 1 Halbsatz 1 ist zunächst die Verpflichtung zur Erstellung bautechnischer Nachweise herausgestellt. Die Verweisung auf die Rechtsverordnung nach § 95 Abs. 3 soll verdeutlichen, dass die Anforderungen an die bautechnischen Nachweise im Einzelnen und gegebenenfalls auch der Verzicht auf bautechnische Nachweise dort zu regeln ist. Mit Halbsatz 2 ist klargestellt, dass die Anforderungen nach § 72 nicht für die nach § 63 verfahrensfreien Bauvorhaben gelten. Dies rechtfertigt sich daraus, dass die Entscheidung über die Verfahrensfreiheit auch einen Verzicht auf die bauaufsichtlich geforderte Erstellung und Prüfung bautechnischer Nachweise beinhaltet; unberührt bleibt die Verantwortlichkeit der Bauherrschaft für die Einhaltung der materiell-rechtlichen Anforderungen nach § 56, die gegebenenfalls auch die Erstellung bautechnischer Nachweise erforderlich machen kann.

In Satz 2 ist der Grundsatz enthalten, dass die jeweilige allgemeine Bauvorlageberechtigung nach § 67 Abs. 2 und Abs. 3 Nr. 3 die Berechtigung zur Erstellung der in der Bestimmung legal definierten bautechnischen Nachweise umfasst. Damit ist die Gesamtverantwortung der bauvorlageberechtigten Entwurfsverfasserin oder des bauvorlageberechtigten Entwurfsverfassers für die Planung insgesamt, einschließlich der bautechnischen Nachweise, betont.

In Absatz 2 Satz 1 ist eine Ausnahme von Absatz 1 Satz 2 für den Nachweis der Standsicherheit bei baulichen Anlagen enthalten, bei denen dieser Nachweis nicht bauaufsichtlich zu prüfen ist. In diesen Fällen muss der Standsicherheitsnachweis durch eine qualifizierte Tragwerksplanerin oder einen qualifizierten Tragwerksplaner erstellt sein, die oder der den in dieser Regelung festgelegten Anforderungen genügt. Auf eine Listeneintragung und -führung nach Absatz 4 Satz 1 kann bei den qualifizierten Tragwerksplanerinnen und qualifizierten Tragwerksplanern nicht verzichtet werden, da die Voraussetzung der mindestens dreijährigen Berufserfahrung in der Tragwerksplanung für die Bauherrschaft nicht ohne Weiteres erkennbar ist.

Mit Satz 2 ist die bautechnische Nachweisberechtigung nach Absatz 1 Satz 2 hinsichtlich des Standsicherheitsnachweises auf qualifizierte Tragwerksplanerinnen oder qualifizierte Tragwerksplaner im Sinne des Satzes 1 erweitert, auch wenn sie nicht bauvorlageberechtigt sind. Dies ist gerechtfertigt, weil an die Erstellung dieser

Nachweise spezifische fachliche Anforderungen gestellt werden, die die qualifizierte Person erfüllt, die aber die allgemeine Bauvorlageberechtigung nicht voraussetzen; begünstigt von dieser Regelung ist beispielsweise ein großer Teil der Prüfingenieurinnen und Prüfingenieure für Baustatik.

In Satz 3 ist geregelt, in welchen Fällen auf den Standsicherheitsnachweis das Vier-Augen-Prinzip anzuwenden ist. Der in Halbsatz 1 Nr. 1 und 2 vorgenommenen standardisierten Auswahl von Bauvorhaben, die dem Vier-Augen-Prinzip unterworfen sind, ist der Vorzug vor einer Anknüpfung der Erforderlichkeit einer bauaufsichtlichen Prüfung an die der Gebührenbemessung der Prüfingenieurinnen und Prüfingenieure zugrundeliegenden Bauwerksklassen zu geben, da die Abgrenzungen insoweit streitanfällig und für die Bauherrschaft gegebenenfalls schwierig erkennbar sind. Bei den Gebäuden der Gebäudeklassen 1 bis 3, Behältern, Brücken, Stützmauern, Tribünen und sonstigen baulichen Anlagen, die keine Gebäude sind, mit einer Höhe von mehr als 10 m erscheint es nicht gerechtfertigt, sie pauschal dem Vier-Augen-Prinzip hinsichtlich der Standsicherheit zu unterwerfen. Vielmehr sind sie einer Einzelfallbetrachtung nach Maßgabe der jeweiligen statisch-konstruktiven Schwierigkeit zu unterziehen. Diese Einzelfallbetrachtung ist von der oder dem jeweils tätig werdenden qualifizierten Tragwerksplanerin oder qualifizierten Tragwerksplaner vorzunehmen und orientiert sich an dem Kriterienkatalog, der in Anlage 2 der Thüringer Bauvorlagenverordnung festgelegt ist. Dabei begründet die Beurteilung der qualifizierten Tragwerksplanerin oder des qualifizierten Tragwerksplaners öffentlich-rechtlich verbindlich die Prüfpflicht gegenüber der Bauherrschaft, unabhängig davon, ob die Voraussetzungen dafür im Zweifel vorliegen; damit soll eine zweitinstanzliche Befassung der Bauaufsichtsbehörde mit dieser Einstufung des konkreten Bauvorhabens vermieden werden.

Eine Einzelfallbetrachtung ist nach Buchstabe d weiter erforderlich für die Fundamente von Windenergieanlagen, die nach der Richtlinie 2006/42/EG in Verkehr gebracht werden. Der Nachweis über die Erfüllung der grundlegenden Sicherheits- und Gesundheitsschutzanforderungen einer Maschine ist bereits über die Konformitätsvermutung von Konformitätserklärung und CE-Kennzeichnung nach Artikel 7 Abs. 1 der Richtlinie 2006/42/EG geführt. Die Mitgliedstaaten haben – ohne weitere Prüfung – davon auszugehen, dass die Anforderungen nach dieser Richtlinie – einschließlich der Standsicherheit – erfüllt sind. Es darf daher kein zusätzlicher Nachweis verlangt werden, soweit Konformitätserklärung und CE-Kennzeichnung reichen. Soweit Windenergieanlage nach der Richtlinie 2006/42/EG in Verkehr gebracht werden, kann zwar kein Standsicherheitsnachweis verlangt werden. Die Fundamente sind jedoch in der Regel nicht Bestandteil der „Maschine Windenergieanlage" und unterliegen daher dem bauaufsichtlichen Regelwerk. Da die Fundamente und die Verbindung der Windenergieanlagen mit den Fundamenten für die Standsicherheit der Gesamtanlage wesentlich sind, kann eine Überprüfung der Standsicherheit erforderlich sein. Die Höhe der zugeordneten Windenergieanlage von 10 m als Untergrenze der Prüfpflicht wurde gewählt, da diese Höhe bei Anlagen, die nicht nach der Richtlinie 2006/42/EG in Verkehr gebracht werden, nach Buchstabe c für die Prüfpflicht maßgeblich wäre. Wurden Gondel, Turm und Fundament insgesamt nach der Richtlinie 2006/42/EG in Verkehr gebracht, kann insgesamt kein Standsicherheitsnachweis verlangt werden. Soweit der Turm nicht Bestandteil der Maschine ist, richtet sich die Prüfpflicht für Turm und Fundament nach Buchstabe c.

In Absatz 3 sind entsprechende Regelungen für den Brandschutznachweis enthalten. Die Möglichkeit einer qualifizierten Brandschutzplanerin oder eines qualifizierten Brandschutzplaners nur für Gebäude der Gebäudeklasse 4, die keine Sonderbauten oder Mittel- und Großgaragen sind, ist trotz des relativ schmalen Anwendungsbereichs dieser Regelung gerechtfertigt, da die Einbeziehung auch dieser Gebäude in die bauaufsichtliche Prüfung durch eine Prüfingenieurin oder einen Prüfingenieur unverhältnismäßig erscheint. Die Brandschutzanforderungen an solche Gebäude sind nach der Thüringer Bauordnung standardisiert; für die ordnungsgemäße Planung und Ausführung der hochfeuerhemmenden Bauweise sind in der Muster-Richtlinie über brandschutztechnische Anforderungen an Bauteile und Außenwandbekleidungen in Holzbauweise die erforderlichen Vorkehrungen getroffen. Soweit die den Brandschutznachweis erstellende Person nicht Prüfingenieurin oder Prüfingenieur für Brandschutz ist, muss sie in die Liste nach Absatz 4 Satz 1 eingetragen sein und hierzu die erforderlichen Kenntnisse im Brandschutz nachgewiesen haben. Der Nachweis kann insbesondere durch den erfolgreichen Besuch der in verschiedenen Ländern in der Regel von Fortbildungsinstituten gemeinsam mit der jeweiligen Architekten- oder Ingenieurkammer angebotenen Lehrgänge mit Abschlussprüfung geführt werden. Da der Zugang grundsätzlich allen Personen möglich sein soll, die im Hinblick auf ihren Ausbildungsabschluss auch Prüfingenieurinnen oder Prüfingenieure für Brandschutz werden könnten, sind in den Kreis der potentiellen Nachweisberechtigten auch Personen aufgenommen, die die Ausbildung für mindestens den gehobenen feuerwehrtechnischen Dienst abgeschlossen haben.

Mit Absatz 4 Satz 1 ist bestimmt, dass die nach Absatz 2 Satz 1 Nr. 1 und Absatz 3 Satz 1 Nr. 1 und 2 nachweisberechtigten Personen in eine von der Architektenkammer Thüringen und der Ingenieurkammer Thüringen gemeinsam geführte Liste eingetragen werden müssen. Die Listenführung soll sich zwar grundsätzlich auf die einmalige Überprüfung der Eintragungsvoraussetzungen beschränken, es hat sich aber herausgestellt, dass auch Sanktionsmöglichkeiten für den Fall erforderlich sind, dass eine eingetragene Person ihrer damit verbundenen Verantwortung nicht nachkommen will oder kann oder eine entsprechende Besorgnis besteht. Daher sind die Regelungen der §§ 10 und 11 ThürAIKG zur Versagung oder Löschung einer Eintragung für entsprechend anwendbar erklärt. Prüfingenieurinnen und Prüfingenieure müssen nicht in die Listen eingetragen sein, da zu deren Anerkennung höhere Anforderungen als für die nachweisberechtigten Personen zu erfüllen sind. Ein der Listeneintragung vergleichbarer Nachweis ist das von der obersten Bauaufsichtsbehörde auf deren Internetseite bekanntgemachte Verzeichnis der anerkannten Prüfämter, Prüfingenieurinnen und Prüfingenieure in Thüringen.

Nach Satz 2 gelten Eintragungen in vergleichbaren Listen anderer Länder auch in Thüringen. Vergleichbar sind die Listen, wenn für die Eintragung mindestens die in Absatz 2 Satz 1 oder Absatz 3 Satz 1 genannten Anforderungen erfüllt werden mussten.

Mit Satz 3 ist der Umsetzung der Richtlinien 2005/36/EG und 2006/123/EG gedient. Wie bei der Bauvorlageberechtigung sind Regelungen für Personen zu schaffen, die zur Erbringung einer vergleichbaren Dienstleistung in einem anderen Mitgliedstaat rechtmäßig niedergelassen sind. Die Pflicht zur Anzeige des erstmaligen Tätigwerdens ermöglicht der Architektenkammer Thüringen oder der Ingenieurkammer Thüringen die Überprüfung, ob tatsächlich eine Vergleichbarkeit der Anforderungen vorliegt. Ein Tätigwerden ist unmittelbar nach der Anzeige möglich.

In Satz 4 ist eine dem § 67 Abs. 3 Nr. 3 vergleichbare Sonderregelung für die dienstliche Tätigkeit von Bediensteten einer juristischen Person des öffentlichen Rechts enthalten. Mit ihr ist dem Umstand Rechnung getragen, dass im öffentlichen Dienst Beschäftigte in besonderer Weise zur Einhaltung der öffentlich-rechtlichen Vorschriften verpflichtet sind und der öffentliche Dienstherr in der Regel nur solchen Beschäftigten eine höhere Verantwortung geben wird, bei denen er davon ausgehen kann, dass sie dieser Verantwortung gerecht werden. Eine darüberhinausgehende Überwachung durch die Kammern ist nicht erforderlich und wäre auch nicht zulässig. Um zu gewährleisten, dass diese Personen die erhöhten Qualifikationsanforderungen erfüllen, ist insoweit eine Prüfung durch die obere Bauaufsichtsbehörde erforderlich.

Nach Absatz 5 Satz 1 ist es möglich, dass auch andere Personen, die nicht die in Absatz 2 Satz 1 oder Absatz 3 Satz 1 aufgeführten Voraussetzungen erfüllen, die bautechnischen Nachweise erstellen dürfen. Dies ist bereits deswegen erforderlich, damit die Betreffenden die entsprechenden Erfahrungen erwerben können. Werden die Nachweise durch diese Personen erstellt, sind sie allerdings zu prüfen.

In Satz 2 ist ein genereller Prüfverzicht für die bautechnischen Nachweise enthalten, soweit sie nicht nach Satz 1 oder Absatz 2 Satz 3 oder Absatz 3 Satz 3 durch die Bauaufsichtsbehörde selbst oder durch eine Prüfingenieurin oder einen Prüfingenieur bauaufsichtlich geprüft werden. Dieser Prüfverzicht schließt seinem Sinn und Zweck nach ein, dass – werden die einschlägigen Nachweise nicht geprüft – auch die mit diesen nachzuweisenden materiell-rechtlichen Anforderungen nicht zu prüfen sind. Mit Halbsatz 2 ist klargestellt, dass der Prüfverzicht grundsätzlich die Zulassung von Abweichungen nach § 73 nicht entbehrlich macht, soweit von materiell-rechtlichen Anforderungen abgewichen werden soll. Nach Satz 3 sind Standsicherheitsnachweise auch dann nicht zu prüfen, wenn für sie eine Typenprüfung erfolgt ist. Typenprüfungen ermöglichen es, die Standsicherheit von mehrfach errichteten Anlagen nur einmal nachweisen und überprüfen zu lassen und dadurch Zeit und Kosten zu sparen. Typenprüfungen können auch genau zu beschreibende Varianten einer Ausführung zulassen. Typenprüfungen werden durch dafür zugelassene Prüfämter für Standsicherheit erteilt. In Thüringen ist das derzeit nur das Thüringer Landesverwaltungsamt.

§ 73
Abweichungen

(1) [1]Die Bauaufsichtsbehörde soll Abweichungen von Anforderungen dieses Gesetzes und aufgrund dieses Gesetzes erlassener Vorschriften zulassen, wenn sie unter Berücksichtigung des Zwecks der jeweiligen Anforderung und unter Würdigung der öffentlich-rechtlich geschützten nachbarlichen Belange mit den öffentlichen Belangen, insbesondere den Anforderungen nach § 3 Satz 1, vereinbar sind. [2]Dies gilt insbesondere für

1. **Bauvorhaben, die der Weiternutzung bestehender Gebäude dienen,**
2. **Bauvorhaben zur Energieeinsparung und Nutzung erneuerbarer Energien oder**
3. **Bauvorhaben zur Erprobung neuer Bau- und Wohnformen.**

[3]§ 96 Abs. 1 Satz 3 bleibt unberührt. [4]Der gesonderten Zulassung einer Abweichung bedarf es nicht, soweit bautechnische Nachweise bauaufsichtlich geprüft werden.

(2) [1]Die Zulassung von Abweichungen nach Absatz 1, von Ausnahmen und Befreiungen von den Festsetzungen eines Bebauungsplans oder einer sonstigen städtebaulichen Satzung oder von Regelungen der Baunutzungsverordnung (BauNVO) in der Fassung vom 21. November 2017 (BGBl. I S. 3786) in der jeweils geltenden Fassung ist gesondert in Textform zu beantragen; der Antrag ist zu begründen. [2]Für Anlagen, die keiner Genehmigung bedürfen, sowie für Abweichungen von Vorschriften, die im Genehmigungsverfahren nicht geprüft werden, gilt Satz 1 entsprechend.

(3) [1]Über Abweichungen nach Absatz 1 Satz 1 von örtlichen Bauvorschriften sowie über Ausnahmen und Befreiungen nach Absatz 2 Satz 1 entscheidet bei verfahrensfreien Bauvorhaben die Gemeinde nach Maßgabe der Absätze 1 und 2. [2]Im Übrigen sind Abweichungen von örtlichen Bauvorschriften durch die Bauaufsichtsbehörde im Einvernehmen mit der Gemeinde zuzulassen; § 36 Abs. 2 Satz 2 BauGB gilt entsprechend.

(4) [1]Zulassungen von Abweichungen nach Absatz 2 Satz 2 und Absatz 3 erlöschen, wenn

1. **innerhalb von drei Jahren nach ihrer Erteilung mit der Ausführung des Vorhabens nicht begonnen oder**
2. **die Bauausführung länger als drei Jahre unterbrochen**

worden ist. [2]§ 79 gilt entsprechend.

Nr. 73 VollzBekThürBO

73.1.1 „Vorschriften" i.S. des Absatzes 1 Satz 1 sind nur solche des materiellen Bauordnungsrechts; bauordnungsrechtliche Verfahrensregelungen und Verwaltungsvorschriften sind hiervon nicht erfasst. Soll von technischen Regeln oder von nach § 96 eingeführten Technischen Baubestimmungen abgewichen werden, ist die Zulassung einer Abweichung i. S. d. § 73 vorbehaltlich der Regelung des § 96 Abs. 1 Satz 3 nicht erforderlich. Es sind die dafür geltenden Bestimmungen zu beachten.

73.1.2 Sind die Voraussetzungen einer Abweichung erfüllt, ist ihre Zulassung der Regelfall (sog. intendiertes Ermessen). Die Nichtzulassung einer Abweichung soll sich auf Ausnahmefälle beschränken. Insbesondere ist für die Zulassung einer Abweichung kein atypischer Sonderfall erforderlich.

73.1.3 Der Zweck der jeweiligen (Sicherheits-)Anforderung kann mit einer Abweichung vereinbar sein, wenn erhebliche Gefahren für Leben und Gesundheit nicht zu befürchten sind. Verringerte Anforderungen können insbesondere zugelassen werden, wenn bei dem konkreten Gebäude bestimmte Gefahrensituationen nicht zu erwarten sind, denen durch die entsprechende Regelung Rechnung getragen werden soll. So kann beispielsweise bei Bürogebäuden berücksichtigt werden, dass bei ihnen im Fall eines Brandes nicht mit schlafenden Personen zu rechnen ist.

73.1.4 Bei den in Satz 2 aufgeführten Tatbeständen handelt es sich lediglich um Beispiele, bei denen die Zulassung einer Abweichung in Betracht kommen kann. Sind die Voraussetzungen des Satzes 1 nicht erfüllt, kann eine Abweichung bei den in Satz 2 genannten Bauvorhaben nicht zugelassen werden.

73.1.5 Werden bautechnische Nachweise bauaufsichtlich (durch die Bauaufsichtsbehörde oder einen Prüfingenieur) geprüft, sind insoweit gesonderte Abweichungsentscheidungen entbehrlich. Das gilt aber nur für solche Anforderungen und Abweichungen, die Gegenstand des bautechnischen Nachweises sind.

73.1.6 Sollen bei Gebäuden der Gebäudeklassen 1 bis 4 Abweichungen von Anforderungen des Brandschutzes zugelassen werden, muss die Prüfung des Brandschutzes so weit gehen, wie es eine sachgerechte Entscheidung erfordert. Eine Beschränkung lediglich auf das betroffene Bauteil wird häufig nicht ausreichend sein.

73.2.1 Die Zulassung von Abweichungen setzt einen Antrag voraus, der zu begründen ist. Stellt die Bauaufsichtsbehörde bei der Prüfung eines Bauantrags nach § 66 oder auf andere Weise fest, dass die Zulassung einer Abweichung erforderlich ist, sollte die Bauherrschaft darauf hingewiesen und eine Frist zur Nachreichung gesetzt werden. Wird der Antrag nicht innerhalb der gesetzten Frist gestellt, ist die Baugenehmigung im Verfahren nach § 66 zu versagen. Im Verfahren nach § 65 kann die Baugenehmigung nach § 78 wegen des Verstoßes gegen nicht zum Prüfumfang gehörendes öffentliches Rechts versagt werden.

73.2.2 Satz 2 ist im Genehmigungsfreistellungsverfahren (§ 64) auf Ausnahmen und Befreiungen vom Bebauungsplan nicht anwendbar, da die Notwendigkeit einer Ausnahme oder Befreiung zur Durchführung eines (vereinfachten) Baugenehmigungsverfahrens führt.

73.3.1 Die Gemeinde entscheidet, wenn es um Abweichungen von örtlichen Bauvorschriften nach § 97 oder von städtebaulichen Satzungen geht und das Vorhaben nach § 63 verfahrensfrei ist. Die Gemeinde muss dabei ausschließlich entscheiden, ob sie eine Abweichung von den von ihr selbst erlassenen Regelungen zulassen will. Sonstiges öffentliches Recht ist nicht zu prüfen. Die Zulassung der Abweichung bedeutet daher auch keine Aussage über die Zulässigkeit des Vorhabens insgesamt.

73.3.2 Beantragt die Bauherrschaft keine Abweichung, obwohl sie erforderlich ist oder beachtet sie die von der Gemeinde mit der Zulassung der Abweichung verbundenen Nebenbestimmungen nicht, ist für die Verfolgung des rechtswidrigen Zustands die Bauaufsichtsbehörde zuständig.

73.3.3 Sowohl Satzungen nach § 97 als auch städtebauliche Satzungen werden im eigenen Wirkungskreis erlassen; daher ist auch die Entscheidung nach Absatz 3 dem eigenen Wirkungskreis zuzurechnen. Widerspruchsbehörde bei kreisangehörigen Gemeinden ist daher das Landratsamt.

73.4 Die Befristungen gelten nur für isolierte Abweichungen nach Absatz 2 Satz 2 und Absatz 3. Für Abweichungen, die in Baugenehmigungen zugelassen werden, gelten die Erlöschensfristen für die Baugenehmigung.

Begründung zu § 73

Mit § 73 ist auf die im Bauplanungsrecht in § 31 BauGB geregelte Unterscheidung zwischen Ausnahmen und Befreiungen verzichtet und in einer einheitlichen, alle bauordnungsrechtlichen Anforderungen mit Ausnahme der eingeführten Technischen Baubestimmungen und der Regelungen zur Verwendbarkeit von Bauprodukten und Bauarten umfassenden, übergreifenden Regelung zusammengefasst. Dabei ist nach der Regelung davon auszugehen, dass mit den Vorschriften des Bauordnungsrechts bestimmte namentlich in den Regelungen des Brandschutzes verdeutlichte Schutzziele verfolgt werden und zur Erreichung dieser Schutzziele ein Weg, aber auch nur ein Weg von mehreren möglichen Wegen, gewiesen wird. Ziel der Abweichungsregelung ist, die Erreichung des jeweiligen Schutzziels der Norm in den Vordergrund zu rücken und insbesondere ohne das Erfordernis eines atypischen Einzelfalls auf diese Weise das materielle Bauordnungsrecht zu flexibilisieren.

Mit Absatz 1 Satz 1 ist demzufolge der Grundsatz festgelegt, dass die Bauaufsichtsbehörde Abweichungen von bauordnungsrechtlichen Anforderungen zulassen soll, wenn sie unter Berücksichtigung des Zwecks der jeweiligen Anforderung und unter Würdigung der öffentlich-rechtlich geschützten nachbarlichen Belange mit den öffentlichen Belangen, insbesondere den Anforderungen nach § 3 Satz 1 vereinbar sind. Da die materiellen bauordnungsrechtlichen Anforderungen nur einen von mehreren möglichen Wegen zur Erreichung der Schutzziele beschreiben, gibt es in der Regel keinen Grund, andere in gleicher Weise geeignete Wege nicht zuzulassen. Mit den Voraussetzungen der Zulassung einer Abweichung ist beschrieben, welche Gesichtspunkte bei der Beurteilung der Geeignetheit einer anderen Lösung zu berücksichtigen sind. Die Mindestanforderungen nach § 3 Satz 1 stellen dabei die absolute Grenze für die Zulassung von Abweichungen dar. Satz 2 enthält drei Regelbeispiele, die eine Vereinbarkeit der in Satz 1 benannten Belange intendieren. Nummer 1 umfasst Vorhaben, die der Weiternutzung bestehender Gebäude dienen. Die Weiternutzung der vorhandenen Gebäudesubstanz rechtfertigt es in der Regel, von der Einhaltung bauordnungsrechtlicher Vorschriften Abweichungen zu erteilen. Überwiegend werfen solche Vorhaben allenfalls bauplanungsrechtliche Probleme auf. Damit wird die Nutzung der vorhandenen Gebäudesubstanz insgesamt vereinfacht und unbürokratisch ermöglicht. Nummer 2 dient dem vereinfachten Bau von Anlagen zur Nutzung erneuerbarer Energien und zur Energieeinsparung. In der Regel werfen derartige Vorhaben, wie nachträgliche Maßnahmen zur Wärmedämmung, Dachsanierungen oder Errichtung von Solarenergieanlagen, in nur untergeordnetem Maße bauordnungsrechtliche Probleme auf. Ihnen ist daher vor dem Hintergrund der Ausbauziele für erneuerbare Energien ein entscheidendes Gewicht beizumessen. Nummer 3 dient als sogenannte Experimentierklausel der Erprobung neuer Bau- und Wohnformen und damit der Umsetzung des verbändeübergreifend vielfach geforderten sogenannten Gebäudetyps-E. Ungeachtet bestehender Fragen des Zivilrechts einschließlich eventueller Haftungsfragen wird es bei der Errichtung experimenteller Vorhaben damit ermöglicht, im Einzelfall von bauordnungsrechtlichen Anforderungen abzuweichen. Mit Satz 3 ist klargestellt, dass durch § 73 die unmittelbar gesetzesabhängige und keiner bauaufsichtlichen Ermessensentscheidung bedürftige Abweichung von eingeführten Technischen Baubestimmungen nach § 96 Abs. 1 Satz 3 unberührt ist. Mit Satz 4 ist bestimmt, dass es keiner gesonderten Abweichungsentscheidung der Bauaufsichtsbehörde bedarf, wenn bautechnische Nachweise bauaufsichtlich geprüft werden. Damit ist eine Gesamtbeurteilung des Standsicherheits- oder Brandschutznachweises möglich, ohne gesondert zu betrachten, inwieweit von den materiellen Anforderungen abgewichen wird oder nicht.

In Absatz 2 sind Regelungen über das Abweichungsverfahren enthalten. Mit Satz 1 Halbsatz 1 ist festgelegt, dass die Zulassung von Abweichungen von bauordnungsrechtlichen Anforderungen nach Absatz 1 und von Ausnahmen und Befreiungen von städtebaurechtlichen Vorschriften in Textform beantragt werden muss; die Einbeziehung der städtebaurechtlichen Regelungen in die Bestimmung ist erforderlich, weil die einschlägigen städtebaurechtlichen Vorschriften zwar jeweils ein materiellrechtliches Entscheidungsprogramm für die Zulassung von Ausnahmen und Befreiungen enthalten, aber kein Trägerverfahren für ihre Umsetzung im Einzelfall. Die Begründungspflicht nach Halbsatz 2 soll die Überlegungen der Planerin oder des Planers nachvollziehbar machen und der Bauaufsichtsbehörde die Ermittlung der für eine Abweichung sprechenden Gesichtspunkte erleichtern. Mit Satz 2 ist klargestellt, dass auch für genehmigungsfreie, das heißt nach § 63 verfahrensfreie und nach § 64 der Genehmigungsfreistellung unterliegende Anlagen, die von den in Satz 1 genannten Vorschriften abweichen, unabhängig von ihrer Genehmigungsfreiheit eine gesonderte isolierte Entscheidung über die Zulässigkeit der Abweichung, Ausnahme oder Befreiung erforderlich ist. Dies gilt folgerichtig auch für solche Anforderungen an genehmigungsbedürftige Anlagen, die im jeweiligen Baugenehmigungsverfahren nicht geprüft werden; insoweit stehen solche Vorhaben den genehmigungsfreien gleich.

Mit Absatz 3 ist eine von § 60 Abs. 2 abweichende Regelung der sachlichen Zuständigkeit getroffen. Verfahrensfreien Vorhaben nach § 63 kommen nur geringe bauaufsichtliche Relevanz und allenfalls minimales planungsrechtliches Gewicht zu, sodass insoweit die Zulassung von Abweichungen von, die gemeindliche Ortsgestaltungs- und Planungshoheit schützenden und von den Gemeinden selbst erlassenen, Vorschriften den Gemeinden überlassen bleiben kann. § 36 Abs. 1 Satz 1 BauGB, wonach unter anderem über Ausnahmen und Befreiungen nach § 31 BauGB von der Baugenehmigungsbehörde im Einvernehmen mit der Gemeinde zu entscheiden ist, steht nicht entgegen, da der auf die gemeindliche Planungshoheit zielende Schutzzweck der Norm durch eine der Gemeinde selbst zugewiesene Entscheidung erst recht beachtet wird. Soweit verfahrensfreie Anlagen zusätzlich einer Abweichung von anderen bauordnungsrechtlichen Anforderungen bedürfen, ist davon auszugehen, dass es sich um eher seltene Ausnahmefälle handeln wird, sodass die Erforderlichkeit nebeneinanderstehender Abweichungen nach Absatz 1 Satz 1 und Absatz 3 für solche Bauvorhaben in Kauf genommen werden kann. Soweit über Abweichungen von örtlichen Bauvorschriften im Rahmen eines vereinfachten oder normalen Baugenehmigungsverfahrens zu entscheiden ist, ist für diese Entscheidung das Einvernehmen der Gemeinde erforderlich. Dadurch ist der besonderen Bedeutung der örtlichen Bauvorschriften für die gemeindliche Entwicklung und dem Umstand Rechnung getragen, dass örtliche Bauvorschriften im eigenen Wirkungskreis der Gemeinden erlassen werden. Auch ist dadurch die unterschiedliche Behandlung von örtlichen Bauvorschriften aufgehoben, die davon abhängt, ob die Regelungen Teil eines Bebauungsplans oder in einer gesonderten Satzung enthalten sind. Wird ein Bauvorhaben ohne die in Satz 1 erforderliche gemeindliche Entscheidung oder abweichend von gegebenenfalls aufgenommenen Nebenbestimmungen ausgeführt, verbleibt es für die dann in Betracht kommenden bauaufsichtlichen Maßnahmen bei der Zuständigkeit der Bauaufsichtsbehörden.

In Absatz 4 ist die Geltungsdauer der Zulassung von isolierten Abweichungen festgelegt. Ohne diese Regelung würden Zulassungen von Abweichungen zeitlich unbegrenzt gelten, soweit sie nicht nach § 43 Abs. 2 ThürVwVfG unwirksam werden. Die Regelung gilt sowohl für isolierte Abweichungen von Vorschriften des Bauordnungsrechts, einschließlich örtlicher Bauvorschriften nach § 97, als auch des Bauplanungsrechts. Insbesondere bei Abweichungen von Festsetzungen eines Bebauungsplans ist eine Befristung sinnvoll, damit die Gemeinde nach einer bestimmten Frist Gewissheit hat, ob noch Bauvorhaben abweichend von den bisherigen Festsetzungen eines Bebauungsplans durchgeführt werden, die entweder bei weiteren Anträgen zu einer Ermessensbindung führen oder für zukünftige Planänderungen möglicherweise Zwangspunkte setzen. Aus dem Verweis auf § 79 ergibt sich, dass die Regelungen zum Erlöschen der Baugenehmigung und der Möglichkeit der Verlängerung auch für isolierte Abweichungen gelten.

§ 74
Bauantrag und Bauvorlagen

(1) Der Bauantrag ist bei der Bauaufsichtsbehörde einzureichen.

(2) [1]Mit dem Bauantrag sind alle für die Beurteilung des Bauvorhabens und die Bearbeitung des Bauantrags erforderlichen Unterlagen (Bauvorlagen) einzureichen. [2]Die Bauaufsichtsbehörde kann gestatten, dass einzelne Bauvorlagen nachgereicht werden.

(3) In besonderen Fällen kann die Bauaufsichtsbehörde verlangen, dass zur Beurteilung der Einwirkung des Bauvorhabens auf die Umgebung das Bauvorhaben in geeigneter Weise auf dem Grundstück dargestellt wird.

(4) Ist die Bauherrschaft nicht Grundstückseigentümerin, kann die Bauaufsichtsbehörde die Zustimmung der Grundstückseigentümerin oder des Grundstückseigentümers zu dem Bauvorhaben fordern.

Nr. 74 VollzBekThürBO

74.2.1 Einzureichen sind die nach der ThürBauVorlVO erforderlichen Unterlagen. Angaben zur Einhaltung materieller Anforderungen außerhalb des Bauplanungs- und des Bauordnungsrechts sind nur erforderlich, soweit diese Anforderungen im jeweiligen Baugenehmigungsverfahren zu prüfen sind. § 74 Abs. 2 Satz 2, wonach die Bauaufsichtsbehörde zulassen kann, dass einzelne Bauvorlagen nachgereicht werden, bleibt unberührt.

74.2.2 Unter https://thueringenviewer.thueringen.de/thviewer/infolika.html können kostenfreie Auszüge aus dem Liegenschaftskataster von der Seite des Thüringer Landesamts für Bodenmanagement und Geoinformation (TLBG) erzeugt werden. Der Auszug enthält die Angaben gemäß § 7 Abs. 1 ThürBauVorlVO, wenn bei der Produktauswahl „Auszug Liegenschaftskarte gemäß § 7 ThürBauVorlVO" ausgewählt wird und die erforderlichen Angaben zu Bauherrschaft, Bauvorhaben und Bauantragsdatum ergänzt werden.

74.2.3 Die bautechnischen Nachweise i. S. d. § 72 gehören nicht zu den vor Erteilung der Baugenehmigung einzureichenden Unterlagen. Eine gleichzeitige Einreichung des Brandschutznachweises ist aber empfehlenswert, da sich aus dessen Prüfung Änderungen des Bauvorhabens und damit Auswirkungen auf die Baugenehmigung ergeben können. Die Nachweise müssen jedenfalls rechtzeitig vor Baubeginn vorliegen. Ist eine Prüfung der Nachweise erforderlich, wird sie bei Vorhaben nach §§ 65, 66 durch die Baugenehmigungsbehörde in Auftrag gegeben. Die Nachweise müssen dann so rechtzeitig vorgelegt werden, dass die Prüfung vor Baubeginn abgeschlossen ist. Auf Nr. 65.1.8, 65.1.8 und 72 wird hingewiesen.

Begründung zu § 74

Mit Absatz 1 ist bestimmt, dass der Bauantrag bei der Bauaufsichtsbehörde einzureichen ist. Die Form der Einreichung, insbesondere bei der Nutzung elektronischer Verfahren, soll in der Thüringer Bauvorlagenverordnung geregelt werden.

Nach Absatz 2 Satz 1 sind zusammen mit dem Bauantrag alle Unterlagen für die Beurteilung des Bauvorhabens und die Bearbeitung des Bauantrags einzureichen. Die Konkretisierung dieser Forderung erfolgt in der Thüringer Bauvorlagenverordnung. Dabei kann auch eine Differenzierung nach der Art des bauaufsichtlichen Verfahrens erfolgen. Die Nachreichung einzelner Bauvorlagen nach Satz 2 kommt insbesondere in Betracht bei umfangreichen Bauvorhaben, bei denen die Erstellung von Unterlagen zu Detailfragen einen längeren Zeitraum erfordert, diese Unterlagen zu Beginn des Baugenehmigungsverfahrens aber noch nicht erforderlich sind.

Das in Absatz 3 geregelte Verlangen, ein Bauvorhaben in geeigneter Weise auf dem Grundstück darzustellen, wird sich angesichts der damit verbundenen Kosten auf Einzelfälle beschränken. Vorrangig werden Fotomontagen und andere elektronische Möglichkeiten der Visualisierung in Betracht kommen.

Nach Absatz 4 kann die Bauaufsichtsbehörde den Nachweis der Zustimmung der Grundstückseigentümerin oder des Grundstückseigentümers zu dem Bauvorhaben verlangen. Dadurch kann vermieden werden, dass sich die Bauaufsichtsbehörden mit Bauvorhaben beschäftigen müssen, die aus zivilrechtlichen Gründen ohnehin nicht errichtet werden können. Allerdings sind auch Fälle denkbar, dass die Bauherrschaft ein berechtigtes Interesse hat, dass die Grundstückseigentümerin oder der Grundstückseigentümer zunächst nicht beteiligt wird. In Betracht kommen Fälle, bei denen beispielsweise zur Vorbereitung eventueller Kaufverhandlungen zunächst die Bebauungsmöglichkeiten ermittelt werden sollen.

§ 75
Behandlung des Bauantrags

(1) [1]Die Bauaufsichtsbehörde hört zum Bauantrag die Gemeinde und diejenigen Stellen an,
1. deren Beteiligung oder Anhörung für die Entscheidung über den Bauantrag durch Rechtsvorschrift vorgeschrieben ist, oder
2. ohne deren Stellungnahme die Genehmigungsfähigkeit des Bauantrags nicht beurteilt werden kann.

[2]Die Anhörung entfällt, wenn die Gemeinde oder die jeweilige Stelle dem Bauantrag bereits vor Einleitung des Baugenehmigungsverfahrens zugestimmt oder auf eine Beteiligung verzichtet hat. [3]Bedarf die Erteilung der Baugenehmigung der Zustimmung oder des Einvernehmens einer anderen Körperschaft, Behörde oder sonstigen Stelle, so gilt diese als erteilt, wenn sie nicht zwei Monate nach Eingang des Ersuchens verweigert wird; von der Frist nach Halbsatz 1 abweichende Regelungen durch Rechtsvorschrift bleiben unberührt. [4]Stellungnahmen bleiben unberücksichtigt, wenn sie nicht innerhalb eines Monats nach Aufforderung zur Stellungnahme bei der Bauaufsichtsbehörde eingehen, es sei denn, die verspätete Stellungnahme ist für die Rechtmäßigkeit der Entscheidung über den Bauantrag von Bedeutung.

(2) [1]Die Bauaufsichtsbehörde hat den Bauantrag innerhalb von zehn Arbeitstagen auf Vollständigkeit zu prüfen und der Bauherrschaft den Eingang des Antrags zu bestätigen. [2]Ist der Bauantrag unvollständig oder weist er sonstige erhebliche Mängel auf, fordert die Bauaufsichtsbehörde die Bauherrschaft zur Behebung der Mängel innerhalb einer angemessenen Frist auf; werden die Mängel innerhalb der Frist nicht behoben, gilt der Antrag als zurückgenommen.

(3) Betrifft das Bauvorhaben eine Anlage, die in den Anwendungsbereich der Richtlinie (EU) 2018/2001 fällt, gilt ergänzend zu Absatz 1 und 2, dass
1. auf Antrag der Bauherrschaft das bauaufsichtliche Verfahren sowie alle sonstigen Zulassungsverfahren, die für die Durchführung des Bauvorhabens nach Bundes- oder Landesrecht erforderlich sind, über eine einheitliche Stelle nach § 71a VwVfG abgewickelt werden,
2. die einheitliche Stelle nach Nummer 1 ein Verfahrenshandbuch für Bauherrschaften bereitstellt und diese Informationen auch im Internet zugänglich macht; dabei muss sie gesondert auch auf kleinere Bauvorhaben und Bauvorhaben zur Eigenversorgung mit Elektrizität eingehen und in den im Internet veröffentlichten Informationen darauf hinweisen, für welche Bauvorhaben sie zuständig ist und welche weiteren einheitlichen Stellen in Thüringen für Bauvorhaben nach Satz 1 zuständig sind und
3. die Bauaufsichtsbehörde und die zu beteiligenden Behörden die zur Prüfung des Bauantrags zusätzlich erforderlichen Unterlagen in einer einmaligen Mitteilung an die Bauherrschaft zusammenfassen, die Bauaufsichtsbehörde nach Eingang der vollständigen Unterlagen einen Zeitplan für das weitere Verfah-

ren erstellt und diesen Zeitplan in den Fällen der Nummer 1 der einheitlichen Stelle, andernfalls der Bauherrschaft mitteilt.

Nr. 75 VollzBelThürBO

75.1.1 Die Gemeinde ist unabhängig von einem Einvernehmenserfordernis immer zu beteiligen. Das Gleiche gilt, soweit eine Beteiligung einer Stelle durch Rechtsvorschrift vorgeschrieben ist. Dagegen sind sonstige betroffene Behörden nur zu beteiligen, wenn ohne die Beteiligung die Genehmigungsfähigkeit eines Vorhabens nicht beurteilt werden kann. Damit kommt nur eine Beteiligung der Behörden in Betracht, deren Zuständigkeit durch den Prüfumfang nach §§ 65, 66 berührt wird. Besitzt die Bauaufsichtsbehörde ausreichende Kenntnisse auf dem jeweiligen Fachgebiet, kann die Beteiligung der zuständigen Behörde unterbleiben.

75.1.2 Die Beteiligung der Brandschutzdienststellen im Baugenehmigungsverfahren wird regelmäßig dann erforderlich, wenn sich Auswirkungen für den abwehrenden Brandschutz ergeben. Besondere Anforderungen können sich stellen an:

- die Löschwasserversorgung,
- die Zufahrten und Flächen der Feuerwehr,
- die Rettungswege (Angriffswege der Feuerwehr),
- die anlagentechnischen Brandschutzeinrichtungen des vorbeugenden und abwehrenden Brandschutzes oder
- den organisatorischen Brandschutz.

Eine Beteiligung der Brandschutzdienststelle soll erfolgen vor

- der Erteilung von Abweichungen von Brandschutzanforderungen und
- der Entscheidung eines Widerspruchs gegen Brandschutzanforderungen.

Bei Gebäuden der GK 5, Sonderbauten sowie Mittel- und Großgaragen ist regelmäßig eine Beteiligung hinsichtlich der o. g. Anforderungen erforderlich.

Die Brandschutzdienststelle gibt Auskunft über die Leistungsfähigkeit und die Ausstattung (z. B. vorhandenes Rettungsgerät) der örtlichen Feuerwehr unter Beachtung des Thüringer Brand- und Katastrophenschutzgesetzes sowie der Thüringer Feuerwehrorganisationsverordnung. Bei der Leistungsfähigkeit soll beurteilt werden, ob regelmäßig ausreichend qualifizierte Einsatzkräfte (personelle Voraussetzungen) für einen wirksamen abwehrenden Brandschutz vorliegen, um insbesondere die Rettung von Menschen, z. B. über Rettungsgeräte der Feuerwehr, und wirksame Löschmaßnahmen durchführen zu können. Dabei sollen die erforderlichen Einsatzfunktionen, die entsprechend der Ausstattung der Feuerwehr (gerätebezogene Stärke) notwendig sind, regelmäßig innerhalb eines bestimmten Zeitraums an der Einsatzstelle einsatzbereit verfügbar sein. Die Anforderungen der Brandschutzdienststelle sind zu würdigen; die Brandschutzdienststelle ist über das Ergebnis der Würdigung zu informieren. Werden Vorschläge der Brandschutzdienststelle nicht umgesetzt, ist diese davon zu unterrichten. Die Feuerwehren benötigen das Ergebnis der Würdigung ihrer Belange, weil die Verantwortung für den abwehrenden Brandschutz der Gebäude bei den Gemeinden bleibt. Eine völlig isolierte Betrachtung von vorbeugendem und abwehrendem Brandschutz ist nicht möglich, beide beeinflussen sich unabdingbar.

Brandschutzdienststellen sind nach § 26 Thüringer Brand- und Katastrophenschutzgesetz die Landkreise, die kreisfreien und Großen Kreisstädte sowie die Großen kreisangehörigen Städte. Eine Beteiligung der örtlichen Feuerwehr allein ist unzureichend.

75.1.3 Die Bauaufsichtsbehörde ist an Stellungnahmen von Fachbehörden nur gebunden, wenn deren Einvernehmen erforderlich ist oder soweit eine Genehmigung nach § 65 Abs. 1 Satz 2 Nr. 3, § 66 Satz 1 Nr. 3 ersetzt wird. Will sie von einer Stellungnahme abweichen, sollte sie vorher mit der betroffenen Behörde Kontakt aufnehmen.

75.1.4 Gemeinden und Fachbehörden können im Einzelfall oder allgemein auf eine Beteiligung verzichten. Ein Verzicht im Einzelfall wird insbesondere in Betracht kommen, wenn der Bauherr die Stelle vorab beteiligt und eine Einigung erzielt hat. Diese muss für die Bauaufsichtsbehörde nachvollziehbar sein (z. B. gegengezeichnetes Gesprächsprotokoll), damit erkennbar ist, unter welchen Rahmenbedingungen auf eine Zweitbeteiligung verzichtet wird. Ein Verzicht sollte ausdrücklich erklärt werden.

Ein allgemeiner Verzicht kann bei häufiger vorkommenden vergleichbaren Sachverhalten in Betracht kommen. In diesem Fall kann sich die Abfassung einer Muster-Stellungnahme anbieten, die ohne erneute Beteiligung herangezogen werden kann.

75.1.5 Verspätete Stellungnahmen müssen grundsätzlich nicht berücksichtigt werden. Etwas anderes gilt, wenn die materielle Rechtmäßigkeit der Entscheidung über den Bauantrag von der inhaltlichen Berücksichtigung des entsprechenden Belangs abhängt und die Bauaufsichtsbehörde diesen Belang nicht ausreichend selbst beurteilen kann. Im vereinfachten Genehmigungsverfahren wird in diesem Fall regelmäßig eine Verlängerung der Entscheidungsfrist nach § 65 Abs. 2 in Betracht kommen.

75.2 Die Bauaufsichtsbehörden haben durch personelle und organisatorische Maßnahmen sicherzustellen, dass die Zehntagesfrist eingehalten wird. Die Vollständigkeitsprüfung kann nur eine formelle Prüfung sein, die auch ohne inhaltliche Befassung mit dem Bauantrag möglich ist. Zu prüfen ist insbesondere, ob die nach der ThürBauVorlVO erforderlichen Bauvorlagen vorhanden sind und „anscheinend" eine Prüfung des Bauantrags zulassen. Dagegen können sich aus der inhaltlichen Prüfung der Bauvorlagen noch Nachforderungen ergeben. Diese Nachforderungen setzen die Entscheidungsfrist des § 65 Abs. 2 nicht neu in Gang. Bautechnische Nachweise gehören nicht zur Vollständigkeit der Bauvorlagen.

75.3 Die Wahrnehmung der Aufgaben der einheitlichen Stelle ist im Thüringer ES-Errichtungsgesetz vom 8. Juli 2009 (GVBl. S. 592), zuletzt geändert durch Artikel 16 des Gesetzes vom 2. Juli 2024 (GVBl. S. 277, 285), geregelt.

Begründung zu § 75

Mit Absatz 1 Satz 1 ist festgelegt, welche Behörden und sonstigen Stellen im Baugenehmigungsverfahren anzuhören sind. Das ist zunächst mit Rücksicht auf die mögliche Berührung ihrer Planungshoheit stets die jeweilige Gemeinde. Sonstige Stellen sind nur anzuhören, wenn ihre Beteiligung oder Anhörung für die Entscheidung über den Bauantrag nach Nummer 1 durch Rechtsvorschrift vorgeschrieben ist oder ohne deren Stellungnahme die Genehmigungsfähigkeit des Bauantrags nach Nummer 2 nicht beurteilt werden kann. Damit ist klargestellt, dass in materieller Hinsicht der Verfahrensteilhabe am Baugenehmigungsverfahren eine strikte Grenze durch den Verfahrenszweck gezogen ist, nämlich die Genehmigungsfähigkeit des Bauvorhabens festzustellen.

Nach Satz 2 entfällt die Anhörung nach Absatz 1, wenn die Gemeinde oder die jeweilige Stelle dem Bauantrag bereits vor Einleitung des Baugenehmigungsverfahrens zugestimmt oder auf eine Beteiligung verzichtet hat. Damit hat zum einen die Bauherrschaft die Möglichkeit, etwa mit Fachbehörden bereits im Vorfeld des Baugenehmigungsverfahrens wesentliche Fragen des Bauvorhabens abzuklären und auf diese Weise eine Verfahrensbeschleunigung zu erzielen, zum anderen können Fachbehörden sich bei in der Regel wiederkehrenden Sachverhalten dadurch entlasten, dass sie eine Musterstellungnahme erstellen, bei deren Berücksichtigung auf eine weitere Beteiligung widerruflich verzichtet wird.

Mit Satz 3 ist in Anlehnung an § 36 BauGB die Erteilung einer Zustimmung oder eines Einvernehmens fingiert, wenn die beteiligte Stelle nicht innerhalb von zwei Monaten eine entgegenstehende Stellungnahme abgibt. Durch Bundes- oder Landesrecht können durch Rechtsvorschrift abweichende Regelungen getroffen werden.

Nach Satz 4 bleiben sonstige Stellungnahmen grundsätzlich unberücksichtigt, wenn sie nicht innerhalb eines Monats nach Aufforderung zur Stellungnahme bei der Bauaufsichtsbehörde eingehen. Eine Ausnahme davon ist, in Anlehnung an § 4a Abs. 6 BauGB, lediglich für den Fall vorgesehen, dass die Rechtmäßigkeit der Entscheidung über den Bauantrag von der verspäteten Stellungnahme abhängt, was auch erlaubt, eine zwingend erforderliche Stellungnahme gegebenenfalls abzuwarten. Dies ist gerechtfertigt, weil unabhängig von einer etwaigen Verfristung der Stellungnahme die Bauaufsichtsbehörde unverändert die Außenverantwortung für die Rechtmäßigkeit der von ihr erteilten Baugenehmigung beziehungsweise deren Ablehnung trägt.

In Absatz 2 ist das Verfahren bei unvollständigen oder sonst mangelhaften Bauvorlagen geregelt. Nach Satz 1 ist die Bauaufsichtsbehörde verpflichtet, den Bauantrag innerhalb von zehn Arbeitstagen auf Vollständigkeit zu kontrollieren und der Bauherrschaft den Antragseingang zu bestätigen. Die Bauherrschaft soll daher in angemessener Frist wissen, inwieweit eine verzögerte Entscheidung über einen Bauantrag auf einem eigenen Fehler beziehungsweise einem Fehler der Entwurfsverfasserin oder des Entwurfsverfassers beruht und inwieweit sie zur Behebung beitragen kann. Unberührt von dieser Regelung bleibt die Möglichkeit, im Lauf des Verfahrens weitere Unterlagen nachzufordern, wenn sich bei der Prüfung ergibt, dass entgegen dem ersten Eindruck die Unterlagen tatsächlich nicht vollständig sind. Mit Satz 2 Halbsatz 1 ist für den Fall unvollständiger oder sonst erheblich mangelhafter Bauanträge zwingend vorgeschrieben, dass die Bauaufsichtsbehörde die Bauherrschaft zur Beseitigung der Mängel binnen angemessener Frist aufzufordern hat. Mit Halbsatz 2 ist, anstelle der bloßen Möglichkeit, im Ermessenswege den Bauantrag zurückzuweisen, an das fruchtlose Verstreichen der Frist eine Rücknahmefiktion mit entsprechenden Kostenfolgen für die Bauherrschaft angeknüpft, die dann überdies gegebenenfalls den Bauantrag neu zu stellen hat.

Mit Absatz 3 sind Artikel 15 Abs. 1 Unterabs. 2 Buchst. a und Artikel 16 Abs. 1 bis 3 der Richtlinie (EU) 2018/2001 umgesetzt.

Mit Satz 1 Nr. 1 ist die Verfahrensabwicklung über eine einheitliche Stelle nach den §§ 71a bis 71e ThürVwVfG möglich. Die Inanspruchnahme der einheitlichen Stelle durch die Bauherrschaft ist freiwillig. Das Verfahren über eine einheitliche Stelle schließt alle Zulassungsverfahren ein, die für die Durchführung des Vorhabens nach Bundes- oder Landesrecht erforderlich sind. Sofern für ein Bauvorhaben neben dem Genehmigungsverfahren eine Anzeige erforderlich ist, umfasst die Abwicklung über die einheitliche Stelle nach § 71b ThürVwVfG auch die Anzeige.

Die einheitliche Stelle hat, abgesehen von den im jeweiligen bauaufsichtlichen Verfahren geregelten Zuständigkeiten, keine materiellen Befugnisse, sondern allein verfahrensbezogene Aufgaben. Eine Entscheidungs- oder Verfahrenskonzentration findet nicht statt. Im Fall ihrer Inanspruchnahme dient die einheitliche Stelle als Kontaktpunkt im Verhältnis zur Bauherrschaft. Die Zuständigkeiten der jeweils für die sachliche Prüfung und Entscheidung zuständigen Behörden und das durch sie zu vollziehende Fachrecht bleiben unberührt. Über die bauaufsichtlichen Zuständigkeiten hinaus erfolgen damit ausschließlich Serviceleistungen zur Beschleunigung des Verfahrens.

Mit Nummer 2 ist Artikel 16 Abs. 3 der Richtlinie (EU) 2018/2001 zum Verfahrenshandbuch und zu online zur Verfügung zu stellenden Informationen umgesetzt. Nach Satz 3 des Erwägungsgrundes 51 der Richtlinie (EU) 2018/2001 sollte ein Verfahrenshandbuch zur Verfügung gestellt werden, damit Projektentwicklerinnen und Projektentwickler und Bürgerinnen und Bürger, die in erneuerbare Energie investieren möchten, die Verfahren leichter verstehen können. Im Verfahrenshandbuch ist gesondert auf kleinere Vorhaben und Vorhaben zur Eigenversorgung mit Elektrizität einzugehen. Darüber hinaus ist mit Nummer 2 gewährleistet, dass im Internet auch solche Informationen veröffentlicht sind, die es der Bauherrschaft ermöglichen, die für das konkrete Vorhaben zuständige einheitliche Stelle zu erkennen.

Mit Nummer 3 soll dazu beigetragen sein, die Zusammenstellung der erforderlichen Unterlagen zu beschleunigen. Werden zu einem späteren Zeitpunkt zunächst nicht erkennbare Mängel festgestellt, ist eine Nachforderung von Unterlagen dadurch nicht ausgeschlossen. Mit Nummer 3 ist die Bauaufsichtsbehörde darüber hinaus verpflichtet, nach Eingang der vollständigen Unterlagen einen Zeitplan für das weitere Verfahren aufzustellen und mitzuteilen. Damit ist die in Artikel 15 Abs. 1 Unterabs. 2 Buchst. a der Richtlinie (EU) 2018/2001 enthaltene Vorgabe zur Aufstellung vorhersehbarer Zeitpläne umgesetzt. Mit der Regelung ist auch der Verfahrenstransparenz im Sinne des Artikels 16 Abs. 2 Satz 1 dieser Richtlinie gedient.

§ 76
Beteiligung benachbarter Personen und der Öffentlichkeit

(1) [1]Die Bauaufsichtsbehörde soll die Eigentümerinnen und Eigentümer benachbarter Grundstücke (benachbarte Personen) vor der Erteilung von Abweichungen und Befreiungen durch Zustellung benachrichtigen, wenn zu erwarten ist, dass öffentlich-rechtlich geschützte nachbarliche Belange berührt werden. [2]Die Beteiligung der benachbarten Personen und der Öffentlichkeit erfolgt ohne Nennung von Namen und Anschrift der Bauherrschaft, der Entwurfsverfasserin oder des Entwurfsverfassers und der oder des Bauvorlageberechtigten, wenn der Zweck der Beteiligung auch auf diese Weise ohne zusätzliche Erschwerung erreicht werden kann, und wenn die Bauherrschaft entsprechende Bauvorlagen einreicht. [3]Einwendungen sind innerhalb eines Monats nach Zustellung der Benachrichtigung bei der Bauaufsichtsbehörde in Textform oder zur Niederschrift vorzubringen. [4]Die nach Satz 1 durch Zustellung benachrichtigten, beteiligten benachbarten Personen sind mit allen öffentlich-rechtlichen Einwendungen ausgeschlossen, die nicht innerhalb der Frist nach Satz 3 geltend gemacht worden sind; auf diese Rechtsfolge ist in der Benachrichtigung nach Satz 1 hinzuweisen.

(2) [1]Die Benachrichtigung nach Absatz 1 Satz 1 entfällt, wenn die benachbarten Personen dem Bauvorhaben zugestimmt haben. [2]Haben benachbarte Personen dem Bauvorhaben nicht zugestimmt, ist ihnen die Baugenehmigung mit dem Teil der Bauvorlagen, auf den sich die Einwendungen beziehen, zuzustellen.

(3) [1]Bei baulichen Anlagen, die aufgrund ihrer Beschaffenheit oder ihres Betriebs geeignet sind, die Allgemeinheit oder benachbarte Personen zu gefährden, zu benachteiligen oder zu belästigen, kann die Bauaufsichtsbehörde auf Antrag der Bauherrschaft das Bauvorhaben in ihrem amtlichen Veröffentlichungsblatt sowie zusätzlich im Internet oder in örtlichen Tageszeitungen, die im Bereich des Standorts der Anlage verbreitet sind, öffentlich bekannt machen. [2]Bei der Errichtung, Änderung oder Nutzungsänderung

1. eines oder mehrerer Gebäude, wenn dadurch dem Wohnen dienende Nutzungseinheiten mit einer Größe von insgesamt mehr als 5 000 m^2 Grundfläche geschaffen werden,
2. baulicher Anlagen, die öffentlich zugänglich sind, wenn dadurch die gleichzeitige Nutzung durch mehr als 100 zusätzliche Besucherinnen und Besucher ermöglicht wird, und
3. baulicher Anlagen, die nach Durchführung des Bauvorhabens Sonderbauten nach § 2 Abs. 4 Nr. 9, 10, 12, 13, 15 oder 16 sind,

ist das Bauvorhaben nach Satz 1 bekannt zu machen, wenn es innerhalb des angemessenen Sicherheitsabstands eines Betriebsbereichs nach § 3 Abs. 5a BImSchG liegt; ist der angemessene Sicherheitsabstand nicht bekannt, ist maßgeblich, ob sich das Vorhaben innerhalb des Achtungsabstands des Betriebsbereichs im Sinne des Leitfadens KAS-18 der Kommission für Anlagensicherheit (KAS) vom No-

vember 2010, abzurufen auf der Internetseite der KAS, befindet. [3]Satz 2 gilt nicht, wenn
1. die Bauaufsichtsbehörde zu dem Ergebnis kommt, dass dem Gebot, den angemessenen Sicherheitsabstand zu wahren, bereits in einem Bebauungsplan Rechnung getragen ist oder
2. bei der Änderung von Vorhaben nach Satz 2 Nr. 3 sich die Zahl der gleichzeitig anwesenden Personen nicht erhöht.

[4]Verfährt die Bauaufsichtsbehörde nach den Sätzen 1 oder 2, finden die Absätze 1 und 2 keine Anwendung.

(4) [1]In der Bekanntmachung nach Absatz 3 Satz 1 und 2 ist zu informieren
1. über den Gegenstand des Vorhabens,
2. über die für die Genehmigung zuständige Behörde, bei der der Antrag nebst Unterlagen zur Einsicht ausgelegt wird sowie wo und wann Einsicht genommen werden kann,
3. dass Personen, deren Belange berührt sind, und Vereinigungen, welche die Anforderungen nach § 3 Abs. 1 oder § 2 Abs. 2 des Umwelt-Rechtsbehelfsgesetzes in der Fassung vom 23. August 2017 (BGBl. I S. 3290) in der jeweils geltenden Fassung erfüllen (betroffene Öffentlichkeit), Einwendungen bei einer in der Bekanntmachung bezeichneten Stelle bis zu zwei Wochen nach Ablauf der Auslegungsfrist erheben können; dabei ist darauf hinzuweisen, dass mit Ablauf der Frist alle öffentlich-rechtlichen Einwendungen ausgeschlossen sind und der Ausschluss von umweltbezogenen Einwendungen nur für das Genehmigungsverfahren gilt, und
4. dass die Zustellung der Entscheidung über die Einwendungen durch öffentliche Bekanntmachung ersetzt werden kann.

[2]Bei der Bekanntmachung nach Absatz 3 Satz 2 ist zusätzlich über
1. gegebenenfalls die Feststellung der Pflicht zur Durchführung einer Umweltverträglichkeitsprüfung des Vorhabens nach § 5 UVPG sowie erforderlichenfalls die Durchführung einer grenzüberschreitenden Beteiligung nach den §§ 55 und 56 UVPG,
2. die Art möglicher Entscheidungen oder, soweit vorhanden, den Entscheidungsentwurf, und
3. gegebenenfalls weitere Einzelheiten des Verfahrens zur Unterrichtung der Öffentlichkeit und Anhörung der betroffenen Öffentlichkeit

zu informieren.

(5) [1]Nach der Bekanntmachung sind der Antrag und die Bauvorlagen sowie die entscheidungserheblichen Berichte und Empfehlungen, die der Bauaufsichtsbehörde im Zeitpunkt der Bekanntmachung vorliegen, einen Monat zur Einsicht auszulegen. [2]Bauvorlagen, die Geschäfts- oder Betriebsgeheimnisse enthalten, sind nicht auszulegen; für sie gilt § 10 Abs. 2 BImSchG entsprechend. [3]Bis zwei Wochen nach Ablauf der Auslegungsfrist kann die Öffentlichkeit gegenüber der zuständigen Behörde schriftlich Einwendungen erheben; mit Ablauf dieser Frist

sind alle öffentlich-rechtlichen Einwendungen ausgeschlossen. [4]Satz 3 gilt für umweltbezogene Einwendungen nur für das Genehmigungsverfahren.

(6) [1]Ist mehr als 20 benachbarten Personen eine Baugenehmigung nach Absatz 2 Satz 2 zuzustellen, kann die Zustellung durch öffentliche Bekanntmachung ersetzt werden; wurde eine Öffentlichkeitsbeteiligung nach Absatz 4 durchgeführt, ist der Genehmigungsbescheid öffentlich bekannt zu machen. [2]Ist eine Öffentlichkeitsbeteiligung nach Absatz 3 Satz 2 erfolgt, sind in die Begründung die wesentlichen tatsächlichen und rechtlichen Gründe, die die Bauaufsichtsbehörde zu ihrer Entscheidung bewogen haben, die Behandlung der Einwendungen sowie Angaben über das Verfahren zur Beteiligung der Öffentlichkeit aufzunehmen; § 78 Abs. 2 bleibt unberührt. [3]Für die Durchführung der öffentlichen Bekanntmachung ist § 10 Abs. 8 Satz 2 bis 6 BImSchG entsprechend anzuwenden.

(7) [1]Erbbauberechtigte treten an die Stelle der Eigentümerinnen oder der Eigentümer. [2]Steht das Eigentum des Nachbargrundstücks im Eigentum einer Wohnungseigentümergemeinschaft nach dem Wohnungseigentumsgesetz (WEG) in der Fassung vom 12. Januar 2021 (BGBl. I S. 34) in der jeweils geltenden Fassung, genügt die Beteiligung der Vertretung im Sinne des § 9b WEG; ihre Unterschrift gilt jedoch nicht als Zustimmung der einzelnen Wohnungseigentümerinnen oder Wohnungseigentümer.

Nr. 76 VollzBekThürBO

76.1.1 Als benachbart im baurechtlichen Sinne sind nur/alle Grundstücke anzusehen, die durch das Vorhaben in ihren öffentlich-rechtlich geschützten Belangen berührt sein können. Für die Beurteilung kommt es auf die möglichen Auswirkungen der Errichtung des Vorhabens an. Ein Angrenzen an das Baugrundstück ist nicht erforderlich. Andererseits sind auch nicht alle angrenzenden Grundstücke als benachbart anzusehen.

76.1.2 Eine Nachbarschaftsbeteiligung ist nur erforderlich, wenn eine Abweichung oder Befreiung zugelassen werden soll und es sich um eine nachbarschützende Vorschrift handelt. Zu beteiligen sind auch in diesem Fall nur die benachbarten Personen, die durch die jeweilige Vorschrift geschützt werden.

76.1.3 Die Nachbarschaftsbeteiligung erfolgt durch die Bauaufsichtsbehörde, soweit sie nicht bereits durch die Bauherrschaft erfolgt ist. Den benachbarten Personen sind auch aus Gründen des Datenschutzes nur die Bauvorlagen zur Kenntnis zu geben, die für die Beurteilung ihrer Betroffenheit erforderlich sind.

Alternativ kann die Bauherrschaft für die Beteiligung benachbarter Personen anonymisierte Bauvorlagen einreichen. Für das Verfahren im Übrigen sind

Bauvorlagen einzureichen, die auch die Angaben zur Bauherrschaft, zur Entwurfsverfasserin oder zum Entwurfsverfassers und zu der oder dem Bauvorlageberechtigten enthält.

76.1.4 Benachbarte Personen sind nur dann nach einem Monat im weiteren Verfahren mit allen öffentlich-rechtlichen Einwendungen ausgeschlossen, wenn ihnen die Benachrichtigung nach den §§ 2 ff. ThürVwZVG zugestellt wurde und in der Benachrichtigung auf diese Rechtsfolge hingewiesen wurde. Maßgeblich für die Rechtzeitigkeit von Einwendungen ist der Eingang bei der Bauaufsichtsbehörde.

76.1.5 Ein Ausschluss privatrechtlicher Einwendungen erfolgt zwar nicht; diese sind aber regelmäßig unbeachtlich, da die Baugenehmigung nach § 78 Abs. 4 unbeschadet der privaten Rechte Dritter zu erteilen ist.

76.2.1 Eine Zustimmung der benachbarten Personen ist für die Erteilung einer Abweichung oder Befreiung nicht erforderlich. Eine erteilte Zustimmung versetzt die Bauaufsichtsbehörde nicht in die Lage, die Abweichung oder Befreiung ohne weitere Prüfung zu gestatten; ebenso wenig zwingt eine ablehnende Stellungnahme der benachbarten Personen die Bauaufsichtsbehörde dazu, den Antrag abzulehnen.

76.2.2 Eine Zustimmung auf andere Art und Weise kann z. B. durch eine gesonderte Zustimmungserklärung erfolgen (benachbarte Personen schicken die von der Bauherrschaft übergebenen Unterlagen mit einem Begleitschreiben zurück, in dem dem Bauvorhaben zustimmt wird).

76.2.3 Unabhängig von einer nach Absatz 1 erforderlichen Nachbarschaftsbeteiligung soll allen benachbarten Personen, die dem Bauvorhaben nicht zugestimmt haben, die Baugenehmigung zugestellt werden. Diese Zustellung ist deswegen vorgesehen, weil je nach Verfahren Anforderungen in unterschiedlichem Umfang nicht geprüft werden und damit eine Beurteilung aller Nachbarbelange durch die Bauaufsichtsbehörde möglicherweise nicht erfolgen kann.

76.2.4 Ausreichend ist die Zustellung des Genehmigungsbescheids ohne Bauvorlagen. Etwas anderes gilt bei konkreten Einwendungen benachbarter Personen; in diesem Fall ist auch der Teil der Bauvorlagen zuzustellen, auf den sich die Einwendungen beziehen.

76.2.5 Die Bauherrschaft sollte im Eigeninteresse zur Beschleunigung des Verfahrens alle Angrenzer angeben. Kann die Bauaufsichtsbehörde eine benachbarte Person, die nicht nach Absatz 1 zu beteiligen ist, nur mit unverhältnismäßigem Aufwand ermitteln, ist eine Zustellung entbehrlich.

76.3.1 Ist eine Vielzahl von Nachbarn zu beteiligen oder lässt sich der Kreis der zu beteiligenden Nachbarn nicht hinreichend genau abgrenzen, kann die Einzelbeteiligung durch eine öffentliche Bekanntmachung ersetzt werden. Aus dem Umstand, dass eine größere Zahl benachbarter Personen zu beteiligen wäre, ergibt sich regelmäßig, dass die geplante Anlage geeignet ist, die Allgemeinheit oder die Nachbarschaft zu belästigen. Die öffentliche Bekanntmachung muss im Amtsblatt und zusätzlich entweder im Internet oder in örtlichen Tageszeitungen erfolgen, die im Bereich des Standorts der Anlage verbreitet sind.

76.3.2 Eine Nachbarschaftsbeteiligung durch öffentliche Bekanntmachung ist außer bei den in Satz 2 genannten Vorhaben nur möglich, wenn die Bauherrschaft dies beantragt. Die Bauaufsichtsbehörde ist an den Antrag nicht gebunden. Eine Ablehnung kommt insbesondere in Betracht, wenn davon auszugehen ist, dass die Anstoßwirkung der öffentlichen Bekanntmachung nicht erreicht wird.

76.3.3 Die Kosten der Bekanntmachung hat der Bauherr als Auslagen zu erstatten.

76.3.4 Eine Öffentlichkeitsbeteiligung ist u. a. erforderlich bei der Errichtung, Änderung oder Nutzungsänderung baulicher Anlagen, die nach Durchführung des Bauvorhabens Sonderbauten nach § 2 Abs. 4 Nr. 9, 10, 12, 13, 15 oder 16 sind. Darunter fallen auch Anlagen, die bereits vor der beantragten Baumaßnahme Sonderbauten nach diesen Regelungen waren. Dagegen ist eine Öffentlichkeitsbeteiligung nach dieser Regelung nicht erforderlich, wenn ein entsprechender Sonderbau diese Eigenschaft verlieren soll und die neue Nutzung auch nicht unter Satz 2 Nr. 1 oder 2 fällt.

76.4.1 Die öffentliche Bekanntmachung muss die in Satz 1 bestimmten Angaben enthalten. Bei den Vorhaben nach Satz 2 muss die öffentliche Bekanntmachung zusätzlich die Angaben nach Satz 2 enthalten. Um die erforderliche Anstoßwirkung zu erreichen, muss das beantragte Vorhaben so bezeichnet werden, dass daraus Bauort (z. B. durch Angabe der Adresse) und Art des Vorhabens entnommen werden können.

76.6 Bei Vorhaben, bei denen die Nachbarschaftsbeteiligung durch öffentliche Bekanntmachung erfolgt ist, erfolgt auch die Zustellung der Baugenehmigung durch öffentliche Bekanntmachung. Die Grenze von 20 Personen, denen die Baugenehmigung zuzustellen wäre, gilt in diesem Fall nicht.

Begründung zu § 76

Mit § 76 sind die einzelnen Schritte der Beteiligung benachbarter Personen und der Öffentlichkeit in folgender Reihe klar herausgestellt:

1. mit Absatz 1 ist die Erforderlichkeit der Beteiligung benachbarter Personen geregelt,
2. mit Absatz 2 ist bestimmt, dass die Beteiligung benachbarter Personen bei Zustimmung der benachbarten Personen entfällt,
3. mit Absatz 3 ist bestimmt, wann eine Öffentlichkeitsbeteiligung möglich oder erforderlich ist,
4. in Absatz 4 sind die Inhalte der Bekanntmachung zur Öffentlichkeitsbeteiligung enthalten, 5. mit Absatz 5 ist die Durchführung der Öffentlichkeitsbeteiligung geregelt,
6. mit Absatz 6 ist die Bekanntgabe der Entscheidung durch öffentliche Bekanntmachung geregelt,
7. mit Absatz 7 ist die Beteiligung von Erbbauberechtigten und Wohnungseigentümergemeinschaften geregelt.

Die zusätzliche Nennung der Öffentlichkeit in der Überschrift soll verdeutlichen, dass eine Beteiligung nicht auf die benachbarten Personen nach Absatz 1 Satz 1 beschränkt ist.

Nach Absatz 1 ist eine generelle Beteiligung aller an das Baugrundstück angrenzenden Betroffenen nicht zu allen Bauvorhaben erforderlich, da die Nachbarschaft im Sinne des § 76 nicht mit der Nachbarschaft im allgemeinen Sprachgebrauch identisch sein muss. Insbesondere ist nicht jede Eigentümerin und jeder Eigentümer jedes angrenzenden Grundstücks als benachbarte Personen anzusehen. Auf der anderen Seite kann der Kreis der benachbarten Grundstücke weit über die angrenzenden Grundstücke hinausgehen. Dementsprechend sind in Satz 1 als benachbarte Personen diejenigen definiert, deren öffentlich-rechtlich geschützten Belange durch eine Abweichung oder Befreiung berührt werden. Eine Verletzung von Nachbarrechten muss nicht feststehen. Nach Satz 1 erfolgt die Beteiligung benachbarter Personen, vorbehaltlich der Regelung des Absatzes 2, durch die Bauaufsichtsbehörde.

Mit Satz 2 ist den Erfordernissen des Datenschutzes Rechnung getragen. Die Angabe der Bauherrschaft, der Entwurfsverfasserin oder des Entwurfsverfassers und der oder des Bauvorlageberechtigten gegenüber der Bauaufsichtsbehörde ist zur Durchführung des Baugenehmigungsverfahrens grundsätzlich erforderlich, um Rückfragen zu ermöglichen oder beispielsweise die Bauvorlageberechtigung zu überprüfen. Diese Angaben sind aber für die Beteiligung der benachbarten Personen und der Öffentlichkeit entbehrlich, da für diese nur das Bauvorhaben selbst, nicht aber die Identität der genannten Personen maßgeblich ist. Die Bauherrschaft soll daher die Möglichkeit haben, für die Beteiligung der benachbarten Personen und der Öffentlichkeit anonymisierte Bauvorlagen einzureichen. Wird von dieser Möglichkeit kein

Gebrauch gemacht, sind die eingereichten nicht anonymisierten Bauvorlagen Gegenstand der Beteiligungsverfahren.

Benachbarte Personen müssen nach Satz 3 eventuelle Einwendungen innerhalb eines Monats nach Zustellung der Benachrichtigung vorbringen. Werden Einwendungen erhoben, denen nicht Rechnung getragen werden soll, führt dies nicht zur automatischen Ablehnung des Bauantrags, sondern nur dazu, dass die Baugenehmigung mit dem Teil der Bauvorlagen, auf den sich die Einwendungen beziehen, der einwendenden Person nach Absatz 2 Satz 2 zuzustellen ist. Mit der Verlängerung der Äußerungsfrist von bisher zwei Wochen auf einen Monat ist dem Umstand Rechnung getragen, dass durch Satz 4 eine materielle Präklusion eingeführt ist. Die Monatsfrist entspricht der Widerspruchs- beziehungsweise Klagefrist und gibt benachbarten Personen ausreichend Zeit, über die Geltendmachung möglicherweise bestehender Abwehrrechte zu entscheiden.

Mit Satz 4 ist eine materielle Präklusion für die öffentlich-rechtlichen Einwendungen benachbarter Personen eingeführt, die die benachbarte Personen nicht innerhalb der Frist nach Satz 3 vortragen. Das betrifft sowohl den Fall, dass überhaupt keine Äußerung erfolgt, als auch den Fall, dass eine Äußerung zwar erfolgt, aber nicht alle Einwendungen vorgetragen werden. Damit ist dem besonderen nachbarschaftlichen Verhältnis Rechnung getragen. Da Schweigen keine Zustimmung bedeutet, ist bei der Benachrichtigung auf die Präklusion verspäteten Vorbringens hinzuweisen. Unterbleibt der Hinweis oder erfolgt die Benachrichtigung der benachbarten Personen nicht durch Zustellung, tritt die materielle Präklusion nicht ein.

Nach Absatz 2 Satz 1 ist eine Beteiligung benachbarter Personen dann nicht erforderlich, wenn die benachbarten Personen dem Bauvorhaben bereits zugestimmt haben. Das kann insbesondere dann erreicht werden, wenn die Bauherrschaft selbst im Vorfeld der Antragstellung mit benachbarten Personen redet. Dadurch kann nicht nur hinsichtlich der Äußerungsfrist nach Absatz 1 eine Verfahrensbeschleunigung erreicht werden, sondern auch im Gespräch Bedenken der benachbarten Personen ausgeräumt beziehungsweise diesen durch Umplanung Rechnung getragen und dadurch weitere Verzögerungen vermieden werden. Die Zustimmung kann beispielsweise durch Unterschreiben der Lagepläne und Bauzeichnungen, aber auch auf andere Weise erfolgen. Mit Satz 2 ist bestimmt, dass die Baugenehmigung mit dem Teil der Bauvorlagen, auf den sich die Einwendungen beziehen, stets zuzustellen ist, wenn benachbarte Personen dem Bauvorhaben nicht zugestimmt haben. Damit ist der Rechts- und damit auch der Investitionssicherheit der Bauherrschaft Rechnung getragen, da eine Verletzung nachbarlicher Rechte auch auf andere Weise in Betracht kommt als durch Abweichungen und Befreiungen, die die Verpflichtung zur Beteiligung benachbarter Personen auslösen.

Mit Absatz 3 Satz 1 ist dem Umstand Rechnung getragen, dass die Durchführung der Beteiligung benachbarter Personen bei der Errichtung von Anlagen, deren Auswirkungen sich auf einen größeren Umkreis erstrecken, für die Bauherrschaft und die

Bauaufsichtsbehörde mit der Schwierigkeit verbunden ist, dass der Kreis durch das Vorhaben möglicherweise in ihren Rechten berührter Dritter, beispielsweise benachbarter Personen, im Vorfeld des Genehmigungsverfahrens nur schwer überschaubar ist. Auch im Hinblick darauf, dass eine Vielzahl solcher Vorhaben zwar nicht der immissionsschutzrechtlichen Genehmigungspflicht unterliegt, aber materielles Immissionsschutzrecht mit der Folge berührt, dass möglicherweise der über den Kreis der Grundstückseigentümerinnen und Grundstückseigentümer und grundstücksgleich an Nachbarschaftsgrundstücken dinglich Berechtigten hinausgehende immissionsschutzrechtliche Nachbarschaftsbegriff zum Tragen kommt, ist mit Satz 1 eine Regelung geschaffen, die eine rechtssichere Drittbeteiligung auch in diesen Fällen möglich und der Bauherrschaft durch die Präklusionsregelung eine gewisse Investitionssicherheit gewährleistet. Hierbei soll der Bauherrschaft die Drittbeteiligung durch öffentliche Bekanntmachung, vorbehaltlich der Regelung nach Satz 2, nicht aufgezwungen werden, sondern lediglich der Erleichterung dienen, sodass sie von einem Antrag der Bauherrschaft abhängt. Um zu vermeiden, dass sich Bauherrschaft und beziehungsweise oder Bauaufsichtsbehörde auch in unproblematischen Fällen von der grundsätzlich wünschenswerten Individualbeteiligung durch die öffentliche Bekanntmachung entlasten können, ist Voraussetzung für die öffentliche Bekanntmachung ein Antrag der Bauherrschaft und eine Zustimmung der Bauaufsichtsbehörde, wobei der Bauaufsichtsbehörde insoweit ein Ermessensspielraum eingeräumt ist. Aufwendungen, die durch die öffentliche Bekanntmachung entstehen, sind von der Bauherrschaft zu erstatten. Die Bekanntmachung zur öffentlichen Beteiligung muss zwingend im amtlichen Veröffentlichungsblatt und zusätzlich im Internet oder in örtlichen Tageszeitungen erfolgen. Das entspricht der Regelung der § 10 Abs. 3 Satz 1 BImSchG für das immissionsschutzrechtliche Genehmigungsverfahren.

Mit Satz 2 ist zur Umsetzung des Artikels 15 der Richtlinie 2012/18/EU, bestimmt, dass für Schutzobjekte zwingend eine Öffentlichkeitsbeteiligung durchzuführen ist. Die Öffentlichkeitsbeteiligung ist allerdings entbehrlich, wenn die Baugenehmigung aus anderen Gründen abgelehnt werden soll. Schutzobjekte sind die in § 64 Abs. 1 Satz 2 Nr. 3 aufgeführten Bauvorhaben. Auf die Begründung zu § 64 wird verwiesen. Zusätzlich sind in Halbsatz 1 Nummer 3 weitere Schutzobjekte enthalten, für die eine Öffentlichkeitsbeteiligung vorgeschrieben werden soll. Das ist erforderlich, da mit Artikel 13 der Richtlinie 2012/18/EU nicht abschließend beschrieben ist, welche Nutzungen schutzbedürftig sein können beziehungsweise was unter öffentlich genutzten Gebäuden und Gebieten sowie unter Erholungsgebieten zu verstehen ist. Die Konkretisierung hat unter Berücksichtigung des Schutzziels zu erfolgen, dass das Risiko eines schweren Unfalls nicht vergrößert oder die Folgen eines solchen Unfalls nicht verschlimmert werden sollen. Daher sind nicht nur Nutzungen mit einer großen Zahl von Besucherinnen und Besuchern zu betrachten, sondern auch solche Nutzungen, bei denen Nutzerinnen oder Nutzer beispielsweise aufgrund ihres Gesundheitszustands oder ihres Alters besonders gefährdet oder besonders schutzbedürftig sein können. Auch können Vorhaben zu berücksichtigen sein, die zwar nicht öffentlich zugänglich, aber gleichwohl beispielsweise als Einrichtung der sozialen Infrastruktur öffentlich genutzt werden. Daher ist vor der Genehmigung der nachfolgend aufgeführten Sonderbauten eine Öffentlichkeitsbeteiligung durchzuführen, wobei es gleichgültig ist, ob diese Sonderbauten durch Errichtung, Änderung oder Nutzungsänderung erstmals entstehen oder bestehende Sonderbauten unter Beibehaltung der Sonderbauteneigenschaft geändert werden:

1. Gebäude mit Nutzungseinheiten zum Zwecke der Pflege oder Betreuung von Personen mit Pflegebedürftigkeit oder Behinderung, deren Selbstrettungsfähigkeit eingeschränkt ist, wenn die Nutzungseinheiten allein oder gemeinsam bestimmte Nutzerzahlen überschreiten nach § 2 Abs. 4 Nr. 9,
2. Krankenhäuser nach § 2 Abs. 4 Nr. 10,
3. Einrichtungen zur Unterbringung von Personen sowie Tageseinrichtungen für Kinder, Menschen mit Behinderung und alte Menschen, ausgenommen Tageseinrichtungen einschließlich Tagespflege für nicht mehr als zehn Kinder nach § 2 Abs. 4 Nr. 12,
4. Schulen, Hochschulen und ähnliche Einrichtungen nach § 2 Abs. 4 Nr. 13,
5. Camping- und Wochenendplätze nach § 2 Abs. 4 Nr. 15,
6. Freizeit- und Vergnügungsparks nach § 2 Abs. 4 Nr. 16.

Sonderbauten nach § 2 Abs. 4 Nr. 9, 10, 12 und 13 sind aufgenommen, da bei ihnen im Einzelfall fraglich sein kann, ob sie öffentlich zugänglich sind beziehungsweise inwieweit die Nutzenden, für die die Einrichtungen vorrangig gedacht sind, wie Kranke, Pflegebedürftige, Schülerinnen, Schüler, Studierende, als Besuchende zu betrachten sind.

Die Aufnahme der Camping- und Wochenendplätze sowie der Freizeit- und Vergnügungsparks ist erforderlich, da nach Artikel 13 Abs. 2 Buchst. a der Richtlinie 2012/18/EU auch bei Erholungsgebieten ein angemessener Sicherheitsabstand gewahrt werden soll.

Bei den Nutzungen nach Nummer 3 wurde geprüft, ob bei diesen ebenfalls Schwellenwerte vorgesehen werden sollen oder ob lediglich auf den Sonderbautatbestand abgestellt werden soll. Auf Schwellenwerte wurde zum einen verzichtet, da die erfassten Nutzungen in der Regel ohnehin für mehr als 100 Personen vorgesehen sind und zum anderen nicht nachvollziehbar wäre, warum die besondere Schutzbedürftigkeit bestimmter Personengruppen bei der Frage des Brandschutzes anders beurteilt wird als bei der Vorsorge vor Folgen von Störfällen. Die in Nummer 3 genannten Sonderbauten sind in § 64 Abs. 1 Satz 2 Nr. 3 nicht gesondert aufgeführt, da Sonderbauten generell aus dem Anwendungsbereich der Genehmigungsfreistellung ausgenommen sind.

Nach Satz 3 ist die Öffentlichkeitsbeteiligung bei der Genehmigung von Schutzobjekten entbehrlich, wenn die Bauaufsichtsbehörde zu dem Ergebnis kommt, dass dem Gebot, den angemessenen Sicherheitsabstand zu wahren, bereits in einem Bebauungsplan Rechnung getragen ist oder wenn sich bei einer Änderung von Schutzobjekten die Zahl der gefährdeten Nutzerinnen und Nutzer nicht erhöht.

Die Öffentlichkeitsbeteiligung vor der Genehmigung von Schutzobjekten soll die nach dem Übereinkommen über den Zugang zu Informationen, die Öffentlichkeitsbeteiligung an Entscheidungsverfahren und den Zugang zu Gerichten in Umweltangelegenheiten vom 25. Juni 1998 erforderliche effektive Beteiligung der Öffentlichkeit an der Entscheidungsfindung gewährleisten. Die Öffentlichkeit soll unter anderem Meinungen und Bedenken äußern können, die für die Entscheidung möglicherweise von Belang sind, vergleiche Erwägungsgrund 21 zur Richtlinie 2012/18/ EU . Nach der Richtlinie 2012/18/EU ist aber nicht verlangt, dass die Öffentlichkeit mehrfach beteiligt wird. Ausreichend ist vielmehr, wenn den Verpflichtungen nach der Richtlinie 2012/18/EU bereits in einem abgeschlossenen Bebauungsplanaufstellungsverfahren Rechnung getragen wurde und die Gemeinde in einem Bebauungsplan dem Gebot, den angemessenen Sicherheitsabstand zu wahren, Rechnung getragen hat. Dabei kann es sich sowohl um das Baugebiet handeln, in dem der Betriebsbereich liegt, als auch um das Baugebiet, in dem das Schutzobjekt verwirklicht werden soll. Voraussetzung ist aber, dass die Gemeinde die durch den Betriebsbereich verursachten Gefahren tatsächlich in ihre Abwägung einbezogen hat. Weitere Voraussetzung ist, dass die tatsächlichen Umstände, die für die Abwägungsentscheidung maßgeblich waren, zum Zeitpunkt der Entscheidung über den Bauantrag für das Schutzobjekt noch zutreffen. So können auch außerhalb der überplanten Gebiete erfolgte Veränderungen zu berücksichtigen sein, wenn beispielsweise eine die Ausbreitung von Schadstoffen behindernde Sperre entfallen ist.

Da diese Fragen, insbesondere bei älteren Bebauungsplänen, schwierig zu beurteilen sein können, wurde kein Automatismus, beispielsweise durch Einführung einer Stichtagsregelung, vorgesehen. Vielmehr soll die Bauaufsichtsbehörde die entsprechende Beurteilung vornehmen. Hierfür ist weder ein besonderes Verfahren noch ein gesondert anfechtbarer Verwaltungsakt vorgesehen. Kommt die Bauaufsichtsbehörde zu dem Ergebnis, dass dem Gebot, den angemessenen Sicherheitsabstand zu wahren, in einem Bebauungsplan Rechnung getragen und das Abwägungsergebnis insoweit noch aktuell ist, ist eine Öffentlichkeitsbeteiligung im Sinne des Satzes 2 entbehrlich. Unberührt bleibt die Möglichkeit, eine Öffentlichkeitsbeteiligung nach Satz 1 durchzuführen.

Bei der Änderung von in Satz 2 Nr. 3 genannten Sonderbauten kann eine Öffentlichkeitsbeteiligung dann entfallen, wenn sich die Zahl der gleichzeitig anwesenden Personen nicht erhöht. Damit soll insbesondere bei Sanierungsmaßnahmen oder technischen Optimierungen von Anlagen, bei denen sich die Frage einer Standortänderung in der Regel nicht stellt und das Gefährdungspotential eher ab- als zunimmt, unnötiger Aufwand vermieden werden.

Da bei einer Öffentlichkeitsbeteiligung zu einem Bauantrag eine zusätzliche Einzelbenachrichtigung aller möglicherweise als benachbarte Personen anzusehenden Personen wenig sinnvoll und kaum durchführbar wäre, sind nach Satz 4 die Regelungen zur Beteiligung einzelner benachbarter Personen, einschließlich der Unbeachtlichkeit verspäteten Vorbringens, nicht anwendbar.

Mit Absatz 4 sind die Inhalte der Bekanntmachung zur Öffentlichkeitsbeteiligung festgelegt. Dabei sind in Satz 1 die bei allen Öffentlichkeitsbeteiligungen zu beachtenden Anforderungen enthalten, während in Satz 2 die Zusatzanforderungen geregelt sind, die bei der Bekanntmachung von Bauanträgen für Schutzobjekte zu beachten sind.

In Satz 1 sind, in Anlehnung an § 18 Abs. 2 der 12. BImSchV, die Anforderungen an die Bekanntmachung zur Öffentlichkeitsbeteiligung geregelt.

Nach dem Umwelt-Rechtsbehelfsgesetz in der Fassung vom 23. August 2017 (BGBl. I S. 3290) in der jeweils geltenden Fassung anerkannte Vereinigungen haben nach Nummer 3 ein Beteiligungsrecht, auf das hinzuweisen ist. Diese Regelung entspricht § 18 Abs. 2 Satz 2 Nr. 2 der 12. BImSchV. Gegenüber der bisherigen Regelung soll der Ausschluss der nicht rechtzeitig geltend gemachten umweltbezogenen Einwendungen nur für das Genehmigungsverfahren gelten.

Der Bund führt auf Seite 2 zur Begründung des Entwurfs eines Gesetzes zur Anpassung des Umwelt-Rechtsbehelfsgesetzes und anderer Vorschriften an europa- und völkerrechtliche Vorgaben (BR-Drucksache 422/16) vom 12. August 2016 aus:

„Des Weiteren soll mit dem Entwurf das Urteil des EuGH (Rechtssache C-137/14) vom 15. Oktober 2015 umgesetzt werden. In diesem Urteil hat der EuGH entschieden, dass die Präklusion von Einwendungen tatsächlicher Art im gerichtlichen Verfahren eine Beschränkung darstellt, für die es in Artikel 11 der Richtlinie 2011/92/EU und in Artikel 25 der Richtlinie 2010/75/EU keine Grundlage gibt. Die entsprechende Regelung im Umwelt-Rechtsbehelfsgesetz ist daher zu streichen. (...)

Der Einwendungsausschluss im Verwaltungsverfahren kann dagegen auch nach der Entscheidung des EuGH beibehalten werden; die entsprechenden Regelungen in verschiedenen Fachgesetzen sind dementsprechend zu konkretisieren."

Für die nicht umweltbezogenen öffentlich-rechtlichen Einwendungen verbleibt es bei der Präklusion nicht rechtzeitig geltend gemachter öffentlich-rechtlicher Einwendungen. Zivilrechtliche Einwendungen sind nach § 78 Abs. 4 grundsätzlich unbeachtlich.

Die in Satz 2 aufgeführten zusätzlichen Anforderungen an die Bekanntmachung zu Bauanträgen für Schutzobjekte dienen der Umsetzung des Artikels 15 der Richtlinie 2012/18/EU. Danach haben die Mitgliedstaaten dafür zu sorgen, dass die betroffene Öffentlichkeit frühzeitig Gelegenheit erhält, ihren Standpunkt zu spezifischen einzelnen Projekten darzulegen, die sich unter anderem auf die Zulassung einer im Sinne des Artikels 13 der Richtlinie 2012/18/EU schutzbedürftigen Nutzung beziehen. Nach Artikel 13 der Richtlinie 2012/18/EU sind der Öffentlichkeit vor der Entscheidung über eine Ansiedlung verschiedene Informationen zur Verfügung zu stellen. Der Öffentlichkeit ist Gelegenheit zu geben, sich vor der Entscheidung zu äußern.

Mit Absatz 5 ist die Durchführung der öffentlichen Auslegung der aufgeführten Unterlagen geregelt. Die Art der zur Einsicht auszulegenden Unterlagen ergibt sich aus den Sätzen 1 und 2. Die Auslegung der entscheidungserheblichen Berichte und Empfehlungen, die der Bauaufsichtsbehörde im Zeitpunkt der Bekanntmachung vorliegen, wird vorrangig Umweltgutachten und -stellungnahmen betreffen. Insoweit dürfte ohnehin in der Regel ein Einsichtsrecht der benachbarten Personen bestehen.

Nach Satz 2 sind Bauvorlagen, die Geschäfts- oder Betriebsgeheimnisse enthalten, nicht auszulegen. Da der Bauaufsichtsbehörde eine entsprechende Bewertung in der Regel nicht möglich ist, sind diese Unterlagen entsprechend § 10 Abs. 2 BImSchG zu kennzeichnen und getrennt vorzulegen. Ihr Inhalt muss, soweit es ohne Preisgabe des Geheimnisses geschehen kann, so ausführlich dargestellt sein, dass es Dritten möglich ist, zu beurteilen, ob und in welchem Umfang sie von den Auswirkungen der Anlage betroffen werden können.

In Satz 3 sind die Frist zur Äußerung von Einwendungen und die Präklusion verspäteten Vorbringens festgelegt. Die Möglichkeit, sich bis zwei Wochen nach Ablauf der Auslegungsfrist zu äußern, entspricht § 23b Abs. 2 Satz 3 in Verbindung mit § 10 Abs. 3 Satz 4 Halbsatz 1 BImSchG und § 73 Abs. 4 Satz 1 ThürVwVfG. Zur eingeschränkten Präklusion verspäteten Vorbringens wird auf die Begründung zu Absatz 4 Satz 1 Nr. 3 verwiesen. Auf die Bestimmungen ist in der Bekanntmachung nach Absatz 4 Satz 1 Nr. 3 hinzuweisen. Nach Satz 4 gilt die Präklusionswirkung nur für das Genehmigungsverfahren, nicht für ein sich gegebenenfalls anschließendes Gerichtsverfahren.

Mit Absatz 6 ist die Bekanntgabe der Baugenehmigung an die benachbarten Personen und die Öffentlichkeit geregelt.

Nach Satz 1 Halbsatz 1 ist die Bekanntgabe der Baugenehmigung in Verfahren erleichtert, in denen eine größere Zahl von benachbarten Personen dem Bauvorhaben nicht zugestimmt hat, denen nach Absatz 2 Satz 2 die Baugenehmigung mit dem Teil der Bauvorlagen, auf den sich die Einwendungen beziehen, zuzustellen wäre. In diesem Fall kann die Zustellung durch eine öffentliche Bekanntmachung ersetzt werden. Mit Halbsatz 2 ist bestimmt, dass nach der Durchführung einer Öffentlichkeitsbeteiligung, unabhängig von der Zahl der sich äußernden Personen, eine Genehmigung immer öffentlich bekannt zu machen ist. Die öffentliche Bekanntmachung dient auch dem Schutz der Bauherrschaft, da sie nach Satz 5 die Zustellung und damit den Beginn der Widerspruchsfrist bewirkt.

Nach Satz 2 Halbsatz 1 muss einer Genehmigung von Schutzobjekten eine Begründung beigefügt werden, die bestimmte Mindestanforderungen erfüllen muss. Die Regelung ist zur Umsetzung des Artikels 15 Abs. 5 der Richtlinie 2012/18/EU erforderlich, wonach nach der Entscheidung der Öffentlichkeit unter anderem der Inhalt der Entscheidung und die Gründe, auf denen sie beruht, sowie die Art der Berücksichtigung der Ergebnisse der Öffentlichkeitsbeteiligung zugänglich zu machen sind.

Mit Halbsatz 2 ist klargestellt, dass unabhängig von dieser Regelung insbesondere bei der Genehmigung von Nichtschutzobjekten § 78 Abs. 2 zu beachten ist, wonach die Baugenehmigung bei Abweichungen und Befreiungen von nachbarschützenden Vorschriften zu begründen ist.

Satz 3 erklärt für die Durchführung der öffentlichen Bekanntmachung § 10 Abs. 8 Satz 2 bis 6 BImSchG für entsprechend anwendbar. Danach wird die öffentliche Bekanntmachung dadurch bewirkt, dass der verfügende Teil des Bescheides und die Rechtsbehelfsbelehrung gemacht werden und auf Auflagen hingewiesen wird. Eine Ausfertigung der Baugenehmigung ist ab dem Tag nach der Bekanntmachung für zwei Wochen zur Einsicht auszulegen. In der öffentlichen Bekanntmachung ist anzugeben, wo und wann die Baugenehmigung und ihre Begründung eingesehen und angefordert werden können. Mit dem Ende der Auslegungsfrist gilt der Bescheid auch gegenüber Dritten, die keine Einwendung erhoben haben, als zugestellt; darauf ist in der Bekanntmachung hinzuweisen. Nach der öffentlichen Bekanntmachung können die Baugenehmigung und ihre Begründung bis zum Ablauf der Widerspruchsfrist von den Personen, die Einwendungen erhoben haben, schriftlich oder elektronisch angefordert werden.

In Absatz 7 sind weitere Möglichkeiten der Beteiligung benachbarter Personen enthalten. Durch die Beteiligung der oder des Erbbauberechtigten an Stelle der Eigentümerin oder des Eigentümers ist dem Umstand Rechnung getragen, dass das Erbbaurecht ein grundstücksgleiches Recht ist und für die Dauer des Bestehens des Erbbaurechts die oder der Erbbauberechtigte nicht nur bestimmte Befugnisse der Eigentümerin oder des Eigentümers hat, sondern auch vorrangig von den Auswirkungen des Bauvorhabens betroffen ist. Die Beteiligung der Verwalterin oder des Verwalters einer Anlage nach dem Wohnungseigentumsgesetz in der Fassung vom 12. Januar 2021 (BGBl. I S. 34) in der jeweils geltenden Fassung soll der Beschleunigung dienen, da eine Beteiligung aller Einzeleigentümerinnen und Einzeleigentümer unnötig zeitaufwendig sein kann. Auch wenn die Vertretung nicht für die Eigentümerin oder den Eigentümer einem Bauvorhaben zustimmen kann, wird sie in der Regel die Interessenlage der Eigentümerin oder des Eigentümers kennen und ihre oder seine Beteiligung eine Beurteilung der Betroffenheit von Belangen benachbarter Personen erleichtern.

§ 77
Ersetzung des gemeindlichen Einvernehmens

(1) [1]Hat eine Gemeinde ihr nach § 14 Abs. 2 Satz 2, § 22 Abs. 5 Satz 1, § 36 Abs. 1 Satz 1 und 2 BauGB oder nach § 73 Abs. 3 Satz 2 Halbsatz 1 erforderliches Einvernehmen rechtswidrig versagt, ist das fehlende Einvernehmen durch Genehmigung nach Maßgabe der Absätze 2 bis 4 durch die Bauaufsichtsbehörde oder die Widerspruchsbehörde zu ersetzen. [2]Wird in einem anderen Genehmigungsverfahren über die Zulässigkeit des Vorhabens entschieden, so tritt die für dieses Verfahren zuständige Behörde an die Stelle der Bauaufsichtsbehörde.

(2) § 120 der Thüringer Kommunalordnung in der Fassung vom 28. Januar 2003 (GVBl. S. 41) in der jeweils geltenden Fassung findet keine Anwendung.

(3) [1]Die Gemeinde ist vor Erlass der Genehmigung von der für die Ersetzung des Einvernehmens zuständigen Behörde anzuhören. [2]Dabei ist ihr Gelegenheit zu geben, binnen angemessener Frist erneut über das gemeindliche Einvernehmen zu entscheiden.

(4) [1]Die Genehmigung gilt zugleich als Ersatzvornahme. [2]Sie ist insoweit zu begründen. [3]Widerspruch und Anfechtungsklage haben auch insoweit keine aufschiebende Wirkung, als die Genehmigung als Ersatzvornahme gilt.

Nr. 77 VollzBekThürBO

77.1 Ein rechtswidrig versagtes gemeindliches Einvernehmen ist durch die jeweilige Genehmigungsbehörde zu ersetzen, in immissionsschutzrechtlichen Genehmigungsverfahren also durch die Immissionsschutzbehörde.

77.3 Bei der Anhörung ist der Gemeinde die Rechtslage darzustellen und zu begründen, warum das gemeindliche Einvernehmen nach Auffassung der Genehmigungsbehörde rechtswidrig versagt wurde und daher ersetzt werden soll. Eine angemessene Frist für eine erneute Entscheidung wird in der Regel auch unter Berücksichtigung der Ladungsfristen nicht länger als ein Monat sein.

Begründung zu § 77

Eine Gemeinde darf ihr bauplanungsrechtlich erforderliches Einvernehmen nur unter bestimmten Voraussetzungen verweigern. Die Verweigerung des Einvernehmens hat zur Folge, dass die Baugenehmigungsbehörde und die Widerspruchsbehörde gehindert sind, die beantragte Entscheidung zu treffen.

Infolge von erkennbaren Fehlbeurteilungen oder aus anderen Gründen wird das Einvernehmen durch Gemeinden mitunter rechtswidrig versagt. In diesen Fällen besteht zwar grundsätzlich die Möglichkeit, das Einvernehmen kommunalaufsichtlich zu ersetzen, hierzu ist jedoch ein Sonderverfahren außerhalb des bauaufsichtlichen Verfahrens erforderlich. Erhebt die Gemeinde Widerspruch gegen die Ersetzung des Einvernehmens, wäre ohne besondere Regelung zunächst der Fortgang des bauaufsichtlichen Verfahrens gehemmt. Erst nach Bestandskraft der Ersetzung des Einvernehmens kann weiter über den Bauantrag entschieden werden. Auch aus diesen Gründen hat der Bund die Länder durch die zum 1. Januar 1998 wirksam gewordene Änderung in § 36 Abs. 2 Satz 3 BauGB indirekt verpflichtet, ein Verfahren zur Ersetzung eines rechtswidrig versagten Einvernehmens vorzusehen. Daher ist mit Absatz 1 ein in das bauaufsichtliche Verfahren integriertes Verfahren zur Ersetzung des gemeindlichen Einvernehmens möglich. Die Bauaufsichtsbehörde und die Widerspruchsbehörde sind grundsätzlich ohne Einräumung eines Ermessens verpflichtet, ein erkennbar rechtswidrig versagtes Einvernehmen der Gemeinde zu ersetzen.

Abweichend von § 120 ThürKO ist es nach Absatz 2 ausreichend, die Gemeinde vor Erlass der Genehmigung und der damit verbundenen Ersetzung des Einvernehmens anzuhören.

Nach Absatz 3 ist der Gemeinde eine angemessene Frist zu geben, erneut über das gemeindliche Einvernehmen zu entscheiden. Als angemessen ist in der Regel, auch unter Berücksichtigung der Ladungsfristen, eine Frist von nicht mehr als einem Monat. Dies gilt auch dann, wenn hierfür ursprünglich nicht vorgesehene Sitzungen des zuständigen Gemeindeorgans erforderlich werden, da es letztlich um die Aufhebung einer rechtswidrigen, die Bürgerin oder den Bürger belastenden und möglicherweise kostenverursachenden Entscheidung und damit auch im Interesse der Gemeinde um die Vermeidung von Schadensersatzzahlungen geht. Mit dieser Nachfrist ist der Gemeinde auch die Möglichkeit gegeben, in Kenntnis der Unzulässigkeit der Versagung des Einvernehmens über die Aufstellung oder Änderung eines Bebauungsplans zu entscheiden. Geht der Bauaufsichtsbehörde nicht innerhalb der von ihr gesetzten Frist eine zustimmende Entscheidung der Gemeinde zu, ist sie berechtigt und verpflichtet, ohne weitere Anhörung der Gemeinde die Baugenehmigung zu erteilen, soweit nicht andere zu beachtende Vorschriften entgegenstehen. Die Gemeinde ist berechtigt, gegen die Baugenehmigung Widerspruch einzulegen, soweit sie durch die Ersetzung des gemeindlichen Einvernehmens in ihren Rechten verletzt ist.

Nach Absatz 4 ist die Baugenehmigung abweichend von § 78 Abs. 2 auch insoweit zu begründen, als sie als Ersatzvornahme für das fehlende gemeindliche Einvernehmen gilt. Um den erwähnten Beschleunigungseffekt zu erreichen, haben Widerspruch und Anfechtungsklage gegen die Ersatzvornahme keine aufschiebende Wirkung. Damit erfolgt auch eine Gleichbehandlung mit anderen Rechtsbehelfen gegen bauaufsichtliche Zulassungen, die nach § 212a BauGB keine aufschiebende Wirkung haben.

§ 78
Baugenehmigung und Baubeginn

(1) [1]Die Baugenehmigung ist zu erteilen, wenn dem Bauvorhaben keine öffentlich-rechtlichen Vorschriften entgegenstehen, die im bauaufsichtlichen Genehmigungsverfahren zu prüfen sind; die Bauaufsichtsbehörde darf den Bauantrag auch ablehnen, wenn das Bauvorhaben gegen sonstige öffentlich-rechtliche Vorschriften verstößt. [2]Die durch eine Umweltverträglichkeitsprüfung ermittelten, beschriebenen und bewerteten Umweltauswirkungen sind nach Maßgabe der hierfür geltenden Vorschriften zu berücksichtigen.

(2) Die Baugenehmigung bedarf der Schriftform; sie ist nur insoweit zu begründen, als Abweichungen, Ausnahmen oder Befreiungen von nachbarschützenden Vorschriften zugelassen werden und benachbarte Personen nicht nach § 76 Abs. 2 Satz 1 zugestimmt haben.

(3) [1]Die Baugenehmigung kann unter Auflagen, Bedingungen und dem Vorbehalt des Widerrufs oder der nachträglichen Aufnahme, Änderung oder Ergänzung einer Auflage sowie befristet erteilt werden. [2]Nach Widerruf oder nach Ablauf der gesetzten Frist ist die bauliche Anlage ohne Entschädigung zu beseitigen; ein ordnungsgemäßer Zustand ist herzustellen. [3]Um die Erfüllung von mit der Baugenehmigung verbundenen Verpflichtungen zu gewährleisten, kann eine Sicherheitsleistung bis zur Höhe der für die Erfüllung der Verpflichtung voraussichtlich anfallenden Kosten verlangt werden.

(4) Die Baugenehmigung ist unbeschadet der privaten Rechte Dritter zu erteilen.

(5) Der Gemeinde ist, wenn sie nicht Bauaufsichtsbehörde ist, die Entscheidung der Bauaufsichtsbehörde durch eine Übermittlung des Genehmigungsbescheids zur Kenntnis zu geben.

(6) Mit der Bauausführung oder mit der Ausführung des jeweiligen Bauabschnitts darf erst begonnen werden, wenn
1. die Baugenehmigung der Bauherrschaft zugegangen ist,
2. die Prüfungen nach § 72 Abs. 2 und 3 erfolgt sind und
3. die Baubeginnsanzeige der Bauaufsichtsbehörde vorliegt.

(7) [1]Vor Baubeginn muss die Grundfläche der baulichen Anlage abgesteckt und ihre Höhenlage festgelegt sein. [2]Die Bauaufsichtsbehörde kann verlangen, dass Absteckung und Höhenlage von ihr abgenommen oder die Einhaltung der festgelegten Grundfläche und Höhenlage nachgewiesen wird. [3]Baugenehmigungen, Bauvorlagen und bautechnische Nachweise, soweit es sich nicht um Bauvorlagen handelt, müssen an der Baustelle von Baubeginn an vorliegen.

(8) Die Bauherrschaft hat den Ausführungsbeginn genehmigungsbedürftiger Vorhaben und die Wiederaufnahme der Bauarbeiten nach einer Unterbrechung von mehr als drei Monaten mindestens eine Woche vorher der Bauaufsichtsbehörde in Textform anzuzeigen (Baubeginnsanzeige).

Nr. 78 VollzBekThürBO

78.1.1 Prüfungsgegenstand des Baugenehmigungsverfahrens sind ausschließlich die in §§ 65 und 55 abschließend aufgeführten Anforderungen. Verstöße gegen nicht zu prüfende öffentlich-rechtliche Vorschriften, von denen die Bauaufsichtsbehörde Kenntnis erlangt, können gleichwohl zur Ablehnung der Baugenehmigung führen. Eine Pflicht zur Prüfung aller öffentlich-rechtlichen Anforderungen oder zur Versagung der Baugenehmigung in allen Fällen, bei denen Verstöße gegen nicht zu prüfende Vorschriften erkannt werden, besteht jedoch nicht. Wird die Baugenehmigung wegen eines (zufällig) erkannten Verstoßes gegen nicht zu prüfende Vorschriften abgelehnt, kann daher der Hinweis sinnvoll sein, dass keine umfassende Prüfung des sonstigen öffentlichen Rechts erfolgt ist und daher nicht ausgeschlossen ist, dass weitere Verstöße vorliegen.

Eine Versagung der Baugenehmigung sollte erfolgen, wenn andernfalls davon auszugehen wäre, dass gegen die insoweit materiell rechtswidrige Anlage bauaufsichtlich eingeschritten wird. Die Versagung der Baugenehmigung dient dann auch der Vermeidung zusätzlichen Verwaltungsaufwands.

Bei Absatz 1 Satz 1 Halbsatz 2 handelt es sich um eine Befugnis- und Ermessensnorm, die jedoch keinen Drittschutz begründet (VGH Bayern, 28.09.2010, 2 CS 10.1760). Das durch die Regelung eröffnete Ermessen bedeutet keine Verpflichtung, alle nachbarlichen Interessen zu berücksichtigen.

78.1.2 Die Baugenehmigung wird ungeachtet des Erfordernisses weiterer Genehmigungen außerhalb des Baugenehmigungsverfahrens erteilt. Sie berechtigt daher erst dann zur Bauausführung, wenn alle erforderlichen Genehmigungen vorliegen. Die Beschränkung des Prüfumfangs im Baugenehmigungsverfahren lässt nach § 62 Abs. 2 die allgemeinen Eingriffsbefugnisse der Bauaufsichtsbehörden unberührt.

78.3.1 Die Sicherheitsleistung für den Rückbau einer Windenergieanlage einschließlich des den Boden versiegelnden Fundaments soll am Ende der voraussichtlichen Lebensdauer der Anlage die Kosten vollständig abdecken. Gemäß § 35 Abs. 5 S. 2 BauGB ist die Anlage zurückzubauen und Bodenversiegelungen sind zu beseitigen. Die Rechtsprechung geht von einer Verpflichtung zur vollständigen Beseitigung der Fundamente aus. Vom VGH Hessen wurde mit Beschluss vom 12. Januar 2005, Az.: 3 UZ 2619/03, festgestellt: „Um die Beeinträchtigung beim Landschaftsbild und im Funktionszusammenhang beim Schutzgut Boden rückgängig zu machen, ist nicht nur der Abbau des oberirdischen Teils der Windkraftanlage geboten, sondern auch die Entfernung des Betonfundaments."

Die Höhe der Sicherheitsleistung ergibt sich aus der Höhe der für die Erfüllung der Verpflichtung voraussichtlich anfallenden Kosten im konkreten Einzelfall. Eine für alle Standorte geeignete einheitliche Berechnungsformel kann dafür nicht herangezogen werden. Für eine überschlägliche Berechnung wird hilfsweise die Anwendung der in Hessen und Niedersachsen eingeführten Formel empfohlen: Betrag der Sicherheitsleistung (€) = Nabenhöhe der WEA (m) x 1 000. Der Betrag der Sicherheitsleistung ist so kalkuliert, dass er die im Zusammenhang mit den Rückbauaufwendungen anfallende Umsatzsteuer enthält.

Die Länderregelungen sind in einem Informationspapier des Bundesverbandes WindEnergie zusammengefasst. https://www.wind-energie.de/fileadmin/redaktion/dokumente/publikationen-oeffentlich/themen/02-technik-und-netze/09-rueckbau/20240201_Informationspapier_Laenderregelungen_Rueckbau.pdf

78.5 Die Baugenehmigung ist auch der Fachbehörde zur Kenntnis zu geben, deren Genehmigung nach § 65 Abs. 1 Satz 2 Nr. 3, § 66 Satz 1 Nr. 3 durch die Baugenehmigung ersetzt wird.

78.6 Die Voraussetzungen für den Beginn der Bauausführung müssen insgesamt erfüllt sein. Die Bauherrschaft hat daher prüfpflichtige bautechnische Nachweise so frühzeitig vorzulegen, dass ein Abschluss der Prüfung bis zu dem beabsichtigten Baubeginn möglich ist.

78.7.1 Die Bauaufsichtsbehörde kann verlangen, dass Absteckung und Höhenlage von ihr abgenommen werden oder die Einhaltung der festgelegten Grundfläche und Höhenlage nachgewiesen wird. Wird ein Nachweis verlangt, kann dieser von jedem im Vermessungswesen Fachkundigen erbracht werden.

78.7.2 Ein entsprechendes Verlangen ist nur möglich, wenn ohne Abnahme bzw. Nachweis Bedenken hinsichtlich der ordnungsgemäßen Errichtung des Gebäudes bestehen. Auch unklare Grundstücksverhältnisse können Anlass zu weitergehenden Forderungen sein. Dabei können sich die Unklarheiten sowohl auf die tatsächliche Größe des Grundstücks als auch auf den Grenzverlauf beziehen. Es sind folgende Sachverhalte zu unterscheiden:

- Für die Genehmigung und Ausführung des geplanten Bauvorhabens muss das Grundstück mindestens die in den Bauvorlagen angegebenen Maße haben, die Bauaufsichtsbehörde hat aber Anhaltspunkte, dass die im Lageplan nach § 7 ThürBauVorlVO enthaltenen Angaben wegen einer

Ungenauigkeit der Flurkarte unsicher sind (Beispiel: auf einem 20 m breiten Grundstück soll ein 14 m breites Gebäude errichtet werden, das nach beiden Seiten die Mindestabstandsfläche von 3 m einhalten muss).

In diesem Fall kann ein sogenannter amtlicher Lageplan nach § 7 Abs. 2 Satz 4 ThürBauVorlVO verlangt werden. Dieser kann sich regelmäßig auf die Angaben zum Grundstück und seinen Grenzen beschränken. Angaben zur Bebauung auf dem Baugrundstück oder auf benachbarten Grundstücken sind nicht erforderlich, da insoweit ein „amtliches Einstehen" für die Richtigkeit der Angaben nicht erforderlich ist. Kein amtlicher Lageplan ist erforderlich, wenn das Baugrundstück offensichtlich ausreichend groß ist und nur der genaue Grenzverlauf unklar ist.

– Der örtliche Grenzverlauf ist unklar oder das Grundstück wird so beplant, dass es bei der Bauausführung auf den exakten Grenzbezug ankommt. Ein derartiger Fall kann gegeben sein, wenn nur nach einer Grundstücksseite genau die erforderlichen Abstandsflächen eingehalten werden sollen, das Grundstück aber offensichtlich breit genug ist, das Bauvorhaben einschließlich der erforderlichen Abstandsflächen aufzunehmen. In diesem Fall kann auch eine geringfügige Unterschreitung zur materiellen Rechtswidrigkeit des errichteten Gebäudes führen. Das Gleiche gilt, wenn die Einhaltung von Festsetzungen eines Bebauungsplans zu Baugrenzen und/oder Baulinien von besonderer Bedeutung ist.

In diesem Fall ist zwar kein amtlicher Lageplan erforderlich, das Verlangen der Abnahme der Absteckung kann aber gerechtfertigt sein. Das gilt insbesondere bei Gebäuden, bei denen eine Anpassung zu einem erheblichen Aufwand oder ein (Teil-)Rückbau zu besonders hohen Schäden führt. Dies wird in vielen Fällen bei Gebäuden ab der Gebäudeklasse 3 der Fall sein.

– Im Rahmen eines bauaufsichtlichen Verfahrens oder auf sonstige Weise wird der Bauaufsichtsbehörde bekannt, dass Grundstücksgrenzen überbaut sind.

Soll das Gebäude verändert werden, das die Grundstücksgrenzen überbaut, ist zur Beurteilung des Bauvorhabens – soweit Veränderungen an Außenwänden vorgenommen werden – in der Regel ein Lageplan erforderlich, der den tatsächlichen Standort des Gebäudes nachweist. Dies setzt eine vorherige Einmessung des Gebäudes voraus, deren Ergebnis sinnvollerweise auch für spätere Baumaßnahmen in das Liegenschaftskataster übernommen werden sollte.

Soll das Grundstück bebaut werden, dessen Grenzen überbaut sind, ist eine exakte Ermittlung der grenzüberschreitenden Bebauung dann erforderlich, wenn sich diese auf für die Genehmigung oder die bautechnischen Nachweise (z. B. Standsicherheitsnachweis bei Unterbauung mit Gewölben) relevante Tatsachen auswirkt.

Begründung zu § 78

Mit Absatz 1 Satz 1 ist das mit Blick auf die verfassungsrechtliche Gewährleistung der Baufreiheit gebotene Prinzip berücksichtigt, dass auf die Erteilung einer Baugenehmigung grundsätzlich ein Rechtsanspruch besteht, wenn dem nicht öffentlich-rechtliche Vorschriften als Inhalts- und Schrankenbestimmungen nach Artikel 14 Abs. 1 Satz 2 des Grundgesetzes entgegenstehen. Mit der Reduzierung dieser Beschränkung in Halbsatz 1 auf öffentlich-rechtliche Vorschriften, die im bauaufsichtlichen Genehmigungsverfahren zu prüfen sind, ist die Regelung gegenüber den in § 65 Abs. 1 Satz 2, § 66 Satz 1 und § 72 Abs. 5 enthaltenen Prüfbeschränkungen geöffnet. Nach Halbsatz 2 ist die Ablehnung eines Bauantrags auch wegen eines Verstoßes gegen sonstige öffentlich-rechtliche Vorschriften möglich. Die Regelung ist auch in den Fällen von Bedeutung, in denen bereits Beschwerden benachbarter Personen vorliegen, denen nunmehr auch dann im Rahmen des Baugenehmigungsverfahrens nachgegangen werden kann, wenn an sich nicht zu prüfende Vorschriften berührt werden. Unabhängig davon sind durch die Beschränkung des Prüfumfangs im Baugenehmigungsverfahren nach § 62 Abs. 2 die allgemeinen Eingriffsbefugnisse des § 61 Abs. 1 unberührt. Die Bauaufsichtsbehörden können daher nicht nur bei der Verletzung von Vorschriften eingreifen, die im bauaufsichtlichen Verfahren zu prüfen sind, sondern auch bei sonstigen Verstößen. Sie können damit insbesondere auch bei Vorhaben, die im Genehmigungsfreistellungsverfahren oder im vereinfachten Verfahren behandelt werden, bei denen also die Regelungen der Thüringer Bauordnung nicht zu prüfen sind, wegen Verstößen gegen Regelungen der Thüringer Bauordnung einschreiten.

Mit Satz 2 ist dem Erfordernis Rechnung getragen, dass nach der Neufassung des § 17 UVPG durch Artikel 1 Nr. 18 des Gesetzes zur Umsetzung der UVP-Änderungsrichtlinie, der IVU-Richtlinie und weiterer EG-Richtlinien zum Umweltschutz vom 27. Juni 2001 (BGBl. I S. 1950) nicht mehr gewährleistet ist, dass die Umweltverträglichkeitsprüfung bei baugenehmigungsbedürftigen Bauvorhaben nach Nummer 18 der Anlage 1 zum Gesetz über die Umweltverträglichkeitsprüfung ausschließlich im Bauleitplanverfahren abzuarbeiten ist, sondern auch Fälle denkbar sind, in denen die Umweltverträglichkeitsprüfung ganz oder teilweise im bauaufsichtlichen Genehmigungsverfahren geleistet werden muss. Eine Ausweitung der materiell-rechtlichen Anforderungen an Bauvorhaben ist wegen der allein verfahrensrechtlichen Bedeutung der Umweltverträglichkeitsprüfung damit nicht verbunden.

In Absatz 2 sind die für die Baugenehmigung zu beachtenden formalen Anforderungen zusammengefasst. Die Schriftform ist insbesondere wegen der mit der Unterschrift verbundenen Beweisfunktion erforderlich. Nach § 3 a Abs. 2 ThürVwVfG kann aber eine durch Rechtsvorschrift angeordnete Schriftform, soweit nicht durch Rechtsvorschrift etwas anderes bestimmt ist, durch die elektronische Form ersetzt werden.

Mit Absatz 3 Satz 1 ist klarstellend, wie in § 36 ThürVwVfG, die Aufnahme von Nebenbestimmungen in die Baugenehmigung erlaubt. Mit der Pflicht nach Satz 2 zur Beseitigung einer nur widerruflich oder befristet genehmigten Anlage ist gewährleistet, dass der Zustand wiederhergestellt wird, der ohne die vorübergehend zulässig gewesene Anlage bestehen würde. Eine Sicherheitsleistung kann nach Satz 3 verlangt werden, um die Erfüllung von teilweise kostenintensiven Maßnahmen sicherzustellen, die nicht unmittelbar zur Errichtung einer Anlage erforderlich sind und daher für die Bauherrschaft mitunter wenig Vorteile bringen. Die Sicherheitsleistung kommt insbesondere auch in Betracht, um die Erfüllung der Rückbauverpflichtung nach Satz 2 zu gewährleisten.

Mit Absatz 4 ist verdeutlicht, dass die Baugenehmigung in dem von Absatz 1 gezogenen Rahmen ausschließlich eine öffentlich-rechtliche Unbedenklichkeitsbescheinigung darstellt. Das Gebrauchmachen von der Baugenehmigung kann daher an entgegenstehenden zivilrechtlichen Ansprüchen scheitern. Dies bedeutet umgekehrt, dass dem Bauvorhaben entgegenstehende zivilrechtliche Ansprüche im Baugenehmigungsverfahren zwar grundsätzlich unbeachtlich sind, allerdings das Sachbescheidungsinteresse entfallen lassen.

Nach Absatz 5 ist die Gemeinde von Entscheidungen über die Zulässigkeit von Bauvorhaben zu unterrichten. Die Regelung dient der Wahrung der gemeindlichen Planungshoheit, da auch genehmigte, aber noch nicht ausgeführte Bauvorhaben Auswirkungen auf die Möglichkeiten zur Aufstellung von Bebauungsplänen haben können.

Nach Absatz 6 ist allein das Vorliegen einer Baugenehmigung für einen Baubeginn noch nicht ausreichend. Erforderlich ist insbesondere der Abschluss der Prüfung der bautechnischen Nachweise, da sich daraus ergeben kann, dass das Bauvorhaben nicht so wie genehmigt ausgeführt werden kann. Um zu vermeiden, dass aufgrund der Prüfung, insbesondere des Brandschutznachweises, eine Umplanung erfolgen muss, sollten die Bauherrschaft beziehungsweise Bauvorlageberechtigte für eine frühzeitige Abstimmung zwischen der Erstellerin oder dem Ersteller des Brandschutznachweises und der Erstellerin oder dem Ersteller der weiteren Bauvorlagen sorgen. Die Baubeginnsanzeige ist erforderlich, damit die Bauaufsichtsbehörde Kenntnis von Bauarbeiten erhält und erforderlichenfalls Überprüfungen durchführen kann.

Nach Absatz 7 ist als weitere Voraussetzung des Baubeginns die Absteckung der Grundfläche der baulichen Anlage und die Festlegung der Höhenlage erforderlich. Diese Maßnahmen sollen gewährleisten, dass jedenfalls die äußere Hülle der Anlage entsprechend der Genehmigung errichtet wird. Sie dürfen nicht dazu genutzt werden, die erteilte Baugenehmigung zu modifizieren. Ein Verlangen der Bauaufsichtsbehörde, Absteckung und Höhenlage abzunehmen oder die Einhaltung der festgelegten Grundfläche und Höhenlage nachzuweisen, kommt insbesondere bei Grenzbebauungen und bei unklaren oder engen Grundstücksverhältnissen in Betracht. Auch bei besonderen Schadensrisiken als Folge eines falschen Grenzbezugs, wie es bei höheren Gebäudeklassen der Fall sein könnte, kann ein entsprechendes Verlangen in Betracht kommen. Das in Satz 3 geforderte Vorliegen verschiedener Unterlagen an der Baustelle ist erforderlich, damit die beteiligten Unternehmerinnen oder Unternehmer und die Bauleiterin oder der Bauleiter ihren Verpflichtungen nach den §§ 58 und 59 nachkommen können.

Die nach Absatz 8 erforderliche Baubeginnsanzeige dient der Überwachung der Bauarbeiten durch die Bauaufsichtsbehörden. Sie sollen ohne umfangreiche Routinekontrollen erfahren, welche Baustellen in Betrieb sind und gegebenenfalls überwacht werden müssen.

ThürOVG zu § 78[11]

Ist die **Baugenehmigung** mit einer **Auflage** zur Vorababstimmung mit den Fachdiensten vor Baubeginn versehen worden und ist die Baugenehmigung insoweit **bestandskräftig** geworden, ist der Bauherr im Eilverfahren mit seinen Einwendungen gegen diese Auflage **präkludiert**.
(Thüringer Oberverwaltungsgericht, Beschluss vom 23. Juli 2024 – 1 EO 236/24 –, juris)

11 Leitsätze wurden vom Herausgeber entweder selbst erstellt oder redaktionell verändert bzw. an die aktuelle Gesetzesfassung angepasst.

§ 79
Geltungsdauer der Genehmigung

(1) [1]Die Baugenehmigung und die Teilbaugenehmigung, einschließlich der durch die Baugenehmigung nach § 65 Abs. 1 Satz 2 Nr. 3, § 66 Satz 1 Nr. 3 ersetzten Entscheidungen, sowie Abweichungen nach § 73 Abs. 2 Satz 2 und Abs. 3 Satz 1 erlöschen, wenn
1. innerhalb von drei Jahren nach ihrer Erteilung mit der Ausführung des Vorhabens nicht begonnen oder
2. die Bauausführung länger als drei Jahre unterbrochen
worden ist. [2]Die Einlegung eines Rechtsbehelfs hemmt den Lauf der jeweiligen Frist nach Satz 1 bis zur Unanfechtbarkeit der jeweiligen Genehmigung.

(2) [1]Die Frist nach Absatz 1 Satz 1 Nr. 1 kann auf Antrag der Bauherrschaft in Textform jeweils um drei Jahre verlängert werden. [2]Sie kann auch rückwirkend verlängert werden, wenn der Antrag vor Fristablauf bei der Bauaufsichtsbehörde eingegangen ist.

Nr. 79 VollzBekThürBO

79.1 Eine Verlängerung der Baugenehmigung ist nur möglich, wenn das Vorhaben zum Zeitpunkt der Entscheidung über den Verlängerungsantrag dem zu prüfenden öffentlichen Recht entspricht. Es gelten die gleichen verfahrensrechtlichen und materiellen Anforderungen wie für die Neuerteilung der Baugenehmigung, es bedarf lediglich nicht der Einreichung neuer Bauvorlagen. Die Gemeinde ist unabhängig vom Erfordernis eines Einvernehmens nach § 36 BauGB zu beteiligen, da sie den Verlängerungsantrag zum Anlass nehmen kann, die bauplanungsrechtliche Grundlage zu ändern.

Begründung zu § 79

Nach genehmigten Bauvorlagen errichtete Gebäude genießen Bestandsschutz und können grundsätzlich unabhängig von Rechtsänderungen in der genehmigten Form bestehen bleiben. Diese Stabilität gegenüber Rechtsänderungen ist nicht erforderlich, wenn über die Planungs- und Genehmigungskosten hinaus keine wesentlichen Aufwendungen angefallen sind.

Daher ist mit Absatz 1 Satz 1 in zwei Fällen das Erlöschen der Baugenehmigung und der Teilbaugenehmigung sowie der Abweichungen nach § 73 Abs. 2 Satz 2 und Abs. 3 Satz 1 vorgesehen.

Nach Nummer 1 erlöschen Baugenehmigung, Teilbaugenehmigung sowie Abweichungen nach § 73 Abs. 2 Satz 2 und Abs. 3 Satz 1, wenn innerhalb von drei Jahren nach ihrer Erteilung mit der Ausführung des Bauvorhabens nicht begonnen wurde. Die Regelung ist auch deswegen erforderlich, damit Gemeinden nach einer bestimmten Zeit die Gewissheit haben, inwieweit sie noch mit der Durchführung eines möglicherweise zukünftige Planungen behindernden Bauvorhabens rechnen müssen. Daneben ist mit dieser Regelung gewährleistet, dass bei Änderungen bauordnungsrechtlicher Anforderungen jedenfalls ein Teil der noch nicht begonnenen Bauvorhaben nicht mehr nach den bisher geltenden Regelungen errichtet werden kann und damit die Prüfung eines Anpassungsverlangens entbehrlich ist.

Aus dem gleichen Grund sollen Baugenehmigung, Teilbaugenehmigung sowie Abweichungen nach § 73 Abs. 2 Satz 2 und Abs. 3 Satz 1 nach einer längeren Unterbrechung der Bauarbeiten erlöschen. Die Frist wurde von bisher einem Jahr auf drei Jahre verlängert, da insbesondere nicht vorhersehbare technische Probleme oder auch die Insolvenz von Auftragnehmerinnen oder Auftragnehmern dazu führen können, dass Baumaßnahmen länger als ein Jahr unterbrochen werden. Die im Vergleich zur bisher geltenden Regelung erfolgte Verlängerung der Frist der zulässigen Unterbrechung auf drei Jahre vermeidet, dass zum Beleg der Bautätigkeit irgendwelche Arbeiten durchgeführt werden, bei denen im Einzelfall fraglich sein kann, ob sie tatsächlich der Vollendung des genehmigten Bauvorhabens dienen sollen. Eine weitere Ausdehnung des Zeitraums, für den die Unterbrechung der Bauausführung unbeachtlich ist, ist nicht erforderlich, da drei Jahre in der Regel für eine Fortführung der Bauarbeiten ausreichen.

Die Erlöschensregelungen beziehungsweise die sich im Umkehrschluss daraus ergebende Geltungsdauer der Baugenehmigung, der Teilbaugenehmigung sowie der Abweichungen nach § 73 Abs. 2 Satz 2 und Abs. 3 Satz 1 gelten auch für nach § 65 Abs. 1 Satz 2 Nr. 3 und § 66 Satz 1 Nr. 3 durch die Baugenehmigung ersetzte Entscheidungen des sogenannten aufgedrängten Rechts, auch wenn in dem jeweiligen Fachgesetz andere Geltungsdauern bestimmt sind.

Nach Satz 2 hemmt die Einlegung eines Rechtsbehelfs den Lauf der Fristen bis zur Unanfechtbarkeit der Baugenehmigung, der Teilbaugenehmigung sowie der Abweichungen nach § 73 Abs. 2 Satz 2 und Abs. 3 Satz 1. Nach § 212a BauGB haben Widerspruch und Anfechtungsklage einer oder eines Dritten gegen die bauaufsichtliche Zulassung eines Vorhabens zwar keine aufschiebende Wirkung, allerdings baut die Bauherrschaft im Fall eines Drittwiderspruchs auf eigenes Risiko und muss davon ausgehen, dass im Fall eines erfolgreichen Drittwiderspruchs ein Rückbau angeordnet wird. Wird wegen dieses Risikos die Bestandkraft der Genehmigung abgewartet, könnte der Fall eintreten, dass die Geltungsdauer mit Bestandskraft der Entscheidung scheinbar bereits abgelaufen ist. Auch wenn in der Rechtsprechung eher davon ausgegangen wird, dass ein Drittwiderspruch zur Hemmung des Fristlaufs führen kann, ist wegen möglicher Auslegungsfragen zumindest eine Klarstellung sinnvoll, vergleiche Urteil des Sächsischen Oberverwaltungsgerichts vom 9. Juni 2011, Aktenzeichen 1 A 504/09, Randnummer 42 juris, mit weiteren Nachweisen.

Nach Absatz 2 kann die Geltungsdauer der Baugenehmigung, der Teilbaugenehmigung sowie der Abweichungen nach § 73 Abs. 2 Satz 2 und Abs. 3 Satz 1 auf Antrag verlängert werden. Die Verlängerung stellt rechtlich die Neuerteilung unter Verzicht auf die erneute Einreichung von Bauvorlagen dar.

Eine Verlängerung der Baugenehmigung, der Teilbaugenehmigung sowie der Abweichungen nach § 73 Abs. 2 Satz 2 und Abs. 3 Satz 1 ist daher nur möglich, wenn auch eine Neuerteilung möglich wäre. Da die Verlängerung rechtlich die gleichen Wirkungen hat wie die erstmalige Erteilung, ist es sachgerecht, dass der Bescheid zur Verlängerung einer Genehmigung die gleiche Geltungsdauer hat wie die erstmals erteilte Genehmigung. Die bisherige Einschränkung, dass die Geltungsdauer bis zu einer von der Bauaufsichtsbehörde bestimmten Frist verlängert werden kann, entfällt, da die Regelung nach § 36 ThürVwVfG ausreichend ist. Soweit die Bauherrschaft von sich aus eine kürzere Geltungsdauer beantragt, ist eine gesetzliche Regelung nicht erforderlich, um diesem Anliegen Rechnung zu tragen.

§ 80
Teilbaugenehmigung

[1]Ist ein Bauantrag eingereicht, so kann der Beginn der Bauarbeiten für die Baugrube und für einzelne Bauteile oder Bauabschnitte auf Antrag in Textform schon vor Erteilung der Baugenehmigung schriftlich gestattet werden (Teilbaugenehmigung). [2]§ 78 gilt entsprechend.

Nr. 80 VollzBekThürBO

Eine Teilbaugenehmigung kann nur erteilt werden, wenn die grundsätzliche Genehmigungsfähigkeit der gesamten Anlage feststeht.

Begründung zu § 80

Bei umfangreichen Bauvorhaben oder bei der Berührung fachrechtlicher Fragen kann eine abschließende Entscheidung über einen Bauantrag einen längeren Zeitraum in Anspruch nehmen, obwohl die grundsätzliche Genehmigungsfähigkeit bereits erkennbar ist. Auch die Prüfung bautechnischer Nachweise kann einen längeren Zeitraum in Anspruch nehmen.

In diesen Fällen wäre es nicht gerechtfertigt, den Baubeginn bis zur abschließenden Entscheidung über den Bauantrag hinauszuschieben.

Nach § 80 ist in diesen Fällen die Freigabe für den Beginn der Bauarbeiten für die Baugrube und für einzelne Bauteile oder Bauabschnitte erlaubt, die nach dem Stand der bauaufsichtlichen Prüfung genehmigungsfähig sind. Die Teilbaugenehmigung ist insoweit eine abschließende Entscheidung.

Eine Teilbaugenehmigung ist nur zulässig, wenn ein vorläufiges positives Gesamturteil möglich ist, dass das Bauvorhaben voraussichtlich insgesamt genehmigungsfähig sein wird.

§ 81 Typengenehmigung

(1) [1]Für bauliche Anlagen, die in derselben Ausführung an mehreren Stellen errichtet werden sollen, ist auf Antrag in Textform durch die obere Bauaufsichtsbehörde eine Typengenehmigung zu erteilen, wenn die baulichen Anlagen oder Teile von baulichen Anlagen den Anforderungen nach diesem Gesetz oder nach den aufgrund dieses Gesetzes erlassenen Rechtsvorschriften entsprechen. [2]Eine Typengenehmigung kann auch für bauliche Anlagen erteilt werden, die in unterschiedlicher Ausführung, aber nach einem bestimmten System und aus bestimmten Bauteilen an mehreren Stellen errichtet werden sollen; in der Typengenehmigung ist die zulässige Veränderbarkeit festzulegen. [3]Für Fliegende Bauten kann eine Typengenehmigung nicht erteilt werden.

(2) [1]Die Typengenehmigung gilt fünf Jahre. [2]Die Frist kann auf Antrag in Textform jeweils um bis zu fünf Jahre verlängert werden; § 79 Abs. 2 Satz 2 gilt entsprechend.

(3) [1]Typengenehmigungen anderer Länder gelten auch in Thüringen, soweit die obere Bauaufsichtsbehörde innerhalb von acht Wochen nach Eingang des vollständigen Antrags bestätigt hat, dass die Voraussetzungen nach Absatz 1 erfüllt sind; die Bestätigung kann innerhalb dieser Frist auch mit Auflagen und Nebenbestimmungen versehen werden. [2]Die Bestätigung gilt als erteilt, wenn über sie nicht innerhalb der Frist nach Satz 1 entschieden worden ist.

(4) [1]Eine Typengenehmigung entbindet nicht von der Verpflichtung, ein bauaufsichtliches Verfahren durchzuführen. [2]Die in der Typengenehmigung entschiedenen Fragen sind von der Bauaufsichtsbehörde nicht mehr zu prüfen.

Nr. 81 VollzBekThürBO

81.1 Durch eine Typengenehmigung können grundsätzlich nur Fragen des Bauordnungsrechts geprüft werden, die nicht vom späteren Standort des einzelnen Vorhabens abhängen. Insbesondere bei Fragen des Brandschutzes ist zu berücksichtigen, dass regelmäßig auch die Rettungsmöglichkeiten der Feuerwehr Auswirkungen auf das Brandschutzkonzept haben werden, die vom jeweiligen Standort abhängen.

81.3 Typengenehmigungen anderer Länder gelten nur dann in Thüringen, soweit die obere Bauaufsichtsbehörde bestätigt, dass die Voraussetzungen nach Absatz 1 erfüllt sind. Aus dem Wort „soweit" ergibt sich, dass auch eine eingeschränkte Übertragbarkeit in Betracht kommen kann.

Begründung zu § 81

Nach Absatz 1 Satz 1 ist auf Antrag in Textform für bauliche Anlagen, die in derselben Ausführung mehrfach an verschiedenen Stellen errichtet werden sollen, eine Typengenehmigung zu erteilen. Damit können Baugenehmigungsverfahren verkürzt werden. Mit der Typengenehmigung ist bestätigt, dass die genehmigte bauliche Anlage den bauaufsichtlichen Anforderungen entspricht. Dies gilt aber nur, soweit es sich nicht um Anforderungen handelt, die einen Bezug zum jeweiligen Standort haben. Das betrifft neben den bauplanungsrechtlichen Anforderungen und Anforderungen des aufgedrängten Rechts grundstücksbezogene bauaufsichtliche Anforderungen, wie die Erreichbarkeit des Grundstücks, eventuelle Gestaltungsanforderungen, die Einsatz- und Rettungsmöglichkeiten der Feuerwehr, das Erfordernis der Herstellung von Brandwänden und andere Anforderungen des Brandschutzes. Zu prüfen sind dagegen wegen der Einheit von Bauwerk und Nutzung nutzungsbezogene Anforderungen. Nach Satz 2 kann eine Typengenehmigung auch für unterschiedliche Ausführungen der baulichen Anlage erteilt werden. Möglich sind beispielsweise verschiedene Grundrissvarianten, Dach- und Fassadengestaltungen. Nach Satz 3 kann für Fliegende Bauten eine Typengenehmigung nicht erteilt werden, da für diese § 83 ein eigenes standortloses Zulassungsverfahren vorgesehen ist.

In Absatz 2 ist die Geltungsdauer der Typengenehmigung festgelegt. Aufgrund des mit der Typengenehmigung auch für die Herstellerin oder den Hersteller verbundenen Aufwands gilt die Typengenehmigung länger als die Baugenehmigung. Dadurch hat die Herstellerin oder der Hersteller die Möglichkeit, eine größere Zahl von Bauvorhaben zu errichten, was auch einen Beitrag zur Baukostensenkung darstellt.

In Absatz 3 ist die Geltung der Typengenehmigungen anderer Länder in Thüringen festgelegt. Typengenehmigungen anderer Länder gelten nur dann in Thüringen, wenn die obere Bauaufsichtsbehörde vorher bestätigt hat, dass die Voraussetzungen nach Absatz 1 erfüllt sind. Dadurch ist gewährleistet, dass möglicherweise abweichende bauaufsichtliche Anforderungen nach der Thüringer Bauordnung eingehalten sind. Auch ist vermieden, dass bei einem Bauvorhaben mit Typenprüfung geringere Anforderungen zu beachten sind als bei einem individuell geplanten. Die Bestätigung kann mit Auflagen und Nebenbestimmungen versehen werden, um die Einhaltung der Anforderungen nach der Thüringer Bauordnung oder nach den aufgrund der Thüringer Bauordnung erlassenen Rechtsvorschriften zu erreichen. Sie würde sich dann im Ergebnis als weitere Typengenehmigung darstellen, die aber mit möglicherweise deutlich geringerem Aufwand erlangt werden könnte. Da eine Überprüfung der Vereinbarkeit einer Typengenehmigung mit den Anforderungen in Thüringen einen im Vergleich zur Erteilung einer Typengenehmigung deutlich geringeren Aufwand verursacht, gilt die Bestätigung als erteilt, wenn nicht innerhalb von acht Wochen nach Eingang des vollständigen Antrags entschieden wird.

Nach Absatz 4 Satz 1 entbindet die Typengenehmigung nicht von der Durchführung des für die jeweilige bauliche Anlage nach den §§ 64 bis 66 vorgesehenen bauaufsichtlichen Verfahrens. Das ist erforderlich, da für die Typengenehmigung nur ein Teil der in einem Genehmigungsverfahren zu prüfenden Anforderungen abgedeckt werden kann. Bei Vorhaben, die der Genehmigungsfreistellung nach § 64 unterliegen, geht es insbesondere um die erforderliche Beteiligung der Gemeinde. Nach Satz 2 muss die Bauaufsichtsbehörde die in der Typengenehmigung entschiedenen Fragen nicht mehr prüfen. Da nicht ausgeschlossen ist, dass aufgrund besonderer örtlicher Verhältnisse die Typengenehmigung nicht umgesetzt werden kann oder darf, ist der Bauaufsichtsbehörde eine eigene Prüfung nicht untersagt. In der Regel werden aber von der Typengenehmigung abweichende Entscheidungen nicht in Betracht kommen.

§ 82
Vorbescheid

[1]Vor Einreichung des Bauantrags ist auf Antrag in Textform der Bauherrschaft zu einzelnen Fragen des Bauvorhabens, die im Baugenehmigungsverfahren zu prüfen sind, ein Vorbescheid zu erteilen. [2]Der Vorbescheid gilt drei Jahre. [3]Die §§ 74 bis 77, 78 Abs. 1 bis 5 sowie § 79 Abs. 1 Satz 2 und Abs. 2 gelten entsprechend; die Bauaufsichtsbehörde soll auf Antrag der Bauherrschaft von der Anwendung des § 76 absehen.

Nr. 82 VollzBekThürBO

82.1 Der Vorbescheid ist ein vorweggenommener Teil der Baugenehmigung. Er kann daher grundsätzlich nur für solche Bauvorhaben beantragt und erteilt werden, für die ein Baugenehmigungsverfahren nach § 65 oder § 66 vorgesehen ist. Entsprechend kann sich der Vorbescheid auch nur auf Fragen beziehen, die im jeweiligen Baugenehmigungsverfahren geprüft werden. Möglich ist auch ein Vorbescheid über die Zulassung von Abweichungen für Vorhaben, die dem vereinfachten Baugenehmigungsverfahren unterliegen, da beantragte Abweichungen nach § 65 Abs. 1 Satz 2 Nr. 2 zum Prüfumfang gehören. Ein Vorbescheid ist grundsätzlich auch für Vorhaben möglich, die dem Verfahren nach § 84 unterliegen.

82.2 Bei Vorhaben, die der Genehmigungsfreistellung nach § 64 unterliegen, ist ein Vorbescheid zu bauordnungsrechtlichen Abweichungen möglich. Ein Vorbescheid über Ausnahmen und Befreiungen i. S. d. § 31 BauGB ist als Vorfrage einer Genehmigungsfreistellung dagegen nicht möglich, da diese dazu führen, dass das Vorhaben dem vereinfachten Baugenehmigungsverfahren nach § 65 unterliegt.

82.3 Der Vorbescheid entscheidet nur über einzelne bauplanungs- oder bauordnungsrechtliche Fragen. Diese müssen vom Bauherrn so formuliert sein, dass sie mit einer eindeutigen Zustimmung oder Ablehnung beantwortet werden können. Ggf. sind Bauvorlagen vorzulegen. Eine Bauvorlageberechtigung ist bei einfachen Einzelfragen entbehrlich, für die die Erstellung detaillierter Bauvorlagen nicht erforderlich ist (z. B. ob ein Grundstück mit einem Einfamilienhaus bebaubar ist, ob eine Befreiung von der festgesetzten Bauweise oder für eine Garage eine Abweichung von § 4 Abs. 1 möglich ist). Ebenfalls keine Bauvorlageberechtigung ist erforderlich, wenn sich die Fragen auf Bauvorhaben beziehen, die nach § 67 keine Bauvorlageberechtigung erfordern.

82.4 Von einer an sich erforderlichen Nachbarschaftsbeteiligung kann auf Antrag der Bauherrschaft abgesehen werden. Ein entsprechendes Interesse kann z. B. vorliegen, wenn die antragstellende Person vor einem eventuellen Grundstückserwerb Nutzungsmöglichkeiten prüfen will. Werden benachbarte Personen nicht beteiligt, hat der Vorbescheid im nachfolgenden Baugenehmigungsverfahren ihnen gegenüber keine Wirkung.

Begründung zu § 82

Je nach Art und Umfang eines Bauvorhabens kann dessen Planung einen erheblichen Zeit- und Kostenaufwand erfordern. Das gilt insbesondere dann, wenn zur Beurteilung des Bauvorhabens ergänzende Gutachten zu erstellen sind, die beispielsweise längerfristige naturschutzfachliche Beobachtungen oder besondere Untersuchungen erfordern. Dieser Aufwand ist jedenfalls dann nicht gerechtfertigt, wenn die Zulässigkeit des Bauvorhabens von Vorfragen abhängt, die verhältnismäßig einfach beantwortet werden können.

Nach Satz 1 ist die Vorklärung dieser Fragen in einem besonderen Verfahren möglich und zudem ist der Bauherrschaft ein ausdrücklicher Rechtsanspruch auf Erteilung des Vorbescheids eingeräumt.

Da der Vorbescheid vorweggenommener Teil der Baugenehmigung ist, kommt er nur bei baugenehmigungsbedürftigen Vorhaben in Betracht. Durch die Worte „die im Baugenehmigungsverfahren zu prüfen sind", ist verdeutlicht, dass in einem Vorbescheid einerseits nur Fragen entschieden werden können, die Gegenstand des für das konkrete Vorhaben durchzuführenden Baugenehmigungsverfahrens sein können. Andererseits ergibt sich daraus auch, dass sich der Vorbescheid auf alle Fragen erstrecken kann, die zum Prüfumfang des Baugenehmigungsverfahrens für das konkrete Bauvorhaben gehören können, einschließlich Fragen des sogenannten aufgedrängten Rechts; auch insoweit enthält der Vorbescheid eine abschließende Entscheidung.

In den Sätzen 2 und 3 ist die Geltungsdauer des Vorbescheids und die Möglichkeit der Verlängerung entsprechend den für die Baugenehmigung geltenden Regelungen nach § 79 geregelt.

Da der Vorbescheid hinsichtlich der durch ihn entschiedenen Fragen die gleiche Wirkung hat wie die Baugenehmigung, sind mit Satz 3 die für das Baugenehmigungsverfahren geltenden Regelungen für entsprechend anwendbar erklärt.

Nach Satz 3 Halbsatz 2 kann auf Antrag der Bauherrschaft von einer an sich erforderlichen Beteiligung benachbarter Personen oder der Öffentlichkeit abgesehen werden. Ein entsprechendes Interesse ist mitunter dann gegeben, wenn im Vorfeld eines möglichen Grundstückserwerbs die Nutzungsmöglichkeiten geklärt werden sollen, das Erwerbsinteresse aber nicht bekannt werden soll.

ThürOVG zu § 82[12]

Für die **Verlängerung eines Bauvorbescheids** ist die **aktuelle** Sach- und Rechtslage maßgeblich.
Daraus folgt, dass eine Behörde bei der Entscheidung über die Verlängerung der Geltungsdauer eines Bauvorbescheids nicht an ihre bisherige positive rechtliche Beurteilung gebunden ist, sondern in ihrer – an Recht und Gesetz gebundenen – Entscheidung ebenso frei ist, wie bei der erstmaligen Erteilung des Bauvorbescheids.
(Thüringer Oberverwaltungsgericht, Beschluss vom 5. Dezember 2023 – 1 ZKO 226/21 –, juris)

Die Frage der Zulässigkeit der Art der geplanten baulichen Nutzung lässt sich nicht ohne Prüfung des Rücksichtnahmegebotes beantworten.
Auch die Frage der Einhaltung des Gebotes der Rücksichtnahme im Hinblick auf Geräuschemissionen durch An- und Abfahrverkehr ist kein Teilaspekt, der bei der Prüfung des Einfügens im Rahmen der Bauvoranfrage dem Baugenehmigungsverfahren vorbehalten werden darf.
Die **Ausklammerung** der Frage der Einhaltung des Rücksichtnahmegebotes führt dazu, dass die **Bauvoranfrage** hinsichtlich der Zulässigkeit des Vorhabens **nicht** abschließend verbindlich **bescheidungsfähig** ist.
(Thüringer Oberverwaltungsgericht, Urteil vom 11. August 2021 – 1 KO 214/19 –, juris)

Ist ein **Bauvorhaben** bereits **verwirklicht** worden, **fehlt** einem Antrag auf Erteilung eines Bauvorbescheids nach § 82 Satz 1 ThürBO für dieses Vorhaben das erforderliche **Sachbescheidungsinteresse** und einer entsprechenden Verpflichtungsklage das erforderliche Rechtsschutzbedürfnis.
(Thüringer Oberverwaltungsgericht, Beschluss vom 19. November 2013 – 1 ZKO 487/13 –, juris)

Die Anforderungen an die **Bestimmtheit** der im Verfahren über die Erteilung eines Bauvorbescheides gestellten Fragen richten sich – wie bei der Baugenehmigung – nach der ThürBauVorlVO[13].
Ein den Gegenstand einer Bauvoranfrage bildendes Gesamtvorhaben kann nicht in Einzelvorhaben aufgespalten werden, wenn Anhaltspunkte dafür bestehen, dass der Bauherr nur an einer Verwirklichung des Gesamtvorhabens interessiert ist.
(Thüringer Oberverwaltungsgericht, Urteil vom 17. April 2007 – 1 KO 1127/03 –, juris)

12 Leitsätze wurden vom Herausgeber entweder selbst erstellt oder redaktionell verändert bzw. an die aktuelle Gesetzesfassung angepasst.

13 In dem Sinne auch BVerwG, Beschluss vom 20. Mai 2014 – 4 B 21/14 –, juris, „Der Bauherr bestimmt durch den Bauantrag, was Gegenstand der Baugenehmigung sein soll."

§ 83
Fliegende Bauten

(1) [1]Fliegende Bauten sind bauliche Anlagen, die geeignet und bestimmt sind, an verschiedenen Orten wiederholt aufgestellt und zerlegt zu werden. [2]Baustelleneinrichtungen und Baugerüste sind keine Fliegenden Bauten.

(2) [1]Fliegende Bauten bedürfen, bevor sie erstmals aufgestellt und in Gebrauch genommen werden, einer Ausführungsgenehmigung. [2]Dies gilt nicht für
1. **erdgeschossige Zelte mit einer Grundfläche bis zu 75 m²,**
2. **erdgeschossige Verkaufs- und Schaugeschäfte mit einer Höhe bis zu 5 m und einer Grundfläche bis zu 75 m²,**
3. **umwehrte Tribünen und Podien ohne Überdachung mit einer Grundfläche bis zu 75 m² und einer Höhe der betretbaren Flächen bis zu 1 m,**
4. **Bühnen, einschließlich Überdachungen und sonstigen Aufbauten, mit einer Höhe bis zu 5 m, einer Grundfläche bis zu 100 m² und einer Fußbodenhöhe bis zu 1,50 m,**
5. **Kinderfahrgeschäfte mit einer Höhe bis zu 5 m und einer Geschwindigkeit von höchstens 1 m/s,**
6. **aufblasbare Spielgeräte mit einer Höhe des betretbaren Bereichs von bis zu 5 m oder mit überdachten Bereichen, bei denen die Entfernung zum Ausgang nicht mehr als 3 m, sofern ein Absinken der Überdachung konstruktiv verhindert wird, nicht mehr als 10 m, beträgt, und**
7. **andere Fliegende Bauten mit einer Höhe bis zu 5 m, die nicht dazu bestimmt sind, von Besucherinnen und Besuchern betreten zu werden.**

(3) Die Ausführungsgenehmigung ist von der oberen Bauaufsichtsbehörde zu erteilen, wenn
1. **die antragstellende Person ihre Hauptwohnung oder gewerbliche Niederlassung in Thüringen hat oder**
2. **die antragstellende Person ihre Hauptwohnung oder gewerbliche Niederlassung außerhalb der Bundesrepublik Deutschland hat und der Fliegende Bau in Thüringen erstmals aufgestellt und in Gebrauch genommen werden soll.**

(4) Die oberste Bauaufsichtsbehörde kann durch Rechtsverordnung bestimmen, dass Ausführungsgenehmigungen für Fliegende Bauten abweichend von Absatz 3 nur durch von ihr bestimmte Stellen erteilt werden dürfen und die Vergütung dieser Stellen regeln.

(5) [1]Die Ausführungsgenehmigung ist für eine bestimmte Frist zu erteilen, die höchstens fünf Jahre betragen soll; sie kann auf Antrag in Textform von der für die Ausführungsgenehmigung zuständigen Behörde jeweils um bis zu fünf Jahre verlängert werden, wenn das die Inhaberin oder der Inhaber der Ausführungsgenehmigung vor Ablauf der Frist beantragt; § 79 Abs. 2 Satz 2 gilt entsprechend. [2]Die Ausführungsgenehmigungen und die Verlängerungen ihrer Frist sind von

der für die Ausführungsgenehmigung zuständigen Behörde in ein Prüfbuch einzutragen, dem eine Ausfertigung der mit einem Genehmigungsvermerk zu versehenden Bauvorlagen beizufügen ist. [3]In der Ausführungsgenehmigung kann vorgeschrieben werden, dass der Fliegende Bau vor jeder Inbetriebnahme oder in bestimmten zeitlichen Abständen jeweils vor einer Inbetriebnahme von einer oder einem Sachverständigen abzunehmen ist. [4]Ausführungsgenehmigungen anderer Länder gelten auch in Thüringen.

(6) [1]Die Inhaberin oder der Inhaber der Ausführungsgenehmigung hat den Wechsel des Wohnsitzes oder der gewerblichen Niederlassung oder die Übertragung eines Fliegenden Baus an Dritte unverzüglich der zuletzt zuständigen Behörde anzuzeigen. [2]Die Behörde hat die Änderungen in das Prüfbuch nach Absatz 5 Satz 2 einzutragen und sie, wenn mit den Änderungen ein Wechsel der Zuständigkeit verbunden ist, der nunmehr zuständigen Behörde mitzuteilen.

(7) [1]Fliegende Bauten, die einer Ausführungsgenehmigung bedürfen, dürfen unbeschadet anderer öffentlich-rechtlicher Vorschriften nur in Gebrauch genommen werden, wenn ihre Aufstellung der Bauaufsichtsbehörde des Aufstellungsorts rechtzeitig unter Vorlage des Prüfbuchs nach Absatz 5 Satz 2 oder unter Angabe der wesentlichen Daten des Fliegenden Baus, insbesondere Angaben zu der Art des Fliegenden Baus, den Größenabmessungen, der Geltungsdauer der Ausführungsgenehmigung und den Nebenbestimmungen, der geplanten Betriebszeit und der Betreiberin oder dem Betreiber, in Textform angezeigt ist. [2]Die Bauaufsichtsbehörde kann die Inbetriebnahme dieser Fliegenden Bauten von einer Gebrauchsabnahme abhängig machen. [3]Das Ergebnis der Gebrauchsabnahme oder der Verzicht darauf ist in das Prüfbuch einzutragen.

(8) [1]Die für die Erteilung der Gebrauchsabnahme zuständige Bauaufsichtsbehörde kann Auflagen erteilen oder die Aufstellung oder den Gebrauch Fliegender Bauten untersagen, soweit dies nach den örtlichen Verhältnissen oder zur Abwehr von Gefahren erforderlich ist, insbesondere, weil die Betriebssicherheit oder Standsicherheit nicht oder nicht mehr gewährleistet ist oder weil von der Ausführungsgenehmigung abgewichen wird. [2]Ist die Aufstellung oder der Gebrauch untersagt, ist dies in das Prüfbuch nach Absatz 5 Satz 2 einzutragen. [3]Die ausstellende Behörde ist zu benachrichtigen, das Prüfbuch ist einzuziehen und der ausstellenden Behörde zuzuleiten, wenn die Herstellung ordnungsgemäßer Zustände innerhalb angemessener Frist nicht zu erwarten ist.

(9) [1]Bei Fliegenden Bauten, die von Besucherinnen oder Besuchern betreten und längere Zeit an einem Aufstellungsort betrieben werden, kann die für die Gebrauchsabnahme zuständige Bauaufsichtsbehörde aus Gründen der Sicherheit Nachabnahmen durchführen. [2]Das Ergebnis der jeweiligen Nachabnahme ist in das Prüfbuch einzutragen.

(10) § 74 Abs. 1, 2 und 4 und § 88 Abs. 1, 3 und 4 gelten entsprechend.

Nr. 83 VollzBekThürBO

83.1 Anlagen sind nur dann Fliegende Bauten, wenn sie nicht nur geeignet, sondern auch dazu bestimmt sind, an verschiedenen Orten wiederholt aufgestellt zu werden. Ein längerfristiger Betrieb an einem Standort führt dazu, dass es sich um eine normale Anlage handelt, die nach den §§ 64 bis 66 verfahrenspflichtig sein kann. Bei einer Aufstellung von mehr als zwei Monaten an einem Ort wird regelmäßig eine Überprüfung erforderlich sein, ob noch ein Fliegender Bau vorliegt.

83.7 Erfolgt die erforderliche Anzeige der Aufstellung eines Fliegenden Baues durch Vorlage des Prüfbuchs, ist dieses im Original vorzulegen. Alternativ ist auch eine Anzeige der Aufstellung in Textform mit den in Satz 1 Alternative 2 vorgeschriebenen Angaben möglich. Im Originalprüfbuch sind die Ergebnisse eventueller Abnahmen oder der Verzicht auf eine Abnahme einzutragen.

Begründung zu § 83

In § 83 ist das bei der Zulassung und Verwendung Fliegender Bauten zu beachtende Verfahren geregelt.

In Absatz 1 ist die Begriffsbestimmung „Fliegender Bauten" enthalten. Darunter fallen Anlagen, die nicht nur geeignet, sondern auch dazu bestimmt sein müssen, wiederholt aufgestellt und zerlegt zu werden. Für die wiederholte Aufstellung geeignete Anlagen, die tatsächlich dauerhaft am gleichen Standort verwendet werden, sind keine Fliegenden Bauten, auch wenn für sie ursprünglich eine Ausführungsgenehmigung erteilt wurde. Hauptanwendungsfälle der Regelung sind Fahrgeschäfte und Zelte aller Art.

Nach Absatz 2 Satz 1 benötigen Fliegende Bauten anstatt einer Baugenehmigung eine Ausführungsgenehmigung. Die besondere Art der Genehmigung ist erforderlich, da bei Fliegenden Bauten eine standortbezogene Genehmigung nicht zuletzt aufgrund der in der Regel nur kurzen Standzeit nicht erforderlich und der mit einer standortbezogenen Baugenehmigung verbundene Aufwand nicht gerechtfertigt ist.

Keine Ausführungsgenehmigung und auch keine Baugenehmigung benötigen verschiedene in Satz 2 aufgeführte kleinere Anlagen, die nur ein geringes Risikopotential aufweisen. Ziel ist es, Fliegende Bauten von der Genehmigungspflicht freizustellen, bei denen Gefahren aufgrund ihrer Höhenentwicklung, ihrer Grundfläche und der Bewegungsabläufe erfahrungsgemäß gering sind. Die Anforderungen nach dem Bauordnungsrecht an bauliche Anlagen, wie beispielsweise an die Standsicherheit, sind ausreichend, um Gefährdungen durch verfahrensfreie Fliegende Bauten zu vermeiden.

In dem Freistellungstatbestand für Zelte nach Nummer 1 ist bewusst keine Höhenbegrenzung enthalten, damit durch die Spitzen, beispielsweise von Pagodenzelten und Tipis mit begrenzter Grundfläche und damit konstruktiv begrenzter Höhe von etwa 7 m, keine Genehmigungspflicht ausgelöst wird. Dekorative Aufbauten sind auf Zelten unüblich.

In Nummer 2 ist klarstellend bestimmt, dass auch Schaugeschäfte ohne Verkaufstätigkeit von der Verfahrensfreistellung erfasst sind. Belustigungsgeschäfte sind aufgrund des erhöhten Gefährdungspotenzials für die Benutzerinnen und Benutzer, beispielsweise durch Drehscheiben, Wackeltreppen oder rollende Tonnen, hier nicht erfasst. Zudem sind in der Bekanntmachung des Thüringer Ministeriums für Bau, Landesentwicklung und Verkehr „Fliegende Bauten“ vom 28. November 2013 (StAnz. Nr. 51+52 S. 2094) in der jeweils geltenden Fassung als Technische Baubestimmung eingeführte Richtlinie über den Bau und Betrieb Fliegender Bauten besondere Vorschriften für Belustigungsgeschäfte enthalten. Die Einführung einer Höhenbegrenzung entspricht der Begrenzung nach Nummer 7. Verfahrensfreigestellte Verkaufs- und Schaugeschäfte, die von Besucherinnen und Besuchern betreten werden können, können aufgrund ihres höheren Gefahrenpotentials nicht höher sein als andere freigestellte Fliegende Bauten nach Nummer 7, die nicht zum Betreten durch Besucherinnen und Besucher bestimmt sind.

Mit Nummer 3 ist ein Freistellungstatbestand für Tribünen und Podien mit sehr geringer Bauhöhe geregelt. Hinsichtlich der Grundfläche orientiert sich der Freistellungstatbestand am kleinsten üblichen Grundmaß von 75 m² der bisherigen Freistellungstatbestände für Fliegende Bauten. Überdachungen sind bewusst ausgenommen, weil aus ihnen ein erhöhtes Gefahrenpotenzial erwachsen kann.

Überdachte Bühnen mit begrenzter Grundfläche sind nach Nummer 4 freigestellt, weil sie nicht von Besucherinnen und Besuchern, sondern in der Regel nur von einem eingewiesenen Personenkreis betreten werden.

Kleinere Kinderfahrgeschäfte und kleinere aufblasbare Spielgeräte sind durch die Nummern 5 und 6 wegen des allenfalls geringen Gefahrenpotentials freigestellt.

Mit Nummer 7 sind als eine Art Auffangtatbestand andere kleinere Fliegende Bauten verfahrensfrei gestellt. Da sie nicht von Besucherinnen oder Besuchern betreten werden können, kommt eine Gefährdung Dritter nicht in Betracht. Aufgrund der geringen Höhe sind auch keine Standsicherheitsprobleme zu erwarten. Dieser Freistellungstatbestand kann für verschiedene Fliegende Bauten zur Anwendung kommen, nicht aber für Fliegende Bauten, für die eine der Nummern 1 bis 6 einschlägig ist.

In den Absätze 3 und 4 ist die Zuständigkeit für die Ausführungsgenehmigung geregelt.

In Abstimmung mit den anderen Ländern, die im Wesentlichen gleiche Regelungen haben, ist nach Absatz 3 für die Ausführungsgenehmigung die obere Bauaufsichtsbehörde zuständig, in deren Bereich die Antragstellerin oder der Antragsteller ihre oder seine Hauptwohnung oder ihre oder seine gewerbliche Niederlassung hat oder in deren Bereich der Fliegende Bau zum ersten Mal aufgestellt oder in Gebrauch genommen werden soll. Von dieser Bauaufsichtsbehörde erteilte Ausführungsgenehmigungen gelten aufgrund der Festlegung in Absatz 5 Satz 4 entsprechender Regelungen anderer Länder auch dort. Die obere Bauaufsichtsbehörde ist zum einen zuständig, da die Beurteilung der von Fliegenden Bauten ausgehenden Gefahren spezialisierte Kenntnisse verlangt, zum anderen arbeiten die Länder im Arbeitskreis „Fliegende Bauten der Bauministerkonferenz" zusammen; die Erkenntnisse aus diesem Arbeitskreis können aufgrund der Genehmigungszuständigkeit umgehend in die Genehmigungstätigkeit einfließen. Auch die Schlussfolgerungen aus Unglücksfällen können auf diese Weise schneller gezogen werden.

Nach Absatz 4 ist der obersten Bauaufsichtsbehörde erlaubt, eine von Absatz 3 abweichende Zuständigkeitsregelung für alle oder nur bestimmte Arten Fliegender Bauten zu erlassen und die Vergütung der für zuständig bestimmten Stellen zu regeln.

Nach Absatz 5 ist die Ausführungsgenehmigung nur befristet zu erteilen. Eine Verlängerung der Frist ist möglich. Durch die grundsätzliche Befristung können auch neuere Erkenntnisse über von der Anlage ausgehende potentielle Gefahren berücksichtigt werden, die zwar nicht eine Rücknahme der Ausführungsgenehmigung rechtfertigen würden, wohl aber Nebenbestimmungen im Zusammenhang mit der Verlängerung. Da durch das wiederholte Auf- und Abbauen der Fliegenden Bauten Schäden entstehen können, kann in besonderen Fällen in der Ausführungsgenehmigung eine wiederholte Überprüfung durch Sachverständige vorgeschrieben werden.

Nach Absatz 6 hat die Inhaberin oder der Inhaber der Ausführungsgenehmigung einen Wechsel von Hauptwohnort oder gewerblicher Niederlassung oder die Übertragung eines Fliegenden Baus an Dritte mitzuteilen. Die Mitteilung erfolgt jedoch nicht an die Behörde, die die Ausführungsgenehmigung erteilt hat, sondern an die zuletzt zuständige Behörde. Damit ist dem Umstand Rechnung getragen, dass nach Erteilung der Ausführungsgenehmigung bereits ein Zuständigkeitswechsel erfolgt sein kann. Bei einem Wechsel in den Zuständigkeitsbereich einer anderen für Ausführungsgenehmigungen zuständigen Behörde wechselt auch die Zuständigkeit für die konkrete Anlage. Die zuletzt zuständige Behörde hat das der nunmehr zuständigen Behörde mitzuteilen.

Nach Absatz 7 ist das Aufstellen eines Fliegenden Baus rechtzeitig vor der Inbetriebnahme der örtlich zuständigen Bauaufsichtsbehörde anzuzeigen. Die Anzeige kann entweder unter Vorlage des Prüfbuchs erfolgen oder in Textform. Im zweiten Fall muss die Anzeige die wesentlichen Daten zum Fliegenden Bau enthalten, die auch im Prüfbuch aufgeführt sind. Ist die Anzeige erstattet, kann die Bauaufsichtsbehörde eine Gebrauchsabnahme durchführen, ist hierzu aber nicht verpflichtet. Das Ergebnis der Abnahme oder der Verzicht auf die Abnahme ist in das Prüfbuch einzutragen. Die Eintragung kann der für den nächsten Aufstellort zuständigen Behörde die Entscheidung erleichtern, ob sie ihrerseits eine Gebrauchsabnahme durchführt oder darauf verzichtet. Entfallen ist, im Vergleich zur bisherigen Regelung, die Möglichkeit, bereits in der Ausführungsgenehmigung zu bestimmen, dass eine Anzeige nicht erforderlich ist, weil Gefahren durch den Betrieb des Fliegenden Baus nicht zu erwarten sind. Die Regelung hat bundesweit keine Anwendung gefunden.

Mit Absatz 8 ist der für den Aufstellort zuständigen Bauaufsichtsbehörde möglich, Auflagen für den Betrieb am konkreten Aufstellort zu erteilen oder den Gebrauch zu untersagen. Auflagen kommen beispielsweise in Betracht, wenn aufgrund von Besonderheiten des Aufstellungsorts, wie beispielsweise besondere Bodenverhältnisse, ergänzende Vorkehrungen erforderlich sind. Eine Untersagung des Gebrauchs kann insbesondere dann erfolgen, wenn die Betriebs- oder Standsicherheit der Anlage, beispielsweise aufgrund von Abnutzung oder mangelhafter Wartung, nicht mehr gewährleistet ist. Ist die Aufstellung oder der Gebrauch untersagt, ist das Prüfbuch einzuziehen, soweit nicht eine Herstellung ordnungsgemäßer Zustände innerhalb angemessener Frist zu erwarten ist. Ein Gebrauch des Fliegenden Baus ist damit auch an anderen Aufstellungsorten nicht mehr möglich.

Mit dem Charakter als Fliegender Bau ist es nicht generell unvereinbar, dass ein solcher längere Zeit am gleichen Ort betrieben wird. Da sich bei längeren Standzeiten Verbindungen oder Verankerungen lockern können oder anders als bei wiederholter Aufstellung eine Kontrolle aller Teile nicht ohne Weiteres möglich ist, kann die örtlich zuständige Bauaufsichtsbehörde nach Absatz 9 eine Nachabnahme, auch mehrfach, durchführen.

Nach Absatz 10 gelten die Regelungen über formale Anforderungen an Bauvorlagen und zur Bauüberwachung entsprechend.

§ 84
Bauaufsichtliche Zustimmung

(1) [1]Nicht verfahrensfreie Bauvorhaben bedürfen keiner Genehmigung, Genehmigungsfreistellung und Bauüberwachung, wenn

1. die Bauherrschaft die Leitung der Entwurfsarbeiten und der Bauüberwachung einer Baudienststelle des Bundes oder der Länder übertragen hat und
2. die Baudienststelle nach Nummer 1 mit beamtetem Personal des höheren technischen Verwaltungsdienstes der Fachrichtung Hochbau oder Bauingenieurwesen oder diesen gleichgestellten Bediensteten mit entsprechender Vorbildung besetzt ist, die über die erforderlichen Kenntnisse der Bautechnik, der Baugestaltung und des öffentlichen Baurechts verfügen.

[2]Bauliche Anlagen nach Satz 1 bedürfen jedoch der Zustimmung der oberen Bauaufsichtsbehörde. [3]Außer bei der Errichtung und Änderung von Sonderbauten entfällt die Zustimmung nach Satz 2, wenn die Gemeinde nicht innerhalb von zwei Monaten ab Eingang des Ersuchens der Baudienststelle widerspricht und, soweit ihre öffentlich-rechtlich geschützten Belange von Abweichungen, Ausnahmen und Befreiungen berührt sein können, die benachbarten Personen innerhalb eines Monats ab Eingang des Ersuchens der Baudienststelle dem Vorhaben zustimmen. [4]Keiner Genehmigung, Genehmigungsfreistellung oder Zustimmung bedürfen unter den Voraussetzungen nach Satz 1 Baumaßnahmen in oder an bestehenden Gebäuden, soweit sie nicht zu einer Erweiterung des Bauvolumens oder zu einer nicht verfahrensfreien Nutzungsänderung führen. [5]Satz 3 gilt nicht für bauliche Anlagen, für die nach § 76 Abs. 3 eine Öffentlichkeitsbeteiligung durchzuführen ist.

(2) Der Antrag auf Zustimmung nach Absatz 1 Satz 2 ist in Textform bei der oberen Bauaufsichtsbehörde einzureichen.

(3) [1]Die obere Bauaufsichtsbehörde prüft

1. die Übereinstimmung mit den Regelungen über die Zulässigkeit der baulichen Anlagen nach den §§ 29 bis 38 BauGB und
2. andere öffentlich-rechtliche Anforderungen, soweit wegen der Zustimmung eine Entscheidung nach anderen öffentlich-rechtlichen Vorschriften entfällt oder ersetzt wird.

[2]Sie führt bei den in Absatz 1 Satz 4 genannten Anlagen die Öffentlichkeitsbeteiligung nach § 76 Abs. 3 bis 6 durch. [3]Eine Prüfung bautechnischer Nachweise findet nicht statt. [4]Die obere Bauaufsichtsbehörde entscheidet über Ausnahmen, Befreiungen und Abweichungen von den nach Satz 1 zu prüfenden sowie von anderen Rechtsvorschriften, soweit sie nachbarschützend sind und die benachbarten Personen nicht zugestimmt haben. [5]Im Übrigen bedarf die Zulässigkeit von Ausnahmen, Befreiungen und Abweichungen keiner bauaufsichtlichen Entscheidung.

(4) [1]Die Gemeinde ist vor Erteilung der Zustimmung zu hören. [2]§ 36 Abs. 2 Satz 2 Halbsatz 1 BauGB gilt entsprechend. [3]Im Übrigen sind die Bestimmungen über das Baugenehmigungsverfahren entsprechend anzuwenden.

(5) [1]Anlagen, die der Landesverteidigung, dienstlichen Zwecken der Bundespolizei oder dem zivilen Bevölkerungsschutz dienen, sind abweichend von den Absätzen 1 bis 4 der oberen Bauaufsichtsbehörde vor Baubeginn in geeigneter Weise zur Kenntnis zu bringen; Absatz 1 Satz 3 gilt entsprechend. [2]Im Übrigen wirken die Bauaufsichtsbehörden nicht mit. [3]§ 83 Abs. 2 bis 10 findet auf Fliegende Bauten, die der Landesverteidigung, dienstlichen Zwecken der Bundespolizei oder dem zivilen Bevölkerungsschutz dienen, keine Anwendung.

(6) Die Baudienststelle nach Absatz 1 Satz 1 Nr. 1 trägt die Verantwortung, dass die Errichtung, die Änderung, die Nutzungsänderung und die Beseitigung baulicher Anlagen den öffentlich-rechtlichen Vorschriften entsprechen; die Verantwortung für die Unterhaltung baulicher Anlagen trägt sie nur, soweit und solange ihr diese Verantwortung durch die oder den für die Anlage Verantwortliche oder Verantwortlichen übertragen ist.

Nr. 84 VollzBekThürBO

84.1 Das Zustimmungsverfahren entfällt, wenn
- die Gemeinde dem Vorhaben nicht widerspricht und
- die Nachbarn einer evtl. erforderlichen Abweichung, Ausnahme oder Befreiung von nachbarschützenden Vorschriften zugestimmt haben.

Das gilt nicht
- bei der Errichtung, Änderung und Nutzungsänderung von Sonderbauten,
- bei Vorhaben in der Nähe von Störfallbetrieben, für die nach § 76 Abs. 3 Satz 2 eine Öffentlichkeitsbeteiligung erforderlich ist.

Außerdem entfällt das Zustimmungsverfahren bei Baumaßnahmen in oder an bestehenden Gebäuden, soweit sie nicht zu einer Erweiterung des Bauvolumens oder zu einer nicht verfahrensfreien Nutzungsänderung führen. Bei diesen Baumaßnahmen kommt eine Betroffenheit der Gemeinde oder der Nachbarn regelmäßig nicht in Betracht.

Entfällt die Zustimmung, erfolgt die Prüfung der baurechtlichen Zulässigkeit durch die Baudienststelle selbst. Unabhängig davon, ob ein Zustimmungsverfahren erforderlich ist, ist die Baudienststelle für die Bauüberwachung zuständig.

84.3.1 Das Prüfprogramm entspricht dem des vereinfachten Genehmigungsverfahrens nach § 65. Danach ist das sog. „aufgedrängte" Fachrecht eingeschlossen.

Bautechnische Nachweise müssen nicht vorgelegt werden, sofern sie nicht für Abweichungsentscheidungen der oberen Bauaufsichtsbehörde notwendig sind. Zur erforderlichen Beteiligung der Brandschutzdienststelle wird auf Nummer 75.1.2 verwiesen.

84.3.2 Über Ausnahmen, Befreiungen und Abweichungen von nachbarschützenden Vorschriften ist nur dann eine Entscheidung der oberen Bauaufsichtsbehörde erforderlich, wenn es sich um nachbarschützende Vorschriften handelt und die benachbarten Personen nicht zugestimmt haben.

84.4 Die Anhörung der Gemeinde stellt sicher, dass diese rechtzeitig über Maßnahmen der Sicherung der Bauleitplanung entscheiden kann. Sie ist keine Abfrage fachlicher Einzelanforderungen der Ämter der Gemeinde.

84.5 Das Kenntnisgabeverfahren entfällt, wenn die Gemeinde der Errichtung der genannten Anlagen nicht widerspricht. Eine Nachbarbeteiligung findet nicht statt. Die dienende Funktion der betreffenden Anlagen setzt nicht deren zwingende Erforderlichkeit voraus. Der Umfang der zur Kenntnis zu bringenden Unterlagen muss eine Beurteilung der baurechtlichen Tragweite und Bedeutung des Bauvorhabens erlauben. Insbesondere müssen daraus die Übereinstimmung des Vorhabens mit dem materiellen Bauplanungsrecht und das Vorliegen des gemeindlichen Einvernehmens hervorgehen. Die Beachtlichkeit des materiellen (Bauordnungs-) Rechts bleibt unberührt.

Begründung zu § 84

Nach Absatz 1 Satz 1 und 2 ist für Baumaßnahmen, die durch staatliche Baudienststellen betreut werden, anstelle des sonst üblichen bauaufsichtlichen Verfahrens das Zustimmungsverfahren durchzuführen. Gegenüber sonstigen Bauvorhaben sind Erleichterungen möglich, da grundsätzlich erwartet werden kann, dass der Bund beziehungsweise das Land bei seinen eigenen Baumaßnahmen die von ihm selbst geschaffenen Gesetze einhält. Mit Satz 1 sind die Anwendungsvoraussetzungen für das Zustimmungsverfahren festgelegt. Danach kommt es nicht darauf an, wer Bauherrschaft ist, sondern darauf, dass die Leitung der Entwurfsarbeiten und die Bauüberwachung einer Baudienststelle des Bundes oder der Länder übertragen ist und diese Baudienststelle über dafür qualifiziertes Personal verfügt. Nicht ausreichend wäre dagegen, wenn die Baudienststelle im Wesentlichen nur die haushaltsrechtliche Abwicklung übernimmt.

Nach Satz 3 entfällt die Zustimmung, wenn die Gemeinde nicht widerspricht und, soweit ihre öffentlich-rechtlich geschützten Belange von Abweichungen, Ausnahmen und Befreiungen berührt sein können, die benachbarten Personen dem Vorhaben zustimmen. Diese Regelung einer besonderen Verfahrensfreiheit beruht auf der Erwägung, dass die Zustimmung als Verwaltungsakt, nämlich als Einzelfallregelung mit Außenwirkung, nur dann erforderlich ist, wenn ihr eine gleichsam streitentscheidende Funktion zukommt. Daran fehlt es, wenn sich im konkreten Fall weder die Gemeinde in ihrer Planungshoheit noch benachbarte Personen in ihren öffentlich-rechtlich geschützten Belangen beeinträchtigt fühlen und dies die Gemeinde schlüssig beziehungsweise die benachbarten Personen ausdrücklich erklären. In diesen Fällen trägt die Baudienststelle abschließend die alleinige Verantwortung für die materielle Rechtmäßigkeit der baulichen Anlage. Die Zustimmung würde sich dann auf ein bloßes funktionsloses Internum reduzieren. Diese besondere Verfahrensfreiheit soll aber bei der Errichtung und Änderung von Sonderbauten nicht gelten, weil diese für ihre Nutzerin oder ihren Nutzer ein erhebliches Gefährdungspotenzial aufweisen, das die Beibehaltung des Vier-Augen-Prinzips rechtfertigt.

Nach Satz 4 entfällt das Zustimmungsverfahren auch, wenn Baumaßnahmen in oder an bestehenden Gebäuden durchgeführt werden, soweit diese Baumaßnahmen nicht zu einer Erweiterung des Bauvolumens oder zu einer nicht verfahrensfreien Nutzungsänderung führen. Da durch diese Maßnahmen nachbarliche Belange nicht beeinträchtigt werden können und auch bauplanungsrechtliche Belange regelmäßig nicht berührt werden, ist für diese Maßnahmen ein Verfahren entbehrlich. Eventuell erforderliche fachrechtliche Genehmigungen, wie beispielsweise die denkmalschutzrechtliche Erlaubnis, sind in diesem Fall durch die Baudienststelle einzuholen.

Mit Satz 5 ist berücksichtigt, dass es sich bei Schutzobjekten im Sinne des Artikels 13 der Richtlinie 2012/18/EU auch um Baumaßnahmen handeln kann, für die ein Zustimmungsverfahren durchzuführen ist. Es ist auch bei diesen Bauvorhaben sicherzustellen, dass sowohl eine bauplanungsrechtliche Prüfung als auch die nach Artikel 15 der Richtlinie 2012/18/EU erforderliche Öffentlichkeitsbeteiligung durchgeführt wird. Da nach Satz 3 das Zustimmungsverfahren unter bestimmten Voraussetzungen entfällt, würde auch die Prüfung der bauplanungsrechtlichen Zulässigkeit von Schutzobjekten entfallen. Durch die Bezugnahme auf § 76 Abs. 3 ist sichergestellt, dass für alle Bauvorhaben, die dem Schutzzweck nach Artikel 13 der Richtlinie 2012/18/EU unterfallen, ein Verfahren stattfindet, in dem die bauplanungsrechtliche Prüfung erfolgt.

Mit Absatz 2 ist die Zuständigkeit geregelt, wonach der Antrag auf Zustimmung bei der oberen Bauaufsichtsbehörde einzureichen ist.

Mit Absatz 3 ist das Prüfprogramm im Zustimmungsverfahren bestimmt. Dieses Prüfprogramm ist in Satz 1, in Anlehnung an das vereinfachte Genehmigungsverfahren nach § 65 Abs. 1 Satz 2, ausgestaltet, allerdings erstreckt es sich auf alle dem Zustimmungsverfahren unterliegenden Bauvorhaben. Dem liegt die Erwägung zugrunde, dass die die Qualifikationsanforderungen nach Absatz 1 Satz 1 erfüllende Baudienststelle in der Lage sein muss, insbesondere das Bauordnungs-, aber auch das sonstige auf das Bauvorhaben anwendbare öffentliche Recht, soweit es nicht als aufgedrängtes öffentliches Recht nach Nummer 2 erfasst ist, zu erkennen und ordnungsgemäß anzuwenden, gegebenenfalls unter Zuhilfenahme von Fachbehörden.

Entsprechend ist in Satz 3 bestimmt, dass die bautechnischen Nachweise nicht geprüft werden. Insoweit hat die Baudienststelle ebenfalls die alleinige Verantwortung für die Einhaltung des materiellen Rechts. Nach Satz 4 entscheidet aber über Ausnahmen, Befreiungen und Abweichungen durch die Zustimmungsbehörde, soweit es um nachbarschützende Regelungen geht und die betroffenen benachbarten Personen nicht zugestimmt haben. Stimmt die Gemeinde Ausnahmen, Befreiungen oder Abweichungen von gemeindlichen Satzungen nicht zu, ist nach Absatz 1 Satz 3 das Zustimmungsverfahren durchzuführen, in dem die Berechtigung einer Einvernehmensverweigerung geprüft und das Einvernehmen gegebenenfalls ersetzt werden kann.

In Absatz 4 Satz 1 ist die mit Blick auf ihre Planungshoheit erforderliche Anhörung der Gemeinde vor Erteilung der Zustimmung geregelt. Mit Satz 2 ist § 36 Abs. 2 Satz 2 Halbsatz 1 BauGB für entsprechend anwendbar erklärt, um einen zeitlichen und sachlichen Gleichlauf zwischen der Fiktionsfrist für das gemeindliche Einvernehmen und der Äußerung der Gemeinde im Übrigen herzustellen; sofern die Gemeinde bereits die Fiktionsfrist für das Einvernehmen hat verstreichen lassen, soll damit auch die Gelegenheit zur Äußerung im Übrigen erschöpft sein. Mit Satz 3 sind im Übrigen die Vorschriften über das Baugenehmigungsverfahren für entsprechend anwendbar erklärt.

Mit Absatz 5 ist das Kenntnisgabeverfahren geregelt, das bei Anlagen, die der Landesverteidigung, dienstlichen Zwecken der Bundespolizei oder dem zivilen Bevölkerungsschutz dienen, an Stelle des Zustimmungsverfahrens durchzuführen ist. Bei diesen Bauvorhaben sind nicht generell umfassende Unterlagen einzureichen. Vielmehr beschränkt sich die Einbeziehung der oberen Bauaufsichtsbehörde auf die Kenntnisgabe in geeigneter Weise. Was darunter zu verstehen ist, ergibt sich aus dem jeweiligen Geheimhaltungsbedürfnis und dem Berührtsein anderer öffentlicher Belange. Aufgrund des Verweises auf Absatz 1 Satz 3 entfällt das Kenntnisgabeverfahren, wenn die Gemeinde der Errichtung der genannten Anlagen nicht widerspricht. Dies liegt darin begründet, dass das Kenntnisgabeverfahren dem Zweck dient, beim Widerspruch der Gemeinde die Inhalte nach § 37 BauGB zu transportieren, und die Regelung somit in Fällen, in denen die Gemeinde dem Vorhaben nicht widerspricht, obsolet ist.

Mit Absatz 6 ist klargestellt, dass die Baudienststelle, der unter anderem die Aufgaben der Bauaufsichtsbehörde übertragen ist, die Gesamtverantwortung für die Einhaltung des maßgeblichen öffentlichen Rechts trägt. Ab der Nutzungsaufnahme kommt es darauf an, ob die öffentliche Bauherrschaft ihr weiter die Verantwortung überträgt. Da es denkbar ist, dass die öffentliche Bauherrschaft beziehungsweise die Nutzerin oder der Nutzer beispielsweise kleinere Instandhaltungsaufgaben selbst wahrnehmen will, kann es zu einer geteilten Verantwortung kommen. Die Beteiligten sollten daher im Eigeninteresse Wert auf eine klare Abgrenzung der Verantwortlichkeiten legen, da andernfalls beide verantwortlich sein können.

Vierter Abschnitt
Bauaufsichtliche Maßnahmen

§ 85
Verbot unrechtmäßig gekennzeichneter Bauprodukte

Sind Bauprodukte entgegen § 24 mit dem Ü-Zeichen gekennzeichnet, kann die Bauaufsichtsbehörde die Verwendung dieser Bauprodukte untersagen und deren Kennzeichnung entwerten oder beseitigen lassen.

Nr. 85 VollzBekThürBO

Wird die untere Bauaufsichtsbehörde tätig, sollte sie die oberste Bauaufsichtsbehörde unter Darstellung des Sachverhalts über die veranlassten Maßnahmen informieren.

Begründung zu § 85

Mit dieser Regelung ist möglich, die Verwendung unrechtmäßig mit dem Ü-Zeichen gekennzeichneter Bauprodukte zu verhindern. Damit ist die Möglichkeit der Baueinstellung nach § 86 Abs. 1 Satz 2 Nr. 3 ergänzt.

§ 86
Baueinstellung

(1) [1]Werden Anlagen im Widerspruch zu öffentlich-rechtlichen Vorschriften errichtet, geändert oder beseitigt, kann die Bauaufsichtsbehörde die Einstellung der Arbeiten anordnen. [2]Das gilt auch dann, wenn

1. die Ausführung eines Vorhabens entgegen den Regelungen nach § 78 Abs. 6 bis 8 begonnen wurde,

2. bei der Ausführung
   a) eines genehmigungsbedürftigen Vorhabens von den genehmigten Bauvorlagen oder
   b) eines genehmigungsfreigestellten Vorhabens von den eingereichten Unterlagen

   abgewichen wird,

3. Bauprodukte verwendet werden, die
   a) entgegen der Verordnung (EU) Nr. 305/2011 keine CE-Kennzeichnung oder entgegen § 24 kein Ü-Zeichen tragen, oder
   b) unberechtigt mit der CE-Kennzeichnung oder dem Ü-Zeichen nach § 24 Abs. 3 bis 5 gekennzeichnet sind.

(2) Werden unzulässige Bauarbeiten trotz einer schriftlich oder mündlich verfügten Einstellung fortgesetzt, kann die Bauaufsichtsbehörde die Baustelle versiegeln oder die an der Baustelle vorhandenen Bauprodukte, Geräte, Maschinen und Bauhilfsmittel in amtlichen Gewahrsam bringen.

Nr. 86 VollzBekThürBO

Eine Baueinstellung ist nach § 62 Abs. 2 auch dann möglich, wenn gegen nicht zum Prüfumfang gehörende öffentlichrechtliche Vorschriften verstoßen wird.

Begründung zu § 86

Mit Absatz 1 sind die tatbestandlichen Voraussetzungen für die im bauaufsichtlichen Ermessen stehende Einstellung von Arbeiten festgelegt. In Satz 1 ist eine generelle Befugnisnorm zum Einschreiten gegen formell oder materiell rechtswidrige Arbeiten enthalten. Nicht erforderlich ist dabei, dass gegen Vorschriften verstoßen wird, die zum Prüfumfang des jeweiligen bauaufsichtlichen Verfahrens gehören. In Satz 2 ist eine teilweise klarstellende Aufzählung von Einzeltatbeständen enthalten, die eine Einstellung von Arbeiten rechtfertigen können. Mit Nummer 1 sind Fälle erfasst, bei denen die Voraussetzungen des Baubeginns noch nicht erfüllt sind. Durch Nummer 2 sind Abweichungen von genehmigten Bauvorlagen oder im Genehmigungsfreistellungsverfahren eingereichten Unterlagen und mit Nummer 3 die unzulässige

Verwendung von Bauprodukten erfasst. Ob die Bauaufsichtsbehörde gegen unzulässige Arbeiten einschreitet, unterliegt ihrer Ermessensentscheidung.

Nach Absatz 2 kann die Bauaufsichtsbehörde durch eigenständige bauaufsichtliche Zwangsmaßnahmen die Einhaltung einer Anordnung zur Einstellung von Arbeiten durchsetzen.

ThürOVG zu § 86[14]

Unterscheidet sich der Fall einer Baueinstellungsverfügung nicht von sonstigen typischen Fällen, in denen wegen einer **formellen Illegalität** ein **Baustopp** verfügt wird, darf die Behörde auf eine **gruppentypisierte Begründung** zurückgreifen.
(Thüringer Oberverwaltungsgericht, Beschluss vom 23. Juli 2024 – 1 EO 236/24 –, juris)

Hält ein Gebäude den in der Baugenehmigung vorgeschriebenen Abstand zum Nachbargrundstück lediglich deshalb nicht ein, weil sich im **Nachhinein** aufgrund einer katasteramtlichen Neuvermessung ein anderer Grenzverlauf ergeben hat, als er den genehmigten Bauvorlagen zugrunde liegt, stellt dies **keine** die **Baueinstellung** rechtfertigende Abweichung der Bauausführung von den genehmigten Bauvorlagen iSd. § 86 Abs. 1 Nr. 2 ThürBO dar.
(Thüringer Oberverwaltungsgericht, Beschluss vom 16. März 2001 – 1 EO 889/00 –, juris)

Eine **Baueinstellung** für Bauarbeiten, die zwar an sich nicht genehmigungspflichtig sind, aber der Vorbereitung einer bestimmten genehmigungspflichtigen Nutzung bzw. Nutzungsänderung dienen, kann nach § 86 Abs. 1 ThürBO jedenfalls dann **nicht** angeordnet werden, wenn durch die Bauarbeiten die **genehmigte Nutzung** nicht ausgeschlossen wird.
(Thüringer Oberverwaltungsgericht, Beschluss vom 29. November 1999 – 1 EO 658/99 –, juris)

Eine **Baueinstellung**, die auf das Fehlen einer erforderlichen Genehmigung für Bauarbeiten gestützt wird, setzt grundsätzlich voraus, dass die Frage der Genehmigungsbedürftigkeit geklärt ist. Kann diese Klärung nicht ohne weiteres herbeigeführt werden, genügt für die Verhängung eines Baustopps ausnahmsweise das Vorliegen objektiv konkreter Anhaltspunkte, die es als wahrscheinlich erscheinen lassen, dass ein formell baurechtswidriger Zustand geschaffen wird. Entschließt sich die Behörde in diesen Fällen zum sofortigen Erlass einer **Baueinstellungsverfügung**, hat sie die Baueinstellung unter Kontrolle zu halten und – sofern Anhaltspunkte bestehen, die auf eine Veränderung der Sach- oder Rechtslage hindeuten – zu prüfen, ob ihre Verfügung aufrechterhalten werden kann. Solche **Anhaltspunkte** bestehen insbesonde-

14 Leitsätze wurden vom Herausgeber entweder selbst erstellt oder redaktionell verändert bzw. an die aktuelle Gesetzesfassung angepasst.

re dann, wenn der Bauherr einen **Bauantrag** gestellt und Unterlagen eingereicht hat, die eine Überprüfung des Baustopps ermöglichen.
(Thüringer Oberverwaltungsgericht, Beschluss vom 29. November 1999 – 1 EO 658/99 –, juris)

Wird ein Vorhaben im förmlich festgelegten Sanierungsgebiet ohne die nach § 144 Abs. 1 Nr. 1 BauGB neben der Baugenehmigung erforderliche sanierungsrechtliche Genehmigung verwirklicht, hat die Bauaufsichtsbehörde nach § 86 Abs. 1 ThürBO die Befugnis, die **Einstellung** der Bauarbeiten **anzuordnen**, ohne dass es auf die Frage der Genehmigungsfähigkeit ankommt.

2. Von dem in § 86 ThürBO eingeräumten **Ermessen** hat die Bauaufsichtsbehörde in diesem Fall regelmäßig durch Erlass einer **Baueinstellungsverfügung** Gebrauch zu machen (im Anschluss an die Rechtsprechung des Senats zu § 87 ThürBO, vgl Senatsbeschluss vom 27.6.1996 – 1 EO 425/95 -).
3. Der **Pflicht der Bauaufsichtsbehörde** zum Einschreiten korrespondiert ein **Anspruch der betroffenen Gemeinde**, den diese im Wege der einstweiligen Anordnung nach § 123 VwGO gerichtlich durchsetzen kann.

(Thüringer Oberverwaltungsgericht, Beschluss vom 22. Oktober 1998 – 1 EO 1056/98 –, juris)

§ 87
Beseitigung von Anlagen, Nutzungsuntersagung

(1) [1]Werden Anlagen im Widerspruch zu öffentlich-rechtlichen Vorschriften errichtet oder geändert, kann die Bauaufsichtsbehörde die teilweise oder vollständige Beseitigung der Anlagen anordnen, wenn nicht auf andere Weise rechtmäßige Zustände hergestellt werden können. [2]Werden Anlagen im Widerspruch zu öffentlich-rechtlichen Vorschriften genutzt, kann die Bauaufsichtsbehörde diese Nutzung untersagen.

(2) Die Bauaufsichtsbehörde kann die Beseitigung einer Anlage auch dann anordnen, wenn diese nicht genutzt wird und zu verfallen droht und ein öffentliches oder schutzwürdiges privates Interesse an ihrem Erhalt nicht besteht.

Nr. 87 VollzBekThürBO

87.1 Grundsätzlich hat die Bauherrschaft die Genehmigungsfähigkeit einer genehmigungspflichtigen Anlage zu belegen. Eine Baugenehmigung ist auch nur auf Antrag möglich. Stellt die Bauherrschaft trotz entsprechender Hinweise keinen Bauantrag, besteht keine Möglichkeit, auf andere Weise als durch Beseitigung rechtmäßige Zustände herzustellen.

87.2 Ein öffentliches Interesse am Erhalt einer Anlage kann insbesondere bei unter Denkmalschutz stehenden oder im Geltungsbereich einer Erhaltungssatzung (§ 172 BauGB) vorhandenen Anlagen bestehen. Ein schutzwürdiges privates Interesse kann zu verneinen sein, wenn eine Anlage unter keinem Gesichtspunkt mit wirtschaftlich vertretbaren Mitteln einer Nutzung zugeführt werden kann.

Begründung zu § 87

Nach Absatz 1 Satz 1 ist der Bauaufsichtsbehörde erlaubt, die teilweise oder vollständige Beseitigung von rechtswidrig bestehenden Anlagen zu verlangen, wenn nicht auf andere Weise rechtmäßige Zustände hergestellt werden können. Eine Beseitigung lediglich formell rechtswidriger Anlagen wird allerdings in der Regel nicht in Betracht kommen. Bei genehmigungsfähigen Anlagen stellt die nachträgliche Erteilung einer Baugenehmigung eine Möglichkeit dar, auf andere Weise rechtmäßige Zustände herzustellen. Sind zu einem früheren Zeitpunkt materiell rechtmäßige Anlagen aktuell nicht mehr genehmigungsfähig, kommt wegen des mittlerweile eingetretenen Bestandsschutzes gleichwohl keine Beseitigungsverfügung in Betracht. Ebenso kommt eine Beseitigungsverfügung für eine Anlage nicht in Betracht, die zwar materiell rechtswidrig, gleichwohl aber genehmigt ist. Eine Beseitigungsverfügung wäre erst möglich, wenn zunächst die Baugenehmigung zurückgenommen oder widerrufen ist.

Mit Satz 2 ist die Untersagung der Nutzung einer rechtswidrig bestehenden Anlage möglich. Da eine Nutzungsuntersagung anders als eine Beseitigungsverfügung nur eine zunächst vorläufige Unterbindung eines Rechtsverstoßes bezweckt und nicht zur Substanzvernichtung führt, entspricht der Erlass einer Nutzungsuntersagung erst recht einer ordnungsgemäßen Ermessensausübung, sogenanntes intendiertes Ermessen.

Sowohl für die Beseitigungsverfügung als auch für die Nutzungsuntersagung gilt, dass das öffentliche Interesse grundsätzlich das Einschreiten gegen baurechtswidrige Zustände gebietet. Die Bauaufsichtsbehörde macht daher im Regelfall von ihrem Ermessen in einer dem Zweck des Gesetzes entsprechenden Weise Gebrauch, wenn sie die Beseitigung rechtswidrig bestehender Anlagen anordnet oder deren unzulässige Benutzung untersagt, weil nur so die Rechtsordnung wiederhergestellt werden kann. Dem Ermessen in der Bestimmung ist deshalb die Tendenz eigen, die der Natur der Sache nach gebotene Pflicht zum Einschreiten zu verwirklichen. Das behördliche Ermessen ist durch die Norm nur eröffnet, um in Ausnahmefällen zu ermöglichen, von dem an sich gebotenen Einschreiten abzusehen, wenn dies nach den konkreten Umständen opportun ist; auf den Beschluss des Thüringer Oberverwaltungsgerichts vom 27. Juni 1996, Aktenzeichen 1 EO 425/95, wird verwiesen.

Nach Absatz 2 ist die Beseitigung von rechtmäßig bestehender Anlagen möglich, deren Zustand zwar noch nicht zu Gefahren für Dritte führt, die aber aufgrund des fortschreitenden Verfalls einen Missstand darstellen. Eine Beseitigung dieser Anlagen kann dann nicht verlangt werden, wenn sie noch genutzt werden oder ein öffentliches oder schutzwürdiges privates Interesse an ihrem Erhalt besteht. Öffentliche Interessen können sich insbesondere aus den Belangen des Denkmalschutzes oder aus städtebaulichen Gesichtspunkten, beispielsweise die Vermeidung von Baulücken, ergeben. Ein privates Interesse kann gegeben sein, wenn eine spätere Nutzung beabsichtigt ist und die Eigentümerin oder der Eigentümer erkennbar entsprechende Vorbereitungen trifft.

ThürOVG zu § 87[15]

Sieht die Gestaltungssatzung Ausnahmen von den Festsetzungen der Satzung etwa zur Dacheindeckung in den Fällen vor, in denen die Gestaltung von Baukörpern und Fassaden harmonisch und ortsbildtypisch zur umgebenden Bebauung vorgenommen wird, so erweist sich die **Beseitigungsanordnung** als ermessensfehlerhaft, wenn die Gemeinde das Vorliegen einer Ausnahme nicht prüft.
(Thüringer Oberverwaltungsgericht, Urteil vom 14. August 2023 – 1 KO 243/20 –, juris)

Die Einhausung einer zu DDR-Zeiten **formell illegal** errichteten Terrasse bzw. das Verschließen der Öffnungen eines so entstandenen Wintergartens mit Fenstern führt zu einer Flächenerweiterung, die die Verfestigung einer Splittersiedlung bewirkt.
Der Grundstückseigentümer ist beweispflichtig für die Behauptung, eine formell illegale Baumaßnahme vor dem nach der DDR-BevölkerungsbauwerkeVO maßgeblichen Stichtag 01.08.1985 erbracht zu haben.
Der Beweis muss zur vollen Überzeugung des Gerichts erbracht werden.
Restzweifel gehen zu Lasten des Eigentümers und verhindern einen Eingriffsschutz nach der DDR-BevölkerungsbauwerkeVO.
(Thüringer Oberverwaltungsgericht, Urteil vom 25. April 2023 – 1 KO 85/20 –, juris)

Das **Sondereigentum** nach dem **Wohnungseigentumsgesetz schließt** grundsätzlich **öffentlich-rechtliche Nachbarschutzrechte** innerhalb der Gemeinschaft der Miteigentümer ein und desselben Grundstückes **aus**.
Etwas anderes kann dann gelten, wenn der Miteigentümer von der Behörde nicht allein den Schutz seiner Rechte begehrt, sondern er ein **behördliches Einschreiten** wegen bestehender Gefahren verlangt, die von einer **bestimmten Art der Nutzung des Sondereigentums** oder der Gemeinschaftsanlagen ausgehen (vgl. BVerwG, Urt. v. 14. Oktober 1988 – 4 C 1.86 –).
Ergibt sich dadurch eine **unmittelbare Gefährdung besonders wichtiger Rechtsgüter** (vgl. BVerwG, Urt. v.18. Januar 1960 – 1 C 42.59 –, a. a. O.), kann die **Befugnis der Bauaufsichtsbehörde** nach § 61 Abs. 1 Satz 2 ThürBO nach pflichtgemäßem Ermessen einzuschreiten, zu einer **Verpflichtung** werden, weil ein Einschreiten gegen die Wohnungseigentümergemeinschaft nicht ermessensgerecht abzulehnen wäre.
(Thüringer Oberverwaltungsgericht, Beschluss vom 11. Januar 2023 – 1 EO 348/22 –, juris)

Eine nach § 11 Abs. 3 der Verordnung der DDR über Bevölkerungsbauwerke vom 8. November 1984 eingetretene Verjährung der behördlichen Eingriffsbefugnis steht dem Erlass einer **Beseitigungsanordnung** nach § 87 Abs. 1 ThürBO ebenso entgegen wie dem Erlass einer **Nutzungsuntersagung** nach dieser Vorschrift.[16]
(Thüringer Oberverwaltungsgericht, Urteil vom 18. Dezember 2002 – 1 KO 639/01 –, juris)

15 Leitsätze wurden vom Herausgeber entweder selbst erstellt oder redaktionell verändert bzw. an die aktuelle Gesetzesfassung angepasst.
16 Vgl. auch bereits Thüringer Oberverwaltungsgericht, Beschluss vom 24. Oktober 2000 – 1 EO 212/00 –, juris

Die Thüringer Bauordnung enthält keine Befugnisnorm (mehr), die es der Bauaufsichtsbehörde erlaubt, den Bauherrn durch Verwaltungsakt zur Stellung eines Bauantrags aufzufordern.
(Thüringer Oberverwaltungsgericht, Beschluss vom 15. Januar 2019 – 1 EO 522/18 –, juris)

Bereits das Fehlen der erforderlichen Baugenehmigung – die **formelle Illegalität** der baulichen Anlage – rechtfertigt den Erlass einer **Beseitigungsanordnung**, wenn die bauliche Anlage ohne Substanzverlust und mit verhältnismäßig geringen Kosten für Entfernung und Lagerung beseitigt werden kann (wie Senatsbeschluss vom 27.06.1996 – 1 EO 425/95 – LKV 1997, 370.
(Thüringer Oberverwaltungsgericht, Beschluss vom 24. Oktober 2014 – 1 EO 92/14 –, juris)

Ein öffentliches Interesse an der **sofortigen Vollziehung** einer baurechtlichen **Beseitigungsanordnung**, die mit der **Vernichtung wesentlicher Bausubstanz** verbunden ist, **besteht regelmäßig nicht**.
Ausnahmen können in einem besonders zu missbilligendem Verhalten des Betroffenen, in einer von der illegalen Baulichkeit ausgehenden unmittelbaren Nachahmungswirkung oder in einer unaufschiebbaren Abwehr von Gefahren liegen.
(Thüringer Oberverwaltungsgericht, Beschluss vom 13. Mai 1997 – 1 EO 609/96 –, juris)

Eine **Beseitigungsanordnung** kann ausnahmsweise allein auf die **formelle Illegalität** der baulichen Anlage gestützt werden, wenn die wirtschaftliche Belastung des Betroffenen gering und eine effektive Durchsetzung des öffentlichen Baurechts anders nicht möglich ist. Das kann bei einer Werbeanlage auch dann der Fall sein, wenn die Beseitigung zu einem Eingriff in die Bausubstanz führt.
(Thüringer Oberverwaltungsgericht, Beschluss vom 20. Dezember 1994 – 1 EO 112/94 –, juris)

Wird eine Nutzung ohne die dafür erforderliche Baugenehmigung aufgenommen, rechtfertigt bereits dies regelmäßig den Erlass einer **Nutzungsuntersagung**, die für sofort vollziehbar erklärt und mit einer Zwangsgeldandrohung verbunden werden kann.
Der neue Nutzer einer baulichen (oder sonstigen) Anlage ist grundsätzlich nicht Rechtsnachfolger des früheren Nutzers. Deshalb kann regelmäßig nicht auf der Grundlage einer an den früheren Nutzer gerichteten Nutzungsuntersagungsverfügung gegen den neuen Nutzer vollstreckt werden.
(Thüringer Oberverwaltungsgericht, Beschluss vom 20. Dezember 2013 – 1 EO 312/13 –, juris)

Die schriftliche Erklärung eines Oberbürgermeisters, er halte an seiner Zusage fest, den Abriss eines Wochenendhauses zu verhindern, kann eine Zusicherung im Sinne des § 1 Abs. 1 ThürVwVfG iVm. § 38 Abs. 1 Satz 1 VwVfG darstellen, die dem Erlass einer **Beseitigungsanordnung** durch die Stadt als untere Bauaufsichtsbehörde entgegensteht.
(Thüringer Oberverwaltungsgericht, Urteil vom 24. Oktober 2007 – 1 KO 645/06 –, juris)

Erlässt eine Bauaufsichtsbehörde gegen eine Freizeitanlage (Wochenendhaus) im Außenbereich eine **Beseitigungsanordnung** und drängt sich das Vorhandensein vergleichbarer, vermutlich ebenfalls illegaler baulicher Anlagen in der näheren Umgebung auf, so muss in dieser besonderen Situation das durch den Gleichheitssatz geforderte, auf sachlichen Erwägungen beruhende Konzept zum Umgang mit der Situation im fraglichen Gebiet bereits bei Erlass der **Beseitigungsanordnung** vorliegen und kann nur unter besonderen Voraussetzungen nachträglich erstellt werden (im Anschluss an Senatsurteile vom 30. Oktober 2002 – 1 KO 881/99 – und vom 11. Mai 2005 – 1 KO 108/05).
(Thüringer Oberverwaltungsgericht, Urteil vom 16. März 2010 – 1 KO 760/07 –, juris)

Dem der Behörde für bauaufsichtliche Nutzungsuntersagungen eingeräumten Ermessen ist die Tendenz eigen, die im öffentlichen Interesse grundsätzlich gebotene Pflicht zum Einschreiten zu verwirklichen. Das behördliche Ermessen wird durch die Norm nur eröffnet, um in Ausnahmefällen zu ermöglichen, von dem an sich gebotenen Einschreiten abzusehen, wenn dies nach den konkreten Umständen opportun ist (wie Senatsbeschluss vom 27. Juni 1996 – 1 EO 425/95 -).
Beziehen sich die Ermessenserwägungen auch auf die **materielle Illegalität** des Vorhabens, muss die Behörde die rechtlichen Voraussetzungen für die fehlende Genehmigungsfähigkeit zutreffend einstellen; sie ist nach Sinn und Zweck von § 87 ThürBO jedoch nicht gehalten, diese Prüfung nach den Maßstäben für ein Baugenehmigungsverfahren zu vertiefen.
(Thüringer Oberverwaltungsgericht, Urteil vom 11. Dezember 1997 – 1 KO 674/95 –, juris)

Fünfter Abschnitt
Bauüberwachung

§ 88
Bauüberwachung

(1) Die Bauaufsichtsbehörde kann die Einhaltung der öffentlich-rechtlichen Vorschriften und Anforderungen und die ordnungsgemäße Erfüllung der Pflichten der am Bau Beteiligten überprüfen.

(2) [1]Die Bauaufsichtsbehörde oder die Prüfingenieurin oder der Prüfingenieur überwacht die Bauausführung bei baulichen Anlagen hinsichtlich des von ihr oder ihm geprüften

1. Standsicherheitsnachweises nach § 72 Abs. 2 Satz 3 und
2. Brandschutznachweises nach § 72 Abs. 3 Satz 3

nach näherer Maßgabe der Rechtsverordnung nach § 95 Abs. 2. [2]Bei Gebäuden der Gebäudeklasse 4, ausgenommen Sonderbauten sowie Mittel- und Großgaragen im Sinne der Rechtsverordnung nach § 95 Abs. 1 Nr. 3, ist die mit dem Brandschutznachweis übereinstimmende Bauausführung von der Nachweiserstellerin oder vom Nachweisersteller oder einer oder einem anderen Nachweisberechtigten nach § 72 Abs. 3 Satz 1 zu bestätigen.

(3) Im Rahmen der Bauüberwachung kann die Bauaufsichtsbehörde Proben von Bauprodukten, soweit erforderlich, auch aus fertigen Bauteilen zu Prüfzwecken entnehmen.

(4) Im Rahmen der Bauüberwachung ist jederzeit Zutritt zur Baustelle und Betriebsstätte sowie Einblick in die Genehmigungen, Zulassungen, Prüfzeugnisse, Übereinstimmungszertifikate, Zeugnisse und Aufzeichnungen über die Prüfungen von Bauprodukten, in die CE-Kennzeichnungen und Leistungserklärungen nach der Verordnung (EU) Nr. 305/2011, in die Bautagebücher und andere vorgeschriebene Aufzeichnungen zu gewähren.

(5) Die Kosten für die Überprüfung nach Absatz 1, für die Probeentnahmen und Prüfungen nach Absatz 3 sowie für Leistungen aufgrund von Rechtsverordnungen nach § 95 Abs. 1 Nr. 6 und Abs. 3 trägt die Bauherrschaft.

(6) Die Bauaufsichtsbehörde, die Prüfingenieurin und der Prüfingenieur sollen, soweit sie im Rahmen der Bauüberwachung Erkenntnisse über systematische Rechtsverstöße gegen die Verordnung (EU) Nr. 305/2011 erlangen, diese der für die Marktüberwachung zuständigen Stelle mitteilen.

Nr. 88 VollzBekThürBO

88.1 „Ob" und „Wie" der Bauüberwachung sind in das Ermessen der Bauaufsichtsbehörde gestellt. Daher richtet sich die Erforderlichkeit im Einzelfall nach der Notwendigkeit der Überwachung überhaupt, die auch den Umfang bestimmt. Maßgeblich für das Ob und die Reichweite der Bauüberwachung ist die Schwierigkeit der Bauausführung im Einzelfall unter Berücksichtigung möglicher Folgen, die sich aus der Nichtbeachtung von Bauvorschriften ergeben können.

88.2 Die Bauüberwachung hinsichtlich der Einhaltung der geprüften bautechnischen Nachweise muss regelmäßig durch die Prüfingenieurin oder den Prüfingenieur erfolgen, die oder der die Nachweise geprüft hat (vgl. § 18 Abs. 4, § 25 Abs. 3 ThürPPVO). Eine Einbeziehung der Nachweiserstellerinnen oder Nachweisersteller in die Überwachung durch Verlangen einer Erklärung über die Einhaltung des Nachweises ist nicht möglich, da das Vieraugenprinzip erfordert, dass die Person die Bauüberwachung durchführt, die auch den jeweiligen Nachweis geprüft hat.

88.6 Gemeldet werden sollen Verstöße nur, wenn Anhaltspunkte für systematische Rechtsverstöße vorliegen. Das kann z. B. der Fall sein, wenn bei mehreren Bauvorhaben eines am Bau Beteiligten vergleichbare Verstöße erkannt werden. Wird ein Rechtsverstoß nur bei einem einzelnen Bauvorhaben festgestellt, ist eine Mitteilung an die für die Marktüberwachung zuständige Stelle entbehrlich.

Begründung zu § 88

In Absatz 1 sind die allgemeine Befugnis zur Bauüberwachung enthalten und als allgemeine Gegenstände der Bauüberwachung die formellen und materiellen Anforderungen an Bauvorhaben sowie die Einhaltung der Pflichten genannt, die die am Bau Beteiligten treffen. Aus § 62 Abs. 2 Satz 1 ergibt sich, dass die Bauaufsichtsbehörde dabei nicht auf die Überwachung der Anforderungen beschränkt ist, die zum Prüfprogramm des jeweiligen bauaufsichtlichen Verfahrens gehören. Ob und in welchem Umfang eine Bauüberwachung stattfindet, steht im pflichtgemäßen Ermessen der Bauaufsichtsbehörde.

Mit Absatz 2 ist das bauaufsichtlich-repressive Gegenstück zu dem in § 72 angelegten gestuften System der Kompensation entfallender bauaufsichtlicher Präventivprüfungen gebildet.

In Satz 1 ist der Grundsatz enthalten, dass die Bauaufsichtsbehörde oder die Prüfingenieurin oder der Prüfingenieur die Bauausführung der prüfpflichtigen Bauvorhaben überwachen. Mit der Formulierung „... des von ihr oder ihm geprüften..." ist klargestellt, dass die Bauaufsichtsbehörde oder die die Nachweise im Auftrag der Bauaufsichtsbehörde prüfenden Prüfingenieurinnen oder Prüfingenieure, vorbehaltlich abweichender Regelungen in der Rechtsverordnung nach § 95 Abs. 2, jeweils auch die Bauüberwachung wahrzunehmen haben. Die nähere Ausgestaltung dieser Überwachung, gegebenenfalls auch der Verzicht darauf im Einzelfall, kann in der Rechtsverordnung nach § 95 Abs. 2 geregelt werden.

Während hinsichtlich der Standsicherheit eine Überwachung der Bauausführung, unbeschadet der allgemeinen bauaufsichtlichen Befugnisse, nur für den Anwendungsbereich des Vier-Augen-Prinzips gesondert regelungsbedürftig erscheint und das ausnahmsweise Ausreichen einer Überwachung durch die Tragwerksplanerin oder den Tragwerksplaner anstelle der Bauaufsichtsbehörde oder der Prüfingenieurin oder des Prüfingenieurs gegebenenfalls in der Rechtsverordnung nach § 95 Abs. 2 zu regeln wäre, ist nach Satz 2 unterhalb der Schwelle des Vier-Augen-Prinzips hinsichtlich des Brandschutzes bei Gebäuden der Gebäudeklasse 4, ausgenommen Sonderbauten sowie Mittel- und Großgaragen, die Bestätigung der mit dem Brandschutznachweis übereinstimmenden Bauausführung durch die Nachweiserstellerin, den Nachweisersteller oder eine andere zur Nachweiserstellung berechtigte Person vorgesehen. Diese abweichende Regelung ist deshalb gerechtfertigt, weil in der Gebäudeklasse 4 insbesondere die Bauweise mit hochfeuerhemmenden Bauteilen nach § 29 Abs. 2 Satz 1 Nr. 2 und Satz 2 Nr. 2 möglich ist, bei der es auf eine besonders sorgfältige Bauausführung ankommt. Personenidentität zwischen nachweiserstellender und überwachender Person ist insoweit aus Gründen der Baupraxis nicht erforderlich. Um die Unterscheidung zwischen Prüfingenieurinnen und Prüfingenieuren einerseits und überwachenden Nachweisberechtigten andererseits nicht zu verwischen, sollen Letztere nicht Bescheinigungen ausstellen, sondern die ordnungsgemäße Bauausführung bestätigen.

In Absatz 3 ist eine weitere Möglichkeit enthalten, die Geeignetheit der verwendeten Bauprodukte zu überwachen. Danach kann die Bauaufsichtsbehörde zur Überprüfung der Bauprodukte Proben entnehmen. Das ist auch dann möglich, wenn die Bauprodukte nach den vorgelegten Verwendungs- und Übereinstimmungsnachweisen scheinbar in Ordnung sind.

Mit Absatz 4 ist ein Zutrittsrecht zur Baustelle und ein Einsichtsrecht in verschiedene Dokumente normiert. Diese Dokumente müssen nach § 58 Abs. 1 Satz 2 und 3 sowie § 78 Abs. 7 Satz 3 auf der Baustelle vorliegen. Die Einsichtnahmemöglichkeit in CE-Kennzeichnungen und Leistungserklärungen ist zur Überprüfung der rechtmäßigen Verwendung europarechtlich genormter Bauprodukte erforderlich. Bezüglich der Leistungserklärung ist die Einsichtnahme in eine elektronische Fassung ausreichend.

Mit Absatz 5 ist klargestellt, dass die Kosten der Bauüberwachung nach dem Verursacherprinzip von der Bauherrschaft zu tragen sind.

Mit Absatz 6 soll die Zusammenarbeit zwischen der Bauaufsichtsbehörde, der Prüfingenieurinnen und Prüfingenieure sowie der zuständigen Stelle für die Marktüberwachung gestärkt werden. Durch das rechtzeitige Reagieren auf systematische Rechtsverstöße kann für alle Beteiligten der Überprüfungsaufwand gemindert werden. Wird ein Rechtsverstoß nur bei einem einzelnen Bauvorhaben festgestellt, ist eine Mitteilung an die für die Marktüberwachung zuständige Stelle entbehrlich.

§ 89
Bauzustandsanzeigen, Aufnahme der Nutzung

(1) [1]Die Bauaufsichtsbehörde und die Prüfingenieurin oder der Prüfingenieur können verlangen, dass ihnen Beginn und Beendigung bestimmter Bauarbeiten angezeigt werden. [2]Die Bauarbeiten dürfen erst fortgesetzt oder die Anlagen erst genutzt werden, wenn die Bauaufsichtsbehörde oder die Prüfingenieurin oder der Prüfingenieur zugestimmt hat.

(2) [1]Die Bauherrschaft hat die beabsichtigte Aufnahme der Nutzung einer nicht verfahrensfreien baulichen Anlage mindestens zwei Wochen vorher der Bauaufsichtsbehörde anzuzeigen. [2]Mit der Anzeige nach Satz 1 sind

1. **bei Bauvorhaben nach § 72 Abs. 2 Satz 3 eine Bescheinigung der Prüfingenieurin oder des Prüfingenieurs über die ordnungsgemäße Bauausführung hinsichtlich der Standsicherheit,**
2. **bei Bauvorhaben nach § 72 Abs. 3 Satz 3 eine Bescheinigung der Prüfingenieurin oder des Prüfingenieurs über die ordnungsgemäße Bauausführung hinsichtlich des Brandschutzes, soweit die Nachweise nicht durch die Bauaufsichtsbehörde geprüft wurden, und**
3. **in den Fällen nach § 88 Abs. 2 Satz 2 die jeweilige Bestätigung**

vorzulegen. [3]Eine bauliche Anlage darf erst genutzt werden, wenn sie selbst, Zufahrtswege, Wasserversorgungs-, Abwasserentsorgungs- sowie Gemeinschaftsanlagen in dem erforderlichen Umfang sicher nutzbar sind, nicht jedoch vor dem in Satz 1 bezeichneten Zeitpunkt. [4]Feuerstätten dürfen erst in Betrieb genommen werden, wenn die bevollmächtigte Bezirksschornsteinfegerin oder der bevollmächtigte Bezirksschornsteinfeger die sichere Abgasabführung und beim Anschluss an eine Abgasanlage deren Tauglichkeit bescheinigt hat; Verbrennungsmotoren und Blockheizkraftwerke erst nach Bescheinigung der Tauglichkeit und sicheren Nutzbarkeit der Leitungen zur Abführung von Verbrennungsgasen durch vorgenannte Personen.

Nr. 89 VollzBekThürBO

89.1.1 Die Bauherrschaft hat allgemein den Baubeginn nach § 78 Abs. 8 und die Nutzungsaufnahme nach Absatz 2 anzuzeigen. Sind einzelne Phasen der Bauausführung nach Auffassung der Bauaufsicht besonders überwachungsbedürftig, kann mit der Baugenehmigung die Anzeige entsprechender Arbeiten verlangt werden. Ist durch die beabsichtigte Anordnung der Abgasanlage eine besondere Gefahr zu erwarten, kann eine Einsichtnahme durch die bevollmächtigte Bezirksschornsteinfegerin oder den bevollmächtigten Bezirksschornsteinfegermeister zu einem Zeitpunkt gefordert werden, bei dem Bauteildurchführungen und Abstände zu Bauteilen aus brennbaren Stoffen noch einsehbar sind.

89.1.2 Die Fortsetzung von Bauarbeiten oder die Nutzungsaufnahme nach Satz 2 setzt nur dann eine Zustimmung der Bauaufsichtsbehörde, der Prüfingenieurin oder des Prüfingenieurs voraus, wenn zuvor nach Satz 1 die Anzeige bestimmter Bauzustände verlangt wurde. Die Zustimmung zur Fortsetzung der Bauarbeiten kann bereits mit der Anordnung verbunden werden, wenn die Bauaufsichtsbehörde nur von einem bestimmten Stadium des Baufortschritts unterrichtet werden soll, damit dies z.B. zum Anlass genommen werden kann, bis dahin abgeschlossene Arbeiten zu kontrollieren.

89.2.1 Für die Bescheinigung der Prüfingenieurin oder des Prüfingenieurs bzw. die Bestätigung der Nachweisberechtigten oder des Nachweisberechtigten sind die bekannt gemachten Formblätter zu verwenden. Die genannten Personen legen eigenständig fest, zu welchen Zeitpunkten und in welchem Umfang eine Kontrolle erforderlich ist.

89.2.2 Benutzungsvoraussetzung jeder baulichen Anlage ist ihre Nutzungssicherheit sowie die ihrer Erschließungsanlagen. Vor Inbetriebnahme der Feuerstätte hat die bevollmächtigte Bezirksschornsteinfegermeisterin oder der bevollmächtigte Bezirksschornsteinfeger die Tauglichkeit und sichere Benutzbarkeit der Abgasanlage unter Berücksichtigung des Gesamtsystems Heizung zu bescheinigen. Diese Regelung gilt auch für nach § 63 Abs. 1 Nr. 2 verfahrensfreie Anlagen.

Begründung zu § 89

Die Einhaltung bestimmter gesetzlicher oder in der Baugenehmigung enthaltener Anforderungen kann nur während der Bauphase kontrolliert werden. Mit Absatz 1 Satz 1 ist dabei dem Umstand Rechnung getragen, dass sich Zeitpunkte im Ablauf des Baugeschehens, zu denen zweckmäßigerweise die Ordnungsmäßigkeit der Bauausführung im Hinblick auf bestimmte, namentlich bautechnische, Anforderungen überprüft wird, sachgerecht nicht abstrakt-generell festlegen lassen, sondern für jedes Bauvorhaben gesondert bestimmt werden müssen. Die Festlegung der zu diesem Zweck anzuzeigenden Baufortschritte erfolgt sinnvollerweise in der Baugenehmigung oder dem Prüfbericht über die Prüfung der bautechnischen Nachweise. Sind entsprechende Anzeigepflichten festgelegt, können die Bauaufsichtsbehörde oder die Prüfingenieurin oder der Prüfingenieur gleichwohl entscheiden, ob vor Beginn oder bei Abschluss dieser Bauarbeiten überhaupt Maßnahmen der Bauüberwachung vorgenommen werden sollen. Mit Satz 2 ist für diesen Fall bestimmt, dass die Bauarbeiten erst fortgesetzt werden dürfen, wenn die Bauaufsichtsbehörde oder die Prüfingenieurin oder der Prüfingenieur dem zugestimmt hat. Die Nichteinhaltung der Regelung ist nach § 94 Abs. 1 Nr. 5 bußgeldbewehrt.

Nach Absatz 2 Satz 1 ist die Bauherrschaft verpflichtet, die beabsichtigte Aufnahme der Nutzung einer nicht verfahrensfreien baulichen Anlage mindestens zwei Wochen vorher der Bauaufsichtsbehörde anzuzeigen, insbesondere, um ihr eine Kontrolle des Vorliegens der Nutzbarkeitsvoraussetzungen nach Satz 3 zu ermöglichen. Auf die beabsichtigte Nutzungsaufnahme und nicht auf die abschließende Fertigstellung des Bauvorhabens wurde abgestellt, weil diese etwa hinsichtlich der Fertigstellung von Außenanlagen häufig zeitlich weit hinter der beabsichtigten, rechtlich möglichen und auch tatsächlich erfolgenden Nutzungsaufnahme liegt.

Nach Satz 2 sind, soweit es für das jeweilige Bauvorhaben erforderlich ist, mit der Anzeige der beabsichtigten Nutzungsaufnahme die Bescheinigungen über die ordnungsgemäße Bauausführung nach § 88 Abs. 2 Satz 1 und die Bestätigungen nach § 88 Abs. 2 Satz 2 vorzulegen.

Nach Satz 3 darf eine bauliche Anlage erst benutzt werden, wenn die Erschließungsanlagen im jeweils erforderlichen Umfang nutzbar sind. Auch hier ist in der Regel noch nicht eine abschließende Fertigstellung erforderlich.

Nach Satz 4 ist für die Inbetriebnahme von Feuerstätten, Verbrennungsmotoren und Blockheizkraftwerken die vorherige Abnahme der Abgasanlagen durch die bevollmächtigte Bezirksschornsteinfegerin oder den bevollmächtigten Bezirksschornsteinfeger erforderlich. Dabei kommt es nicht nur auf die isolierte Beurteilung der Abgasanlage an, sondern auch darauf, dass diese für die jeweilige haustechnische Anlage geeignet ist.

Sechster Abschnitt
Baulasten

§ 90
Baulasten und Baulastenverzeichnis

(1) [1]Durch Erklärung gegenüber der Bauaufsichtsbehörde können Grundstückseigentümerinnen oder Grundstückseigentümer öffentlich-rechtliche Verpflichtungen zu einem ihre Grundstücke betreffenden Tun, Dulden oder Unterlassen übernehmen, die sich nicht schon aus öffentlich-rechtlichen Vorschriften ergeben (Baulasten). [2]Baulasten werden unbeschadet der Rechte Dritter mit der Eintragung in das Baulastenverzeichnis wirksam und wirken auch gegenüber Rechtsnachfolgerinnen oder Rechtsnachfolgern.

(2) Die Erklärung nach Absatz 1 bedarf der Schriftform; die Unterschrift muss öffentlich oder von einer Vermessungsstelle nach § 17 Abs. 2 des Thüringer Vermessungs- und Geoinformationsgesetzes vom 16. Dezember 2008 (GVBl. S. 574) in der jeweils geltenden Fassung beglaubigt oder vor der Bauaufsichtsbehörde geleistet oder vor ihr anerkannt werden.

(3) [1]Die Baulast geht durch Verzicht der Bauaufsichtsbehörde unter. [2]Der Verzicht ist zu erklären, wenn ein öffentliches Interesse an der Baulast nicht mehr besteht. [3]Vor dem Verzicht sollen die oder der Verpflichtete und die durch die Baulast Begünstigten angehört werden. [4]Der Verzicht ist mit der Löschung der Baulast im Baulastenverzeichnis wirksam.

(4) [1]Das Baulastenverzeichnis ist von der Bauaufsichtsbehörde zu führen. [2]In das Baulastenverzeichnis können auch
1. andere baurechtliche Verpflichtungen der Grundstückseigentümerin oder des Grundstückseigentümers zu einem ihr oder sein Grundstück betreffenden Tun, Dulden oder Unterlassen und
2. Auflagen, Bedingungen, Befristungen und Widerrufsvorbehalte
eingetragen werden.

(5) Wer ein berechtigtes Interesse darlegt, kann in das Baulastenverzeichnis Einsicht nehmen und sich einen Auszug erstellen lassen.

Nr. 90 VollzBekThürBO

90.1 Ist ein Erbbaurecht bestellt, bedarf der Grundstückseigentümer für eine Baulasterklärung der Mitwirkung des Erbbauberechtigten (OVG Lüneburg, 26.05.1989 – 6 A 147/87).

90.3 Durch Gesetzesänderungen insbesondere des § 6 können eingetragene Baulasten ganz oder teilweise entbehrlich werden. Auf sie ist dann zu verzichten bzw. die Verpflichtung ist auf das notwendige Maß zu reduzieren. Vorhandene Baulasten sind daher gegebenenfalls auf ihren Bedarf zu überprüfen. Das sollte insbesondere dann erfolgen, wenn auf belasteten Grundstücken neue Bauvorhaben durchgeführt werden sollen.

90.5 Ein berechtigtes Interesse zur Einsichtnahme ist gegeben, wenn sachliche Gründe vorgetragen werden, die die Verfolgung unbefugter Zwecke ausgeschlossen erscheinen lassen. Ein berechtigtes Interesse haben grundsätzlich diejenigen, die Rechte am Grundstück haben oder erwerben wollen wie z. B. Eigentümer, Erbbauberechtigte, Kaufinteressenten, Kreditinstitute. Die Vorlage eines Kaufvertragsentwurfes ist regelmäßig nicht erforderlich. Wer ein berechtigtes Interesse dargelegt hat, hat auch einen Anspruch auf die Erteilung von Abschriften.

Begründung zu § 90

Baulasten kommen insbesondere dann in Betracht, wenn ein Bauvorhaben nicht ohne Inanspruchnahme anderer Grundstücke durchgeführt werden kann. Sie bewirken das Entstehen öffentlich-rechtlicher Verpflichtungen der jeweiligen Grundstückseigentümerinnen oder Grundstückseigentümer.

Nach Absatz 1 ist Gegenstand der Baulast die Übernahme einer Verpflichtung, die sich nicht bereits aus öffentlich-rechtlichen Vorschriften ergibt. In Betracht kommt unter anderem die Sicherung von über fremde Grundstücke verlaufenden Erschließungsanlagen, die Übernahme von Abstandflächen oder Brandschutzabständen, die Ermöglichung der Errichtung von Gebäuden auf mehreren Grundstücken oder der Verzicht auf bauplanungsrechtlich gegebene Nutzungsmöglichkeiten. Baulasten sind unbeschadet der Rechte Dritter mit der Eintragung wirksam. Dritte haben keinen Anspruch auf Eintragung einer Baulast, im Einzelfall kann aber ein zivilrechtlicher Anspruch darauf bestehen, dass Grundstückseigentümerinnen oder Grundstückseigentümer die nach Satz 1 erforderliche Erklärung abgeben. Baulasten wirken auch gegenüber Rechtsnachfolgerinnen oder Rechtsnachfolgern, bleiben also beispielsweise im Fall einer Zwangsversteigerung oder Enteignung des Grundstücks erhalten.

Nach Absatz 2 muss die Erklärung zur Übernahme einer Baulast schriftlich im Sinne des § 126 des Bürgerlichen Gesetzbuchs erfolgen. Dabei handelt es sich um eine einseitige empfangsbedürftige Willenserklärung. Der Eigentümerin oder dem Eigentümer steht frei, ob sie oder er die Erklärung abgeben will.

Nach Absatz 3 Satz 1 geht die Baulast durch Verzicht der Bauaufsichtsbehörde unter, der nach Satz 4 mit der Löschung der Baulast wirksam wird. Eine Schriftform ist hierfür nicht erforderlich; allerdings sollte die Entscheidung in einem Aktenvermerk oder in sonstiger Weise nachweisbar sein. Nach Satz 2 ist der Verzicht zu erklären, wenn ein öffentliches Interesse an der Baulast nicht mehr besteht. Da die Baulast in der Regel der Sicherung von Genehmigungsvoraussetzungen dient, kommt ein Verzicht nur in Betracht, wenn Veränderungen tatsächlicher oder rechtlicher Art die Baulast entbehrlich machen. In Betracht kommt beispielsweise, dass die entsprechende Anlage beseitigt wird, durch Rechtsänderung auch ohne Baulast die öffentlich-rechtliche Verpflichtung eingehalten ist oder die Erschließung auch ohne Inanspruchnahme fremder Grundstücke gesichert ist. Ist das öffentliche Interesse an der Baulast entfallen, hat die Eigentümerin oder der Eigentümer einen Anspruch auf den Verzicht und die Löschung der Baulast im Baulastenverzeichnis. Da es denkbar ist, dass aus anderen Gründen, beispielsweise aufgrund geplanter baulicher Veränderungen, ein Bedarf für den Fortbestand der Baulast besteht, soll nach Satz 3 die Bauaufsichtsbehörde vor dem Verzicht die Eigentümerinnen und Eigentümer des begünstigten und des belasteten Grundstücks anhören.

Nach Absatz 4 sind Baulasten in das Baulastenverzeichnis eingetragen, das von der Bauaufsichtsbehörde zu führen ist. Neben Baulasten können dort auch andere baurechtliche Verpflichtungen sowie Nebenbestimmungen eingetragen werden. Die Eintragung von Nebenbestimmungen zur Baugenehmigung macht allerdings nur Sinn, soweit es sich um dauerhafte Verpflichtungen handelt. Ihre Eintragung erfordert keine Erklärung der Grundstückseigentümerin oder des Grundstückseigentümers.

In Absatz 5 ist das Einsichtsrecht in das Baulastenverzeichnis geregelt. Einsicht darf nehmen, wer ein berechtigtes Interesse darlegt. Dieses ist in der Regel bei denjenigen gegeben, die Rechte am Grundstück haben oder erwerben wollen. Darüber hinaus können jedoch auch weitere Personen ein entsprechendes berechtigtes Interesse haben. Wer ein berechtigtes Interesse dargelegt hat, hat auch einen Anspruch auf die Erstellung von Auszügen.

Sechster Teil
Marktüberwachung nach der Verordnung (EU) Nr. 305/2011

§ 91
Aufbau der Marktüberwachungsbehörden

Marktüberwachungsbehörden nach der Verordnung (EU) Nr. 305/2011 sind
1. **die obere Bauaufsichtsbehörde als obere Marktüberwachungsbehörde,**
2. **die oberste Bauaufsichtsbehörde als oberste Marktüberwachungsbehörde und**
3. **das Deutsche Institut für Bautechnik als gemeinsame Marktüberwachungsbehörde.**

Begründung zu § 91

In § 91 sind die Marktüberwachungsbehörden bestimmt. Wesentlich ist dabei die Aufgabenverteilung zwischen den Marktüberwachungsbehörden in Thüringen und den Marktüberwachungsbehörden der anderen Länder einerseits und dem Deutschen Institut für Bautechnik als gemeinsame Marktüberwachungsbehörde andererseits.

Soweit die Aufgaben der Marktüberwachung durch die Länder wahrzunehmen sind, wurde ein lediglich zweistufiger Aufbau gewählt. Die Durchführung der Marktüberwachung verlangt einerseits spezielle Kenntnisse auf den Gebieten des Bauproduktenrechts der Europäischen Union und der Bautechnik. Auf der anderen Seite handelt es sich um eine Aufgabe, die einen verhältnismäßig geringen Gesamtumfang von zunächst zwei bis drei Vollzeitstellen aufweist. Da auch Synergieeffekte mit anderen bauaufsichtlichen Aufgaben nicht zu erwarten sind, wäre eine Aufteilung der Zuständigkeiten auf die unteren Bauaufsichtsbehörden nicht sachgerecht.

§ 92
Aufgaben und Befugnisse der Marktüberwachungsbehörden

(1) [1]Die Marktüberwachungsbehörden nehmen die Aufgaben nach
1. **der Verordnung (EU) 2019/1020 des Europäischen Parlaments und des Rates vom 20. Juni 2019 über Marktüberwachung und die Konformität von Produkten sowie zur Änderung der Richtlinie 2004/42/EG und der Verordnungen (EG) Nr. 765/2008 und (EU) Nr. 305/2011 (ABl. L 169 vom 25.6.2019, S. 1) in der jeweils geltenden Fassung,**
2. **dem Produktsicherheitsgesetz vom 27. Juli 2021 (BGBl. I S. 3146 -3147-) in der jeweils geltenden Fassung, soweit es auf die Marktüberwachung nach dem Bauproduktengesetz vom 5. Dezember 2012 (BGBl. I S. 2449 -2450-) in der jeweils geltenden Fassung Anwendung findet,**
3. **der Verordnung (EU) Nr. 305/2011 und**
4. **dem Bauproduktengesetz**

wahr. [2]Für die Rechts- und Fachaufsicht über die gemeinsame Marktüberwachungsbehörde gilt Artikel 5 des Abkommens über das Deutsche Institut für Bautechnik.

(2) Den Marktüberwachungsbehörden stehen die sich aus den Aufgaben nach Absatz 1 Satz 1 ergebenden Befugnisse zu.

Nr. 92 VollzBekThürBO

Die Aufgaben und die Befugnisse der Marktüberwachung ergeben sich aus den genannten europäischen Vorschriften. Aufgaben der unteren Bauaufsichtsbehörden bestehen in diesem Bereich nicht (vgl. § 91). Bei Erkenntnissen über Verstöße gegen das Bauproduktenrecht (z. B. im Zusammenhang mit der Bauüberwachung) ist das Landesverwaltungsamt als obere Marktüberwachungsbehörde zu informieren.

Begründung zu § 92

Mit Absatz 1 Satz 1 sind die Aufgaben der Marktüberwachung beschrieben. Diese ergeben sich nach Nummer 1 zunächst aus der Verordnung (EU) 2019/1020 des Europäischen Parlaments und des Rates vom 20. Juni 2019 über Marktüberwachung und die Konformität von Produkten sowie zur Änderung der Richtlinie 2004/42/EG und der Verordnungen (EG) Nr. 765/2008 und (EU) Nr. 305/2011 (ABl. L 169 vom 25.6.2019, S. 1) in der jeweils geltenden Fassung.

Ferner ergeben sich nach den Nummern 2 bis 4 Aufgaben der Marktüberwachung aus dem Produktsicherheitsgesetz vom 27. Juli 2021 (BGBl. I S. 3146 -3147-) in der jeweils geltenden Fassung, der Verordnung (EU) Nr. 305/2011 und dem Bauproduktengesetz vom 5. Dezember 2012 (BGBl. I S. 2449 -2450-) in der jeweils geltenden Fassung.

Zu den Aufgaben der Marktüberwachung nach der Verordnung (EU) Nr. 305/2011 gehört nicht die Überprüfung von Bauprodukten nach den Anforderungen der Richtlinie 2001/95/EG des Europäischen Parlaments und des Rates vom 3. Dezember 2001 über die allgemeine Produktsicherheit (ABl. L 11 vom 15.1.2002, S. 4) in der jeweils geltenden Fassung sowie den allgemeinen Produktsicherheitsanforderungen nach dem Produktsicherheitsgesetz.

Mit Satz 2 ist klargestellt, dass für die Rechts- und Fachaufsicht über das Deutsche Institut für Bautechnik als gemeinsame Marktaufsichtsbehörde Artikel 5 des Abkommens über das Deutsche Institut für Bautechnik, dem Thüringen durch Gesetz vom 16. März 1993 (GVBl. S. 209) in der jeweils geltenden Fassung zugestimmt hat, gilt, sodass sich eine gesonderte Regelung erübrigt.

Mit Absatz 2 ist geregelt, dass den Marktüberwachungsbehörden die sich aus den in Absatz 1 genannten Aufgaben ergebenden Befugnisse zustehen, sodass es einer eigenständigen, konstitutiven gesetzlichen Regelung der Befugnisse der Marktüberwachungsbehörden nicht bedarf.

§ 93
Zuständigkeit der Marktüberwachungsbehörden

(1) Zuständig ist die obere Marktüberwachungsbehörde, soweit in den Absätzen 2 bis 5 nichts Abweichendes bestimmt ist.

(2) [1]Die gemeinsame Marktüberwachungsbehörde ist zuständig für die einheitliche Prüfung und Bewertung von Bauprodukten in technischer Hinsicht. [2]Sie ist außerdem in den Fällen, in denen Bauprodukte nach den Anforderungen der Verordnung (EU) Nr. 305/2011 die in Bezug auf die wesentlichen Merkmale erklärte Leistung nicht erbringen oder eine Gefahr im Sinne des Artikels 58 der Verordnung (EU) Nr. 305/2011 darstellen, dafür zuständig, die den Marktüberwachungsbehörden zustehenden Anordnungen und Maßnahmen nach der Verordnung (EU) Nr. 305/2011, nach dem Produktsicherheitsgesetz und nach der Verordnung (EU) 2019/1020 zu ergreifen.

(3) [1]Besteht für die obere Marktüberwachungsbehörde Grund zu der Annahme, dass Maßnahmen oder Anordnungen nach Absatz 2 in Betracht kommen, gibt sie die Sachbehandlung für das Produkt an die gemeinsame Marktüberwachungsbehörde ab. [2]Die Zuständigkeit der gemeinsamen Marktüberwachungsbehörde beginnt mit dem Eingang der Abgabe. [3]Sie umfasst alle Aufgaben und Befugnisse nach § 92 Abs. 1 Satz 1 und Abs. 2 und schließt die Zuständigkeit der oberen Marktüberwachungsbehörde auch dann aus, wenn sie durch die Abgabe der Sachbehandlung für das Produkt durch eine Marktüberwachungsbehörde eines anderen Landes begründet worden ist. [4]Die Befugnis der oberen Marktüberwachungsbehörde, bei Gefahr im Verzug vorläufige Maßnahmen und Anordnungen zu treffen, bleibt unberührt.

(4) Die Aufhebung eines Verwaltungsakts einer Marktüberwachungsbehörde, der nicht nach § 44 VwVfG nichtig ist, kann nicht allein deshalb beansprucht werden, weil die Voraussetzungen nach Satz 1 nicht vorgelegen haben oder die obere Marktüberwachungsbehörde die Sachbehandlung nicht an die gemeinsame Marktüberwachungsbehörde abgegeben hat, obwohl die Voraussetzungen nach Satz 1 vorgelegen haben; im Übrigen bleiben die §§ 45 und 46 VwVfG unberührt.

(5) Anordnungen und Maßnahmen der gemeinsamen Marktüberwachungsbehörde gelten auch in Thüringen.

(6) Der Vollzug von Anordnungen und Maßnahmen der gemeinsamen Marktüberwachungsbehörde, einschließlich der Anordnung von Maßnahmen des Verwaltungszwangs, obliegt der oberen Marktüberwachungsbehörde.

Begründung zu § 93

In Absatz 1 ist der Grundsatz der Zuständigkeit der oberen Marktüberwachungsbehörde vorbehaltlich der in den nachfolgenden Absätzen getroffenen abweichenden Regelungen enthalten.

Mit Absatz 2 ist die Regelzuständigkeit nach Absatz 1 abstrakt gegenüber der Zuständigkeit des Deutschen Instituts für Bautechnik als gemeinsamer Marktüberwachungsbehörde abgegrenzt. Die aufgeführten Anordnungen und Maßnahmen betreffen jeweils die materielle Beschaffenheit des jeweiligen Bauprodukts. Deren Beurteilung setzt eine spezifische Fachkunde voraus. Die Beurteilung durch das Deutsche Institut für Bautechnik oder von diesem beauftragte dritte Stellen stellt sicher, dass sie einheitlich und nicht durch einzelne Länder unterschiedlich erfolgt. Mit dieser Regelung ist die gesetzliche Zuständigkeitszuweisung vorgenommen, die notwendig ist, den gemeinsamen Marktüberwachungsbehörden auch solche Anordnungen und Maßnahmen nach den genannten Rechtsgrundlagen zu ermöglichen, die in die Rechte Dritter eingreifen können. Dies gilt auch im Falle der einheitlichen Prüfung und Bewertung von Bauprodukten in technischer Hinsicht, da diese mit Anordnungen zur Durchführung von Laborprüfungen verbunden sein können.

Insbesondere kann es sich darüber hinaus, ohne Anspruch auf Vollständigkeit, um folgende Anordnungen und Maßnahmen handeln:

1. die Anordnung, dass Produkte, die die geltenden Anforderungen nach den Harmonisierungsrechtsvorschriften der Europäischen Gemeinschaft im Hinblick auf ihre Brauchbarkeit nicht erfüllen, vom Markt genommen werden beziehungsweise ihre Bereitstellung auf dem Markt untersagt oder eingeschränkt wird, vergleiche Artikel 14 Abs. 4 der Verordnung (EU) 2019/1020,
2. die Anordnung der Vernichtung oder anderweitigen Unbrauchbarmachung von Produkten, die eine ernste Gefahr darstellen, vergleiche Artikel 16 Abs. 3 Buchst. d und Abs. 4 der Verordnung (EU) 2019/1020,
3. die Warnung vor Gefahren, die von Produkten ausgehen, vergleiche Artikel 16 Abs. 3 Buchst. g der Verordnung (EU) 2019/1020,
4. die Verhinderung der Bereitstellung des Produkts auf dem Markt, vergleiche Artikel 16 Abs. 3 Buchst. b der Verordnung (EU) 2019/1020, oder
5. die unverzügliche Rücknahme vom Markt oder der unverzügliche Rückruf des Produkts und die Warnung der Öffentlichkeit vor dem von dem Produkt ausgehenden Risiko, vergleiche Artikel 16 Abs. 3 Buchst c der Verordnung (EU) 2019/1020.

Soweit es demgegenüber beispielsweise um Koordinierungsaufgaben geht, die dem Deutschen Institut für Bautechnik zugewiesen werden, genügt eine Regelung im Abkommen über das Deutsche Institut für Bautechnik, wie sie in Artikel 2 Abs. 2 des Abkommens getroffen wurde.

Mit Absatz 3 ist die abstrakte Zuständigkeitsregelung durch eine konkret einzelfallbezogene Zuständigkeitsregelung ergänzt.

Nach Satz 1 ist die obere Marktaufsichtsbehörde zur Abgabe der Sachbehandlung für ein Produkt an das Deutsche Institut für Bautechnik als gemeinsame Marktüberwachungsbehörde verpflichtet, sobald für sie Grund zu der Annahme besteht, dass Marktüberwachungsanordnungen oder -maßnahmen nach Absatz 2 in Betracht kommen, also Anordnungen oder Maßnahmen, die eine Beurteilung der materiellen Beschaffenheit des Bauprodukts voraussetzen. Die tatbestandlichen Voraussetzungen „Grund zu der Annahme" und „in Betracht kommen" sind bewusst niedrig angesetzt und belassen der oberen Marktüberwachungsbehörde einen Beurteilungsspielraum. Das Produkt ist jeweils das bestimmte Produkt einer bestimmten Herstellerin oder eines bestimmten Herstellers oder einer bestimmten Importeurin oder eines bestimmten Importeurs.

Mit Satz 2 ist klarstellend geregelt, dass die Zuständigkeit des Deutschen Instituts für Bautechnik als gemeinsamer Marktüberwachungsbehörde mit dem Eingang der Abgabe durch die obere Marktüberwachungsbehörde beginnt.

In Satz 3 ist der den Grundsatz der Einheit der Zuständigkeit der gemeinsamen Marktüberwachungsbehörde enthalten. Die Zuständigkeit nach Halbsatz 1 umfasst zunächst alle Aufgaben und Befugnisse nach § 92 Abs. 1 Satz 1 und Abs. 2 und damit auch die Aufgaben und Befugnisse der oberen Marktüberwachungsbehörde, die sich auf lediglich formale Anforderungen an das jeweilige Bauprodukt beziehen. Zugleich ist durch diese Zuständigkeit der gemeinsamen Marktüberwachungsbehörde nach Halbsatz 2 die Zuständigkeit der oberen Marktaufsichtsbehörde auch dann ausgeschlossen, wenn sie durch die Abgabe der Sachbehandlung durch eine Marktüberwachungsbehörde eines anderen Landes begründet worden ist. Dies ist erforderlich, um die Einheitlichkeit der Bewertung und des weiteren Vorgehens in der Bundesrepublik Deutschland zu gewährleisten. Daraus folgt zugleich, ohne dass dies einer ausdrücklichen Regelung bedürfte, dass das Deutsche Institut für Bautechnik als gemeinsame Marktüberwachungsbehörde die Länder über den Zeitpunkt des Eingangs einer Abgabe der Sachbehandlung und über deren Gegenstand unverzüglich zu unterrichten hat.

Die mit der Abgabe verbundene Bindungswirkung für das Deutsche Institut für Bautechnik schließt die jedenfalls theoretische Möglichkeit nicht aus, dass Länder in großem Umfang und zumindest unter Ausschöpfung der in Satz 1 enthaltenen faktischen Spielräume Abgaben vornehmen mit der Folge, dass dadurch beim Deutschen Institut für Bautechnik möglicherweise nicht zwingend gebotene Aufwendungen entstehen, die auf die Länder nach dem Königsteiner Schlüssel umgelegt werden. Vorkehrungen dagegen, etwa Abweisungs- und Rückgaberechte der gemeinsamen Marktaufsichtsbehörde in Missbrauchsfällen, sind zwar regelungstechnisch vorstellbar, würden aber die jeweilige Zuständigkeitslage über Gebühr komplizieren. Sollte es tatsächlich oder vermeintlich in diesem Zusammenhang zu Missständen kommen, müssten diese unter den Ländern, namentlich auch im Verwaltungsrat des Deutschen Instituts für Bautechnik, geregelt werden.

Nach Satz 4 gilt von dieser einheitlichen Zuständigkeit der gemeinsamen Marktüberwachungsbehörde eine Ausnahme für den Fall von Anordnungen und Maßnahmen bei Gefahr im Verzug. Der Begriff der Gefahr im Verzug entspricht dem allgemeinen sicherheitsrechtlichen Sprachgebrauch; sie liegt vor, wenn durch das Abwarten des Handelns der zuständigen Marktüberwachungsbehörde anstelle des sofortigen Zugriffs durch die an sich unzuständige Marktüberwachungsbehörde bei gewöhnlichem Geschehensablauf ein Schaden entstünde. Das Kriterium dient allein der den Mitgliedstaaten überlassenen Abgrenzung der Zuständigkeit zwischen den Marktüberwachungsbehörden der Länder und dem Deutschen Institut für Bautechnik als gemeinsamer Marktüberwachungsbehörde.

In Absatz 4 ist eine Ergänzung der verwaltungsverfahrensrechtlichen Unbeachtlichkeitsvorschriften enthalten. Trotz der Weite, mit der in Satz 1 die tatbestandlichen Voraussetzungen für eine Abgabe der Sachbehandlung gefasst sind, ist nicht gänzlich ausgeschlossen, dass im Einzelfall rechtsfehlerhaft eine Abgabe vorgenommen wird oder unterbleibt. In diesen Fällen wird die jeweilige Marktüberwachungsbehörde unter Verstoß gegen die Regelungen über ihre sachliche Zuständigkeit tätig. Solche Verfahrensmängel sind von den Unbeachtlichkeitsvorschriften nach § 46 ThürVwVfG nicht erfasst, sodass aus Gründen der Rechtssicherheit eine ergänzende Regelung erforderlich ist. Mit Halbsatz 2 ist klargestellt, dass es im Übrigen bei den Regelungen nach den §§ 45 und 46 ThürVwVfG sein Bewenden haben soll.

Nach Absatz 5 gelten Anordnungen und Maßnahmen der gemeinsamen Marktüberwachungsbehörde auch in Thüringen. Auch das Deutsche Institut für Bautechnik als gemeinsame Marktüberwachungsbehörde wird grundsätzlich nur als Marktüberwachungsbehörde desjenigen Landes tätig, das durch die Abgabe der Sachbehandlung für das jeweilige Produkt nach Absatz 3 die in Absatz 2 angelegte Zuständigkeitsübertragung im Einzelfall gleichsam aktualisiert hat. Die angestrebte Einheitlichkeit der Beurteilung und Behandlung der Bauprodukte erfordert aber, dass die jeweils von der gemeinsamen Marktüberwachungsbehörde getroffenen Anordnungen und Maßnahmen auch in den anderen Ländern wirksam werden können. Diese getroffene Regelung ist entsprechenden bauordnungsrechtlichen Vorbildern nachgebildet, auch wenn es vorliegend um Anordnungen und Maßnahmen auf der Grundlage von Bundesrecht und unmittelbar geltendem europäischen Gemeinschaftsrecht geht, für das nach innerstaatlicher Kompetenzverteilung der Bund konkurrierend zuständig wäre.

In Absatz 6 ist eine weitere weitreichende Ausnahme von dem Konzentrationsprinzip nach Absatz 3 Satz 3 dadurch enthalten, dass der Vollzug der Anordnungen und Maßnahmen des Deutschen Instituts für Bautechnik als gemeinsamer Marktüberwachungsbehörde der oberen Marktüberwachungsbehörde obliegt. Dies erfasst auch und insbesondere Maßnahmen zur Durchsetzung von Anordnungen der gemeinsamen Marktüberwachungsbehörde.

Siebenter Teil
Ordnungswidrigkeiten, Verordnungsermächtigungen, weitere Rechtsvorschriften

§ 94
Ordnungswidrigkeiten

(1) Ordnungswidrig handelt, wer vorsätzlich oder fahrlässig
1. einer nach § 95 Abs. 1 bis 4 erlassenen Rechtsverordnung oder einer nach § 97 Abs. 1 oder 2 erlassenen Satzung zuwiderhandelt, sofern die Rechtsverordnung oder die Satzung für einen bestimmten Tatbestand auf diese Bußgeldbestimmung verweist,
2. einer vollziehbaren schriftlichen Anordnung der Bauaufsichtsbehörde zuwiderhandelt, die aufgrund dieses Gesetzes oder aufgrund einer nach diesem Gesetz erlassenen Rechtsverordnung oder Satzung ergangen ist, sofern die Anordnung auf diese Bußgeldbestimmung verweist,
3. ohne die erforderliche
   a) Genehmigung nach den §§ 65 und 66,
   b) Teilbaugenehmigung nach § 80,
   c) Zulassung der Abweichung nach § 73 oder abweichend davon oder
   d) abweichend von den nach § 64 Abs. 3 eingereichten Vorlagen bauliche Anlagen errichtet, ändert, nutzt oder entgegen § 63 Abs. 3 Satz 2, 3 und 5 beseitigt,
4. Fliegende Bauten ohne Ausführungsgenehmigung nach § 83 Abs. 2 Satz 1 in Gebrauch nimmt oder ohne Anzeige und Abnahme nach § 83 Abs. 7 in Gebrauch nimmt,
5. entgegen
   a) § 64 Abs. 3 oder § 78 Abs. 6 Bauarbeiten beginnt,
   b) § 89 Abs. 1 und 2 Satz 1 und 2 Beginn und Beendigung bestimmter Arbeiten nicht anzeigt oder Arbeiten fortsetzt oder
   c) § 89 Abs. 2 Satz 3 und 4 bauliche Anlagen nutzt,
6. die Baubeginnsanzeige nach § 78 Abs. 8 nicht oder nicht fristgerecht erstattet,
7. entgegen § 5 Abs. 2 Zu- oder Durchfahrten sowie Aufstell- und Bewegungsflächen nicht ständig freihält oder Fahrzeuge dort abstellt,
8. als Bauherrin, Bauherr, Unternehmerin oder Unternehmer entgegen § 11 Abs. 4 Vorkehrungen zum Schutz von Bäumen, Hecken und sonstigen Bepflanzungen nicht trifft,
9. Bauprodukte mit dem Ü-Zeichen kennzeichnet, ohne dass dafür die Voraussetzungen nach § 24 Abs. 3 vorliegen,
10. entgegen § 17 Bauarten ohne Bauartgenehmigung oder allgemeines bauaufsichtliches Prüfzeugnis für Bauarten anwendet,
11. entgegen § 24 Abs. 3 Bauprodukte ohne das Ü-Zeichen verwendet,
12. entgegen § 53 Anlagen nicht barrierefrei ausführt, soweit die Abweichung nicht durch die Bauaufsichtsbehörde zugelassen wurde oder

13. als Bauherrin, Bauherr, Entwurfsverfasserin, Entwurfsverfasser, Unternehmerin, Unternehmer, bauleitende Person oder als deren Vertreterin oder Vertreter den Regelungen der § 56 Abs. 1 Satz 1, 2, 4 und 5, § 57 Abs. 1 Satz 3, § 58 Abs. 1 oder § 59 Abs. 1 Satz 1 und 2 zuwiderhandelt.

(2) Ordnungswidrig handelt auch, wer wider besseres Wissen
1. unrichtige Angaben macht oder unrichtige Pläne oder Unterlagen vorlegt, um einen nach diesem Gesetz vorgesehenen Verwaltungsakt zu erwirken oder zu verhindern,
2. als Prüfingenieurin oder Prüfingenieur unrichtige Prüfberichte erstellt oder
3. unrichtige Angaben in dem Kriterienkatalog nach § 72 Abs. 2 Satz 3 Nr. 3 macht.

(3) Die Ordnungswidrigkeit kann mit einer Geldbuße bis zu fünfhunderttausend Euro geahndet werden.

(4) Ist eine Ordnungswidrigkeit nach Absatz 1 Nr. 8 bis 10 begangen worden, können Gegenstände, auf die sich die Ordnungswidrigkeit bezieht, eingezogen werden.

(5) Zuständige Verwaltungsbehörde nach § 36 Abs. 1 Nr. 1 des Gesetzes über Ordnungswidrigkeiten vom 19. Februar 1987 (BGBl. I S. 602) in der jeweils geltenden Fassung ist in den Fällen des Absatzes 1 Nr. 9 bis 11 die oberste Bauaufsichtsbehörde, in den übrigen Fällen die untere Bauaufsichtsbehörde.

Nr. 94 VollzBekThürBO

94.2 Macht ein Nachweisberechtigter für Standsicherheit wiederholt unrichtige Angaben im Kriterienkatalog, kommt nach § 72 Abs. 4 i. V. m §§ 11, 12 ThürAIKG eine Löschung der Eintragung in Betracht. Erlangt die Bauaufsichtsbehörde davon Kenntnis, sollte die Ingenieurkammer Thüringen informiert werden.

Begründung zu § 94

Mit Absatz 1 ist bestimmt, welche Handlungen oder welches Unterlassen von Handlungen Ordnungswidrigkeiten darstellen.

In Nummer 1 ist kein eigenständiger Ordnungswidrigkeitentatbestand enthalten, hiernach ist jedoch die Festlegung des bußgeldbewehrten Verhaltens in einer aufgrund der Thüringer Bauordnung erlassenen Rechtsverordnung oder Satzung möglich. Ergänzend zur Festlegung des Ordnungswidrigkeitentatbestands muss die Rechtsverordnung oder Satzung auf § 94 Abs. 1 Nr. 1 verweisen.

In Nummer 2 ist eine der Nummer 1 entsprechende Regelung für eine schriftlich ergangene vollziehbare Anordnung der Bauaufsichtsbehörde enthalten.

Mit Nummer 3 ist das Bauen ohne oder abweichend von einer erforderlichen Baugenehmigung, Teilbaugenehmigung oder Abweichung, die Beseitigung einer Anlage ohne Erstattung der Anzeige nach § 63 Abs. 3 Satz 2 beziehungsweise vor Ablauf der dort geregelten Monatsfrist sowie das Bauen abweichend von den im Genehmigungsfreistellungsverfahren eingereichten Unterlagen, dem ein grundsätzlich vergleichbarer Unrechtsgehalt zukommt, wie dem Bauen ohne oder abweichend von einer Baugenehmigung, pönalisiert.

Mit Nummer 4 ist bestimmt, inwieweit das formell unzulässige Betreiben eines Fliegenden Baus eine Ordnungswidrigkeit darstellt.

Nach Nummer 5 stellen der vorzeitige Baubeginn, die Nichtanzeige von Bauarbeiten und die Nutzungsaufnahme vor Herstellung der erforderlichen Erschließungsanlagen und Abnahme der Abgasanlagen Ordnungswidrigkeiten dar.

Nach Nummer 6 ist das Bauen ohne Baubeginnsanzeige eine Ordnungswidrigkeit.

Mit Nummer 7 soll die Freihaltung der Flächen für die Feuerwehr gewährleistet sein. Die Festlegung richtet sich nicht nur gegen die Eigentümerin oder den Eigentümer einer Anlage, sondern auch gegen Dritte, insbesondere gegen Fahrzeugführerinnen oder Fahrzeugführer.

Durch Nummer 8 soll der nach § 11 erforderliche Schutz von Bäumen, Hecken und sonstigen Bepflanzungen während der Bauarbeiten sichergestellt sein.

Nach den Nummern 9 bis 11 sind Verstöße gegen die Bestimmungen zur Kennzeichnung und Verwendung von Bauprodukten sowie der Anwendung von Bauarten bußgeldbewehrt.

Nach Nummer 12 ist die entgegen § 53 nicht barrierefreie Ausführung einer Anlage bußgeldbewehrt. Keine Ordnungswidrigkeit ist, wenn die Abweichung ausdrücklich durch die Bauaufsichtsbehörde zugelassen wurde.

Nach Nummer 13 sind Verstöße der am Bau Beteiligten gegen die für sie geltenden allgemeinen Verpflichtungen Ordnungswidrigkeiten.

Die Formulierung in Absatz 2 Nr. 1 ist an die in § 213 Abs. 1 Nr. 1 BauGB angelehnt. Mit dieser Regelung sind nicht nur Handlungen in der Sphäre der Bauherrschaft, sondern auch von Dritten, beispielsweise von benachbarten Personen, die durch falsche Angaben Baumaßnahmen verhindern wollen, erfasst. Eine aufgrund falscher Angaben erteilte Baugenehmigung kann nach § 48 ThürVwVfG unter den dort genannten Voraussetzungen zurückgenommen werden.

Mit Nummer 2 soll die ordnungsgemäße Tätigkeit der Prüfingenieurinnen und Prüfingenieure auch ordnungswidrigkeitenrechtlich abgesichert sein.

Nach Nummer 3 sind unrichtige Angaben im Kriterienkatalog nach § 72 Abs. 2 Satz 3 Nr. 3 Ordnungswidrigkeiten, da bei unrichtigen Angaben eine an sich erforderliche Prüfung des Standsicherheitsnachweises unterbleibt, wodurch erhebliche Gefahren entstehen können.

Mit Absatz 3 ist die maximale Höhe einer Geldbuße bestimmt und sind Bußgelder bis zu 500 000 Euro zugelassen.

Nach Absatz 4 können Gegenstände, auf die sich Ordnungswidrigkeiten beziehen, eingezogen werden. Ergänzende bei der Einziehung zu beachtende Voraussetzungen sind in § 22 des Gesetzes über Ordnungswidrigkeiten vom 19. Februar 1987 (BGBl. I S. 602) in der jeweils geltenden Fassung enthalten.

In Absatz 5 sind die Zuständigkeiten für die Verfolgung von Ordnungswidrigkeiten festgelegt. Abweichend von der allgemeinen Zuständigkeit der unteren Bauaufsichtsbehörde für den Vollzug des Gesetzes ist bei Verstößen gegen bauprodukten- und bauartenrechtliche Regelungen die oberste Bauaufsichtsbehörde zuständig. Diese Zuständigkeit korrespondiert auch mit den Aufgaben der obersten Bauaufsichtsbehörde bei der Entscheidung über die Zulässigkeit der Verwendung von Bauprodukten und der Anwendung von Bauarten.

§ 95
Rechtsverordnungen

(1) Zur Verwirklichung der in § 3 Satz 1, § 17 Abs. 1 und § 18 Abs. 1 bezeichneten Anforderungen wird die oberste Bauaufsichtsbehörde ermächtigt, durch Rechtsverordnung

1. **die nähere Bestimmung allgemeiner Anforderungen nach den §§ 4 bis 51,**
2. **Anforderungen an Feuerungsanlagen, sonstige Anlagen zur Wärmeerzeugung und Energiebereitstellung nach § 45,**
3. **Anforderungen an Garagen und Stellplätze sowie Gebäude und Räume für Abstellplätze für Fahrräder nach § 2 Abs. 7 und § 52,**
4. **besondere Anforderungen oder Erleichterungen, die sich aus der besonderen Art oder Nutzung der baulichen Anlagen nach § 54 für die Errichtung, Änderung, Unterhaltung, den Betrieb und die Nutzung ergeben, sowie über die Anwendung solcher Anforderungen auf bestehende bauliche Anlagen dieser Art,**
5. **Erst-, Wiederholungs- und Nachprüfungen von Anlagen, die zur Verhütung erheblicher Gefahren oder Nachteile ständig ordnungsgemäß unterhalten werden müssen, und die Erstreckung dieser Nachprüfungspflicht auf bestehende Anlagen und**
6. **die Anwesenheit fachkundiger Personen beim Betrieb technisch schwieriger baulicher Anlagen und Einrichtungen einschließlich des Nachweises der Befähigung dieser Personen,**

zu regeln.

(2) [1]Die oberste Bauaufsichtsbehörde wird ermächtigt, durch Rechtsverordnung Näheres über

1. **Prüfingenieurinnen, Prüfingenieure und Prüfämter und**
2. **Prüfsachverständige, die im Auftrag der Bauherrschaft oder der oder des sonstigen nach Bauordnungsrecht Verantwortlichen die Einhaltung bauordnungsrechtlicher Anforderungen prüfen und bescheinigen,**

zu bestimmen. [2]In den Rechtsverordnungen nach Satz 1 sind, soweit erforderlich,

1. **die Fachbereiche und die Fachrichtungen, in denen Prüfingenieurinnen, Prüfingenieure, Prüfämter und Prüfsachverständige tätig werden,**
2. **die Anerkennungsvoraussetzungen und das Anerkennungsverfahren,**
3. **das Erlöschen, die Rücknahme und der Widerruf der Anerkennung, einschließlich der Festlegung einer Altersgrenze,**
4. **die Aufgabenerledigung und**
5. **die Vergütung**

zu regeln. [3]Die oberste Bauaufsichtsbehörde kann durch Rechtsverordnung die Zuständigkeit für die Anerkennung oder Teile des Anerkennungsverfahrens auf eine Behörde eines anderen Landes übertragen, die der Aufsicht einer obersten Bauaufsichtsbehörde untersteht oder an deren Willensbildung eine oberste Bauaufsichtsbehörde mitwirkt.

(3) [1]Die oberste Bauaufsichtsbehörde wird ermächtigt, zum bauaufsichtlichen Verfahren durch Rechtsverordnung
1. Form, Umfang, Inhalt und die Zahl der erforderlichen Unterlagen, einschließlich der Vorlagen bei der Anzeige der beabsichtigten Beseitigung von Anlagen nach § 63 Abs. 3 Satz 2 und bei der Genehmigungsfreistellung nach § 64,
2. die erforderlichen Anträge und Anzeigen sowie Nachweise, Bescheinigungen und Bestätigungen, einschließlich deren Formerfordernissen, auch bei verfahrensfreien Bauvorhaben und
3. das Verfahren im Einzelnen, insbesondere den in § 72 Abs. 2 Satz 3 Nr. 3 genannten Kriterienkatalog,

zu regeln. [2]Sie kann dabei
1. die Art der Übermittlung,
2. für verschiedene Arten von Bauvorhaben unterschiedliche Anforderungen und Verfahren festlegen und
3. den Gebrauch der von der obersten Bauaufsichtsbehörde veröffentlichten Formulare

vorschreiben.

(4) [1]Die oberste Bauaufsichtsbehörde wird ermächtigt, durch Rechtsverordnung
1. die Zuständigkeit für die vorhabenbezogene Bauartgenehmigung nach § 17 Abs. 2 Satz 1 Nr. 2 und den Verzicht darauf im Einzelfall nach § 17 Abs. 4 sowie die Zustimmung und den Verzicht auf Zustimmung im Einzelfall nach § 23 Satz 2
   a) auf andere Behörden und
   b) für Bauprodukte, die in Baudenkmälern nach dem Thüringer Denkmalschutzgesetz in der Fassung vom 14. April 2004 (GVBl. S. 465) in der jeweils geltenden Fassung verwendet werden sollen, allgemein oder für bestimmte Bauprodukte auf die untere Bauaufsichtsbehörde

   zu übertragen,
2. die Zuständigkeit für die Anerkennung von Prüf-, Zertifizierungs- und Überwachungsstellen nach § 27 auf andere Behörden zu übertragen,
3. besondere Sachkunde- und Sorgfaltsanforderungen nach § 17 Abs. 6 und § 28 Abs. 1, insbesondere auch Mindestanforderungen an die Ausbildung, die durch Prüfung nachzuweisende Befähigung und die Ausbildungsstätten einschließlich der Anerkennungsvoraussetzungen zu stellen,
4. das Ü-Zeichen nach § 24 Abs. 3 festzulegen und zu diesem Zeichen zusätzliche Angaben zu verlangen und
5. das Anerkennungsverfahren nach § 27, die Voraussetzungen für die Anerkennung, ihre Rücknahme, ihren Widerruf und ihr Erlöschen zu regeln, insbesondere auch Altersgrenzen festzulegen, sowie eine ausreichende berufliche Haftpflichtversicherung zu fordern.

[2]Die oberste Bauaufsichtsbehörde kann durch Rechtsverordnung die Zuständigkeit nach Satz 1 Nr. 1 Buchst. a und Nr. 2 auf eine Behörde eines anderen Landes

übertragen, die der Aufsicht einer obersten Bauaufsichtsbehörde untersteht oder an deren Willensbildung eine oberste Bauaufsichtsbehörde mitwirkt.

(5) Die oberste Bauaufsichtsbehörde kann durch Rechtsverordnung festlegen, dass für bestimmte Bauprodukte und Bauarten, auch soweit sie Anforderungen nach anderen Rechtsvorschriften unterliegen, hinsichtlich dieser Anforderungen § 17 Abs. 2 sowie die §§ 20 bis 28 ganz oder teilweise anwendbar sind, wenn dies nach anderen Rechtsvorschriften verlangt oder zugelassen ist.

(6) [1]Die oberste Bauaufsichtsbehörde wird ermächtigt, durch Rechtsverordnung zu bestimmen, dass die Anforderungen der aufgrund des § 31 des Gesetzes über überwachungsbedürftige Anlagen (ÜAnlG) vom 27. Juli 2021 (BGBl. I S. 3146 -3162-) und des § 49 Abs. 4 des Energiewirtschaftsgesetzes vom 7. Juli 2005 (BGBl. I S. 1970, 3621) jeweils in der jeweils geltenden Fassung erlassenen Rechtsverordnungen entsprechend für Anlagen gelten, die weder gewerblichen noch wirtschaftlichen Zwecken dienen und in deren Gefahrenbereich auch keine Arbeitnehmerinnen und Arbeitnehmer beschäftigt werden. [2]Sie kann auch die Verfahrensregelungen dieser Rechtsverordnungen für anwendbar erklären oder selbst das Verfahren bestimmen sowie Zuständigkeiten und Verwaltungskosten regeln. [3]Dabei kann sie auch vorschreiben, dass nach diesen Rechtsverordnungen zu erteilende Erlaubnisse die Baugenehmigung oder die Zustimmung nach § 84, einschließlich der zugehörigen Abweichungen, einschließen, sowie dass § 27 Abs. 5 ÜAnlG insoweit Anwendung findet.

Begründung zu § 95

Mit Absatz 1 ist die Konkretisierung von Anforderungen dieses Gesetzes möglich.

Die Ermächtigung nach Nummer 1 erstreckt sich auf die nähere Bestimmung der Anforderungen nach den §§ 4 bis 51, da in § 52 keine materiellen bauordnungsrechtlichen Anforderungen an Stellplätze und Garagen enthalten sind und deshalb für diese in Nummer 3 eine gesonderte Ermächtigungsgrundlage geschaffen ist.

Mit Nummer 2 ist erlaubt, über die bloße Konkretisierung von Anforderungen auf der Grundlage der Ermächtigung nach Nummer 1 hinausgehend, die von den bauordnungsrechtlichen Standardvorschriften abweichende, namentlich auch erleichternde, Regelung von Anforderungen an Feuerungsanlagen.

Nach Nummer 4 ist möglich, die bei Sonderbauten nach § 54 sonst in jedem Einzelfall durch die Bauaufsichtsbehörde festzulegenden Anforderungen in allgemeiner Form zu regeln.

Nach Nummer 5 können Regelungen auch über wiederholte Prüfungen technischer Anlagen erlassen werden. Aufgrund der in § 87 Abs. 1 Nr. 5 der Thüringer Bauordnung in der Fassung vom 16. März 2004 enthaltenen Ermächtigung wurde die Thüringer Verordnung über die Prüfung technischer Anlagen und Einrichtungen in Gebäuden erlassen.

Da insbesondere bei Versammlungsstätten zur Vermeidung von Gefahren beim Betrieb besonders qualifiziertes Personal anwesend sein muss, sind nach Nummer 6 entsprechende Regelungen möglich, die auch den Befähigungsnachweis dieser Personen umfassen können.

Mit Absatz 2 ist der Verlagerung von Prüf- und Überwachungsaufgaben auf besonders befähigte Personen gedient. Eine Legaldefinition der Prüfingenieurinnen und Prüfingenieure erfolgt in § 2 Abs. 12. In Satz 1 Nr. 2 ist eine Legaldefinition der Prüfsachverständigen enthalten. Mit Satz 2 sind die möglichen Regelungsgegenstände der nach Satz 1 zu erlassenden Rechtsverordnung aufgezählt. Nach Satz 3 ist die Zusammenarbeit mit anderen Ländern bei der Zulassung der Prüfingenieurinnen, Prüfingenieure und Prüfsachverständigen möglich. Da sich dadurch der Aufwand verringert, können häufiger für die Anerkennung erforderliche Prüfungen durchgeführt werden.

Aufgrund des Absatzes 3 sind Regelungen über in den verschiedenen bauaufsichtlichen Verfahren einzureichende Unterlagen sowie konkretisierende Verfahrensregelungen möglich. Aufgrund der in § 87 Abs. 3 der Thüringer Bauordnung in der Fassung vom 16. März 2004 enthaltenen Ermächtigung wurde die Thüringer Bauvorlagenverordnung erlassen.

In Absatz 4 sind die Möglichkeit der Delegierung von Zuständigkeiten und bauproduktenrechtliche Verordnungsermächtigungen enthalten. Dabei ist nach Satz 1 Nr. 1 und 2 die Übertragung von Zuständigkeiten von der obersten Bauaufsichtsbehörde auf andere Behörden möglich. Nach Nummer 3 können besondere Sachkunde- und Sorgfaltsanforderungen, insbesondere auch Mindestanforderungen an die Ausbildung, die durch Prüfung nachzuweisende Befähigung und die Ausbildungsstätten einschließlich der Anerkennungsvoraussetzungen geregelt werden, die von Personen erfüllt werden müssen, die nach § 17 Abs. 6 oder § 28 Abs. 1 mit bestimmten Bauarten oder der Herstellung bestimmter Bauprodukte befasst sind. Ob diese Anforderungen erfüllt werden müssen, kann bei der Anwendung von Bauarten nach § 17 Abs. 6 sowohl durch die Bauaufsichtsbehörde als auch durch Rechtsverordnung der obersten Bauaufsichtsbehörde bestimmt werden. Eine entsprechende Forderung für die Herstellung von Bauprodukten kann nach § 28 Abs. 1 in der allgemeinen bauaufsichtlichen Zulassung, in der Zustimmung im Einzelfall oder durch Rechtsverordnung durch die oberste Bauaufsichtsbehörde erhoben werden. Auf Grundlage der der Nummer 3 teilweise entsprechenden Regelung des § 20 Abs. 5 in Verbindung mit § 23 Abs. 1 Satz 4 der Thüringer Bauordnung in der Fassung vom 16. März 2004 (GVBl. S. 349), die mit Ablauf des 28. März 2014 außer Kraft getreten ist, wurde die Thüringer Verordnung über Anforderungen an Hersteller von Bauprodukten und Anwender von Bauarten vom 4. Dezember 2009 (GVBl. S. 787) in der jeweils geltenden Fassung und aufgrund des § 20 Abs. 6, des § 23 Abs. 1 Satz 2 und des § 82 Abs. 1 Nr. 3 der Thüringer Bauordnung in der Fassung vom 3. Juni 1994 (GVBl. S. 553), die mit Ablauf des 30. April 2004 außer Kraft getreten ist, die Thüringer Verordnung über die Überwachung von Tätigkeiten mit Bauprodukten und bei Bauarten vom 24. September 1999 (GVBl. S. 574) in der jeweils geltenden Fassung erlassen. Nach Nummer 4 ist die Festlegung des Ü-Zeichens erlaubt, einschließlich zusätzlich erforderlicher Angaben. Dadurch ist es für die Verwenderin oder den Verwender eines Bauprodukts leichter, die Zulässigkeit der Verwendung für den vorgesehenen Einsatz zu beurteilen. Aufgrund Nummer 5 ist möglich, nähere Anforderungen an die Zulassung und Tätigkeit von Prüf-, Überwachungs- und Zertifizierungsstellen zu stellen. Mit Satz 2 ist, entsprechend der Regelung in Absatz 2 Satz 3, die Zusammenarbeit mit anderen Ländern möglich.

Im Interesse der Herstellerinnen und Hersteller von Bauprodukten ist nach Absatz 5 möglich, bei der Erteilung von Verwendbarkeitszeugnissen auch Anforderungen anderer Rechtsbereiche zu prüfen. Dadurch werden Doppelprüfungen vermieden. Aufgrund der in § 20 Abs. 4 der Thüringer Bauordnung in der Fassung vom 16. März 2004 enthaltenen Ermächtigung wurde die Thüringer Verordnung zur Feststellung der wasserrechtlichen Eignung von Bauprodukten und Bauarten erlassen.

Nach Absatz 6 ist es möglich, für in gewerblichen Bereichen genutzte technische Anlagen geltende Anforderungen auch auf Anlagen zu erstrecken, die weder gewerblichen noch wirtschaftlichen Zwecken dienen und in deren Gefahrenbereich auch keine Arbeitnehmerinnen und Arbeitnehmer beschäftigt werden. Möglich wäre auch eine Übertragung der Zuständigkeit für diese Anlagen auf Arbeitsschutzbehörden sowie die Anordnung, dass die für gewerbliche Anlagen geltenden Verfahrensregelungen anwendbar sind.

§ 96
Technische Baubestimmungen

(1) [1]Die Anforderungen nach § 3 können durch Technische Baubestimmungen konkretisiert werden. [2]Die Technischen Baubestimmungen sind zu beachten. [3]Von den in den Technischen Baubestimmungen enthaltenen Planungs-, Bemessungs- und Ausführungsregelungen kann abgewichen werden, wenn mit einer anderen Lösung in gleichem Maße die Anforderungen erfüllt werden und in der Technischen Baubestimmung eine Abweichung nicht ausgeschlossen ist; § 17 Abs. 2, § 20 Abs. 1 Nr. 2 und § 73 Abs. 1 bleiben unberührt.

(2) Die Konkretisierungen nach Absatz 1 Satz 1 können durch Bezugnahmen auf technische Regeln und deren Fundstellen oder auf andere Weise erfolgen, insbesondere in Bezug auf
1. bestimmte bauliche Anlagen oder ihre Teile,
2. die Planung, Bemessung und Ausführung baulicher Anlagen und ihrer Teile,
3. die Leistung von Bauprodukten in bestimmten baulichen Anlagen oder ihren Teilen, insbesondere:
   a) Planung, Bemessung und Ausführung baulicher Anlagen bei Einbau eines Bauprodukts,
   b) Merkmale von Bauprodukten, die sich für einen Verwendungszweck auf die Erfüllung der Anforderungen nach § 3 Satz 1 auswirken,
   c) Verfahren für die Feststellung der Leistung eines Bauprodukts im Hinblick auf Merkmale, die sich für einen Verwendungszweck auf die Erfüllung der Anforderungen nach § 3 Satz 1 auswirken,
   d) zulässige oder unzulässige besondere Verwendungszwecke,
   e) die Festlegung von Klassen und Stufen in Bezug auf bestimmte Verwendungszwecke und,
   f) die für einen bestimmten Verwendungszweck anzugebende oder erforderliche und anzugebende Leistung in Bezug auf ein Merkmal, das sich für einen Verwendungszweck auf die Erfüllung der Anforderungen nach § 3 Satz 1 auswirkt, soweit vorgesehen in Klassen und Stufen,
4. die Bauarten und die Bauprodukte, die nur eines allgemeinen bauaufsichtlichen Prüfzeugnisses nach § 17 Abs. 3 oder nach § 22 Abs. 1 bedürfen,
5. Voraussetzungen zur Abgabe der Übereinstimmungserklärung für ein Bauprodukt nach § 25 und
6. die Art, den Inhalt und die Form technischer Dokumentation.

(3) Die Technischen Baubestimmungen sollen nach den in Anhang I der Verordnung (EU) Nr. 305/2011 enthaltenden Grundanforderungen gegliedert sein.

(4) Die Technischen Baubestimmungen enthalten die in § 20 Abs. 3 genannte Liste.

(5) [1]Das Deutsche Institut für Bautechnik macht nach Anhörung der beteiligten Kreise im Einvernehmen mit der obersten Bauaufsichtsbehörde zur Durchführung

dieses Gesetzes und der aufgrund dieses Gesetzes erlassenen Rechtsverordnungen die Technischen Baubestimmungen nach Absatz 1 bekannt. [2]Die nach Satz 1 bekannt gemachten Technischen Baubestimmungen sind mit Bekanntmachung durch die oberste Bauaufsichtsbehörde als Verwaltungsvorschrift im Thüringer Staatsanzeiger verbindlich. [3]Bei der Bekanntmachung kann hinsichtlich des Inhalts auf die Fundstelle der Technischen Baubestimmungen verwiesen werden.

Nr. 96 VollzBekThürBO

96.1.1 Verbindlich sind nur die als Technische Baubestimmungen eingeführten technischen Regeln. Bei der Ausfüllung unbestimmter Rechtsbegriffe können ergänzend auch nicht eingeführte, aber allgemein anerkannte Regeln der Technik herangezogen werden. Werden die allgemein anerkannten Regeln der Technik und Baukunst beachtet, gelten die entsprechenden bauaufsichtlichen Anforderungen der Thüringer Bauordnung und der auf Grund der Thüringer Bauordnung erlassenen Vorschriften als eingehalten.

96.1.2 Von Technischen Baubestimmungen abweichende Lösungen können ohne ausdrückliche Zulassung angewandt werden, soweit

- sie gleichwertig sind und
- in der ThürVVTB eine Abweichung nicht ausgeschlossen ist.

Weitergehende abweichende Lösungen bedürfen der Zulassung einer Abweichung nach § 73.

96.1.3 Soweit die abweichende Lösung bereits in den Bauvorlagen (einschl. bautechnischer Nachweise) beschrieben werden kann, wird über sie – soweit eine Prüfung erfolgt – zusammen mit der Genehmigung oder dem Prüfbericht entschieden. Im Übrigen ist kein förmliches Verfahren erforderlich. Die Gleichwertigkeit muss aber ggf. belegt werden können.

96.1.4 Der Nachweis für die Erfüllung der allgemeinen Anforderungen sowie der Gleichwertigkeit obliegt in Zweifelsfällen der Bauherrschaft oder den von ihr beauftragten Entwurfsverfasserinnen, Entwurfsverfassern, Fachplanerinnen oder Fachplanern.

Begründung zu § 96

In § 96 ist die Ermächtigungsgrundlage für den Erlass von Technischen Baubestimmungen enthalten. In diesen Technischen Baubestimmungen gehen sowohl die technischen Regeln, die bislang in der Liste der Technischen Baubestimmungen enthalten waren als auch diejenigen, die bislang in den Bauregellisten geführt wurden, auf.

Mit Absatz 1 Satz 1 ist als Gegenstand Technischer Baubestimmungen die Konkretisierung der Anforderungen nach § 3 festgelegt. Die Technischen Baubestimmungen sind zunächst grundsätzlich verbindlich. Da technische Regeln zwar den zum Zeitpunkt ihrer Verabschiedung aktuellen technischen Standard aufnehmen, dieser aber schnell voranschreiten kann, kann die Bauherrschaft ohne Zulassungsverfahren jede andere genauso geeignete technische Lösung wählen. Diese Möglichkeit ist aber beschränkt auf Planungs-, Bemessungs- und Ausführungsregelungen, um zu vermeiden, dass die Bauherrschaft bei materielle Anforderungen konkretisierenden Regelungen sich ihr eigenes Anforderungsniveau zusammenstellt. Weiter ist vorgesehen, dass einzelne Technische Baubestimmungen als abweichungsfest erklärt werden. Eine von ihnen abweichende Sonderlösung kann aber unter den Voraussetzungen nach § 17 Abs. 2, § 20 Abs. 1 Nr. 2 und § 73 Abs. 1 zugelassen werden. Soweit die für das Bauvorhaben zuständige Bauaufsichtsbehörde, die Prüfingenieurin oder der Prüfingenieur Bedenken gegen die ohne ausdrückliche Zulassung gewählte Lösung haben, hat die Bauherrschaft deren Eignung zu belegen.

Aus verfassungsrechtlichen Gründen müssen in der Ermächtigungsgrundlage Inhalt, Zweck und Ausmaß der normkonkretisierenden Verwaltungsvorschrift hinreichend bestimmt sein. In Absatz 2 sind deshalb detaillierte Vorgaben dazu enthalten, welche Arten von Regelungen in die Verwaltungsvorschrift aufgenommen werden können. Die Bezugnahme auf nichtstaatliche technische Regeln ist zulässig und im Sinne der schlanken Gestaltung der Technischen Baubestimmungen auch erwünscht; es können aber auch Regelungen auf andere Weise unter Beachtung des Verhältnismäßigkeitsgrundsatzes vorgenommen werden, und zwar in Bezug auf die in den Nummern 1 bis 6 genannten Gegenstände.

Im Anwendungsbereich der Verordnung (EU) Nr. 305/2011 sind Regelungen zu Verfahren für die Feststellung der Leistung von Bauprodukten, zum Nachweis der Verwendbarkeit von Bauprodukten sowie Übereinstimmungserklärungen zu zusätzlichen nationalen Anforderungen nicht statthaft. Die Festlegungen in Nummer 3 Buchst. c und den Nummern 4 und 5 sind daher auf Bauprodukte, die die CE-Kennzeichnung tragen, nicht anwendbar; dies folgt aus § 19 Satz 2. Im Übrigen gelten die Regelungen für alle harmonisierten und nicht harmonisierten Bauprodukte in gleicher Weise.

Die Regelungen können nach Nummer 1 der Konkretisierung der Bauwerksanforderungen dienen, sowohl in Bezug auf die bauliche Anlage insgesamt als auch für Teile der baulichen Anlage. Auf der Grundlage der Nummer 1 können dort, wo dies erforderlich ist, die Anforderungen an Bauwerke insgesamt oder ihre Teile so genau beschrieben werden, dass die am Bau Beteiligten anhand dieser Beschreibung in der Lage sind, das geeignete Bauprodukt auszuwählen. Bei den Konkretisierungen auf der Grundlage der Nummer 1 handelt es sich um abstrakt-generelle Regelungen, nicht um auf ein konkretes Bauvorhaben bezogene.

In Abgrenzung zu § 95 Abs. 1 Nr. 1, der allgemein die nähere Bestimmung der allgemeinen Anforderungen nach den §§ 4 bis 51 durch Rechtsverordnung erlaubt, ist mit dieser Regelung lediglich beabsichtigt, die Konkretisierungen der Grundanforderungen zu ermöglichen, die erforderlich sind, damit eine Verwenderin oder ein Verwender erkennen kann, welche Leistung ein bestimmtes Bauprodukt in einer konkreten Verwendungssituation erbringen muss.

Mit Nummer 2 ist die Grundlage für die Konkretisierung der Anforderungen an die Planung, Bemessung und Ausführung baulicher Anlagen und ihrer Teile gebildet. Durch diese Regelung sind die Anforderungen an die Planung, Bemessung und Ausführung, die im Zusammenhang mit der Verwendung konkreter Bauprodukte stehen, nicht erfasst. Für diese gibt es die speziellere Ermächtigungsgrundlage in Nummer 3 Buchst. a.

In Nummer 3 sind die Ermächtigungsgrundlagen für Regelungen zusammengefasst, die unmittelbar oder mittelbar in Beziehung zu den Bauprodukten stehen.

Mit Buchstabe a ist die Festlegung von Anforderungen an die Planung, Bemessung und Ausführung, die im Zusammenhang mit der Verwendung konkreter Bauprodukte stehen, möglich; insbesondere können auf dieser Grundlage auch alternative konstruktive Maßnahmen beschrieben werden, bei deren Ausführung in der konkreten Verwendungssituation darauf verzichtet werden kann, dass ein Bauprodukt in Hinblick auf eine bestimmte Leistung den Anforderungen entspricht.

Mit Buchstabe b ist die Festlegung möglich, welche Merkmale für einen konkreten Verwendungszweck ein Bauprodukt aufweisen muss, um die Anforderungen nach § 3 Satz 1 zu erfüllen und damit für einen bestimmten Verwendungszweck geeignet zu sein. Diese Merkmale müssen nachvollziehbar aus den Bauwerksanforderungen abgeleitet sein; insbesondere können sich erforderliche Merkmale aus dem Vorliegen oder Nichtvorliegen von Einwirkungen auf bestimmte bauliche Anlagen oder ihre Teile ergeben. Diese Einwirkungen können sich aus klimatischen, geologischen, geographischen, physikalischen, chemischen oder biologischen Rahmenbedingungen ergeben; umgekehrt können sich bestimmte Merkmale aber auch im Hinblick auf den Einfluss ergeben, den das Bauwerk oder seine Teile auf seine Umgebung ausüben.

Nach Buchstabe c können Prüfverfahren für die Feststellung der Leistung eines Bauprodukts im Hinblick auf Merkmale, die sich für einen konkreten Verwendungszweck auf die Erfüllung der Anforderungen nach § 3 Satz 1 beziehen, bestimmt werden. Die Festlegung von Prüfverfahren ist ausschlaggebend dafür, dass die aufgrund von Prüfverfahren erklärten Leistungen vergleichbar sind.

Nach Buchstabe d kann die Verwendung bestimmter Bauprodukte für bestimmte Verwendungszwecke erlaubt oder untersagt werden, weil sich aus der Betrachtung der Merkmale des Bauprodukts, die sich für einen konkreten Verwendungszweck auf die Erfüllung der Anforderungen nach § 3 Satz 1 beziehen, und der Anforderungen an die bauliche Anlage oder den Teil der baulichen Anlage ergibt, dass das Bauprodukt für diesen Zweck grundsätzlich geeignet oder ungeeignet ist.

Je nach klimatischen, geografischen oder sonstigen Besonderheiten können an Bauprodukte für einen bestimmten Verwendungszweck unterschiedliche Anforderungen zu stellen sein. Soweit in Normen der Europäischen Union unterschiedliche Leistungsstufen oder -klassen geregelt sind, kann festgelegt werden, welche für einen bestimmten Verwendungszweck zu erfüllen sind. Für diese Konkretisierungen bildet Buchstabe e die Rechtsgrundlage.

Nach Buchstabe f kann für ein konkretes Bauprodukt in Bezug auf einen konkreten Verwendungszweck vorgesehen werden, zu welchen Merkmalen, die sich für einen konkreten Verwendungszweck auf die Erfüllung der Anforderungen nach § 3 Satz 1 beziehen, die Herstellerin oder der Hersteller Angaben zur Leistung machen muss. Außerdem können Aussagen dazu getroffen werden, wie die Leistung beschaffen sein muss, damit ein Produkt für einen konkreten Verwendungszweck eingesetzt werden darf.

Nach Nummer 4 kann, entsprechend § 17 Abs. 3 Satz 2 beziehungsweise § 22 Abs. 1 Satz 2, festgelegt werden, welche Bauarten und Bauprodukte lediglich eines allgemeinen bauaufsichtlichen Prüfzeugnisses bedürfen.

Aufgrund der Nummer 5 können die Voraussetzungen für die Abgabe der Übereinstimmungserklärung geregelt werden, ob also nach § 25 Abs. 2 die Einschaltung einer Prüfstelle erforderlich ist oder nach § 25 Abs. 3 eine Zertifizierung erfolgen muss.

Aufgrund Nummer 6 sind Vorgaben zum Inhalt und zur Form der technischen Dokumentation möglich, die zu einem Bauprodukt zu erstellen ist. Insbesondere kann vorgesehen werden, dass Angaben in Bezug auf die verwendete Prüfmethode, die beteiligten Prüfinstitute, die Prüfhäufigkeit und die werkseigene Produktionskontrolle gemacht werden können oder müssen. Denkbar ist auch, dass verpflichtende oder empfohlene Muster für die technische Dokumentation und insbesondere für die Erklärung von Produktleistungen geschaffen werden.

Nach Absatz 3 sollen die Technischen Baubestimmungen nach den in Anhang I der Verordnung (EU) Nr. 305/2011 enthaltenen Grundanforderungen gegliedert sein. Schon hierdurch soll verdeutlicht werden, welche Technischen Baubestimmungen zur Konkretisierung welcher gesetzlichen Anforderung an das Bauwerk bestimmt sind. Die Regelung ist allerdings nicht zwingend gestaltet. Ausnahmsweise kann es, insbesondere aus Gründen der Regelungsökonomie, geboten sein, einen anderen Aufbau zu wählen.

In Absatz 4 ist die Ermächtigungsgrundlage für die Erstellung der in § 20 Abs. 3 vorgesehenen Liste der Produkte enthalten, die keines Verwendbarkeitsnachweises bedürfen.

Mit Absatz 5 Satz 1 ist dem Deutschen Institut für Bautechnik die Aufgabe zugewiesen, Technische Baubestimmungen bekannt zu machen. Die Technischen Baubestimmungen sind als Verwaltungsvorschrift zu erlassen. Damit ist die Rechtsnatur der Technischen Baubestimmungen klargestellt, wobei es sich bei der Verwaltungsvorschrift um eine normkonkretisierende Verwaltungsvorschrift handelt. Solchen im Bereich des Umwelt- und Technikrechts üblichen Verwaltungsvorschriften billigt das Bundesverwaltungsgericht Bindungswirkung im gerichtlichen Verfahren zu, soweit sie die höherrangigen Gebote und im Gesetz getroffenen Wertungen berücksichtigen, in einem sorgfältigen Verfahren unter Einbeziehung des technischen und wissenschaftlichen Sachverstands zustande gekommen und nicht durch die Erkenntnisfortschritte von Wissenschaft und Technik überholt sind, vergleiche Bundesverwaltungsgericht, Urteil vom 28. Oktober 1998, Aktenzeichen 8 C 16/96, in BVerwGE 107 S. 338. Um den Anforderungen des Bundesverwaltungsgerichts an eine normkonkretisierende Verwaltungsvorschrift gerecht zu werden, müssen strenge verfahrensmäßige Vorgaben erfüllt sein, zum einen bezüglich der Beteiligung interessierter und sachkundiger Kreise und zum anderen bezüglich der Form der Bekanntmachung. Zur Beteiligung ist vorgesehen, dass das Deutsche Institut für Bautechnik vor der Bekanntmachung der Technischen Baubestimmungen die beteiligten Kreise zu hören sowie das Einvernehmen der obersten Bauaufsichtsbehörde herbeizuführen hat.

Nach Satz 2 sind die Technischen Baubestimmungen mit Bekanntmachung durch die oberste Bauaufsichtsbehörde im Thüringer Staatsanzeiger als Verwaltungsvorschrift des Landes verbindlich.

Im Rahmen der Bekanntmachung, bei der hinsichtlich des Inhalts auf die Fundstelle der Technischen Baubestimmungen verwiesen werden kann, kann nach Satz 3 die oberste Bauaufsichtsbehörde auch abweichende Regelungen treffen, um eventuellen Besonderheiten Rechnung zu tragen. Ziel ist es jedoch, eine Vereinheitlichung der Technischen Baubestimmungen der Länder zu erreichen. Da vor Bekanntmachung der Muster-Verwaltungsvorschrift eine Anhörung der beteiligten Kreise durch das Deutsche Institut für Bautechnik durchzuführen ist, ist sichergestellt, dass diese sich in einem frühen Verfahrensstadium im Rahmen einer Anhörung für das gesamte Bundesgebiet einbringen können. Soweit die oberste Bauaufsichtsbehörde bei der Bekanntmachung keine abweichenden Anforderungen regelt, sind keine weiteren Anhörungs- und Notifizierungsverfahren erforderlich.

§ 97
Örtliche Bauvorschriften

(1) [1]Die Gemeinden können durch Satzung im eigenen Wirkungskreis örtliche Bauvorschriften erlassen über

1. besondere Anforderungen an die äußere Gestaltung baulicher Anlagen, Werbeanlagen und Warenautomaten zur Erhaltung und Gestaltung von Ortsbildern,
2. das Verbot von Werbeanlagen und Warenautomaten aus ortsgestalterischen Gründen,
3. die Lage, Größe, Beschaffenheit, Ausstattung und Unterhaltung von Kinderspielplätzen,
4. die Gestaltung der Stellplätze für Kraftfahrzeuge, der Abstellmöglichkeiten für Fahrräder, der Stellplätze für bewegliche Abfallbehälter und der unbebauten Flächen der bebauten Grundstücke sowie über die Notwendigkeit, Art, Gestaltung und Höhe von Einfriedungen,
5. von § 6 abweichende Maße der Abstandsflächentiefe, soweit dies zur Gestaltung des Ortsbildes oder zur Verwirklichung der Festsetzungen einer städtebaulichen Satzung erforderlich ist,
6. die Begrünung baulicher Anlagen und
7. die Untersagung oder Einschränkung der Herstellung von Stellplätzen in bestimmten Teilen des Gemeindegebiets oder für bestimmte Nutzungen in bestimmten Teilen des Gemeindegebiets, wenn Gründe des öffentlichen Verkehrs oder städtebauliche Gründe dies rechtfertigen.

[2]Örtliche Bauvorschriften sollen die Nutzung erneuerbarer Energien nicht verhindern.

(2) [1]Örtliche Bauvorschriften können auch durch Bebauungsplan oder, soweit das Baugesetzbuch dies vorsieht, durch andere Satzungen nach den Bestimmungen des Baugesetzbuchs erlassen werden. [2]Werden die örtlichen Bauvorschriften durch Bebauungsplan oder durch eine sonstige städtebauliche Satzung nach dem Baugesetzbuch erlassen, so sind die Bestimmungen des Ersten und des Dritten Abschnitts des Ersten Teils, des Ersten Abschnitts des Zweiten Teils sowie die §§ 13, 13a, 30, 31, 33, 36, 214 und 215 BauGB entsprechend anzuwenden.

(3) [1]Anforderungen nach den Absätzen 1 und 2 können innerhalb der örtlichen Bauvorschrift auch in Form zeichnerischer Darstellungen gestellt werden. [2]Ihre Bekanntgabe kann dadurch ersetzt werden, dass dieser Teil der örtlichen Bauvorschrift bei der Gemeinde zur Einsicht ausgelegt wird; hierauf ist in den örtlichen Bauvorschriften hinzuweisen.

Nr. 97 VollzBekThürBO

97.1.1 Die Gemeinde kann ausschließlich zur Gestaltungspflege und Abwehr von Verunstaltungen örtliche Bauvorschriften erlassen, jedoch keine Genehmigungserfordernisse (für verfahrensfreie Vorhaben) begründen. Unzulässig sind auch dem Bauplanungsrecht zuzurechnende Festsetzungen wie z. B. zur Nutzung von Vorgartenflächen, zur Bepflanzung von Freiflächen oder (nur) denkmalschutzrechtlich begründete Anforderungen. Insbesondere sind Festsetzungen problematisch, die die Nutzungsmöglichkeiten von Flächen beschränken, da die Gemeinden nicht befugt sind, im Gewande bauordnungsrechtlicher Gestaltungsvorschriften bodenrechtliche Regelungen zu treffen (BVerwG, 31.05.2005 – BVerwG 4 B 14.05).

97.1.2 Die Zulässigkeit eines Verbots von Werbeanlagen und Warenautomaten umfasst als minder schweren Eingriff auch die Möglichkeit, Werbeanlagen nur teilweise zu verbieten, nämlich insoweit, als sie den festgelegten Gestaltungsanforderungen widersprechen.

97.1.4 Die Untersagung der Herstellung von Stellplätzen nach Nummer 7 lässt die Stellplatzpflicht nach § 52 Abs. 1 ganz oder teilweise entfallen. Auch Ablösegebühren fallen insoweit nicht an.

97.1.5 Da die Errichtung und der Betrieb von Anlagen für erneuerbare Energien sowie der dazugehörigen Nebenanlagen im überragenden öffentlichen Interesse liegen und der öffentlichen Gesundheit und Sicherheit dienen (vgl. § 2 EEG), sollen örtliche Bauvorschriften die Nutzung erneuerbarer Energien nicht verhindern. Zu denken ist hier sowohl an Vorgaben, die ausdrücklich erneuerbare Anlagen verbieten (z. B. das Verbot von Solaranlagen auf Dächern), als auch an Vorgaben, die erneuerbare Anlagen faktisch verhindern (z. B. Vorgaben zur Firstrichtung). Satz 2 enthält zwar kein striktes Verbot für derartige Regelungen. Die Gemeinden haben aber zu prüfen, ob entsprechende Regelungen für das Gestaltungsziel tatsächlich erforderlich sind oder nicht auch Regelungen z. B. zur Art der Anbringung ausreichend sind. Dabei ist auch der gesetzliche Abwägungsvorrang des § 2 S. 2 EEG zugunsten erneuerbarer Energien zu berücksichtigen.

Begründung zu § 97

Nach Absatz 1 Satz 1 kann die Gemeinde örtliche Bauvorschriften erlassen. Da diese eine der Bauleitplanung vergleichbare Bedeutung für die Ortsentwicklung und -gestaltung haben, sind sie im eigenen Wirkungskreis zu erlassen.

Nach Nummer 1 sind besondere Gestaltungsanforderungen möglich. Ziel der Satzung kann sowohl die positive Gestaltungspflege als auch der Erhalt bestehender

Ortsbilder und die Abwehr von Verunstaltungen sein. Dabei erfordern insbesondere der Erhaltung dienende Festsetzungen eine umfassende Ermittlung der Gestaltungselemente des Baubestands. Die Satzungen müssen sich auf Regelungen zur Gestaltung beschränken und dürfen keine dem Bodenrecht vorbehaltene Regelungen enthalten. Merkmale, die die Frage des Einfügens im Sinne des § 34 BauGB betreffen, können grundsätzlich nicht Gegenstand einer Satzung aufgrund des § 97 sein.

Aufgrund Nummer 2 ist das Verbot von Werbeanlagen und Warenautomaten möglich. Als minderschwerer Eingriff sind damit auch Regelungen zur Gestaltung dieser Anlagen möglich, soweit diese nicht bereits nach Nummer 1 zulässig sind. Das Verbot muss aus ortsgestalterischen Gründen erfolgen. Fragen des Gesundheits- oder Jugendschutzes dürfen dabei nicht ausschlaggebend sein. Bei geplanten Vorgaben für gewerblich geprägte Gebiete ist zu beachten, dass dort Werbeanlagen bauplanungsrechtlich grundsätzlich zulässig sind.

Mit Nummer 3 sind Vorschriften über Kinderspielplätze erlaubt. Dabei muss es sich um Kinderspielplätze nach § 8 Abs. 2 handeln, die bei der Errichtung von Gebäuden mit mehr als drei Wohnungen hergestellt werden müssen. In Betracht kommen werden vorrangig Regelungen, die die Anforderung „ausreichend groß“ in § 8 Abs. 2 Satz 1 konkretisieren. Regelungen über die Unterhaltung werden im Allgemeinen entbehrlich sein, da die Eigentümerin oder der Eigentümer ohnehin zur ordnungsgemäßen Unterhaltung verpflichtet ist.

Nach Nummer 4 können Anforderungen an die Gestaltung verschiedener Nebenanlagen gestellt werden. Die bisherige Möglichkeit, die Nutzung von Vorgärten als Stellplätze für Kraftfahrzeuge, Arbeits- oder Lagerflächen zu untersagen, wurde nicht beibehalten, da es sich dabei um bodenrechtliche Regelungen „im Gewande bauordnungsrechtlicher Gestaltungsvorschriften“ handeln würde, vergleiche Entscheidung des Bundesverwaltungsgerichts vom 31. Mai 2005, Aktenzeichen 4 B 14/05.

Mit Nummer 5 ist, ebenso wie § 9 Abs. 1 Nr. 2a BauGB, die Festlegung von § 6 abweichenden Maßen der Abstandsflächen zulässig. Während die Festsetzung nach dem Baugesetzbuch aus städtebaulichen Gründen möglich ist, erfolgen Festlegungen nach Nummer 5 aus ortsgestalterischen Gründen und sind damit auch ohne Aufstellung eines Bebauungsplans möglich.

Nach Nummer 6 sind die Gemeinden ermächtigt, Anforderungen an die Begrünung baulicher Anlagen zu stellen. Dabei muss die Gemeinde nicht nur die dadurch verursachten Kosten mit ihren Gestaltungszielen abwägen, sondern auch berücksichtigen, dass Anforderungen an die Begrünung die Nutzung erneuerbarer Energien erschweren können.

Aufgrund Nummer 7 ist möglich, die Errichtung von Stellplätzen vollständig oder teilweise zu untersagen. Folge ist, dass nach § 52 Abs. 1 Satz 3 insoweit die Stellplatzpflicht entfällt und auch keine Ablösebeträge zu entrichten sind. Keine Untersagung in diesem Sinne ist, wenn die Gemeinde lediglich bestimmte Arten von Stellplätzen untersagt, beispielsweise offene Stellplätze oder oberirdische Stellplätze, oder lediglich die Errichtung von Einzelstellplätzen verbietet und Gemeinschaftsanlagen vorschreibt.

Nach Satz 2 sollen örtliche Bauvorschriften die Nutzung erneuerbarer Energien nicht verhindern. Aufgrund der allgemeinen Anforderungen zum Schutz des Klimas, vergleiche auch § 2 des Erneuerbare-Energien-Gesetzes vom 21. Juli 2014 (BGBl. I S. 1066) in der jeweils geltenden Fassung, und der zu erwartenden bundesrechtlichen Anforderungen an Heizungsanlagen kann häufig die Nutzung von Dach- und Außenwandflächen für Solaranlagen sinnvoll sein. Örtliche Bauvorschriften, die Solaranlagen ausschließen, können diesem Ziel ebenso entgegenstehen wie die Beschränkung auf nicht vom Straßenraum einsehbare Flächen, wenn diese aufgrund ihrer Ausrichtung für eine Nutzung der Sonnenenergie nicht geeignet sind. Die Formulierung als Soll-Vorschrift lässt im Einzelfall Regelungen zu, wenn sie beispielsweise zum Schutz besonders hochwertiger Denkmäler erforderlich sind. Zulässig sind dagegen Anforderungen an die Gestaltung oder die Art der Anbringung von Solaranlagen, beispielsweise Beschränkung auf dachintegrierte Anlagen.

Nach Absatz 2 Satz 1 können örtliche Bauvorschriften auch in Satzungen nach dem Baugesetzbuch integriert werden, soweit dies nach § 9 Abs. 4 BauGB möglich ist. Mit Satz 2 ist bewirkt, dass dann, wenn eine örtliche Bauvorschrift durch Bebauungsplan oder durch sonstige städtebauliche Satzung erlassen wird, die einschlägigen Vorschriften des Bauplanungsrechts, insbesondere über das Aufstellungsverfahren und die Abweichung von Planinhalten sowie zur Planerhaltung, einheitlich auch für die in dem Bebauungsplan oder der sonstigen städtebaulichen Satzung enthaltenen örtlichen Bauvorschrift gelten; damit werden auch schwierige Abgrenzungsfragen zwischen Städtebau- und ortsgestalterischem Bauordnungsrecht vermieden.

Aufgrund des Absatzes 3 ist die Aufnahme zeichnerischer Darstellungen in der Satzung möglich. Dieser Teil der Satzung muss nicht zusammen mit dem Satzungstext bekanntgemacht werden. Ausreichend ist das Bereithalten bei der Gemeinde und ein Hinweis hierauf in der örtlichen Bauvorschrift. Wie bei der vergleichbaren Regelung nach § 10 BauGB muss der zeichnerische Teil grundsätzlich zu dem Zeitpunkt zur Einsicht bereitliegen, zu dem die Satzung über die örtliche Bauvorschrift in Kraft tritt.

ThürOVG zu § 97[17]

§ 97 Abs. 1 ermächtigt zum Erlass örtlicher Bauvorschriften über die **äußere Gestaltung** baulicher Anlagen bzw. zur Festsetzung **besonderer Anforderungen an bauli-**

17 Leitsätze wurden vom Herausgeber entweder selbst erstellt oder redaktionell verändert bzw. an die aktuelle Gesetzesfassung angepasst.

che Anlagen zur Erhaltung und Gestaltung von Ortsbildern in abgegrenzten Teilen des Gemeindegebietes.
Die Festlegung des räumlichen Geltungsbereichs der Satzung setzt nicht voraus, dass das betroffene Gebiet über ein homogenes Erscheinungsbild verfügt.
Es reicht vielmehr aus, dass in diesem Gebiet, selbst wenn dort Bebauung aus unterschiedlichen Architekturepochen anzutreffen sein sollte und insoweit ein heterogenes Erscheinungsbild vorhanden ist, dennoch der Eindruck der Verwendung übereinstimmender, prägender und epocheunabhängiger Gestaltungsmerkmale vorherrscht, denen eine „Klammerfunktion" zukommt.
(Thüringer Oberverwaltungsgericht, Urteil vom 14. August 2023 – 1 KO 243/20 –, juris)

Nach § 97 Abs. 1 ThürBO kann eine Gemeinde durch Satzung Bestimmungen über die **Zulässigkeit und Gestaltung von Werbeanlagen** erlassen, um den städtebaulichen und architektonischen Besonderheiten eines Teils des Gemeindegebietes gerecht zu werden und diese zu bewahren.
Die Festlegung des räumlichen Geltungsbereichs der Satzung setzt nicht voraus, dass das betroffene Gebiet über ein homogenes Erscheinungsbild verfügt.
Es reicht vielmehr aus, dass in diesem Gebiet, selbst wenn dort Bebauung aus unterschiedlichen Architekturepochen anzutreffen sein sollte und insoweit ein heterogenes Erscheinungsbild vorhanden ist, dennoch der Eindruck der Verwendung übereinstimmender, prägender und epocheunabhängiger Gestaltungsmerkmale vorherrscht, denen ein „Klammerfunktion" zukommt.
(Thüringer Oberverwaltungsgericht, Urteil vom 14. August 2023 – 1 KO 788/21 –, juris)

Eine gemeindliche Gestaltungssatzung kann zum Schutz des Ortsbilds bestimmen, **Solaranlagen** so anzuordnen, dass sie vom angrenzenden öffentlichen Straßenraum aus nicht einsehbar sind[18].
(Thüringer Oberverwaltungsgericht, Urteil vom 21. August 2019 – 1 KO 88/16 –, juris)

18 Beachte dazu aber jetzt § 97 Abs. 1 Satz 2 ThürBO: *„Örtliche Bauvorschriften sollen die Nutzung erneuerbarer Energien nicht verhindern."*!

§ 98
Bestehende bauliche Anlagen

(1) Werden in diesem Gesetz oder in Vorschriften aufgrund dieses Gesetzes andere Anforderungen als nach dem bisherigen Recht gestellt, kann verlangt werden, dass bestehende oder nach genehmigten Bauvorlagen bereits begonnene bauliche Anlagen angepasst werden, wenn dies zur Abwehr von erheblichen Gefahren für Leben und Gesundheit notwendig ist.

(2) Sollen bauliche Anlagen wesentlich geändert werden, kann gefordert werden, dass auch die nicht unmittelbar berührten Teile der baulichen Anlage mit diesem Gesetz oder den aufgrund dieses Gesetzes erlassenen Vorschriften in Einklang gebracht werden, wenn
1. die Bauteile, die diesen Vorschriften nicht mehr entsprechen, mit den beabsichtigten Arbeiten in einem konstruktiven Zusammenhang stehen und
2. die Durchführung dieser Vorschriften bei den von den Arbeiten nicht berührten Teilen der baulichen Anlage keine unzumutbaren Mehrkosten verursacht.

Nr. 98 VollzBekThürBO

98.1.1 Rechtmäßig errichtete Anlagen genießen Bestandsschutz. Dieser Bestandsschutz wird durch einen Wechsel der Bauherrschaft oder der betreibenden Person nicht berührt, da die Baugenehmigung anlagen- und nicht personenbezogen ist. Ein Wechsel der betreibenden Person kann daher nicht zum Anlass genommen werden, Nachbesserungen zu verlangen, die ansonsten nicht verlangt worden wären.

98.1.2 An bestandsgeschützte bauliche Anlagen können Anforderungen zur Anpassung an geänderte Vorschriften nur gestellt werden, wenn und soweit das zur Abwehr erheblicher Gefahren für Leben und Gesundheit notwendig ist. Abzustellen ist auf die konkrete Anlage und die konkreten örtlichen Verhältnisse. Von einer erheblichen Gefahr kann z. B. auszugehen sein, wenn die nach § 36 Abs. 1 erforderlichen zwei unabhängigen Rettungswege überhaupt nicht vorhanden sind oder wenn nur ein Rettungsweg vorhanden und mit Mängeln behaftet ist, die im Brandfall mit hinreichend großer Wahrscheinlichkeit zur vorzeitigen Unbenutzbarkeit führen.

98.1.3 Allgemein kann davon ausgegangen werden, dass von nach bisherigem Recht rechtmäßig errichteten Anlagen bei unveränderter Nutzung keine Gefahren ausgehen, die eine Anpassung an das neue Recht verlangen. Verlangt die Bauaufsichtsbehörde nach pflichtgemäßem Ermessen eine Anpassung, ist es regelmäßig nicht erforderlich, die Anlage vollständig an die neuen Anforderungen anzupassen. Ausreichend ist, die Anlage so weit zu ertüchtigen, dass keine erhebliche Gefahr mehr besteht. Bei neuen Sonderbauverordnungen wird regelmäßig in den Verordnungen selbst festgelegt, inwieweit sie auch auf bestehende Anlagen anwendbar sind. Auf die Bekanntmachung des Thüringer Ministeriums für Infrastruktur und Landwirtschaft „Brandschutzanforderungen für bestehende Gebäude – Hinweise zur Rechtslage“ vom 1. April 2019, ThürStAnz Nr. 17/2019 S. 784 wird hingewiesen.

98.2.1 Bei Umbauten oder Nutzungsänderungen von bestehenden Gebäuden sind die für die beabsichtigte Maßnahme geltenden Anforderungen zu beachten, soweit sich diese abgrenzen lassen. Es kann nur dann verlangt werden, dass auch von der Änderung nicht berührte Teile mit den geltenden Vorschriften in Einklang gebracht werden, wenn diese Teile mit den Teilen, die geändert werden sollen, in konstruktivem Zusammenhang stehen und die Anpassung keine unzumutbaren Mehrkosten verursacht. Eine automatische Verpflichtung zur Anpassung von der Änderung nicht betroffener Teile oder gar des gesamten Gebäudes besteht daher nicht und kann regelmäßig auch nicht verlangt werden.

98.2.2 Im historischen Gebäudebestand kann die Erneuerung, Ergänzung oder Änderung von Bauteilen in historischer Bauweise unter Verwendung traditioneller Baustoffe auch unter denkmalrechtlichen Gesichtspunkten zur Erhaltung und weiteren Nutzung des Gebäudes notwendig sein. In diesen Fällen ist zu prüfen, ob den bauaufsichtlichen Anforderungen auf andere Art und Weise Rechnung getragen werden kann. Ggf. können Abweichungen nach § 73 zugelassen werden.

98.2.3 Soll in einem bestehenden Wohngebäude das Dachgeschoss ausgebaut werden, kann eine Nachrüstung von Türen eines notwendigen Treppenraums jedenfalls nicht nach Absatz 2 verlangt werden, da regelmäßig zwischen den Teilen, die geändert werden sollen (z. B. neue Wände und Türen im Dachgeschoss) und den von der Änderung nicht berührten Teilen (Eingangstüren bestehender Wohnungen in den darunterliegenden Geschossen) kein konstruktiver Zusammenhang besteht.

Eine Nachrüstung des Treppenraums oder die Schaffung eines bisher nicht vorhandenen zweiten Rettungswegs kann nicht ohne weiteres nach Absatz 1 gefordert werden; das wäre nur möglich, wenn der bestehende Zustand auch ohne den Dachgeschossausbau zur Abwehr von erheblichen Gefahren für Leben und Gesundheit an aktuelle Anforderungen angepasst werden müsste.

Ein Anpassungsverlangen hinsichtlich der Rettungswegsituation kommt dann in Betracht, wenn entweder die Gefahren bei der Nutzung des neu ausgebauten Dachgeschosses höher sind als bei den bereits vorhandenen Nutzungseinheiten oder sich durch den Dachgeschossausbau die Gefahr für die bisherigen Nutzungseinheiten so erhöht, dass nunmehr von einer i. S. d. Absatzes 1 erheblichen Gefahr auszugehen ist.

98.2.4 Bei der Nutzungsänderung von Gebäuden sind bautechnische Nachweise an die veränderte Nutzung anzupassen bzw. neu zu erstellen. Darauf kann ggf. verzichtet werden, wenn die Anforderungen der neuen Nutzung an die Standsicherheit oder den Brandschutz nicht höher sind.

Begründung zu § 98

Nach Absatz 1 sind den Bestandsschutz durchbrechende Anordnungen möglich. Mit dieser Regelung ist aber gleichwohl dem Bestandsschutz gedient, da diese Anordnungen auf besondere Fälle zu beschränken sind. Die Bauaufsichtsbehörde kann die Anpassung von bestehenden oder lediglich genehmigten, aber noch nicht errichteten Anlagen verlangen, soweit aufgrund der Thüringer Bauordnung neue Anforderungen zu stellen sind und die Nichtanpassung an diese neuen Anforderungen erhebliche Gefahren für Leben und Gesundheit bedeuten kann. Nicht von der Regelung erfasst sind Anpassungsverlangen, die darauf beruhen, das bestehende Anlagen entweder bereits abweichend von dem zu ihrer Errichtung geltenden Recht ausgeführt wurden oder durch mangelnden Unterhalt oder bauliche Veränderungen einen solchen Zustand erreicht haben.

In Absatz 2 sind weitere Möglichkeiten enthalten, die Anpassung von Anlagen an geänderte Rechtsbestimmungen zu verlangen. Anders als die durch Absatz 1 eröffnete Möglichkeit bestehen diese Möglichkeiten aber nur unter der Voraussetzung, dass eine Anlage ohnehin wesentlich geändert wird. Die Voraussetzung, dass ohne die Änderung erhebliche Gefahren für Leben und Gesundheit zu befürchten sind, muss zwar nicht erfüllt sein, dem Verhältnismäßigkeitsgrundsatz und dem Bestandsschutz ist aber dadurch Rechnung getragen, dass ein gewisser konstruktiver Zusammenhang mit den ohnehin geplanten Arbeiten bestehen muss und die zusätzlich verlangten Maßnahmen keine unzumutbaren Mehrkosten verursachen. Unzumutbar sind Mehrkosten, wenn sie unangemessen sind. Das ist bei Mehrkosten von etwa 10 Prozent noch nicht der Fall, vergleiche Urteil des Oberverwaltungsgerichts Hamburg vom 16. Juni 2004, Aktenzeichen 2Bf 182/02.

§ 99
Windenergie

(1) [1]§ 35 Abs. 1 Nr. 5 BauGB findet auf Vorhaben, die der Erforschung, Entwicklung oder Nutzung der Windenergie dienen, nur Anwendung, wenn diese Vorhaben einen Mindestabstand von 1 000 m zu Wohngebäuden in Gebieten mit Bebauungsplänen nach § 30 BauGB und innerhalb im Zusammenhang bebauter Ortsteile nach § 34 BauGB einhalten, sofern in diesen Gebieten Wohngebäude nicht nur ausnahmsweise zulässig sind. [2]Der Abstand von Windenergieanlagen bemisst sich von der Mitte des Mastfußes bis zum nächstgelegenen Wohngebäude im Sinne des Satzes 1, das rechtmäßig errichtet wurde oder errichtet werden darf.

(2) Das für die Landesplanung zuständige Ministerium hat den in Absatz 1 festgelegten Mindestabstand unverzüglich durch Rechtsverordnung anzupassen, wenn dies zur Umsetzung bundesgesetzlicher Bedarfsvorgaben zu Flächenbeitragswerten für Windenergie an Land erforderlich ist.

(3) Absatz 1 findet keine Anwendung
1. **auf Windenergieanlagen mit einer Gesamthöhe von nicht mehr als 50 m,**
2. **wenn ein Raumordnungsplan oder ein Flächennutzungsplan Flächen für Vorhaben nach Absatz 1 darstellt; die Aufstellung von Raumordnungs- oder Flächennutzungsplänen bleibt durch Absatz 1 unberührt und**
3. **auf Flächen in Windenergiegebieten nach § 2 Nr. 1 des Windenergieflächenbedarfsgesetzes vom 20. Juli 2022 (BGBl. I S. 1353) in der jeweils geltenden Fassung.**

Nr. 99 VollzBekThürBO

99.2 Nach § 249 Abs. 7 Satz 2 BauGB darf der Mindestabstand zu Wohngebäuden von 1 000 m nicht mehr angewendet werden, wenn gemäß § 5 Absatz 3 Satz 2 des Windenergieflächenbedarfsgesetzes festgestellt wurde, dass ein Land den Nachweis gemäß § 3 Absatz 3 des Windenergieflächenbedarfsgesetzes (Windkraft-Flächenerfüllung der Regionalpläne) bis zum Ablauf des 30. November 2024 nicht erbracht hat oder wenn der Flächenbeitragswert nach Spalte 1 oder Spalte 2 der Anlage zum Windenergieflächenbedarfsgesetz zum jeweiligen Stichtag nicht erreicht wird.

Begründung zu § 99

Mit § 99 ist die Ermächtigung nach § 249 Abs. 9 BauGB umgesetzt. Danach sind die Länder berechtigt, für Vorhaben, die der Erforschung, Entwicklung oder Nutzung der Windenergie dienen, die Privilegierung nach § 35 Abs. 1 Nr. 5 BauGB davon abhängig zu machen, dass sie einen Mindestabstand von zu bestimmenden baulichen

Nutzungen zu Wohnzwecken einhalten. Der Mindestabstand darf höchstens 1 000 Meter betragen und ist von der Mitte des Mastfußes zu messen.

Nach Absatz 1 ist der Abstand vorgeschrieben, der zu Wohngebäuden in Gebieten mit Bebauungsplänen nach § 30 BauGB und innerhalb im Zusammenhang bebauter Ortsteile nach § 34 BauGB eingehalten werden muss, sofern in diesen Gebieten Wohngebäude nicht nur ausnahmsweise zulässig sind. Wohngebäude sind nicht nur ausnahmsweise zulässig in Gebieten nach den §§ 2 bis 6a BauNVO sowie nach § 34 Abs. 2 BauGB im unbeplanten Innenbereich, wenn die Art der Nutzung einem der genannten Baugebiete entspricht. In Gemengelagen, die keinem der genannten Baugebiete entsprechen, ist im Einzelfall zu beurteilen, ob dort Wohngebäude allgemein zugelassen werden können. Für den Abstand kommt es darauf an, bis zu welchem Punkt die mit Wohngebäuden bebaubare Fläche reicht. In Bebauungsplangebieten ergibt sich dies aus den Festsetzungen zur überbaubaren Grundstücksfläche. Im unbeplanten Innenbereich kommt es nach § 34 Abs. 1 BauGB darauf an, inwieweit sich eine Bebauung mit Wohngebäuden nach der Grundstücksfläche, die überbaut werden soll, in die Eigenart der näheren Umgebung einfügt.

Da nicht ausgeschlossen werden kann, dass bei Einhaltung der Vorgaben nach Absatz 1 auch unter Berücksichtigung der Ausnahmen nach Absatz 3 die verbleibenden Flächen nicht ausreichen, um eventuelle bundesrechtliche Vorgaben zum Ausbau der Windenergie umzusetzen, ist in Absatz 2 eine Anpassungsmöglichkeit enthalten. Die Anpassung ist durch das für die Landesplanung zuständige Ministerium unverzüglich durch Rechtsverordnung vorzunehmen, sobald ein entsprechender Anpassungsbedarf erkennbar ist. Das ist aber nicht bereits dann der Fall, wenn bundesrechtliche Regelungen in Kraft treten, die möglicherweise einen Anpassungsbedarf auslösen. Vielmehr ist zunächst zu prüfen, ob auch bei Einhaltung der Abstandsregelungen die Ausbauziele erreicht werden können. Das ist insbesondere der Fall, wenn zu erwarten ist, dass in Raumordnungsplänen ausreichend große Flächen ausgewiesen werden.

In Absatz 3 sind Ausnahmen vom Abstandsgebot nach Absatz 1 enthalten.

Durch Nummer 1 sind Windenergieanlagen unter 50 m Gesamthöhe erfasst. Derartigen Windenergieanlagen fehlt es in der Regel an der Raumbedeutsamkeit. Sie sind daher nicht von der Ausschlusswirkung der Regionalpläne erfasst und auch derzeit außerhalb der Vorranggebiete zulässig. Sie unterliegen zudem nicht der immissionsschutzrechtlichen Genehmigungspflicht und unterfallen auch insoweit aufgrund ihrer geringeren Umweltauswirkungen einem anderen Regelungsregime. Es ist kein Grund ersichtlich, diese Anlagen mit einem Abstand zu belegen. Sie verfügen über geringe Praxisrelevanz und geringes Konfliktpotenzial.

Mit Nummer 2 ist der Geltungsvorrang der in den Regionalplänen ausgewiesenen Vorranggebiete mit der Wirkung von Eignungsgebieten geregelt, wie dies auch nach § 249 Abs. 2 BauGB vorgesehen ist. Die Erwähnung der Flächennutzungspläne entspricht zwar nicht der in Thüringen geltenden Steuerung auf Regionalplanebene, kann aber eine Rückfalloption bieten für den Fall, dass sich regionalplanerische Steuerungen als unwirksam erweisen sollten.

Mit Nummer 3 ist die Verpflichtung nach § 249 Abs. 9 Satz 5 und 6 BauGB umgesetzt.

Achter Teil
Übergangs- und Schlussbestimmungen

§ 100
Übergangsregelungen

(1) [1]Verfahren, die vor dem Inkrafttreten dieses Gesetzes oder einer Änderung dieses Gesetzes eingeleitet wurden, sind nach den zum Zeitpunkt der Verfahrenseinleitung geltenden Rechtsvorschriften abzuschließen. [2]Abweichend von Satz 1 sind auf Vorhaben, für die vor dem Inkrafttreten einer Änderung nach Satz 1 ein Verfahren eingeleitet wurde, die geänderten materiell-rechtlichen Vorschriften insoweit anzuwenden, als sie für die Bauherrschaft eine günstigere Regelung als die zum Zeitpunkt der Einleitung des Verfahrens geltenden Rechtsvorschriften enthalten.

(2) Solange § 20 Abs. 1 BauNVO zur Begriffsbestimmung des Vollgeschosses auf Landesrecht verweist, gelten Geschosse als Vollgeschosse, wenn deren Deckenoberkante im Mittel mehr als 1,40 m über die Geländeoberfläche hinausragt und sie über mindestens zwei Drittel ihrer Grundfläche eine lichte Höhe von mindestens 2,30 m haben.

(3) Bis zum Inkrafttreten des Zweiten Gesetzes zur Änderung der Thüringer Bauordnung vom 29. Juni 2018 (GVBl. S. 297) für Bauarten erteilte allgemeine bauaufsichtliche Zulassungen oder Zustimmungen im Einzelfall gelten als Bauartgenehmigung fort.

(4) Bestehende Anerkennungen als Prüf-, Überwachungs- und Zertifizierungsstellen bleiben in dem bis zum Inkrafttreten des Zweiten Gesetzes zur Änderung der Thüringer Bauordnung geregelten Umfang wirksam.

(5) [1]Die in der Anlage bestimmten Ausbildungsanforderungen finden keine Anwendung auf Personen, die zum Zeitpunkt des Inkrafttretens dieses Gesetzes ihr Studium bereits begonnen haben. [2]Für diese Personen gelten die Ausbildungsanforderungen des § 64 der Thüringer Bauordnung vom 13. März 2014 (GVBl. S. 49), zuletzt geändert durch Gesetz vom 29. Juli 2022 (GVBl. S. 321).

(6) § 99 Abs. 1 findet keine Anwendung

1. **soweit vor dem 26. August 2022 bei der zuständigen Behörde ein vollständiger Antrag auf Genehmigung von Vorhaben zur Erforschung, Entwicklung oder Nutzung der Windenergie eingegangen ist,**
2. **soweit vor Ablauf des 26. August 2022 das Vorhaben zur Erforschung, Entwicklung oder Nutzung der Windenergie zwar noch nicht errichtet, aber entweder bereits genehmigt war oder ein vollständiger Antrag für das Vorhaben vorlag und stattdessen ein Vorhaben am selben Standort mit gleicher, geringfügig höherer oder niedrigerer Höhe errichtet werden soll.**

Nr. 100 VollzBekThürBO

100.1.1 Vor einer Änderung der Bauordnung förmlich eingeleitete Verfahren werden grundsätzlich nach dem bisher geltenden Verfahrensrecht zu Ende geführt. Als Änderung in diesem Sinn ist auch der Neuerlass zu verstehen. Werden infolge einer Gesetzesänderung Anlagen verfahrensfrei, sind insoweit laufende Genehmigungsverfahren einzustellen.

100.1.2 Die materiellen Bestimmungen des neuen Rechts können angewandt werden, wenn sie für die Bauherrschaft eine günstigere Regelung enthalten. Dabei muss aber geprüft werden, ob im Einzelfall Erleichterungen durch erhöhte Anforderungen an anderer Stelle kompensiert werden. Wünscht die Bauherrschaft die weitere Anwendung des bisherigen Rechts, um z. B. Umplanungen zu vermeiden, ist dem Rechnung zu tragen.

100.2.1 Die Übergangsregelung gilt auch für bestehende Bebauungspläne (dynamische Verweisung).

100.2.2 Grundfläche ist die von der Dachkonstruktion überdeckte Fläche, gemessen von den Außenkanten der Außenwand. Dies entspricht auch der Berechnungsmethode in § 20 Abs. 3 BauNVO für die Geschossfläche. Alle überdachten Flächen wie Treppenräume und der Luftraum darunterliegender Geschosse sind einzubeziehen, Terrassen und offene Balkone entsprechend § 20 Abs. 4 BauNVO jedoch nicht. Die lichte Höhe ist das Maß zwischen der Oberkante des fertigen Fußbodens und der Unterkante der fertigen Decke bzw. der Verkleidung des Dachsparrens (bei sichtbarem Dachsparren dessen Unterkante). Bei der Frage, ob ein Kellergeschoss als Vollgeschoss gilt, ist auf die Deckenoberkante des darüberliegenden Geschosses (ohne Belag) abzustellen (zur maßgeblichen Geländeoberfläche siehe Nummer 2.6).

Begründung zu § 100

Mit Absatz 1 ist in allgemeiner Form bestimmt, für welche Bauvorhaben das vor Inkrafttreten dieses Gesetzes oder einer späteren Änderung dieses Gesetzes geltende Verfahrens- und materielle Recht generell weiter anwendbar ist. Vorbehaltlich einer Neuentscheidung in einem späteren Gesetzgebungsverfahren gilt das auch für zukünftige Änderungen der Thüringer Bauordnung. Bei einer Änderung von aufgrund der Thüringer Bauordnung erlassenen Rechtsverordnungen und Satzungen oder der auf Grundlage des § 96 erlassenen Verwaltungsvorschrift muss in der Änderungsnorm selbst über Übergangsregelungen entschieden werden, soweit nicht die allgemeinen Grundsätze anwendbar sei sollen.

Nach Satz 1 sind vor Inkrafttreten dieses Ablösungsgesetzes oder einer nachfolgenden Änderung der Thüringer Bauordnung förmlich eingeleitete Verfahren nach den bis zu diesem Zeitpunkt geltenden Rechtsvorschriften abzuschließen. Dadurch werden die andernfalls möglicherweise erforderliche Rücknahme eines Antrags, dessen Überarbeitung und gegebenenfalls die Wiederholung von Verfahrensschritten vermieden. Ein Verfahren wird durch den Eingang eines Antrags oder beispielsweise im Fall der Genehmigungsfreistellung durch die Einreichung der erforderlichen Unterlagen bei der jeweils zuständigen Stelle eingeleitet.

Das bedeutet für die einzelnen Verfahrensarten, dass
1. für die Genehmigungsfreistellung nach § 64 die Regelung nur Bedeutung für das Verfahren bis zum nach § 64 Abs. 3 möglichen Baubeginn hat, da in diesem Verfahren Anforderungen des Bauordnungs-rechts nicht geprüft werden,
2. im vereinfachten Genehmigungsverfahren nach § 65 die bis zum In-krafttreten einer Änderung dieses Gesetzes geltenden Verfahrensbestimmungen weiter anzuwenden sind; das materielle Bauordnungsrecht ist insoweit anzuwenden, als nach § 65 Abs. 1 Satz 2 Nr. 2 über beantragte Abweichungen zu entscheiden ist und diese werden grundsätzlich nach dem zum Zeitpunkt der Antragstellung geltenden Recht beurteilt,
3. im Genehmigungsverfahren nach § 66 das bis zum Inkrafttreten einer Änderung dieses Gesetzes geltende Recht sowohl für das Ver-fahren als auch für die Prüfung des Bauordnungsrechts gilt.

In Satz 2 ist abweichend von Satz 1 geregelt, ob im Fall der Änderung der Gesetzeslage die bis zum Zeitpunkt des Inkrafttretens der Änderung geltenden Rechtsvorschriften des materiellen Rechts oder die geänderten Bestimmungen anzuwenden sind. Die Regelung gilt ausschließlich für materiell-rechtliche Vorschriften.

Anzuwenden ist das für die Bauherrschaft jeweils günstigere Recht. Das muss nicht zwingend das Recht sein, das die kostengünstigere Lösung ermöglicht, da es für die Bauherrschaft günstiger sein kann, ein bereits geplantes oder begonnenes Bauvorhaben nach den bis zum Zeitpunkt des Inkrafttretens einer Änderung geltenden Bestimmungen zu vollenden, um beispielsweise Verzögerungen und dadurch verursachte Kostensteigerungen zu vermeiden.

Bei einem Vergleich, ob das neue Recht günstiger ist, ist nicht ein Gesamtvergleich aller für das Bauvorhaben maßgeblichen geänderten Regelungen mit den bis zum Zeitpunkt des Inkrafttretens der Änderung geltenden Rechtsvorschriften vorzunehmen. Vielmehr können zusammenhängende Regelungen, beispielsweise zum System der Rettungswege, für sich betrachtet werden. Nicht zulässig ist jedoch ein sogenanntes Rosinenpicken.

Das Einfrieren des bis zum Zeitpunkt des Inkrafttretens einer Änderung geltenden materiellen Rechts auf den Zeitpunkt der Verfahrenseinleitung gilt für alle Bauvorhaben, für die ein Verfahren erforderlich ist. Das sind sowohl Vorhaben, die den Verfahren nach den §§ 64 bis 66 unterliegen, als auch für Vorhaben, für die eine sogenannte isolierte Abweichung nach § 73 Abs. 2 Satz 2 und Abs. 3 beantragt wird. Es ist wie folgt zu differenzieren:

Für das Genehmigungsverfahren nach § 66 ergibt sich aus dem Zusammenspiel der Sätze 1 und 2, dass für eingeleitete Genehmigungsverfahren grundsätzlich das zum Zeitpunkt der Antragseinreichung geltende materielle Recht Grundlage der Prüfung und Genehmigung ist. Das neue Recht ist nur insoweit, gegebenenfalls teilweise, anwendbar, als es für die Bauherrschaft günstiger ist. Ist die Baugenehmigung erteilt, darf und muss das Bauvorhaben entsprechend den genehmigten Bauvorlagen ausgeführt werden, auch wenn sich das materielle Recht ändert. Ändern sich die für die Planung des Bauvorhabens maßgeblichen Regelungen der Verwaltungsvorschrift nach § 96, ist ebenfalls keine Anpassung der Planung erforderlich. Dagegen sind bei der Ausführung die Anforderungen zu beachten, die zum Zeitpunkt der Ausführung gelten.

Im vereinfachten Baugenehmigungsverfahren nach § 65 wird eine für die Geltungsdauer der Genehmigung Bestandsschutz vermittelnde Entscheidung über bauordnungsrechtliche Anforderungen nicht getroffen. Daraus dürfte sich für die Bauherrschaft die Verpflichtung ergeben, bei einer Änderung von bauordnungsrechtlichen Bestimmungen ihre Planung entsprechend anzupassen. Das kann, wenn auch mit Mehrkosten verbunden, dann noch möglich sein, wenn mit dem Bau noch nicht begonnen wurde. Wurden dagegen bereits wesentliche Teile fertiggestellt, war zu prüfen, ob entsprechend dem bis zum Inkrafttreten der Änderung geltenden Recht weitergebaut werden darf oder das Bauwerk ganz oder teilweise geändert werden muss. Hätte die Prüfung ergeben, dass eine Anpassung bereits ausgeführter Bauarbeiten erforderlich wird, kam man zu dem Wertungswiderspruch, dass die Bauherrschaft, die entsprechend nach der Thüringer Bauordnung geplant hat, schlechter gestellt wäre als diejenige oder derjenige, deren oder dessen Planung von einzelnen Anforderungen abgewichen ist und deswegen eine Abweichung beantragt hat, für die die gleiche Geltungsdauer gilt, wie für die Baugenehmigung insgesamt.

Daher soll für die bauordnungsrechtliche Zulässigkeit eines im vereinfachten Baugenehmigungsverfahren genehmigten Bauvorhabens das zum Zeitpunkt der Erteilung der Baugenehmigung geltende Bauordnungsrecht für die Geltungsdauer der Baugenehmigung maßgeblich bleiben, soweit nicht das neue Recht für die Bauherrschaft günstiger ist.

Bauvorhaben, die der Genehmigungsfreistellung nach § 64 unterliegen, sind aus bauordnungsrechtlicher Sicht den im vereinfachten Baugenehmigungsverfahren genehmigten Bauvorhaben gleichzusetzen. Es handelt sich in beiden Verfahrensarten um die gleichen Bauvorhaben, die in bauordnungsrechtlicher Sicht nicht deswegen andere Probleme aufwerfen, weil sie außerhalb eines Bebauungsplangebiets oder abweichend von den Festsetzungen eines Bebauungsplans durchgeführt werden sollen. Die Verantwortung für die Bauherrschaft und die möglichen Risiken für Nutzerinnen oder Nutzer und Dritte sind identisch. Es ist daher gerechtfertigt, für die in der

Genehmigungsfreistellung nicht geprüften Anforderungen des Bauordnungsrechts die gleiche Entscheidung zu treffen wie für die im vereinfachten Baugenehmigungsverfahren nicht geprüften bauordnungsrechtlichen Anforderungen. Daher bleibt für die bauordnungsrechtliche Zulässigkeit eines der Genehmigungsfreistellung unterliegenden Bauvorhabens das zum Zeitpunkt der Einreichung der Unterlagen bei der Gemeinde geltende Bauordnungsrecht maßgeblich, solange das Bauvorhaben nach § 64 Abs. 3 Satz 5 ausgeführt werden darf, soweit nicht das neue Recht für die Bauherrschaft günstiger ist.

In Absatz 2 ist eine auflösend bedingte Legaldefinition des Vollgeschosses enthalten, um die weitere praktische Handhabung von Bebauungsplänen hinsichtlich der Festsetzungen über die Zahl der Vollgeschosse zu ermöglichen, solange nicht das bundesrechtliche Regelungsdefizit in § 20 Abs. 1 BauNVO behoben ist. Mit dieser Regelung ist dem Umstand Rechnung getragen, dass nach § 50 Abs. 1 Satz 3 keine Maßgröße für die Mindesthöhe von Aufenthaltsräumen in Wohngebäuden der Gebäudeklassen 1 und 2 vorgesehen sind, mit der Folge, dass bis zur Höhengrenze dieser Gebäudeklassen Geschosse mit weniger als 2,30 m lichter Höhe ohne Anrechnung auf die im Bebauungsplan festgesetzten Maße der Nutzung errichtet werden dürften. Daher ist vorgesehen, dass es insoweit auf die für die Nutzung erforderliche Höhe ankommt.

Nach Absatz 3 gelten zum Inkrafttreten des Zweiten Gesetzes zur Änderung der Thüringer Bauordnung für Bauarten erteilte allgemeine bauaufsichtliche Zulassungen oder Zustimmungen im Einzelfall als Bauartgenehmigung fort. Das ist gerechtfertigt, da es sich lediglich um eine Änderung der Begriffe handelt, die materiellen Anforderungen aber im Wesentlichen gleich sind.

Mit Absatz 4 ist klargestellt, dass trotz der systematischen Umstellung der Rechtsgrundlagen durch das Zweite Gesetz zur Änderung der Thüringer Bauordnung nach dem bis zum Zeitpunkt des Inkrafttretens des genannten Gesetzes geltenden Recht erfolgte Anerkennungen als Prüf-, Überwachungs- und Zertifizierungsstelle fortgelten. Weiter ist bestimmt, dass diese Anerkennungen in dem bis dahin geregelten Umfang fortgelten. Damit werden Rechtsunsicherheiten vermieden, wenn im Zuge der Umstellung der Bauregelliste A, auf die in den Anerkennungsbescheiden zur Produktbestimmung Bezug genommen wird, aufgrund der Verwaltungsvorschrift nach § 96 auch Anpassungen bei den Bauprodukten erfolgen. Es soll zudem vermieden werden, dass insbesondere allgemeine bauaufsichtliche Prüfzeugnisse auf der Grundlage von Anerkennungsbescheiden weiter erteilt werden, die nicht mehr im Einklang mit den aktuellen Technischen Baubestimmungen nach § 96 Abs. 2 Nr. 4 und 5 stehen und gegebenenfalls über diese hinausreichen.

Nach Absatz 5 gelten die Ausbildungsanforderungen nach den in der Anlage genannten Leitlinien zu Ausbildungsinhalten für bauvorlageberechtigte Ingenieurinnen und Ingenieure nicht für Personen, die zum Zeitpunkt des Inkrafttretens dieses Gesetzes ihr Studium bereits begonnen haben. Damit soll vermieden werden, dass eine Person, die ein Ingenieurstudium mit dem Ziel aufgenommen hat, auch die Bauvorlageberechtigung zu erhalten, dieses Ziel wegen nicht vorhersehbarer Änderungen der Anforderungen nicht erreichen kann. Darunter fallen auch Personen, die ihr Studium bereits vor längerer Zeit erfolgreich abgeschlossen haben.

Absatz 6 schafft Übergangsregelungen für die Errichtung von Windenergieanlagen, deren Genehmigungsverfahren vor dem Inkrafttreten der Bestimmungen über Abstände von Windenergieanlagen in § 99 eingeleitet wurden. Diese gewähren Investoren einen aus dem Verfassungsrecht abgeleiteten Vertrauensschutz.

ThürOVG zu § 100[19]

Der in einer Beitragssatzung festgelegte Divisor einer Umrechnungsformel zur Bestimmung der Zahl der für die Beitragsbemessung relevanten „zulässigen Vollgeschosse" darf die Höhe, die nach Landesrecht für ein **Vollgeschoss** erforderlich ist, nicht unterschreiten.
Vorhandene Geschosse, die die landesrechtlichen Anforderungen an ein Vollgeschoss nicht erfüllen, können mittels einer eigenen **satzungsrechtlichen Definition des Vollgeschossbegriffes** bei der Beitragsbemessung Berücksichtigung finden, wenn die Satzung bei Überschreiten der Zahl der zulässigen Vollgeschosse eine Beitragsbemessung nach den vorhandenen Vollgeschossen vorsieht.
Dies gilt gleichermaßen im Rahmen der Anwendung der Privilegierungsbestimmungen des § 7 Abs. 7 Satz 2 Nr. 1 und 2 ThürKAG.
(Thüringer Oberverwaltungsgericht, Urteil vom 14. April 2016 – 4 KO 452/15 –, juris)

Wird ein Beitrag nach dem Vollgeschossmaßstab bemessen, ist der Satzungsgeber im Rahmen der Ausgestaltung des Beitragsmaßstabes berechtigt, aber nicht verpflichtet, zur Definition des **Vollgeschosses** in seiner Satzung an den landesrechtlichen Vollgeschossbegriff anknüpfen. Er darf im Rahmen der durch das Vorteilsprinzip gezogenen Grenzen bei der Beitragsbemessung auch Geschosse berücksichtigen, die die landesrechtlichen Anforderungen an ein Vollgeschoss nicht erfüllen.
(Thüringer Oberverwaltungsgericht, Urteil vom 12. Januar 2016 – 4 KO 850/09 –, juris)

19 Leitsätze wurden vom Herausgeber entweder selbst erstellt oder redaktionell verändert bzw. an die aktuelle Gesetzesfassung angepasst.

§ 101
Gleichstellungsbestimmung

Status- und Funktionsbezeichnungen in diesem Gesetz gelten jeweils auch für Personen, die mit der Angabe „divers" oder ohne eine Angabe des Geschlechts in das Geburtenregister eingetragen sind.

Begründung zu § 101

Die Regelung enthält die Gleichstellungsbestimmung zur sprachlichen Umsetzung des verfassungsrechtlichen Gebots der Gleichbehandlung aller Geschlechter.

§ 102
Inkrafttreten, Außerkrafttreten

(1) Dieses Gesetz tritt am Tage nach der Verkündung in Kraft.[20]

(2) Gleichzeitig mit dem Inkrafttreten nach Absatz 1 tritt die Thüringer Bauordnung vom 13. März 2014 (GVBl. S. 49), zuletzt geändert durch Gesetz vom 29. Juli 2022 (GVBl. S. 321), außer Kraft.

Begründung zu § 102

Mit § 102 ist der Zeitpunkt des Inkrafttretens des Ablösegesetzes bestimmt.

Das Gesetz kann am Tage nach der Verkündung in Kraft treten, da § 100 Abs. 1 für eingeleitete Verfahren die erforderlichen Übergangsregelungen enthält.

Da die Thüringer Bauordnung insgesamt neugefasst wird, tritt die Thüringer Bauordnung vom 13. März 2014 (GVBl. S. 49), zuletzt geändert durch Gesetz vom 29. Juli 2022 (GVBl. S. 321), gleichzeitig mit dem Inkrafttreten dieses Gesetzes außer Kraft.

20 Die Verkündung erfolgte am 18. Juli 2024 (d. Hrsg.).

Anlage
(zu § 67 Abs. 3 Nr. 3, § 68 Abs. 1 Nr. 1 und § 100 Abs. 5 Satz 1)

Leitlinien zu Ausbildungsinhalten

Allgemeines

Die theoretischen und praktischen Inhalte des Studiums müssen auf die umfassenden Berufsaufgaben sowie auf die beruflichen Fähigkeiten und Tätigkeiten von Bauingenieurinnen und Bauingenieuren ausgerichtet sein. Die Tätigkeit von Bauingenieurinnen und Bauingenieuren umfasst im Wesentlichen die Planung, den Entwurf, die Konstruktion, die Ausführung, die Instandhaltung, den Betrieb und den Rückbau von Gebäuden und baulichen Anlagen jeder Art, insbesondere in den Bereichen des Hoch-, Verkehrs-, Tief- und Wasserbaus.

Inhaltliche Anforderungen an das Studium der Fachrichtung Bauingenieurwesen

Im Rahmen eines hauptsächlich auf das Bauingenieurwesen ausgerichteten Studiengangs mit der Bezeichnung „Bauingenieurwesen" oder entsprechenden Studiengängen mit mindestens drei Studienjahren, die 180 Leistungspunkten im Sinne des Europäischen Systems zur Übertragung und Akkumulierung von Studienleistungen – European Credit Transfer System – ECTS entsprechen, müssen mindestens 135 ECTS-Punkte in Studienfächern erworben werden, die dem Bauwesen zugeordnet werden können.

Hierzu gehören:

1. **Studienfächer, die ein fundiertes Grundlagenwissen im thematisch-naturwissenschaftlichen Bereich vermitteln, insbesondere Höhere Mathematik, technische Mechanik, Bauphysik, Bauchemie, Baustoffkunde und Technisches Darstellen,**
2. **Studienfächer, die allgemeine fachspezifische Grundlagen des Bauingenieurwesens vermitteln, insbesondere Baukonstruktion, Objektplanung Gebäude, Tragwerksplanung, Bauinformatik, Geoinformatik, Digitales Bauen, numerische Modellierung, Geotechnik, Bodenmechanik und Geodäsie,**
3. **Studienfächer, die spezifische Kenntnisse des konstruktiven Ingenieurbaus vermitteln: insbesondere Baustatik, Massivbau (Beton-, Stahlbeton- und Mauerwerksbau), Stahl- und Metallbau, Holzbau, Verbundbau, Glasbau und Kunststoffe, Brückenbau,**
4. **Studienfächer, die vertiefte Kenntnisse in bauingenieurspezifischen Spezialbereichen vermitteln, insbesondere Wasserwirtschaft, Wasserbau, Siedlungs-**

wasserwirtschaft, Abfallwirtschaft und Altlasten, Verkehrsplanung, öffentliche Verkehrssysteme und Verkehrswege (Straße, Schiene), Straßenwesen,

5. **Studienfächer, die vertiefte Kenntnisse des Baumanagements vermitteln, insbesondere Bauprojektmanagement, Bauprozessmanagement und Baubetriebswirtschaft, Bauplanungsmanagement,**
6. **Studieninhalte, die weitere allgemeine Grundlagen vermitteln, insbesondere Baurecht (Planungsrecht, Ordnungsrecht, Zivilrecht -Verträge, Haftung-, Bauen im Bestand, Ökologie, Fremdsprachen -Fachwortschatz- und technische Gebäudeausrüstung).**

Der Anteil der Studienfächer nach den Nummern 1 bis 4 muss dabei mindestens 110 ECTS-Punkte betragen.

Begründung zur Anlage

Die Leitlinien zu Ausbildungsinhalten beschreiben die inhaltlichen Anforderungen an ein Studium der Fachrichtung Bauingenieurwesen. Sie sind insbesondere erforderlich, um zu beurteilen, ob ein ausländischer Hochschulabschluss gleichwertig ist und damit zur Eintragung in die Liste der Bauvorlageberechtigten berechtigt. Ein unzulässiger Eingriff in die Freiheit von Wissenschaft und Lehre ist damit nicht verbunden. Zum einen sind damit nur für einen Teil des Gesamtstudiums inhaltliche Vorgaben gemacht und zum anderen sind die Studienfächer, in denen die notwendigen European-Credit-Transfer-System-Punkte, ECTS-Punkte, erreicht werden müssen, nur grob beschrieben. Den Hochschulen verbleibt damit ein umfassender Gestaltungsspielraum für die inhaltliche Ausrichtung des Bauingenieurstudiums.

D. Bekanntmachung des Ministeriums für Infrastruktur und Landwirtschaft zum Vollzug der Thüringer Bauordnung (VollzBekThürBO)

Vom 5. September 2024 (ThürStAnz Nr. 41/2024 S. 1423)

0 Vorbemerkung

Zum Vollzug der Thüringer Bauordnung (ThürBO) vom 2. Juli 2024 (GVBl. S. 298) ergehen die nachfolgenden Vollzugshinweise, die die Bekanntmachung zum Vollzug der Thüringer Bauordnung vom 30. Juli 2018 (ThürStAnz Nr. 34/2018 S. 1052 – 1087) ersetzen.

Die Bekanntmachung soll den Bauaufsichtsbehörden und sonstigen am Bau Beteiligten die Anwendung der Thüringer Bauordnung erleichtern. Sie ist nicht bindend.

Die Hauptnummern beziehen sich auf die jeweiligen Paragrafen des Gesetzes. Die folgende Ziffer nach dem Punkt bezeichnet den Absatz; hat ein Paragraf nur einen Absatz, werden die Erläuterungen fortlaufend nummeriert. Bei ausgelassenen Hauptnummern besteht zu den betreffenden Paragrafen oder Absätzen kein Erläuterungsbedarf. Die Bezeichnung der Zeilen in den tabellarischen Übersichten erfolgt in numerischer Reihenfolge. Die Bekanntmachung kann nach dem folgenden Beispiel zitiert werden: Nr. 1.2.1 VollzBekThürBO.

Paragrafen ohne Bezeichnung des Gesetzes sind Paragrafen der Thüringer Bauordnung.

Die einzelnen Nummern der VollzBekThürBO sind jeweils im Anschluss an die Einzelparagrafen der ThürBO eingefügt. (d. Red.)